Sophia Altenthan, Gesa Düerkop, Christine Hagemann, Beate Hofmann-Kneitz,
Christoph Rösch, Anneliese Sammer, Robert Troidl

Hrsg.: Christine Hagemann

Pädagogik/Psychologie

für die sozialpädagogische Erstausbildung:
Kinderpflege/Sozialassistenz

4. Auflage

Bestellnummer 1031A

Bildungsverlag EINS

Haben Sie Anregungen oder Kritikpunkte zu diesem Produkt?
Dann senden Sie eine E-Mail an 1031A_004@bv-1.de
Autoren und Verlag freuen sich auf Ihre Rückmeldung.

www.bildungsverlag1.de

Bildungsverlag EINS GmbH
Hansestraße 115, 51149 Köln

ISBN 978-3-8237-**1031**-8

Inhaltsverzeichnis

Vorwort

Das vorliegende Buch ist für die Erstausbildung im sozialpädagogischen Bereich geschrieben, denn es vermittelt grundlegende Kenntnisse und Einsichten im Fach Pädagogik/Psychologie, die für das berufliche Handeln in verschiedenen Arbeitsfeldern von Bedeutung sind.

Die einzelnen Kapitel orientieren sich dabei an der Fachsystematik und sind alle nach dem gleichen Muster aufgebaut:

- Jedes Kapitel beginnt mit einer Lernsituation, die eine berufliche Aufgaben- bzw. Problemstellung enthält und damit zum Thema hinführt. Fragen verweisen auf Schwerpunkte des Kapitels und geben an, welche Inhalte bearbeitet werden.

- Kern eines jeden Kapitels ist ein Informationsteil. Wichtige theoretische Erkenntnisse werden ausführlich dargestellt und anhand der Handlungssituation oder mit weiteren Beispielen verdeutlicht. Fotos, Zitate, Grafiken und Übersichten lockern den Text auf und tragen zur Veranschaulichung bei.

- Eine Zusammenfassung aller wichtigen Informationen rundet das Kapitel ab.

- Fragen und Anregungen am Ende des Kapitels ermöglichen es Ihnen, Kenntnisse zu überprüfen, anzuwenden und mit Wissen aus anderen Kapiteln oder Fächern zu verknüpfen.

Das Schulbuch ist geeignet für die Vorbereitung auf Unterricht und Prüfung und für den Einsatz im Unterricht. Der strukturierte Aufbau erleichtert das selbstständige Arbeiten. Ergänzt wird das Buch durch ein Arbeitsheft (Bestellnummer 10311) mit acht Lernsituationen, durch deren Bearbeitung erworbene Kenntnisse vertieft und erweitert werden können.

Verlag, Herausgeberin und Autorenteam freuen sich, Ihnen nun die vierte Auflage vorstellen zu können. Für diese Neuauflage wurden alle Kapitel gesichtet und gegebenenfalls überarbeitet, ergänzt bzw. aktualisiert. Kapitel 1 „Die Möglichkeit und Notwendigkeit von Erziehung" wurde ersetzt durch das Thema „Das aktuelle Bild vom Kind", andere Kapitel, z. B. 7 und 10, erhielten einen neuen Zuschnitt.

Inhaltliche Überschneidungen der Kapitel, die immer wieder vorkommen, sind gewollt. Nach Ansicht des Autorenteams trägt die wiederholte Thematisierung von Inhalten dazu bei, Zusammenhänge und Vernetzungen besser zu erfassen und Schwerpunkte zu verdeutlichen.

Wir wünschen Schülerinnen[1] und Lehrkräften viel Freude mit dem Buch. Für Anregungen und Kritik sind wir dankbar.

Das Autorenteam

---

[1] *Wegen der besseren Lesbarkeit haben wir uns entschlossen, oft nur ein Geschlecht, meist das weibliche, zu benennen. Selbstverständlich ist auch das jeweils andere Geschlecht immer mit gemeint.*

1 Das aktuelle Bild vom Kind

Einstiegssituation

Sandra absolviert ihr zweites Praxisjahr als Erzieherpraktikantin in einer Krippe. Sandra hat sich, obwohl sie auch von einem Hort eine Zusage hatte, für die Arbeit in der Krippe entschieden, weil ihr das Team sehr sympathisch war und die Einrichtung in der Nähe ihres Wohnortes liegt. Die Gruppe hat elf Kinder im Alter zwischen neun Monaten und knapp drei Jahren. Zurzeit wird ein zwölftes Kind eingewöhnt, es kommt täglich mit seiner Mutter für ca. zwei Stunden in die Einrichtung.

Die ersten zwei Wochen hat Sandra hauptsächlich hospitiert, d. h., sie hat zugesehen, was Erzieherin und Kinderpflegerin tun, hat den Tagesablauf kennengelernt und erste Kontakte zu den Kindern geknüpft. Außerdem war sie mit hauswirtschaftlichen Tätigkeiten betraut, z. B. Wäsche waschen und den Tisch decken. In der dritten Woche hat sie dann bereits mit einzelnen älteren Kindern kurz gespielt, die Kinder beim Essen und beim Anziehen unterstützt. Mit den jüngeren Kindern hat sie bisher noch keinen intensiveren Kontakt.

Im Anleitungsgespräch fragt die Erzieherin Sandra, wie es ihr in der Krippe gefällt. Sandra steht der Situation ein bisschen zwiespältig gegenüber. Sie teilt der Anleitung mit, dass es für sie ziemlich schwierig ist, im Kontakt mit den Kindern zu bleiben, denn sie können ja noch nicht wirklich reden und sie ist sich auch nicht sicher, was sie verstehen. Da habe sie sich mit den Kindergartenkindern leichter getan. Einige Dinge in der Krippe verstehe sie auch nicht, z. B. was das mit der Eingewöhnungszeit soll und warum sie nicht beim Füttern oder Wickeln helfen kann.

Andererseits findet Sandra es toll, was schon die kleinen Kinder können. So hat Lucca, ein Jahr und vier Monate, neulich beispielsweise die Kinderpflegerin an die Hand genommen und zum Wickeltisch geführt, weil seine Windel voll war. Er ist der Aufforderung, seine Windel zu holen, nachgekommen, dabei hat er ganz genau gewusst, in welchem Fach seine Windeln liegen. Sie war auch überrascht, dass Kinder wie Pauline, die erst ein Jahr und zwei Monate alt ist, schon alleine ein Brot essen oder einen Löffel benutzen können. Andererseits greift Pauline immer auf das Essen ihres Nachbarn am Tisch, obwohl der das nicht mag und sofort zu schreien anfängt.

Im Verlauf des Gespräches erkennt Sandra, dass sie sich eigentlich keine so genauen Vorstellungen von der Arbeit in der Kinderkrippe gemacht hat. Sie hat das Gefühl, sie braucht noch ganz viele Informationen.

Die hier beschriebene Situation wirft folgende Fragen auf:

1. Was können Kinder, wenn sie auf die Welt kommen, und warum entwickeln sie sich so rasch weiter?

2. *Warum hat die Praktikantin zunächst die Aufgabe zu hospitieren und tritt dann erst einmal in Kontakt mit älteren Kindern?*

3. *Welche Bedeutung hat die Beziehung zu erwachsenen Personen für die Entwicklung der Kinder?*

4. *Lernen Kinder rascher, wenn sie selbst etwas tun dürfen und aktiv sind?*

5. *Wann und in welchen Situationen brauchen Kinder Unterstützung und Hilfe?*

Pädagogisches Handeln hängt davon ab, welche Vorstellungen Erwachsene von den Kompetenzen und Möglichkeiten eines Kindes haben und wie sie seine Äußerungen und Verhaltensweisen interpretieren. Man bezeichnet diese Vorstellungen und Interpretationen auch als „Bild vom Kind".

Das aktuelle Bild vom Kind in der Psychologie und Pädagogik ist geprägt von Erkenntnissen der wissenschaftlichen Forschung, die sich in den letzten Jahrzehnten durch neue und differenziertere Methoden auszeichnet. Einige Forschungsansätze, wie z. B. die Bindungsforschung und die Säuglingsforschung, beziehen sich ausschließlich auf das Säuglings- und Kleinstkindalter. Sie beleuchten die frühe Basis für Bildung und Lernen. Andere Ansätze, wie z. B. die Hirnforschung und der Ansatz des Ko-Konstruktivismus, haben alle Altersgruppen im Blick und treffen daher allgemeingültige Aussagen für das Thema. In den folgenden Abschnitten werden wichtige Forschungsansätze und deren Ergebnisse dargestellt und im Anschluss Konsequenzen für die pädagogische Arbeit gezogen.

1.1 Bildung und Bindung – Erkenntnisse der Bindungsforschung

Schon lange ist bekannt, dass die Bindung an eine erwachsene Person für das Kind überlebensnotwenig ist und die Basis für seine soziale Entwicklung bildet. Die neuere Bindungsforschung bestätigt diese Annahme und gibt uns zudem einen genaueren Einblick in die Bedeutung der Bindung für Bildung und Lernen.

1.1.1 Bindung und Bindungsverhalten

Die Bindungstheorie geht davon aus, dass jeder Mensch von Geburt an ein biologisches Bedürfnis nach Bindung an einige wenige Personen hat, die stärker und erfahrener sind als er und die ihn schützen und versorgen können.

Definition

Bindung *ist ein lang anhaltendes, gefühlsmäßiges Band zu einer spezifischen Person, die nicht ausgetauscht werden kann.*

Kinder verfügen von Geburt an über ein Verhaltenssystem, das den Aufbau einer Bindung begünstigt. Dieses System wird als Bindungsverhalten bezeichnet und immer aktiviert, wenn das Kind sich unwohl fühlt. Dies ist z. B. der Fall, wenn es Hunger oder Durst hat, müde ist oder Angst verspürt, wenn es sich fremd fühlt oder überreizt ist. Zunächst versucht der Säugling dann durch Weinen die Nähe der erwachsenen Person herzustellen.

Beispiel
Fühlt sich ein Säugling unwohl, weil er durch ein lautes Geräusch erschreckt wurde, wird er weinen und schreien. Wendet sich die Bindungsperson ihm zu, spricht beruhigend auf ihn ein und nimmt ihn auf den Arm, wird er sich allmählich beruhigen und sich wieder entspannen.

In den ersten beiden Lebensmonaten ist das Verhalten des Säuglings noch nicht auf bestimmte Personen gerichtet, d. h., er reagiert auf alle Erwachsenen in der Nähe gleichermaßen. Zwischen dem dritten und sechsten Monat ist das Verhalten dann bereits zielorientiert, d. h., das Kind reagiert auf Mutter oder Vater schneller und differenzierter als auf andere erwachsene Personen. Mit zunehmenden Fähigkeiten im motorischen Bereich wird auch das Bindungsverhalten

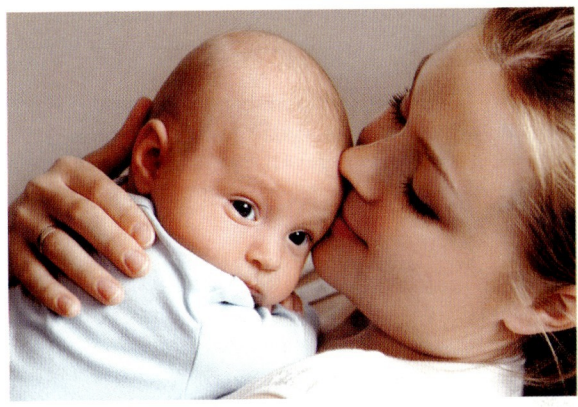

immer komplexer. In belastenden Situationen kann das Kind neben dem gerichteten Weinen nun auch die Arme hochstrecken, sich an der Bindungsperson festklammern, zu ihr hinkrabbeln oder sich anschmiegen. Durch den Körperkontakt mit der Bindungsperson beruhigt sich das Kind und kann sein inneres Gleichgewicht wieder herstellen. Ab dem sechsten Lebensmonat erkennt das Kind vertraute Personen und kann sie von fremden unterscheiden. Eltern werden nun zur „Sicherheitsbasis" in belastenden Situationen.

Die meisten Kinder entwickeln in den ersten neun Monaten Bindungen gegenüber Personen, die sich dauerhaft um sie kümmern, d. h., die ihre körperlichen Bedürfnisse befriedigen und mit ihnen interagieren. Dabei binden sich Kinder nicht nur an eine Person, sondern sind in der Lage, mit mehreren Personen eine Bindung einzugehen. Die Beziehungen sind dabei hierarchisch geordnet, d. h., Kinder haben eine Rangfolge, sie bevorzugen z. B. die Mutter als Bindungsperson vor dem Vater.

Unterschiede bestehen auch im Hinblick auf die Qualität der Bindung. Man unterscheidet zwischen sicherer und unsicherer Bindung. Sicher gebundene Kinder zeigen ihre Gefühle in belastenden Situationen offen, denn sie sind sicher, dass ihr Bindungsverhalten angemessen beantwortet wird. Sie entwickeln ein inneres Arbeitsmodell von sich selbst, das zwei Kernpunkte enthält: Die Vorstellung von sich selbst als liebenswert und unterstützenswert und die Erwartung, dass man selbst etwas bewirken kann. Damit ist die Basis geschaffen für die Entwicklung eines positiven Selbstbildes und einer offenen Haltung gegenüber erwachsenen Personen. Unsicher gebundene Kinder dagegen erleben, dass ihr Bedürfnis nach Nähe und Schutz nicht immer angemessen befriedigt wird. Sie sind sich nicht sicher, wie ihre Bindungsperson reagieren wird und können deshalb auch kein positives inneres Arbeitsmodell entwickeln. Diese Kinder begegnen sich und der Welt daher eher vorsichtig und mit Vorbehalten. Bildung- und Lernprozesse finden unter erschwerten Bedingungen statt.

1.1.2   Bindungsverhalten und Explorationsverhalten

Der Begriff Exploration kommt aus dem Lateinischen und bedeutet „erkunden". Schon Säuglinge erkunden ihre Umwelt, nehmen beispielsweise die Rassel in den Mund oder versuchen, die Spieluhr über dem Bett mit Händen oder Füßen zu erreichen. Wenn sie mobil sind, krabbeln sie in Richtung interessanter Gegenstände und untersuchen die Umgebung. Dies tun sie aus einem inneren Antrieb heraus, sie müssen nicht dazu aufgefordert werden.

Bindungs- und Explorationsverhalten sind zwei Seiten einer Medaille. Das eine System kann nur aktiviert werden, wenn das andere deaktiviert ist. Der Säugling ist nur dann bereit, seine Umwelt zu erkunden und sich mit ihr auseinanderzusetzen, wenn das Bindungsverhalten beruhigt ist.

Fallbeispiel
Nachdem Jonas gefüttert und gewickelt wurde und er seinen Mittagsschlaf halten konnte, interessiert er sich nun für eine neue Rassel. Er greift sie mit beiden Händen, steckt sie in den Mund und schüttelt sie, um dem Klang zu lauschen.

(vgl. Becker-Stoll, 2009, S. 38)

Kommt das Kind bei seinen Erkundungen in eine Überforderungssituation, weil es sich erschreckt oder Angst hat, müde ist, Schmerzen verspürt oder Hunger hat, wird sein Bindungsverhalten aktiviert und es wird die Nähe zu seiner Bindungsperson suchen.

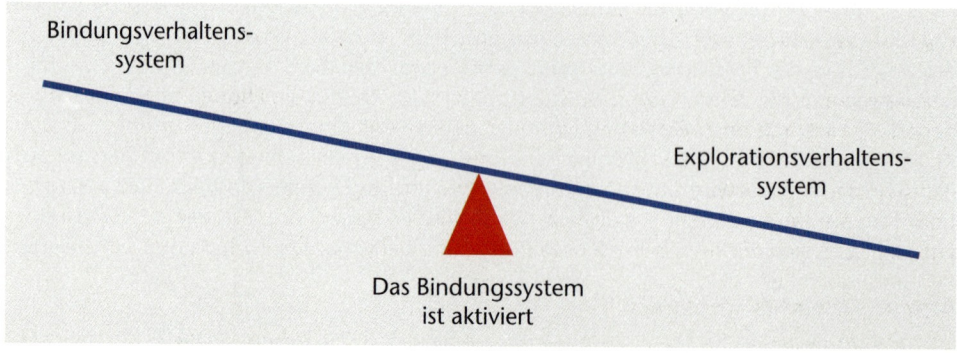

(vgl. Becker-Stoll, 2009, S. 38)

Mit Vollendung des ersten Lebensjahres kann man beobachten, wie Kleinkinder ihre Bindungsperson als „sichere Basis" nutzen. Fühlt sich ein Kind bei seinen Erkundungen überfordert oder unwohl, kehrt es zur Bindungsperson zurück und „tankt" im Körperkontakt zu ihr seine emotionale Sicherheit wieder auf. Das Bindungssystem beruhigt sich wieder, da das Bedürfnis nach Sicherheit und Nähe befriedigt wird und das Explorationsverhalten wird wieder aktiviert. Nun kann sich das Kind von der sicheren Basis lösen und erneut die Umwelt erkunden.

1.1.3 Die Beziehung zwischen pädagogischer Fachkraft und Kind

Die Beziehung zwischen der pädagogischen Fachkraft und dem Kind ist nicht mit der Beziehung zu den Eltern gleichzusetzen. Eine Bindung, wie sie zur Mutter oder zum Vater besteht, ist aus professioneller Sicht auch nicht anzustreben. Die Fachkraft braucht ein gewisses Maß an Distanz, um ihrer Aufgabe gerecht zu werden. Zudem muss sie ihre Aufmerksamkeit und Zeit auf mehrere Kinder verteilen. Sie nimmt die Beziehung zu einzelnen Kindern im Rahmen des Gruppenalltags wahr. Dennoch ist eine positiv-emotionale Beziehung zwischen Fachkraft und Kind von großer Bedeutung, sie trägt entscheidend zum Wohlbefinden des Kindes bei und bildet die Grundlage für die weitere pädagogische Arbeit. In Abgrenzung zur Bindung an die Eltern spricht man in diesem Zusammenhang von einer „Bindungsbeziehung".

Feinfühligkeit – Voraussetzung für den Aufbau von Beziehungen

Entscheidend für den Aufbau einer sicheren Bindung zwischen Eltern und Kind ist die elterliche Feinfühligkeit. Hohe elterliche Feinfühligkeit führt zu einer sicheren Bindung, das bestätigen zahlreiche Studien. Auch für die Bindungsbeziehung zur Kinderpflegerin oder Erzieherin ist die Feinfühligkeit eine wesentliche Grundlage. Feinfühligkeit ist im Wesentlichen durch vier Merkmale gekennzeichnet:

1. die Signale des Kindes wahrnehmen (das Kind im Blick haben)

2. angemessene und richtige Interpretation dieser Signale (sich in die Lage des Kindes versetzen – die eigenen Bedürfnisse dabei nicht in den Vordergrund stellen)

3. angemessene Reaktionen (angepasst an das entsprechende Alter des Kindes und die Situation)

4. schnelles Handeln (das Kind muss eine Verknüpfung herstellen können, um sich als Verursacher der Reaktion und damit als wirksam zu erleben)

(vgl. Viernickel/Völkel, 2009, S. 23, 47)

Eine vertrauensvolle Beziehung lässt sich vor allem in solchen Situationen gut aufbauen, in denen die Fachkraft im direkten Kontakt mit einem Säugling steht, wie beim Füttern, Wickeln, Anziehen oder Trösten. Die Beziehung entsteht jedoch allmählich und kann nicht erzwungen werden, das Tempo wird vom Kind bestimmt. Deshalb ist eine Eingewöhnungsphase unerlässlich, sie zählt zu den Qualitätskriterien für gute Krippen. Aus der vertrauensvollen Beziehung kann sich mit der Zeit eine Bindungsbeziehung entwickeln.

Bindungsähnliche Eigenschaften

Sowohl die Fachkraft-Kind-Beziehung als auch die Mutter-Kind-Beziehung ist gekennzeichnet durch bestimmte Aspekte, sogenannte Bindungseigenschaften. Dazu zählen: Zuwendung, Sicherheit, Stressreduktion, Explorationsunterstützung und Assistenz. Der Unterschied zwischen der Beziehung zur Mutter und der zur Fachkraft besteht dabei in unterschiedlichen Schwerpunkten. In der Mutter-Kind-Beziehung stehen Zuwendung, Sicherheit und Stressreduktion im Vordergrund, bei der Fachkraft-Kind-Beziehung dagegen Stressreduktion, Explorationsunterstützung und Assistenz. Die Tabelle zeigt auf, welches Verhalten dazu führt, den Bindungseigenschaften gerecht zu werden.

Zuwendung	Eine liebevolle und emotional warme Kommunikation ist die Grundlage einer Bindungsbeziehung, bei der das Kind und die Erzieherin Freude an einer gemeinsamen Interaktion haben.
Sicherheit	Die zentrale Funktion einer sicheren Bindungsbeziehung ist es, dem Kind ein Gefühl der Sicherheit zu vermitteln. Kinder spielen intensiver und erkunden ihre Umwelt aufgeschlossener, wenn die Erzieherin selbst bei diesen eigenaktiven Tätigkeiten des Kindes verfügbar bleibt.
Stressreduktion	Befindet sich das Kind in einer misslichen Lage, wird es Trost und Unterstützung suchen. Mit dem Ziel, den Stress zu mildern, hilft die Erzieherin dem Kind vor allem, seine negativen Emotionen zu regulieren, Irritationen und Ängste zu überwinden und zu einer positiven emotionalen Stimmungslage zurückzukehren.
Explorationsunterstützung	Das eigenständige Erkunden kann sich vor allem dann entwickeln, wenn das Kind bei Unsicherheiten und Angst zu der Erzieherin zurückkehren oder sich rückversichern kann. Eine Erzieherin wird in besonderer Weise dieser Funktion gerecht, wenn sie gleichzeitig zu neuem Erkunden ermutigt.
Assistenz	Gelangt das Kind bei schwierigen Aufgaben an die Grenzen seiner Handlungsfähigkeit, braucht es zusätzliche Informationen und Unterstützung. Besteht eine sichere Erzieherin-Kind-Bindung, wird das Kind diese Hilfe vorrangig bei dieser Bindungsperson suchen und von ihr auch akzeptieren.

Bindungseigenschaften der Erzieherin-Kind-Beziehung (vgl. Becker-Stoll, 2007 S.33/34)

Die bisherigen Ausführungen beziehen sich auf Kinder im ersten Lebensjahr. In dieser Zeit wird die Basis gelegt für weitere Beziehungen und für eine positive Grundhaltung, die Bildung und Lernen begünstigen oder erschweren. Auch ältere Kinder benötigen Zuwendung und Unterstützung, man spricht dann aber allgemein von einer pädagogischen Beziehung oder vom pädagogischen Bezug.

1.2 Das kompetente Kind – Erkenntnisse der Säuglingsforschung

Einen wesentlichen Beitrag zum Bild vom Kind hat die Säuglingsforschung geleistet. Dieser Forschungszweig versucht herauszufinden, mit welchen Fähigkeiten Kinder zur Welt kommen und wie sie diese Fähigkeiten weiterentwickeln. Weil man Säuglinge und Kleinstkinder nicht befragen kann, haben sich die Forscher ungewöhnliche Methoden ausgedacht, wie das folgende Beispiel eines Experiments verdeutlicht:

1. Ein Puppe wird auf die Bühne gesetzt.
2. Die Wand wird hochgeklappt.
3. Eine zweite Puppe wird dazugesetzt.
4. Die leere Hand verlässt die Bühne.

danach ...

entweder: möglicher Ablauf (a)

5a. Die Wand wird runtergeklappt.
6a. Zwei Puppen sind zu sehen.

oder: unmöglicher Ablauf (b)

5b. Die Wand wird runtergeklappt.
6b. Eine Puppe ist zu sehen.

„(Die Säuglingsforscherin Karen Wynn) zeigte 5 Monate alten Babys den in der Abbildung schematisch dargestellten Handlungsablauf: Das Kind beobachtet eine Bühne, auf der 1 Figur steht. Die Bühne wird nun durch einen Schirm verdeckt, sodass die Figur nicht mehr sichtbar ist. Als Nächstes bewegt sich von der Seite eine Hand hinter den Schirm, die eine 2. Figur hält. Die Hand wird anschließend wieder zurückgezogen – sie ist jetzt offenkundig leer (…). Nun wird der Handlungsablauf auf eine von zwei Arten, die sich kritisch voneinander unterscheiden, fortgesetzt. Das Kind beobachtet entweder einen möglichen oder einen unmöglichen Handlungsablauf: Im möglichen Handlungsablauf bewegt sich der Abdeckschirm nach unten und (es) werden 2 Figuren sichtbar. Im unmöglichen Handlungsablauf bewegt sich der Abdeckschirm ebenfalls nach unten, aber diesmal steht auf der Bühne nur 1 Figur (…). Gemessen wurde die Blickdauer: Wynn (…) konnte zeigen, dass jene Babys, die den unmöglichen Handlungsablauf beobachteten, diesen signifikant länger inspizierten als Babys, die den möglichen Handlungsablauf vorgeführt bekamen. Eine längere Blickdauer wird in der Säuglingsforschung üblicherweise als Überraschung interpretiert (…). Im Kontext des Experiments würde das bedeuten, dass bereits 5 Monate alte Babys aufgrund einer mental durchgeführten Addition (1 Puppe + 1 Puppe) erwarten, dass hinter dem Schirm 2 Puppen stehen, und dann überrascht sind, wenn dies nicht der Fall ist. (…)"
(Landerl/Kaufmann, 2008, S. 72 f.)

Wegen ihrer spektakulären Methoden und vieler faszinierender Ergebnisse ist die Säuglingsforschung in den letzten Jahren einer breiteren Öffentlichkeit bekannt geworden. Fazit der Arbeiten ist für die Wissenschaftler die Erkenntnis: Kinder kommen mit erstaunlichen Fähigkeiten zur Welt. Dies gilt vor allem in Bereichen, die aus Sicht der Menschheitsgeschichte besonders bedeutsam sind, z. B. Wahrnehmung, Sprache, mathematische Kompetenzen und die Gestaltung von Beziehungen. Diese Fähigkeiten werden als „Kernkompetenzen" bezeichnet. Gleichzeitig verfügen Kinder von Geburt an über spezifische Lernmechanismen, die eine rasche Weiterentwicklung im Bereich der Kernkompetenzen ermöglichen – wenn die Umwelt entsprechend gestaltet wird.

Es soll an dieser Stelle aber erwähnt werden, dass die Forschungsmethoden nicht unumstritten sind, denn die Ergebnisse sind häufig mehrdeutig und müssen zum Teil stark interpretiert werden.

Konsequenzen für die pädagogische Arbeit

In der pädagogischen Arbeit geht es darum, die Weiterentwicklung der Kompetenzen zu unterstützen. Dies geschieht zunächst, indem das Kind eine Bindung zu einer erwachsenen Person aufbauen kann (vgl. Abschnitt 1.1). Neben einer ressourcenorientierten Grundhaltung der pädagogischen Fachkraft ist es wichtig, dem Kind von Anfang an reichhaltige, vielfältige und anspruchsvolle Lernanregungen und Lernaufgaben anzubieten. Es muss nicht abgewartet werden, bis Kinder einen bestimmten Entwicklungsstand erreicht haben. Wichtig ist aber, dass die Aufgaben an das Vorwissen und die Erfahrung des Kindes anknüpfen. Lernarrangements, die das Erforschen und Experimentieren ermöglichen, veranlassen Kinder dazu, ihr Wissen zu überprüfen und Sachverhalten Bedeutung zuzuschreiben. So erweitern sie ihr Weltbild Schritt für Schritt.

1.3   Der Lerntrieb ist angeboren – neurobiologische Erkenntnisse

Mithilfe von bildgebenden Verfahren ist es möglich, die Bedeutung von Lernerfahrungen für die Entwicklung des Gehirns sichtbar zu machen. Unser Gehirn ist so angelegt, dass es nach Anregungen und Abwechslung sucht. Neue Eindrücke werden aber nicht nur wahrgenommen und gespeichert, sie werden mit bestehenden Erfahrungen verglichen, verknüpft und mit einer Bedeutung versehen. Durch Anregungen aus der Umwelt entsteht in den ersten fünf bis sechs Jahren im Gehirn eines Kindes ein neuronales Netzwerk. Danach werden häufig gebrauchte Verbindungen aufrechterhalten und ausgebaut, das Netz wird in diesen Bereichen immer dichter. Nicht oder kaum verwendete Verbindungen werden dagegen nach einer gewissen Zeit wieder gelöscht. Das ist bedeutsam, denn damit ist die Voraussetzung gegeben, dass Aufmerksamkeit gezielt auf etwas gerichtet werden kann. Wichtige Informationen können von unwichtigen unterschieden werden.

> „Lernen auf neurophysiologischer Ebene ist zu verstehen als die Entwicklung und Ausdifferenzierung häufig benutzter Netzwerkverbindungen von Nervenzellen und die Verkümmerung jener Verbindungen, die nicht oder kaum benutzt werden – ganz nach dem Prinzip ‚Use it or lose it'.
>
> (Staatsinstitut für Frühpädagogik, 2010, S. 15)

Nachhaltige Vernetzungen und neue Strukturen im Gehirn bilden sich nur heraus, wenn mehrere Bereiche des Gehirns gleichzeitig angesprochen werden. Dazu gehören vor allem das Sinneszentrum und das Bewegungszentrum. Frühkindliches Lernen findet also vor allem statt, wenn das Kind selbst handelt und aktiv ist.

Lange Zeit wurde die Bedeutung der Emotionen für Lernprozesse unterschätzt. Heute weiß man, dass Lernvorgänge auch von Gefühlen gesteuert und/oder von ihnen nachhaltig beeinflusst werden. Kinder, die lustbetont lernen dürfen, lernen nachhaltig, erfolgreich und erleben sich als kompetent. Dies ermöglicht es ihnen, sich auf neue Bildungs- und Lernprozesse einzulassen, denn Lernen wird mit einem positiven Gefühl verbunden.

Konsequenzen für die pädagogische Arbeit

- Das Gehirn braucht „Nahrung", also Anregungen, nur so kann ein neuronales Netz aufgebaut werden. Die Anregungen sollten vielfältig und anspruchsvoll sein. Allerdings gilt nicht das Motto „Viel hilft viel", das könnte zu einer Überforderung der Kinder führen. Neben der Quantität der Anregungen spielt auch die Qualität eine erhebliche Rolle. Reize müssen gut strukturiert angeboten werden und an das Vorwissen der Kinder anknüpfen. Kleine Kinder lernen besonders gut in der direkten Interaktion mit einer erwachsenen Person.

- Lernangebote sollten zur Eigenaktivität anregen und Kinder zum selbstbestimmten Lernen herausfordern. Das bedeutet, Instruktionen und durchgeplante Angebote sind vor allem für kleine Kinder nur bedingt geeignet.

- Lustvolles Lernen findet statt in einer Atmosphäre, in der Kinder sich sicher und angenommen fühlen. Freude am Lernen entwickelt sich, wenn Kinder eigenaktiv sind, eigene Lernwege gehen, Umwege und Fehler nicht nur akzeptiert, sondern auch als Lernchance gesehen werden. Es ist die Aufgabe von Fachkräften, eine solche Atmosphäre zu schaffen.

- Unterstützung und Hilfestellung durch die Fachkraft orientieren sich an der Zone der nächsten Entwicklung. Das bedeutet, dass Fachkräfte mit ihren Angeboten oder Hilfestellungen sich nicht nur an dem orientieren, was das Kind schon kann, sondern Herausforderungen stellen, die auf der nächsten Stufe im Entwicklungsverlauf liegen. Dabei ist darauf zu achten, dass das Kind nicht überfordert wird.

1.4 Kinder gestalten ihre Bildung und Entwicklung aktiv mit – Der ko-konstruktivistische Ansatz

Vertreter des konstruktivistischen Ansatzes gehen davon aus, dass Kinder in der aktiven Auseinandersetzung mit ihrer Umwelt lernen und sich dadurch ein Bild von der Welt machen, ihr Wissen also aktiv konstruieren. Man spricht davon, dass Kinder sich selbst bilden. Folgt man

diesem Ansatz, so ist der äußere Einfluss auf kindliche Lernprozesse eher gering und besteht darin, die Umgebung zu gestalten.

In dieser radikalen Form wird der Ansatz kaum vertreten. Meist wird er ergänzt durch einen weiteren Faktor. Aktive Auseinandersetzung mit der Umwelt geschieht oft im Rahmen von sozialer Interaktion mit Erwachsenen oder anderen Kindern. Indem sie etwas entdecken und sich mit anderen darüber austauschen und Bedeutungen aushandeln, lernen Kinder, die Welt zu verstehen. Dies entspricht der Vorstellung von Ko-Konstruktion. Studien belegen, dass dabei andere Kinder eine besondere Rolle spielen. In der Kindertagesstätte begegnen Kinder anderen Kindern, die ihnen zwar ähnlich, aber nicht gleich sind. Aufgrund der Ähnlichkeit können die Kinder einander oft besser verstehen als Erwachsene. So können Kinder leichter von einem anderen Kind lernen, das ihnen nur auf einem bestimmten Gebiet voraus ist, als von einem Erwachsenen, der auf sehr vielen Gebieten mehr weiß und kann.

Konsequenzen für die pädagogische Arbeit

- Die Fachkraft hat die Aufgabe, Kinder zu beobachten, um die Interessen und Themen des Kindes zu erkennen und ihm dann entsprechende Angebote zu machen oder es bei der Bearbeitung seiner Themen zu unterstützen.

- Ko-Konstruktion ist ein Prozess, an dem verschiedene Personen beteiligt sind. Dabei hat der Erwachsene nicht mehr die Rolle des „Experten". Belehrung und Instruktion rücken in den Hintergrund, miteinander Lernen in Lerngemeinschaften und Lernbegleitung gewinnen an Bedeutung. Schon kleine Kinder lernen im Austausch mit anderen Kindern. Die Zusammensetzung von Gruppen ist ein wichtiger Aspekt, der dabei bedacht werden sollte. Für jüngere Kinder sind Zweiergruppen am überschaubarsten und bieten die beste Möglichkeit, zusammen mit dem Spielpartner Wissen zu erwerben. Bei älteren Kindern sollte die Spielgruppe aus höchstens fünf Kindern bestehen. In diesem Rahmen können Kinder miteinander verhandeln, gemeinsam Spiele erfinden, sich verbünden, Konflikte austragen und so lernen.

- Vielfalt im Hinblick auf Temperament, Lerntempo, Entwicklungsstand oder kulturellen Hintergrund ist eine Bereicherung für Lerngemeinschaften. Sie kann neue Impulse setzen, neue Lernmöglichkeiten eröffnen und den Horizont erweitern.

- Faktenwissen ist nicht so wichtig wie die Erforschung von Bedeutung. Dafür ist es notwendig, den Austausch untereinander zu ermöglichen und zu unterstützen. Fachkräfte sollten Vermutungen, Ideen, Widersprüche und Missverständnisse der Kinder aufnehmen und thematisieren. Fehler sind die Quelle für neue Fragen und können dazu anregen, sich erneut mit einem Sachverhalt auseinanderzusetzen. Sie sind nicht negativ zu bewerten.

1.5   Bedürfnisse von Kindern

> „Auch wenn das ‚Bild vom Kind' heute die vielfältigen Kompetenzen, die Kinder von Geburt an mitbringen, und die beachtliche eigene Aktivität ihrer Bildungsentwicklung in den Vordergrund stellt, so sind Kinder gerade in den ersten Lebensjahren gleichzeitig auch sehr verletzbar und völlig von der liebevollen und beständigen Pflege und Versorgung durch vertraute Bezugspersonen abhängig."
> (Becker-Stoll u. a., Handbuch, 2009, S. 17)

Fabienne Becker-Stoll macht mit ihrer Aussage deutlich, dass die Bedürfnisse von Kindern, insbesondere kleinen Kindern, nicht aus dem Blick geraten dürfen. Die angemessene Befriedigung der Bedürfnisse ist für eine gesunde Entwicklung genauso wichtig wie die Berücksichtigung der Aspekte aus den anderen Forschungsbereichen.

Jeder Mensch hat physische und psychische Bedürfnisse. Die Befriedigung körperlicher Bedürfnisse ist wichtig, reicht aber nicht aus, um eine gesunde Entwicklung zu gewährleisten. Entscheidend für das Wohlbefinden und die weitere Entwicklung von Kindern ist die Befriedigung der psychischen Grundbedürfnisse, insbesondere: soziale Eingebundenheit, Autonomieerleben und Kompetenzerleben. Säuglinge und Kleinkinder sind darauf angewiesen, dass diese Bedürfnisse durch ihre nächsten Mitmenschen erfüllt werden. Selbstverständlich haben auch ältere Kinder, Jugendliche und Erwachsene Bedürfnisse. Mit zunehmendem Alter ist der Mensch aber in der Lage, seine Bedürfnisse selbst angemessen zu befriedigen oder die Bedürfnisse zu äußern. Deshalb bezieht sich dieser Abschnitt in der Hauptsache auf die ersten drei Lebensjahre. Weitere Informationen über das Thema Bedürfnisse erhalten Sie in Kapitel 5.

1.5.1 Das Grundbedürfnis nach sozialer Eingebundenheit

Der Mensch ist ein soziales Wesen und möchte bereits ab der Geburt „dazugehören". Er möchte von seinen Mitmenschen Zuneigung und Anerkennung bekommen und sie ihnen auch geben. Die Fähigkeit, dass er sinnstiftende Beziehungen unterhalten kann, ist ihm angeboren (vgl. Abschnitt 1.1).

Beispiel
Ein Säugling hebt den Kopf und nimmt Blickkontakt zu seiner Mutter auf. Die Mutter geht auf dieses soziale Signal ein und blickt liebevoll zurück. Der Säugling wird bald mit Gurrlauten und einem Lächeln antworten.

Definition
*Das **Grundbedürfnis nach sozialer Eingebundenheit** steht für das Bedürfnis, enge zwischenmenschliche Bindungen und gute Beziehungen einzugehen. Jeder Mensch möchte sich anderen zugehörig und sicher gebunden fühlen und sich als liebesfähig und liebenswert erleben.*

In den Situationen, in denen das Kind für eine Leistung Anerkennung möchte, die auch von seinen Bezugspersonen als wertvoll eingeschätzt wird, kann es sich zugehörig und liebenswert fühlen. Doch was passiert, wenn die Interessen des Kindes nicht mit den Erwartungen seiner Bezugsperson übereinstimmen? Die Kinder kommen in diesen Situationen den Erwartungen und Aufforderungen ihrer Bezugsperson dann nach, wenn sie zu diesen Menschen eine positive Beziehung haben. Wenn die Kinder eine emotionale Verbindung zu ihren Vorbildern haben, dann identifizieren sie sich mit deren Wertvorstellungen und Ansichten. So weisen in einer Kindertagesstätte die Kinder, die eine tragfähige emotionale Beziehung aufbauen konnten, meist weniger Disziplinierungsprobleme auf als Kinder, die eine so gute Beziehung nicht aufbauen konnten.

Konsequenzen für die pädagogische Arbeit
Das Grundbedürfnis nach sozialer Eingebundenheit wird im ersten Lebensjahr vor allem von den Eltern befriedigt. Besuchen Kinder eine Krippe, ist auch die pädagogische Fachkraft zuständig, diesem Bedürfnis nachzukommen und es angemessen zu befriedigen. Das folgende Beispiel verdeutlicht, wie dies gelingen kann.

Fallbeispiel
Sebastian, neun Monate alt, ärgert sich und drückt seinen Ärger durch einen wütenden Blick, einen wütenden Laut und eine entsprechende Geste aus. Die Kinderpflegerin, seine Bindungsbezugsperson, hat dieses Verhalten wahrgenommen und greift die Signale sofort auf. Sie gibt ihm die Rückmeldung, dass sie sein

Verhalten wahrgenommen hat. Sebastian erfährt, dass er mit seinem Gefühl anerkannt wird und sich zugehörig fühlen darf. Er lernt mit der Zeit, seine Gefühle angemessen auszudrücken.

Würde die Bezugsperson nicht prompt und angemessen reagieren, müsste Sebastian seinen Ärger wesentlich deutlicher zeigen und sein Bedürfnis nach sozialer Eingebundenheit würde nur unzureichend befriedigt.

1.5.2   Das Grundbedürfnis nach Autonomie

Neben dem Wunsch dazuzugehören hat das Kleinkind auch den Wunsch, seinen Vorstellungen und Interessen gemäß zu handeln. Es möchte aus eigenem Antrieb heraus Dinge selbst tun können. Das Kind möchte z. B. den Löffel alleine halten, die Gummistiefel anziehen oder die Treppe hochgehen.

Fallbeispiel
Paula zieht sich immer wieder mit Begeisterung ihre Socken aus und lässt sie sich von der Kinderpflegerin wieder anziehen, da sie das selbst noch nicht kann. Hierbei strahlt sie über das ganze Gesicht.

Definition
*Das **Grundbedürfnis nach Autonomieerleben** steht für das Bedürfnis, dass jeder sein eigenes Handeln frei bestimmen und steuern und die Beziehungen mit seiner Umwelt selbst bestimmen möchte.*

Der Wunsch nach Autonomie und Freiheit und das Bedürfnis nach Zugehörigkeit stehen häufig im Gegensatz zueinander. Die Bedürfnisse müssen dann ausbalanciert werden, damit beide angemessen befriedigt werden können. Kinder müssen lernen, den Ausgleich zu finden.

Konsequenzen für die pädagogische Arbeit
Die Fachkraft kann das Verhalten der Kinder, das diese Autonomie erleben lässt, unterstützen, indem sie ihnen möglichst viel Freiheit und Wahlmöglichkeiten gewährt und gleichzeitig die Regeln auf das notwendige Maß begrenzt. Kann das Kind zwischen vielen Möglichkeiten auswählen, so kann es im Laufe der Zeit immer besser erkennen, welche Ziele ihm wichtig sind, und diese dann auch verfolgen. In einem sehr langen Prozess lernt das Kind zunehmend besser, selbst zu entscheiden, welche Aktivität es jetzt ausüben möchte, ob allein oder mit einem Spielpartner zusammen, wie lange und an welchem Ort es sich mit einer Sache beschäftigen möchte. Das Kind kann diesen Lernprozess jedoch nicht alleine bewältigen, sondern benötigt Unterstützung durch seine Umwelt. Dies bedeutet, dass die Fachkraft einerseits erkennen sollte, wann das Kind Hilfestellung benötigt, andererseits darf sie nicht übermäßig kontrollieren, manipulieren oder gar strafen, da dadurch das Kind in seinem Streben nach Autonomie gehemmt werden würde.

1.5.3   Das Grundbedürfnis nach Kompetenzerleben

Menschen können an sich selbst wahrnehmen, wie sie ihre Möglichkeiten nutzen und ihre Fähigkeiten ausdrücken können. Erhalten sie die Gelegenheit, dementsprechend zu handeln, stellt sich ein befriedigendes Gefühl ein und man bekommt einen Antrieb, neue Herausforderungen aufzusuchen, in denen sich wieder dieses befriedigende Gefühl einstellt.

*Nils, ein Jahr alt, wählt aus einer Viel-
zahl von verschiedenen Gegenständen
Wäscheklammern aus und lässt sie in
einen Behälter fallen. Dies tut er sehr beharrlich. Er lernt die hölzernen Wäscheklammern als gleiche Gegenstände zu
erfassen und von anderen Dingen zu
unterscheiden. Entdeckt er eine Wäsche-
klammer aus Plastik und sortiert er sie
ebenfalls zu den hölzernen Wäscheklammern, hat er etwas über Gleichheit
und Ähnlichkeit gelernt.*

Definition

*Das **Grundbedürfnis nach Kompetenzerleben** steht für das Bedürfnis, Aufgaben und Probleme aus eigener Kraft und durch eine effektive Interaktion mit der Umwelt zu bewältigen, dadurch positive Ergebnisse zu erzielen und negative zu verhindern.*

D

Stand das Grundbedürfnis nach sozialer Eingebundenheit im ersten Lebensjahr im Vordergrund, rücken das Grundbedürfnis nach Autonomie und Kompetenzerleben im zweiten und
dritten Lebensjahr in den Mittelpunkt.

Konsequenzen für die pädagogische Arbeit

Damit ein Kind Aufgaben und Probleme aus eigener Kraft erfolgreich lösen kann, ist es notwendig, dass die Kinderpflegerin dem Entwicklungsstand des Kindes angepasste Herausforderungen stellt und gleichzeitig Hilfestellung gibt beim Erwerb neuer Handlungsweisen.
Dem Kind wird dadurch sein eigener Lernweg zugestanden, es kann Lern-Umwege wählen,
bei denen die Kinderpflegerin erkennen kann, dass sie umständlich sind, aber letztlich zum
Ziel führen. Wenn die Lernaufgabe für das Kind nicht zu schwierig ist und es die notwendige
Unterstützung erhält, wird es die Aufgabe mit großer Wahrscheinlichkeit erfolgreich meis-
tern. In der Folge kann es ein Bild von sich selbst entwickeln: „Ich bin ein erfolgreicher
Lerner."

Gleichzeitig sollten pädagogische Fachkräfte darauf achten, dass das Kind sich wohlfühlt.
Denn das Kind lernt nicht nur, ein Problem aus eigener Kraft zu lösen, es speichert im Gehirn
auch gleichzeitig das Gefühl mit ab, das es beim Lernen hatte. Kommt es später in eine ähnliche Lernsituation, wird es sich nicht nur an den bereits erlernten Lösungsweg erinnern,
sondern auch an das Gefühl, das es dabei erlebte. Der Kinderpflegerin kommt die Aufgabe zu,
mit dem Kind die Freude am Lernen zu teilen, es wertzuschätzen und ihm dies positiv rückzu-
melden.

*Da Kinder aus eigenen Erfahrungen am meisten lernen, ist in der frühen Kindheit das Freispiel sehr
wichtig, denn hier kann das Kind im Spiel mit anderen neugierig sein und immer wieder aufs Neue
erleben, dass es aus eigener Kraft und im Zusammenspiel mit anderen Aufgaben und Probleme
erfolgreich bewältigen kann.*

Z *Zusammenfassung*

Pädagogisches Handeln hängt davon ab, welche Vorstellungen Erwachsene von den Kompetenzen und Möglichkeiten eines Kindes haben und wie sie seine Äußerungen und Verhaltensweisen interpretieren. Man bezeichnet diese Vorstellungen und Interpretationen als „Bild vom Kind".

Das aktuelle Bild vom Kind ist geprägt von wissenschaftlichen Forschungen und theoretischen Ansätzen, insbesondere von Erkenntnissen der Bindungsforschung, der Säuglingsforschung, der Hirnforschung, der Erforschung von Bedürfnissen und des Ko-Konstruktivismus.

Bindungsforschung
Bindung ist eine Voraussetzung für Bildung und Lernen. Kinder sind bei der Geburt ausgestattet mit Bindungsverhaltensweisen wie weinen und schreien. Diese werden aktiviert, wenn sich das Kind in einer belastenden Situation befindet. Bindungsverhalten und Explorationsverhalten bedingen sich gegenseitig. Ist das Bindungsverhalten aktiviert, dann ist gleichzeitig das Explorationsverhalten deaktiviert. Es gibt unterschiedliche Bindungsqualitäten, nämlich sichere und unsichere Bindungen. Sichere Bindungen entstehen durch feinfühliges Verhalten von Eltern bzw. der Fachkraft in der Krippe. Kinder mit sicherer Bindung entwickeln ein positives Bild von sich und der Welt und sind bereit, sich auf Bildungs- und Lernprozesse einzulassen.

Säuglingsforschung
Kinder kommen mit erstaunlichen Kompetenzen und mit angeborenen Lernmechanismen zur Welt, die es ihnen ermöglichen, diese Kompetenzen rasch weiterzuentwickeln. Unterstützt werden kann der Prozess des Kompetenzausbaus durch eine ressourcenorientierte Grundhaltung der erwachsenen Personen sowie durch Anregungen, die das Kind zum Entdecken und Erforschen herausfordern.

Hirnforschung
Durch Anregungen aus der Umwelt wird in den ersten fünf bis sechs Lebensjahren im Gehirn ein neuronales Netzwerk aufgebaut. Danach werden häufig benutzte Verbindungen ausgebaut und solche, die kaum genutzt werden, gelöscht. Damit ist die gerichtete Aufmerksamkeit möglich. Unser Gehirn sucht ständig nach neuen Anregungen und nach Abwechslung. Nachhaltig gelernt wird, wenn Anregungen am Vorwissen der Kinder anknüpfen, gut strukturiert sind und zur Eigenaktivität auffordern. Die Lernatmosphäre und die Unterstützung der Fachkraft tragen ebenfalls dazu bei, dass Lernprozesse gelingen.

Ko-Konstruktivismus
Kinder gestalten ihre Bildungs- und Lernprozesse aktiv mit. Sie machen sich in der Auseinandersetzung mit Dingen und mit anderen Personen ein Bild von der Welt. Aufgabe der Fachkraft ist es, Themen und Interessen der Kinder durch Beobachtung zu erkennen und anschließend aufzugreifen. Die Kinderpflegerin hat dabei die Rolle der Lernbegleiterin.

Erforschung von Grundbedürfnissen
Menschen haben körperliche und psychische Grundbedürfnisse. Die angemessene Befriedigung der körperlichen Bedürfnisse reicht nicht aus; bedeutsam für eine gesunde Entwicklung ist die Befriedigung der drei psychischen Grundbedürfnisse: soziale Eingebundenheit, Autonomieerleben und Kompetenzerleben. Soziale Eingebundenheit bedeutet, sich zugehörig zu fühlen und sich als liebenswert und liebesfähig zu erleben. Das Grundbedürfnis Autonomieerleben steht für das Bedürfnis, das eigene Handeln zu bestimmen und zu steuern. Bei dem Bedürfnis nach Kompetenzerleben geht es darum, Aufgaben aus eigener Kraft zu bewältigen. Das Bedürfnis nach Zugehörigkeit wird zunächst von den Eltern und später auch von der Fachkraft erfüllt, indem sie feinfühlig mit dem

Kind umgehen. Autonomie bedarf der Freiheit, d. h., Kinder müssen in bestimmten Bereichen eigene Entscheidungen treffen können und eigene Ziele verfolgen dürfen. Kompetenzerleben kann insbesondere durch angepasste Herausforderungen und Lernaufgaben unterstützt werden.

Fragen und Aufgaben zum Kapitel

1. Erläutern Sie, was man unter dem Begriff „Bild vom Kind" versteht.

2. Beschreiben Sie, was „Bindung" bedeutet und wie sich die Entwicklung einer Bindung vollzieht.

3. Erläutern Sie den Unterschied zwischen einer Bindung und einer Bindungsbeziehung.

4. Erklären Sie den Zusammenhang von Bindungs- und Explorationsverhalten.

5. Erläutern Sie, warum ein Eingewöhnungskonzept zu den Qualitätskriterien für gute Krippen zählt.

6. Manche Mütter haben die Befürchtung, ihr Kind würde sich von ihnen entfremden, wenn sie es in die Krippe geben. Was antworten Sie auf eine solche Befürchtung?

7. Die Ergebnisse der Säuglingsforschung fordern eine ressourcenorientierte Grundhaltung der pädagogischen Fachkraft. Erklären Sie den Zusammenhang.

8. Beschreiben Sie wesentliche Ergebnisse der Hirnforschung und ziehen Sie daraus pädagogische Konsequenzen.

9. Erläutern Sie den Unterschied zwischen Konstruktivismus und Ko-Konstruktivismus.

10. Beschreiben Sie die drei wesentlichen psychischen Grundbedürfnisse, die für eine gesunde Entwicklung von Bedeutung sind.

11. Beschreiben sie erzieherische Möglichkeiten, die das Bedürfnis nach Kompetenzerleben bei Krippenkindern und/oder Kitakindern unterstützen.

12. Erläutern Sie, welche wesentlichen Aspekte Sie bei der Durchführung eines Angebots beachten sollten, um das Autonomieerleben bei Krippenkindern und/oder Kitakindern zu unterstützen.

Anregungen zum Kapitel

13. Erkundigen Sie sich in einer Krippe nach dem Eingewöhnungskonzept und befragen Sie die Fachkräfte nach ihren Erfahrungen damit.

14. Beobachten Sie Kinder beim Abschied von ihren Eltern und bei deren Wiederkehr, in Stresssituationen, bei kleineren Unfällen oder wenn sie sich erschrecken. Was können Sie feststellen?

15. Rufen Sie sich einige Situationen ins Gedächtnis, in denen Sie zum ersten Mal in einer fremden Umgebung waren. Notieren Sie, was Sie dabei empfunden haben und welches Verhalten Sie gezeigt haben. Welche Erkenntnisse gewinnen Sie über Ihr eigenes Bindungsverhalten?

16. Diskutieren Sie, welche Hilfestellungen Sie unsicher gebundenen Kindern in der Krippe anbieten können.

17. Reflektieren Sie Ihre eigenen Erfahrungen mit Bildungsprozessen. Welche Menschen, Lebenssituationen und Lebensphasen haben ihre eigenen Bildungsprozesse begünstigt oder behindert?

18. Bildungsprozesse benötigen eine vertrauensvolle und sichere Atmosphäre. Reflektieren Sie einen Praktikumstag: In welchem Umfang haben Sie sich für welche Kinder und deren Anliegen interessiert? Haben Sie alle Kinder begrüßt und sich von ihnen verabschiedet?

2 Das Wesen der Erziehung

Einstiegssituation

Träumerlegruppe des Kindergartens St. Hedwig beginnt den Tag mit Freispiel. Die Kinder können zwischen 7:30 und 9:00 Uhr gebracht werden. Bis 9:30 Uhr können die Kinder spielen, dann gibt es einen gemeinsamen Morgenkreis. Die folgende Situation ist, aus Sicht von Erzieherin und Kinderpflegerin, typisch für die ersten Stunden in der Einrichtung.

Um 8:45 Uhr sind fast alle Kinder da, lediglich drei bis vier Kinder der 25-köpfigen Gruppe kommen später. Lea, Marie, Tanja und Franziska spielen in der Puppenecke „Vater, Mutter, Kind". Das Spiel verläuft sehr harmonisch. Sebastian und Jonas bauen in der Bauecke und der dreijährige Max schaut ihnen zu. Melanie, fünf Jahre, sitzt am Maltisch und reibt sich die Augen, legt den Kopf auf die Arme und döst noch ein wenig vor sich hin. Dann holt sie sich Blatt und Buntstifte, malt ein paar Striche, räumt alles wieder auf und geht in die Bücherecke. Weil ihre Nase läuft, wird sie von der Kinderpflegerin aufgefordert, sich ein Taschentuch zu holen. Melanie kommt der Aufforderung nach. Timo, Julius, Nikolas und Vinzenz sind im Spielehaus, sie haben die Geländer mit Decken verhängt und beraten drinnen über ein Piratenspiel. Marlene, Maike und Noah spielen ein Memospiel, wobei Marlene immer gewinnt und die anderen bald keine Lust mehr haben. Einige Kinder sind noch in der Garderobe und ziehen sich um. Philipp, drei Jahre, wird gerade von seiner Mutter in die Gruppe gebracht. Als die Mutter sich verabschieden will, fängt er an zu weinen und klammert sich an die Mama. Die schaut hilflos und versucht ihm zu erklären, dass sie zur Arbeit muss. Die Kinderpflegerin geht zu Noah, begrüßt ihn und bietet ihm ein Spiel an, um ihm den Abschied zu erleichtern. Noah weint trotzdem bitterlich. Seine Mutter geht und schaut immer wieder zurück. Diese „Szene" wiederholt sich täglich, seitdem Noah vor drei Wochen in die Einrichtung gekommen ist.
Das Telefon klingelt, die Mutter von Anna teilt mit, dass ihre Tochter Fieber habe und heute nicht kommen werde.
Katharina sitzt in der Garderobe und möchte die Hausschuhe selbst anziehen, bekommt sie aber nicht an die Füße. Tränen steigen ihr in die Augen, dann übernimmt ihre Mutter die Aufgabe. Das ist häufig der Fall. Die Erzieherin hat dieses Verhalten bei Katharina auch schon in anderen Situationen erlebt. Sie stellt fest, dass auch sie selbst oder ihre Kolleginnen Katharina dann helfen, obwohl sie die Aufgaben vermutlich mit ein bisschen Anstrengung alleine erledigen könnte.

Die beschriebene Situation stellt vielfältige Anforderungen an die pädagogischen Fachkräfte.

2.1 Kinderpflegerinnen erfüllen unterschiedliche Aufgaben

Betrachtet man die Situation genauer, so lassen sich Aufgaben unterschiedlicher Qualität erkennen. Zunächst sind eine Reihe von organisatorischen Aufgaben zu erfüllen, wie z. B. das Führen von Anwesenheitslisten, Materialbestellungen usw., die mit der eigentlichen pädagogischen Arbeit nur am Rande zu tun haben. Dennoch sind diese Aufgaben wichtig, weil sie einen reibungslosen Ablauf des Alltags in der Einrichtung gewährleisten.

Bei den pädagogischen Aufgaben kann zwischen Routinetätigkeiten und eigentlichem pädagogischen Handeln unterschieden werden. Routinetätigkeiten sind Verhaltensweisen im Alltag, die kurzfristig, ohne größere Planung eingesetzt werden, um kleinere, einzelne Aufgaben zu erfüllen oder Probleme zu lösen. In der beruflichen Situation der Kinderpflegerin ist das z. B. die Aufforderung, ein Taschentuch zu holen oder die Begrüßung der Kinder, wenn sie in die Gruppe kommen.

Bei Routinetätigkeiten sind pädagogische Überlegungen und eine Grundhaltung erkennbar. Einem zweijährigen Kind wird man die Nase putzen, ein fünfjähriges wird man dazu auffordern, dies selbst zu tun. Die Begrüßung am Morgen ist ein Zeichen von Wertschätzung gegenüber jedem einzelnen Gruppenmitglied. Routinetätigkeiten bedürfen aber keiner genauen Überlegungen, es gibt keinen Plan, sie laufen quasi automatisch ab. Das Ziel ergibt sich aus der aktuellen Situation, Maßnahmen werden rasch, auf der Basis von Erfahrungen gewählt.

Erziehung kann aber nicht darin bestehen, das zu erledigen, was sich gerade zufällig ergibt. In der Praxis gibt es zudem eine Fülle von beruflichen Aufgaben, die mit Routine gar nicht zu bewältigen sind. Die eigentliche erzieherische Aufgabe von pädagogischen Fachkräften besteht daher in der Bewältigung von sogenannten beruflichen Aufgabenstellungen. Unter einer „beruflichen Aufgabe" versteht man ganz allgemein eine Situation, die verändert oder einen Zustand, der überwunden werden soll. Es geht um Situationen, die Erzieherin oder Kinderpflegerin zum Handeln auffordern. In der hier beschriebenen beruflichen Situation sind das die Eingewöhnung des dreijährigen Noah und Katharinas Unselbstständigkeit. Im Auge behalten werden sollte auch Melanie, denn es ist nicht klar, ob sie nur „Anlaufschwierigkeiten" hat oder nicht ins Spiel finden kann.

In diesen Fällen ist pädagogisches Handeln gefragt. Handlungen laufen im Gegensatz zu Routinetätigkeiten nicht automatisch ab. Sie werden bewusst vollzogen und sind auf ein Ziel ausgerichtet, nämlich die Gestaltung und Veränderung einer Situation. Grundsätzlich sind für jede Handlungssituation verschiedene Gestaltungsmöglichkeiten denkbar.

Erzieherisches Handeln ist immer etwas Prozesshaftes, der Gesamtablauf einer Handlung besteht dabei aus Schritten. Für die Gestaltung von beruflichen Situationen hat sich die Unterteilung in vier Handlungsschritte mit entsprechenden Teilschritten bewährt.

2.2   Teilschritte erzieherischen Handelns

Erzieherisches Handeln besteht aus insgesamt vier Teilschritten: Analyse, Planung, Handeln und Beurteilung. Die einzelnen Teilschritte lassen sich dann erneut unterteilen, wie nun am Beispiel unserer Einstiegssituation aufgezeigt wird.

2.2.1   Die Analyse von pädagogischen Handlungssituationen

Ausgangspunkt für berufliches Handeln ist die Analyse der Situation. Erzieherin und Kinderpflegerin müssen zunächst feststellen, ob überhaupt Handlungsbedarf besteht. Grundlage dafür ist die Beobachtung von Situationen und Verhalten sowie die Sammlung weiterer Informationen, z. B. durch Elterngespräche.

Fallbeispiel

Bezogen auf Katharinas Situation bedeutet das, dass hier weitere, gezielte Beobachtungen vorgenommen werden müssen (vgl. Kapitel 4). Auch ein Elterngespräch wäre angebracht, um festzustellen, ob Katharinas Verhalten zu Hause vergleichbar mit dem in der Einrichtung ist.

Auf der Basis der Informationen kann dann eine Bewertung vorgenommen werden: Katharina braucht im Bereich der Selbstständigkeit und des Selbstbewusstseins pädagogische Unterstützung. Die Auswertung kann auch ergeben, dass kein Handlungsbedarf besteht. Für Katharina wird im weiteren Verlauf aber Handlungsbedarf angenommen.

Steht fest, dass eine pädagogische Aufgabe vorliegt, muss geklärt werden, welche theoretischen Kenntnisse von Bedeutung sind. Auf der Basis dieser Erkenntnisse werden die Informationen eingeordnet, verglichen und interpretiert.

Fallbeispiel

In der hier beschriebenen Handlungssituation könnte es sein, dass Katharina das unselbstständige Verhalten entwickelt hat, weil sie zu Hause zu wenig gefordert wird, die Eltern ihr vieles aus Zeitgründen oder Unkenntnis abnehmen. Eventuell ist Katharina insgesamt etwas antriebsschwach und traut sich nichts zu. Hat sie gemerkt, dass Tränen zu Hilfestellung führen, dann hat sie ihr Verhalten aufgrund von Verstärkungslernen entwickelt. Möglicherweise sucht sie auch Aufmerksamkeit und erhält diese, wenn sie weint.

Die Erklärung ist bedeutsam für die nächste Stufe, die Planung.

2.2.2 Planung erzieherischen Handelns

Bei der Planung handelt es sich ganz allgemein um Vorüberlegungen bzw. Entscheidungen hinsichtlich der Ziele, Methoden und Medien und die konkrete Vorbereitung von pädagogischen Maßnahmen.

Zunächst steht die Festlegung der Ziele an, die aufgrund der Analyse für das Kind, den Jugendlichen oder die Gruppe sinnvoll erscheinen (vgl. Kapitel 6.1 und 6.2). Ausgehend vom „Ist-Zustand" eines Kindes oder Jugendlichen wird der „Soll-Zustand" formuliert, den der zu Erziehende in einer angemessenen Zeit erreichen soll. Bei der Zielsetzung ist darauf zu achten, dass sie dem Handlungsbedarf und den theoretischen Hintergründen entspricht. Die Zielsetzung muss realistisch sein, also für das Kind oder die Gruppe erreichbar und für das Team umsetzbar hinsichtlich Personal- und Zeitaufwand oder Medieneinsatz und Materialbedarf.

Fallbeispiel

Angenommen, Beobachtungen und weitere Daten hätten ergeben, dass Katharina wenig gefordert wird und gelernt hat, durch Tränen Anforderungen zu vermeiden. Mögliche Zielsetzungen wären dann z. B.: Selbstständigkeit, und zwar sowohl im lebenspraktischen Bereich als auch in den Bereichen „Entscheidungen treffen", „Fragen stellen" usw. Weiterhin geht es allgemein um den Aufbau von Selbstbewusstsein und das Erleben von Selbstwirksamkeit.

Bereits bei der Planung muss bedacht werden, welche Rolle das Umfeld bzw. die Rahmenbedingungen spielen könnten. Diese müssen dann in die Planung einbezogen werden.

Sind Ziele gesetzt, muss überlegt werden, wie diese umgesetzt werden können. Methoden müssen festgelegt werden, wobei sich grundsätzlich verschiedene Möglichkeiten der Einflussnahme eignen, ein bestimmtes Ziel zu erreichen (vgl. Kapitel 7.3).

Fallbeispiel

Bei Katharina ist es denkbar, sie in Alltagssituationen zu ermuntern und ihr durch kleinere Hilfestellungen Mut zu machen. Vorstellbar sind auch gezielte Angebote wie z. B. die Arbeit nach Montessori oder Angebote in Bereichen, die mit Sicherheit Erfolgserlebnisse bringen. Weiterhin kommen Projekte infrage oder auch Lerngemeinschaften, die gezielt zusammengestellt wurden. Auch könnten für Katharina positive Situationen mit ihr reflektiert werden, um so den Aufbau eines positiven Selbstkonzepts zu unterstützen. Nicht zu vergessen ist der Einsatz von Bilderbüchern, die Schwierigkeiten thematisieren, wie sie bei Katharina gegeben sind.

Sind die gedanklichen Vorüberlegungen abgeschlossen, geht es an die konkrete Planung. Beispielsweise sind für gezielte Angebote Absprachen zu treffen, Materialien zu besorgen usw. Dieser Aspekt wirkt vielleicht banal, ist aber nicht zu unterschätzen. Eine gute organisatorische Vorbereitung schafft Freiraum, sich auf die Interaktion mit dem Kind, auf das eigentliche Handeln, zu konzentrieren.

2.2.3 Erzieherisches Handeln

Die konkrete Umsetzung wird als „Handeln" bezeichnet. Dabei ist Erziehung kein einseitiges Beeinflussungsverhältnis, in dem die pädagogische Fachkraft einseitig auf das Kind oder den Jugendlichen einwirkt. Erzieherisches Handeln ist stets soziale Interaktion. Erziehende und zu Erziehende beeinflussen sich dabei wechselseitig und agieren und reagieren meist im direkten Kontakt zueinander.

Entscheidend ist bei der Interaktion die Art der Beziehung zwischen erziehender Person und Kind oder Jugendlichem. Man spricht in diesem Zusammenhang von „pädagogischer Beziehung" oder „pädagogischem Bezug". Grundlage für diese Beziehung ist gegenseitiger Respekt und Vertrauen, d. h., pädagogische Fachkräfte müssen das Kind so annehmen wie es ist, mit Stärken und Schwächen. Erziehung muss sich an den Fähigkeiten, Möglichkeiten und Bedürfnissen des Kindes orientieren.

Fallbeispiel

Gehen wir davon aus, dass Katharina sich ihre „Hilflosigkeit" angeeignet hat und bislang wenig Erfahrung mit Eigenständigkeit und Selbstwirksamkeit machen konnte. Versucht die Kinderpflegerin, ihr ein Angebot zu machen, diese Erfahrungen nachzuholen, muss sie zunächst mit Widerstand rechnen. Die neue Situation macht Katharina eventuell Angst. Also wird sich die Kinderpflegerin darauf einstellen und zunächst dosierte Unterstützung anbieten, die Situationen reflektieren. Geht Katharina auf die Maßnahmen ein, wird die Kinderpflegerin nach und nach die Anforderungen steigern. Verweigert sie die Teilnahme oder signalisiert sie Ablehnung, wird die Kinderpflegerin neue Möglichkeiten suchen, Katharina zu gewinnen.

Zu bedenken ist beim erzieherischen Handeln auch, welche Personen oder Institutionen in die Arbeit miteinbezogen werden sollten.

Untersuchen wir dieses Fallbeispiel im Hinblick auf wechselseitige Aktionen. Ausgangspunkt der Situation: Katharina kann die Hausschuhe nicht alleine anziehen und weint deshalb.

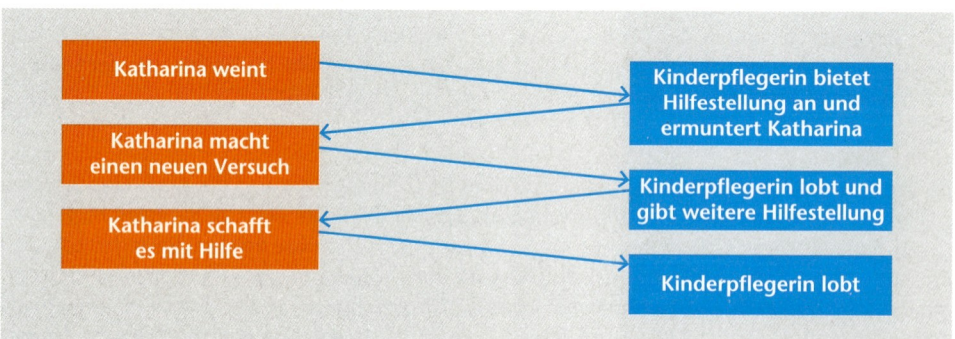

Begleitende Maßnahmen: Absprachen im Team und mit der Mutter hinsichtlich der erzieherischen Verhaltensweisen.

Pädagogisches Handeln ist ein Prozess, der längerfristig angelegt ist und nicht in Einzelaktionen erledigt werden kann. Dieser Prozess muss von Zeit zu Zeit überprüft und beurteilt werden.

2.2.4   Bewertung/Beurteilung des pädagogischen Handelns

Pädagogische Fachkräfte müssen sich immer wieder versichern, dass ihre Zielsetzungen und Maßnahmen auch bewirken, was beabsichtigt war. Sie müssen sichergehen, dass ihre Zielsetzung und der Einsatz von Maßnahmen dem Bedarf des Kindes entsprechen und ihm helfen, sich zu einem autonomen Menschen zu entwickeln, der sein Leben in einer sozialen Gemeinschaft meistern kann. Deshalb ist es notwendig, pädagogisches Handeln immer wieder zu überprüfen, zu bewerten und gegebenenfalls auch zu verändern. Dazu gibt es verschiedene

Möglichkeiten, z. B. die Beobachtung, Gespräche oder Fragebögen. Welche sich anbietet, um zu aussagekräftigen Ergebnissen zu gelangen, hängt von der jeweiligen Situation ab.

Fallbeispiel
Bei Katharina wird sich die Beobachtung in verschiedenen Situationen anbieten. Hilfreich ist ein Beobachtungsbogen, der die Kategorie „Selbstständigkeit" und „Selbstbewusstsein" aufschlüsselt. Aber auch die Befragung der Eltern kann nützlich sein, um zu beurteilen, ob die Erziehung von Katharina erfolgreich verläuft.

2.3 Einflüsse auf den Erziehungsprozess

Erziehende möchten Kinder auf ein bestimmtes Ziel hin erziehen. Das Gelingen dieses Vorhabens hängt von vielen Faktoren ab, die den Erziehungsprozess sowohl begünstigen als auch einschränken können.

Fallbeispiel
Der neunjährige Markus ist aufgrund einer spastischen Geburtslähmung seit seinem fünften Lebensjahr Tageskind in einem Spastikerzentrum. Seine geistige Entwicklung weist einen Rückstand von vier bis fünf Jahren auf. Allgemein auffällig ist seine musikalische Begabung. Die Beschäftigungstherapeuten haben diese Neigung von Markus schon sehr bald erkannt. Er ist aktives Mitglied in der Musikgruppe, in der er gute Erfolge hat. Durch die gezielte Förderung des Jungen konnten einige Entwicklungsdefizite aufgeholt werden.

Markus' Entwicklungsprozess wird sowohl von einschränkenden als auch von begünstigenden Faktoren beeinflusst. Der einschränkende Faktor ist hier seine spastische Geburtslähmung (geistig-körperliche Behinderung), der begünstigende Faktor seine musikalische Begabung, die gefördert wird.

Die Bedingungen, die die Erziehbarkeit begünstigen oder einschränken können, können zwei verschiedene **Ursachen** haben:

- Die Ursache kann in der Person liegen (= individuelle Bedingungen der Erziehung); bei Markus: spastische Geburtslähmung, geistig-körperliche Behinderung, musikalische Begabung.
- Die Ursache kann im Umfeld liegen (= soziokulturelle Bedingungen der Erziehung); bei Markus: Förderung der musikalischen Begabung durch die Beschäftigungstherapeuten im Spastikerzentrum.

Der Mensch wird immer sowohl von begünstigenden und einschränkenden *individuellen* Bedingungen als auch von begünstigenden und einschränkenden soziokulturellen Faktoren beeinflusst. Zudem beeinflussen sich die individuellen und soziokulturellen Bedingungen auch gegenseitig.

Beispiele für begünstigende und einschränkende Bedingungen der Erziehung:

	begünstigende Bedingungen der Erziehung	einschränkende Bedingungen der Erziehung
individuelle Bedingungen	gute Anlagen	begrenzte Anlagen
	besondere Begabungen, Intelligenz	geistige und/oder körperliche Beeinträchtigung
	Gesundheit	Krankheit
	starke Vitalität, Willensstärke	schwache Vitalität, Willensschwäche
soziokulturelle Bedingungen	günstige Familienverhältnisse: harmonisches Familienklima, vollständige Familie, erwünschtes Kind	ungünstige Familienverhältnisse: spannungsgeladenes Klima, unerwünschtes Kind; Erziehung außerhalb der Familie, z. B. im Heim
	gute ökonomische Verhältnisse: ausreichendes Einkommen, geräumige Wohnung, kindgerecht	schlechte ökonomische Verhältnisse: zu niedriges Einkommen, zu kleine Wohnung
	gute ökologische Verhältnisse: helle, ruhige Wohnung in schadstoffarmer Umgebung	schlechte ökologische Verhältnisse: dunkle, feuchte Wohnung, z. B. neben einer Giftmülldeponie
	gute Erziehung: positive Einstellung zum Kind, emotionale Wärme, partnerschaftliches Erzieherverhalten, viele Anregungen und gute Spielmaterialien, geringer und ausgewählter TV-Konsum, differenzierte Sprache	schlechte Erziehung: negative Einstellung zum Kind, emotionale Kälte, Ablehnung, Geringschätzung, Vernachlässigung, Verwöhnung, kaum Anregungen und minderwertige Spielmaterialien, hoher und unkontrollierter TV-Konsum
	befriedigende und häufige Kontakte zu anderen Kindern	unbefriedigende und wenige Kontakte zu anderen Kindern

2.4   Erziehung geschieht beabsichtigt und nicht beabsichtigt

In Kapitel 2.2 wurde geschildert, dass Erziehung aus Routinetätigkeiten und komplexen beruflichen Aufgaben besteht. Beide Formen beinhalten pädagogische Absichten. Die Fachkraft möchte gezielt auf das Kind einwirken und sein Verhalten beeinflussen. In der Pädagogik spricht man in diesem Zusammenhang auch von „intentionaler Erziehung" (lat. intentio = Absicht).

Fallbeispiel

Der dreijährige Linus klettert beim Spiel im Garten des Kindergartens über den Gartenzaun und läuft weg. Eine Kinderpflegerin bemerkt nach kurzer Zeit, dass Linus fehlt, sucht und findet ihn. Sie führt mit ihm ein Gespräch, in dem sie ihm erklärt, warum er nicht über den Zaun steigen und weglaufen darf.

Die Kinderpflegerin handelt verantwortungsbewusst. Sie verfolgt die Absicht, das Verhalten von Linus (zu Erziehender) relativ dauerhaft zu ändern. Linus soll lernen, das Kindergartengelände unerlaubt nicht zu verlassen. Da Erziehung hier beabsichtigt geschieht, nennt man sie **intentionale Erziehung**.

Definition

Intentionale Erziehung *umfasst die zielgerichteten Handlungen des Erziehers, die absichtsvoll und geplant durchgeführt werden.*

Beispiel

„Mit dem nach unten gedrückten Joypad scrollt ihr durch die Control-Options am unteren Bildschirmrand. Taste C aktiviert die Lemminge unter dem Cursor mit dem angewählten Befehl am unteren Bildschirmrand. Wenn ihr die A-, B- und C-Taste gleichzeitig drückt, wird das Level abgebrochen, und ihr landet im ‚Level-Intro'-Bildschirm."

Dies ist ein Text für Kinder. Er beschreibt die Tricks, mit denen man ein Videospiel mithilfe eines Steuergerätes auf dem Bildschirm spielen kann.

Spielt ein Kind mit solchen Videospielen, wird es möglicherweise davon in seinem Verhalten und in seiner Persönlichkeit beeinflusst. Das Videospiel übt eine erzieherisch bedeutsame Wirkung auf das Kind aus. Wenn dadurch beim Kind (= zu Erziehenden) eine dauerhafte Verhaltensänderung eintritt, sind zwei Bestandteile von Erziehung gegeben. Doch der Erzieher, der ein bestimmtes Erziehungsziel mittels bestimmter Vorgehensweisen zu verwirklichen sucht, fehlt. Von daher lässt sich hier von „Erziehung im weiteren Sinne" sprechen (= **funktionale Erziehung**).

Definition

Funktionale Erziehung *beinhaltet sämtliche nicht beabsichtigten, aber dennoch erzieherisch bedeutsamen Einflüsse aus der Umwelt auf das Kind.*

Z *Zusammenfassung*

Im pädagogischen Alltag kann man unterscheiden zwischen Routinetätigkeiten und erzieherischem Handeln. Routinetätigkeiten bedürfen keiner genauen Planung, sie laufen quasi automatisch ab.

Teilschritte erzieherischen Handelns
Erzieherisches Handeln trägt zur Lösung beruflicher Aufgabenstellungen bei. Es lässt sich in Teilschritte untergliedern:
– *Analyse: beobachten, bewerten, erklären*
– *Planung: Festlegung von Zielen, Inhalten und Methoden*
– *Durchführung: Umsetzung der Planung in die Praxis*
– *Beurteilung: Überprüfung der Effektivität mithilfe von Beobachtung, Befragung usw.*

Erzieher und zu Erziehender
Erziehung geschieht intentional. Erziehung geschieht immer im Wechselspiel zwischen dem zu Erziehenden, der lernen und sich entwickeln muss, und dem Erzieher, der diese Lernprozesse beabsichtigt und bewusst herbeiführt und über zielgerichtete Handlungen das Verhalten des zu Erziehenden dauerhaft verändern möchte. Hierbei hat der Erzieher stets ein Erziehungsziel vor Augen (= intentionale Erziehung).

Erziehung geschieht funktional
Neben der beabsichtigten, zielgerichteten Erziehung des Erziehers (= intentionale Erziehung) wird der zu Erziehende von nicht beabsichtigten, spontanen Einflüssen der Umwelt stark geprägt (= funktionale Erziehung).

Einflüsse auf den Erziehungsprozess
Erziehung geschieht nicht im luftleeren Raum, vielmehr wird sie durch individuelle und soziokulturelle Bedingungen sowohl eingeschränkt als auch begünstigt. Diese Bedingungen können Erzieher und Erzieherinnen z. T. so beeinflussen, dass sie sich positiv bzw. negativ auf den Erziehungsprozess auswirken.

? *Fragen und Aufgaben zum Kapitel*

1. *Beschreiben Sie anhand eines Beispiels aus Ihrer Praxis den Erziehungsprozess als Interaktionsprozess.*

2. *Erstellen Sie eine Liste von Routinetätigkeiten, die in Ihrer Praktikumsstelle anfallen. Überlegen Sie, ob diese Tätigkeiten angemessen erledigt werden und welche erzieherische Haltung hinter den Routinemaßnahmen steckt.*

3. *Entwerfen Sie ein Handlungskonzept für Noah aus der Handlungssituation zu Beginn des Kapitels (S. 28).*

4. *Erläutern Sie, welche Bedeutung Sie der funktionalen Erziehung durch Medien, Freundeskreis usw. beimessen.*

! *Anregungen zum Kapitel*

5. *Vergleichen Sie Ihre Persönlichkeitsmerkmale und Fähigkeiten mit denen Ihrer Eltern oder Geschwister. Stellen Sie Gemeinsamkeiten und Unterschiede fest. Überlegen Sie, welche Ursachen es für die Gemeinsamkeiten bzw. Unterschiede gibt.*

6. Schreiben Sie einen persönlichen Lebenslauf, der erkennen lässt, welche Rolle die aktive Selbst-
    steuerung in Ihrem bisherigen Leben gespielt hat.

7. Welche Auffassung von Erziehung wird in der Rede des Propheten deutlich?

    ### Von den Kindern
    „Eure Kinder sind nicht eure Kinder.
    Es sind die Söhne und Töchter von des Lebens Verlangen nach sich selber.
    Sie kommen durch euch, doch nicht von euch.
    Und sind sie auch bei euch, so gehören sie euch doch nicht.
    Ihr dürft ihnen eure Liebe geben, doch nicht eure Gedanken,
    Denn sie haben ihre eigenen Gedanken.
    Ihr dürft ihren Leib behausen, doch nicht ihre Seele.
    Denn ihre Seele wohnt im Hause von Morgen,
    das ihr nicht zu betreten vermöget, selbst nicht in euren Träumen.
    Ihr dürft euch bestreben, ihnen gleich zu werden, doch suchet nicht, sie euch gleich zu
    machen.
    Denn das Leben läuft nicht rückwärts, noch verweilet es beim Gestern.
    Ihr seid die Bogen, von denen eure Kinder als lebende Pfeile entsandt werden.
    Der Schütze sieht das Zeichen auf dem Pfade der Unendlichkeit,
    und Er biegt euch mit Seiner Macht, auf dass seine Pfeile schnell und weit fliegen.
    Möge das Biegen in des Schützen Hand euch zur Freude gereichen;
    Denn gleich wie Er den fliegenden Pfeil liebet, so liebt Er auch den Bogen, der stand-
    haft bleibt.“
    (Gibran, 2001, S. 22 f.)

Weiterführende Fragen und Anregungen

8. Beschreiben Sie, über welche kommunikativen Fähigkeiten eine Kinderpflegerin unbedingt ver-
    fügen sollte, um mit Kindern und Jugendlichen in Beziehung zu treten.

9. Lesen Sie in Kapitel 5 nach, welche Bedürfnisse Kinder und Jugendliche auf verschiedenen
    Altersstufen und in bestimmten Lebenslagen haben. Überlegen Sie, ob diese Bedürfnisse bei
    der allgemeinen und individuellen Zielsetzung in Ihrer Praxisstelle in ausreichendem Maße
    berücksichtigt sind.

3 Erziehung in Familie und sozialpädagogischen Einrichtungen

Einstiegssituation

Nadine arbeitet als Kinderpflegerin in einem kirchlichen Kindergarten einer mittelgroßen Stadt. Die Einrichtung hat drei Gruppen mit insgesamt 74 Kindern. Nadine ist Zweitkraft bei den „Murmeltieren", die von zehn Jungen und 14 Mädchen im Alter zwischen drei und sechs Jahren besucht wird. Das Einzugsgebiet des Kindergartens setzt sich aus zwei sehr unterschiedlichen Wohngebieten zusammen. In dem einen stehen vorwiegend Wohnblöcke, z. T. mit Sozialwohnungen. Hier leben Familien mit geringem Einkommen und meist niedrigem Bildungsniveau, z. B. der vierjährige Thomas mit seinen Eltern. Sie sind vor acht Jahren als sogenannte Spätaussiedler nach Deutschland gekommen, konnten aber beruflich nicht recht Fuß fassen. Der Vater war schon zweimal für längere Zeit arbeitslos, die Mutter hat wechselnde Jobs. Auch Jennifer kommt aus dieser Siedlung. Sie lebt mit ihrer Mutter in einer kleinen Zwei-Zimmer-Wohnung. Jennifers Mutter arbeitet als Friseurin, muss aber Überstunden machen, um finanziell über die Runden zu kommen. Sie wirkt oft abgehetzt, wenn sie Jennifer am Abend abholt.

Im daneben liegenden Neubaugebiet wohnen die Familien in Eigenheimen, meist Reihenhäuser oder Doppelhaushälften mit Garten. Viele Eltern sind Akademiker und verfügen über ein entsprechendes Einkommen. Da wohnt Jonathan, fünf Jahre, dessen Vater Zahnarzt mit eigener Praxis ist. Jonathans Mutter ist zu Hause und kümmert sich um ihn und die kleine Schwester. Auch die gleichaltrige Anna-Maria lebt in der Neubausiedlung. Ihre Mutter arbeitet als Lehrerin und holt Anna-Maria nach Schulschluss vom Kindergarten ab. Der Stiefvater arbeitet als Informatiker in einer ortsansässigen Firma.

Bei Elternabenden wird immer wieder deutlich, dass die Eltern und Kinder aus den unterschiedlichen Wohngebieten bzw. Lebensverhältnissen auch unterschiedliche Bedürfnisse und Erwartungen haben. Das Team muss sich darauf einstellen und damit arbeiten.

Die hier beschriebene Situation wirft folgende Fragen auf:

1. Wie kann man „Familie" heute definieren?

2. Welche Aufgaben erfüllt die Familie?

3. Welche unterschiedlichen Familienformen gibt es?

4. Welche Bedeutung haben Erfahrungen, die Kinder in und mit ihrer Familie machen, für ihre Entwicklung?

5. Was versteht man unter „familienergänzenden" bzw. „familienersetzenden Einrichtungen"?

6. Welche Aufgaben erfüllen sozialpädagogische Einrichtungen?

3.1 Erziehung in der Familie

3.1.1 Kennzeichen der Familie

Die moderne Familie – jeder verbindet mit ihr seine eigenen Vorstellungen. Jeder Versuch, die Familie allgemeingültig zu definieren, wird durch die Vielzahl der Familienformen, die es bei uns gibt, infrage gestellt.

Merkmale, die zu der **Vorstellung von Familie** gehören, sind z. B.:

- **Zwei Generationen in einem Haushalt**
  Aber: Hört die Familie auf zu existieren, wenn die Kinder erwachsen sind und das Elternhaus verlassen?

- **Genetische Abstammung**
  Aber: Bilden Eltern mit ihren Stief- und Pflegekindern keine Familie?

- **Zwei Geschlechter**
  Aber: Stellt eine alleinerziehende Mutter mit ihren beiden Töchtern keine Familie dar?

- **Rechtliche Verbindlichkeit**
  Aber: Bilden unverheiratete Paare mit ihren Kindern keine Familie?

- **Gemeinsamer Haushalt**
  Aber: Sind Familien, die aus beruflichen Gründen zwei Haushalte führen, keine Familie?

Es ist schwierig, *die* Familie zu definieren, da heutzutage sehr viele **Familienformen** nebeneinander existieren. Eine Definition müsste eine Gemeinsamkeit aller Familien finden. Ein Definitionsversuch könnte lauten:

D

Definition
*„**Familie** bezeichnet eine Lebensform, die mindestens ein Kind und ein Elternteil umfasst, dauerhaft ist und im Inneren durch Solidarität und persönliche Verbundenheit zusammengehalten wird."*
(Peuckert, 2008, S. 94)

Aus dieser Definition lassen sich drei Schlussfolgerungen ziehen:

- Familie lässt sich, da es sehr viele Familienformen gleichzeitig gibt, nur schwer nach äußeren Gesichtspunkten definieren (vgl. oben).

- Ein Merkmal für eine Familie ist heute nicht mehr so sehr die dauerhafte Partnerbeziehung, sondern die feste Beziehung zwischen mindestens einem Elternteil und mindestens einem Kind.

- Familie zeichnet sich aus durch einen besonderen Grad an Fürsorge und einer besonderen Form der Bereitschaft, für den anderen Verantwortung zu übernehmen.

3.1.2 Die Familie erfüllt Aufgaben

Der Mensch ist von Anfang an zwar neugierig und aktionsbereit, aber auf **Nahrung**, **Pflege**, **Sinnesreize**, **Geborgenheit**, **Vertrauen**, **Sicherheit** und **Anerkennung** angewiesen, um sowohl körperlich (= physisch) und geistig (= kognitiv) als auch seelisch (= psychisch) überleben zu können (vgl. Kapitel 5.3).

Diese Bedürfnisse müssen erfüllt werden, damit ein Mensch menschliche Eigenschaften entwickeln kann und ein sowohl sozial handelnder (= gemeinschaftsfähiger) als auch selbstständiger Mensch werden kann.

Die Familie ist der erste Ort, an dem der einzelne Mensch im aktiven Umgang mit anderen Menschen, vor allem mit seinen Eltern, soziale Verhaltensweisen erlernt (Sozialisation).

Die Familie vermittelt Vertrauen, Geborgenheit und Sicherheit

Das Mädchen auf dem Foto rechts hat offensichtlich uneingeschränktes Vertrauen zu seiner Mutter. Es ist begeistert von dem Spiel, fühlt sich sicher und geborgen. Wie entsteht ein derartiges Vertrauen in sich, in andere Personen und in die Welt?

Kinder benötigen in den ersten Lebensjahren zuverlässige, stabile und berechenbare soziale Beziehungen. Die Familie ist dafür in besonderer Weise geeignet. Die Eltern als konstante Bezugspersonen befriedigen die Bedürfnisse ihres Kindes. Sie versorgen es mit Nahrung, pflegen es, geben ihm emotionale Zuwendung und bieten Anregungen. Gehen die Eltern dabei einfühlsam vor, sind sie in ihren Reaktionen zuverlässig und berechenbar, kann das Kind eine sichere Bindung zu ihnen entwickeln.

Sicher gebundene Kinder bilden Vertrauen in sich und die Welt, können sich körperlich und geistig gesund entwickeln und sind in der Lage, soziale Beziehungen aufzunehmen und später auch aufrechtzuerhalten (vgl. Kapitel 1.1 und 10.5).

Es müssen nicht unbedingt die leiblichen Eltern sein, die Bezugspersonen für das Kind werden. Diese Rolle kann jede Person übernehmen, die einem Kind zuverlässig, feinfühlig und berechenbar begegnet.

Das Kind lernt in der Familie Werte und Normen

> *Die Geschichte vom Daumenlutscher*
> *„Konrad", sprach die Frau Mama,*
> *„ich geh aus und du bleibst da.*
> *Sei hübsch ordentlich und fromm, bis*
> *nach Haus ich wieder komm.*
> *Und vor allem, Konrad, hör!*
> *Lutsche nicht am Daumen mehr;*
> *denn der Schneider mit der Scher*
> *kommt sonst ganz geschwind daher,*
> *und die Daumen schneidet er*
> *ab, als ob Papier es wär."*
>
> (Heinrich Hoffmann, 1844)

Wohl jeder kennt den „Struwwelpeter", „lustige" Geschichten für Kinder von drei bis sechs Jahren, im Jahre 1844 geschrieben vom Frankfurter Arzt Dr. Heinrich Hoffmann zur besseren Erziehung seiner Kinder.

Konrad soll zu einem ordentlichen und frommen Kind erzogen werden. Wie verhält sich ein ordentliches und frommes Kind? Es lutscht – nach Meinung Dr. Hoffmanns – nicht am Daumen. Damit Konrad sich an die Sollens-Vorschrift „Du sollst nicht am Daumen lutschen" hält, droht ihm die Mutter bei Nichtbeachtung dieser Regel mit der Strafe: Der Schneider schneidet geschwind den Daumen ab.

Das menschliche Verhalten wird nur sehr begrenzt durch Anlagen oder Instinkte geleitet. Deshalb muss es auf andere Art und Weise bestimmt werden, nämlich durch Sollens-Sätze wie z. B. „Du sollst die Wahrheit sagen". Jede Erziehung benötigt derartige Sollens-Sätze, um Kindern die Werte, die in einer Gesellschaft gültig sind (z. B. Ordnung und Selbstständigkeit) zu vermitteln. Bei der Vermittlung der Werte nehmen die Eltern eine herausragende Stellung ein.

Die Familie ist der erste Ort, an dem der einzelne Mensch einen Ausschnitt der Werte, Einstellungen und Ideologien (= richtige und falsche Bilder der Welt) lernt, die „draußen" in der Welt Gültigkeit besitzen. Hierbei vermitteln die Eltern ihren Kindern jene Werte, die für sie selbst gelten und weisen ihren Kindern damit bestimmte gesellschaftliche Positionen zu (Enkulturation). Zudem bildet die Familie eine wichtige Bezugs- und Kontrollgruppe, wenn Kinder „draußen" mit anderen Werten und Normen konfrontiert werden.

Kennzeichen von Normen

- Normen benennen wünschenswerte Verhaltensweisen in unserer Gesellschaft, wie z. B. „Du sollst die Wahrheit sagen", „Du sollst deine Sachen aufräumen, deine Hausaufgaben erledigen …!"

- Normen **ändern** sich. Immer dann, wenn eine Gesellschaft sich ändert, z. B. durch Krieg, durch technische Entwicklungen oder durch sich ändernde Wertvorstellungen, ändern sich auch die damit zusammenhängenden Normen.

Beispiel
„Ihr dürfet zwar", so ermahnt 1773 J. B. Basedow die Erzieher, „an den Spielen und Vergnügungen eurer Kinder Teil nehmen und mit ihnen scherzen; aber ihr müsset alsobald ernsthaft werden und zu eigenem Verdruss der Kinder aus dem Spiel treten, wenn sie durch Worte, Mienen und andere Handlungen die ‚äußerliche' Ehrerbietung gegen euch vergessen. Ihr müsset ihnen eure Spielgemeinschaft so angenehm machen, dass sie um diese Wohltat bitten, und wenn ihr Abschied nehmt, euch ehrerbietig danken (…)." (Johann Bernhard Basedow, 1773)

- Normen machen menschliches Handeln berechenbar.
  In bestimmten Situationen erwartet man ein bestimmtes Verhalten. Bewirbt man sich um eine Stelle als Kinderpflegerin und wird zu einem Vorstellungsgespräch eingeladen, dann erwarten die beteiligten Personen, dass die Bewerberin z. B.
  - angemessen gekleidet ist,
  - höflich grüßt,
  - über fachliche Kenntnis verfügt und diese angemessen formulieren kann,
  - sich über die Einrichtung informiert hat,
  - sich mit den anstehenden Aufgaben auseinandergesetzt hat usw.

Irritierend und unüblich dagegen wäre es, wenn die Bewerberin die Leitung zur Begrüßung umarmte, sich als „die Neue" vorstellte und unangebrachte Scherze machen würde.

Kinder übernehmen Normen

Kinder übernehmen Werte und Normen von ihren Eltern. Herrscht in der Familie eine harmonische und vertrauensvolle Atmosphäre und pflegen die Eltern einen autoritativen Erziehungsstil, dann sind Kinder bereit, Werte und Normen der Eltern anzunehmen bzw. zu übernehmen. Sie erkennen diese Werte dann als ihre eigenen an. Wird das gewünschte Verhalten von den Eltern vorgelebt, unterstützt das den Aufbau eines Wertesystems. Auch Einsichtslernen und Verstärkung werden von den Eltern eingesetzt, um Kindern Normen beizubringen und deren Wichtigkeit zu verdeutlichen.

In der Familie erlernen wir bestimmte Rollen

Jeder Mensch nimmt täglich verschiedene Rollen ein, z. B. als Tochter/Sohn, Schüler/-in, Freund/-in, Schwester/Bruder, Praktikant/-in, Kunde/Kundin, Zuschauer/-in usw.

Definition

*Unter einer **sozialen Rolle** versteht man ein aus bestimmten Normen (= Sollens-Vorschriften) bestehendes Bündel von Verhaltenserwartungen, das die Bezugsgruppe, z. B. die Familie, an eine Person, z. B. das Kind, heranträgt. Jedes einzelne Mitglied der Gruppe soll sich so verhalten, wie es von ihm erwartet wird.*

Wie ein Mensch sich entwickelt und wie er sich gegenüber seinen Mitmenschen verhält, wird auch dadurch bestimmt, welche Position er in seiner Herkunftsfamilie einnimmt.

Das Kind unter Geschwistern

- Die Geschwisterbeziehung ist in der Regel die am längsten andauernde Beziehung im Leben eines Menschen.

- Geschwisterbeziehungen haben etwas Schicksalhaftes, weil man sie sich nicht aussuchen kann, sondern in sie hineingeboren wird.

- Zwischen Geschwistern gibt es ungeschriebene Verpflichtungen.

- Geschwisterbeziehungen können durch Neid und Konkurrenz, durch die Rivalität um die Zuneigung der Eltern und Ähnliches mehr gekennzeichnet sein.

- Geschwisterbeziehungen können sehr vertraut sein.

Es gibt also nicht die eine Geschwistergemeinschaft, sondern für das einzelne Kind kann eine Geschwistergemeinschaft sehr Unterschiedliches bedeuten und seine Entwicklung somit unterschiedlich beeinflussen.

Die Geschwisterreihe und ihre Bedeutung

Im Folgenden werden Kennzeichen der einzelnen Geschwisterrollen in idealtypischer Weise beschrieben. Ein Kind wird jedoch in keinem Fall nur durch seine Geschwisterrolle bestimmt, sondern auch durch viele andere Faktoren, z. B. durch die Art der Beziehung zu den Eltern, den Erziehungsstil, das Erzieherverhalten, materielle Bedingungen, soziokulturelle Faktoren und die Art der sozialen Beziehung der Eltern zu ihrer Umwelt.

Das älteste Kind

Erste Kinder sind für eine Weile Einzelkinder und genießen meist bis zur Geburt des zweiten Kindes volle Zuwendung und Aufmerksamkeit, sie werden z. B. stärker stimuliert.

Mit der Geburt des zweiten Kindes kann das erste Kind seine Mittelpunktstellung verlieren, es wird „entthront". Oft reagiert es mit Schlafproblemen, Rückzugsverhalten, Weinerlichkeit, Anklammern und Trotz auf diese Entthronung. Es muss seine Rolle als „ältere Schwester" oder „älterer Bruder" erst langsam erlernen. Das älteste Kind, vor allem wenn es ein Mädchen ist, übernimmt oft die Rolle der Lehrenden, Bestimmenden und Helfenden.

Das zweite und mittlere Kind, die „Sandwich-Kinder"

Die nachfolgenden Kinder finden Geschwister vor, die ihnen meist sehr deutlich ihre geistige und körperliche Überlegenheit zeigen. Mittlere Kinder sind oft diplomatisch und können gut verhandeln, weil sie sich mit den älteren Geschwistern arrangieren müssen. Sie versuchen meist, auf demjenigen Gebiet gut zu sein, auf dem das erste Schwächen hat; ist das erste Kind z. B. fleißig in der Schule, ist das zweite vielleicht sehr sportlich. Indem Geschwister ihre Unterschiedlichkeiten verstärken, kann jedes Kind seine Chance auf elterliche Zuwendung verbessern.

Das jüngste Kind

Das jüngste Kind ist oft durchsetzungsfähiger, offener und kooperativer. Es befindet sich nicht selten in einer Nesthäkchen-Position. Seine intellektuellen Fähigkeiten sind oft etwas weniger stark ausgeprägt.

Geschwisterbeziehungen sind ein ganz besonderer Lernort. Die Erfahrungen, die Kinder hier machen, hängen nicht nur von der Position in der Geschwisterreihe ab, sondern auch vom Altersabstand, der Geschlechterverteilung und vom Temperament des Kindes.

- Der Altersabstand: Je geringer der Altersabstand ist, desto mehr rivalisieren Geschwister miteinander, besonders gleichgeschlechtliche. Je größer der Altersabstand ist, desto eher zeigen die älteren Geschwister fürsorgliches Verhalten.

- Die Geschlechterverteilung: Bei gleichgeschlechtlichen Geschwistern entwickeln sich oft besonders typische weibliche oder männliche Eigenschaften. Dagegen lernen Mädchen, die mit Brüdern aufwachsen, einige von deren Verhaltensweisen und umgekehrt.

Geschwister können aber auch untereinander kooperieren und Hilfsbereitschaft zeigen. Sie können eine Koalition bilden und als Verhandlungspartner gegenüber ihren Eltern auftreten. Dieses starke Gegengewicht können Einzelkinder nicht bilden.

Das Einzelkind

Im Rahmen des Geburtenrückgangs gibt es zwar in Deutschland mehr Ein-Kind-Familien und weniger Mehr-Kind-Familien, dennoch herrscht die Ein-Kind-Familie nicht vor. Immerhin wächst ungefähr ein Viertel aller Kinder als Einzelkinder auf, knapp die Hälfte haben eine Schwester oder einen Bruder und weniger als 30 Prozent haben mindestens zwei Geschwister.

Einzelkinder galten lange Zeit als nicht sozial, altklug, verwöhnt und wehleidig. Doch dies sind negative und falsche Urteile.

- Einzelkinder erfahren durch ihre Eltern ungeteilte Zuwendung und sie können ihre Wünsche und Bedürfnisse in einem Maß aushandeln, das mit Geschwistern nicht möglich wäre.

- Einzelkinder haben keine „Puffer-zone", wenn Eltern sie mit ihren Wünschen überfrachten, sie überbehüten und sie an sich bin-den und nicht loslassen.

- Eine Reihe von Einzelkindern übernimmt schneller Verantwor-tung für eine Sache. Oft zeigen sie auch bessere kognitive Leis-tungen und schneiden bei Intelli-genztests besser ab. Jedoch gibt es keine eindeutigen Befunde, dass ihre schulischen Leistungen deutlich besser wären.

- Bestimmte soziale Erfahrungen können Einzelkinder nicht machen.

- Aussagen über Einzelkinder lassen sich genauso wenig verallgemeinern wie Aussagen über Geschwisterkinder. Es gibt keine typischen Charaktereigenschaften von Einzelkindern, da sie unter fast gleichen Bedingungen aufwachsen wie Geschwisterkinder.

Die Geschlechtsrolle

Das Zusammenleben wird durch soziale Ordnungen geprägt, die sich je nach Zeitumständen und kulturellen Einflüssen ändern können. Ein Beispiel hierfür sind die in unserer Gesellschaft vorhandenen Vorstellungen und Meinungen über Merkmale, die als typisch für Männer oder Frauen gelten, also die Geschlechter voneinander unterscheiden.

Erwerb der Geschlechtsrolle

Es ist nicht möglich, genau anzugeben, ob und in welchen Bereichen geschlechtsrollentypi-sches Verhalten angeboren ist, aber man kann zum Teil beschreiben, wie Mädchen und Jun-gen ihre Geschlechtsrolle durch Beobachtungen und Nachahmung lernen und verinnerlichen:

- Zweijährige können angeben, dass Menschen weiblich oder männlich sind, und sie wis-sen, ob sie selbst ein Junge oder ein Mädchen sind.

- Im Kindergarten-Alter fallen den Kindern Unterschiede in der Erscheinung zwischen Män-nern und Frauen auf. Männer sind körperlich größer und kräftiger und häufiger in mächti-geren Positionen.
  Ihnen fallen auch Unterschiede im Verhalten zwischen Mädchen und Jungen auf: Mädchen spielen mit Puppen, helfen der Mutter und brauchen viel Hilfe. Jungen helfen dem Vater, sind eher ungezogen und bringen andere zum Weinen.

- Im Verlauf der Grundschulzeit übernimmt der Junge immer mehr Eigenschaften, die als männlich gelten, und das Mädchen immer mehr Eigenschaften, die als weiblich gelten. Die Eigenschaften, die zum eigenen Geschlecht gehören, werden als positiv bewertet und aktiv übernommen. Das eigene Geschlecht gilt nun als das beste. Diese Überbewertung ist um das siebte Lebensjahr herum am stärksten ausgeprägt.

- Nach der Grundschulzeit können Kinder über diese Geschlechtsrollen nachdenken und sich fragen, ob sie alle Eigenschaften, die zum eigenen Geschlecht gehören, behalten wollen und/ oder einige Eigenschaften, die zum anderen Geschlecht gehören, auch übernehmen wollen.

Geschlechtstypische Verhaltensweisen

Es stellt sich die Frage, ob sich Jungen und Mädchen entsprechend der Vorstellungen über die Geschlechtsrolle auch unterschiedlich verhalten. Das ist tatsächlich der Fall, allerdings nur in wenigen Bereichen des Sozialverhaltens und des Spielens.

Mädchen verständigen und helfen sich mehr, sie bevorzugen feinmotorische Aktivitäten und ihr Sprachstil ist kooperativer. Jungen handeln aggressiver und selbstbehauptender, sie bevorzugen grobmotorische Aktivitäten in der Gruppe und im Freien. Ihr Ton ist gebieterischer und die Interaktion zwischen ihnen bricht schneller ab.

3.1.3 Familie im Wandel

Mit dem Wort „Familie" waren ursprünglich alle Personen gemeint, die in einem Haus lebten, also Großeltern, Eltern, Kinder und auch Bedienstete. Die **Großfamilie** war in unserem Kulturkreis bis ins 18. Jahrhundert hinein die typische Familienform. Die überwiegende Mehrheit der Bevölkerung lebte damals auf dem Land, die meisten Kinder wuchsen auf Bauernhöfen auf. Ihre Erziehung erfolgte nebenbei, da die Eltern die Existenz der Familie sichern mussten. Zudem wurden die Jungen so schnell wie möglich zur Arbeit auf den Feldern und die Mädchen zur Arbeit im Haus herangezogen. Später bildeten sie die Alterssicherung für ihre Eltern. Mit der **Industrialisierung** und der zunehmenden Verstädterung wandelte sich das Bild der Familie.

Aus der Mehrgenerationenfamilie wurde zunächst eine Zweigenerationenfamilie mit mehreren Kindern. Im Laufe des letzten Jahrhunderts sank dann die Kinderzahl ständig. Hatte um 1900 jede Mutter im Durchschnitt noch vier Kinder, sind es aktuell nur 1,4 (hierbei muss jedoch berücksichtigt werden, dass ein Grund für diese niedrige Geburtenrate in Deutschland in dem hohen Anteil kinderloser Frauen liegt, der sich insgesamt auf ein Drittel beläuft). Die Familie wurde damit zur sogenannten „Klein"- oder „Kernfamilie", zu der nur noch die Eltern und wenige Kinder gehören. Nach dem Zweiten Weltkrieg entwickelten sich weitere Familienformen wie die Ein-Eltern-Familie oder die Stieffamilie. Inwiefern Familienformen auf die Entwicklung von Kindern Auswirkungen haben können, wird im nächsten Abschnitt geklärt.

3.1.4 Unterschiedliche Familienformen wirken sich
unterschiedlich aus

In diesem Abschnitt sollen die Familienformen genauer betrachtet werden, die in der Bundesrepublik Deutschland am häufigsten vorkommen. Dies sind die Kernfamilie, die Ein-Eltern-Familie und die Stieffamilie.

Die moderne Kernfamilie

Zur modernen Kernfamilie gehören heute die verheirateten Eltern mit ihren leiblichen Kindern. Ihr besonderes Merkmal ist, dass Liebe, Emotionalität und eine gefühlsmäßige Verbundenheit einen sehr hohen Stellenwert besitzen. In den Jahren von 1955 bis 1965 erlebte diese Form der Familie ihre Blütezeit. Fast jeder lebte damals in solch einer modernen Kernfamilie, die deshalb auch als Normalfamilie angesehen und bezeichnet wurde. Zu Beginn des 21. Jahrhunderts ist sie nur noch eine unter mehreren Familienformen, wenn auch die bedeutendste. Die große Mehrheit der Kinder, nämlich vier von fünf Kindern, lebt zumindest bis zu seinem 18. Lebensjahr mit seinen leiblichen Eltern zusammen.

Viele Eltern streben aus verschiedenen Gründen die Klein- oder Kernfamilie an. Heute ist es in einem Industrieland kein wirtschaftlicher Vorteil mehr, viele Kinder zu haben, denn diese arbeiten nicht für ihre Eltern und sie finanzieren sie auch nicht direkt bei Krankheit oder im Alter. Vielmehr erfordern eine lange Schul- und Berufsausbildung, eine gesunde Lebensweise und eine umfassende Förderung der Kinder sehr viel Zeit, Energie, Wissen und Geld. Eltern möchten, wenn sie Kinder haben, ihre emotionalen Bedürfnisse befriedigen, so haben sie z. B. Freude daran, ihre Kinder aufwachsen zu sehen und schätzen die gemeinsame Zeit und Zärtlichkeiten mit ihnen. Dazu reichen wenige Kinder aus. Zudem möchten Eltern ihre Kinder verantwortungsbewusst erziehen. Das heißt im Umkehrschluss, dass viele Eltern nur dann Kinder bekommen, wenn sie sich dieser Verantwortung gewachsen fühlen. So wächst die Mehrzahl der Kinder heute in Familien mit ein oder zwei Kindern auf, die Zahl der Familien mit drei und mehr Kindern ist in Deutschland sehr stark gesunken.

Mögliche Auswirkungen der Kernfamilie

Das Kind, das in der Kernfamilie aufwächst, genießt eine besondere Wertschätzung und Aufmerksamkeit durch die Eltern. Dies kann sehr positiv für das Kind sein, aber auch zu Verwöhneffekten und damit zu Mängeln in seiner Entwicklung führen. Die geringe Anzahl von Geschwistern bedeutet, dass es zukünftig immer weniger Seitenverwandte wie Tanten und Onkel oder Cousins und Cousinen geben wird. Kinder haben dafür wegen der gestiegenen Lebenserwartung eher die Chance, ihre Großeltern oder sogar Urgroßeltern zu erleben.

Auch in der Nachbarschaft gibt es wegen des Geburtenrückgangs immer weniger Kinder zum Spielen. So müssen Spielgruppen organisiert werden, in denen Kinder das Sozialverhalten mit Gleichaltrigen erlernen sollen. Kinder haben deshalb immer seltener die Möglichkeit, mit anderen Kindern frei, spontan und ohne Terminplan zu spielen. Sozialpädagogische Einrichtungen sollten dies berücksichtigen und entsprechenden Freiraum zur Verfügung stellen.

Ein-Eltern-Familien

Als „Ein-Eltern-Familie" bezeichnet man Familien, in denen Vater oder Mutter ohne Ehe- oder Lebenspartner mit ihren minderjährigen Kindern in einem Haushalt zusammenlebt und für die Kinder die alltägliche Erziehungsverantwortung trägt. Die Zahl der Ein-Eltern-Familien hat in den letzten 30 Jahren stetig zugenommen. Ihr Anteil lag 2009 bei 22 Prozent an allen Familien in Deutschland. Fast immer sind es alleinerziehende Mütter, die geschieden oder getrennt leben oder ledig sind und mit ihren Kindern zusammen Ein-Eltern-Familien bilden.

Typische Schwierigkeiten von Ein-Eltern-Familien

Ein-Eltern-Familien verfügen häufiger über ein niedrigeres Einkommen als Kleinfamilien und weisen ein höheres Armutsrisiko auf. In Ein-Eltern-Familien müssen sämtliche Aufgaben von einer Person wahrgenommen werden, was Anstrengung und Stress bedeuten kann und nicht selten zu Überforderung führt.

Mögliche Auswirkungen der Ein-Eltern-Familie

Kinder von Ein-Eltern-Familien zeigen nach der Scheidung häufiger Verhaltensauffälligkeiten. Im Falle einer Scheidung nehmen die Verhaltensauffälligkeiten dann am schnellsten ab, wenn die Eltern ihre Elternrolle gemeinsam oder in Absprache wahrnehmen. Die meisten Kinder zeigen zwei Jahre nach der Scheidung keine Beeinträchtigungen in ihrer Entwicklung mehr. Oftmals entwickeln Ein-Eltern-Familien aber auch eine ganz besondere Qualität und Stärke. Alleinerziehende praktizieren häufiger einen partnerschaftlichen Erziehungsstil. So lernen die Kinder, früh Verantwortung zu übernehmen. Die Beziehung zwischen Elternteil und Kind/Kindern ist meist eng und harmonisch.

Stieffamilien (Fortsetzungsfamilien) und ihre Auswirkungen

Bei einer **Patchwork-Familie** handelt es sich um eine Stieffamilie, in der das Elternpaar weitere gemeinsame Kinder hat.

Fallbeispiel
Die zehnjährige Martina lebt zusammen mit ihrer Mutter und besucht am Wochenende regelmäßig ihren Vater. Dessen neue Frau hat zwei Söhne in die Ehe mitgebracht, die jedes dritte Wochenende ihren Vater besuchen; der wiederum wohnt bei seiner Freundin und deren Kind.
Martinas Mutter hat vor zwei Jahren ihren Freund geheiratet, den Martina eigentlich recht gern hat – wäre da nicht Markus, der Sohn von Martinas Stiefvater, der eigentlich mit seiner Mutter und deren Freund zusammenlebt. Doch weil es dort recht oft Streit gibt, kümmert sich Martinas Stiefvater auch um seinen Sohn Markus. Vor einem halben Jahr haben Martinas jetzige Eltern eine gemeinsame Tochter bekommen – Caroline.

Dies ist kein verwirrendes Zukunftsszenario, sondern Realität. Denn etwa 10 Prozent aller Familien haben eine Stiefmutter oder einen Stiefvater. Jedoch fallen Stieffamilien wenig auf, sie gleichen nach außen Familien, die aus leiblichen Eltern und ihren Kindern bestehen.

Da es viele Typen von Stieffamilien gibt, sind diese Familien auch untereinander sehr verschieden.

Definition
D

*Gemeinsam ist allen **Stieffamilien**, dass das Kind zu seinen leiblichen Eltern noch einen sozialen Elternteil erhält oder ein verstorbener Elternteil durch einen sozialen ersetzt wird.*

Typische Schwierigkeiten von Stiefelternfamilien

- Kinder in Stieffamilien müssen den Elternteil, den sie bisher für sich allein hatten, nicht nur mit einem Stiefelternteil, sondern oft auch noch mit anderen Kindern teilen. Sie müssen ihre Rolle als Stiefkind eigenständig definieren und sich zu dem neuen Status im Kindergarten oder in der Schule bekennen.

- Die Kinder haben meist Trennungen erlebt und müssen diese verarbeiten. Sie stellen sich die Frage: „War ich dem Vater/der Mutter nicht genug?" Die Kinder haben häufig Angst, den Vater/die Mutter an den neuen Partner zu verlieren. Haben sie zuvor in einer Ein-Eltern-Familie gelebt und dort partnerschaftliche Rollen übernommen, fällt es ihnen nun schwer, zur Kinderrolle zurückzufinden.

Fallbeispiel
In der Phase der Teilfamilie, in der die Mutter mit ihren beiden Kindern alleine lebte, übernahm der zwölfjährige Sohn Oliver sehr viel Verantwortung und rückte in eine partnerschaftliche Rolle auf, manchmal fast zum „Herrn des Hauses". Vor einiger Zeit hat seine Mutter nun einen neuen Partner kennengelernt, der mit ihr und den Kindern zusammenleben möchte. Für Oliver ist das eine sehr schwierige Situation. Von ihm wird erwartet, dass er dem neuen Partner der Mutter und vielleicht zukünftigen Stiefvater den Platz räumt und zusammen mit seiner Schwester die Kinderrolle übernimmt.

- Kinder in Stieffamilien müssen eine Beziehung zum Stiefelternteil und gegebenenfalls zu den neuen Geschwistern aufbauen. Gleichzeitig soll die Beziehung zum anderen leiblichen Elternteil aufrechterhalten werden. Möglicherweise lebt der andere Elternteil inzwischen ebenfalls in einer neuen Partnerschaft. Das bedeutet für die Kinder, dass sie zwischen zwei Haushalten mit unterschiedlichen Regeln und Gewohnheiten pendeln müssen.

Die Stieffamilie ist also ein Zusammenschluss von Menschen mit sehr unterschiedlichen Wünschen, Empfindungen und Erfahrungen.

Voraussetzungen für das Funktionieren einer Stiefelternfamilie

- Der leibliche Elternteil lässt es zu, dass sich eine gute Beziehung zwischen Stiefelternteil und Stiefkind entwickelt.

- Der Stiefelternteil tritt nicht in Konkurrenz zum außerhalb des Haushaltes lebenden leiblichen Elternteil des Kindes.

- Das Kind hat die Möglichkeit, den Kontakt zum außerhalb des Haushaltes lebenden Elternteil nach seinen Wünschen zu gestalten.

- Alle Beteiligten geben sich sehr viel Zeit, ihre neuen Rollen zu erlernen.

Auswirkungen von Stieffamilien auf die Entwicklung eines Kindes

Stiefkinder haben oft Anpassungsprobleme. Sie müssen sich auf eine neue Situation und neue Personen in der Familie einstellen. Deshalb zeigen sie, auch längerfristig, häufiger problematisches Verhalten, erbringen schlechtere Schulleistungen und weisen ein geringeres Selbstwertgefühl auf. Diese Unterschiede sind jedoch nicht gravierend. Kinder, die jünger als zwei Jahre oder noch im Kindergartenalter sind, bewältigen die Trennung der Eltern und die Gründung einer Stieffamilie am besten.

3.1.5 Die Sozialisation wird von verschiedenen Faktoren beeinflusst

Die Familie erbringt ihre Sozialisationsleistungen nicht in einem „luftleeren Raum", sondern sie ist eingebettet in eine natürliche, ökonomische, soziale und kulturelle Umwelt. Zudem werden an die Familie gesellschaftliche und politische Ansprüche gestellt, in welcher Form sie ihre Sozialisationsaufgaben erbringen soll.

Diese Umweltbereiche und gesellschaftlichen Ansprüche, die z. T. zusammenhängen, können die Sozialisation in ihrer Wirkung begünstigen oder einschränken.

Natürliche Faktoren

Bestimmte Umweltstoffe oder die globale Luftverschmutzung können die Sozialisation beeinflussen.

Beispiel
Manche Erzieherinnen lassen die Kinder im Sommer nicht mehr im Freien spielen, wenn die Ozon-Belastung einen bestimmten Wert überschreitet.

Ökonomische Faktoren

- Die Größe, die Lage und die Einrichtung der Wohnung beeinflussen die Sozialisation. In vielen Großstädten haben die Kinder kaum Spielmöglichkeiten auf einem Spielplatz, in einem Hinterhof oder auf der Straße. Sie können sich immer weniger spontan und ungeplant außer Haus bewegen und spielen. Stattdessen sind sie auf die meist beengten elterlichen Wohnungen angewiesen. Sie treffen sich seltener zum Spielen mit Fremden, ihre Sozialkontakte sind eingeschränkt. Man bezeichnet diesen Vorgang als **Verhäuslichung der Kindheit**.

- Größe und Lage der Wohnung hängt zusammen mit dem Einkommen der Eltern. Die finanzielle Situation von Familien hat aber noch weitere Auswirkungen. Kinder aus gut situierten Familien erhalten deutlich mehr Bildungsangebote als Kinder aus Familien mit schmalem Budget.

Sozialverbände und Kinderschutzorganisationen warnen vor der zunehmenden Armut von Familien. Die Anzahl der Familien, die unter der Armutsgrenze leben, ist in den letzten Jahren laufend gestiegen. Armut wirkt sich nicht nur auf die Wohnqualität und die Erfahrungsmöglichkeiten aus, sie beeinträchtigt auch das Beziehungsklima in der Familie und wirkt sich negativ auf das Erzieherverhalten aus. Eine große Studie mit mehr als 1 000 Familien bestätigt die negativen Auswirkungen für Kinder im Alter von null bis neun Jahren. Die Kinder aus armen Verhältnissen zeigten deutlich mehr kognitive Defizite und Verhaltensprobleme.

Soziale Faktoren

- Der Bildungsgrad der Eltern beeinflusst die Sozialisation. Eltern mit hohem Bildungsgrad wünschen, dass ihre Kinder entweder den gleichen Bildungsgrad wie sie selbst erwerben oder einen höheren. Sie fördern ihre Kinder entsprechend von Anfang an.

- Die Familienverhältnisse beeinflussen die Sozialisation. Besteht z. B. eine lang andauernde konfliktreiche Beziehung zwischen den Eltern, wird das Kind von einem Elternteil oft als Vertrauter betrachtet. Dieser Elternteil bespricht mit dem Kind seine Sorgen, Ängste und Wünsche. Damit sind Kinder aber eindeutig überfordert.

- Die Sozialisation wird sowohl von Faktoren beeinflusst, die das Kind mit seinen Geschwistern teilt, als auch von solchen, die das Kind nicht mit seinen Geschwistern teilt (vgl. Kap. 3.1.2).

  - **Geteilte Umwelterfahrungen** sind z. B. die Zugehörigkeit zu einer sozialen Schicht, die Familienstruktur, der familiale Status und das Familienklima.

  - **Nicht geteilte Umwelterfahrungen** sind z. B. der Schwangerschaftsverlauf, die Geschwisterposition, das unterschiedliche elterliche Verhalten den Kindern gegenüber, persönliche Freunde, Erfahrungen in der Kindergarten-Gruppe und in der Schule.

  Die nicht geteilten Umwelterfahrungen sind für die Sozialisation wohl bedeutsamer als die geteilten Umwelterfahrungen.

Kulturelle Faktoren

Die Art des Spielzeugs, der Bücher und der Massenmedien beeinflusst die Sozialisation. Ein Großteil der Kommunikation erfolgt – auch bei Kindern und vor allem Jugendlichen – bereits per Telefon, Handy, SMS und E-Mail. Zudem stehen ihnen ungezählt viele industriell gefertigte Massenspielgüter zur Verfügung. Der Medienkonsum, vor allem der TV-Konsum am Wochenende, steigt immer weiter an, sodass Erzieherinnen bereits vom „nervösen Montag" sprechen. Andere Freizeitangebote, wie z. B. Malen, Werken, Spielen ohne Material oder Lesen, werden immer weniger angenommen.

Wählen Eltern und Kinder solche Spielsachen, Bücher und Hobbys aus, die die Entwicklung des Kindes fördern, schlägt sich dies z. B. in einem besseren schulischen Erfolg nieder.

Gesellschaftliche und politische Bedingungen

Die Gesellschaft hat ein großes Interesse daran, dass die Sozialisation der Kinder gelingt und erwartet, dass die Kinder und Jugendlichen

- die in der Gesellschaft gültigen Werte und Normen übernehmen,
- an einer schulischen Ausbildung teilnehmen,
- einen Beruf erlernen und ausüben,
- bestimmte gesellschaftliche Pflichten erfüllen.

Deshalb versucht die Gesellschaft, z. B. über Regierende, Verbände und Kirchen, auf die Ziele und Inhalte der Erziehung Einfluss zu nehmen (vgl. Kap. 6.2.1). Erziehung soll so den gesellschaftlichen und politischen Bedingungen gerecht werden.

3.2   Erziehung in sozialpädagogischen Einrichtungen

Die Erziehung der Kinder ist in fast allen Gesellschaften Aufgabe der Familie, in die ein Kind hineingeboren wird. Nach Art. 6, Abs. 2 Grundgesetz haben die Eltern das Recht und die Pflicht, ihre Kinder zu erziehen.

Jedoch war die Kindererziehung nicht immer Aufgabe der Eltern, vor allem der Mutter, sondern auch die der Geschwister, der Großfamilie und der Nachbarn. Ein afrikanisches Sprichwort lautet: „Um ein Kind richtig aufzuziehen, braucht man ein ganzes Dorf." In unserer Gesellschaft gibt es nicht das ganze Dorf, aber sozialpädagogische Einrichtungen, die die familiäre Erziehung unterstützen, ergänzen oder ersetzen. Man spricht in diesem Zusammenhang von „familienergänzenden" und „familienersetzenden Einrichtungen".

3.2.1   Familienergänzende Einrichtungen

In familienergänzenden Einrichtungen halten sich die Kinder für einen Teil des Tages oder ganztägig auf und werden in Gruppen gefördert. Zu diesen sogenannten Kindertageseinrichtungen zählen die Krippe, der Kindergarten und der Hort, ebenso Häuser für Kinder, Kinderläden, integrative Kindertageseinrichtungen u. Ä. Daneben gibt es Tagespflegestellen bei Tagesmüttern und Tagesvätern. Das Angebot wird ergänzt durch Jugendhäuser, Spielmobile und sozialpädagogisch betreute Spielplätze.

Die Kinderkrippe
Fallbeispiel
Montagmorgen, zehn Uhr. Vor einem Café reihen sich die neuesten Kinderwagenmodelle, aus dem Nebenraum quillt Babygeschrei, vermischt mit weiblichen Stimmen. Hier treffen sich junge Mütter zum Stillen. Die Stimmung ist heiter, bis es zu folgender Unterhaltung kommt: „Schade, dass ich in Zukunft nicht mehr hierherkommen kann; nächste Woche beginnt Claras Eingewöhnung in der Krippe." „Was? Clara ist doch erst sechs Monate alt und du willst sie bereits fremden Leuten überlassen?" „Ich könnte mir das nicht vorstellen, Max nur noch abends zu sehen, dafür habe ich

doch kein Kind bekommen." „Das Kind abzuschieben, damit du berufstätig sein kannst, dafür habe ich kein Verständnis." „Die Krippe ist wirklich toll. Zehn Kinder werden betreut und die Erzieherinnen sind sehr liebevoll und aufmerksam zu den Kindern. Ihr solltet sehen, wie schön es dort ist. Außerdem trifft Clara dort auf andere Kinder, ich glaube, das wird ihr guttun."

In der Kinderkrippe werden für einen Teil des Tages oder ganztägig jeweils zehn bis zwölf Säuglinge und Kleinkinder im Alter von acht Wochen bis drei Jahren betreut.

Die außerfamiliäre Erziehung und Betreuung von Säuglingen und Kleinstkindern wird in der Öffentlichkeit immer noch kontrovers diskutiert. Die Gegner argumentieren, Kleinstkinder würden Schaden nehmen, wenn sie in der Krippe betreut würden. Die Kinderpsychotherapeutin Christa Meves spricht sogar von der „Denaturierung der frühen Lebensjahre" und prophezeit Heerscharen von bindungsgestörten Kindern und Spätschäden wie Depressionen, Alkoholismus und Kriminalität (vgl. Brandt/von Bredow/Theile, 2008, S. 42). Befürworter verweisen auf die Notwendigkeit von Bildung schon im Kleinkindalter und auf die guten Erfahrungen der Nachbarländer wie Dänemark, wo 87 Prozent der Ein- und Zweijährigen außerfamiliär betreut werden. Zudem führen sie ins Feld, dass sich bei Weitem nicht alle Kinder, die von ihren Müttern betreut werden, auch gut entwickeln.
Entwicklungspsychologen und Frühpädagogen meinen, dass die Alternative „Krippe oder Eltern" der falsche Ansatz sei. Untersuchungen an über 1 000 Kindern haben nämlich gezeigt, dass Krippenkinder sich nicht besser oder schlechter entwickeln, sondern anders. Ein weiteres, wenn auch nicht überraschendes Ergebnis: Krippenerziehung ist positiv für die Entwicklung von Kindern aus bildungsfernen Schichten.
Entscheidend für eine positive Entwicklung in der Krippe ist die Qualität der Einrichtung. Hier spielen Faktoren wie Personal, das sich mit den besonderen Bedürfnissen von Kleinkindern auseinandergesetzt hat, räumliche Ausstattung, z. B. genügend Ruhemöglichkeiten, und Kontinuität der Beziehung eine Rolle.

Beispiel
Kinder haben, entsprechend ihrem Entwicklungsstand, unterschiedliche motorische Bedürfnisse – die räumliche Gestaltung sollte dies berücksichtigen. Ein Kind, das krabbelt, braucht viel freie Fläche, ein Kind, das stehen möchte, braucht feste Möbel oder Griffe an der Wand, um sich hochzuziehen, ein Kind, das mit dem Laufen beginnt, braucht Möglichkeiten, sich festzuhalten, bevor es ohne Stütze durch den Raum läuft.

Das Angebot an Krippenplätzen ist allerdings begrenzt und deckt derzeit nicht den tatsächlichen Bedarf. So gibt es in den neuen Bundesländern deutlich mehr Plätze für Kinder unter drei Jahren als in den alten Bundesländern. Der Grund hierfür dürfte darin liegen, dass in der ehemaligen DDR Krippen eine lange Tradition haben.

Die Versorgung mit Krippenplätzen wird durch ein neues Gesetz in Zukunft gewährleistet. Dies sieht den Ausbau von Betreuungsplätzen für Kinder unter drei Jahren bis zum Jahr 2013 vor. Ab dem 01. August 2013 wird jedes Kind mit Vollendung des ersten Lebensjahres bis zum Schuleintritt einen Rechtsanspruch auf Förderung in einer Kindertagesstätte oder in der Tagespflege haben.

Der Kindergarten
Kindergärten sind Einrichtungen im vorschulischen Bereich. Sie dienen der Erziehung, Bildung und Betreuung von Kindern im Alter von überwiegend drei Jahren bis zum Schuleintritt. Verfügt die Einrichtung über genügend Plätze, können auch Kinder mit zwei Jahren und Schulkinder aufgenommen werden.

Sozialpädagoginnen, Erzieherinnen und Kinderpflegerinnen betreuen, bilden und erziehen ganztags oder während eines Teils des Tages die Kinder.
Mit Ausnahme von Bayern zählt der Kindergarten zum Bereich der Jugendhilfe.

Der Kindergarten hat folgende **institutionelle Merkmale**:

- freiwilliger Besuch,
- kein verbindlicher „Lehrplan",
- Kostenbeteiligung der Eltern,
- meist freie Trägerschaft, daneben auch Kommunen oder Elterninitiativen,
- staatliche Aufsicht in Form der Heimaufsicht,
- Betreuung in altershomogenen oder -gemischten Gruppen,
- teilweise oder vollständig ohne feste Gruppenstrukturen,
- Rechtsanspruch auf einen Kindergartenplatz.

Es ist heute unumstritten, dass der Kindergarten einen wichtigen familienergänzenden **Erziehungs-, Bildungs- und Betreuungsauftrag** hat.

Wie der Kindergarten nicht sein sollte

Für die Mehrzahl der Familien stellt der Kindergarten eine selbstverständliche Einrichtung dar, die in einem großen Umfang akzeptiert und in Anspruch genommen wird.
Ausgelöst durch die Ergebnisse der Schulleistungsstudien PISA und IGLU[1] wird die Wichtigkeit der frühkindlichen Bildung nicht nur von Fachleuten, sondern auch in weiten Teilen der Bevölkerung erkannt. Um die Bildungsbedürfnisse der Kinder optimal befriedigen zu können, wurde z. B. in Bayern im Jahr 2005 der Bildungs- und Erziehungsplan für Kinder bis zur Einschulung eingeführt.

---

[1] *PISA = Programm for International Student Assessment (Programm zur intenationalen Schülerbewertung)*
IGLU = Internationale Grundschul-Lese-Untersuchung

Kindergartenplätze stehen in ausreichender Anzahl zur Verfügung. Seit 1996 besteht vom vollendeten dritten Lebensjahr bis zum Schuleintritt sogar ein Rechtsanspruch, in der Regel auf einen Halbtagesplatz. Kinder aus Migrantenfamilien und Kinder, deren Eltern einen niedrigen oder gar keinen Bildungsabschluss haben, besuchen den Kindergarten später und etwas seltener. Somit bleiben gerade die Kinder dem Angebot fern, die in besonderem Maße von der außerfamilialen Förderung profitieren könnten.

Der Hort

Der Hort ist eine familienergänzende und schulbegleitende Tagesstätte für schulpflichtige Kinder. In ihm werden Grundschulkinder der ersten bis vierten bzw. sechsten Klasse vor und nach dem Unterricht und bei Bedarf auch in den Ferien von pädagogischen Fachkräften betreut. Die Kinder und Jugendlichen essen im Hort zu Mittag, erledigen unter Aufsicht ihre Hausaufgaben und gestalten gemeinsam ihre Freizeit. Der Schwerpunkt liegt dabei auf der pädagogisch gestalteten Freizeit. Die Kinder finden im Hort Angebote zur Entspannung und zum Ausgleich. Sie können Freizeitaktivitäten auswählen, die sie ansprechen. Auch wenn viele Eltern und Lehrer erwarten, dass Hausaufgaben im Hort vollständig und sorgfältig gemacht werden, so müssen sich Hortkräfte überlegen, wie sie diesen Anspruch in ein angemessenes Verhältnis zur Freizeitgestaltung setzen. Somit besteht ein wichtiger Teil der pädagogischen Arbeit sowohl in der Zusammenarbeit mit dem Elternhaus als auch mit der jeweiligen Schule.

Neuere Entwicklungen im Bereich der sozialpädagogischen Einrichtungen

Bisher wurden die klassischen Einrichtungen vorgestellt, die sich an dem Alter der Kinder orientieren. In den letzten Jahren hat es eine Reihe von Veränderungen gegeben, die als durchaus einschneidend bezeichnet werden können.
Vielerorts sind Kindertagesstätten oder Kinderhäuser mit einer breiten Altersmischung entstanden. Hier werden verschiedene Altersgruppen von Kindern sowohl in altershomogenen als auch in breiter altersgemischten Gruppen ohne starre räumliche Trennung betreut. Es gibt die Kombination Kinderkrippe/Kindergarten ebenso wie die Kombination Kinderkrippe/Kindergarten/Kinderhort wie die Kombination Kindergarten/Kinderhort. Zudem gibt es eine wachsende Anzahl von integrativen Kindertageseinrichtungen. Dort werden bis zu einem Drittel, mindestens aber drei behinderte oder von Behinderung bedrohte Kinder betreut. Bei der Personalbemessung wird diese Situation berücksichtigt. Allerdings stehen die Angebote regional sehr unterschiedlich zur Verfügung.

Kinder brauchen familienergänzende Einrichtungen

Die Lebensverhältnisse von Kindern haben sich in den letzten Jahrzehnten stark verändert:

- Kinder wachsen immer häufiger ohne Geschwister auf und treffen in ihrem Wohnumfeld immer seltener auf Spielkameraden.

- Kinder brauchen daher Begegnungsorte, an denen sie Kontakt zu anderen Kindern aufnehmen, Freundschaften entwickeln und soziale Verhaltensweisen erlernen können.

- Kinder wachsen immer häufiger in Familien auf, in denen beide Elternteile erwerbstätig sind. Die Verbindung von Beruf und Familie ist nur sicherzustellen, wenn Eltern auf ein familienergänzendes Betreuungsangebot zurückgreifen können. Dies ist umso wichtiger, da immer weniger Verwandte und Nachbarn zur Verfügung stehen, die die Kinder miterziehen könnten.

- Kinder wachsen immer häufiger bei alleinerziehenden Eltern auf, die oft Vollzeit erwerbstätig sind. Diese Familien brauchen besondere Unterstützung.

- Kinder brauchen Handlungs-, Erfahrungs- und Lebensräume über ihre eigene Familie hinaus, um fremde Kulturen kennenzulernen, zusätzliche Entwicklungsanreize zu erhalten und Selbstständigkeit zu erproben.

- Kinder wachsen immer häufiger in Familien auf, die Krisensituationen wie z. B. länger andauernde Arbeitslosigkeit, Scheidungs- und Trennungssituationen erleben.

3.2.2   Pädagogische Aufgaben familienergänzender Einrichtungen

Sozialpädagogische Einrichtungen müssen auf die veränderten Lebensbedingungen von Kindern und ihren Eltern reagieren. Ihre Aufgaben und Ziele sind im Sozialgesetzbuch VIII festgelegt.

Aufgaben: Betreuung, Bildung und Erziehung

Im Sozialgesetzbuch VIII heißt es sinngemäß: Die Aufgabe von Kindergärten, Horten und anderen Einrichtungen, in denen Kinder sich für einen Teil des Tages oder ganztags aufhalten, besteht darin, die Entwicklung des Kindes zu einer eigenverantwortlichen und gemeinschaftsfähigen Persönlichkeit zu unterstützen. Diese Aufgabe umfasst die Betreuung, Bildung und Erziehung des Kindes. Was soll unter den einzelnen Begriffen verstanden werden?

Kindertageseinrichtungen sind Schutzzonen, in denen sich die Kinder frei bewegen können. Somit umfasst die Betreuung nicht nur die umfassende Sorge für das leibliche und seelische Wohl der Kinder. Es meint auch die Sorge um das Wohlbefinden der Kinder und das Fernhalten von Gefahren. Diese Aufgabe stellt sehr hohe Anforderungen an die Kinderpflegerin.

Beispiel

Die Kinderpflegerin muss das Kind in einer Krippe zuverlässig betreuen. Gleichzeitig nimmt sie feinfühlig wahr, wann das Kind z. B. Nähe sucht, Hunger hat, müde ist und wann das Kind die Umwelt erforschen möchte. Darauf reagiert sie prompt, indem sie z. B. Sicherheit, Zuwendung und körperliche Nähe oder Essen anbietet oder indem sie dem Kind Anregungen bietet, die es in seinem Forscherdrang unterstützen.

Der Begriff „Erziehung" wurde bereits im zweiten Kapitel geklärt. Erziehung ist die soziale Interaktion zwischen Menschen, bei der ein Erwachsener planvoll und zielgerichtet versucht, bei einem Kind gewünschtes Verhalten zu entfalten und zu stärken. Dabei berücksichtigt er die Bedürfnisse und die persönliche Eigenart des Kindes. Unter „Bildung" versteht man die Förderung aller Kräfte des Kindes, damit es sich die Welt aneignen kann. In diesem Prozess setzt das Kind sich die ganze Zeit sowohl mit der Umwelt als auch mit sich selbst auseinander und entwickelt sich hierbei zu einer Persönlichkeit, die einzigartig ist. Bildung ist ein lebenslanger Prozess, der mit der Geburt beginnt.

Fallbeispiel

Tim, zwei Jahre alt, lehnt über dem Waschbecken und lässt seine Flotte zu Wasser. Er hat sie selbst zusammengesucht. Der Plastikeierbecher schwimmt ebenso wie die zwei Nüsse, der Radiergummi geht unter. Tim hebt den Radiergummi auf und setzt ihn zusammen mit der Nuss in eine Zitronenpresse, sie schwimmt; er gießt Wasser dazu, die Zitronenpresse kentert, der Gummi sinkt, die Nuss bleibt oben. So geht das eine halbe Stunde. Die Kinderpflegerin, die ihn hierbei beobachtet, überlegt sich, welche Anregungen sie Tim anbieten könnte, damit dieser weiter physikalische Gesetzmäßigkeiten selbst entdecken kann.

Auch wenn in manchen Situationen die Pflege überwiegt und in anderen die Bildung oder die Erziehung, gehen diese drei Aufgaben dennoch Hand in Hand. Eine erfahrene Kinderpflegerin wird während einer Pflegesituation einen Säugling gleichzeitig anregen, indem sie mit ihm spricht, ihm etwas zeigt, ihn massiert usw. Lernangebote werden immer gleichzeitig von erzieherischen Ideen begleitet und auch Erziehung im eigentlichen Sinn kann als Förderung des sozialen Bereichs und damit als Bildung verstanden werden.

Zielsetzung in Bezug auf die Kinder und Jugendlichen

Alle oben genannten Einrichtungen sollen laut Gesetz folgende Ziele erfüllen:

Entwicklung des Kindes zu einer eigenverantwortlichen Persönlichkeit

Kinder wollen eigenständige Persönlichkeiten werden. Dazu werden ihnen Kenntnisse und Fähigkeiten vermittelt, die sie in die Lage versetzen, selbstständig und eigenverantwortlich zu werden. Die Kinder sollen ein gutes Selbstwertgefühl entwickeln, lernen, mit Konflikten umzugehen und Entscheidungen treffen können. Die Kinderpflegerin hilft ihnen, alltägliche Aufgaben zu übernehmen, soziale Kontakte zu Kindern und Erwachsenen aufzubauen und sich in ihrer Umwelt zurechtzufinden. Den Kindern muss hierbei die Möglichkeit gegeben werden, selbst zu handeln und zu entscheiden. Um diesen Mut entwickeln zu können, braucht das Kind Liebe und Anerkennung, Geborgenheit und Sicherheit.

Gleichzeitig sollen die Kinder urteilsfähige Persönlichkeiten werden. Sie sollen die in der Gesellschaft gültigen Werte und Normen übernehmen. Diese Werte und Normen werden ihnen nicht aufgezwungen, sondern durch Erziehung nahegebracht. Sie werden befähigt, Werte und Normen kritisch zu hinterfragen und sich mit ihnen auseinanderzusetzen. Das Kind sollte die Normen und Regeln weitestgehend freiwillig übernehmen, weil es sie als vernünftig, wahr und sinnvoll erkennt. (vgl. Kapitel 6.2).

Entwicklung des Kindes zur gemeinschaftsfähigen Persönlichkeit

Das Kind soll Sozialverhalten innerhalb einer Gruppe erlernen und selbst Beziehungen aufnehmen. Es kann sowohl eigene Bedürfnisse durchsetzen, eigene Gefühle und Ansichten äußern und sich gegen Angriffe anderer wehren als auch Bedürfnisse der anderen anerkennen und eigene Bedürfnisse zurückstellen, bei Konflikten nach angemessenen Lösungen suchen, Freundschaften schließen, Verantwortung für andere, auch für Schwächere, übernehmen und fremde Lebensformen achten.

Diese Fähigkeiten erlernt das Kind vor allem in der Gruppe der Gleichaltrigen. Hier können die Kinder selbstständig Ziele, Normen und Regeln aushandeln. Mit Gleichaltrigen entwickelt das Kind ein Verständnis für Gleichheit, Gleichberechtigung und Gerechtigkeit. Im gemeinsamen Spiel unterstützen Kinder sich wechselseitig, teilen nach gemeinsam ausgehandelten Regeln und lernen, die Bedürfnisse und Interessen des anderen zu verstehen. Sie lernen mit Gleichaltrigen, welche Handlungen, Behauptungen und Regeln dazu führen, dass das gemeinsame Spiel fortgesetzt werden kann oder beendet wird.

Zur Gemeinschaftsfähigkeit gehört auch, die Toleranz zwischen Menschen unterschiedlicher Kulturen oder Nationalitäten zu fördern

In vielen Kindertageseinrichtungen gibt es mittlerweile Kinder aus allen Kontinenten – aus Europa, Asien, Afrika, Nordamerika, Lateinamerika.

Die Aufgabe besteht darin, deutsche und nicht deutsche Kinder zu gegenseitigem Verständnis zu erziehen:

- Kinder lernen, die eigene Kultur und Sprache zu schätzen und gleichzeitig fremde Lebensformen, Verhaltensweisen und Weltanschauungen zu achten.

- Der tägliche Umgang mit anderen Sprachen und Kulturen wird für Kinder zu einer Selbstverständlichkeit und zu einer Chance, Neues zu lernen.

- Kinder entwickeln ein Bewusstsein für verschiedene Formen von Diskriminierung und Rassismus.

- Ausländische Kinder werden in der Entwicklung einer günstigen bikulturellen und zweisprachigen Identität unterstützt und gefördert (vgl. Kap. 12).

Ausrichtung des Angebots an den Bedürfnissen der Kinder und der Familie

Laut Sozialgesetzbuch VIII soll sich das Angebot der Einrichtung pädagogisch und organisatorisch an den Bedürfnissen der Kinder und ihrer Familien orientieren. Damit werden verschiedene gesellschaftliche Aufgaben verwirklicht.

Familien entlasten, stützen und beraten

Männer und Frauen wollen gleichermaßen erwerbstätig sein. Bei der Geburt eines Kindes erwarten sie von ihrer Gemeinde, dass entsprechende Einrichtungen vorhanden sind oder geschaffen werden, um Familien- und Erwerbsarbeit zu vereinbaren. Hierzu ist es zum einen notwendig, das Betreuungsangebot für die unter dreijährigen und die über sechsjährigen Kinder auszubauen und zum anderen die tägliche Betreuungsdauer zu verlängern und flexibel zu gestalten. Die Familien sollen in Erziehungsfragen beraten und unterstützt werden, um die gestiegenen Anforderungen an die Erziehung besser bewältigen zu können.

Soziale Benachteiligungen ausgleichen

Da soziale Unterschiede, die in unserer Gesellschaft bestehen, Benachteiligungen für einzelne Kinder nach sich ziehen, haben familienergänzende Einrichtungen die Aufgabe, Chancenungleichheiten möglichst gut abzubauen und Defizite zu verringern. Insbesondere sozial benachteiligte Kinder profitieren vom Besuch einer qualitativ hochwertigen Einrichtung im kognitiven Bereich. Dieser Effekt ist noch während der Vorschulzeit und zum Teil noch während der Grundschulzeit nachweisbar.

Fallbeispiel

Die vierjährige Jennifer aus unserer Anfangssituation wird von ihrer Mutter allein erzogen. Jennifers Mutter muss nach ihrer Arbeit als Friseurin noch die gesamte Hausarbeit erledigen. Zeit für Jennifer bleibt da genauso wenig wie Geld für einen gemeinsamen Urlaub oder den von Jennifer so sehr gewünschten Ballettunterricht.
Der fünfjährige Jonathan besucht nur halbtags denselben Kindergarten wie Jennifer, da seine Mutter oder seine Oma nachmittags mit ihm stets etwas unternehmen. Vormittags berichtet Jonathan im Kindergarten immer freudestrahlend von seinen Erlebnissen.

Die Kinderpflegerin in der Gruppe erkennt die Problematik und möchte diese im nächsten Teamgespräch ansprechen.

Ganzheitliche Förderung der Persönlichkeit des Kindes

Aufgabe ist es, das Kind im sozialen, emotionalen (seelischen), kognitiven (geistigen), sprachlichen, motorischen und kreativen Bereich zu fördern.

Um diese Aufgabe erfüllen zu können, muss die Kinderpflegerin sowohl den aktuellen Entwicklungsstand als auch die Entwicklungsschritte der Kinder beobachten. Zudem muss sie die Lebensbedingungen und die besonderen Bedürfnisse der einzelnen Kinder kennen.

Die ganzheitliche Förderung der Persönlichkeit des Kindes kann nur gelingen, wenn das Kind nicht als „Mängelwesen" (Was kann das Kind noch nicht? Was soll ich dem Kind beibringen?), sondern als „Ressourcen-Wesen" (Was kann das Kind schon? An welchen Kompetenzen soll ich anknüpfen?) wahrgenommen wird (vgl. Kapitel 1.2).

Ziel ist es, dass die einzelnen Bereiche möglichst optimal gefördert werden und eine Einheit bilden.

Fallbeispiel
Der technikbegeisterte Markus baut am liebsten alleine Flugzeuge und lässt diese im Kindergarten fliegen. Die Kinderpflegerin überlegt nun, wie sie die Fähigkeiten von Markus nutzen könnte, um ihn besser in die Gruppe einzugliedern.

3.2.3 Familienersetzende Einrichtungen

Wenn die Personensorgeberechtigten nicht das Wohl ihres Kindes gewährleisten können, können sie Hilfe in Anspruch nehmen, indem sie eine für das Kind passende Form der **Fremdunterbringung** beanspruchen.

Es gibt drei Formen der Fremdunterbringung, die zwei Gemeinsamkeiten haben:
Die Kinder und Jugendlichen leben nicht bei ihren Eltern, sondern für eine kürzere oder längere Zeit entweder
- in Heimen oder sonstigen betreuten Wohnformen (**Heimerziehung**) oder
- bei anderen Personen in privaten Haushalten (**Pflegefamilie**) oder
- in einer **Adoptivfamilie**.

Rechtliche Grundlagen der Fremdunterbringung
- **Der Personensorgeberechtigte bittet um Hilfe:**
  Wenn die Eltern ihr Kind nicht so erziehen können, dass sein Wohl sichergestellt ist, dann können die Eltern die für ihr Kind geeignete und notwendige Hilfe zur Erziehung beanspruchen. Das Jugendamt prüft dann, welche Hilfe im Einzelfall notwendig ist, z. B. welche Form der Fremdunterbringung.

- **Das Kind/der Jugendliche bittet um Hilfe:**
  Wenn ein Kind oder ein Jugendlicher das Jugendamt um Schutz bittet, dann ist das Jugendamt verpflichtet, das Kind oder den Jugendlichen vorläufig bei einer geeigneten Person, in einer Einrichtung oder in einer sonstigen betreuten Wohnform unterzubringen. Dies ist nur möglich, wenn der Erziehungsberechtigte der Inobhutnahme nicht widerspricht.

- **Eine dringende Gefahr besteht für das Wohl des Kindes oder des Jugendlichen:**
  Ist dies der Fall, ist das Jugendamt dazu verpflichtet, das Kind oder den Jugendlichen vorläufig bei einer geeigneten Person, in einer Einrichtung oder einer sonstigen betreuten Wohnform unterzubringen.

- **Ein ausländisches Kind hält sich ohne Personensorgeberechtigten im Inland auf.**

Welche Hilfe ist die richtige? – Die Hilfeplanung

Die Entscheidungen darüber, ob eine Hilfe notwendig und geeignet ist und, wenn ja, welche Hilfe es sein soll und wer sie erbringen soll, dürfen nicht über die Köpfe der Erziehungsberech-

tigten und der Kinder und Jugendlichen hinweg gefällt werden. Bei längerfristigen Hilfen muss zusammen mit den Erziehungsberechtigten und den Kindern und Jugendlichen ein Hilfeplan aufgestellt werden.

Zunächst wird die Lebensgeschichte des Kindes, sein Entwicklungsstand, seine Persönlichkeit, Verhaltensauffälligkeiten und das soziale Umfeld erfasst. Darauf basierend werden der erzieherische Bedarf und die sinnvollsten Hilfsmaßnahmen ermittelt.

Das Kinder- und Jugendheim und betreutes Wohnen

„Ich hasse meine Eltern – aber ich vermisse sie." Was sie gemeinsam haben, ist die Sehnsucht nach einer möglichst heilen Familie – die wachsende Zahl von Kindern und Jugendlichen, die in Deutschland in einem Heim leben.

Die Geborgenheit und Liebe einer intakten Familie ist durch nichts zu ersetzen. Wenn jedoch eine Familie dies nicht mehr leisten kann und stattdessen eine erzieherische Notlage entsteht, dann erhält das Jugendamt das Sorgerecht.

Fallbeispiel

Sabrina, 13 Jahre, hat es satt. Der neue Freund der Mutter hatte sich gleich als Herr im Haus bezeichnet, was ihr von Anfang an auf die Nerven ging. Als er dann auch noch ihre Mutter verprügelte, weil sie kein Geld für seine Kneipentour auf den Tisch legen wollte, und Sabrina, als sie sich dazwischenwarf, gleich mit verdrosch, hat sie sich entschlossen, so nicht mehr leben zu wollen. Über das Kindertelefon erfuhr sie die Adresse eines Mädchenkrisenhauses, in dem sie gleich aufgenommen wurde. Mit den Mitarbeiterinnen und dem Jugendamt fanden Hilfeplangespräche statt. Da die Mutter an ihrem Freund festhält, bleibt Sabrina bei ihrer Entscheidung, aus der Familie herauszuwollen. Man einigt sich. Heute lebt Sabrina in einer Jugendwohngruppe.

Als „Heim" bezeichnet man den vorübergehenden oder dauerhaften Aufenthaltsort von Kindern und Jugendlichen, die sonst kein Zuhause mehr haben oder dort nicht bleiben können. Im Heim sind die Kinder vorübergehend oder dauerhaft bei Tag und Nacht außerhalb ihrer Herkunftsfamilie untergebracht. Warum kommen Kinder und Jugendliche ins Heim? In den meisten Fällen liegen in den Familien massive Defizite im Erziehungsbereich und in den Beziehungen untereinander vor. Die Kinder sind sehr oft Opfer häuslicher Gewalt, erleben Trennungskonflikte und Suchtprobleme ihrer Eltern. Oft haben sie ein unsicheres Bindungsverhalten, da sie in der Vergangenheit die Erfahrung gemacht haben, dass man sich auf Beziehungen zu anderen Menschen nicht verlassen kann. Hinzu kommen häufig noch weitere Belastungsfaktoren wie z. B. wirtschaftliche Notlagen, schlechte Wohnverhältnisse, niedriger Bildungsstand der Eltern oder Migrationshintergrund (vgl. Kapitel 2.3).

Ziele der Kinder- und Jugendheime

In Kinder- und Jugendheimen soll die Entwicklung der Kinder und Jugendlichen gefördert werden. Hierbei soll

- versucht werden, die Rückkehr in die Familie zu erreichen,
- die Erziehung in anderen Familien vorbereitet werden,
- eine auf längere Zeit angelegte Lebensform geboten werden und
- eine Vorbereitung auf ein selbstständiges Leben erfolgen.

Die Jugendlichen sollen in Fragen der Ausbildung und Beschäftigung sowie der allgemeinen Lebensführung beraten und unterstützt werden.
Gleichzeitig sollen die Erziehungsbedingungen in der Familie so weit verbessert werden, dass sie das Kind oder den Jugendlichen wieder selbst erziehen kann (vgl. SGB VIII § 34).

Die Kinder und Jugendlichen sollen also im Regelfall nicht bis zu ihrer Volljährigkeit im Heim leben, sondern durch Beratung und Unterstützung sollen die Erziehungsbedingungen in der Herkunftsfamilie vielmehr so verbessert werden, dass die Familie das Kind wieder selbst erziehen kann.
Nur dann, wenn die Beziehung des Kindes zu seiner Familie in einem angemessenen Zeitraum nicht verbessert werden kann, soll eine andere Lebensperspektive für das Kind oder den Jugendlichen erarbeitet werden.

Pädagogische Aufgaben der Kinder- und Jugendheime

Um den Kindern und Jugendlichen die Rückkehr in die Familie zu ermöglichen, müssen folgende pädagogische Aufgaben erfüllt werden:

Den Alltag leben lernen

Die Kinder und Jugendlichen leben in kleinen, überschaubaren, familienähnlichen Gruppen. Diese Gruppen bilden für die Kinder bzw. Jugendlichen den Lebensraum, in dem sie enge Beziehungen aufbauen sollen. Dort lernen sie, zuverlässig Aufgaben in der Wohngruppe zu übernehmen, Rücksicht auf ihre Mitbewohner zu nehmen und eigene Wünsche verbal auszudrücken.
Sie lernen sinnvolle Möglichkeiten der Freizeitgestaltung kennen und werden unterstützt in Schule und Ausbildung. Sie lernen, regelmäßig die Schule zu besuchen und zuverlässig die Hausaufgaben zu erledigen. Sie informieren sich über Ausbildungsberufe und lernen ihre besonderen Fähigkeiten und beruflichen Neigungen kennen.

Pädagogische und therapeutische Angebote annehmen

Die Kinder und Jugendlichen haben mehr oder weniger stark ausgeprägte Schwierigkeiten, Störungen, Auffälligkeiten und Abweichungen, die sich in ihrem Verhalten und Erleben zeigen. Um diese Schwierigkeiten abzubauen, sollen sie folgende therapeutische Angebote annehmen:
- heilpädagogisches Turnen,
- soziale Verhaltenstrainings,
- Kinderspieltherapie,
- Sprachheilpädagogik,
- heilpädagogisches Reiten,
- erlebnispädagogische Erfahrungen,
- familientherapeutische Verfahren.

Rückkehr in die Familie vorbereiten

Das Heim soll in erster Linie das Kind und den Jugendlichen dazu befähigen, nach einer angemessenen Zeit wieder in seine Herkunftsfamilie zurückzukehren. Dazu müssen die bestehenden Schwierigkeiten verringert, Probleme zukünftig besser gemeistert, das Selbstbewusstsein gefördert, ein angemessener Umgang mit Konflikten und eine zunehmende Selbstständigkeit gelernt werden.

Die Zusammenarbeit mit der Familie des Kindes oder des Jugendlichen ist verbindlich vorge-schrieben. Die pädagogischen Fachkräfte im Heim sollen die Eltern dahingehend beraten und unterstützen, dass diese ihre Probleme lösen können. Ferner sollen die pädagogischen Fach-kräfte die Eltern dabei unterstützen, eine bessere Beziehung zu ihrem Kind aufzubauen.

Auch wenn die Rückkehr des Kindes in die Familie nicht möglich ist, weil die Erziehungsbedin-gungen nicht verbessert werden können, sollen die Eltern mit dem Heim zusammenarbeiten. Das Heim soll zusammen mit den Eltern wichtige Entscheidungen treffen, die die weitere Lebensplanung des Kindes/Jugendlichen betreffen.

Betreutes Wohnen

Jugendliche, die bereits in der Lage sind, selbstständig zu leben, aber trotzdem noch einer pädagogischen Unterstützung bedürfen, und Jugendliche, die von den Gruppenprozessen in einem Heim nicht mehr profitieren, können mit anderen Jugendlichen zusammen in einer betreuten Wohngruppe leben.

Dort versorgen die Jugendlichen sich selbst, treffen eigenständige Entscheidungen und gestal-ten selbstständig ihre berufliche Entwicklung. Bei diesem Prozess der zunehmenden Verselbst-ständigung werden die Jugendlichen kontinuierlich von sozialpädagogischen Fachkräften unterstützt. Das betreute Wohnen kommt auch für die Jugendlichen infrage, die aufgrund ihrer Entwicklung und ihres Alters keiner Heimunterbringung mehr bedürfen.

Die Pflegefamilie

Eine weitere Möglichkeit der Fremderziehung ist, das Kind oder den Jugendlichen in eine Pflegefamilie zu geben. Dies kann das Jugendamt nur dann veranlassen, wenn die leiblichen Eltern zustimmen.

Pflegekinder sind Kinder, die zeitweise oder auf Dauer nicht bei den Herkunftseltern, sondern in einer anderen Familie betreut, versorgt und erzogen werden, ohne dass dabei die Erwach-senen der Pflegefamilie die vollständige elterliche Sorge für das Kind ausüben. Auch hier ist eine wachsende Zahl von Kindern und Jugendlichen zu verzeichnen, die von einer Pflegefami-lie aufgenommen werden.

Es wird zwischen Tages-, Kurzzeit-, Dauer- und Wochenpflege unterschieden. Im Folgenden wird nur auf die Dauerpflege Bezug genommen.

Die Gründe für die Unterbringung in einer Pflegefamilie sind die gleichen wie für die Betreu-ung in einem Heim.

Fallbeispiel

Mit zwei Jahren kam Riccy zu einer Pflegefamilie. Bis dahin hatte er bei seiner Mutter gelebt, die bei seiner Geburt erst sechzehn war. Sie hatte versucht, allein für ihn zu sorgen und das Geld dafür selbst zu verdienen. Aber es wuchs ihr alles über den Kopf. Riccy wurde zwischen Freunden und Verwandten hin- und hergereicht. Nachts war er oft allein. Mit seinen Pflegeeltern bekam er vier Geschwister. Aber so wichtig die Geborgenheit in der neuen Familie für ihn war, so wenig konnte sie ihm den Trennungsschmerz nehmen und das schreckliche Gefühl, dass seine Mutter ihn loswerden wollte. In der ersten Zeit schrie Riccy nachts viel. Mit vier konnte er noch kaum sprechen, er war extrem berührungsempfindlich, und den anderen machte er es durch sein zeitweise aggressives Verhalten nicht leicht.

Aber bald ging es bergauf: Nach Sonderkindergarten, Förderschule und einem „normalen" vierten Schuljahr konnte Riccy die Hauptschule besuchen. Bis Riccy elf war, hielt seine leibliche Mutter regelmäßig Kontakt zu ihm. Eines Tages äußerte sie den Wunsch, ihren Sohn wieder ganz zu sich zu nehmen. Riccy sträubte sich, die Mutter warf der Pflegemutter vor, ihr den Jungen wegnehmen zu wollen. Auf dem Höhepunkt der Auseinandersetzungen versuchte die Mutter, durch Gerichts-beschluss einen Weihnachtsbesuch durchzusetzen: Frohes Fest per einstweiliger Verfügung.

Vorteile der Pflegefamilie

- **Sie ist überschaubar.**
  Das Pflegekind kommt sich nicht verloren vor und kann zu den Mitgliedern seiner Pflegefamilie ein Vertrauensverhältnis aufbauen.

- **Die gleichen Bezugspersonen sind verlässlich und auf Dauer da.**
  Das Pflegekind wird von zwei Erziehern, nämlich den Pflegeeltern, und nicht von mehreren Erziehern wie im Heim erzogen. Zudem wechseln die Pflegeeltern nicht, sondern sie sind in der ganzen Zeit des Pflegeverhältnisses verlässlich für das Kind da. Die meisten Pflegefamilien möchten sich als normale Familien verstehen und das Pflegekind als ihr eigenes betrachten.

- **Nähe zum alltäglichen Leben.**
  Das Pflegekind wird nicht total versorgt wie im Heim, es lebt nicht nur an einem abgeschirmten Ort und sein Tagesablauf ist nicht so exakt festgelegt.

In diesen drei Punkten ist die Erziehung in einer Pflegefamilie der Erziehung in einem Heim überlegen. Doch weist auch die Pflegefamilie, die weder die natürliche Familie für das Pflegekind noch eine Erziehungseinrichtung ist, sondern zwischen diesen beiden Möglichkeiten eine Zwischenstellung einnimmt, einige Nachteile auf.

Mögliche Probleme der Pflegefamilie

- **Die Pflegefamilie ist sowohl privat als auch öffentlich.**
  Die Erziehung in der natürlichen Familie findet im Privaten statt, d. h., der Staat kontrolliert normalerweise nicht, mit welchen Mitteln Eltern ihre Kinder erziehen. Nicht so in der Pflegefamilie: Zwar können die Pflegeeltern das Pflegekind nach ihren Vorstellungen erziehen, doch werden sie vom Jugendamt kontrolliert, da sie die leiblichen Eltern in der Ausübung der elterlichen Sorge nur vertreten.

- **Die rechtliche Beziehung zwischen Pflege- und leiblichen Eltern ist gesetzlich nicht eindeutig geregelt.**
  Die leiblichen Eltern üben weiterhin, zumindest in der Regel, die elterliche Sorge aus. Somit dürfen die Pflegeeltern nicht den Aufenthaltsort des Kindes bestimmen, bei der Wahl seiner Berufsausbildung nicht mitbestimmen und einer Operation nicht zustimmen, auch wenn sie das Kind Tag und Nacht betreuen und erziehen.

- **Die Pflege ist meist zeitlich begrenzt.**
  Die Pflegeeltern sollen sich einerseits wie „wirkliche" Eltern verhalten, müssen aber andererseits eine gewisse Distanz bewahren, da sie das Kind unter Umständen wieder in die Herkunftsfamilie zurückführen sollen.
  Dennoch ist es so, dass die meisten Pflegeverhältnisse auf Dauer angelegt sind und selten eine Rückführung stattfindet. In der Konsequenz werden diese Pflegefamilien zu Ersatzfamilien.
  Allgemein gilt in der Jugendhilfe der Grundsatz, dass die Pflegefamilie Vorrang hat vor der Heimerziehung, jedoch der Adoption nachrangig ist.

- **Für die Ausübung der Pflege ist keine pädagogische Qualifikation notwendig.**

Die Adoption

Die **Adoption** ist die einschneidendste Form der Fremdunterbringung: Die leiblichen Eltern geben ihr Kind zur Adoption frei, und ein fremdes Ehepaar nimmt dieses Kind **rechtswirksam** an. Das Adoptionsverhältnis ist prinzipiell auf Lebenszeit angelegt und kann nur in gesetzlich genau festgelegten Ausnahmefällen aufgelöst werden. Im Jahr 2010 wurden in Deutschland 4.021 Kinder und Jugendliche adoptiert.

Die Adoption hat **zwei Folgen**:

- Das Kind hat zu seinen Adoptiveltern die gleiche verwandtschaftliche und erbrechtliche Stellung wie ein eheliches Kind.

- Das Kind ist nicht mehr verwandt mit seinen leiblichen Eltern und deren Verwandten.

Da eine Adoption eine schwerwiegende Maßnahme ist, müssen sowohl die leiblichen als auch die Adoptiveltern ausführlich und umfassend beraten werden. Nach einer Adoption besteht in der Regel kein Kontakt mehr zu den leiblichen Eltern. Aber es werden in letzter Zeit immer mehr offene und halboffene Formen der Adoption praktiziert, in denen ein Kontakt zwischen Herkunftsfamilie und Adoptionsfamilie offen oder verdeckt hergestellt und aufrechterhalten wird.

Das **Vormundschaftsgericht** beschließt eine Adoption, wenn sie
- dem Wohl des Kindes dient und
- anzunehmen ist, dass ein Eltern-Kind-Verhältnis entsteht.

3.2.4   Alternativen zur Fremdunterbringung

Die Heimerziehung und die Pflegefamilie haben neben ihren Vorteilen auch einige Nachteile. Die Adoption ist eine einschneidende Maßnahme, da sie endgültig ist. Es stellt sich die Frage, ob es nicht andere und bessere Hilfen zur Erziehung gibt. Denn es muss immer beachtet werden, dass die Eltern das Recht und die Pflicht haben, ihr Kind zu erziehen.

Die Ursache der Heimeinweisung liegt fast nie bei den Kindern (Ausnahme: Behinderung, Unfallfolgen o. Ä.), sondern bei den Eltern und der sozialen Umgebung, in der sie leben (müssen). Außerdem lernen die Eltern nicht, ihr Kind zu erziehen, wenn es in ein Heim, eine Pflegefamilie oder sogar in eine Adoptivfamilie gegeben wird.

Möglichkeiten, um Eltern und Kindern besser zu helfen
- **Möglichkeiten zur Hilfe im Vorfeld, d. h. um eine Heimeinweisung zu verhindern**
  Erziehungsberatungsstellen, soziale Gruppenarbeit, Betreuungshelfer, sozialpädagogische Familienhilfe, Erziehung in einer Tagesgruppe.

  Ziel dieser Hilfen:
  Die Probleme und Schwierigkeiten, die die Familienmitglieder einzeln und miteinander haben, sollen möglichst gelöst werden, damit kein Kind aus der Familie herausgenommen und fremd untergebracht werden muss.

- **Möglichkeiten einer zeitlich begrenzten Heimunterbringung**
  Wenn die oben genannten Hilfen nicht ausreichen oder der Jugendliche zumindest für eine gewisse Zeit aus der Familie heraus will, gibt es folgende Möglichkeit:
  Der Jugendliche kann in einem **akuten Notfall** für kurze oder längere Zeit in einer Wohngemeinschaft entweder für einen Teil des Tages oder ganztags leben. Von dort nimmt der Erzieher Kontakt zu den Eltern auf und versucht, gemeinsam mit der Familie Lösungen zu finden.

Ziel dieser Hilfe:
Der Jugendliche kann für eine gewisse Zeit ein rechtlich abgesichertes, eigenständiges Leben führen und dann wieder in seine Familie zurückkehren, wenn Lösungen für die schwerwiegenden Probleme gefunden wurden.

Zusammenfassung

Z

Erziehung in der Familie

Es ist schwierig, „Familie" zu definieren, da heute viele verschiedene Familienformen nebeneinander existieren. Hauptmerkmal ist heute nicht mehr die dauerhafte Partnerbeziehung, sondern die feste Beziehung zwischen mindestens einem Elternteil und mindestens einem Kind.

Die Familie ist der erste Ort, an dem der einzelne Mensch im aktiven Umgang mit anderen Menschen, vor allem mit seinen Eltern, seine sozialen Verhaltensweisen erlernt (Sozialisation).

Die Familie ist der erste Ort, an dem der einzelne Mensch einen Ausschnitt der Werte, Einstellungen und Ideologien (richtige und falsche Bilder der Welt) lernt, die „draußen" in der Welt Gültigkeit besitzen.

Die Familie stabilisiert die Identität; nach Konflikten und Niederlagen können uns die Familienangehörigen wieder aufbauen, uns unser Selbstvertrauen wieder zurückgeben und uns helfen, Wege zu finden, nach unseren Ideen und Werten zu leben. Denn die Familie ist ein „Testgelände", auf dem Meinungen und Verhaltensweisen erprobt werden können. Man erhält Rückmeldungen, die Selbsteinschätzung und Korrektur des Verhaltens ermöglichen (Personalisation).

Kinder benötigen in ihren ersten Lebensjahren zuverlässige, stabile und berechenbare soziale Beziehungen. Die Familie scheint hierfür besonders geeignet zu sein: Die Familienmitglieder können offen ihre Gefühle äußern. In der Familie werden bestimmte Rollen erlernt, z. B. die Rolle des Einzelkindes bzw. Geschwisterkindes oder die Geschlechtsrolle. Die Familie bietet meist ein recht stabiles, lang andauerndes Nest, in dem der Einzelne immer wieder Schutz und Geborgenheit suchen kann.

Die Familie kann und soll über Fähigkeiten verfügen, die andere Gruppen nicht haben:
- *Vermögen, ein grundlegendes Vertrauen in die Umwelt als Lebensfundament zu vermitteln (Urvertrauen),*
- *Möglichkeit, auch Gefühle wie Angst und Aggression leben und ausdrücken zu können,*
- *Möglichkeit, Spannungen und Konflikte untereinander zu lösen auf der Basis dauerhaften Vertrauens.*

Die verschiedenen Familienformen, wie z. B. Großfamilie, Kleinfamilie, Ein-Eltern-Familie oder Stieffamilie haben unterschiedliche Auswirkungen auf Kinder und Jugendliche.

Voraussetzung dafür, dass die Familie die oben genannten Fähigkeiten aufweisen kann, ist: Die Eltern müssen in für sie befriedigenden sozialen Beziehungen unter zufriedenstellenden materiellen Bedingungen leben.

Gemeinsame Merkmale von familienergänzenden Einrichtungen:
- *Sie ergänzen und unterstützen die Familie.*
- *Sie bieten regelmäßig Betreuung während eines Teils des Tages oder ganztags.*
- *Ihr Besuch ist freiwillig.*
- *Es werden meist altersgemischte Gruppen angeboten.*
- *Gesetzliche Grundlage: GG, SGB VIII*

Familienergänzende Einrichtungen:

Kindertageseinrichtungen

	Alter der Kinder	Zielsetzung laut SGB VIII	Aufgaben
Krippe Kinder-garten	acht Wochen bis drei Jahre drei Jahre bis Beginn der Schulpflicht	Die Entwicklung des Kindes zu einer eigenverantwort-lichen und gemein-schaftsfähigen Persönlichkeit soll gefördert werden.	Betreuung, Bildung und Erziehung der Kinder in folgenden Bereichen: – ethische und religiöse Erziehung und Bildung – emotionale und soziale Erziehung – Sprachkompetenz – Kommunikations- und Medienkompetenz – mathematische Bildung – Naturwissenschaft und Technik – Umweltbildung und -erziehung – ästhetische Bildung und Erziehung – musikalische Erziehung – Bewegungserziehung – Gesundheitserziehung
Hort	sechs bis 15 Jahre	Die Erziehung und Bildung in der Fami-lie soll unterstützt und ergänzt werden. Den Eltern soll dabei geholfen werden, Erwerbstätigkeit und Kindererziehung bes-ser miteinander ver-einbaren zu können.	Betreuung, Bildung und Erziehung in folgen-den Bereichen: – Freizeitgestaltung – soziales Lernen – Hausaufgabenbetreuung

Tagespflegestellen

Tages-mutter	besonders in den ersten Lebensjahren	s. o.	Statt Aufgaben Grundsätze: – die Tagesmutter betreut, erzieht und bildet fremde Kinder – maximal drei Kinder

Familienersetzende Einrichtungen und ihre Alternativen:

	Heim mit Außenwohngrup-pen und einzelbetreutes Wohnen	Pflegefamilie	Adoption
Lebensmit-telpunkt des Kindes	Heim	Pflegefamilie und/oder leibliche Eltern	Adoptivfamilie
Dauer der Maßnahme	Tag und Nacht längerfristig	Tagespflege oder Vollpflege	endgültig

	Heim mit Außenwohngruppen und einzelbetreutes Wohnen	Pflegefamilie	Adoption
Ziel	– Rückkehr in die Familie oder – Erziehung in einer anderen Familie oder familienähnlichen Form oder – selbstständiges Leben	– Verbleib in der natürlichen Familie (Tagespflege) – Erziehung in einer anderen Familie (Vollpflege)	– Ersatz der leiblichen Eltern – die Adoptivfamilie soll quasi zur natürlichen Familie werden

Alternativen

	Erziehungsberatungsstelle, soziale Gruppenarbeit, Betreuungshelfer, sozialpädagogische Familienhilfe, Erziehung in einer Tagesgruppe	Zeitlich begrenzte Heimunterbringung
Lebensmittelpunkt des Kindes	leibliche Eltern	leibliche Eltern
Dauer der Maßnahme	zeitlich begrenzte Maßnahme im Vorfeld	zeitlich begrenzte Maßnahme im Vorfeld

Fragen und Aufgaben zum Kapitel

?

1. Wie lässt sich Familie definieren und welche Schlussfolgerungen ergeben sich aus dieser Definition?

2. Beschreiben Sie Ressourcen, die eine Familie für Säuglinge, Kleinkinder, Schulkinder und Jugendliche zur Verfügung stellen kann. Geben Sie konkrete Beispiele.

3. Beschreiben Sie Möglichkeiten, negativen Auswirkungen des Aufwachsens in einer Kleinfamilie, Ein-Eltern-Familie oder Patchworkfamilie entgegenzuwirken.

4. Nehmen Sie aus fachlicher Sicht Stellung zu der Aussage: „Einzelkinder sind besser als ihr Ruf."

5. Die Möglichkeiten, Kinder zu versorgen und zu erziehen, sind unterschiedlich, je nachdem, ob ein oder mehrere Kinder in der Familie leben. Beschreiben Sie die Möglichkeiten sowie Vor- und Nachteile, die sich aus den unterschiedlichen Familiensituationen ergeben können.

6. Viele Familien benötigen Unterstützung bei der Erziehung und Betreuung ihrer Kinder. Familienergänzende Einrichtungen haben unter anderem die Aufgabe, soziale Benachteiligungen auszugleichen. Beschreiben Sie konkrete Möglichkeiten, die Krippe, Kindergarten oder Hort haben, diese Aufgabe zu erfüllen.

7. Unter welchen Bedingungen kann eine berufstätige Mutter ihr zweijähriges Kind „ruhigen Gewissens" zu einer Tagesmutter oder in eine Krippe geben?

8. Fachpersonal in Horten hat oft das Problem, dass Hausaufgaben einen breiten Raum im Alltag einnehmen und die Freizeitgestaltung „zu kurz" kommt. Finden Sie Möglichkeiten, den Hortalltag so zu strukturieren, dass beide Aufgaben in einem angemessenen Verhältnis zueinander stehen.

9. Es gibt verschiedene Formen der Fremdunterbringung. Welche dieser Formen sind stigmatisiert, d. h. mit einem Makel versehen? Erläutern Sie mögliche Gründe hierfür.

10. Nehmen Sie Stellung zu folgender Aussage eines Heimleiters: „Die Auffassung, Kinder gehören zu ihren natürlichen Eltern, verlängert so manches kindliche Leiden, das durch eine Heimunterbringung geheilt werden könnte."

11. Wägen Sie Vor- und Nachteile der Unterbringung eines Kindes in einer Pflegefamilie gegeneinander ab.

Anregungen zum Kapitel

12. Suchen Sie weitere Definitionen des Begriffs „Familie" in der Fachliteratur und in Lexika. Vergleichen Sie die Definitionen und versuchen Sie eine allgemeingültige Definition des Begriffs.

13. Die Familie ist Wegbegleiter in verschiedenen Lebensphasen. Überlegen Sie anhand von eigenen Erfahrungen, welche Bedeutung die Familie auf verschiedenen Alterstufen hat. Befragen Sie Kinder unterschiedlichen Alters zu diesem Thema.

14. Beschreiben Sie kritische Ereignisse im Leben und überlegen Sie, wie Familien ihre Kinder und Jugendlichen bei der Bewältigung dieser Ereignisse unterstützen können.

Weiterführende Fragen und Anregungen

15. Ehe und Familie stehen unter dem besonderen Schutz des Staates. Dieser Schutz wird gewährleistet durch Gesetze (z. B. Recht auf Kindergartenplatz) und familienpolitische Leistungen (z. B. Elterngeld). Informieren Sie sich über verschiedene staatliche Maßnahmen genauer und diskutieren Sie deren Wirksamkeit in einer Kleingruppe.

16. Eltern fühlen sich nicht selten überfordert mit der Erziehung ihrer Kinder. Verschiedene Institutionen wie Volkshochschulen oder der Kinderschutzbund bieten daher in ihrem Programm Schulungen oder Kurse, um die Erziehungskompetenz der Eltern zu stärken. Informieren Sie sich, ob bzw. welche Kurse in Ihrem Heimatort angeboten werden. Befassen Sie sich mit dem Inhalt der Kurse genauer.

17. Im Fach „Gesundheit und Ökologie" haben Sie Kenntnisse über gesunde Ernährung und die Bedeutung der Bewegung erworben. Welche Möglichkeiten sehen Sie, diese Erkenntnisse in Ihrer Praxisstelle umzusetzen? Bedenken Sie dabei auch die Zusammenarbeit mit Eltern.

4 Personen und Situationen wahrnehmen und beobachten

Einstiegssituation

Erzieherin Theresa ist überrascht. Sie hat gerade mit der Kinderpflegerin zusammen die systematische Beobachtung von Emelys Sozialverhalten ausgewertet. Mit diesem Ergebnis hatte sie nicht gerechnet.

Rückblick: Vor einigen Wochen hatte das Team über Emelys Sozialverhalten gesprochen. Theresa hatte Emely als sehr bestimmend beschrieben. Sie hatte von einer Begebenheit in der Puppenecke berichtet, in der Emely durchsetzte, dass sie die Rolle der „Mutter" bekam. Sie hatte den anderen Kindern zuvor gedroht, sonst nicht mehr mitzuspielen. Auch am Frühstückstisch hatte Theresa eine vergleichbare Situation erlebt. Die Kinderpflegerin sieht Emelys Verhalten ganz anders. Sie sagt: „So kenne ich Emely gar nicht. Ich erlebe sie als freundliches und hilfsbereites Kind."

Die unterschiedlichen Einschätzungen waren Anlass für beide Fachkräfte, eine systematische Beobachtung in Bezug auf Emelys Sozialverhalten durchzuführen. Sie teilten sich die Aufgabe. Die Auswertung ergibt nun folgendes Bild: Emely spielt häufig kooperativ mit anderen Kindern. Sie bringt ihre Spielideen selbstbewusst ein, ist aber auch bereit, darüber zu verhandeln. Sie greift Ideen und Wünsche von anderen Kindern auf und schließt sich auch Spielgruppen an,
ohne Forderungen zu stellen. Im Beobachtungszeitraum gab es drei Situationen, in denen Emely auf ihre Idee oder Rolle pochte und nicht bereit war, nachzugeben.

Theresa hatte ein anderes Ergebnis erwartet. Sie nimmt sich vor, in der nächsten Zeit auch andere Kinder gezielt zu beobachten.

Aus der Einstiegssituation ergeben sich folgende Fragen:

1. Warum ist es wichtig, im pädagogischen Alltag Beobachtungen durchzuführen?

2. Wie können Beobachtungsfehler vermieden werden?

3. Welche Methoden eignen sich zur Beobachtung? Wie sollte man vorgehen?

4. Wie können Beobachtungen ausgewertet und dokumentiert werden?

5. Was ist sonst noch zu beachten?

Einerseits wird die Notwendigkeit der Beobachtung anerkannt und ihre Bedeutung hoch einge-schätzt. Andererseits findet regelmäßige Beobachtung nur selten statt. Als Grund wird meist der hohe zeitliche Aufwand angegeben sowie die steigenden Belastungen durch andere Aufgaben wie Qualitätsmanagement, Arbeit an der Konzeption, Anforderungen durch eine breitere Alters-mischung oder auch durch neue Angebote im mathematisch-naturwissenschaftlichen Bereich.

4.1   Warum sind Beobachtungen sinnvoll?

Bevor man die zeitintensive und systematische Beobachtung in den Aufgabenkatalog einer Einrichtung aufnimmt, ist es wichtig zu wissen, warum man dies tut, und zwar sowohl für die eigene Motivation als auch für die des Teams. Auch die Eltern sind so eher von der Bedeutung einer Beobachtung zu überzeugen.

Die Gründe für eine systematische Beobachtung sind vielfältig. Im Folgenden erhalten Sie einen Überblick:

Kennenlernen des Kindes mit seinen Interessen und Bedürfnissen

Die regelmäßige Beobachtung eines Kindes in unterschiedlichen Situationen, z. B. während des Freispiels, beim Umgang mit anderen Kindern oder bei gezielten Beschäftigungen erlaubt ein genaues Kennenlernen des Kindes mit all seinen Bedürfnissen, Interessen, Stärken, Schwä-chen sowie seinen individuellen Lernwegen.

Aktive Begleitung der Entwicklung

Mithilfe der präzisen Daten, die durch systematische Beobachtung gewonnen werden, gelingt es der Erzieherin, die Entwicklung des Kindes aktiv zu begleiten. Jedes einzelne Kind wird in seiner Individualität wahrgenommen und in seinen Entwicklungsfortschritten und Kompeten-zen gewürdigt. Eventuell auftretende problematische Verhaltensweisen können rechtzeitig erkannt und entsprechende Maßnahmen eingeleitet werden.

Individuelle Wertschätzung

Das systematische Beobachten erfordert viel Zeit, die dann nicht für die anderen Kinder zur Verfügung steht. Diese Zeit ist jedoch keineswegs verloren. Beobachtet zu werden, bedeutet für das betroffene Kind immer eine intensive Beachtung seiner Person, seines Tuns, der Art und Weise, wie es mit der sozialen und gegenständlichen Umwelt umgeht und die Umwelt erfährt. Diese besondere Hinwendung und das Bemühen, das Kind besser zu verstehen, wird vom Kind sehr wohl positiv aufgenommen. Es stärkt sein Selbstwertgefühl und verbessert nicht zuletzt die Beziehung zwischen Kind und pädagogischer Fachkraft.

Fehlentwicklungen vorbeugen und Vorurteile abbauen

Manche Kinder treten im Alltagsgeschehen vor allem durch „auffälliges" und störendes Ver-halten hervor, so sind sie z. B. aggressiv, wollen immer Erster sein oder stören andere Kinder bei ihren Aktivitäten. Verlässt man sich auf diese wenigen Ausschnitte der persönlichen Wahr-nehmung, erhält man ein verzerrtes und einseitiges Bild. Gezielte Beobachtungen bringen oft überraschende Einsichten in das Verhalten und Erleben des Kindes und helfen, Vorurteile abzubauen. Damit ergeben sich auch Möglichkeiten, dem unerwünschten Entwicklungsver-lauf effektiv entgegenzuwirken.

Ein differenziertes Bild der Kleingruppe erhalten

Durch das genaue Kennenlernen einzelner Kinder ist es auch leichter, die Gesamtstruktur der Kindergruppe zu durchschauen, die verschiedenen sozialen Kontakte untereinander zu entdecken und entsprechende Untergruppen zu erkennen. Insgesamt kann so das soziale Gruppengefüge besser durchschaut und damit unter Umständen auch positiv beeinflusst werden.

Erkennen und dokumentieren individueller Entwicklungsverläufe

Durch regelmäßige gezielte Beobachtungen kann ein fundierter Einblick in die individuelle Entwicklung eines Kindes gewonnen werden. Damit können anstehende Bildungsschritte gezielt unterstützt werden. Es wird auch eine Grundlage für die Planung von gezielten Angeboten sowie für die Gestaltung des Tagesablaufes ermittelt (vgl. Kap. 9.3.2). Im Mittelpunkt steht das einzelne Kind mit seiner Individualität und seinem ganz speziellen Entwicklungstempo. Pädagogische Fachkräfte, die viele Gleichaltrige vergleichen können, erkennen Besonderheiten im Entwicklungsverlauf schneller und besser und können dann entsprechend reagieren. Ziel dieser Beobachtungen ist es, bei Bedarf entsprechende Förder- und Unterstützungsmaßnahmen zu ergreifen. Zudem ergibt sich eine einzigartige Sammlung von „Lernspuren" und Entwicklungswegen des einzelnen Kindes, das seine Lerngeschichte verfolgen kann.

Übergänge begleiten

Ein Kind erlebt während seiner Kindergartenzeit Übergänge. Zunächst muss es lernen, sich von den Eltern zu trennen, sich in eine „größere" Gruppe zu integrieren, seine Meinung in der Gruppe zu vertreten, den Kontakt zu fremden Kindern zu bewältigen und aktiv an Veranstaltungen teilzunehmen. Später wird es Vorschulkind sein und sich auf den Übergang in die Schule vorbereiten. Diese Aufgaben erfolgreich zu bewältigen, benötigt viel Energie und ist es wert, wahrgenommen und dokumentiert zu werden.

Ressourcen der Kinder entdecken

Wenn sich ein Kind „normal" verhält, also sozial angepasst, kompetent, ruhig usw. ist, d. h., alle bestehende Regeln einhält und die geforderten Aufgaben bewältigt, wird es meist wenig beachtet. Aufmerksamkeit bekommt ein Kind v. a. dann, wenn es „schwierig" ist, also Anlass bietet, das Verhalten zu kritisieren. Damit wird aber der Schwerpunkt auf die Fehlersuche gelegt. Die eigenen Kräfte des Kindes zur Bewältigung der vielen Entwicklungsaufgaben und insbesondere die Stärken und Ressourcen des Kindes bleiben unentdeckt. Mit gezielter Beobachtung kann erkannt werden, wie die Umgebung für eine optimale Entwicklung gestaltet werden muss. Nicht die Schwächen des Kindes sollen in das Blickfeld gerückt werden, sondern die starken Seiten des Kindes müssen gefunden und gefördert werden. Damit wird das Selbstwertgefühl und die Eigenwirksamkeit gestärkt. Gelingt es dem Kind, Vertrauen zu sich selbst und seiner Bewältigungsfähigkeit zu gewinnen, kann es auch besser mit seinen Schwächen umgehen bzw. kann es eine reduzierte Leistungsfähigkeit in bestimmten Bereichen durch gute Kompetenzerfahrungen auf anderen Gebieten besser verarbeiten.

Ziel der ressourcen- statt defizitorientierten Pädagogik ist es, die individuellen Begabungen des Einzelnen zu entdecken und zu fördern. Damit wird „Gleichmacherei" abgelehnt, die in der folgenden Karikatur angeprangert wird:

Individuelle Planung von Bildungsgelegenheiten

Kinder bilden sich im Laufe ihres Lebens, sie entwickeln eigene Lern- und Handlungsstrategien, die ständig weiterentwickelt und den Anforderungen der Umgebung angepasst werden. Dieser Prozess gestaltet sich im sozialen Miteinander. Kinder lernen aus eigenen Erfahrungen („Lernen aus erster Hand") oder sie lernen aus den Erfahrungen anderer („Lernen aus zweiter Hand"). Einmal müssen die Gedanken, Wahrnehmungen usw. selbst geordnet und strukturiert werden, das andere Mal bekommt man sie bereits logisch sortiert. Kinder müssen die vorgefertigten Strukturen erst in eigene reale Erfahrungen umwandeln, um sie in ihrer Bedeutung begreifen, einschätzen und verarbeiten zu können. Am effektivsten ist es, wenn Kindern die Möglichkeit gegeben wird, sich die Welt aktiv forschend selbst aneignen zu können. Um diese Aufgabe bewältigen zu können, ist es nötig, die Kinder intensiv in ihrem Tun und Handeln zu beobachten, sie so zu verstehen und die Umgebung entsprechend zu gestalten.

Analyse und Beurteilung pädagogischer Maßnahmen

Durch gezielte Beobachtungen lassen sich notwendige pädagogische Maßnahmen gezielt herbeiführen und planen und auch in ihrer Wirksamkeit besser beurteilen. Auch Nutzungsmuster von Räumlichkeiten und Materialien können zuverlässig erkannt und entsprechend angepasst werden.

Austausch und Information mit Eltern und externen Institutionen

Durch dokumentierte Beobachtungen erhalten pädagogische Fachkräfte eine fundierte Grundlage für regelmäßige Gespräche mit Eltern, Kolleginnen u. a. (Schule, Fachdienste). Erzieherinnen und Kinderpflegerinnen können Eltern über das Verhalten ihres Kindes in der Gruppe und die individuellen Entwicklungsfortschritte in verschiedenen Bereichen gezielt informieren. Die Beobachtungen bilden damit die Basis für eine sinnvolle Zusammenarbeit der Eltern und des Kindergartens. Auch im Team und im Kontakt mit Fachdiensten, der Schule usw. können wertvolle Informationen über das Kind ausgetauscht werden.

Erweiterung der professionellen Kompetenz

Pädagogische Fachkräfte sollen „Wegbereiterinnen" des Kindes sein und die Umgebung angemessen und herausfordernd gestalten sowie Impulse setzen. Durch eine gezielte Beobachtung schärft sich der Blick für Ungewöhnliches, Typisches und Normales. Die Wahrnehmung wird genauer, die Beschreibungen treffender und die Einschätzung sicherer. Die professionelle Kompetenz der pädagogischen Fachkraft wird damit erweitert.

Zusammenfassend kann festgehalten werden: Beobachtung ist ein unverzichtbares Instrument für die sozialpädagogische Praxis. Sie ist die Grundlage für eine gezielte individuelle pädagogische Maßnahme, für die Arbeit in der gesamten Gruppe, für die Beurteilung von Verhaltensweisen, für die Vorbereitung von Elterngesprächen und für jegliche Planung und Reflexion der pädagogischen Arbeit. Die Beobachtung gehört damit zu den elementarsten Alltagsaufgaben der erzieherischen Berufe und bildet eine wesentliche Grundlage für die Arbeit in Kindertageseinrichtungen. Beobachtungen geben Einblick in Lern- und Entwicklungsprozesse und sind hilfreich, um die Qualität der pädagogischen Arbeit festzustellen und weiterzuentwickeln.

Im Bayerischen Bildungs- und Erziehungsplan heißt es dementsprechend: „Beobachtung und Dokumentation der Entwicklung, des Lernens und des Verhaltens von Kindern bilden eine wesentliche Grundlage für die Arbeit von pädagogischen Fachkräften in Kindertageseinrichtungen" (Bayerischer Bildungs- und Erziehungsplan, 2006, S. 464).

Wie die Handlungssituation zu Beginn des Kapitels zeigt, scheint es gar nicht so einfach zu sein, eine Beobachtung durchzuführen bzw. zu eindeutigen Ergebnissen zu gelangen. Warum das so ist, zeigt die Auseinandersetzung mit dem Prozess der Wahrnehmung.

4.2 Wahrnehmung als Grundlage der Beobachtung

Wer beobachtet, ist auf der Suche nach Informationen. Beobachter benutzen ihre Sinne als Werkzeug, um an die gewünschten Informationen zu gelangen. Bei der Beobachtung in der sozialpädagogischen Praxis werden hauptsächlich die Sinne „Sehen" und „Hören" eingesetzt.

4.2.1 Die Begriffe „Wahrnehmung" und „Beobachtung"

Jeder Mensch ist täglich einer Vielzahl von Reizen aus der Umwelt oder dem Inneren seines Körpers ausgesetzt. Diese Reize werden von den Rezeptoren der Sinnessysteme aufgenommen und über Nervenbahnen zum Gehirn weitergeleitet. Das Gehirn ist eine Art „Schaltstelle". Hier werden die Informationen blitzschnell verarbeitet und es wird nach einer angemessenen Reaktion gesucht, falls diese gebraucht wird. Ist sie gefunden, gibt das Gehirn über Nervenbahnen das Signal zum Ausführen der Reaktion. Aufnahme und Verarbeitung von Reizen wird in der Psychologie als Wahrnehmung bezeichnet.

Definition
Wahrnehmung *ist der Prozess der Reizaufnahme und Reizverarbeitung.*

Der Prozess der Wahrnehmung lässt sich in einzelne Schritte unterteilen:

1. Aufnehmen der Reize durch die entsprechenden Sinnesorgane
2. Weiterleitung über Nervenbahnen an das Gehirn
3. Speicherung des Wahrgenommenen
4. Vergleich der einzelnen Reize mit bisher Gespeichertem; Auswahl, Bewertung, Interpretation und evtl. Umorganisation der Information
5. Verknüpfung von Einzelreizen zu einem Gesamtbild
6. Verarbeitung der Reize; Einordnung in die bisherigen Erfahrungen
(vgl. Zimmer, 1995, S. 47)

Ist eine Reaktion nötig, wird der Impuls dafür in einem siebten Schritt vom Gehirn gegeben.

Die Beobachtung geht über die Wahrnehmung hinaus. Niemand kann alle Reize, die von außen auf ihn einströmen, verarbeiten. Würden wir alle Reize gleichermaßen verarbeiten, könnten wir wichtige Informationen nicht mehr von unwichtigen unterscheiden. Bei der Beobachtung entscheiden wir uns bewusst, was wir wahrnehmen wollen. Wir richten unsere Aufmerksamkeit gezielt auf bestimmte Aspekte von Verhaltensweisen oder Ereignissen.

Definition
Beobachtung *ist die bewusste und planvolle Wahrnehmung von Ereignissen und Verhaltensweisen.*

Jeder, der beobachtet, muss sich immer wieder bewusst machen, dass er die beobachteten Geschehnisse in seinem Gehirn individuell verarbeitet. Hierbei vergleicht er mit Erfahrungen, die er bereits gemacht hat und interpretiert seine Beobachtungen vor dem Hintergrund dieser

Erfahrungen. Das Ergebnis einer jeden Beobachtung ist somit keine 1 : 1-Kopie der Realität, sondern eine unvollständige, gefilterte Wiedergabe der Realität, der wir unterschiedliche Bedeutungen zuweisen. Deshalb kommen zwei Personen, die ein und dieselbe Situation beobachten, nicht selten zu unterschiedlichen Ergebnissen.

4.2.2   Häufige Beobachtungsfehler

Die Subjektivität wird besonders bei der Wahrnehmung von Personen deutlich. Hier kommt es häufig zu Verfälschungen oder Verzerrungen. Die wichtigsten sollen hier dargestellt werden.

Vorschnelle Interpretation

In der eingangs vorgestellten Handlungssituation (vgl. S. 83) wird ein sehr häufiges Problem deutlich, nämlich die vorschnelle Deutung/Interpretation einer Verhaltensweise oder Situation. Das bedeutet, aus einer Verhaltensweise oder einer Situation werden vorschnell Schlüsse gezogen über Eigenschaften, Fähigkeiten, Absichten oder Gefühle der beobachteten Person.

Fallbeispiel

Die Erzieherin in der Handlungssituation hat Emely beobachtet und gehört, wie sie zu einem Mädchen in der Puppenecke sagt: „Ich will aber heute die Mutter spielen, sonst spiele ich nicht mehr mit." Im Beobachtungsprotokoll steht aber nicht, was Emely sagt, sondern wie die Erzieherin das Verhalten interpretiert, nämlich dass Emely sich sehr bestimmend verhalte.

Die vorschnelle Bewertung verstellt den Blick auf andere mögliche Interpretationen. Daher sollte man Beobachtungsprotokolle zunächst auf der Ebene der Beschreibung anfertigen und die Deutung/Interpretation erst in einem zweiten Schritt vornehmen, der auch im Team besprochen werden sollte. Zudem reicht eine Beobachtungssituation nicht aus, um ein abschließendes Urteil zu fällen. Die vorschnelle Interpretation kann auch dazu führen, dass sich der Blick der Erzieherin auf derartige Situationen verengt und sie kooperatives Verhalten und Anpassung in Spielsituationen übersieht. Es ist auch nicht klar, wem gegenüber ein bestimmtes Verhalten gezeigt wird. Tritt Emely nur einem Kind gegenüber so auf oder zeigt sie ein eher dominierendes Verhalten auch in anderen Situationen mit anderen Kindern?

Der Pygmalion-Effekt

Die Erwartungen, Einstellungen und Überzeugungen, die der Beobachter gegenüber dem Kind hat, können sein Verhalten so stark beeinflussen, dass sich das Verhalten des Kindes in die erwartete Richtung hin entwickelt.

Fallbeispiel

Ein Kind, dessen ältere Schwester bereits diesen Hort besuchte, wird für das kommende Schuljahr im Hort angemeldet. Die Erzieherinnen erinnern sich, dass das ältere Geschwisterkind sehr hilfsbereit war und gerne an jeder Aktivität teilnahm. Als sie den Namen auf der Anmeldeliste lesen, freuen sie sich schon auf das jüngere Geschwisterkind. Als es im Hort ist, bestätigen sich die Erwartungen.

Dieser Effekt wird auch „Rosenthal-Effekt" genannt, nach einem Sozialpsychologen, der ihn bereits in den 60er-Jahren durch ein Experiment nachgewiesen hat. Er besuchte mehrere Grundschulen und erklärte den Lehrkräften, dass er mit den Schülern Tests durchführen würde, die Aussagen über das künftige Leistungsverhalten geben würden. Kurze Zeit später wurden den Lehrkräften die Namen derjenigen Schüler genannt, bei denen man aufgrund der Testergebnisse gute Lern- und Leistungsergebnisse erwarten könne. Die Namen der Schüler waren zufällig ausgewählt, es gab keine entsprechenden Testergebnisse. Am Ende des

Schuljahres wurde erneut getestet. Rosenthals Ergebnisse waren verblüffend. Schüler, die dem Lehrer zufällig genannt wurden, hatten sich tatsächlich in ihren Leistungen erheblich verbessert. Das heißt, wenn Lehrkräfte oder auch Erzieherinnen und Kinderpflegerinnen Kindern und Jugendlichen Leistungen zutrauen, dann werden diese auch bessere Leistungen zeigen und die in sie gesetzten Erwartungen erfüllen. Der Pygmalion-Effekt gilt leider auch in der umgekehrten Richtung, also für negative Erwartungen gegenüber der beobachteten Person.

Selffulfilling Prophecy

Die Selffulfilling Prophecy hängt eng mit dem Pygmalion-Effekt zusammen. Der Beobachter hat eine bestimmte Erwartung bezüglich des Verhaltens der anderen Person und sieht bei der Beobachtung nur das erwartete Verhalten. Dies führt ihn zu der Schlussfolgerung, dass der andere sich tatsächlich nur so verhält, wie er es bereits erwartet hat.

Fallbeispiel

Die Kinderpflegerin beobachtet mehrere Kinder beim Freispiel im Garten. Nach kurzer Zeit gesellt sich Emely zu der Gruppe und schlägt ein Spiel vor. „Typisch", denkt die Kinderpflegerin, „sie will wieder mal bestimmen." Allerdings hat sie nicht gesehen, dass diesmal Sophie Emely aufgefordert hat, Vorschläge zu machen.

Darüber hinaus ist es möglich, dass Beobachter – zumindest unbewusst – derart auf die beobachteten Kinder einwirken, dass diese sich an die Erwartungen anpassen und sie erfüllen.

Es gibt viele weitere Probleme bei der Personenwahrnehmung, einige davon sind hier in einer Tabelle zusammengefasst.

Beobachtungsfehler	Merkmale	Beispiel
Halo-Effekt	Der Halo-Effekt, auch „Hof-Effekt" genannt, leitet sich ab von dem griech. Wort hálos = Lichthof. Wenn ein Kind eine hervorstechende Eigenschaft im Verhalten oder Aussehen hat und diese Eigenschaft als charakteristisch für das Kind gehalten wird, dann orientiert sich der Beobachter häufig an dieser Eigenschaft. Diese Eigenschaft „überstrahlt" quasi die anderen Eigenschaften des Kindes und es entsteht beim Beobachter ein Gesamteindruck vom Kind, der ohne Widersprüche ist.	Ein Kind, das ungepflegt aussieht, wird leicht auch für unordentlich oder wenig begabt gehalten.
Primacy-Effekt	Der erste Eindruck, den wir von einer Person haben, ist sehr stabil. Beobachtungen, die den ersten Eindruck unterstützen, werden sofort aufgenommen, Beobachtungen, die dem ersten Eindruck widersprechen, werden eher ignoriert bzw. übersehen. Offenbar hält sich der erste Eindruck lange und hartnäckig. Es ist schwer, eine andere Perspektive einzunehmen.	Bei der Zusammenfassung der Beobachtung bleibt der Erzieherin vor allem Emelys bestimmendes Verhalten in Erinnerung. Dank des Beobachtungsprotokolls sieht sie, dass Emely 18 Minuten lang mit anderen Kindern am Maltisch gemalt und Sven beim Schneiden geholfen hat.

Beobachtungsfehler	Merkmale	Beispiel
Der logische Fehler	Aus einer bestimmten Eigenschaft einer Person leitet der Beobachter naiv andere Eigenschaften ab, die seiner Meinung nach gut zur beobachteten Eigenschaft passen.	Paula ist immer sehr ordentlich angezogen. Die Beobachterin schließt daraus, dass Paula auch sehr fleißig ist.
Der Projektionsfehler	Bei der Projektion schreibt die jeweilige Person einen Wunsch oder ein Verhalten, das ihr Angst bereitet, einer anderen Person zu und lastet es dieser negativ an. Die Person projiziert also wie ein Dia-Projektor das eigene innere Erleben nach außen. Dieses Erleben besteht z. B. aus Problemen, Bedürfnissen, Erwartungen und Enttäuschungen.	Wurde eine Kinderpflegerin als Kind oft geschimpft, wenn sie sich mit ihren Geschwistern stritt und hat sie gelernt, dass Konflikte etwas Schlechtes sind, dann wird sie eventuell sehr empfindlich auf Konflikte in der Gruppe reagieren und das Verhalten der Kinder als sehr negativ beurteilen.
Der Kontrast- und der Ähnlichkeitsfehler	Ein Ähnlichkeitsfehler liegt vor, wenn der Beobachter eigene Eigenschaften und Verhaltensweisen fremden Personen zuschreibt. Ein Kontrastfehler liegt vor, wenn der Beobachter Eigenschaften und Verhaltensweisen, die bei ihm nicht oder nicht besonders stark ausgeprägt sind, anderen Personen zuschreibt.	Die Kinderpflegerin Marita beobachtet Alessa beim Alleinspiel und deutet dieses schnell als weiterer Beweis für ihre zu große Schüchternheit. Marita empfindet sich selbst als zu schüchtern und bewertet im anschließenden Reflexionsgespräch Alessas Verhalten einmal als nicht so schlimm und einmal als sehr auffällig.
Der Milde-Effekt	Der Beobachter stuft beim zu Beobachtenden erwünschte Verhaltensweisen als hoch und unerwünschte Verhaltensweisen als niedrig ein. Dieser Effekt verstärkt sich noch bei vorhandener Sympathie.	Die Kinderpflegerin Claudia mag den dreijährigen Simon und sie hat ihn in ihr Herz geschlossen. Die aggressiven Verhaltensweisen, die er manchmal zeigt, beurteilt sie daher eher milde und verständnisvoll.
Der Strenge-Effekt	Der Strenge-Effekt liegt vor, wenn der Beobachter die Tendenz hat, grundsätzlich eine negative Einschätzung vorzunehmen.	Der Kinderpflegerin Simone fällt Tarek meistens durch besonders aggressives Verhalten auf. Heute beobachtet sie, wie Tarek der jüngeren Christina beim Anziehen hilft. Spontan denkt sie: „So war Tarek noch nie. Entweder hat er heute einen guten Tag oder er führt etwas im Schilde."
Subjektivismus	Der Beobachter beeinflusst mit seiner Persönlichkeit deutlich die Beobachtung und deren Ergebnis. Die Beobachtung ist z. B. aufgrund mangelnder Vorkenntnisse unvollständig, unsachlich, parteilich und stark gefühlsbetont.	Die Kinderpflegerin beobachtet eine Kampfszene zwischen Julian und Maxime. Da sie mangels Erfahrung und Wissens eine spielerische Aggression nicht von einer echten Aggression unterscheiden kann, deutet sie die Szene als echte Aggression fehl. Sie ist sehr empört und sieht sich in ihrem Vorurteil bestätigt, dass Jungen Raufbolde seien.
Ermüdung	Die Aufmerksamkeit nimmt im Laufe der Beobachtung teils unbemerkt ab.	Dass Florian am Ende der Beobachtung Markus geholfen hat, wurde von der erschöpften Kinderpflegerin nicht mehr wahrgenommen.

4.3   Möglichkeiten der Fehlervermeidung

Es bleibt festzuhalten: Niemand kann absolut objektiv wahrnehmen und beobachten. Beobachtungen können daher immer fehlerhaft sein. Für die pädagogische Praxis sind aber möglichst objektive Beobachtungsergebnisse notwendig, denn sie sind die Basis für die erzieherische Arbeit. Wie kann es gelingen, zumindest annähernd objektive Ergebnisse zu erhalten?

Grundsätzlich gibt es zwei verschiedene Wege:

- Die eine Möglichkeit besteht darin, ständig zu reflektieren und zu überprüfen, inwieweit einem die dargestellten Beobachtungsfehler unterlaufen.

- Die andere Möglichkeit besteht darin, auf die systematische Form der Verhaltensbeobachtung zurückzugreifen. Durch eine Professionalisierung[1] und Standardisierung[2] lassen sich die Mängel der Gelegenheitsbeobachtung zwar nicht völlig ausschalten, jedoch minimieren. Die systematische Beobachtung ermöglicht eine weitgehend objektive Datenerhebung, indem genau festgelegt wird, **was** bzw. **wer, wo, wann, warum, wie lange** unter **welchen Bedingungen** beobachtet wird.

In den folgenden Kapiteln werden die einzelnen Aspekte genauer betrachtet.

4.3.1   Wer sollte beobachten, wo und wie lange?

Diese Fragen lassen sich relativ schnell klären. Beobachtet wird in Alltagssituationen, die aussagekräftige Ergebnisse in Bezug auf die Fragestellung erwarten lassen. Geht es z. B. um Kommunikationsfähigkeit, wird man Spielsituationen, Gesprächskreise oder die Bringsituation beobachten. Manchmal muss man Kinder in eine Situation bringen, um entsprechende Beobachtungen machen zu können. Dies ist z. B. der Fall, wenn es um Gedächtnis und Ausdrucksfähigkeit geht. Dann kann man Kinder bitten, eine erzählte Geschichte nachzuerzählen.

Grundsätzlich kann jede Fachkraft Beobachtungen durchführen. Sie sollte sich mit dem Verfahren vorher genau befassen.

Wie lange beobachtet wird, hängt von der Fragestellung und vom gewählten Verfahren ab. Die Beobachtungszeit kann zwischen fünf und zwanzig Minuten dauern.

4.3.2   Wer bzw. welche Ereignisse sollten beobachtet werden?

Im Kindergartenalltag lassen sich nicht alle Kinder und Ereignisse gleichzeitig erfassen. Es muss vorher die Entscheidung getroffen werden, wer im Zentrum der Beobachtung steht bzw. welche Ereignisse beobachtet werden sollen.
Bei der Vielzahl von Eindrücken, die in einer Gruppe von zwanzig oder mehr Kindern auf die Kinderpflegerin einwirken, muss eine Auswahl getroffen werden. Es kann immer nur ein Teil des Geschehens beobachtet werden. Dabei muss man sich darüber im Klaren sein, dass man immer nur das äußerlich sichtbare Verhalten eines Menschen und nicht das dahinterliegende Erleben erfassen kann.

---

[1] *Professionalisierung = „Verberuflichung", die einhergeht mit Steigerung von Qualität und Effektivität*
[2] *Standardisierung = Vereinheitlichung von Verfahrensweisen*

Man unterscheidet vier verschiedene Typen von Beobachtung:

- Will die Kinderpflegerin zunächst einmal einen allgemeinen Einblick in das Gruppenge-schehen erhalten, wird ohne systematische Vorgaben beobachtet und aufgezeichnet, was und wer ihr gerade interessant erscheint. Durch diese **Zufallsbeobachtung** erhält die Kin-derpflegerin sozusagen „Schnappschüsse" attraktiver Ereignisse, die auch Anlass für Gespräche mit Eltern und Kolleginnen sein können.

- Bei der **Focusbeobachtung** konzentriert sich die Kinderpflegerin z. B. auf Emely und beob-achtet alles, was sie tut bzw. mit wem sie in Kontakt tritt und spielt. Gezielte Beobachtungs-bereiche können z. B. das äußere Erscheinungsbild, das Denkverhalten, fein- und grobmotorische Tätigkeiten, Sozial-, Sprach-, Spiel- und Lernverhalten oder auffälliges Ver-halten sein. Auf diese Art und Weise erhält die Kinderpflegerin die meisten Details über ein einzelnes Kind und es ist möglich, die Ressourcen, aber auch Defizite, die Lerngeschichte, den Entwicklungsstand und Besonderheiten eines Kindes gründlich kennenzulernen. Die Kinderpflegerin kann z. B. ihr Augenmerk auf Emelys Sozialverhalten legen und ihre Kon-taktaufnahme mit anderen Kindern beobachten.

- Soll ein Gruppenprofil, das über die Aktivitäten der gesamten Gruppe Auskunft gibt, erstellt werden, wird die Fachkraft einen „**Scan**" vornehmen. Diese Art der Beobachtung ist geeig-net, um das Spielverhalten nach veränderten Rahmenbedingungen zu ermitteln, z. B. wenn eine neue Praktikantin in die Gruppe gekommen ist oder neues Spielmaterial ange-schafft wurde. Das Verhalten der gesamten Kindergruppe wird erfasst.

- Außerdem gibt es noch die **ereigniszentrierte Beobachtung**, die sich auf ein bestimmtes Verhalten konzentriert, z. B. wie verhält sich eine bestimmte Kindergruppe bei einem gezielten Angebot? Was geschieht, wenn Mädchen und Jungen zusammen in der Bau- oder der Puppenecke spielen?

Je nachdem, welche Interessen und Motive hinter der Beobachtung stehen, muss die adäquate Methode gewählt werden, um zu einem sinnvollen Ergebnis zu kommen.

4.3.3   Wie sollte beobachtet werden?

Wir haben bereits geklärt, dass die Gelegenheitsbeobachtung in der pädagogischen Praxis allenfalls Ausgangspunkt für weitere systematische Beobachtungen sein kann, weil sie zu sub-jektiv und ungenau ist. Im Folgenden geht es also um Variationen der systematischen Beob-achtung, die man je nach Vorgehensweise weiter unterteilen kann.

Offene und verdeckte Beobachtung

Eine systematische Beobachtung kann offen oder verdeckt erfolgen. Offen bedeutet, dass Eltern und Kinder über die Beobachtung informiert sind. Die Kinder bekommen im Gruppenalltag mit, dass sie beobachtet werden und die Erzieherin aufschreibt, was sie tun. Man-che Kinder wollen sicherlich wissen, was die Erzieherin aufschreibt. Das kann ein Gesprächsanlass sein, das Kind kann die Situation aus seiner Sicht schildern. Die Erfahrung zeigt, dass Kinder die offene

Beobachtung als Beachtung bzw. Wertschätzung ihrer Person erleben. Die manchmal geäußerten Bedenken gegen eine offene Beobachtung, dass Kinder sich dann nicht „normal" verhielten und das Ergebnis allein durch die Tatsache der Beobachtung verfälscht werde, kann schnell entkräftet werden, wenn die Beobachtung zur alltäglichen Routine wird, denn auf Dauer können Kinder ihre wahren Verhaltensmuster nicht verbergen.

Bei der verdeckten Beobachtung sitzt die Kinderpflegerin z. B. hinter einer Einwegscheibe oder die Kinder werden, ohne ihr Wissen, mit einer Kamera aufgenommen. Eine derart „heimliche" Beobachtung wird inzwischen aus ethischen Gründen abgelehnt. Hierbei wird nämlich eine Haltung deutlich, die das Kind nicht als Persönlichkeit mit entsprechenden Rechten respektiert. Im Alltag der sozialpädagogischen Einrichtungen finden sich daher kaum mehr Einwegscheiben oder versteckte Kameras.

Teilnehmende und nicht teilnehmende Beobachtung

Die offene Beobachtung kann wiederum teilnehmend oder nicht teilnehmend erfolgen. Bei einer teilnehmenden Beobachtung ist die pädagogische Fachkraft aktiv in das Geschehen, z. B. ins Spiel, verwickelt, sie beschäftigt sich mit dem zu beobachtenden Kind. Die Erzieherin/Kinderpflegerin hat hier eine Doppelrolle, nämlich als Beobachterin und als Handelnde. Vorteil dieser Beobachtungsmethode ist es, dass die Beobachterin durch ihr Dabeisein Handlungszusammenhänge, Verhaltensentwicklungen und das Kind in seiner gesamten Persönlichkeit eher wahrnehmen kann als jemand, der kurzfristig bestimmte Aspekte eines Verhaltens beobachtet. Problem bei der teilnehmenden Beobachtung kann sein, dass die Beobachterin das Verhalten der Kinder durch ihre Anwesenheit beeinflusst. Diese versuchen möglicherweise, den Erwartungen der pädagogischen Fachkraft zu entsprechen. Die Ergebnisse werden dadurch verfälscht.

Bei einer nicht teilnehmenden Beobachtung ist die pädagogische Fachkraft eine Außenstehende, die sich ganz auf die Beobachtung konzentriert und nicht in das erzieherische Geschehen eingreift. Die pädagogische Fachkraft hat damit eine objektivere Perspektive und kann zeitgleich protokollieren.

4.3.4 Was sollte beobachtet werden?

Aber nicht nur die Vorgehensweise spielt eine Rolle, sondern auch die inhaltliche Fragestellung ist von großer Bedeutung bei der systematischen Beobachtung – also die Frage, was beobachtet werden soll.

Strukturierte und unstrukturierte Beobachtung

Eine Beobachtung kann mit mehr oder weniger konkreter Fragestellung bzw. mehr oder weniger vorstrukturierten Beobachtungsschemata durchgeführt werden. Es geht um den Blickwinkel der Beobachtung.

Eine **strukturierte** Beobachtung folgt einem sehr genauen, detaillierten Beobachtungsplan. Diese Art der Beobachtung eignet sich, wenn man nur einen bestimmten Verhaltensaspekt beobachten möchte, z. B. das Sprachverhalten, aggressives Verhalten oder Kontaktaufnahme. Für die strukturierte Beobachtung sind Beobachtungsbögen geeignet, die eine Einschätzung des Verhaltens oder des Entwicklungsstandes ermöglichen. Man kann sie selbst entwickeln oder auf standardisierte Verfahren zurückgreifen.

Als Beispiel soll hier ein Ausschnitt von SELDAK vorgestellt werden, ein standardisiertes Verfahren zur Beobachtung von Sprachentwicklung und Literacy bei deutschsprachig aufwachsenden Kindern. Der Bogen wurde erstellt für Kinder im Alter von vier bis sechs Jahren. Er ist in zwei Teile gegliedert. Im ersten Teil geht es um die Erfassung von Aktivitäten und Kompetenzen in sprachrelevanten Situationen, wie z. B. Gesprächsrunden/Gruppendiskussionen oder dem selbstständigen Umgang mit Bilderbüchern.

Gesprächsrunden/Gruppendiskussionen

	sehr oft	oft	manchmal	selten	sehr selten	nie
1 Kind hört bei Gruppengesprächen/Diskussionen sehr aufmerksam zu/mit großer Intensität	⑥	⑤	④	③	②	①
2 bringt von sich aus eigene Beiträge ein	⑥	⑤	④	③	②	①
3 greift Gesprächsbeiträge von anderen auf, geht darauf ein	⑥	⑤	④	③	②	①
4 stellt bei Gruppengesprächen gezielte Fragen	⑥	⑤	④	③	②	①
5 bleibt mit seinen Gesprächsbeiträgen beim Thema	⑥	⑤	④	③	②	①
6 spricht ohne Hemmungen vor einer größeren Gruppe	⑥	⑤	④	③	②	①

7 kann anderen gut etwas erklären

    ④ mühelos   ③ mit etwas Mühe   ② mit großer Mühe   ① gar nicht

Bitte orientieren Sie sich beim Ankreuzen an den Häufigkeiten (z. B. „manchmal"), nicht an den Zahlen. Diese sind für eine spätere Auswertung gedacht.

(Ulich/Mayr, 2006, S. 3)

Im Teil 2 werden sprachliche Kompetenzen erfasst, z. B. Wortschatz oder Grammatik.

Wortschatz

1 Kind beschreibt bei Rate- und Suchspielen Gegenstände: Farbe, Form, Größe, Verwendung, Teile/Zusammensetzung, ... z. B. Kimspiele; *„ich sehe was, was du nicht siehst"*, ...

    ④ Beschreibung ist sehr differenziert   ③ Beschreibung ist eher differenziert
    ② Beschreibung ist eher grob   ① Beschreibung ist sehr grob

2 kann Oberbegriffe finden, z. B. „Kleider", „Obst", „Tiere", „Pflanzen", „Musikinstrumente"

    ④ mühelos   ③ mit etwas Mühe   ② mit großer Mühe   ① gar nicht

3 verwendet statt des genauen Wortes allgemeine und unbestimmte Ausdrücke, wie „Ding", „das da"

    ① sehr oft   ② oft   ③ manchmal
    ④ selten   ⑤ sehr selten   ⑥ nie

4 hat einen großen Wortschatz bei Gesprächen über <u>Sachthemen</u>, z. B. „Wald, Bäume"

    ④ bei vielen Themen   ③ bei einigen Themen
    ② bei wenigen Themen   ① bei keinem Thema

5 Alltagswortschatz: Wie gut kann das Kind Dinge und Handlungen, die täglich vorkommen, benennen? Alltagswortschatz des Kindes ist

    ④ reichhaltig   ③ ausreichend   ② eingeschränkt   ① sehr eingeschränkt

(Ulich/Mayr, 2006, S. 7)

SELDAK kann einmal ganz bearbeitet werden und nach einiger Zeit erneut in Teilen, die für das beobachtete Kind relevant erscheinen. Für die Durchführung gibt es ein Begleitheft mit Hinweisen und theoretischen Grundlagen. Der Bogen kann arbeitsteilig von unterschiedlichen Personen bearbeitet werden. Die Beobachtung sollte aber eine pädagogische Bezugsperson durchführen, die das Kind gut kennt. Die Autoren weisen ausdrücklich darauf hin, dass mehrere Beobachtungen notwendig sind, um eine Frage zu beantworten (vgl. Ulich/Mayr, 2006, S. 2).

Weitere Beispiele für Beobachtungsverfahren werden in anderen Kapiteln vorgestellt. In Kapitel 5 „Bedürfnisse" wird die Leuvener Engagiertheitsskala thematisiert, ein Verfahren zur Feststellung von kindlichen Aktivitäten in der Einrichtung. Kapitel 9 enthält das Entwicklungsgitter von Kiphard, ein Verfahren zur Ermittlung von Entwicklungsrückständen, und Kapitel 12 geht auf SISMIK ein. Mit diesem Beobachtungsbogen lassen sich Sprachverhalten und Sprachvermögen von Kindern mit Migrationshintergrund einschätzen.

Inzwischen gibt es strukturierte Beobachtungsverfahren für verschiedene Fragestellungen. Einen Überblick gibt die folgende Tabelle:

Verfahren	Alter	Erkenntnisgewinn
Kuno Bellers Entwicklungstabelle	0–6 Jahre	Einschätzung des Entwicklungsstandes in verschiedenen Bereichen
Sieben Intelligenzen	ab 3 Jahre empfohlen	Erkennen und Analyse der Stärken, Fähigkeiten und Vorlieben in unterschiedlichen Bereichen
Baum der Erkenntnis	0–16 Jahre	Feststellung von Fähigkeiten, die das Kind/der Jugendliche bereits erworben hat, und von Interessen und Vorlieben
Leuvener Engagiertheitsskala	2,5–6 Jahre	Erfassung von individuellen Interessen und Lernprozessen; Aussage über die Qualität des pädagogischen Angebots
BEK – Beobachtungsbogen zur Erfassung von Entwicklungsrückständen und Verhaltensauffälligkeiten bei Kindergartenkindern	4–6 Jahre	„Screening" (Vorauslese) – Erfassen von Verdachtsmomenten für Entwicklungsrückstände und Verhaltensauffälligkeiten/drei Stufen 1. Stufe: Grobeinschätzung aller Kinder 2. Stufe: nur bei gefährdeten Kindern wird BEK eingesetzt 3. Stufe: nur bei „stark gefährdeten" Kindern intensive Beobachtung des problematischen Bereichs mithilfe spezieller Skalen
Sensumotorisches Entwicklungsgitter von Kiphardt	0–4 Jahre	Tabelle für Spätentwickler; Frühwarnsystem für Entwicklungsprobleme
Grenzsteine der Entwicklung	3–72 Monate	Feststellung von Entwicklungsverzögerungen oder -gefährdungen (kein Diagnose-Instrument)
SISMIK – Sprachverhalten und Interesse an der Sprache bei Kindern mit Migrationshintergrund	3,5–6 Jahre	Sprachverhalten und Interesse an der Sprache bei Kindern mit Migrationshintergrund – kein Sprachtest bzw. keine Sprachstandsmessung

(vgl. Viernickel/Völkel, Beobachten und dokumentieren, 2009, S. 53 ff.)

Die **unstrukturierte** Beobachtung folgt allgemeinen Regeln und groben Kategorien, bei denen der Beobachterin ein großzügiger Spielraum bleibt. Sie eignet sich z. B. zur Einschätzung, wie sich ein Kind eingewöhnt hat oder um Stärken und Ressourcen eines Kindes herauszufinden. Bei dieser Art der Beobachtung ist der Blickwinkel noch nicht eingeengt, sondern offen für neue Entdeckungen. Bei der unstrukturierten Beobachtung bietet sich das Verlaufsprotokoll als Dokumentationsform an. Beobachtungen sollen zunächst auf der Ebene der Beschreibung stattfinden, die deutlich von der Interpretation getrennt ist. Als Beispiel dient hier die „Schatzsuche statt Fehlerfahndung" von Haug-Schnabel und Bensel:

Name des Kindes (oder Kennzeichen): **Anna**	Beobachtungsdatum: **2.10.2002**
Alter und Geschlecht: **3 Jahre, weiblich**	Name der Beobachterin: **Gisela Kühnel**
Ort der Beobachtung (drinnen/draußen, Raum): **Flurbereich, Küche**	Beobachtungszeit (von – bis): **9:35–10:06**
Besonderheiten (Kind erst kurz in der Einrichtung, Lieblingserz. fehlt heute, Freund/Freundin heute nicht da …):	Gruppengröße (ca.): **3–12**
seit ca. fünf Wochen in der Einrichtung	Beobachtungssituation (Frühstück, Freispiel, Stuhlkreis …): **Freispielzeit**

Uhrzeit	sachliche Verhaltensbeschreibung	Deutung
9:35	Anna schaukelt auf einem Schaukelpferd im Flur zwischen der Küche, verschiedenen Gruppenräumen und der Treppe zum ersten Stock. Anna schaukelt zuerst normal auf dem Pferd, wechselt dann die Bewegung und wippt mit beiden Beinen auf einem Tritt des Schaukelpferds. Sie lächelt immer wieder. Sie steigt ab und bringt einen über ihr befindlichen Sandsack ins Pendeln. Anna betrachtet mit freudiger Miene den pendelnden Sandsack. Ein Junge kommt vorbei, mit dem sie keinen Blickkontakt aufnimmt. Sie lächelt die Beobachterin immer wieder an. Eine Erzieherin kommt zu Anna, redet mit ihr, Anna lächelt. Die Unterhaltung ist nicht genau zu verstehen, offensichtlich wird Anna aufgefordert, mit in die Küche zum Malen zu kommen. Anna geht in die Küche, wo schon andere Kinder malen, und malt mit. Sie setzt sich an den Tisch und malt sehr heftig mit allen Farben, d. h., sie wechselt ständig die Stifte. Nach etwa einer halben Minute ist sie fertig, schaut sich ihr Bild an und lächelt. Sie sucht mit dem Blick nach der Erzieherin, die sie zum Malen eingeladen hat, und nimmt die Finger in den Mund. Sie steht auf und sucht offensichtlich weiter nach der Erzieherin. Sie findet sie in der Küche nicht und verlässt daraufhin die Küche. Auch außerhalb der Küche ist ihre Suche erfolglos, daraufhin legt sie ihr Bild in ihr Fach.	Anna scheint sich wohlzufühlen, sie lächelt und spielt variantenreich. Anna scheint sich über den von ihr bewirkten Effekt zu freuen. Anna scheint die Beachtung durch das Beobachtetwerden zu genießen. Anna scheint sich über ihr Bild zu freuen. auf Kontaktsuche nach der Erzieherin (Finger lutschen zur Selbstberuhigung?)

Uhrzeit	sachliche Verhaltensbeschreibung	Deutung
9:40	Anna geht wieder zum Schaukelpferd und schaukelt kräftig. Sie beobachtet dabei andere Kinder, die vorbeilaufen, z. B. einen Jungen, der stolpert.	Anna zeigt Interesse an anderen Kindern.
9:41	Sie steigt ab und beobachtet zwei Kinder, die an der Stirn zusammengestoßen sind und von einer Erzieherin mit kalten Kompressen versorgt werden.	
9:42	Sie klettert die Treppe hoch, schaut von oben auf den Flur und lächelt dabei die Erzieherin an. Anna bekommt einen Hinweis, dass sie sich abmelden soll, wenn sie woanders hin will. Sie geht zu der Stelle, wo der Sandsack oben an der Treppe befestigt ist, und beginnt, ihn zu erkunden. Sie zieht an der Kette, er bewegt sich.	
9:44	Anna ist wieder auf dem Schaukelpferd im Flur und lächelt dabei zu mir hin. Sie hat wieder die Finger im Mund.	
9:45	Sie klettert wieder die Treppen hoch und fährt mit den Händen das Geländer entlang. Diesmal klettert sie nur ein Stück hoch, klettert dann wieder runter und wieder hoch.	Anna erkundet die Umgebung und orientiert sich.
9:46	Anna wird von einem Mädchen angesprochen, ob sie in den Ruheraum oder den Computerraum möchte. Sie reagiert auf die Ansprache nicht, das andere Mädchen winkt ab.	Anna kann noch nicht auf das Kontaktangebot des Kindes eingehen.

(Haug-Schnabel/Bensel, 2005, S. 58)

4.4 Dokumentation und Auswertung

Beobachtungen sollten unbedingt dokumentiert werden, denn Dokumentationen sind nach längerer Zeit noch verfügbar.
Selbstverständlich sollte jede Dokumentation bestimmte Daten enthalten wie z. B. Name des Kindes (oder ein Kennzeichen), Alter, Geschlecht, Besonderheiten, Datum, Name der Beobachterin, Zeit, evtl. beteiligte Personen und die Beobachtungssituation (z. B. Frühstück, Abholzeit, Freispiel).

Je nach Fragestellung sind dann aber unterschiedliche Dokumentationsformen sinnvoll. Wie bereits erwähnt, eignen sich für die stark strukturierte Beobachtung mit dem Ziel, bestimmte Verhaltensweisen oder Fähigkeiten zu beobachten, Beobachtungsbögen besonders gut. Diese können selbst erstellt werden, man kann aber auch auf vorgefertigte, standardisierte Bögen zurückgreifen. Die Bögen enthalten genaue Beobachtungskategorien, oft in Form von Einschätzskalen. Standardisierte Verfahren haben den Vorteil, dass auch die Auswertung meist relativ einfach und in einem Manual (Handbuch) genau beschrieben ist. Pädagogische Hinweise sind dort ebenfalls zu finden.

Bei der unstrukturierten Beobachtung mit offener Fragestellung bietet sich das Verlaufsprotokoll als Dokumentationsform an. Beobachtungen sollten zunächst auf der Ebene der Beschreibung stattfinden. In einer zweiten Spalte ist es dann sinnvoll, die entsprechenden Deutungen einzutragen.

Der erste Schritt der Auswertung besteht darin, die beschriebenen Situationen zu deuten, indem z. B. bei der Schatzsuche die Kompetenzen des Kindes aufgelistet werden. Damit erhält man ein Ergebnisprotokoll bzw. die erste Form/Version einer Kompetenzkarte:

Kompetenzkarte für Anna

- **Grobmotorisches Geschick**
  (geschicktes Schaukeln auf dem Schaukelpferd)

- **Feinmotorisches Geschick**
  (beim Malen und Perlen-Auffädeln)

- **Soziales Interesse**
  (nimmt genau wahr, beobachtet, was die anderen tun)

- **Anzeichen von Wohlbefinden**
  (wirkt in sich ruhend; zeigt keine hektischen Bewegungen, orientiert sich)

- **Konzentriert/ausdauernd**
  (fädelt 10 Minuten Perlen auf, bleibt am Ball)

- **Wenig irritabel**
  (lässt sich nicht aus der Fassung bringen: zweimal fallen Perlen zu Boden, trotzdem macht sie weiter)

- **Hartnäckig und frustrationstolerant**
  (trotz zweimaligem Übersehenwerden beim Zeigen ihrer fertigen Kette lässt sie sich nicht entmutigen und schafft es, beim dritten Mal, einer anderen Erzieherin ihr Werk zu präsentieren)

- **Freundliche Ausstrahlung**
  (lächelt viel)

- **Kann Beachtung wahr- und annehmen**
  (genießt es, beobachtet zu werden, schaut häufig zur Beobachterin und lächelt sie an)

(Haug-Schnabel/Bensel, 2005, S. 42)

Weitere Beobachtungen sind notwendig, denn eine einzelne Situation reicht nicht aus, ein umfangreiches Bild der Kompetenzen zu erhalten. Aus den festgestellten Kompetenzen lassen sich dann pädagogische Schlussfolgerungen ziehen.

4.5   Weitere Aspekte der Beobachtung

Einige Aspekte sind in der Praxis noch zu beachten, wenn Beobachtungen durchgeführt und die Ergebnisse dokumentiert werden:

- Beobachtungen sollten regelmäßig durchgeführt werden, nicht aus aktuellen Anlässen wie z. B. vor Entwicklungsgesprächen.

- Beobachtung und Dokumentation können Anlass sein für diagnostische und therapeutische Maßnahmen. In diesem Fall sind Fachleute einzubeziehen. Dafür ist das Einverständnis der Eltern notwendig.

- Die Daten unterliegen dem Datenschutz. Sie dürfen ohne Einverständnis der Eltern nicht an Dritte, auch nicht an Schulen oder Fachdienste, weitergegeben werden. Die Aufbewahrung der Daten ist entsprechend sicherzustellen. Sie dürfen nicht für jedermann zugänglich sein.

Zusammenfassung

Z

*Die **Notwendigkeit einer gezielten Beobachtung** in Kindertageseinrichtungen ist unumstritten. Folgende Gründe können dafür genannt werden: Kennenlernen des Kindes mit seinen Interessen und Bedürfnissen, aktive Begleitung der Entwicklung, individuelle Wertschätzung des Kindes, Vorbeugen von Fehlentwicklungen und Abbau von Vorurteilen, Erhalten eines differenzierten Bildes von der Kleingruppe, Erkennen und Dokumentieren individueller Entwicklungsverläufe. Weiter sind die Begleitung von Übergängen, das Entdecken der Ressourcen der Kinder, die individuelle Planung von Bildungsgelegenheiten, die Analyse und Beurteilung pädagogischer Maßnahmen, der Austausch mit und das Informieren von Eltern und externen Institutionen sowie die Erweiterung der professionellen Kompetenz Anlässe für eine gezielte Beobachtung.*

***Typen von Beobachtung:** Um einen allgemeinen Einblick in das Gruppengeschehen zu gewinnen, eignet sich eine Zufallsbeobachtung; um genauere Informationen über ein Kind zu erhalten, bietet die Focusbeobachtung gute Möglichkeiten. Eine Beobachtung kann auch auf ein Ereignis zentriert sein, zur Erstellung eines Gruppenprofils kann ein sogenannter „Scan" vorgenommen werden.*

*Bei einer Beobachtung unterscheidet man zunächst **die unsystematische und die systematische Beobachtung**. Die unsystematische Beobachtung, auch „Alltags-" oder „Gelegenheitsbeobachtung" genannt, ist eher zufällig und richtet sich auf das allgemeine Geschehen, was häufig zu einem subjektiv gefärbten Eindruck führt. Eine systematische Beobachtung dagegen ist beabsichtigt, sorgfältig geplant und beschränkt sich auf Teilaspekte, die operational definiert sind. Bei der systematischen Beobachtung wird also genau festgelegt, was bzw. wer, wo, wann, warum, wie lange und unter welchen Bedingungen beobachtet wird.*

*Die **systematische Beobachtung** kann teilnehmend oder nicht teilnehmend, offen oder verdeckt und strukturiert oder unstrukturiert sein. Bei einer systematischen Beobachtung erhält man objektive, detaillierte Informationen, die weitgehend frei von Verzerrungen sind und dokumentiert werden.*

Fragen und Aufgaben zum Kapitel

?

1. Erläutern Sie den Begriff „Wahrnehmung" anhand eines konkreten Beispiels.

2. Beschreiben Sie anhand von Beispielen, wie unsere Wahrnehmung beeinflusst werden kann.

3. Ein Kind aus einfachen, bildungsfernen Verhältnissen wird oft für weniger intelligent gehalten als ein Kind aus einer Akademikerfamilie. Erklären Sie diese Tatsache aus wahrnehmungspsychologischer Sicht. Beleuchten Sie mögliche Auswirkungen dieser Gegebenheit auf den schulischen Werdegang und die Berufswahl bzw. die Berufschancen.

4. „Wer einmal lügt, dem glaubt man nicht, auch wenn er dann die Wahrheit spricht." Erläutern Sie dieses Sprichwort aus der Sicht der Wahrnehmungspsychologie.

5. Denken Sie an die Kinder Ihrer Praxiseinrichtung. Welche Kinder fallen durch problematisches Verhalten auf? Beschreiben Sie das Verhalten und Ihre Reaktion darauf. Haben Sie bei diesen Kindern auch angemessene und erwünschte Verhaltensweisen beobachtet? Wie haben Sie auf dieses Verhalten reagiert? Ziehen Sie pädagogische Konsequenzen aus Ihren Erfahrungen.

6. Es gibt viele Gründe, Beobachtungen in sozialpädagogischen Einrichtungen durchzuführen. Welche davon erscheinen Ihnen persönlich am wichtigsten? Begründen Sie Ihre Meinung.

7. Beschreiben Sie aussagekräftige Beobachtungssituationen im Kindergarten- bzw. Hortalltag.

8. Erläutern Sie den Unterschied zwischen defizit- und ressourcenorientierter Beobachtung.

9. Eine Kinderpflegerin behauptet: „Am Montag sind die Kinder in meiner Gruppe immer unkon-
    zentrierter und auch aggressiver als sonst." Welche Beobachtungsmethoden würden Sie
    anwenden, um diese Behauptung zu untersuchen? Begründen Sie die Wahl der Methoden.

10. Die Bedeutung der Beobachtung wird vom Fachpersonal hoch eingeschätzt, dennoch werden
    Beobachtungen selten durchgeführt. Häufig wird Zeitmangel als Grund dafür angegeben. Ent-
    kräften Sie dieses Argument.

11. Erläutern Sie, warum Beobachtungen regelmäßig und für alle Kinder durchgeführt werden
    sollten.

12. Formulieren Sie zu den Kategorien „Selbstständigkeit" und „Frustrationstoleranz" beobacht-
    bare Verhaltensweisen.

13. Die verdeckte Beobachtung wird heutzutage aus ethischen Gründen abgelehnt. Erläutern Sie
    anhand von Beispielen diese Ablehnung genauer.

Anregungen zum Kapitel

14. Für die folgende Übung benötigen Sie fünf bis sieben Personen. Nehmen Sie ein aussagekräf-
    tiges Titelbild einer Zeitschrift zur Hand. Dieses Bild zeigen Sie dem ersten Teilnehmer der
    Gruppe drei Minuten lang. Dann wird das Bild verdeckt weggelegt. Die restliche Gruppe wartet
    währenddessen in einem anderen Raum. Nun wird der zweite Teilnehmer geholt. Der erste
    Mitspieler berichtet ihm aus dem Kopf, was er gesehen und gelesen hat. Der zweite Teilnehmer
    berichtet dann dem dritten usw. Zwei Beobachter halten die Veränderungen fest. Nach der
    Übung kann das Titelbild allen gezeigt werden. Es wird besprochen, welche Veränderungen
    stattgefunden haben und welche Wahrnehmungsfehler dafür verantwortlich sind.

15. Sprechen Sie mit Ihrer Anleiterin in der Praxisstelle. Schlagen Sie ihr vor, sich mit einem stan-
    dardisierten Beobachtungsverfahren genauer zu befassen und dieses in der Einrichtung durch-
    zuführen. Werten Sie die Beobachtungen aus und ziehen Sie pädagogische Schlussfolgerungen.
    Besprechen Sie Ihre Erfahrungen und Schlussfolgerungen mit der Anleiterin.

16. Nehmen Sie eine Alltagssituation im Kindergarten oder Hort mit der Videokamera auf. Achten
    Sie dabei auf rechtliche Bestimmungen. Betrachten Sie die Aufnahme in einer Kleingruppe und
    notieren Sie sich, was Sie gesehen haben. Vergleichen Sie Ihre Beobachtungen und erklären Sie
    mögliche Unterschiede mithilfe wahrnehmungspsychologischer Erkenntnisse. Wiederholen Sie
    die Beobachtung, orientiert an vorher festgelegten Kategorien bzw. entsprechenden Verhal-
    tensweisen. Vergleichen und besprechen Sie erneut die Ergebnisse.

17. Suchen Sie Beispiele für vorschnelle Interpretationen aus Ihrer eigenen Praxis. Überlegen Sie,
    welche Konsequenzen solche Interpretationen haben, wenn Sie nicht korrigiert werden können.

Weiterführende Fragen und Anregungen

18. Suchen Sie in Zeitschriften nach Werbeanzeigen. Diskutieren Sie, inwieweit diese Anzeigen
    wahrnehmungspsychologische Erkenntnisse nutzen, um die Leserschaft zu interessieren und
    zu beeinflussen.

19. Beobachtungen werden ausgewertet und dokumentiert. Welche datenrechtlichen Bestim-
    mungen müssen dabei unbedingt beachtet werden? Erörtern Sie, warum diese Datenschutz-
    Bestimmungen sowohl aus rechtlicher als auch aus pädagogischer Sicht sinnvoll sind.

20. Besorgen Sie sich zwei unterschiedliche Beobachtungsbögen und analysieren Sie jeweils das
    zugrunde liegende Bild vom Kind.

5 Bedürfnisse wahrnehmen, erkennen und angemessen befriedigen

Einstiegssituation

Nun ist es beschlossene Sache: Der Kindergarten „Arche" wird im nächsten Jahr zur Kindertagesstätte. Es werden sowohl Kinder unter drei Jahren als auch Schulkinder in die Einrichtung aufgenommen.

Die Erweiterung hat verschiedene Gründe. Zum einen wird die Zahl der Kinder zwischen drei und sechs Jahren im Einzugsgebiet in den nächsten Jahren abnehmen, sodass man vermutlich eine Gruppe schließen müsste. Zum anderen gibt es eine Reihe von Anfragen junger Familien, die einen Krippenplatz suchen, weil die Elternzeit zu Ende geht und die Mütter oder Väter wieder in den Beruf zurückkehren möchten. Diese Familien sind zurzeit gezwungen, weite Anfahrten zu einer Krippe oder Tagesmutter in Kauf zu nehmen. Aber auch Eltern  *von Schulkindern fragen an, ob die „Arche" ehemalige Kindergartenkinder auch im Schulalter weiter betreuen könnte. Die Kinder kennen die Einrichtung und haben z. T. Geschwister im Kindergarten. Für Eltern wäre es günstig, die Kinder wohnortnah unterzubringen. Zudem kennen sie die Einrichtung und sind offensichtlich zufrieden mit der pädagogischen Arbeit des Fachpersonals.*

In Teamsitzungen hat man lange und ausführlich über die Vor- und Nachteile einer solchen Erweiterung diskutiert. Schließlich hat das Team sich dazu entschlossen, es zu wagen. Allen Teammitgliedern ist klar, dass die eigentliche Arbeit jetzt erst anfängt. Man muss sich nun genau überlegen, wie mit der breiteren Altersmischung in der Einrichtung umgegangen werden kann. Alle Altersgruppen sollen entsprechend ihren Bedürfnissen und Fähigkeiten pädagogisch begleitet werden und sich zudem als große Gemeinschaft erleben.

Das Team beschließt, mit einer Analyse der Bedürfnisse anzufangen.

Dabei spielen folgende Fragen eine Rolle:

1. Was versteht man unter „Bedürfnissen"?

2. Wie sollte die Erzieherin mit den Bedürfnissen der Kinder umgehen?

3. Was versteht man unter „Grundbedürfnissen"?

4. Wie soll mit den Bedürfnissen von Kindern in besonderen Lebenssituationen oder bei Veränderungen umgegangen werden?

5. Wie kann Kindern geholfen werden, ihre Bedürfnisse angemessen zu befriedigen?

6. Welche Gefahren können eintreten, wenn Bedürfnisse unzureichend oder übermäßig verwöhnend befriedigt werden?

5.1   Die Begriffe „Bedürfnis" und „Motiv"

Wer Hunger hat, versucht etwas zu essen; wer Durst hat, trinkt etwas; wenn uns kalt ist, ziehen wir uns eine Jacke an und wer einen Menschen lieb hat, möchte ihm nahe sein.
Menschen, die ein Bedürfnis haben, erleben einen Mangelzustand. Sie verspüren Hunger oder Durst, sie frieren oder sehnen sich nach einer bestimmten Person.

Definition
*Der Begriff **„Bedürfnis"** bezeichnet einen physischen oder psychischen Mangelzustand.*

Der Mangel oder das Bedürfnis veranlasst einen Menschen, einen Ausgleich zu suchen, die Bedürfnisse zu befriedigen. Er wird essen, trinken, sich eine Jacke anziehen oder versuchen, die geliebte Person zu sehen. Bedürfnisse treiben den Menschen an, aktiv zu werden, sie sind der Grund oder auch das Motiv für menschliches Verhalten.

Definition
***Motive** sind Beweggründe. Sie treiben den Menschen an, ein bestimmtes Ziel zu erreichen, bestimmte Bedürfnisse zu befriedigen. Motivation ist der Vorgang, bei dem Motive den Menschen antreiben.*

Die Begriffe „Bedürfnis" und „Motiv" ergänzen sich und beschreiben zwei Seiten derselben Medaille. Sie können und werden daher in der Literatur häufig synonym verwendet.

Bedürfnisse prägen unser Leben. Auch wenn wir nicht sofort einem Bedürfnis nachgeben wollen oder können, so leitet es uns zu einem bestimmten Handeln. Meist ist nicht nur ein Motiv für das Verhalten verantwortlich, sondern mehrere gleichzeitig. Bedürfnisse und Motive unterscheiden sich nach Art und Stärke.

5.2   Die Bedürfnispyramide von Abraham Maslow

Der Psychologe Abraham Maslow hat sich intensiv mit verschiedenen Arten von Motiven auseinandergesetzt. Er geht davon aus, dass sich die Bedürfnisse von Menschen in einer bestimmten Rangfolge (= Hierarchie) anordnen lassen. Diese Hierarchie lässt sich grafisch in Form einer Pyramide darstellen.

Grundlage bilden Bedürfnisse, die das Überleben sichern. Das sind die Bedürfnisse, die Gesundheit und körperliches Wohlergehen betreffen wie z. B. Hunger, Durst, Ruhebedürftigkeit, aber auch das Bedürfnis nach Sicherheit wie dem Fehlen von Angst und das Bedürfnis nach Zugehörigkeit und Kontakt. Nach oben hin werden die Bedürfnisse immer anspruchsvoller. Höhere Bedürfnisse wie z. B. das Bedürfnis nach Ästhetik oder Selbstverwirklichung entwickelt der Mensch erst im Laufe seines Lebens. Maslow geht davon aus, dass erst die Bedürfnisse der jeweils niedrigeren Ebene befriedigt sein müssen, bevor Bedürfnisse der nächsthöheren Ebene zum Tragen kommen. Der Mensch muss erst satt sein, bevor er durch Sicherheitsbedürfnisse motiviert wird. Er muss satt sein und sich sicher fühlen, damit er nach Zugehörigkeit streben kann usw. Erreicht ein Mensch die Spitze der Pyramide, kann er sich selbst verwirklichen und sein Potenzial voll entfalten. Hat ein Mensch sich selbst verwirklicht, ist er selbstbewusst, verfügt über ein positives Selbstkonzept, handelt sozial verantwortungsbewusst und kann Veränderungen als Herausforderung sehen und sie kreativ meistern.

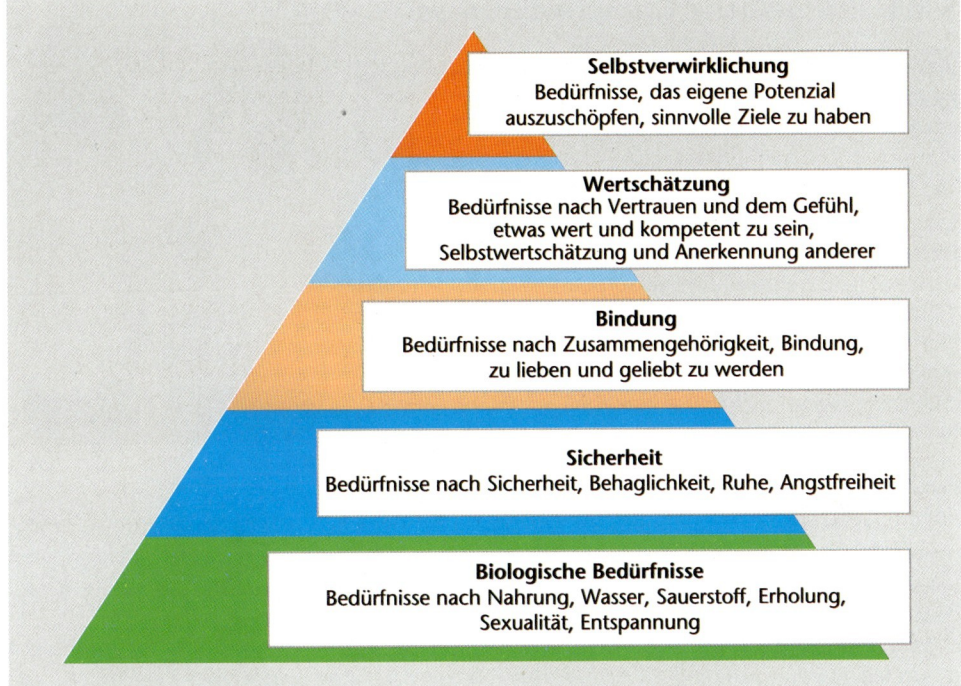

(vgl. Zimbardo/Gerrig, 2008, S. 421)

Die Annahme von Maslow ermöglicht es uns, die verschiedenen Bedürfnisse zu ordnen. Eine strenge Abfolge der Ebenen ist im Einzelfall sicherlich nicht immer gegeben. Man kann z. B. ein Hungergefühl ignorieren, um eine Arbeit fertigzustellen oder auch noch sinnvolle Ziele verfolgen, wenn man Angst hat. Dennoch gibt es Anhaltspunkte dafür, dass die Annahme hinsichtlich der Rangfolge korrekt ist, wenn man langfristige Auswirkungen von unzureichender Bedürfnisbefriedigung betrachtet. Haben Kinder in ihrer frühen Kindheit Unbeständigkeit und wenig emotionale Wärme in den Beziehungen zu Erwachsenen erfahren, zeigen sie später häufig ein übersteigertes Wertschätzungs- und Geltungsbedürfnis.

5.3 Grundbedürfnisse und elementare Bedürfnisse von Kindern und Jugendlichen

Orientiert man sich an der Bedürfnispyramide von Maslow, kann man niedrige, primitive oder grundlegende Bedürfnisse von höheren oder fortgeschrittenen unterscheiden. Die Begriffe „Grundbedürfnisse" oder „grundlegende Bedürfnisse" sind in der Psychologie nicht unumstritten. Auch höhere Bedürfnisse, die nicht das Überleben sichern, werden von einigen Psychologen durchaus als wichtig oder grundlegend betrachtet.

Wir orientieren uns in diesem Abschnitt an Maslow und gehen von Grundbedürfnissen bzw. elementaren Bedürfnissen im Gegensatz zu den höheren Bedürfnissen aus. Grundbedürfnisse lassen sich in drei große Bereiche einteilen: körperliche, sozialemotionale und kognitive Grundbedürfnisse. Die Bedürfnisse verändern sich im Laufe der Kindheit qualitativ, wie in den folgenden Abschnitten beschrieben wird.

5.3.1   Körperliche Grundbedürfnisse

Zu den körperlichen Bedürfnissen zählen Pflege, Ernährung, Schlaf und Ruhe, Kleidung und Bewegung.

Pflege
Säuglinge und Kinder sind auf Pflege durch Betreuungspersonen angewiesen. Sie müssen gewickelt, gewaschen, gebadet werden. Zur Pflege gehört auch die gesundheitliche Vorsorge, z. B. regelmäßige Vorsorgeuntersuchungen beim Kinderarzt oder die spezielle Versorgung und Pflege im Krankheitsfall. Ältere Kinder können sich selbst waschen, die Zähne putzen usw. Sie müssen aber zunächst entsprechend angeleitet und später eventuell zur Pflege angehalten bzw. daran gewöhnt werden.

Ernährung
Jedes Kind hat ein Recht auf gesunde Ernährung. Muttermilch enthält alle wichtigen Stoffe, die ein Säugling für seine Entwicklung braucht. Ist es nicht möglich, das Kind zu stillen, wird spezielle Säuglingsnahrung gegeben. Bei Getränken und Tee oder später Saft sollte darauf geachtet werden, dass kein Zucker enthalten ist.
Später, wenn Kinder feste Nahrung zu sich nehmen, ist auf eine ausgewogene Ernährung mit gesunden Nahrungsmitteln zu achten. Im Kindergartenalter wird Kindern vermittelt, was gesunde Ernährung ist, welche Lebensmittel wertvoll sind. Dies erscheint in der heutigen Zeit besonders wichtig, da viele Menschen in den westlichen Industrienationen zu viel, zu fett und zu süß essen. Gewichtsprobleme – bereits bei kleinen Kindern – sind die Folge. Das Thema „gesunde Ernährung" kann nur in Zusammenarbeit mit Eltern erfolgreich bearbeitet werden.

Schlaf- und Ruhebedürfnis
Säuglinge haben lange Schlafzeiten und kurze Wachphasen. Der Schlaf- und Ruhebedarf nimmt mit zunehmendem Alter der Kinder ab. Umgekehrt werden die Wachphasen entsprechend länger.
Für Kindergarten- und Schulkinder ist ausreichend Nachtruhe wichtig, damit sie am Morgen ausgeschlafen und erholt sind. Was in diesem Zusammenhang ausreichend ist, richtet sich nach dem Alter, variiert aber auch von Kind zu Kind. Viele Kindergärten haben den Mittagsschlaf zumindest für die Drei- und Vierjährigen als festen Bestandteil im Tagesablauf, weil die kleineren Kinder die Ruhezeit noch brauchen. Für ältere Kinder, spätestens ab der Schulzeit, kann darauf verzichtet werden. Neuere Studien zeigen allerdings, dass eine Ruhepause von 20 bis 30 Minuten am Mittag positive Auswirkungen auf die Gesundheit und das Leistungsvermögen von Kindern, Jugendlichen und Erwachsenen hat.

Bewegung
Kinder haben von Anfang an das Bedürfnis nach Bewegung. Säuglinge strampeln, greifen nach Gegenständen, Kleinkinder robben, krabbeln und ziehen sich an Möbeln hoch.

Kindergartenkinder bewegen sich bereits ziemlich geschmeidig. Sie wollen ihre Bewegungen ausprobieren und vervollkommnen sie. Schulkinder brauchen Bewegung schon als Ausgleich für das lange Sitzen in der Schule.

Kinder jeden Alters sollten entsprechende Möglichkeiten haben, sich zu bewegen und ihr Bedürfnis nach Bewegung auszuleben. Da zu Hause oft nicht mehr ausreichend Möglichkeiten zur Verfügung stehen, ist es Aufgabe von Kindertagesstätten, hier für einen Ausgleich zu sorgen.

5.3.2 Soziale und emotionale Bedürfnisse

Zu den sozial-emotionalen Bedürfnissen gehört das Bedürfnis nach sicherer Bindung, Sicherheit und Schutz, Verlässlichkeit und Zugehörigkeit ebenso wie Kontakt, Zuwendung und Verständnis. Einige dieser Bedürfnisse werden in anderen Kapiteln ausführlich dargestellt, so z. B. Bindung in Kapitel 10.5, Zugehörigkeit zu Gruppen in Kapitel 12.1 und Kontakt zu Gleichaltrigen in Kapitel 10.5. Deshalb bleiben diese Aspekte in diesem Abschnitt unberücksichtigt oder werden nur kurz angesprochen.

Sicherheit, Schutz und Orientierung

Sicherheit und Schutz benötigen Kinder in zweifacher Hinsicht. Zum einen müssen sie vor körperlichen Verletzungen geschützt werden. Kinder erforschen ihre Umwelt aktiv. Dabei lauern eine Menge Gefahren, die sie noch nicht überblicken können. Eltern, Fachpersonal und andere Erwachsene, die ein Kind betreuen, müssen beispielsweise darauf achten, dass die Kinder bei ihren Aktivitäten nicht zu hoch klettern, sich nicht verbrennen, nicht aus Versehen Putzmittel oder Arzneien einnehmen oder wie das Mädchen auf dem Foto gefährliche Aktionen unternehmen.

Je älter Kinder werden, desto besser gelingt es ihnen, Gefahren zu erkennen, einzuschätzen und sie zu vermeiden.

Kinder müssen aber auch vor seelischen Gefahren bewahrt werden. Sie brauchen Geborgenheit und Nähe, die sie in einer stabilen und achtungsvollen Beziehung zunächst zu Eltern und später zu Fachpersonal und anderen erwachsenen Personen finden. Nähe und Geborgenheit wird kleinen Kindern z. B. durch Körperkontakt vermittelt. Erwachsene Bezugspersonen nehmen Kinder auf den Arm, an die Hand oder setzen sie auf ihren Schoß. Ältere Kinder suchen eher das Gespräch und eventuell die Nähe einer Person, aber nicht mehr bei allen Problemen den Körperkontakt.

Auch kindliche Ängste, Sorgen und Nöte müssen ernst genommen werden und sollten keinesfalls bagatellisiert werden. Kinder dürfen mit ihren Ängsten nicht allein bleiben. Sie sollten das Gefühl haben, sich jederzeit an eine vertraute erwachsene Person wenden zu können und bei ihr auch den Schutz und Zuspruch zu erhalten, den sie brauchen. Sind Kinder über die Maßen ängstlich, ist es möglicherweise angezeigt, besondere Maßnahmen zu ergreifen (vgl. Kap. 14.2).

Freie Entfaltung innerhalb von Grenzen und Strukturen

„Kinder brauchen Grenzen" lautet der Titel eines Buches von Jan Uwe Rogge. Darin plädiert der Autor für freie Entfaltung innerhalb von Grenzen und Strukturen. Kinder haben das Bedürfnis nach Unabhängigkeit und Selbstbestimmung. Gleichzeitig benötigen Kinder Orientierung, die sie durch klare Strukturen und Grenzen erhalten. Erst durch Orientierung ist es ihnen möglich, sich bestimmten Aufgaben zuzuwenden und sich zu entwickeln und zu entfalten. Bezugspersonen ermöglichen dem Kind Bereiche eigener Entscheidungsmöglichkeiten, die entsprechend dem Alter erweitert werden. Letztlich erleben Kinder so auch Sicherheit und Schutz.

Verlässlichkeit und Zugehörigkeit

Das Gefühl von Zugehörigkeit und Verlässlichkeit bezieht sich zunächst auf die Familie. In einer stabilen und achtungsvollen Beziehung zu den Eltern erfahren Kinder die Befriedigung dieser Bedürfnisse. Später brauchen Kinder auch das Gefühl von Zugehörigkeit zu Gruppen und verlässliche Beziehungen außerhalb der Familie, z. B. im Kindergarten, in Schule und Hort oder einem Freundeskreis.

5.3.3   Kognitive Bedürfnisse

Zu den kognitiven Bedürfnissen werden Anregung, Leistung, Spiel und Selbstbestimmung gerechnet.

Für eine gesunde Entwicklung brauchen Kinder Anregungen. Die Hospitalismusforschung hat auf eindrucksvolle Weise belegt, welche Defizite entstehen, wenn Kindern Anregungen fehlen. Anregungen beziehen sich auf verschiedene Entwicklungsbereiche und müssen dem Alter bzw. Entwicklungsstand der Kinder entsprechen. Eine Fülle derartiger Möglichkeiten ist in Kapitel 10 beschrieben. Der Aspekt „Leistungsmotivation" ist im Kapitel 10.7 genauer ausgeführt. In diesem Abschnitt wird deshalb lediglich auf das Spiel und die Selbstbestimmung genauer eingegangen.

Spiel

Wenn wir an dieser Stelle vom Spiel sprechen, dann ist damit das freie Spiel des Kindes gemeint: Eine Handlung, die lustbetont und selbstbestimmt ist, keinen bestimmten Zweck hat und die ohne konkrete Folgen für die Realität bleibt.

Spiel ist ein wesentlicher Baustein für die Entwicklung des Kindes. Im Spiel setzt sich das Kind mit seiner Umwelt auseinander, erprobt seine Fähigkeiten und testet seine Grenzen aus. Das

Spiel ermöglicht es dem Kind, seine Erfahrungen zu verarbeiten, es lernt zu improvisieren, zu kooperieren und Konflikte zu lösen. Aufgabe der pädagogischen Fachkraft ist es, das freie, selbstbestimmte Spiel zu ermöglichen, sensibel zu begleiten und zu unterstützen. Dies geschieht, indem beispielsweise genügend Zeit zum Spielen eingeplant wird, Räume entsprechend den Bedürfnissen der Kinder gestaltet sind und anregendes Spielmaterial zur

Verfügung steht. Spielaktivitäten von Kindern steigen deutlich, wenn die pädagogische Fachkraft aktiv an den Spielhandlungen beteiligt ist. Sie kann dabei aktive Beobachterin sein, die den Kindern beim Spielen zuschaut und/oder nonverbal z. B. durch Nicken ihre Zustimmung und Wertschätzung zum Ausdruck bringt. Auch eine aktivere Rolle als Mitspielerin ist denkbar. Die Pädagogin lässt sich dabei von den Spielideen der Kinder leiten. Entwickeln Kinder von sich aus keine Spielideen oder verlieren das Interesse am Spiel, kann die Fachkraft kurzfristig die Spielleitung übernehmen. Sie initiiert das Spiel oder gibt ihm neuen Schwung und zieht sich dann wieder in die Rolle der Mitspielerin oder Beobachterin zurück.

Während Kinder durch das Spiel lernen und sich ein Bild von der Welt machen, sind für Jugendliche andere Aspekte des Spiels von Bedeutung. Sie suchen im Spiel Entspannung oder machen es zu ihrem Hobby. Damit erhält das Spiel den Charakter des Ausgleichs zu den Anforderungen des Alltags.

Selbstbestimmung

Kinder wollen selbstbestimmt handeln. Sie wollen bestimmen, was sie tun und wie sie etwas tun. Das Erleben von Selbstwirksamkeit ist bedeutsam für den Aufbau von Selbstvertrauen und Zuversicht. Es ist aber nicht immer möglich, Kinder selbst bestimmen zu lassen, sie müssen auch Anforderungen erfüllen, die von außen an sie herangetragen werden. Sowohl selbstbestimmtes als auch fremdgesteuertes Handeln tragen dazu bei, dass Kinder sich kompetent fühlen.

5.4   Angemessene Befriedigung von Bedürfnissen

Kinder können über einen langen Zeitraum ihre Bedürfnisse nicht oder nicht ausreichend selbst befriedigen. Sie sind darauf angewiesen, dass Erwachsene ihre Bedürfnisse wahrnehmen, erkennen und angemessen darauf eingehen. Dabei ist es wichtig, das richtige Maß zu finden. Einerseits sollten Bedürfnisse angemessen und ausreichend befriedigt werden, andererseits müssen Kinder auch lernen, Bedürfnisse aufzuschieben oder manchmal auf Befriedigung zu verzichten. Das richtige Maß zu finden ist nicht immer leicht, da Bedürfnisse nicht nur altersabhängig sind, sondern auch individuell verschieden stark erlebt werden.

5.4.1   Bedürfnisse wahrnehmen und erkennen

Neben den allgemeinen entwicklungspsychologischen Erkenntnissen über Bedürfnisse ist die Beobachtung von Kindern bedeutsam, um ihre Bedürfnisse zu ermitteln (vgl. Kap. 4). Es können eigene Beobachtungsbögen entwickelt werden oder man greift auf standardisierte Verfahren zurück. Geeignet für die systematische Beobachtung ist die Leuvener Engagiertheitsskala. Mit diesem Verfahren werden die Interessen und Lernprozesse von Kindern erfasst. Grundannahme dabei ist, dass jedes Kind bei seinen Aktivitäten ein mehr oder minder großes Ausmaß an Engagiertheit (innerer Beteiligung) zeigt. Sind Bedürfnisse und Interessen von Kindern in ausreichendem Maß bei Raumgestaltung und pädagogischen Angeboten berücksichtigt, dann zeigen sie anhaltende und intensive Aktivität. Ist dies nicht oder nicht in ausreichendem Maß der Fall, sinkt die Aktivität immer weiter ab. Sind Bedürfnisse erkannt, kann das Fachpersonal nach Möglichkeiten der angemessenen Befriedigung suchen.

5.4.2   Möglichkeiten, Bedürfnisse angemessen zu befriedigen

Mit verschiedenen erzieherischen Maßnahmen und Strukturelementen in den Einrichtungen wird versucht, den Bedürfnissen der Kinder angemessen gerecht zu werden. Einen Überblick gibt die folgende Tabelle Die einzelnen Aspekte sind auf das Alter und den Entwicklungsstand der Kinder abzustimmen. Weitere Hinweise dazu finden sich im Kapitel 10.

Bedürfnisse	Möglichkeiten der angemessenen Bedürfnisbefriedigung/Beispiele
Zugehörigkeit	Beziehung gestalten, Wir-Gefühl der Gruppe stärken, Gruppenzusammensetzung
Sicherheit/Schutz/Orientierung	pädagogische Beziehung, Grenzen setzen, Anleitung, Verstärkung, Tagesstruktur, Rituale
Bewegung	Bewegungsräume schaffen, Angebote im Bereich „Bewegungserziehung" und „Feinmotorik", Gestaltung des Außengeländes, Waldtage, Ausflüge
Schlaf/Ruhe	Rückzugsmöglichkeiten wie z. B. Kuschelecke, Schlafräume, flexible Öffnungszeiten
Anregungen	Kontakt mit anderen Kindern, Raumgestaltung, Partizipation (z. B. Kinderkonferenz), Angebote in verschiedenen Bereichen (z. B. Motorik, Sprache)
Spiel	Materialien, Kontakt zu anderen Kindern, Raumgestaltung (Ecken), spielzeugfreie Zeit

Neben der angemessenen Bedürfnisbefriedigung ist es wichtig, dass Kinder lernen, ihre Bedürfnisse aufzuschieben und Enttäuschungen zu ertragen. Diese Fähigkeit bezeichnet man als **Frustrationstoleranz**. Sie ist notwendig, um Niederlagen verkraften und nach Fehlschlägen wieder neu anfangen zu können. Erfahrungsgemäß greifen Kinder und Jugendliche, die über wenig Frustrationstoleranz verfügen, auf andere unangemessene Bewältigungsstrategien zurück wie z. B. Aggression oder Sucht.

Die Grundlagen für den Erwerb von Frustrationstoleranz werden bereits in den ersten Lebensmonaten gelegt. Durch den täglichen Umgang entsteht eine Bindung zwischen Mutter und Kind. Geht die Mutter sensibel auf die Bedürfnisse des Kindes ein, gelingt der Aufbau einer sicheren Bindung. Beim Kind entsteht Vertrauen in sich und die Welt. Auf der Basis dieses Vertrauens lernt das Kind, sich an einen Lebensrhythmus zu gewöhnen und auf die Befriedigung seiner Bedürfnisse zu warten.

Mit zunehmendem Alter ist es notwendig, dass das Kleinkind einen zeitlichen Aufschub der Befriedigung seiner Bedürfnisse erlebt und ertragen kann. Auf diese Weise kann Frustrationstoleranz eingeübt werden. Dabei sollen Bedürfnisse und Gefühle nicht negiert oder verdrängt werden. Der Bedürfnisaufschub, aber auch manchmal der Verzicht sollen in kindgerechter Weise erklärt werden, um so die Entwicklung des Kindes zu fördern. Kinder, deren Alltag kindgerecht gestaltet ist und deren elementare Bedürfnisse befriedigt sind, können diese Aufgabe besser meistern als Kinder, die ohnehin unter Mangel leiden.

5.5 Gefahren unzureichender, nicht angemessener und übermäßiger Bedürfnisbefriedigung

Werden die Bedürfnisse eines Kindes nur unzureichend oder übermäßig befriedigt, hat das negative Auswirkungen auf die Gesamtentwicklung des Kindes.

5.5.1 Unzureichende Bedürfnisbefriedigung

Werden elementare physische und/oder psychische Bedürfnisse der Kinder nicht beachtet, werden ihre Verhaltensweisen und Empfindungen durch die Mangelsituation zunehmend geprägt. Besonders hoch ist die Gefahr, dass elementare Bedürfnisse in folgenden Lebenssituationen vernachlässigt werden: soziale Not, Schulden und Perspektivlosigkeit in der Familie, dauerhafte ungelöste Konflikte, Gewalt- und Missbrauchserfahrungen, psychische Erkrankungen der Eltern, z. B. Suchterkrankungen, Kriminalität eines Elternteils, kriminelle Freunde.

> *„Die elementaren Bedürfnisse unserer Kinder werden weder bei uns noch in anderen Ländern wirklich befriedigt."*
> (Brazelton/Greenspan, 2008, S. 9)

Ein dauerhafter Mangel an der Befriedigung der körperlichen und seelischen Grundbedürfnisse hat schwerwiegende Auswirkungen auf die Entwicklung eines Menschen.

Mangelnde Befriedigung körperlicher Grundbedürfnisse

Mangelhafte Ernährung in der frühen Kindheit beeinflusst die körperliche Entwicklung, insbesondere das Wachstum und Ausreifen der Gehirnzellen. Entwicklungsverzögerungen, Lernstörungen und geistige Behinderungen können die Folge sein. Auch in Deutschland sind Kinder teilweise mangelhaft ernährt. Weil ihre Familien an oder unterhalb der Armutsgrenze leben, können sie sich eine ausgewogene, gesunde Ernährung nicht leisten.

Oft sind auch mangelnde Kenntnisse über gesunde Ernährung der Grund für Probleme in diesem Bereich. Kinder dieser Familien kommen in die Einrichtung, ohne gefrühstückt zu haben und haben auch kein Pausenbrot dabei. In einigen Fällen neigen Kinder aus armen Familien aber auch zu Übergewicht. Auch dafür können fehlende finanzielle Mittel verantwortlich sein. Das Geld reicht nicht aus für gesunde Lebensmittel, gekauft wird, was satt macht und preisgünstig ist – und das sind häufig fette, süße und sehr kalorienhaltige Lebensmittel. Hinzu kommt oftmals der Mangel an Bewegung aufgrund beengter Wohnverhältnisse. Sozialpädagogische Einrichtungen haben die Aufgabe, hier einen Ausgleich zu schaffen, z. B. durch ausreichende Bewegungsmöglichkeiten und die Aufklärung der Eltern und Kinder über gesunde Ernährung bzw. das Angebot von gesunden Lebensmitteln im Kindergarten.

Von Kinderärzten wird in den letzten Jahren verstärkt geklagt, dass die kostenlosen Vorsorgeuntersuchungen für Kleinkinder von etlichen Eltern nicht mehr wahrgenommen werden. Damit wird eine Früherkennung von Problemen unmöglich – ebenso wie die frühe und besonders effektive Intervention bei Schwierigkeiten. Wegen zahlreicher Misshandlungsfälle bzw. Fällen von schwerwiegender Vernachlässigung mit Folgen für Gesundheit und Leben haben einige Bundesländer die Vorsorgeuntersuchungen (U1–U8) verpflichtend gemacht.

Unangemessene Bedürfnisbefriedigung

Oft werden Bedürfnisse unangemessen befriedigt. In diesen Fällen werden die Bedürfnisäußerungen des Kindes zwar gesehen, aber mit nicht angemessenen Reizen beantwortet. Macht ein Kleinstkind beispielsweise die Erfahrung, dass auf seine Bedürfnisäußerungen, egal welcher Art, überwiegend mit der Gabe von Fläschchen und Schnuller geantwortet wird, dann lernt es nicht, seine eigenen Bedürfnisse richtig wahrzunehmen. Das Kind wird versuchen, sich vorwiegend durch Saugen und Nuckeln Lust zu verschaffen.

Alleinerziehende und auch berufstätige Eltern kommen oftmals nicht mehr zum Kochen. Das gemeinsame Mittagessen als sozialer Treffpunkt und Austausch findet nicht mehr statt. Als Folge bleiben Kinder sich selbst überlassen, sie essen in anonymen Fast-Food-Restaurants. Viele Kinder verbinden Essen nicht mehr mit Gemeinschaft, Ruhe und Genuss.

Mangel an Befriedigung elementarer psychischer Bedürfnisse

Neben dem Mangel an materiellen Dingen fehlt es armen Kindern in Deutschland häufig an Zuwendung, Erziehung und Bildung. Unter einem Mangel an psychischen Grundbedürfnissen leiden zunehmend auch Kinder aus gut situierten Familien. In diesem Falle spricht man von „Luxusverwahrlosung". Erlebt das Kind einen fortdauernden Mangel an der Befriedigung seiner psychischen Grundbedürfnisse, entwickelt sich eine **Deprivation**, d. h. eine massive Störung seiner psychischen und körperlichen Entwicklung, die langfristige negative Auswirkungen hat.

nicht erfülltes Bedürfnis	Auswirkungen und Gefahren
Zuwendung, Wertschätzung und Kommunikation	Angst, Misstrauen, Bindungsunfähigkeit, in schweren Fällen Ablehnung von Sozialkontakten, körperliche Krankheiten, Einsamkeit, Rückzug in eine eigene innere Welt, mangelndes Sozialverhalten
emotionale Anregung	mangelnde gefühlsmäßige Bindung zur Bezugsperson, emotionale Apathie (= Teilnahmslosigkeit), Unfähigkeit, der Bezugsperson zuliebe etwas zu tun
Bewegung	mangelnde Wahrnehmungserfahrungen, Beeinträchtigung der kognitiven Entwicklung, mangelnde Sozialkontakte, Übergewicht
Spiel	Beeinträchtigung der kognitiven und emotionalen Entwicklung, mangelnde Entwicklung von Leistungsmotivation, mangelnde Sozialkontakte
freie Entfaltung innerhalb von Grenzen und Strukturen	Angst vor Autoritäten, überkorrektes angepasstes Verhalten, Unfähigkeit, sich ein eigenes Urteil zu bilden als Folge eines strengen, weder Vergebung noch Neuanfang kennenden Umfeldes; mangelndes Regelverhalten, Haltlosigkeit, Verwahrlosung als Folge fehlender Vorbilder und mangelnder klarer Strukturen und sinnvoller Regeln
Verlässlichkeit und Zugehörigkeit	mangelnde verantwortungsvolle und verpflichtende Zuordnung zu einer Gemeinschaft, mangelnder Gemeinschaftssinn

5.5.2 Verwöhnung

Mit Verwöhnung werden Verhaltensweisen bezeichnet, die die Entwicklung von Eigenständigkeit und Selbstverantwortung von Kindern be- bzw. verhindern. Der verwöhnte Mensch bekommt nicht das Wesentliche für seine Entwicklung.

> *„So kommen verwöhnte Kinder und Erwachsene – so paradox das auf den ersten Blick erscheint – zu kurz, da ihnen durch eine verwöhnende Erziehung und einen via Sozialisation erworbenen verwöhnenden Lebenstil außerordentlich wichtige Kompetenzen für eine befriedigende Lebensbewältigung und für Lebensfreude fehlen."*
> (Frick, 2011, S. 18)

Verwöhnung beinhaltet folgende Merkmale:

Eltern und Erziehungspersonen ...
- trauen dem Kind und Jugendlichen zu wenig zu,
- nehmen dem Kind Aufgaben, die es ausführen soll, zu schnell ab,
- überhäufen das Kind mit Geschenken, Zuwendung und Versprechen,
- bewundern das Kind unangemessen,
- räumen dem Kind Schwierigkeiten des Alltags aus dem Weg,
- wollen dem Kind Frustrationserlebnisse ersparen
- und erwarten vom Kind keine Anstrengungen.

(Frick, 2011, S. 33 f.)

Folgen der Verwöhnung

Praktizieren Eltern oder andere Bezugspersonen einen Erziehungsstil, der von Verwöhnung geprägt ist, werden Kindern wichtige Anforderungen des Lebens vorenthalten: Sie brauchen sich nicht selbstständig um einen Spielkameraden zu bemühen, nicht aufzuräumen oder sich selbstständig die Schuhe zu binden. Sie basteln den Großeltern kein Weihnachtsgeschenk oder malen ihnen kein Bild – auch diese Anstrengung nehmen ihnen die Eltern ab.

Kinder, die verwöhnt werden, entwickeln keine Anstrengungsbereitschaft, dafür aber Ängste und Misstrauen, wenig Selbstständigkeit und sie haben ein verzerrtes Selbstbild. Das fehlende Selbstvertrauen wird durch immer stärkere Forderungen kompensiert. Verwöhnte Kinder sind nicht fähig, Verantwortung für sich und andere zu übernehmen. Sie schaffen es, oft auf Kosten anderer und ohne eigene Anstrengung, zu einem angenehmen Zustand zu gelangen und gewinnen so einen Machtanspruch gegenüber anderen. Verwöhnte Kinder sind in besonderem Maße suchtgefährdet.

Nach Jürg Frick kann eine ausgeprägte verwöhnende Erziehung zu einer seelischen Schädigung und zu emotionalen Entwicklungshemmungen führen und damit als eine Form psychischer Misshandlung angesehen werden (vgl. Frick, 2011, S. 146).

Gründe der Verwöhnung

Verwöhnung als Erziehungsstil ist eine früh gelernte, selbstverständlich gewordene Gewohnheit.

Eltern, Erzieher und Lehrer verwöhnen Kinder aus folgenden Gründen:
- um die Sympathie des Kindes zu erhalten und zu fördern,
- um Konflikte zu vermeiden, die sich aus den anstehenden Forderungen ergeben würden,
- um sich zu ersparen, mit dem Kind eine Fähigkeit neu einzuüben,
- um selbst Ruhe zu haben,
- um Großzügigkeit zu zeigen und dafür Dankbarkeit zu erhalten,
- aus Angst vor Liebesverlust und Aggression,
- aufgrund einer eigenen harten und lieblosen Erziehung,
- aufgrund eigener Schuldgefühle, z. B. weil sie zu wenig Zeit für die eigenen Kinder haben,
- aufgrund schwieriger äußerer Bedingungen, z. B. der Behinderung oder Krankheit des Kindes.

(vgl. Wunsch, 2005, o. S.)

Die Aufzählung der Gründe für verwöhnendes Verhalten zeigt, dass Verwöhnen nicht in erster Linie dem Wohl des Kindes, sondern eher dem eigenen Vorteil des Erwachsenen dient.

Umgang mit verwöhnten Kindern und Jugendlichen

Verwöhnte Kinder können nur schrittweise Frustrationstoleranz und Selbstständigkeit lernen. Eltern und Erzieher, die diesen Lernprozess begleiten, müssen klar und konsequent in ihrem Verhalten sein und Frustration und Ärger der Kinder standhalten. Ziel ist es, die Meinung des verwöhnten Menschen, er habe ein Anrecht darauf, dass ihm die Umwelt seine Bedürfnisse erfülle, zu korrigieren und Fähigkeiten für das alltägliche Leben Schritt für Schritt zu erlernen. Dabei soll zunächst eine Fähigkeit ausgewählt werden, die konsequent eingeübt wird, z. B. Schuhe binden, Spielzeug aufräumen oder die Kleidung am Morgen selbstständig auswählen und anziehen. Die neue Aufgabe der Eltern besteht darin, dem Kind die notwendige Anleitung dafür zu geben, dass es die Aufgabe selbstständig ausführen kann und unnötige Hilfe zu verweigern (vgl. Frick, 2011, S. 175).

Verhaltensweisen, die Verwöhnung fördern	Verhaltensweisen, die zur Selbstständigkeit des Kindes beitragen
dem Kind wenig zutrauen	das Kind ermutigen, eine Aufgabe zu lösen
am Erfolg des Kindes zweifeln	dem Kind Mut machen, die Aufgabe trotz Schwierigkeiten anzugehen
dem Kind die Aufgabe abnehmen und sie selbst erledigen	dem Kind helfen, Einzelschritte selbstständig auszuführen
sich vom Kind unter Druck setzen lassen	die Frustration des Kindes aushalten
sich bei Streitigkeiten zwischen den Kindern einmischen	Kinder anleiten, ihre Konflikte selbst zu lösen
sich vom Gesichtsausdruck oder vom Weinen des Kindes beeindrucken lassen	die Gefühle des Kindes verbalisieren („das ist jetzt sehr anstrengend für dich") und das Ziel nicht aus dem Auge verlieren
häufige Geschenke ohne besonderen Grund	Geschenke machen nur bei einem außerordentlichen Grund, zum Geburtstag oder zu Weihnachten
Freistellen von jeglichen Aufgaben bei leichtem Unwohlsein	dem Kind dabei ein Vorbild sein, auch bei leichtem Unwohlsein seine Aufgaben zu erfüllen
dem Kind sofort jeden Wunsch erfüllen (essen, trinken, bestimmte Freizeitaktivitäten)	das Kind lehren, auf etwas Schönes auch länger warten zu können

5.6   Bedürfnisse von Kindern in besonderen Lebenssituationen

Veränderte Lebenssituationen bedeuten den Verlust von gewohnten und vertrauten Beziehungen und Möglichkeiten. Veränderungen können Spannungen und Ängste erzeugen. Solche Situationen sind beispielsweise die Geburt eines Geschwisterkindes, Trennung oder Scheidung der Eltern, Umzug in eine andere Stadt, Arbeitslosigkeit der Eltern, Krankheit oder Tod einer nahestehenden Person.

Kinder in besonderen Lebenssituationen haben besondere Bedürfnisse. Es ist Aufgabe von Eltern, Erzieherinnen und Kinderpflegerinnen, diese Bedürfnisse zu erkennen und ihnen gerecht zu werden.

5.6.1 Bedürfnisse von Kindern nach der Geburt eines Geschwisterkindes

Nach der Geburt eines Geschwisterkindes ist das Erstgeborene nicht mehr das einzige Kind, sondern erlebt, wie sich Eltern, Großeltern und Bekannte dem Neugeborenen zuwenden. Man spricht in diesem Zusammenhang von einem **Entthronungserlebnis**. Es kommt zu Eifersucht und Neid. Das Kind hat das Bedürfnis, die Liebe und Zuwendung zu erfahren, die dem kleinen Geschwisterchen zuteil wird. Das ältere Geschwisterkind erlebt, dass Babys Zuwendung erhalten, daher zeigt es ein babyhaftes Verhalten, nässt ein, möchte wieder aus der Flasche oder an der Brust trinken, sucht vermehrt Nähe und Körperkontakt (vgl. Kapitel 3.1.2).

Eltern können ihrem Kind durch eine Reihe von Maßnahmen helfen, z. B. indem sie

- dem Kind schon während der Schwangerschaft von den Zeiten erzählen, als es in Mamas Bauch gewachsen ist, Babyfotos des Kindes anschauen,

- das Kind an Entwicklung und Wachstum des Babys im Mutterleib teilhaben lassen, es darf Mamas Bauch streicheln, sie zum Ultraschall begleiten,

- gemeinsame Aktivitäten mit der väterlichen Bezugsperson ermöglichen, die ja eventuell ebenfalls unter dem Mangel an Zuwendung leidet,

- die Vorzüge betonen, ein Großer zu sein; das ältere Geschwisterkind für Selbstständigkeit beim Essen, Spielen und Helfen im Haushalt loben,

- nach der Geburt des Geschwisterkindes dem älteren Geschwisterkind besondere Aufmerksamkeit zuteil werden lassen; dem Älteren immer wieder besondere Zeiten zum Vorlesen oder Kuscheln einräumen.

Auch in der Einrichtung muss die veränderte Situation berücksichtigt, das verstärkte Bedürfnis nach Zuwendung und Aufmerksamkeit sollte befriedigt werden.

5.6.2 Bedürfnisse von Scheidung betroffener Kinder

Mit einer Trennung oder Scheidung verändert sich die Lebenssituation des Kindes grundlegend, Mutter und Vater leben getrennt, vielleicht mit neuen Partnern. Das Kind erlebt sich nicht selten zwischen Eltern, die es beide lieb haben möchte. Es hat Angst, die Liebe der Eltern zu verlieren. Manche Kinder entwickeln auch Schuldgefühle. Sie fühlen sich verantwortlich für die Trennung, meinen z. B., die Eltern hätten sich getrennt, weil sie böse waren.

> „Natürlich wollen sie (die Kinder) keine Scheidung. Wenn ihnen die Eltern sagen: ‚Wir trennen uns!', löst das die größte Angst aus, die Kinder haben können. Die Angst nämlich, verlassen zu werden. Alle wortreichen Erklärungsversuche können Kinder nicht beruhigen. Das einzige, was zählt, ist die Erfahrung, dass sie nach der Scheidung nicht verlassen sind."
> (Largo, 2009, S. 1)

Die Beziehungen mit den Gefühlen zwischen Vater und Kindern und Mutter und Kindern müssen sich durch eine Scheidung der Eltern nicht ändern. Kinder können allerdings nur dann über eine Trennung der Eltern hinwegkommen, wenn es den Eltern gelingt, ihren Kindern diese Sicherheit zu vermitteln. Glaubwürdige Gefühlsäußerungen sind dabei wichtiger als Worte und große Geschenke. Viele geschiedene Eltern übertragen das eigene Bewusstsein des Scheiterns und ihre Zukunftsangst auf ihre Kinder, die dadurch gezwungen werden, das Leid und die Verletzung der Eltern mitzutragen und damit grenzenlos überfordert werden. Viele geschiedene Eltern verteufeln den ehemaligen Partner oder die ehemalige Partnerin und bringen damit ihr Kind in Loyalitätskonflikte, die es selbst nicht lösen kann. Gelingt es den Eltern, während und nach der Trennung den Kindern in gleichem Ausmaß Geborgenheit und Liebe zu vermitteln wie vorher und den ehemaligen Partner nicht vor ihnen abzuwerten, können Kinder den schweren Weg der Trennung mitgehen (vgl. Kapitel 5.6.2 und 16.8.2).

5.6.3 Bedürfnisse kranker Kinder

Kranke Kinder erleben sich als hilfsbedürftig und schwach. Sie können nicht selbstständig und unabhängig ihren Tagesablauf gestalten, sondern sind auf besondere Fürsorge angewiesen. Gerade bei berufstätigen Eltern ist die Erkrankung eines Kindes eine besondere Belastung. Die Eltern müssen entscheiden, ob sie das Kind noch in den Kindergarten schicken können oder welches Elternteil mit dem Kind zusammen zu Hause bleibt. Eine Krankheit des Kindes kann aber für Eltern und Kinder auch eine Chance bedeuten, zur Ruhe zu kommen und gemeinsam Zeit zu verbringen.

Krankheit ist ein einschneidendes Erlebnis, je kleiner das Kind ist. Für das Kind ist es nicht verständlich, warum es sich anders fühlt, Schmerzen hat, schwach ist. Daher ist es notwendig, das Kind nicht aus der Familie auszuschließen, sondern ihm sein Bett dort zu machen, wo sich die Familie und die Bezugsperson hauptsächlich aufhält. Geht es dem Kind besonders schlecht, sollte es auch nachts seine Bezugsperson an seiner Seite haben.

5.6.4 Bedürfnisse trauernder Kinder

Trauernde Kinder erleben den Tod als seelischen Einbruch neben ihren trauernden Eltern, die wenig Energie haben, sich ihren Kindern zuzuwenden.

Kinder und Jugendliche reagieren unterschiedlich auf den Verlust eines lieben Menschen:

- Für Kinder unter fünf Jahren ist der Tod noch keine endgültige Trennung. Sie reagieren ängstlich auf den Tod, weil sie damit eine Trennung von einem Menschen verbinden. Für Dreijährige ist der Tod häufig gleichbedeutend mit Schlaf. Kinder unter fünf Jahren verfügen über keinen präzisen Zeitbegriff, sie können sich unter „immer" oder „endgültig" noch nichts vorstellen. Andererseits können sie Trauer über ein verstorbenes Tier und über die Trennung und den Verlust einer nahen Person empfinden, dadurch wird die Angst vor Verlust verstärkt.

- Kinder von fünf bis sieben Jahren haben bereits eine Vorstellung vom Tod. Vorschulkinder stellen sich den Tod häufig personifiziert vor, z. B. als Gerippe oder Sensenmann. Kinder in diesem Alter lernen durch die konkrete Vorbildwirkung von Bezugspersonen den Umgang mit Sterben und Tod.

- Grundschulkinder ab acht Jahren hinterfragen, warum ein Mensch sterben musste und sehen nicht selten den Tod als Strafe oder Konsequenz für etwas Schlechtes, das der Tote oder die Angehörigen, darunter das Kind selbst, getan hat. Für diese Kinder ist der Tod als Veränderung erlebbar, sie stellen zunehmend die Frage nach Veränderungen, die nach dem Tod anstehen, z. B. nach vereitelten Zukunftsentwürfen.

- Jugendliche ab ca. zwölf Jahren können die Endgültigkeit des Todes und seine weitreichende emotionale Bedeutung erfassen. Jugendlichen sind alle wesentlichen Denkmuster, die die Erwachsenen in Bezug auf den Tod haben, vertraut.

Bedürfnisse trauernder Kinder

Die Bedürfnisse von trauernden Kindern können sehr unterschiedlich sein:

- Der Tod kann das Kind so tief treffen, dass es unfähig ist, Gefühle und Trauer zu empfinden.

- Das Kind kann das Bedürfnis haben, seinen Ärger und seine Wut über den Verlust des lieben Menschen auszudrücken.

- Das Kind kann in seiner Trauer Menschen suchen, die ihm Nähe und Sicherheit vermitteln.

Im Umgang mit trauernden Kindern gilt es zu beachten, das Kind so anzunehmen, wie es ist und es nicht zu bestimmten Äußerungen, die Erwachsene als richtig empfinden, zu bewegen. Erwachsene sollten dem Kind Raum geben, wenn es möchte, über das, was es erlebt und empfindet, zu erzählen.

Der seelische Einbruch des Todes kann vom Kind bewältigt und überstanden werden, wenn das Kind erfährt, dass jemand verlässlich im Leid da ist. Die pädagogische Fachkraft sollte sich fragen, wie sie selbst über den Tod denkt, denn ihr Verhalten stellt ein wichtiges Vorbildverhalten für das Kind da. Aus den Äußerungen des Kindes sollte die Erzieherin/Kinderpflegerin heraushören, welche Vorstellungen das Kind vom Tod hat und ob das Kind sich selbst oder andere für den Tod des Verstorbenen verantwortlich macht. Hilfreich ist, wenn Trauergespräche, gerade bei Jugendlichen, in Bewegung, z. B. beim Gehen, Laufen oder Kicker-Spielen, stattfinden. Die Erzieherin/Kinderpflegerin sollte offene und ehrliche Antworten geben und mit dem Kind die Trauer aushalten, sie sollte die Fähigkeit haben, auch schweigen zu können.

Bedürfnisse von Kindern, die um ein Geschwisterkind trauern

Stirbt ein Geschwisterkind, steht das verstorbene Kind im Zentrum der Aufmerksamkeit. Das lebende Kind kann vorübergehend aus dem Blickfeld der Eltern geraten, denen die Kraft fehlt, sich ihm unterstützend zuzuwenden. Verwandte, Erzieherinnen, Kinderpflegerinnen und Eltern sollten sich dem lebenden Kind zuwenden, ihm zuhören und ihm zu verstehen geben, wie wichtig es ist und dass die eigene Trauer diese Liebe nicht verkleinert.

Die Fragen des Kindes sollten ehrlich beantwortet werden, wobei die Realität des Todes nicht beschönigt werden sollte. Die Eltern und Verwandten sollten ihre Trauer nicht zurückhalten und das Kind vielmehr in die gemeinsame Trauer miteinbeziehen. Manche Kinder haben Schuldgefühle, weil sie sich mit dem verstorbenen Geschwisterkind zuvor gestritten haben. Es sollte den Kindern immer wieder gesagt werden, dass sie nicht an dessen Tod schuld sind.

Auf das Erlebnis des Todes eines Geschwisters, Elternteils, Verwandten oder Freundes kann das Kind auch mit körperlichen Symptomen (Bauchschmerzen oder Einnässen), Konzentrations-schwierigkeiten oder mit erhöhter Angst oder Aggression reagieren. All das sind Anzeichen dafür, dass es für das Kind sehr schwer ist, diesen Verlust zu verarbeiten. Kinder brauchen in dieser Zeit geduldige Bezugspersonen, die ihm Nähe und Sicherheit vermitteln und immer wieder für Gespräche und Fragen zur Verfügung stehen.

Die Möglichkeit, Abschied zu nehmen, ist auch für Kinder sehr wichtig. Hierzu kann gehören, sich vom Verstorbenen selbst zu verabschieden, wenn dieser aufgebahrt wird, an der Beerdigung und einem Requiem teilzunehmen oder Kerzen im Gedenken an den Verstorbenen anzuzünden.

Fallbeispiele

- *Marco nimmt mit seinen Eltern an der Beerdigung seiner Großmutter teil. Auf dem Friedhof spielt er auf seiner Flöte der Oma ein Abschiedslied.*

- *Die Eltern des verstorbenen Jugendlichen besuchen eine Trauergruppe, in der sie die Hilfe anderer Eltern erfahren, die ein ähnliches Schicksal erleben mussten. Die Gruppe bezieht Geschwisterkinder, wie Susanne, mit ein. Die Eltern wenden sich ihrer Tochter intensiver zu und geben ihr das Gefühl, dass sie sehr wichtig für sie ist.*
  Die Eltern haben die Kleidung und die Spielsachen des Jugendlichen einem Kinderheim in einem armen Land gespendet.

- *Die Kindergruppe eines Kindergartens trauert um den Tod eines fünfjährigen Mädchens. Die Kinder haben Bilder gemalt, die sie bei der Beerdigung mit ins Grab geben. Im Garten des Kindergartens stellen sie einen Erinnerungsstein zu Ehren des verstorbenen Mädchens auf und pflanzen daneben einen Baum.*

- *In einer Schulklasse ist ein fünfzehnjähriger Schüler bei einem Verkehrsunfall ums Leben gekommen. Ein Lehrer führt mit den Schülern ein langes Gespräch über ihre Trauer und lässt jeden Schüler einen Abschiedsbrief an den Verstorbenen schreiben.*

5.7   Bedürfnisse bei Übergängen im Leben der Kinder

Übergänge in neue Lebenssituationen stellen Kinder, Eltern und pädagogische Fachkräfte vor neue Aufgaben und Herausforderungen. War das Kind bisher mit seinem Lebensumfeld vertraut, so erlebt es nun ein neues Umfeld, auf das es sich neu einstellen muss. Das Kind wird mit neuen Bezugspersonen, fremden Kindern und neuen Regeln und Ordnungen konfrontiert.

5.7.1 Bedürfnisse von Kindern, die in eine Kinderkrippe aufgenommen werden

Der erste Übergang von der Familie in eine vorschulische Einrichtung stellt eine einschneidende Veränderung im Leben des Kindes dar. Der Besuch einer Krippe wird für den Säugling und das Kleinkind die erste große Veränderung in seinem Leben sein.
Entsprechend den oben dargestellten Bedürfnissen muss die Krippe Möglichkeiten bereitstellen, die Bedürfnisse zu befriedigen.

Besonders bedeutsam ist für Säuglinge und Kleinkinder, die in die Krippe kommen, das Bedürfnis nach einer beständigen Bezugsperson, die dem Kind Geborgenheit vermittelt. Nun müssen sie für einen Teil des Tages auf die vertraute Person verzichten. Das bereitet den Kindern große Probleme. Deshalb ist es wichtig, dass das Kind erfährt, dass es auch vom Personal der Einrichtung emotional angenommen ist. „Das Kind braucht in der Eingewöhnung unbedingt die Hilfe einer primären Bindungsperson, was in der Regel die Eltern sind. Es muss daher in den ersten Wochen der Fremdbetreuung von einem Elternteil begleitet werden." (Ostermayer, 2010, S. 19) In dieser Phase baut seine Bezugserzieherin Kontakt zum Kind auf. Die elternbegleitete Eingewöhnung endet, wenn das Kind Vertrauen zu seiner Bezugserzieherin aufgebaut hat (vgl. Ostermayer, 2010, S. 19).

Krippenerziehung unterstützt die altersgemäße Entwicklung des Kindes, wenn die pädagogischen Fachkräfte die Kinder nicht nur versorgen, sondern sich auch emotional auf die Kinder einlassen. Dafür muss ausreichend Personal vorhanden sein (höchstens drei bis vier Kinder pro Fachkraft). Besonders wichtig aber ist die Eingewöhnungszeit. Die Bezugspersonen des Kindes verständigen sich mit der Gruppenleitung der Krippe über die Bedeutung des Eintritts in die Kinderkrippe für das Kind. Gemeinsam planen sie die Eingewöhnung des Kindes, die sich schrittweise über einen längeren Zeitraum erstrecken soll. Veränderungen im Lebensumfeld des Kindes sind leichter zu bewältigen, „wenn sie vorhersehbar und kontrollierbar gestaltet werden. Das bedeutet, (...) dass sich alle Beteiligten frühzeitig mit der anstehenden Herausforderung beschäftigen, diese vorbereiten und verantwortungsvoll planen." (Ostermayer, 2010, S. 12) Die Eingewöhnungsphase soll sorgfältig geplant werden.

Das Berliner Eingewöhnungsmodell

Ein bekanntes Konzept für die Eingewöhnung ist das sogenannte Berliner Modell, das in der Praxis vielfach erfolgreich erprobt ist. Dabei gewöhnt sich das Kind in einer Zeit von ca. zwei Wochen in Begleitung einer vertrauten Person an die neue Umgebung und die neuen Bezugspersonen:

- Für die Eingewöhnung ist die Kooperation aller Beteiligten notwendig. Eltern sollten daher rechtzeitig und umfassend über die Bedeutung der Eingewöhnungszeit, den Ablauf und ihre eigene Rolle informiert werden.

- In den ersten drei Tagen (Grundphase) hält sich das Kind mit Mutter oder Vater in der Tageseinrichtung auf, ohne von dieser Person getrennt zu werden. Die pädagogische Fachkraft versucht vorsichtig, über Spielangebote Kontakt zum Kind aufzubauen.

- Am vierten Tag wird ein erster Trennungsversuch unternommen. Die vertraute Person verabschiedet sich vom Kind nach einiger Zeit und verlässt den Raum. Die Dauer der Trennung richtet sich nach dem Verhalten des Kindes. Lässt sich das Kind von der Fachkraft beruhigen, dauert die Trennung ca. 30 Minuten. Wirkt das Kind verstört und lässt sich nicht trösten, sollte die Trennung nur einige Minuten betragen.

● In der Stabilisierungsphase, ab dem fünften Tag, übernimmt die Kinderpflegerin oder Erzieherin zunehmend die Versorgung des Kindes. Sie bietet sich als Spielpartnerin an und reagiert auf die Bedürfnisse des Kindes. Die Trennungszeit von den Eltern wird täglich verlängert.

● In der Schlussphase wird die Fachkraft vom Kind als Bindungsbezugsperson akzeptiert, d. h., sie vermittelt ihm Sicherheit, das Kind lässt sich von ihr trösten.

(vgl. Viernickel/Völkel, 2009, S. 63 f.)

Verlässliche Bring- und Holzeiten, Rituale und Übergangsobjekte, z. B. ein bestimmtes Kuscheltier von der Mutter, das während der Krippenzeit auf das Kind „aufpasst", helfen dem Kind, emotionale Sicherheit zu entwickeln. Eltern und Kind müssen den Übergang, die „Transition", bewältigen, die Fachkraft hat die Aufgabe, diesen Übergang zu moderieren, d. h. Eltern und Kind dabei zu unterstützen.

5.7.2   Bedürfnisse von Kindern, die in den Kindergarten aufgenommen werden

Für Kinder, die bereits die Krippe besucht haben, bedeutet der Eintritt in den Kindergarten einen Wechsel von der vertrauten Bezugsperson der Krippe zu einer Bezugsperson im Kindergarten, die es mit einer größeren Anzahl von Kindern teilen muss. Kinder, die bisher zu Hause betreut wurden, erleben mit dem Eintritt in den Kindergarten die erste Trennung von ihren Bezugspersonen. Für alle Kinder bedeutet der Eintritt in den Kindergarten einen wesentlichen Einschnitt in ihrem Leben. Der Wechsel in den neuen Lebensabschnitt kann für manche Kinder eine Krise bedeuten, in der diese Kinder auf eine frühere, für sie sicherere Entwicklungsstufe zurückkehren („regredieren") und nachts einnässen oder einen besonderen Schutz bei den Eltern suchen.

Das Kind wird im Kindergarten mit neuen Anforderungen (z. B. eine fremde Umgebung und ein veränderter Tagesablauf, eine neue Bezugsperson, die Erzieherin, die für viele Kinder da ist, eine Gruppe fremder Kinder, in der neue Verhaltensregeln gelten) und Erwartungen konfrontiert (z. B. die Beherrschung der Körperfunktionen und die Bewältigung dieser Situation ohne die vertraute Bezugsperson).

Der Übergang in den Kindergarten vollzieht sich nicht am Tag der Aufnahme des Kindes, sondern ist eine Phase des Übergangs, den das Kind zusammen mit seinen Eltern und der Erzieherin bewältigen muss. Auch wenn sich Eltern und Kind auf den Eintritt in den Kindergarten freuen, so ist dieser Einschnitt doch mit Gefühlen des Verlustes und des Abschieds verbunden, und zwar bei Kindern und Eltern. Viele Eltern sind sich dessen nicht bewusst. Eltern stehen vor der Aufgabe, ihr  Kind ein Stück in die Selbstständigkeit zu entlassen und es gleichzeitig einer fremden Person, der Erzieherin, anzuvertrauen.

Während das Kind die neue Rolle eines Kindergartenkindes erlernt, wachsen auch die Eltern in eine neue Rolle hinein, sie werden Kindergarteneltern. Die neuen Anforderungen kann das Kind meistern, wenn es sie als zu bewältigende Herausforderung erlebt. Die neuen Beziehungen, die das Kind im Kindergarten knüpft, haben auch einen Einfluss auf seine Beziehungen innerhalb der Familie.

Bedürfnisse von Kindern im Übergang zum Kindergarten:

- Bedürfnis nach Information
  Das Kind stellt viele Fragen über den Kindergarten. In gemeinsamen Gesprächen und durch Besuche des Kindergartens kann die Erwartungsangst gelindert werden.

- Bedürfnis nach Sicherheit und Eingebundensein in verlässliche Beziehungen
  Ängste des Kindes können dadurch gelindert werden, wenn in der Fantasie Geschehnisse vorweggenommen und besprochen werden. Das Kind lernt damit, sich in der Sicherheit der Geborgenheit der Bezugsperson mit zukünftigen Anforderungen auseinanderzusetzen.

- Bedürfnis nach Selbstständigkeit auf der Basis von Geborgenheit
  Der Besuch des Kindergartens zeigt, dass das Kind schon so groß ist, dass es selbstständig, ohne Bezugsperson in die Kindergruppe gehen kann. Das Kind muss aber wissen, wann es wieder vom Kindergarten abgeholt wird. Diese Zeit muss die Bezugsperson verlässlich einhalten. Das Vertrauen seiner Bezugsperson, dass es Freunde finden und die ihm gestellten Aufgaben erfolgreich meistern wird, gibt dem Kind Kraft und Selbstvertrauen.

Hilfreich ist es für jüngere Kinder, wenn sie durch Patenschaften älterer Kinder zu Beginn ihrer Kindergartenzeit in kleinere Untergruppen aufgenommen und integriert werden. Auch die Eltern brauchen Unterstützung von erfahrenen Kindergarteneltern und die Integration in funktionierende Elterngruppen.

Das Kind hat den Übergang zum Kindergarten bewältigt, wenn es zwischen der Umgebung der Familie und des Kindergartens unterscheiden kann und fähig ist, sich in jeder Umgebung adäquat zu verhalten. Aufgabe der pädagogischen Fachkraft ist es, den Übergang der Kinder und ihrer Eltern kompetent zu begleiten.

5.7.3 Bedürfnisse von Kindern, die eingeschult werden

Der Wechsel vom Kindergarten in die Schule markiert eine einschneidende Veränderung im Leben eines Kindes. Der Beginn der Schulzeit ist ein ganz wesentlicher Schritt in der Kindheit. Es werden Grundsteine gelegt für mindestens zehn Jahre Schulerfahrung.
Lange vor dem ersten Schultag laufen schon die Vorbereitungen für diesen großen Tag. Der Schulranzen wird ausgesucht, die Schultüte gebastelt, ein Schreibtisch wird angeschafft.

Die meisten Kinder freuen sich auf die Schule und auf ihren neuen Status als Schulkind. Für viele Eltern mischt sich in die Freude und den Stolz auch Wehmut über das Ende eines Abschnittes der Kindheit. Viele Eltern haben die Erwartung, dass die Schulzeit schon von Beginn an ohne Probleme mit guten Leistungen laufen soll und machen sich über die weitere Schullaufbahn ihrer Kinder Gedanken.
Das Kind wird in der Schule mit folgenden Anforderungen konfrontiert: Abschied von der vertrauten Umgebung des Kindergartens, Veränderung des Tagesablaufes durch frühes Aufstehen und zeitigen Schulbeginn, Anforderung, längere Zeit still sitzen und aufmerksam zuhören zu können, neue Beziehungen in der Schule aufzubauen und weiterzuentwickeln (vgl. Kapitel 11.3).

Nicht nur das Kind wird Schulkind, auch seine Eltern werden Schulkindeltern und kommen sozusagen in die Schule. Eltern bereiten sich auf neue Anforderungen vor, die sie mit der Rolle als Schulkindeltern verbinden. Damit wird sich die Beziehung zwischen Eltern und Kind verändern. Diese Veränderung setzt häufig schon zu Beginn des letzten Kindergartenjahres ein. Die Eltern schauen kritischer auf das, was ihr Kind im Kindergarten macht. Erzieherinnen und Kinderpflegerinnen können die Eltern entlasten, indem sie Informationen darüber weitergeben, was Kinder am Ende der Kindergartenzeit können sollten und was sie erst in der Schule lernen.

Bedürfnisse von Kindern im Übergang zur Schule:

- Bedürfnis nach Sicherheit und Eingebundensein in verlässliche Beziehungen
  Unabhängigkeit und Selbstständigkeit brauchen einen Ort der Sicherheit und Verlässlichkeit. Dieser Ort ist die Familie oder eine familienersetzende Einrichtung, in der Schulkinder erfahren, dass sie eingebunden sind in Beziehungen zu Menschen, die zu ihnen halten und zueinander halten, und zwar unabhängig von Erfolg und Leistung.

- Bedürfnis nach Unabhängigkeit und Selbstständigkeit
  Ein wichtiges Kriterium für Schulreife ist der Wunsch des Kindes, eingeschult zu werden. Das Bedürfnis des Kindes nach mehr Selbstständigkeit und Unabhängigkeit ist eine Triebfeder für die Bewältigung dieses Überganges.

- Bedürfnis nach Anerkennung
  Schulkinder müssen sich mit neuen Verpflichtungen und Kritik auseinandersetzen. Sie erleben unter Umständen, dass andere Kinder bessere Leistungen erbringen, sich weniger anstrengen müssen und mehr Lob von der Lehrerin erhalten. Eltern und Lehrer sollten das Bedürfnis der Kinder nach Lob und Anerkennung ernst nehmen. Schulkinder brauchen die Anerkennung als Verstärkung für ihren täglichen Einsatz in der Schule.

Z Zusammenfassung

Bedürfnis und Motiv
Die Begriffe „Bedürfnis" und „Motiv" können synonym verwendet werden. Bedürfnisse werden als Mangel erlebt, Motive treiben den Menschen an, die Mangelsituation zu beheben.

Bedürfnispyramide
Der Psychologe Maslow nimmt an, dass sich Bedürfnisse in einer bestimmten Rangfolge (Pyramide) anordnen lassen. Die Basis bilden grundlegende Bedürfnisse wie z. B. Nahrung und Schlaf. Höhere Bedürfnisse sind z. B. das ästhetische Bedürfnis oder das Bedürfnis nach Selbstverwirklichung.

Bedürfnisbefriedigung und Frustrationstoleranz
Angemessene Bedürfnisbefriedigung muss anfangs von Erwachsenen wahrgenommen werden, weil Kinder noch nicht dazu in der Lage sind. Kinder müssen aber auch lernen, Bedürfnisse aufzuschieben oder auf die Befriedigung verzichten zu können.

Folgen unangemessener Bedürfnisbefriedigung
Werden Bedürfnisse unzureichend, nicht angemessen oder übermäßig befriedigt, können Probleme entstehen, z. B. Angst, Bindungsunfähigkeit oder Verwöhnung.

Berücksichtigung besonderer Lebenssituationen
In besonderen Lebenssituationen wie z. B. Scheidung, Tod einer nahestehenden Person oder in Übergangssituationen haben Kinder besondere Bedürfnisse. Diese sollten berücksichtigt werden, damit die belastende Situation bewältigt werden kann.

Fragen und Aufgaben zum Kapitel

1. Verdeutlichen Sie die Bedürfnisse von Kindern in Ihrer Praxisstelle anhand konkreter Beispiele.

2. Beschreiben Sie anhand konkreter Beispiele, wie Sie die unterschiedlichen Bedürfnisse von Kindern in Ihrer Praxisstelle im Alltag oder bei Angeboten und Projekten berücksichtigen.

3. Sowohl eine unzureichende als auch eine übermäßige Befriedigung von Bedürfnissen kann zu Problemen in der Entwicklung von Kindern führen. Beschreiben Sie mögliche Probleme und überlegen Sie, wie das richtige „Maß" gefunden werden kann.

4. Kinder im Kindergartenalter haben das Bedürfnis zu spielen. Dafür stehen in der Einrichtung zahlreiche Spiele und Materialien zur Verfügung. Entwickeln Sie Kriterien für gutes Spielzeug bzw. geeignete Materialien, die Kinder zum Spiel anregen und ein zufriedenstellendes Spiel ermöglichen.

5. Nicht alle Bedürfnisse von Kindern und Jugendlichen können oder sollten befriedigt werden. Beschreiben Sie anhand von konkreten Beispielen aus dem erzieherischen Alltag, welche Bedürfnisse auftreten, die nicht befriedigt werden. Stellen Sie dar, wie dem Kind vermittelt wird, dass seinem Bedürfnis nicht entsprochen werden kann und welche Reaktionen die Kinder dann zeigen.

6. Kinder in besonderen Lebenslagen haben auch besondere Bedürfnisse. Stellen Sie diese Bedürfnisse am Beispiel eines Wohnort- bzw. Einrichtungswechsels dar. Beschreiben Sie, wie Sie auf die Bedürfnisse eines neuen Kindes in der Gruppe, das aus einer anderen Stadt oder Einrichtung kommt, eingehen können.

7. Untersuchungen haben ergeben, dass das Angebot im Kindergarten oft gut geeignet ist für Vier- und Fünfjährige. Die Bedürfnisse der „Kleinen" und die der „Großen" werden dagegen häufig nicht in ausreichendem Maße berücksichtigt. Überlegen Sie, welche Ursachen diese Tatsache hat. Überlegen Sie, wie man die Bedürfnisse dieser beiden Gruppen im Kindergarten besser berücksichtigen könnte.

Anregungen zum Kapitel

8. Angenommen, Sie sind an der Planung eines neuen Kindergartens beteiligt und können entscheidenden Einfluss auf die räumliche Gestaltung und Ausstattung nehmen. Entwickeln Sie Ideen für die Räumlichkeiten und die Einrichtung bzw. Ausstattung, um die Bedürfnisse der Kinder optimal zu erfüllen.

9. Beobachten Sie die Kinder in Ihrer Praxisstelle. Beschreiben Sie, wie die Kinder ihre Bedürfnisse mitteilen.

Weiterführende Fragen und Anregungen

10. Informieren Sie sich im Kapitel 13 über die Lebenssituation von Kindern mit Migrationshintergrund. Beschreiben Sie, welche Bedürfnisse diese Kinder aufgrund ihrer Lebenssituation haben und wie Sie darauf in verschiedenen Einrichtungen angemessen reagieren können.

6 Werte und Ziele in der Erziehung

Einstiegssituation

Die Kinderpflegerin Pia arbeitet in der Krippengruppe der Kindertagesstätte „Löwenzahn". In den letzten Wochen hat eine Gruppe von fünf Kindern im Alter zwischen zwei und drei immer wieder Interesse an den Themen „Körper" und „Krankheit bzw. Gesundheit" gezeigt.

Die Kinder haben in der Puppenecke mit dem Doktorkoffer „Untersuchen" gespielt, Pia hat ihre blauen Flecken und Abschürfungen gezeigt und nachgefragt, ob man bei Husten und blauen Flecken vielleicht auch zum Doktor muss. Anlass für das Interesse war der Krankenhausaufenthalt von

Nora, die nach ihrer Rückkehr in die Gruppe von ihren Erfahrungen berichtet hat. Deshalb spielt im Kindergarten jetzt also für eine kleine Gruppe von Kindern das Thema „Körper" eine wichtige Rolle.

In der gemeinsamen Teamsitzung überlegen die Fachkräfte, ein gruppenübergreifendes Projekt für Kinder aus der Krippe und dem Kindergarten zu gestalten. Sie erörtern, welche Lerninhalte in dem Thema stecken. Auf der Basis ihrer Beobachtungen diskutieren die Fachkräfte darüber, was die Kinder besonders interessiert. Es wird überlegt, welche Kompetenzen durch so ein Projekt gestärkt werden können und wie die Kinder in die Planung und Durchführung einzubeziehen sind.

Aus dieser Situation ergeben sich folgende Fragen:

1. *Was versteht man unter den Begriffen „Kompetenz" und „Bildungs- und Erziehungsziel"?*

2. *Welche Bedeutung haben Werte für Ziele in der Erziehung?*

3. *Welche Bedeutung haben Ziele im Erziehungsprozess?*

4. *Welche Ziele sind heute wichtig?*

5. *Wie und warum verändern sich Bildungs- und Erziehungsziele?*

6. *Welche Auswirkungen haben die persönlichen Zielvorstellungen?*

7. *Welche Erziehungsziele haben die unterschiedlichen pädagogischen Handlungskonzepte?*

8. *Wie kann man Kinder dabei unterstützen, Kompetenzen auf- und auszubauen?*

6.1 Die Bedeutung von Zielen für den Erziehungsprozess

Die berufliche Handlungssituation zu Beginn des Kapitels zeigt: Professionelle Erziehung geschieht nicht aus dem Bauch heraus und auch nicht durch Zufall. Pädagogische Fachkräfte machen sich viele Gedanken, welche Bildungschancen in bestimmten Lernsituationen stecken, welche Angebote sie Kindern machen und wie sie Bildungs- und Lernprozesse von Kindern und Jugendlichen am besten unterstützen können. Professionelle Erziehung zeichnet sich also unter anderem dadurch aus, dass Fachkräfte geplant und gezielt vorgehen.

Klärung zentraler Begriffe: Ziele, Kompetenzen, Werte und Normen

Schaut man in das Wörterbuch der Synonyme, so finden sich für den Begriff „Ziel" folgende Wörter: „Absicht", „Plan", „Vorsatz" und „Bestreben". Ziele bestimmen also, was mit Erziehung bezweckt bzw. erreicht werden soll. Ziele werden auf verschiedenen Ebenen formuliert. Entsprechend dem aktuellen Bild vom Kind als aktives und kompetentes Individuum wird in unserer Gesellschaft die Weiterentwicklung von Kompetenzen als Leitziel angesehen. Kompetenz ist ein vielschichtiger Begriff, der im Deutschen Qualitätsrahmen für lebenslanges Lernen wie folgt definiert wird:

Definition

Kompetenz bezeichnet die Fähigkeit und Bereitschaft des Einzelnen, Kenntnisse und Fertigkeiten sowie persönliche, soziale und methodische Fähigkeiten zu nutzen und sich in verschiedenen Lebenssituationen durchdacht sowie individuell und sozial verantwortlich zu verhalten. (vgl. KMK, 2011, S. 16)

Der Begriff Kompetenz weist nach dieser Definition drei Komponenten auf:

- Die Fähigkeit, Aufgaben sachgerecht zu bewältigen. Dafür braucht der Mensch Wissen und Fertigkeiten.

- Die Bereitschaft, gegebene Anforderungen anzunehmen.

- Das Bewusstsein von Verantwortung, d. h., Kompetenzen sind immer verbunden mit Werthaltungen.

Für die praktische Erziehungsarbeit ist der Kompetenzbegriff zu abstrakt, er wird deshalb konkretisiert durch Bildungs- und Erziehungsziele.

Definition

Bildungs- und Erziehungsziele geben an, welches Wissen und welche Fertigkeiten das Kind bzw. der Jugendliche erwerben soll.

Da Kompetenzen durch die Auseinandersetzung mit bestimmten Themen und Inhalten erworben werden, ist es sinnvoll, Bildungs- und Erziehungsziele den verschiedenen Bildungsbereichen, z. B. Sprache, Motorik, Gesundheit, Musik oder Kunst, bzw. den entsprechenden Teilbereichen zuzuordnen. Dies kann am Beispiel des Bereiches „Gesundheit" verdeutlicht werden. Dabei wird Bezug genommen auf den Bayerischen Bildungs- und Erziehungsplan:

Beispiel: Bereich Gesundheit

Das Kind lernt, selbstbestimmt Verantwortung für sein eigenes Wohlergehen, seinen Körper und seine Gesundheit zu übernehmen. Es erwirbt entsprechendes Wissen für ein gesundheitsbewusstes Leben und lernt gesundheitsförderndes Verhalten. Dies umfasst folgende Bereiche:

- *Bewusstsein seiner selbst*
- *Ernährung*
- *Kenntnisse über Körperpflege und Hygiene*
- *Körper- und Gesundheitsbewusstsein*
- *Sexualität*
- *Sicherheit und Schutz*

Für jeden Teilbereich werden dann Bildungs- und Erziehungsziele formuliert. Für den Teilbereich „Kenntnisse über Körperpflege und Hygiene" sind dies:

- *Grundverständnis erwerben über die Bedeutung von Hygiene und Körperpflege zur Vermeidung von Krankheiten und zur Steigerung des eigenen Wohlbefindens*

- *Fähigkeiten zur Pflege des eigenen Körpers erwerben*

- *Erwerb von Techniken der richtigen Zahn- und Mundpflege*

(vgl. Bayerischer Bildungs- und Erziehungsplan, 2006, S. 374)

Die Auseinandersetzung mit den Themen und Inhalten aus dem Bereich Gesundheit, die durch die Bildungs- und Erziehungsziele formuliert sind, ermöglicht es dem Kind, die Kompetenzen „Verantwortung für das eigene Verhalten" (insbesondere für die Gesundheit und körperliches Wohlbefinden) und „Selbstregulation" auf- und auszubauen. Dabei ist zu berücksichtigen, dass Bildungsbereiche vielfältig miteinander verbunden sind und sich überschneiden. In Bildungs- und Lernprozessen kommen daher immer mehrere Bildungsbereiche gleichzeitig zum Tragen. Umgekehrt können die Kompetenzen „Verantwortung für das eigene Verhalten" und „Selbstregulation" auch in anderen Bildungsbereichen bearbeitet werden, z. B. im Bereich „Emotionalität, soziale Beziehungen und Konflikte".

Fallbeispiel

Mehrere Kinder der Kindergartengruppe spielen auf dem Gang der Kindertagesstätte „Arztpraxis". Sie haben einen Tisch leer geräumt, auf dem sie ein Telefon, Notizzettel und Stifte sowie einen Terminkalender ausgelegt haben. Jana ist die Arzthelferin, sie hat gerade telefoniert und dann einen Termin (ein paar Buchstaben, die sie schon kennt) in den Kalender geschrieben. Nun wendet sie sich einer Mutter (Hanna) mit ihrer Tochter (Lucie) zu und es entwickelt sich folgender Dialog:
> *Jana: „Haben Sie einen Termin?"*
> *Die Mutter: „Ja, meine Tochter ist um 14:30 Uhr bestellt."*
> *Jana: „Wie ist Ihr Name bitte?"*
> *Hanna: „Geier, Marina Geier."*
> *Jana: „Frau Geier, ich brauche bitte Ihre Versichertenkarte."*
> *Hanna: „Bitte." (reicht ein Kärtchen)*
> *Jana: „Danke." (zieht die Karte am Tisch entlang und gibt sie zurück)*
> *Hanna: „Danke."*
> *Jana: „Gehen Sie bitte ins Wartezimmer."*

Die Szene macht deutlich, dass immer mehrere Bildungsbereiche in einer Aktion stecken. Hier ist es neben der Sprache (Sätze wurden bei der Rollenverteilung beraten und geübt) der soziale Bereich (gemeinsam Ideen entwickeln und umsetzen, Rollen verteilen, sich beim Sprechen abwechseln), der ästhetische Bereich (Empfangsbereich ist gestaltet) und schließlich der motorische Bereich (Tisch leer räumen, schreiben).
Ganz gleich, auf welcher Ebene Ziele formuliert werden – auf der Leitzielebene als Kompetenzen oder konkreter auf der Ebene der Bildungs- und Erziehungsziele –, immer liegt den Zielen

eine Werthaltung zugrunde. Werte sind Vorstellungen darüber, was in einer Gesellschaft als gut, richtig und wünschenswert angesehen wird, z. B. Aufrichtigkeit, Toleranz, Durchsetzungsvermögen, Anpassungsfähigkeit, Gewissenhaftigkeit und Gesundheit.

Definition
Werte *sind Vorstellungen darüber, was in einer Gesellschaft als gut, richtig und wünschenswert angesehen wird.*

In demokratischen Gesellschaften bestehen viele Lebensformen und Werte nebeneinander, manche ergänzen sich, andere widersprechen sich. Dennoch gibt es eine minimale Übereinstimmung, sogenannte Grundwerte. Sie bilden die Basis für das Bestehen der Gesellschaft. In unserer Gesellschaft sind das z. B. das Recht auf freie Entfaltung der Persönlichkeit, Gleichheit oder Meinungsfreiheit. Diese Grundwerte sind in unserer Verfassung verankert.

Die Bedeutung von Zielen im Erziehungsprozess

Die intensive Auseinandersetzung mit den zentralen Begriffen hat gezeigt, wie bedeutsam Ziele für die Erziehung sind. Mehrere Effekte lassen sich erkennen:

- Ziele geben der Fachkraft Orientierung, bestimmen die Richtung des Erziehungsprozesses. Ohne Ziele wäre Erziehung beliebig und damit wenig professionell.

- Die Auseinandersetzung mit Zielen trägt zur Bewusstheit bei. Fachkräfte können Ziele und pädagogisches Verhalten nicht nur darstellen, sondern auch begründen.

- Ziele geben Hinweise auf das pädagogische Verhalten. Kompetenzorientierung verlangt nach bestimmten Prinzipien, wie z. B. selbstbestimmtes Lernen oder eine anregende Umgebung. Fachkräfte können diese Erkenntnisse für die Planung ihres methodischen Vorgehens nutzen bzw. müssen diese beachten.

- Ziele dienen auch der Überprüfung von Erziehungsprozessen. Nur wer Ziele in der Planungsphase formuliert hat, kann feststellen, ob der Erziehungsprozess letztlich zum Erfolg geführt hat oder nicht.

6.2 Wichtige Erziehungsziele unserer Gesellschaft

In unserer Gesellschaft gibt es – wie in jeder anderen Gesellschaft auch – viele Werte und damit viele Bildungs- und Erziehungsziele. Diese Werte, Kompetenzen und Erziehungsziele waren nicht immer die, die es derzeit sind, denn sie verändern sich im Laufe der Zeit. Auch zwischen den verschiedenen Gesellschaften gibt es zum Teil große Unterschiede in den Vorstellungen von dem, was als gut, richtig oder wünschenswert gilt. Es haben auch nicht alle Menschen innerhalb einer Gesellschaft dieselben Werte, Normen und Ziele, ganz im Gegenteil: Nicht selten widersprechen sich die Werte, Normen und Ziele einzelner Personen oder Personengruppen. Ein Grund dafür ist sicherlich, dass es in jeder Gesellschaft verschiedenste Personen und Institutionen gibt, die die Werte und Normen prägen oder bestimmen und damit die Erziehungsziele festlegen.

6.2.1 Instanzen, die Ziele festlegen

Regierungen und Gesetzgeber aller Art beschließen per Gesetz Erziehungsziele, die vorschreiben, wie die heranwachsenden Bürger im Lande erzogen werden sollen.

Beispiel

Der Gesetzgeber hat in der Bayerischen Verfassung unter anderem festgelegt, dass die Schüler „im Geiste der Demokratie" zu erziehen sind (Art. 131 Abs. 3). Die Ziele eines Kindergartens hat er im Bayerischen Kindergartengesetz festgelegt.

Beispiel

Das Bayerische Staatsministerium für Arbeit und Sozialordnung, Familie und Frauen hat den Tages-einrichtungen für Kinder bis zur Einschulung in seinem Bayerischen Bildungs- und Erziehungsplan (BEP) grundlegende Ziele (die sogenannten Basiskompetenzen) vorgegeben.

Politische Parteien schreiben in ihren Programmen nieder, welche Erziehungsziele sie für wichtig erachten, und werben in der Gesellschaft für sie. Wirtschaftsverbände, Kammern, Gewerkschaften und sogar einzelne Firmen legen fest, welche Fertigkeiten und Fähigkeiten Auszubildenden oder Mitarbeitern antrainiert werden sollen oder müssen.

Beispiel

Die Industrie- und Handelskammern bzw. die Handwerkskammern sowie die Berufsverbände bestimmen mit, welche Fähigkeiten und Fertigkeiten ein Auszubildender in der jeweiligen Berufs-ausbildung erlernen muss.
Firmen bieten ihren Mitarbeitern Schulungen an, um deren soziale Kompetenz zu fördern.

Auch die Kirchen haben feste Vorstellungen darüber, welche Geisteshaltungen und Persön-lichkeitseigenschaften dem Menschen anerzogen werden sollen.

Beispiel

Alle konfessionellen Kindergärten und Schulen haben den Auftrag, ihre Kinder zur „Ehrfurcht vor Gott" zu erziehen.

Die unterschiedlichsten Verbände und Vereine versuchen, ihren Mitgliedern oder ihrem Nach-wuchs die Eigenschaften oder Fähigkeiten zu vermitteln, die für die jeweilige Mitgliedschaft erforderlich sind.

Beispiel

Der Schwimmverein XY trainiert mit den Kindern, um deren Leistungsfähigkeit zu erhöhen und den sportlichen Teamgeist zu fördern.

Forschungs- und Bildungseinrichtungen beschäftigen sich permanent und sehr intensiv mit der Frage, auf welche Ziele hin und mit welchen Methoden Kinder und Jugendliche geschult und ausgebildet werden sollen, welche Kompetenzen Kinder und Jugendliche in der Zukunft brauchen. Ihre Erkenntnisse werden in Lehrplänen berücksichtigt und damit zu Erziehungs-zielen für Lehrende und Erziehende.

Beispiel

Das Staatsinstitut für Frühpädagogik in München hat – auch als Reaktion auf die Ergebnisse der PISA-Studie[1] – neue Erziehungsziele formuliert und fordert nachdrücklich deren Beachtung in der Erziehung und Bildung der Kinder in Deutschland.

---

[1] *Die PISA-Studie ist eine Studie der OECD (Organisation für wirtschaftliche Zusammenarbeit und Entwicklung), bei der in 32 Ländern die Lesekompetenz, die mathematische Grundbildung, die naturwissenschaftliche Grundbildung und fächerübergreifende Kompetenzen von 15-jährigen Schülerinnen und Schülern untersucht wurden, um diesen Staaten u. a. vergleichende Daten über die Leistungsfähigkeit ihrer Bildungssysteme zur Verfügung zu stellen.*

Alle diese Instanzen und Institutionen legen fest oder bestimmen mit, was gelehrt und in welche Richtung erzogen werden soll. Sie orientieren sich dabei immer an den Erfordernissen der Gesellschaft und den für sie wichtigen Werten, die sowohl durch das jeweilige politische und wirtschaftliche System als auch durch die aktuelle Wirtschaftslage und gesellschaftliche Trends geprägt sind.

Definition

Instanzen, die Erziehungsziele festlegen, sind:
- *Gesetzgeber, Regierungen, politische Parteien*
- *Wirtschaftsverbände, Kammern, Gewerkschaften und Firmen*
- *Kirchen*
- *Verbände und Vereine*
- *Forschungs- und Bildungseinrichtungen*

Sie berücksichtigen dabei:
- *für sie wichtige Werte*
- *das jeweilige politische System*
- *das jeweilige wirtschaftliche System*
- *die aktuelle Wirtschaftslage*
- *die Erfordernisse der Gesellschaft*
- *gesellschaftliche Trends*

6.2.2 Kinder und Jugendliche bringen eigene Ziele ein

Kinder und Jugendliche bringen eigene Ziele in den Erziehungsprozess ein. Sie befassen sich mit Themen und Inhalten, die ihnen wichtig sind und möchten in diesen Bereichen vorankommen. Dabei kann es sich um Entwicklungsthemen handeln (z. B. „Selbermachen"), die Themen können aber auch durch das soziale Miteinander entstehen (z. B. Regeln einhalten). Themen bilden sich im Umgang mit Material heraus (z. B. weicher Ton ist formbar, getrockneter Ton ist starr und kann zerbrechen) oder werden aus der familialen Erfahrungswelt mitgebracht.
Eine wichtige Aufgabe der pädagogischen Fachkraft besteht zunächst darin, genau wahrzunehmen, welche Themen, Inhalte und Fragen für Kinder gerade wichtig sind, um sie dann aufzugreifen und die Kinder in ihrer Auseinandersetzung damit zu unterstützen.

6.2.3 Auswirkungen persönlicher Zielvorstellungen auf das erzieherische Handeln

Kompetenzen, Bildungs- und Erziehungsziele werden nicht nur von bestimmten Instanzen festgelegt oder von Kindern und Jugendlichen selbst eingebracht. Auch jede einzelne pädagogische Fachkraft setzt sich Ziele, zum einen die, die sie bei sich selbst durch die Selbststeuerung erreichen will, zum anderen legt sie Bildungs- und Erziehungsziele fest in ihrer Rolle als Erziehende im Umgang mit Menschen, die sie zu beeinflussen oder zu erziehen versucht.
In der Auswahl seiner Erziehungsziele ist der Mensch stark von seinen eigenen Werten und Normen beeinflusst, die er im Laufe seiner Persönlichkeitsentwicklung übernommen hat. Diese wiederum sind geprägt durch seine eigene Erziehung, seine familiäre Situation, seine Bezugsgruppen und seine wirtschaftlichen Verhältnisse (Besitz, Wohnverhältnisse, Lebensstandard). Seine Erfahrungen, Wünsche und Bedürfnisse spielen ebenfalls eine große Rolle.

Fallbeispiel

Für die junge, alleinerziehende Frau F. ist es ganz klar, dass sie ihre Tochter zu einer selbstständigen Frau erziehen muss, die sich nichts vormachen lässt und sich nur auf sich selbst verlässt. Die Tochter soll lernen, zu kämpfen und sich durchzusetzen. Frau F. hat sich als heranwachsende Frau zu sehr darauf verlassen, dass sie eines Tages mit einem Mann verheiratet sein wird, der für sie sorgen wird. Nachdem sie in dieser Einstellung zutiefst enttäuscht worden ist, nimmt sie sich vor, ihrer Tochter eine derartige Enttäuschung zu ersparen und sie zu einer selbstständigen und unabhängigen Frau zu erziehen.

Die wichtigsten Erziehungsziele für Frau K. sind Verzicht, Rücksichtnahme und die Bereitschaft zu teilen. Sie hat fünf Kinder und wenig Einkommen und muss schon deshalb mehr auf diese Werte achten als ihre Nachbarn, die nur ein Kind haben.

Wichtig ist, dass dem Erziehenden bewusst ist, dass seine persönlichen Zielvorstellungen zum Teil enorme Auswirkungen auf sein erzieherisches Handeln haben. Er muss sie daher immer wieder reflektieren (vgl. Kapitel 6.3.2).

6.2.4 Der Wandel von Werten und Zielvorstellungen

Erziehungsziele unterliegen – wie alles andere auch – dem Wandel der Zeit. Darüber hinaus bringen gen unterschiedliche Kulturen und Gesellschaften auch unterschiedliche Erziehungsziele hervor.

Zu verschiedenen Zeiten gab es verschiedene Erziehungsziele

Da unterschiedliche Zeiten unterschiedliche Anforderungen an die Menschen stellen, ändern sich auch die Erziehungsziele. So ist es zu erklären, dass es in verschiedenen Epochen unterschiedliche Vorstellungen über die notwendigen Ziele der Erziehung gab.

Beispiele

Im Mittelalter galt es als höchstes Gebot, die Kinder zur Frömmigkeit zu erziehen.
Zur NS-Zeit wurden die Kinder in Deutschland vor allem zum Gehorsam erzogen.

Zeltlager 1939: Antreten vor dem Inspektor der Nationalpolitischen Erziehungsanstalten

„Das oberste Erziehungsziel ist der glückliche Mensch", sagte A. S. Neill, ein Vertreter der antiautoritären Erziehung, Ende der 60er-Jahre in der sogenannten Flower-Power-Zeit.
Unsere heutige demokratische Gesellschaft baut auf Bürger, die mündig, emanzipiert, kompromissbereit und tolerant sind; unsere Leistungsgesellschaft braucht ehrgeizigen Nachwuchs mit diesen Schlüsselqualifikationen.

Spiel im antiautoritären Kindergarten

Es gibt jedoch auch Ziele, die über Jahrhunderte hinweg gelten wie z. B., dass man nicht tötet oder stiehlt.

Verschiedene Kulturen haben verschiedene Erziehungsziele

Nicht nur verschiedene Epochen bedingen unterschiedliche Erziehungsziele, sondern auch verschiedene Kulturen. Jede Kultur oder Gesellschaft hat gewachsene Traditionen, die durch die Umwelt, Religion und Lebensweise der Gesellschaft geprägt sind und gewisse Verhaltensweisen bedingen. Eltern und Erzieher vermitteln ihren Kindern diese Verhaltensregeln (Normen), damit die Kinder in der jeweiligen Gesellschaft zurechtkommen (vgl. Kap. 13.2.1).

Beispiel
Vielen türkischen Eltern ist es sehr wichtig, dass ihre Kinder nach den Regeln des Islam leben, Respekt vor den Älteren zeigen, dass die Jungen die Rolle des Beschützers und Ernährers und die Mädchen die der Hausfrau erlernen.
Familienzusammengehörigkeit und die Bindung an die katholische Kirche sind weitverbreitete Werte in Italien.
In Griechenland gelten Bildung und Heimatverbundenheit der Kinder als wichtige Erziehungsziele.

In einer multikulturellen Gesellschaft vermischen sich die Werte und Normen – und damit die Erziehungsziele der verschiedenen Kulturen – immer mehr und verändern sich so.

Fallbeispiel
Die deutsche Schülerin Anna, 17 Jahre, ist begeistert von der Einstellung ihrer türkischen Freundin Alev, dass man mit den Eltern der Freundinnen bei jeder Begegnung etwas Small Talk führen sollte. Anna hat sich vorgenommen, sich diese Höflichkeit anzugewöhnen und später auch einmal ihre eigenen Kinder dahingehend zu erziehen. Ihr selbst wurde diese Höflichkeitsgeste von ihren Eltern nicht vermittelt.

6.2.5 Aktuelle Erziehungsziele

Gesellschaftliche Veränderungen, neue wissenschaftliche Erkenntnisse, die rasante Entwicklung im Bereich der Technik und nicht zuletzt wirtschaftliche Gegebenheiten stellen Kinder und ihre Familien vor neue Anforderungen. Um in der modernen Welt zurechtzukommen und sich zu behaupten, benötigen Kinder, Jugendliche und Erwachsene Kompetenzen oder auch Basiskompetenzen (vgl. Abschnitt 6.2.1 und 11.2).

Kompetenzen lassen sich verschiedenen Teilbereichen zuordnen. In der Literatur findet man häufig folgende Einteilung:

- Personale Kompetenzen: Sie beinhalten die Fähigkeit und Bereitschaft, das eigene Handeln, Entwicklung und Persönlichkeitsmerkmale zu gestalten, kritisch zu hinterfragen und eventuell zu verändern.

- Soziale Kompetenzen: Sie betreffen den Bereich der sozialen Kontakte und des sozialen Lebens. Es geht dabei um die Fähigkeit und Bereitschaft, Kontakte zu knüpfen, zu pflegen und sich in einer sozialen Gemeinschaft zurechtzufinden.

- Fachkompetenz: Unter Fachkompetenz wird die Fähigkeit und Bereitschaft verstanden, konkrete Aufgaben zielgerichtet zu bewältigen mithilfe von Kenntnissen und Fertigkeiten.

- Methodenkompetenz: Diese Kompetenz ermöglicht es, sich Wissen und Fertigkeiten anzueignen, die eigenen Lernstrategien kritisch zu hinterfragen und zu optimieren.

Für die einzelnen Kategorien können dann entsprechende Teilkompetenzen formuliert werden. Beispiele dafür finden Sie in der folgenden Tabelle.

Personale Kompetenzen	Soziale Kompetenzen	Fachkompetenz	Methoden-kompetenz
z. B. Selbstständigkeit, Zuverlässigkeit, Frustrationstoleranz, Selbstreflexion,	z. B. Interesse an anderen zeigen, sich mitteilen und zuhören können, Regelbewusstsein, Kooperationsfähigkeit	z. B. Grundkenntnisse im Lesen, Schreiben, Rechnen; Allgemeinbildung; spezielle Kenntnisse für bestimmte Bereiche	z. B. Informationen sammeln und strukturieren, Zeitplanung, Ergebnisse visualisieren, Problemlösestrategien beherrschen

Eine genaue Definition und Aufschlüsselung der Basiskompetenzen, wie sie im Bayerischen Bildungs- und Erziehungsplan vorgenommen wird, finden Sie in Kapitel 11.

6.3 Die Umsetzung von Erziehungszielen

Zwischen der theoretischen Zielsetzung und dem tatsächlichen Erreichen des Zieles in der Erziehung liegt meist ein langer und schwieriger Weg. Viele Erziehende haben das Problem, dass sie zwischen unterschiedlichen Zielen hin und her gerissen sind, dass ihnen vorgeworfen wird, die falschen Ziele verfolgt zu haben, oder dass sie mit ihrem erzieherischen Handeln ihre Ziele nicht zu erreichen scheinen.

6.3.1 Möglichkeiten zur Umsetzung pädagogischer Erziehungsvorstellungen

Voraussetzung für eine erfolgreiche Umsetzung von Zielen ist die Erkenntnis, dass es einen engen Zusammenhang zwischen Zielen und der pädagogischen Vorgehensweise gibt. Die Orientierung an Kompetenzen bringt auch eine Neubewertung der pädagogischen Aktivitäten mit sich.

> *„Kompetenzen lassen sich nicht vermitteln. Vielmehr sind Bildungsprozesse so zu gestalten, dass Kinder selbsttätig ihre bereits vorhandenen Kompetenzen einsetzen und weiterentwickeln und zugleich neue Kompetenzen erwerben können."*
> (Staatsinstitut für Frühpädagogik, 2010, S. 26)

In diesem Zusammenhang taucht immer wieder der Begriff „ganzheitliches Lernen" auf. Die Gesellschaft für Ganzheitliches Lernen e. V. gibt eine Definition des Begriffs:

Ganzheitliches Lernen heißt:
- mit allen Sinnen lernen
- mit Freude forschen und entdecken
- eigene und konkrete Erfahrungen machen
- hirngerecht lernen und vernetzt denken

- sich bewegen und im Gleichgewicht halten
- eigen- und mitverantwortlich handeln

(vgl. Gesellschaft für Ganzheitliches Lernen e. V., 2008)

Besonders bedeutsam sind die Aspekte „mit allen Sinnen lernen" und die Handlungsorientierung, also eigene und konkrete Erfahrungen zu machen. Des Weiteren ist zu berücksichtigen, dass der Entwicklungsstand des Kindes bedacht werden muss, denn ein Kind kann nur auf der Basis seiner Erfahrungen, Kenntnisse und Fertigkeiten lernen. Auch die Interessen und Bedürfnisse sind zu beachten. Weitere Ausführungen zu Konsequenzen für die pädagogische Arbeit finden Sie in Kapitel 1 und in Kapitel 10.

Fallbeispiel

In der Handlungssituation zu Beginn des Kapitels beobachtete die Kinderpflegerin das Rollenspiel von Kindern, die zuerst ihre Puppen und später sich gegenseitig untersuchten. Anlass dafür war, dass ein Kind gerade einen Krankenhausaufenthalt hinter sich hatte. Weil die Kinder lange an diesem Thema festhielten, wurde das Thema im Alltag aufgegriffen.

Das Thema fand Eingang in den Krippen- und Kindergartenalltag, z. B. in Form einer themenbezogenen Bücher- und Vorleseecke, in täglichen Ritualen wie Wickeln, Essen oder im Morgenkreis. So konnte das Thema aus mehreren Perspektiven bearbeitet werden.

Auch als Projekt „Mit Kindern den eigenen Körper erforschen" wurde das Thema aufgegriffen:

- *Einführend gab es Gespräche mit den Kindern über den menschlichen Körper und die verschiedenen Körperteile (Kopf, Hände, Bauch, Beine).*

- *Um herauszufinden, wie der eigene Körper aussieht, legte sich jedes Kind auf einen Bogen Papier, damit der Körperumriss nachgezeichnet werden konnte.*

- *Um ihre Körper vergleichen zu können, wurde ein großer Spiegel in den Gruppenraum gestellt; so konnten die Kinder sich sehen, auf ihre Körperteile zeigen und diese benennen.*

- *Beim Betrachten von Büchern zum Thema Körper erkannten die Kinder ihnen bekannte Körperteile wieder.*

- *In den nächsten Tagen wurden die Kinder in ihren Kenntnissen immer sicherer und sie malten nun mit Buntstiften die ihnen bekannten Körperteile auf ihren Umriss. Diese wurden ausgeschnitten und im Flur aufgehängt.*

- *Vor ihren Abbildern im Flur stehend konnten die Kinder ihren Umriss wiedererkennen und freuten sich, wenn sie auch ein anderes Kind erkannten. Da die Umrisse auf Augenhöhe der Kinder angebracht waren, entwickelte sich das Spiel „In den Körper zurückschlüpfen".*

- *Einige Zeit später entdeckten die Kinder das Spiel erneut. Ein Kind stellte nun fest, dass es gewachsen war. Es passte nicht mehr in den Umriss hinein.*

(vgl. Becker-Stoll/Berkic/Kalicki, 2010, S. 193/194)

6.3.2   Die Notwendigkeit der Reflexion von Erziehungszielen

Erziehende sind nicht nur dafür verantwortlich, dass die Erziehungsziele erreicht werden, sondern sie sind auch für die Erziehungsziele verantwortlich, die sie verfolgen.

Diese Verantwortung verlangt von Erziehenden die Bereitschaft und die Fähigkeit, über die eigenen **und** die ihnen vorgeschriebenen Erziehungsziele immer wieder nachzudenken, sie zu vergleichen und zu überprüfen.

In unserer demokratischen und pluralistischen Gesellschaft gibt es sehr viele verschiedene Erziehungsziele, weil es viele verschiedene Meinungen und Einstellungen, Normen und Werte gibt. Welche man davon für „richtig" oder „falsch", für „gut" oder „verwerflich" hält, muss man letztendlich selbst entscheiden und verantworten. Viele Erziehungsziele sind durch die Gesetze vorgeschrieben und werden durch Normen und Werte der Gesellschaft festgelegt. Doch die Geschichte hat gezeigt, dass auch vorgegebene pädagogische Zielvorstellungen nicht immer „richtig" oder „gut" sind und dass Erziehende diese nicht einfach unkritisch übernehmen sollten. Erziehungsziele werden oft dazu missbraucht, die eigene Macht zu sichern.

Beispiel
Zur Demut und zum Gehorsam erzogene Menschen werden sich kaum gegen ihre Vorgesetzten auflehnen und Widerstand leisten.

Weil viele pädagogische Fachkräfte sich bei der Wahl ihrer Erziehungsziele nach den derzeitigen Normen und Werten einer Gesellschaft richten, werden z. T. neue, für die Zukunft erforderliche Ziele nicht zugelassen.

Beispiel
Für viele Eltern ist es in unserer Leistungsgesellschaft viel wichtiger, dass ihr Kind bereits im Kindergarten die ersten Buchstaben des Alphabets oder das Zählen lernt, als dass es seine kreativen Ideen ausleben kann.

So wie Erziehende Erziehungsziele kritisch überdenken sollten, können sie sich umgekehrt aber auch nicht über die Normen und damit Ziele einer Gesellschaft hinwegsetzen, denn sie müssen die Kinder dazu befähigen, in dieser Gesellschaft zurechtzukommen, in der es gewisse Verhaltensregeln gibt, die jeder einhalten muss.

Beispiel
Auch Anhänger des Laissez-faire[1]-Erziehungsstils sollten ihren Kindern vermitteln, dass sie – auch wenn sie gerade Lust dazu haben – nicht die Wände anderer Leute beschmieren dürfen, weil sie sonst mit negativen Reaktionen dieser Leute zu rechnen haben. Die Kinder müssen auch lernen, dass sie in die Schule gehen müssen.

Erziehende müssen auch immer wieder überprüfen, ob ihre persönlichen Zielvorstellungen mit den Werten und Zielen ihres Arbeitgebers übereinstimmen und ob diese Ziele nach wie vor sinnvoll sind.

Beispiel
Nachdem sich die Kinderpflegerin umfassend über die Reggio-Pädagogik mit ihren Erziehungszielen informiert hat, versucht sie, das Team in ihrem Kindergarten davon zu überzeugen, auch nach diesem pädagogischen Handlungskonzept zu arbeiten, weil es ihrer Meinung nach viele Vorteile hat.

Erziehende müssen auch klar unterscheiden, welche Zielvorstellungen ihre persönlichen sind und welchen Einfluss diese auf ihre berufliche Tätigkeit haben. Einschneidende persönliche Erlebnisse nähren auch bei Erziehenden manchmal Zielvorstellungen, die nicht unbedingt gut sind.

---

[1] *laissez-faire (frz. lasst machen, lasst gehen): das Gewährenlassen*

Frau F., Erzieherin in einem Kinderheim, die in ihrem Leben von den Männern sehr enttäuscht wurde, vermittelt den Mädchen im Heim, dass sie keinem Mann vertrauen dürfen.

Derartige negative persönliche Zielvorstellungen müssen professionell Erziehende abbauen, damit sie ihre berufliche Tätigkeit nicht negativ beeinflussen.

6.3.3 Der Umgang mit unterschiedlichen Werten und Zielvorstellungen

Da Erziehende unterschiedliche Erziehungsziele haben können, kann es natürlich auch passieren, dass in einer Einrichtung **divergierende (auseinandergehende) Erziehungsziele** aufeinandertreffen, aufgrund derer die pädagogischen Fachkräfte miteinander in Konflikt geraten.

Fallbeispiel
Die Erzieherin Anna und die Kinderpflegerin Sophia arbeiten beide in einer Tagesstätte für behinderte Kinder. Während Anna den Gehorsam der Kinder als hauptsächliches Ziel der Erziehung sieht, ist Sophia der Meinung, dass es doch viel wichtiger sei, den Kindern beizubringen, dass sie möglichst selbstständig denken, selbst entscheiden und kritisch sind. Über diesen Punkt streiten Anna und Sophia des Öfteren.

Es kann auch geschehen, dass die in einer Einrichtung beschäftigten pädagogischen Fachkräfte nicht immer ganz mit den vom Träger der Einrichtung vorgegebenen Erziehungszielen übereinstimmen.

Fallbeispiel
Der Kinderpfleger Michael ist davon überzeugt, dass es seine Aufgabe sei, aus den Kindern „aufgeklärte" Menschen zu machen, die nur glauben, was naturwissenschaftlich bewiesen werden kann. Der kirchliche Träger erwartet von seinen Angestellten jedoch, dass sie die Kinder vor allem zu gläubigen Menschen erziehen.

Unterschiedliche Erziehungsziele sind oft so divergent, dass sie nicht miteinander zu vereinbaren sind. Sie führen ein Kind in völlig verschiedene Richtungen und erfordern zudem **unterschiedliche Erziehungsmethoden**. Das Kind wird verwirrt und weiß nicht mehr, was es tun soll bzw. was richtig ist.

Fallbeispiel
Die nicht gläubige Erzieherin Laura erzählt den Kindern, dass sie sich nicht auf die Hilfe Gottes ver-
lassen sollen, weil es keinen Gott gibt. Die gläubige Kinderpflegerin Sabrina erzählt den Kindern
von Gott und möchte, dass sie an Gott glauben. Die Kinder wissen nicht mehr, was sie nun glauben
sollen.

In solchen Fällen ist es sehr wichtig, dass man über die unterschiedlichen Erziehungsziele
spricht und dieses Problem in gemeinsamen Teamsitzungen, pädagogischen Konferenzen und
Gesprächen mit dem Träger zum Thema macht. Erziehende wie Träger müssen über ihre Erziehungsziele immer wieder nachdenken und überlegen, ob und inwieweit die Ziele sinnvoll sind.
Kein Erziehender sollte Erziehungsziele, die seiner Meinung nach nicht richtig sind, abwerten,
verurteilen und einfach nur ablehnen. Für die meisten Erziehungsziele gibt es gute Gründe.
Doch müssen diese Gründe gemeinsam durchleuchtet werden. Auch muss immer wieder
gefragt werden, ob sie sinnvoll sind. Erziehende mit gegensätzlichen Erziehungszielen müssen
sich auf gemeinsame Erziehungsziele einigen, damit die Kinder nicht verwirrt werden.
Deshalb sollten sich Erziehende bereits vor der Wahl ihres Arbeitsplatzes die Institutionen
auswählen, deren pädagogische Handlungskonzepte (vgl. Kap. 6.4) und Erziehungsziele sie
vertreten können. Als Arbeitnehmer sind sie verpflichtet, die Ziele des Arbeitgebers zu verfolgen.

Beispiel
Eine Kinderpflegerin bewirbt sich in Montessori-Kindergärten, weil sie von der Montessori-Pädagogik
überzeugt ist.

Nicht nur die Erziehungsziele verschiedener pädagogischer Fachkräfte können sich
widersprechen, sondern auch die Erziehungsziele einer Erziehungsperson können völlig
gegensätzlich sein.

Fallbeispiel
Zwei Kinder im Kindergarten streiten. Dem Kinderpfleger Maximilian ist bewusst, dass die Kinder
lernen sollen, aufeinander Rücksicht zu nehmen, dass sie jedoch auch lernen müssen, sich durch-
zusetzen.

Gegensätzliche Erziehungsziele erfordern oft ganz unterschiedliche Verhaltensweisen, sodass
der Erzieher sich für einen Weg entscheiden muss, weil er nicht gleichzeitig beide Erziehungsziele verwirklichen kann. Wenn beide Erziehungsziele wichtig sind, sollte man versuchen, dem
Kind mit zunehmendem Alter verständlich zu machen, dass beide Eigenschaften – je nach den
Umständen – erforderlich sind.
Es gibt gegensätzliche Erziehungsziele, die einem Kind vermittelt werden müssen, jedoch
nicht gleichzeitig erreicht werden können.

6.4   Pädagogische Handlungskonzepte und ihre Erziehungsziele

Pädagogische Handlungskonzepte sind klar umrissene Grundvorstellungen oder Leitpro-
gramme darüber, wie Kinder in einer Einrichtung erzogen werden. Sie beinhalten pädagogische Zielvorstellungen und sind – wie die Erziehungsziele – dem Wandel der Zeit sowie dem
Einfluss der jeweiligen Gesellschaft unterworfen.

Jede Einrichtung (z. B. ein Kindergarten) arbeitet nach einem bestimmten Ansatz, um ein ziel-loses und damit uneffektives Vorsichhinarbeiten zu vermeiden. In einem Handlungskonzept sind in der Regel Annahmen über das Wesen des Kindes und dessen Entwicklung, eine bestimmte Sichtweise von der Rolle bzw. Aufgabe des Erziehenden sowie die Ziele und Metho-den der pädagogischen Arbeit einer Einrichtung festgelegt.

Definition

Pädagogische Handlungskonzepte *sind Programme, die festlegen, wie Kinder in einer Ein-richtung erzogen werden.*
Sie beinhalten
- *Annahmen über das Wesen des Kindes und dessen Entwicklung,*
- *eine bestimmte Sichtweise von der Rolle bzw. Aufgabe des Erziehenden sowie*
- *die Ziele und Methoden der pädagogischen Arbeit einer Einrichtung.*

Es gibt eine Reihe unterschiedlicher pädagogischer Handlungskonzepte – je nach Menschen-bild und Zielvorstellungen. Ein Handlungskonzept, dem alle zustimmen, gibt es nicht.

6.4.1 Klassische pädagogische Handlungskonzepte

Im Folgenden werden die klassischen Handlungskonzepte der Montessori-Pädagogik, der Waldorf-Pädagogik und der Reggio-Pädagogik vorgestellt.

Die Montessori-Pädagogik

Die Montessori-Pädagogik[1] geht davon aus, dass jedes Kind einen „inneren Bauplan" der Seele besitzt, der bewirkt, dass seine psychische Entwicklung sozusagen automatisch nach diesem individuellen Plan verläuft. Da dieser Bauplan durch unsachgemäßes Eingreifen des Erziehenden oder durch ungünstige Umwelteinflüsse sehr leicht gestört werden kann, hat der Erziehende die wichtige Aufgabe, eine Umwelt zu schaffen, die den Bedürfnissen des Kindes und damit dessen innerem Bauplan gerecht wird.

Weil sich das Kind nach seinem inneren Bauplan entwickelt, wird es in der Montessori-Pädagogik auch als „sein eigener Baumeister" bezeichnet. Das Kind arbeitet selbst an der Entwicklung seiner eigenen Persönlichkeit. Es setzt sich selbst mit seiner Umwelt auseinan-der, entwickelt aus seinen eigenen Ideen und Fähigkeiten heraus eigene Aktivitäten und wählt automatisch das Material zum Spielen aus, das in seiner Situation für seine Entwicklung momentan am wichtigsten ist. Lässt der Erziehende dem Kind nicht den Freiraum, sich selbst nach seinem Bauplan zu entfalten, so kann sich das Kind nicht normal entwickeln.

Als Beweis dafür, wie intensiv das Kind an seiner eigenen Entwicklung arbeitet, wird die **Polari-sation der Aufmerksamkeit**, d. h. die ungeteilte Aufmerksamkeit des Kindes, gesehen. Das Kind konzentriert sich vollständig auf sein Spiel oder seine Arbeit. Es versinkt darin, wird eins mit ihm und lässt sich durch nichts und niemanden ablenken. Dieses Versinken bewirkt Entwicklung.

---

[1] *Maria Montessori (1870–1952) war die erste Ärztin Italiens und arbeitete in der Kinderabteilung der Psychiatrischen Uniklinik in Rom. Sie setzte sich für eine „Sondererziehung" geistig behinderter Kinder ein und eröffnete 1907 ihr erstes Kinderhaus in einem Elendsviertel in Rom, in dem sie ihr pädagogisches Konzept umsetzte.*

Die Montessori-Pädagogik geht weiter davon aus, dass jedes Kind einen „absorbierenden Geist" besitzt, was bedeutet, dass ein Kind in den ersten Lebensjahren die Fähigkeit besitzt, Umwelteindrücke in sich aufzunehmen und im Unterbewusstsein zu speichern.

Beispiel
Das Kind nimmt die Wörter und Sätze auf, die es in seiner Umgebung hört – noch bevor es selbst überhaupt sprechen kann.

Weil das Kind alles in sich aufnimmt, was ihm seine Umgebung bietet, stellt sich für den Erziehenden die Aufgabe, die Umgebung des Kindes so zu gestalten, dass das Kind eine Vielzahl an positiven Reizen und Umwelteindrücken aufnehmen kann. Die Aufnahme bestimmter Umwelteindrücke ist vor allem von den sogenannten **sensiblen Perioden** abhängig. Das Kind durchlebt in seiner Entwicklung bestimmte Zeitabschnitte, in denen es für bestimmte Umwelteindrücke und damit für den Erwerb bestimmter Fähigkeiten besonders empfänglich ist. Werden dem Kind in einem bestimmten Zeitabschnitt Umweltreize geboten, für die es gerade sehr empfänglich ist, dann lernt das Kind sehr schnell und nachhaltig.

Beispiel
Die ersten drei Lebensjahre sind eine sensible Periode für die Sprachentwicklung. Das Kind nimmt in dieser Zeit vor allem die sprachlichen Reize in sich auf und speichert sie. Wird mit einem Kind in dieser Zeit nicht oder zu wenig gesprochen, so hat es später weit größere Probleme, sprechen zu lernen und kann den Rückstand nie wieder vollständig aufholen.

Auf der Basis dieser Grundannahmen entwickelte Maria Montessori ihr pädagogisches Handlungskonzept. Es kommt ihr in der Erziehung vor allem auf folgende Aspekte an:

- **Die vorbereitete Umgebung**
  Das ist eine Umgebung, die den Kräften und psychischen Fähigkeiten des Kindes entspricht, dem Kind geeignete und gut geordnete Materialien zur Verfügung stellt und ihm sowohl genügend Bewegungsmöglichkeiten als auch ruhige Arbeitsplätze bietet. In dieser Umgebung wird das Kind nicht unterdrückt, sondern kann sich frei entfalten.

- **Die Entwicklungsmaterialien**
  Das von Maria Montessori entwickelte Material soll dem Kind helfen, Denk und Ordnungsstrukturen aufzubauen. Kennzeichnend ist die „Isolation von Merkmalen", was bedeutet, dass die Materialien sich z. T. nur in ihrer Größe, ihrer Form oder ihrer Farbe unterscheiden. Montessori wollte durch diese Hervorhebung eines Merkmals die Klassifikation von Eigenschaften ermöglichen. Die Kinder gewinnen Erkenntnisse im aktiven Umgang mit den Materialien, so begreifen sie die Welt. Jedes Material hat eine Fehlerkontrolle eingebaut. Das Kind kann so selbst überprüfen, ob es alles richtig gemacht hat. Montessori-Materialien gibt es für verschiedene Entwicklungsbereiche und Altersstufen.

- **Die freie Wahl**
  Damit das Kind – gemäß seinem inneren Bauplan und seinen sensiblen Perioden – ganz individuell seinen Interessen nachgehen und seine Entwicklung weiter vorantreiben kann, muss das Prinzip der freien Wahl berücksichtigt werden. Innerhalb der Freispielzeit kann das Kind daher frei entscheiden, womit, wie lange und mit wem zusammen es sich beschäftigen will.

- **Die vorbereitete Erzieherin/Lehrkraft**
  Diese Individualität und Eigenaktivität des Kindes verlangt eine andere Haltung von der Erziehenden. Sie soll dem Kind nicht ihren Willen aufdrängen, sondern eine optimale Umgebung vorbereiten und das Kind in seiner Entwicklung unterstützen, nach dem Grundsatz: „Hilf mir, es selbst zu tun!" Entsprechend ist auch die Darbietung der Materialien zu gestalten. Maria Montessori macht hier detaillierte Angaben.

Geht man davon aus, dass die Entwicklung eines Kindes automatisch nach dessen individuellem inneren Bauplan verläuft, so erübrigt sich die Frage, welche Verhaltensweisen und Eigenschaften man einem Kind als positiv vermitteln soll. Die Montessori-Pädagogik wird daher von einigen wenigen, aber sehr zentralen Erziehungszielen geleitet. Zum einen geht es darum, Selbstständigkeit und Selbsttätigkeit des Kindes zu ermöglichen, und zum anderen, dem Kind positive Umwelteindrücke zu vermitteln. Zur Selbstständigkeit und Selbsttätigkeit gehören sowohl die Entscheidung, womit, wie lange und mit wem man sich beschäftigen will, als auch die eigenständige Fehlerkorrektur, der selbstständige Umgang mit den Materialien, das selbstständige Aufräumen sowie die Einhaltung der Ordnung.

Die Waldorf-Pädagogik
Die Waldorf-Pädagogik nach Rudolf Steiner[1] geht zum einen davon aus, dass der Mensch aus vier „Wesen" besteht, und zum anderen, dass die Entwicklung des Menschen – seiner vier Wesen – in einem Siebenjahresrhythmus verläuft.
Zu den **vier Wesen des Menschen** gehört der **physische Leib**, der sichtbar ist und sich nicht von der leblosen Materie der Umwelt unterscheidet. Der **Ätherleib** befähigt den Menschen – wie auch Tiere und Pflanze – zu Wachstum und Fortpflanzung. Der **Astralleib** ermöglicht dem Menschen – wie den Tieren – Gefühle und Empfindungen. Das **Ich** als höchste Stufe verleiht dem Menschen sein Bewusstsein und seine individuelle Persönlichkeit.

Der Verlauf der menschlichen Entwicklung im **Siebenjahresrhythmus** verläuft entsprechend der vier Wesen in vier Phasen:

- Im **ersten Jahrsiebt** (0–7 Jahre, Zahnwechsel) entwickelt sich der physische Leib, d. h. der Körper und die Organe des Kindes, durch die Auseinandersetzung mit der Umwelt. Das Kind ahmt alle Umwelteindrücke wahllos und vertrauensvoll nach und „verleibt sie sich regelrecht ein". Es kann in dieser Zeit noch nicht unterscheiden, was gut und böse, richtig

---

[1] *Rudolf Steiner (1861–1925) studierte Philosophie, beschäftigte sich jedoch auch mit Pädagogik, Architektur, Landwirtschaft, Medizin und Religion. Als Pädagoge wollte er eine Wissenschaft haben, mit der er nicht nur – wie mit den Naturwissenschaften – den Körper des Menschen erforschen konnte, sondern den ganzen Menschen mit Geist und Seele. Er entwickelte daher eine geisteswissenschaftliche Lehre vom Menschen, die sogenannte Anthroposophie. Als er im Auftrag des Fabrikinhabers der Waldorf-Astoria-Zigarettenfabrik 1919 in Stuttgart eine Schule für die Arbeiter und Angestellten der Fabrik errichtete, entstand die erste Waldorfschule.*

oder falsch ist. Ob der Prozess der Organbildung gesund oder krank machend verläuft, hängt ganz von den Sinneseindrücken und Vorbildern ab, die das Kind in sich aufnimmt bzw. nachahmt. Hauptaufgabe des Erziehenden in dieser Zeit ist daher, dem Kind eine friedliche und harmonische Umgebung zu schaffen und ihm ein gutes Vorbild zu sein, indem der Erziehende mit Freude, ruhig und sicher seine tägliche Arbeit verrichtet. Er muss dem Kind genügend Zeit lassen, mit den Materialien der Natur sowie des Alltags seine Umwelteindrücke zu verarbeiten und seine Fantasie auszuleben.

- Im **zweiten Jahrsiebt** (7–14 Jahre) entwickelt sich der Ätherleib, der Wachstumskräfte freisetzt. Typisch für diesen Abschnitt ist, dass zum einen die Wachstumskräfte die Gedächtnisfähigkeiten, Denk- und Lernleistungen des Kindes ganz wesentlich beeinflussen und dass das Kind in dieser Zeit Autoritäten braucht, zu denen es aufschauen kann. Der Erziehende muss daher die geistigen Leistungen in dieser Zeit entsprechend fördern, und er muss sich vorbildhaft verhalten, damit er vom Kind bewundert werden kann und somit eine echte Autorität darstellt.

- Im **dritten Jahrsiebt** (14–21 Jahre) entwickelt sich der Astralleib. Der Jugendliche wird mit intensiven Gefühlen und Empfindungen konfrontiert, mit denen er sich auseinandersetzen muss. Er ist auf der Suche nach seinem eigenen Ich und dem Sinn des Lebens. Er setzt seine geistigen Fähigkeiten verstärkt ein, entwickelt Vernunft, ein eigenes Urteilsvermögen und eigene Ideale. Die Aufgabe des Erziehenden besteht darin, Vernunft und Urteilsvermögen des Jugendlichen vor allem durch Sachlichkeit zu fördern.

- Im **vierten Jahrsiebt** (21–28 Jahre) entwickelt sich mit dem Ich die Fähigkeit zur bewussten Reflexion und zur Selbstbestimmung. Der Mensch wird zunehmend fähig, sowohl im Privat- und im Berufsleben als auch in der Gesellschaft Verantwortung zu übernehmen, und er entwickelt damit eine eigene individuelle Persönlichkeit. Erziehung durch einen Erziehenden ist nicht mehr erforderlich.

Das Wissen um die vier Wesen und den Siebenjahresrhythmus ist nach Ansicht der Waldorf-pädagogen sehr wichtig, weil nur dadurch deutlich wird, zu welcher Zeit der Erziehende die Möglichkeit und auch die Verpflichtung hat, auf den jeweiligen Entwicklungsbereich einzuwirken.

Die Waldorf-Pädagogen wollen einen selbstständigen und mündigen Bürger heranziehen. Fantasie und Kreativität, Konzentrationsfähigkeit und Ausdauer, Vernunft und ein gesundes Urteilsvermögen sind für sie wichtige Fähigkeiten und Charaktereigenschaften, die der Mensch in den jeweiligen Jahrsiebten erwerben muss, um sich gesund weiterentwickeln zu können. Ihr Ziel ist es, die Erziehung zur Freiheit, d. h. die Befähigung zum selbstständigen Umgang mit den „Denk-, Gefühls- und Willenskräften", zu fördern.

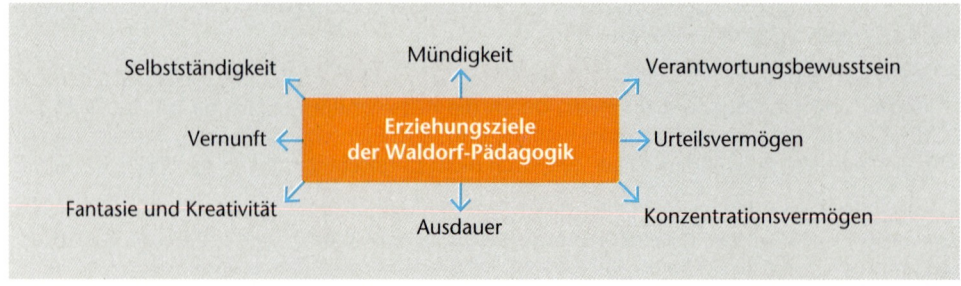

Die Reggio-Pädagogik

Die Reggio-Pädagogik[1] geht davon aus, dass sich das Kind aufgrund seiner Neugierde, seiner Entdeckungsfreude, seiner Energie, seiner Abenteuerlust und seiner Kompetenzen seine eigene Entwicklung selbst gestaltet. Das Kind macht sich von Geburt an durch seine Sinneswahrnehmungen und -erfahrungen sowie durch die Auseinandersetzung mit seinen Mitmenschen ein eigenes (subjektives) Bild von der Welt.

Die Alltagserfahrungen der Kinder, der Austausch der Kinder untereinander und mit den Erwachsenen sowie ihr gemeinsames Forschen führen sowohl zu den Fragen der Kinder als auch zu deren Beantwortung. Die verschiedenen Sinneserfahrungen der Kinder führen zu den **„hundert Sprachen der Kinder"**, womit gemeint ist, dass die Kinder viele verschiedene Arten haben und benötigen, um sich auszudrücken: durch die verbale Sprache, durch Mimik und Gestik, durch Symbole, durch Musik, durch Tanz, durch ein Spiel (meist Rollenspiel), durch ein Bild, durch eine Bastelarbeit usw.

Aufgabe des Erziehenden ist nicht, den Kindern etwas beizubringen und ihnen vorgefertigtes Wissen überzustülpen, sondern sie zu beobachten und zu verstehen, zu dokumentieren, zuzuhören und zu kommunizieren, zu begleiten und Impulse zu geben.

> *„Ob ein Inhalt bildend wirkt, hängt nicht von ihm selbst, sondern vom Kind und der Gestaltung des Bildungsprozesses ab."*
> (Brockschneider, 2006, S. 8)

Der Erziehende versucht zu erfahren, was im Kopf der Kinder vor sich geht. Als „drittes Auge" oder „drittes Ohr" versucht er, die „hundert Sprachen der Kinder" und damit ihre kindliche Erfahrungswelt wahrzunehmen, zu verstehen und er respektiert sie. Der Erziehende beobachtet aufmerksam die Aktivitäten der Kinder und dokumentiert den Austausch der Kinder untereinander sowie die Ergebnisse ihres gemeinsamen Forschens und Lernens.

Der Erziehende ermöglicht den Kindern Kontakt sowohl mit Gleichaltrigen als auch mit Kindern anderer Alters- und Entwicklungsstufen. Er fördert den Austausch der Kinder untereinander sowie ihr gemeinsames Forschen. Als Erwachsener hört er den Kindern aufmerksam zu und ist Dialogpartner für die Kinder.
Der Erziehende stellt Zeit, Raum und Material für die Beantwortung der Fragen der Kinder zur Verfügung und beachtet dabei den

---

[1] *Die Reggiopädagogik ist nach dem Zweiten Weltkrieg in den Kindertagesstätten der norditalienischen Stadt Reggio Emilia von den dort tätigen Pädagoginnen und Pädagogen entwickelt worden. Ihr bekanntester Vertreter ist Prof. Loris Malaguzzi (1920–1994), Leiter des ersten Reggio-Kindergartens und langjähriger Leiter des Koordinationsbüros der kommunalen Kindertagesstätten in Reggio Emilia.*

Grundsatz, dass die Entdeckung der richtigen Fragen wichtiger ist als das Finden richtiger Antworten. Er stellt inspirierende Räume zur Verfügung, in denen sich die Kinder wohlfühlen und angeregt werden, die Welt zu erforschen und zu untersuchen. Die Räume gelten als **„dritter Erzieher"**. Durch die Bereitstellung von Materialien, Werkzeugen, Musikinstrumenten usw. können die Kinder ihre eigenen Ausdrucksformen weiterentwickeln und damit zum Ausdruck bringen, was sie bewegt und interessiert. Wahrnehmungsförderung, Ausdrucks- und Kunsterziehung spielen eine zentrale Rolle.

Aufgrund seiner Beobachtungen versucht der Erziehende herauszufinden, was die einzelnen Kinder gerade für ihre Entwicklung brauchen und knüpft mit seinem pädagogischen Handeln daran an. Er bietet Hilfen und Ressourcen an und gibt weiterführende Ideen und Impulse, die die Kinder zum eigenständigen Weiterdenken anregen.

Ziele der Reggio-Pädagogik sind z. B.:

- Aufbau einer eigenen Identität,
- Ausbildung von Individualität,
- Erkennen eigener Kräfte und Fähigkeiten,
- Verwirklichung der eigenen Potenziale,
- Erweiterung der eigenen Potenziale,
- Offenheit,
- Reflexionsfähigkeit,
- Sensibilität,
- Verantwortungsbewusstsein,
- Selbstständigkeit,
- Selbstbewusstsein,
- Zugehörigkeitsgefühl zu anderen,
- Problemlösefähigkeit,
- differenzierte Wahrnehmungsfähigkeit,
- Ausdrucksfähigkeit,
- Kreativität,
- Fähigkeit, in der Gesellschaft zurechtzukommen und sich zu behaupten,
- Fähigkeit, Hilfe von anderen anzunehmen,
- Bereitschaft, sich anzustrengen,
- Bereitschaft, selbstständig an Lösungen zu arbeiten,
- Fähigkeit, eigenständig Wissen zu erwerben.

6.4.2   Ein aktuelles pädagogisches Handlungskonzept: Der offene Kindergarten

Der „offene Kindergarten" ist ein aktuelles pädagogisches Handlungskonzept, das – wie die Montessori-Pädagogik – davon ausgeht, dass das Kind von Anfang an ein kompetenter Konstrukteur seiner eigenen Entwicklung ist und die Aufgabe des Erziehenden zum Großteil darin besteht, dem Kind eine herausfordernde Umgebung, also Spielräume und Spielbereiche zu schaffen, in dem sich das Kind seinen individuellen Bedürfnissen entsprechend entwickeln und lernen kann. Das Kind wird als eigenständige, neugierige und weltoffene Persönlichkeit mit individuellen Erfahrungen, Bedürfnissen und Interessen gesehen, das es zu unterstützen und zu begleiten gilt.

Damit das Kind autonom und selbstorganisiert seinen individuellen Spiel- und Lernbedürfnissen nachgehen kann, muss es genügend räumlichen Freiraum und Spielmöglichkeiten haben.

Folgende „vier Freiheiten" kennzeichnen daher den offenen Kindergarten:
- „die freie Wahl von Spielort und Spielplatz
- die freie Wahl von Spielzeug und Sachen zum Spielen, von Spielthema und Spielinhalt
- die freie Wahl von Spielpartner und Spielgruppe
- die freie Wahl von Spieldauer"

(Regel/Kühne, 2007, S. 25)

In der konkreten Umsetzung bedeutet dies:

- Öffnung der Türen: Kinder können frei entscheiden, wohin sie gehen und was sie machen. Der gesamte Kindergarten einschließlich Außengelände bietet verschiedene Spielbereiche, z. B. für Bewegungsspiele, für kreatives Gestalten, zum Experimentieren, für Rollenspiele, zum Kochen und Essen, einen Ruhebereich usw.

- gruppenübergreifendes Arbeiten: Es gibt keine festen Kindergartengruppen. Durch die selbstständige Wahl eines Spiels bzw. Spielbereichs wählt das Kind auch seine Spielgruppe und gehört – bei den verschiedenen Beschäftigungen in den verschiedenen Spielbereichen – automatisch verschiedenen Kleingruppen an.

- Umgestaltung des gesamten Kindergartens und Gleichwertigkeit des Innen- und Außenbereichs: Der gesamte Kindergarten – Gruppenräume, Nebenräume und Flure sowie der Außenbereich – sind zu unterschiedlichen Spielräumen und Spielbereichen gestaltet, die alle gleichermaßen genutzt werden können.

Beispiel

„So lädt die Cafeteria dazu ein, zu einer selbstbestimmten Zeit dort zu frühstücken, eventuell zusammen mit Freunden, oder sich hier auch zwischendurch zu treffen. Im Ruheraum wird die Gelegenheit gegeben, sich auszuruhen oder sogar zu schlafen bzw. in ruhigem Tun zu verweilen. Die vielen Bewegungsmöglichkeiten drinnen und draußen ermuntern dazu, dem eigenen Bewegungsdrang zu folgen, allein oder gemeinsam mit anderen." (Regel/Kühne, 2007, S. 23)

Neben den individuellen Freiheiten und Entscheidungsmöglichkeiten sind die Teilhabe am Leben im Kindergarten und das gemeinsame Lernen wichtige Prinzipien. Da die individuellen Freiheiten durch festgelegte maximale Gruppengrößen oder andere Regelungen ihre Grenzen haben, lernen die Kinder auch, in der Gemeinschaft zurechtzukommen. Die Kinder haben die Möglichkeit, bei der Festlegung der gemeinsamen Regeln wie bei der Strukturierung und Gestaltung der Tagesabläufe mitzuwirken. Sie lernen, mitzugestalten und nicht nur für sich selbst, sondern auch für das Geschehen im Kindergarten Verantwortung zu übernehmen.

Ziele und Kompetenzen, die im offenen Kindergarten besonders verfolgt werden, sind daher z. B.:
- Selbstständigkeit
- Entscheidungsfähigkeit
- Eigenverantwortung und Mitverantwortung
- Fähigkeit und Bereitschaft, für sich und andere Verantwortung zu übernehmen
- Fähigkeit, sich selbst zu organisieren
- Fähigkeit, die eigenen Angelegenheiten selbst zu regeln
- Fähigkeit und Bereitschaft zur Mitwirkung und Mitgestaltung
- Wissen, dass Handlungen Konsequenzen mit sich tragen
- Fähigkeit, Konflikte gemeinsam zu lösen

Zusammenfassung

Z

Kompetenzen
In der modernen Welt benötigen Kinder Kompetenzen, um die Herausforderungen, die an sie gestellt werden, zu bewältigen. Unter einer Kompetenz versteht man die Fähigkeit und die Bereitschaft des Einzelnen, Kenntnisse und Fertigkeiten sowie persönliche, soziale und methodische Fähigkeiten zu nutzen, um verantwortungsvoll zu handeln. Kompetenzen werden durch Bildungs- und Erziehungsziele konkretisiert.

Bildungs- und Erziehungsziele

Bildungs- und Erziehungsziele sind notwendig, weil der Erziehende nicht beliebig handeln kann, sondern seine Ziele begründen muss. Ziele geben eine Orientierung , d. h., sie bestimmen die Richtung der Erziehung und dienen gleichzeitig der Überprüfung des Erziehungsprozesses.

Werte

Werte sind Vorstellungen von Eigenschaften, die in einer Gesellschaft als richtig, gut oder wünschenswert erachtet werden. Sie sind Grundlage für die Zielsetzung im pädagogischen Bereich.

Instanzen, die Ziele festlegen

Gesellschaftliche Werte und pädagogische Zielvorstellungen verändern sich. Dies liegt daran, dass es verschiedenste Personen und Institutionen gibt, die Erziehungsziele festlegen (Gesetzgeber, Regierungen, politische Parteien, Wirtschaftsverbände, Kammern, Gewerkschaften, Firmen, Kirchen, Verbände, Vereine, Forschungseinrichtungen, Bildungseinrichtungen und jeder einzelne Erziehende). Diese orientieren sich dabei an den Erfordernissen der Gesellschaft, an wichtigen Werten, am jeweiligen politischen und wirtschaftlichen System, an der aktuellen Wirtschaftslage und an gesellschaftlichen Trends. Unterschiedliche Zeiten und Kulturen haben voneinander abweichende Erziehungsziele.

Aktuelle Erziehungsziele

Aktuelle Erziehungsziele unserer Gesellschaft sind Schlüsselqualifikationen wie Selbstständigkeit, Verantwortung, Belastbarkeit, Eigeninitiative, Engagement, Kooperationsbereitschaft, Kommunikationsfähigkeit, Flexibilität und Kreativität sowie in Bayern derzeit die Basiskompetenzen nach dem Bayerischen Bildungs- und Erziehungsplan für Kinder in Tageseinrichtungen bis zur Einschulung.

Umsetzung von Zielen

Voraussetzung für eine erfolgreiche Umsetzung von Zielen ist die Erkenntnis, dass es einen Zusammenhang zwischen Zielen und der pädagogischen Vorgehensweise gibt. Kompetenzen lassen sich nicht vermitteln. Um den Aufbau von Kompetenzen zu unterstützen ist es bedeutsam, Lernprozesse so zu gestalten, dass ganzheitliches Lernen möglich ist.

Ziele reflektieren

Erziehende müssen ihre eigenen und die ihnen vorgegebenen Ziele immer wieder kritisch überdenken und auf ihre Sinnhaftigkeit hin überprüfen. Bei gegensätzlichen Zielen müssen sie sich einigen, um die Kinder nicht zu verwirren.

Pädagogische Handlungskonzepte

Pädagogische Handlungskonzepte sind Programme, die festlegen, wie Kinder in einer Einrichtung erzogen werden. Sie beinhalten Annahmen über das Wesen des Kindes und dessen Entwicklung, eine bestimmte Sichtweise von der Rolle bzw. Aufgabe des Erziehenden sowie die Ziele und Methoden der pädagogischen Arbeit einer Einrichtung.

Montessori-Pädagogik

Die Montessori-Pädagogik geht davon aus, dass jedes Kind einen „inneren Bauplan" der Seele besitzt, der bewirkt, dass seine psychische Entwicklung sozusagen automatisch nach diesem individuellen Plan verläuft. Der Erziehende hat die wichtige Aufgabe, eine Umwelt zu schaffen, die den Bedürfnissen des Kindes und damit dessen innerem Bauplan gerecht wird.
Zentrale Erziehungsziele sind die Selbstständigkeit und Selbsttätigkeit des Kindes sowie die Vermittlung von positiven Umwelteindrücken.

Waldorf-Pädagogik

Die Waldorf-Pädagogik nach Rudolf Steiner geht davon aus, dass der Mensch aus vier „Wesen" besteht und dass die Entwicklung dieser vier Wesen in einem Siebenjahresrhythmus verläuft. Das jeweilige Jahrsiebt ist entscheidend dafür, zu welcher Zeit der Erziehende die Möglichkeit und auch die Verpflichtung hat, auf den jeweiligen Entwicklungsbereich fördernd einzuwirken.

Erziehungsziele der Waldorf-Pädagogik sind Selbstständigkeit, Mündigkeit, Fantasie, Kreativität, Konzentrationsfähigkeit, Ausdauer, Vernunft und ein gesundes Urteilsvermögen.

Reggio-Pädagogik

Die Reggio-Pädagogik geht davon aus, dass das Kind aufgrund seiner Neugierde und Energie Konstrukteur seiner eigenen Entwicklung ist und sich von Geburt an ein eigenes Bild von der Welt macht. Aufgabe des Erziehenden ist, die Kinder zu beobachten, sie zu verstehen, ihr Verhalten zu dokumentieren, ihnen zuzuhören, mit ihnen zu kommunizieren, sie zu begleiten und ihnen Impulse zu geben. Erziehungsziele sind vor allem der Aufbau einer eigenen Identität, die Ausbildung von Individualität sowie die Verwirklichung und Erweiterung der eigenen Potenziale.

Der offene Kindergarten

Der offene Kindergarten ist ein aktuelles pädagogisches Konzept, das davon ausgeht, dass das Kind ein kompetenter Konstrukteur seiner eigenen Entwicklung ist. Aufgabe des Erziehenden ist es, dem Kind eine herausfordernde Umgebung zu schaffen, in dem es sich seinen individuellen Bedürfnissen entsprechend entwickeln kann. Zentrale Erziehungsziele sind Selbstständigkeit, Eigenverantwortung und Mitverantwortung des Kindes.

Fragen und Aufgaben zum Kapitel

1. Verdeutlichen Sie an einem konkreten Beispiel, was man unter „Werten", „Kompetenzen " und „Bildungs- und Erziehungszielen" versteht.

2. Beschreiben und begründen Sie ausführlich ein aktuelles Erziehungsziel.

3. Erläutern Sie an einem konkreten Beispiel, welches erzieherische Vorgehen ein aktuelles Bildungs- und Erziehungsziel im Alltag erfordert.

4. Vergleichen Sie das Bild vom Kind sowie die Erziehungsziele der Montessori-Pädagogik mit der Waldorf-Pädagogik, der Reggio-Pädagogik und mit dem Konzept des offenen Kindergartens.

5. Operationalisieren Sie die Erziehungsziele „Selbstständigkeit", „Toleranz" und „Mitmenschlichkeit" (d. h., präzisieren Sie die Begriffe und schlüsseln Sie sie in die vielen kleinen täglichen Verhaltensweisen auf, die man unter dem jeweiligen Begriff versteht) und überlegen Sie sich konkrete erzieherische Verhaltensweisen, die helfen, diese Ziele zu erreichen.

6. Zeigen Sie an einem konkreten Beispiel (etwa aus Ihrer Praktikumsstelle) auf, wie man mit divergierenden Erziehungszielen umgehen sollte.

7. Erstellen Sie eine Liste von Bildungs- und Erziehungszielen, die Ihnen besonders wichtig sind. Vergleichen Sie diese Liste mit der von Ihren Klassenkameraden und stellen Sie Übereinstimmungen bzw. Unterschiede fest. Versuchen Sie, die Gemeinsamkeiten und Unterschiede zu erklären.

8. Nennen Sie Ziele Ihrer Praktikumsstelle und erläutern Sie, warum diese Ziele in der Einrichtung von Bedeutung sind.

9. Vergleichen Sie die Ziele des Trägers Ihrer Praktikumsstelle mit Ihren eigenen Werten und Normen.

10. Stellen Sie die Funktion von Bildungs- und Erziehungszielen dar und erläutern Sie diese anhand einer konkreten Zielsetzung in einem Arbeitsfeld.

11. Erstellen Sie Kriterien für die Begründung von Bildungs- und Erziehungszielen. Überprüfen Sie die Liste Ihrer eigenen Erziehungsziele (siehe Frage 8) anhand dieser Kriterien.

! Anregungen zum Kapitel

12. Fragen Sie Ihre Eltern nach Bildungs- und Erziehungszielen, die ihnen besonders wichtig waren.

13. Führen Sie in einem Rollenspiel mit einer Mitschülerin ein Streitgespräch, in dem Sie die Notwendigkeit eines Erziehungsziels Ihrer Wahl begründen, während die Gesprächspartnerin auf die Probleme dieses Ziels hinweist.

14. Führen Sie sich die verschiedenen pädagogischen Handlungskonzepte vor Augen und überlegen Sie sich, welchen Ansatz Sie am meisten befürworten. Begründen Sie Ihre Wahl.

15. Bilden Sie in Ihrer Klasse vier Gruppen und verteilen Sie die vier pädagogischen Handlungskonzepte auf diese Gruppen. Jede Gruppe informiert sich intensiv (mithilfe sämtlicher zur Verfügung stehender Medien) über einen pädagogischen Ansatz und wird dadurch zum Spezialistenteam für den jeweiligen Ansatz. Informieren Sie abschließend die anderen Gruppen über Ihren pädagogischen Ansatz, z. B. über das Bild vom Kind, die Rolle der Kinderpflegerin/Erzieherin und die Ziele. Bedenken Sie auch Vor- und Nachteile des Ansatzes.

16. Spiel: „Wer wird Millionär?"
Erstellen Sie in Kleingruppen je zehn Fragen zu diesem Kapitel. Jeder Frage sind vier Antwortvorschläge anzufügen, wovon nur eine Antwort richtig sein darf.
Mischen Sie anschließend die Fragen der verschiedenen Kleingruppen und spielen Sie in der Klasse das Spiel „Wer wird Millionär?".

→ Weiterführende Fragen und Anregungen

17. Suchen Sie in Bibliotheken oder im Internet nach Lehrplänen und Gesetzestexten für Kindertageseinrichtungen im Nationalsozialismus. Arbeiten Sie die Erziehungsziele heraus und vergleichen Sie diese mit den Zielen in Bildungs- und Erziehungsplänen von heute. Erläutern Sie anhand des Vergleichs, inwiefern die Gesellschaft Einfluss auf Erziehungsziele hat.

18. Im Bayerischen Bildungs- und Erziehungsplan sind u. a. „Mathematik" und „Naturwissenschaft und Technik" als Themen in den Bildungs- und Erziehungsbereich aufgenommen. Erläutern Sie Gründe für die Aufnahme dieser Themen in den Bildungs- und Erziehungsplan.

19. In manchen Kindergärten darf eine kleine Gruppe von Vorschulkindern alleine, ohne Aufsicht, in den Garten. Das Fachpersonal ist der Meinung, dass damit die Erziehungziele „Selbstständigkeit" und „Verantwortungsbewusstsein" umgesetzt werden können. In anderen Einrichtungen wird dies, mit Hinweis auf die Aufsichtspflicht, strikt abgelehnt. Suchen Sie Informationen zur Aufsichtspflicht und beurteilen Sie, ob bzw. unter welchen Umständen den Kindern erlaubt werden kann, alleine im Garten zu spielen.

7 Lernen und erziehen

Einstiegssituation

Rita, heute sieben Jahre alt, ist eine außergewöhnlich begabte Zeichnerin. Zeichnen ist schon lange
eine ihrer allerliebsten Tätigkeiten. Die Eltern haben
ihr immer wieder das nötige Material zur Verfügung
gestellt: alte Tapeten-Musterbücher als Zeichen-
papier von großzügigem Format sowie die nötigen
Stifte und Farben. Rita darf ihre Zeichnungen an
den Wänden ihres Zimmers aufhängen: sie findet
dieses deshalb auch besonders schön. Hin und wieder verändert sie den Wandschmuck, lässt aber
zwei oder drei der Blätter beharrlich am gleichen

Ort hängen, weil ihr diese besonders gut gefallen. Überzählige Zeichnungen werden sorgsam in eine
Mappe gelegt; verschenkt hat sie bis heute noch keine! Die Themen ihrer Zeichnungen entstammen
alle ihrem Alltag, auch dem der Familie sowie ihrer Puppen und Stofftiere.

In der ersten Schulklasse fiel Rita durch ihre lebendigen Zeichnungen und deren technische Qualität
auf. Die Zeichnungen wurden vorgezeigt und Rita erhielt manche Auszeichnung dafür. Das Zeichnen
der Schüler wurde insofern gefördert, als immer dann, wenn eine Arbeit fertig oder die Lehrerin am
Korrigieren war, gezeichnet werden durfte. Das Eigenartige an der Sache war bloß, dass Rita immer
weniger gern zeichnete und zu Hause, zum Erstaunen, aber auch zur Besorgnis der Eltern, die Zei-
chenstifte kaum mehr zur Hand nahm. Anfänglich versuchte die Mutter, Rita zu ermuntern und
etwas anzustoßen, nicht ganz ohne Erfolg, und der Vater stellte für jede schöne Zeichnung einen
Preis oder sonst etwas Besonderes in Aussicht. Nach wenigen Wochen aber erlosch bei Rita die Freude
am Zeichnen, und in dieser Zeit nahm auch keine andere Aktivität diesen Platz ein (vgl. Steiner,
1996, S. 33 ff.).

Rita besucht seit Kurzem den Hort. Die Mutter bespricht das Thema „Zeichnen" mit der Erzieherin.
Ihr wäre daran gelegen, die Freude am Zeichnen wiederzubeleben. Die Erzieherin überlegt, wie
man sich dieser Aufgabe nähern könnte.

Dabei sind folgende Fragen zu bedenken:

1. Wie lernt der Mensch?

2. Welche Art zu lernen ist besonders wirksam?

3. Wie kann man Kinder erziehen?

4. Welche Ursachen und Möglichkeiten der Verhaltensänderung gibt es?

5. Welche Vorgehensweisen gibt es und welche Wirkungen zeigen sie?

6. Wovon ist die Wirkung einer Erziehungsmaßnahme abhängig?

7. Gibt es Techniken, die das Lernen erleichtern und effektiver machen?

7.1   Der Begriff „Lernen"

Erziehung und Lernen sind zwei Vorgänge, die eng miteinander verbunden sind.

Definition
Erziehung ist das beabsichtigte und zielgerichtete Einwirken des Erziehenden auf das Kind, um das Verhalten oder Erleben des Kindes zu stärken oder zu ändern (vgl. Kap. 2.2). Hat das Kind dieses Verhalten oder Erleben verändert oder eine neue Verhaltens- oder Erlebensweise erworben, so hat das Kind gelernt.

Beispiele
Das Kind hat gelernt, sich allein anzuziehen.
Das Kind hat seine Einstellung zur Schule verändert.

Von Lernen spricht man allerdings nur, wenn die Verhaltensweise[1] nicht nur einmal, sondern relativ **dauerhaft** verändert oder erworben wurde.

Beispiel
Nur durch Zufall gelingt es Max, den Hügel mit dem Snowboard hinunterzufahren. Die nächsten Male gelingt es ihm nicht mehr. Er hat es nicht gelernt. Moritz hat gut aufgepasst, als ihm die Technik des Snowboardfahrens erklärt wurde. Außerdem übt er es jeden Tag, sodass er nach einiger Zeit zumindest die einfachen Pisten ganz gut hinunterkommt. Er hat das Snowboardfahren gelernt.

Den Vorgang des Lernens kann man nicht beobachten. Man kann nur aufgrund eines veränderten Verhaltens (Handlungen, Aussagen) darauf schließen, dass der Mensch gelernt hat.

Beispiel
Weil die Schülerin den Text fehlerfrei in die englische Sprache übersetzen konnte, geht der Lehrer davon aus, dass die Schülerin Vokabeln und Grammatik gelernt hat.

Definition
Lernen ist ein nicht beobachtbarer Vorgang, durch den ein Verhalten oder Erleben dauerhaft erworben oder verändert wird.

7.2   Lerntheorien

Weil der Prozess des Lernens nicht beobachtbar ist, haben verschiedene Psychologen unterschiedliche Theorien darüber aufgestellt, wie das Lernen abläuft und wie es zu erklären ist.

Definition
Lerntheorien sind Theorien zur Erklärung der nicht beobachtbaren Lernprozesse.

Aus den Lerntheorien lassen sich konkrete Maßnahmen ableiten, die ein Erziehender ergreifen kann, um bei einem Kind eine Verhaltensänderung herbeizuführen.

---

[1] *Aus Gründen der Vereinfachung wird im Folgenden immer nur von „Verhalten" oder „Verhaltensweisen" gesprochen. Selbstverständlich beziehen sich die folgenden Ausführungen jedoch auch auf den Erlebensbereich, da ja auch Gefühle, Motivationen, Denkweisen, Einstellungen, Überzeugungen usw. gelernt werden.*

Im Folgenden werden einige der wichtigsten Lerntheorien dargestellt, nämlich die Theorie vom Lernen durch Verstärkung, die Theorie vom Lernen durch Nachahmung, die Theorie vom Lernen durch Versuch und Irrtum sowie die Theorie vom Lernen durch Einsicht.

7.2.1 Lernen durch Verstärkung

Der amerikanische Psychologe Burrhus F. Skinner[1] stellte aufgrund seiner Beobachtungen bei Experimenten mit Ratten die Theorie des Lernens durch Verstärkung auf. Diese Theorie besagt, dass eine Verhaltensweise dann verstärkt gezeigt – und damit gelernt – wird, wenn auf diese Verhaltensweise entweder eine angenehme Konsequenz folgt (positive Verstärkung) oder wenn durch diese Verhaltensweise eine unangenehme Konsequenz vermieden werden kann (negative Verstärkung).

Beispiel
Nachdem das Kind von der Kinderpflegerin gelobt wird, weil es die Puppenecke aufgeräumt hat, räumt es beim nächsten Mal wieder auf, um wieder gelobt zu werden.
Nachdem das Kind bestraft wird, weil es gelogen hat, lügt es beim nächsten Mal nicht mehr, um eine Bestrafung zu vermeiden.

Definition
Lernen durch Verstärkung bedeutet, dass ein Mensch die Verhaltensweisen lernt, auf die eine angenehme Konsequenz folgt oder durch die eine unangenehme Konsequenz vermieden wird.

positive Verstärkung	negative Verstärkung
Der Mensch lernt eine Verhaltensweise, weil diese eine angenehme Konsequenz herbeiführt.	Der Mensch lernt eine Verhaltensweise, weil diese eine unangenehme Konsequenz verhindert.

Der Lernvorgang durch Verstärkung verläuft in folgenden Schritten:

1. Der Mensch zeigt (zufällig) eine erwünschte Verhaltensweise.

   ### Beispiel
   Max räumt am Samstag sein Zimmer auf.

2. Er erhält für diese Verhaltensweise einen Verstärker.

   ### Beispiel
   Weil Max sein Zimmer so brav aufgeräumt hat, wird er von der Mutter gelobt.

3. Der Verstärker löst im Menschen ein angenehmes Gefühl aus.

   ### Beispiel
   Max ist stolz auf sich und freut sich über das Lob.

4. Weil der Mensch den angenehmen Zustand wieder herbeiführen möchte, zeigt er die erwünschte Verhaltensweise erneut.

   ### Beispiel
   Max räumt am folgenden Samstag wieder sein Zimmer auf.

---

[1] *Burrhus F. Skinner (1904–1990) war Professor für Verhaltensforschung an der Harvard University. Er war fest davon überzeugt, dass alles Verhalten erlernt ist. Berühmt wurde Skinner vor allem durch seine Experimente mit Ratten, in denen diese z. B. lernten, einen Hebel zu drücken, um an ihr Futter zu kommen.*

5. Der Mensch wird für diese Verhaltensweise wieder verstärkt.

Beispiel

Weil Max sein Zimmer wieder aufgeräumt hat, wird er von der Mutter wieder gelobt.

6. Dieser Ablauf wiederholt sich mehrmals und schließlich lernt der Mensch diese Verhaltensweise.

Beispiel

Max räumt nun jeden Samstag sein Zimmer auf und lernt dadurch, sein Zimmer regelmäßig aufzuräumen.

Damit ein Lernen durch Verstärkung überhaupt stattfindet oder erfolgreich verläuft, müssen gewisse **Bedingungen oder Voraussetzungen** erfüllt sein:

- Der Mensch muss – ob zufällig oder nicht – eine erwünschte Verhaltensweise zeigen, die verstärkt werden kann, da nur dadurch der Lernprozess in Gang kommt.

Beispiel

Max muss sein Zimmer aufräumen, vorher kann ihn die Mutter nicht loben.

- Je unmittelbarer die Konsequenz auf das Verhalten des Menschen folgt, desto eher bringt er sie mit seinem Verhalten in Zusammenhang und desto eher funktioniert das Lernen durch Verstärkung.

Beispiel

Wird Max nicht sofort nach dem Aufräumen gelobt, so bleibt das Aufräumen für ihn erst einmal wirkungslos und er lässt es, obwohl er einige Zeit später dafür gelobt wurde, künftig vielleicht bleiben.

- Ein Verhalten wird in der Regel nicht bereits durch eine einmalige Verstärkung erlernt, sondern muss wiederholt verstärkt werden.

Beispiel

Max lernt nicht bereits nach dem ersten Lob der Mutter, sein Zimmer aufzuräumen, sondern erst, wenn dies mehrmals passiert.

7.2.2   Lernen durch Nachahmung

Die bekannteste Theorie über das Lernen durch Nachahmung – häufig auch als **Lernen am Modell** oder **Imitationslernen** bezeichnet – stammt von dem kanadischen Professor Albert Bandura[1]. Sie besagt, dass ein Mensch eine Verhaltensweise lernt, indem er sie bei einem anderen Menschen beobachtet hat und dann nachmacht.

Beispiele

Die Kinder im Kindergarten beobachten genau, wie der Kinderpfleger die Laterne bastelt. Sie machen es ihm Schritt für Schritt nach.

Das Mädchen im Kinderhort schaut zu, wie sich die Kinderpflegerin die Lippen schminkt. Zu Hause benützt das Mädchen den Lippenstift der Mutter und schminkt sich – genauso wie die Kinderpflegerin – ihre Lippen.

---

[1] *Albert Bandura (geboren 1925 in Kanada) ist Professor für Psychologie an der Stanford University in den USA. Bekannt ist vor allem sein Experiment aus den 60er-Jahren, mit dem er erforschte, unter welchen Voraussetzungen Kinder Gewalt (eher) nachahmen.*

Definition

Lernen durch Nachahmung bedeutet, dass ein Mensch eine Verhaltensweise dadurch lernt, dass er sie bei einem anderen Menschen beobachtet und nachahmt.

Beim Nachahmungslernen verläuft der Lernvorgang folgendermaßen:

1. Person A. macht eine Verhaltensweise vor (bewusst oder unbewusst).

Beispiel
Die Kinderpflegerin Maria macht den Kindern im Kindergarten schrittweise vor, wie man einen Drachen faltet.

2. Person B. beobachtet diese Verhaltensweise.

Beispiel
Die Kinder sehen Maria zu.

3. Person B. ahmt die Verhaltensweise nach und erlernt das Verhalten dadurch.

Beispiel
Die Kinder falten die einzelnen Faltschritte nach und lernen so das Falten.

Es müssen jedoch gewisse **Voraussetzungen** erfüllt sein, damit ein Mensch das Verhalten eines anderen nachahmt. Zumindest erhöht das Vorhandensein folgender Voraussetzungen **die Wahrscheinlichkeit der Nachahmung:**

● Derjenige, der ein Verhalten vormacht, das Modell sozusagen, muss Ansehen oder Macht besitzen.

● Das Modell muss demjenigen, der das Verhalten nachmacht, sympathisch oder für ihn attraktiv oder bewundernswert sein.

Beispiel
Die kleine Melanie ist ganz begeistert von der neuen Kinderpflegerin. Sie grüßt deshalb nun auch immer mit „Hallöchen" – wie die neue Kinderpflegerin.

● Das Modell muss mit seinem Verhalten erfolgreich sein.

Beispiel
Nachdem die Kinder im Freibad sehen, dass Michael, der als Erster von ihnen vom Einmeterbrett gesprungen ist, strahlend wieder auftaucht und tobenden Applaus erntet, springen sie auch alle.

● Der Nachahmende muss sich für das Verhalten des Modells interessieren.

Beispiel
Der kleine Bastian, der sich schon die ganze Zeit mit der Frage beschäftigt, was er sich denn zu Weihnachten wünschen soll, sieht ganz fasziniert einem anderen Jungen zu, wie dieser sich über Spielzeugautos freut und intensiv mit diesen spielt. Daraufhin wünscht sich Bastian Spielzeugautos zu Weihnachten.

● Der Nachahmende muss sich von dem Verhalten Erfolg oder Vorteile versprechen.

Beispiel
Bastian glaubt, dass er mit den Spielzeugautos auch so viel Spaß haben wird wie der Junge, dem er zugeschaut hat.

● Der Nachahmende muss das beobachtete Verhalten gutheißen oder billigen.

Beispiel

Tina und Marina beobachten im Kinderhort, wie andere Kinder „coole Sprüche" in die Bänke ritzen. Tina findet das lustig und ritzt auch einen Spruch in ihre Bank. Marina findet dieses Verhalten doof und macht es nicht nach.

● Der Nachahmende muss sich selbst für fähig halten und in der Lage sehen, das beobachtete Verhalten erfolgreich nachahmen zu können.

Beispiel

Marc ist der Kleinste und Schwächste in seiner Klasse. Obwohl im Freibad alle vom Einmeterbrett springen, springt er nicht, weil er überzeugt ist, dass er das sowieso nicht kann.

● Die Beziehung zwischen dem Modell und dem Nachahmenden muss gut sein.

Beispiele

Eltern werden in der Regel von ihren Kindern sehr häufig nachgeahmt, weil sie für die Kinder Ansehen und Macht besitzen, ihnen sympathisch sind, für sie attraktiv und bewundernswert sind und sie zu den Kindern eine gute Beziehung haben.
In der Werbung werden durchwegs sympathische und attraktive Menschen gezeigt, die aufgrund des Gegenstandes oder der Leistung, für den bzw. die sie werben, Spaß, Erfolg und Glück im Leben haben.

7.2.3   Lernen durch Versuch und Irrtum

Zur Theorie des Lernens durch Versuch und Irrtum führten die Erkenntnisse des amerikanischen Psychologen E. L. Thorndike[1]. Seine Theorie besagt, dass ein Mensch eine Verhaltensweise dadurch erlernt, dass er in einer bestimmten Problemsituation verschiedene Lösungsmöglichkeiten ausprobiert. Die Verhaltensweise, die zum Erfolg führt, merkt sich der Mensch, wendet sie künftig in der gleichen Situation wieder an und erlernt sie damit. Die Verhaltensweisen, die nicht zum Erfolg führen, wendet er immer weniger und schließlich gar nicht mehr an.

Beispiel

Der kleine Niklas möchte die Tafel Schokolade, die auf dem Küchentisch liegt. Er kann sie jedoch nicht erwischen, weil sie für ihn zu hoch oben liegt. Folglich probiert er aus, wie er die Schokolade erreichen kann: Er hüpft hoch, kommt jedoch nicht hoch genug. Er wirft seinen Teddybär auf die Schokolade, doch sie fällt nicht herunter. Er schiebt einen Stuhl an den Tisch, steigt auf den Stuhl und erreicht so die Schokolade. Künftig schiebt Niklas gleich einen Stuhl an den Tisch und steigt darauf, wenn er etwas haben möchte, das auf dem Tisch liegt.

 Definition

Lernen durch Versuch und Irrtum *bedeutet, dass ein Mensch eine Verhaltensweise dadurch lernt, dass er verschiedene Verhaltensweisen ausprobiert, die erfolgreiche Verhaltensweise speichert und die erfolglosen Verhaltensweisen bleiben lässt.*

---

[1] *E. L. Thorndike (1874–1949) war amerikanischer Professor für Psychologie an der Columbia University. Er führte u. a. Versuche mit Katzen durch, in denen er beobachten konnte, wie diese durch Ausprobieren schließlich lernten, den richtigen Hebel zu drücken, um aus dem Käfig bzw. an ihr Futter zu kommen.*

Der Lernvorgang erfolgt in folgenden Schritten:

1. Der Mensch steht vor einem Problem, das er lösen will oder muss.

   Beispiel
   Der kleine Niklas möchte die Tafel Schokolade, die auf dem Küchentisch liegt. Er kann sie jedoch nicht erwischen, weil sie für ihn zu hoch oben liegt.

2. Er probiert verschiedene Lösungsmöglichkeiten aus.

   Beispiel
   Niklas hüpft hoch, um die Schokolade zu erwischen. Doch er kann nicht hoch genug springen. Er wirft seinen Teddybär auf die Schokolade, doch sie fällt nicht herunter. Er schiebt einen Stuhl an den Tisch, steigt auf den Stuhl und kann so die Schokolade haschen.

3. Erfolglose Verhaltensweisen werden eingestellt.

   Beispiel
   Niklas hüpft künftig nicht mehr hoch und wirft auch seinen Teddy nicht mehr hoch, weil beide Verhaltensweisen ihm nicht dazu verholfen haben, die Schokolade zu bekommen.

4. Erfolgreiche Verhaltensweisen werden als Lösung gespeichert und beim nächsten Mal wieder gezeigt. Dadurch wird die Verhaltensweise gelernt.

   Beispiel
   Niklas schiebt künftig immer einen Stuhl an den Tisch und steigt auf den Stuhl, wenn er etwas haben möchte, das auf dem Tisch liegt.

Nach Thorndike müssen auch bei dieser Art zu lernen gewisse Bedingungen erfüllt sein, damit erfolgreich gelernt wird.

- Damit der Mensch überhaupt auf die Idee kommt oder bereit ist, verschiedene Verhaltensweisen auszuprobieren, muss er sich in einer Notlage befinden, ein Problem oder das Bedürfnis haben, etwas auszuprobieren.

  Beispiel
  Wenn Niklas nicht an der Tafel Schokolade interessiert wäre, würde er nicht anfangen, nach einer Lösung zu suchen, um an die Schokolade zu kommen.

- Es muss eine erfolgreiche Verhaltensweise gefunden werden, damit ein Lerneffekt eintritt. Denn es werden nur die Verhaltensweisen erlernt, die zum Erfolg oder zu einem angenehmen Zustand führen. Wird keine Lösung gefunden, so wird auch keine neue Verhaltensweise erlernt.

  Beispiel
  Nur wenn Niklas wirklich eine Verhaltensweise findet, mit der er die Tafel Schokolade erreicht, lernt er diese.

- Das erfolgreiche Verhalten wird in der Regel nicht bereits beim ersten Mal gelernt, sondern erst dann, wenn es des Öfteren angewandt und wiederholt wird. Das neu entdeckte Verhalten muss folglich geübt werden, damit es gelernt wird.

  Beispiel
  Kommt Niklas lange Zeit nicht mehr in die Situation, dass er auf einen Stuhl steigen muss, um an einen Gegenstand zu gelangen, der außerhalb seiner Reichweite liegt, dann wird er wieder verlernen, auf einen Stuhl zu steigen, um so an den Gegenstand zu gelangen.

7.2.4 Lernen durch Einsicht

Die Theorie des Lernens durch Einsicht geht im Wesentlichen zurück auf die Psychologen Wertheimer, Koffka und Köhler[1]. Sie besagt, dass der Mensch eine Verhaltensweise dadurch lernt, dass er geistig den Zusammenhang zwischen den verschiedenen Teilen einer Situation (z. B. zwischen Ursache und Wirkung, zwischen einem Verhalten und seinen Konsequenzen) herstellen kann und ihre Beziehung zueinander erkennt. Das Erkennen des Zusammenhanges stellt die Einsicht dar und ist meist mit einem „Aha-Erlebnis" verbunden.

Beispiel

Daniel erkennt, dass der Stuhl, auf dem er sitzt, umfallen wird (Wirkung), wenn er zu stark schaukelt und den Stuhl damit in eine zu starke Schräglage bringt (Ursache). Daniel hört deshalb auf, mit dem Stuhl zu schaukeln.

Beispiel

In dem Moment, als Niklas erkennt, dass er mit dem Stuhl an die Tafel Schokolade kommt, die auf dem Tisch liegt, gewinnt er Einsicht. Er kann den Zusammenhang zwischen dem Stuhl, dem Tisch und der Schokolade herstellen.

Definition

Lernen durch Einsicht bedeutet, dass ein Mensch eine Verhaltensweise dadurch lernt, dass er den Zusammenhang zwischen den verschiedenen Elementen (Teilen) einer Situation erkennt. Die Einsicht ist das Erkennen, das Erfassen des Zusammenhanges zwischen den Elementen der Situation.

Der Lernprozess erfolgt in folgenden Schritten:

1. Der Mensch hat ein bestimmtes Problem oder muss eine bestimmte Aufgabe lösen.

   Beispiel
   Anna soll neun Punkte durch vier zusammenhängende Geraden miteinander verbinden.

   ○ ○ ○

   ○ ○ ○

   ○ ○ ○

2. Nach langem Ausprobieren oder aufgrund der Erklärung einer anderen Person erfasst der Mensch plötzlich den Zusammenhang zwischen den verschiedenen Elementen der Aufgabe oder des Problems („Aha-Erlebnis").

   Beispiel
   Als ihr jemand erklärt, dass sie die vier Geraden über das vermeintliche „Quadrat" der neun Punkte hinaus zeichnen muss, kommt es bei Anna zum „Aha-Erlebnis".

3. Der Mensch speichert den Lösungsweg und erlernt somit das richtige Verhalten.

   Beispiel
   Anna kann von nun an diese Aufgabe lösen.

---

[1] *Max Wertheimer (1880–1943), Kurt Koffka (1886–1941) und Wolfgang Köhler (1887–1967) waren Professoren für Psychologie an der Universität in Frankfurt am Main und die Gründer der sogenannten Gestaltpsychologie. Das Lernen durch Einsicht sah Wertheimer v. a. durch seine Parallelogramm-Aufgabe, Köhler durch seine Schimpansenversuche belegt.*

Auch beim Lernen durch Einsicht gibt es Faktoren, die gegeben sein müssen oder sollten, damit Lernen ermöglicht wird:

- Grundlegende Voraussetzung für das Erfassen eines Zusammenhanges zwischen den Elementen einer Situation ist, dass der Mensch sämtliche Elemente kennt. Das bedeutet, dass der Mensch über sämtliche Bedingungen, Ursachen, Wirkungen, Gründe, Motive und Konsequenzen einer Situation Bescheid wissen muss, um den Zusammenhang erkennen und Einsicht gewinnen zu können.

- Die wichtigste Voraussetzung für das Lernen durch Einsicht ist die Fähigkeit, etwas gedanklich umzustrukturieren. Das bedeutet, dass der Mensch in der Lage sein muss, die verschiedenen Elemente einer Situation überhaupt in einen Zusammenhang zu bringen.

Beispiel
Anna strukturiert insofern um, als sie die vier Geraden nicht mehr innerhalb des vermeintlichen Quadrates zeichnet, sondern mit den Geraden über das Quadrat hinausfährt. Sie hat den Zusammenhang zwischen den Elementen „Punkte" und „Geraden" verändert.

- Je mehr ein Mensch die Möglichkeit besitzt, Dinge aus verschiedenen Sichtweisen und Blickwinkeln zu betrachten, desto leichter fällt ihm die Umstrukturierung und damit die Einsicht.

Beispiel
Die Schülerin sieht ein, dass die Lehrkraft gar keine andere Wahl hatte, als einen Verweis zu geben, weil sie sich in die Rolle der Lehrkraft hineinversetzen kann.

- Je mehr ein Mensch die Fähigkeit hat, sein Wissen, das er bereits besitzt, für die Lösung einer neuen Aufgabe anzuwenden, sein Wissen also zu transferieren (5 übertragen) und somit seine Erfahrungen neu zu kombinieren, desto eher oder leichter kann er Zusammenhänge erfassen.

Beispiel
Lena, der Freundin von Anna, gelang es, die Aufgabe mit den neun Punkten allein zu lösen, weil sie sich daran erinnern konnte, dass sie bei einer früheren Aufgabe auch einmal „umdenken" musste, um die Aufgabe lösen zu können.

7.2.5 Das Zusammenspiel der Lerntheorien

Wenn der Mensch ein Verhalten erlernt, so geschieht dies in der Regel nicht nach einer Lerntheorie, sondern es spielen meist zwei Theorien oder mehr zusammen.
Lernt ein Mensch durch Versuch und Irrtum, dann erlernt er die Verhaltensweise, mit der er erfolgreich war. Dieser Erfolg ist zugleich eine positive Verstärkung, die bewirkt, dass der Mensch die Verhaltensweise wieder zeigt, weil er sein Problem ja wieder erfolgreich lösen will.

Beispiel
Niklas, der verschiedene Verhaltensweisen ausprobiert, um an die Tafel Schokolade auf dem Tisch zu gelangen, macht die Erfahrung, dass er an die Schokolade kommt, wenn er auf einen Stuhl steigt. Er merkt sich dieses Verhalten, weil es erfolgreich war, und erlernt es so (Lernen durch Versuch und Irrtum). Er erlernt dieses Verhalten aber auch deshalb, weil die Schokolade es positiv verstärkt hat (Lernen durch Verstärkung).

In der Lernpsychologie wird das Lernen nach diesen beiden Lerntheorien – Lernen durch Versuch und Irrtum und Lernen durch Verstärkung – auch als **„operante Konditionierung"** bezeichnet. Diese Theorie geht davon aus, dass der Mensch aus ursprünglich spontanem Verhalten oder Lösungsversuchen dann lernt, wenn dieses Verhalten eine angenehme Konsequenz nach sich zieht oder dadurch Unangenehmes vermieden oder beendet wird.

Auch durch Nachahmung lernt der Mensch vor allem dann, wenn das nachgeahmte Verhalten vorteilhaft für den Lernenden ist, wenn es also zum Erfolg führt und damit zur positiven Verstärkung.

Das „Aha-Erlebnis" beim Lernen durch Einsicht stellt sich häufig ein, wenn der Lernende nach langem Ausprobieren (Lernen durch Versuch und Irrtum) endlich die richtige Lösung findet.
Dieses „Aha-Erlebnis" ist häufig mit einem angenehmen Gefühl für den Lernenden verbunden und wirkt damit wie ein positiver Verstärker.

Vier wichtige Lerntheorien

Theorie	zentrale Aussage	Ablauf	Bedingungen, Voraussetzungen
Lernen durch Verstärkung	Ein Mensch lernt die Verhaltensweisen, auf die eine angenehme Konsequenz folgt oder durch die eine unangenehme Konsequenz vermieden wird.	– Verhalten des Kindes – Konsequenz = Verstärker auf das Verhalten – Wiederholung des Verhaltens – Lernen	– Vorhandensein einer zu verstärkenden Verhaltensweise – die unmittelbare Verstärkung – die Wiederholung der Verstärkung
Lernen durch Nachahmung	Ein Mensch lernt eine Verhaltensweise dadurch, dass er sie bei einem anderen Menschen beobachtet und nachahmt.	– Vorleben eines Verhaltens durch ein Modell – Beobachtung des Verhaltens durch das Kind – Nachahmung des beobachteten Verhaltens – Lernen	– das Modell muss Ansehen und Macht besitzen, sympathisch, attraktiv, bewundernswert und mit seinem Verhalten erfolgreich sein – der Nachahmende muss sich für das Verhalten interessieren, sich von dem Verhalten Erfolg oder Vorteile versprechen, das Verhalten billigen und sich für die Nachahmung fähig halten – die Beziehung zwischen dem Modell und dem Nachahmenden muss gut sein

Theorie	zentrale Aussage	Ablauf	Bedingungen, Voraussetzungen
Lernen durch Versuch und Irrtum	Ein Mensch lernt eine Verhaltensweise dadurch, dass er verschiedene Verhaltensweisen ausprobiert, die erfolgreiche Verhaltensweise speichert und die erfolglosen Verhaltensweisen bleiben lässt.	– Problem – Ausprobieren – Speicherung der erfolgreichen Verhaltensweise und Einstellen der erfolglosen Verhaltensweisen – Lernen	– Vorhandensein eines Problems oder Bedürfnisses – Finden einer erfolgreichen Verhaltensweise – Übung der erfolgreichen Verhaltensweise
Lernen durch Einsicht	Ein Mensch lernt eine Verhaltensweise dadurch, dass er den Zusammenhang zwischen den verschiedenen Elementen (Teilen) einer Situation erkennt.	– Sachverhalt, Problem – eigenes Ausprobieren oder Erklärung des Erziehenden – Erfassen des Zusammenhangs zwischen den Elementen des Sachverhaltes oder Problems – Lernen	– Kenntnis sämtlicher Elemente einer Situation – Fähigkeit der Umstrukturierung – Fähigkeit des Perspektivenwechsels – Fähigkeit des Wissenstransfers

7.3 Lernprozesse gestalten, begleiten und unterstützen

Pädagogische Fachkräfte haben die Aufgabe, Lernprozesse angemessen zu gestalten, zu begleiten und zu unterstützen. Es gibt unterschiedliche Möglichkeiten, dieser Aufgabe gerecht zu werden. Bisher hat man diese Einflussmöglichkeiten als „Erziehungsmaßnahmen" bezeichnet. Der Begriff „Maßnahme" wird in der Pädagogik in letzter Zeit immer weniger verwendet. Aufgrund eines veränderten Bildes vom Kind sieht man die Rolle des Erziehenden weniger darin, eine Maßnahme zu ergreifen, um den zu Erziehenden einseitig zu beeinflussen, sondern man möchte deutlich machen, dass pädagogische Fachkräfte vielmehr die Aufgabe haben, Lernprozesse angemessen zu gestalten, zu begleiten und zu unterstützen. In der neueren Literatur spricht man daher von „Einflussmöglichkeiten" oder „Einwirkungsmöglichkeiten", im Bayerischen Bildungs- und Erziehungsplan (BEP) von der „Gestaltung von Bildungs- und Erziehungsprozessen", von „Moderationsmethoden" oder „Moderationstechniken".

Im Folgenden werden einige Einflussmöglichkeiten vorgestellt und deren Wirkung aufgezeigt. Im Mittelpunkt stehen dabei Methoden, die sich aus den Lerntheorien in Kapitel 7.2 ableiten lassen. Die verschiedenen Ansätze stehen nicht isoliert nebeneinander, sondern ergänzen sich gegenseitig.

7.3.1   Positiv verstärken

Aus der Theorie des Lernens durch Verstärkung (vgl. Kap. 7.2.1) lässt sich die Erziehungsmaßnahme bzw. Einflussmöglichkeit „positiv verstärken" ableiten.

Ein Kind **positiv zu verstärken** bedeutet, ihm im Anschluss an ein bestimmtes Verhalten eine Konsequenz darzubieten, die das Kind veranlasst, diese Verhaltensweise wieder zu zeigen. Das Kind wiederholt die Verhaltensweise, wenn die Reaktion darauf angenehm ist und es diese angenehme Konsequenz wieder bewirken möchte.

Beispiel

Die Kinderpflegerin Maike sieht sich mit vier Kindern ein Bilderbuch an und spricht mit ihnen darüber. Die sonst sehr zurückhaltende Laura, fünf Jahre alt, ist auffallend redefreudig und bringt sehr gute Beiträge. Deshalb wird sie von Maike mehrmals gelobt. Laura freut sich sehr über dieses Lob und macht bei der nächsten Bilderbuchbetrachtung wieder recht gut mit.

Laura hat das erwünschte Verhalten, nämlich sich rege am Gespräch zu beteiligen, bei der nächsten Bilderbuchbetrachtung wieder gezeigt, weil das Lob der Kinderpflegerin angenehm für sie war und sie wahrscheinlich wieder gelobt werden wollte. Das Lob war die angenehme Konsequenz, der **positive Verstärker**, mit dem die Kinderpflegerin Lauras Verhalten verstärkt hat.

 Definition

Positiv verstärken *heißt, auf das Verhalten des Kindes eine Konsequenz folgen zu lassen, die das Kind dazu veranlasst, dieses Verhalten nochmals zu zeigen. Diese Konsequenz bezeichnet man als „positiven Verstärker".*

Typische und in der Praxis häufig verwendete **positive Verstärker** sind das **Lob** und die **Belohnung**.

Wir loben einen anderen Menschen, indem wir ihm sagen oder zeigen (etwa durch ein Lächeln oder einen aufmunternden Blick), dass er etwas gut gemacht hat. Belohnungen sind meist materielle Verstärker wie Spielsachen, Geschenke, Geld, aber auch immaterielle Verstärker wie etwa die Erlaubnis zu einer beliebten Beschäftigung (z. B. Fernsehen) oder das Erlassen einer unangenehmen Aufgabe. Auch das Lob ist eine Form der Belohnung, ein immaterieller Verstärker.

 Definition

Lob und Belohnung *sind bewusst und absichtlich dargebotene Konsequenzen seitens des Erziehers, die eine angenehme Wirkung für das Kind haben und es dazu bringen, das belohnte Verhalten häufiger zu zeigen und dadurch zu erlernen.*

Lob und Belohnung haben sehr **positive Auswirkungen** auf die Psyche eines Menschen:

- Der Belohnte erfährt, dass seine Handlungsweise gut bzw. erwünscht war.
- Er fühlt sich deshalb gut.
- Ein für ihn angenehmes Gefühl des Stolzes macht sich breit.
- Er gewinnt an Selbstsicherheit und Selbstvertrauen.
- Er wird angespornt, motiviert und ermutigt, dieselbe Handlungsweise erneut zu zeigen.
- Seine Lernbereitschaft steigt.
- Darüber hinaus entwickelt er Sympathie für den Erziehenden, was wiederum seine Lernbereitschaft erhöht.

Lob und Belohnung können jedoch auch **negative Auswirkungen** haben bzw. ihre positive Wirkung verfehlen, wenn sie falsch eingesetzt werden.

- Wenn zu viel gelobt bzw. belohnt wird, wird die Belohnung immer weniger wert, es kommt zur „Lobinflation", und das Lob bzw. die Belohnung erzielen nicht mehr die gewünschte Wirkung.

Beispiel
Maximilian wird jedes Mal, wenn er zu Hause bei seiner Mutter ein Bild gemalt hat, von dieser gelobt. Im Laufe der Zeit empfindet Maximilian das Lob der Mutter nicht mehr als solches, weil es selbstverständlich geworden ist.

- Wenn zu oft belohnt wird, entwickelt das Kind auch eine Erwartungshaltung. Es meint dann, es müsse jedes Mal belohnt werden, und zeigt das erwünschte Verhalten nur noch, wenn es dafür etwas bekommt.

Beispiel
Das Kind spült nur dann ab, wenn es dafür auch eine Belohnung erhält.

- Wenn das Kind zu oft belohnt wird und damit zu sehr an Belohnungen gewöhnt ist, besteht auch die Gefahr, dass es das erwünschte Verhalten nicht um der Sache willen, sondern nur um der Belohnung willen zeigt. In diesem Fall wird das Kind das erwünschte Verhalten nur dann zeigen, wenn eine Erzieherin anwesend ist, die es belohnt.

Beispiel
Petra ist nur dann hilfsbereit, wenn eine Kinderpflegerin im Zimmer ist und diese Hilfsbereitschaft sehen kann. Ist sie nicht da, verhält sich das Kind den anderen Kindern gegenüber recht unkameradschaftlich.

- Wenn ein Kind zu oft und wegen jeder Kleinigkeit belohnt wird, kann es den Eindruck gewinnen, dass es „besser" als alle anderen Kinder ist, und eingebildet werden.
- Positive Verstärker haben oft nichts mit dem erwünschten Verhalten zu tun.

Beispiel
Das Kind, das im Kinderheim ein schönes Bild gemalt hat, wird von der Kinderpflegerin belohnt: „Das hast du aber ganz schön gemacht. Dafür darfst du jetzt zur Belohnung im Freien spielen."

- Lob und Belohnung machen das Kind vom Erziehenden abhängig. Es wird nur positiv verstärkt, wenn der Erziehende das erwünschte Verhalten wahrgenommen hat und wenn er sich die Mühe macht, das Kind positiv zu verstärken. Außerdem wird das Kind durch die Urteile des Erziehenden gesteuert und lernt nicht, sein Verhalten selbst zu bewerten.

Beispiele
Obwohl der Junge sein Brot mit einem anderen Kind teilte, das nichts zu essen dabei hatte, wurde er von der Kinderpflegerin nicht gelobt, weil diese den Jungen nicht mag.
Der Lehrer sagt zum Schüler: „Du bist ein guter Schüler, weil du deinen Mitschüler nicht abschreiben lässt."

Will man in der Erziehung die positiven Auswirkungen der positiven Verstärkung nutzen, die negativen Auswirkungen jedoch vermeiden, und bedenkt man die Bedingungen bzw. Voraussetzungen, die laut Theorie des Lernens durch Verstärkung das Lernen erst ermöglichen (vgl. Kap. 7.2.1), so ergeben sich folgende **Konsequenzen für die Erziehung**:

- Der Erziehende muss das Kind sofort nach dessen Verhalten verstärken, damit dem Kind die angenehme Konsequenz als Folge seines vorangegangenen Verhaltens bewusst wird.

- Der Erziehende sollte das erwünschte Verhalten mehrmals positiv verstärken, weil so die Wahrscheinlichkeit größer ist, dass das Kind das erwünschte Verhalten nachhaltig lernt.

- Wenn das Kind das erwünschte Verhalten nicht von sich aus zeigt, so kann der Erziehende dem Kind eine Belohnung in Aussicht stellen und so einen Anreiz geben, dieses zu zeigen.

Beispiel
Die Kinderpflegerin sagt zu den Kindern: „Wenn ihr jetzt beim Basteln gut mitmacht, dürft ihr anschließend in den Garten raus zum Spielen."

- Man sollte ein Kind nicht immer loben, sondern in erster Linie dann, wenn das Kind erstmals etwas richtig macht oder sich besonders angestrengt hat.

- Vorteilhafter als zu loben oder zu belohnen ist es, ein Erfolgserlebnis für das Kind zu arrangieren, das mit der Sache an sich etwas zu tun hat und das Kind von der Meinung der Erziehenden unabhängig macht.

Beispiel
Die Kinderpflegerin bringt die Kinder auf die Idee, den Gruppenraum durch selbst gemalte Bilder schöner zu gestalten.

Die positive Verstärkung galt aufgrund ihrer vielen günstigen Auswirkungen lange Zeit als gute Erziehungsmaßnahme. In der heutigen Zeit wird sie allerdings anders bewertet, weil sie die Kinder in Abhängigkeit von den Erwachsenen hält und ihre selbstbestimmte Persönlichkeitsentwicklung verhindert.

Thomas Gordon zeigt Alternativen zu Lob und Belohnung auf. Damit sollen die angesprochenen Probleme vermieden werden:

Statt zu loben, sollte man lieber Ich-Botschaften verwenden.
Ein Lob ist immer eine Du-Botschaft, d. h. eine Äußerung, in der über den anderen eine Mitteilung gemacht und geurteilt wird. Durch die Ich-Botschaft teilt der Erziehende dem Kind mit, was er fühlt und denkt und welche Wirkung das Verhalten des Kindes bei ihm ausgelöst hat. Das Kind erfährt, welches Verhalten dem Erziehenden gefällt, jedoch ohne sich bewertet zu fühlen. Es lernt, seine eigene Verhaltensweise aus einer anderen Perspektive zu sehen, sie aber selbst zu beurteilen und selbst Verantwortung dafür zu übernehmen. Wenn der Erziehende

dem Kind sein positives Gefühl mitteilt, wird das Kind sich freuen. Es erfährt sozusagen indirekt ein Lob, ohne jedoch direkt bewertet zu werden und sich damit vom Erziehenden abhängig zu fühlen (vgl. Gordon, 2005).

Beispiel
für ein Lob: Die Mutter sagt zu ihrem Kind: „Jetzt warst du aber brav, weil du dein Zimmer so schön aufgeräumt hast."

Beispiel
für eine Ich-Botschaft: Die Mutter sagt zu ihrem Kind: „Es freut mich, dass du dein Zimmer so schön aufgeräumt hast."

Definition
Ich-Botschaften *sind Aussagen, in denen persönliche Gefühle, Bedürfnisse oder Meinungen mitgeteilt werden.*

Eine weitere wirksame Alternative zum Lob ist das aktive Zuhören.
Das bedeutet, dass der Erziehende dem Kind erst zuhört und dann das Gehörte in eigenen Worten wiederholt, um sicherzustellen, dass er das Kind verstanden hat. Das aktive Zuhören hat den Vorteil, dass das Kind Aufmerksamkeit und Einfühlungsvermögen erfährt und feststellen kann, dass das, was es erzählt, vom Erziehenden akzeptiert wird. Es erhält die Möglichkeit, sein Verhalten selbst zu bewerten, sowie die Anregung, seine Probleme selbst zu lösen. Es kann dadurch in seiner Persönlichkeitsentwicklung reifen (vgl. Kap. 16.7.1).

Beispiel
Das Kind berichtet der Mutter: „Ich habe gerade einen ganz hohen Turm aus Bauklötzen gebaut!" Die Mutter hört zu und entgegnet: „Das freut dich jetzt, nicht wahr?"

Definition
Unter **aktivem Zuhören** *versteht man, „richtig zuhören und dann mit Worten zu bestätigen, dass man es auch begriffen hat" (Gordon, 2005, S. 91).*

7.3.2 Ermutigen

Eine wichtige Wirkung, die sowohl Lob und Belohnung als auch der Erfolg auslösen, ist die Ermutigung.

Definition
Ermutigen *heißt, jemandem Mut zu machen und ihm das Gefühl zu geben, bevorstehende Aufgaben bewältigen zu können.*

Die Individualpsychologie geht davon aus, dass **Minderwertigkeitsgefühle** die Hauptursache für seelische Konflikte und Fehlverhalten des Menschen sind. Ein Minderwertigkeitsgefühl ist ein Zeichen dafür, dass der Mensch entmutigt ist und ermutigt werden muss, wenn man sein unerwünschtes Verhalten abbauen möchte.

> *„Ermutigung ist das wichtigste Element in der Erziehung von Kindern. Sie ist so wichtig, dass ihr Fehlen als der hauptsächliche Grund für ein falsches Verhalten betrachtet werden kann. Ein ungezogenes Kind ist immer ein entmutigtes Kind."*
> (Dreikurs/Soltz, 2006, S. 48)

Deshalb brauchen das ungezogene Kind oder der leistungsschwache Schüler das am allermeisten, was sie in Wirklichkeit am allerwenigsten bekommen, nämlich ermutigende Worte und Erfolgserlebnisse. Der Tadel, den diese Kinder ständig zu hören bekommen, vergrößert lediglich ihre Entmutigung, ihre Minderwertigkeitsgefühle und damit ihre Unartigkeit – ein Teufelskreis. Um den Teufelskreis aufzubrechen, braucht das Kind folglich ermutigende Worte und Aufgaben, die es – wenn es sich anstrengt – bewältigen kann und die ihm dadurch Erfolgserlebnisse bescheren.

Wenn ein Kind mehrmals ermutigt wird, etwas zu tun, was es niemals schaffen kann, kann das allerdings dazu führen, dass das Kind künftigen Ermutigungen nicht mehr traut. Die Ermutigung wird dann wertlos.

Für die Erziehung ergeben sich daher folgende Konsequenzen:

- Die Kinderpflegerin soll vor allem schüchterne und leistungsschwache Kinder ermutigen.

- Die Kinderpflegerin soll ein Kind nur zu solchen Verhaltensweisen ermutigen, die das Kind auch wirklich zeigen kann.

7.3.3   Vormachen, Beispiel geben

Aus der Theorie des Lernens durch Nachahmung (vgl. Kap. 7.2.2) ergibt sich die Einflussmöglichkeit „vormachen" bzw. „Beispiel geben".
Man kann einem Kind erwünschtes Verhalten näherbringen, indem man es ihm vormacht, vorlebt. Das Kind hat dann die Möglichkeit, dieses Verhalten nachzuahmen, zu imitieren, und erlernt es auf diese Weise.
Die Erziehenden sind bei diesem Erziehungsmittel das Modell, das Vorbild, das nachgeahmt wird.

Beispiele
Die Eltern, die ihrer Tochter erste Worte beibringen wollen, sprechen ihr diese immer wieder vor.
Die Mutter, die ihrem Sohn das Zähneputzen beibringen will, stellt sich selbst mit an das Waschbecken und putzt sich selbst die Zähne, sodass ihr Sohn dies sehen und nachmachen kann.
Die Kinderpflegerin, die den Kindern beim Bastelangebot Faltschritte beibringen will, macht diese für die Kinder sichtbar vor.

  Definition
Vormachen, *Beispiel geben heißt, dem Kind ein Verhalten vorzuleben, das es beobachten und nachahmen kann.*
Nachahmen *bedeutet, ein Verhalten nachzumachen, zu imitieren, zu kopieren.*

Albert Bandura weist in seiner Theorie des Lernens durch Nachahmung darauf hin, dass Kinder nicht jeden und nicht jedes Verhalten nachahmen, sondern dass die Nachahmung **von bestimmten Faktoren abhängig ist** (vgl. Kap. 7.2.2). Entsprechend muss der Erziehende, der die Erziehungsmaßnahme „vormachen, Beispiel geben" einsetzen und Modell sein möchte, Folgendes beachten:

- Der Erziehende muss eine gute Beziehung zum Kind aufbauen, damit er beim Kind ein gewisses Ansehen besitzt, dem Kind sympathisch ist und von ihm gemocht wird.

- Der Erziehende muss dafür sorgen, dass ihm das, was er vormacht, gelingt. Außerdem muss das Verhalten für das Kind interessant, reizvoll oder Erfolg versprechend gestaltet werden.

Beispiele
Die Kinderpflegerin will ihren Kindern im Turnangebot die Rolle vorwärts beibringen und macht deshalb selbst eine Rolle vor. Dabei prellt sie sich unglücklicherweise jedoch so den Rücken, dass sie ein paar Minuten lang gar nicht mehr aufstehen kann. Daraufhin weigern sich die Kinder, die Rolle nachzumachen.
Ein Jugendlicher im Pubertätsalter kleidet und frisiert sich wie der Sänger einer berühmten Band, weil er sich damit – zumindest unbewusst – auch etwas Erfolg, z. B. beim anderen Geschlecht, erhofft.

Sind diese Voraussetzungen erfüllt, so ist die Erziehungsmaßnahme „vormachen, Beispiel geben" recht wirkungsvoll. Der Mensch lernt sehr viele seiner Verhaltensweisen und Einstellungen durch Nachahmung. Auch das Sprechen wird durch Nachahmung gelernt. Deshalb wird in der Pädagogik auch immer wieder die Bedeutung des Modelllernens betont:

Die Pädagogik weist nicht nur auf die positive Wirkung, sondern auch auf die **Gefahr des Nachahmungslernens** hin: Kinder ahmen nicht nur erwünschtes Verhalten nach, sondern auch unerwünschtes. Sie unterscheiden oft nicht, ob das Vorgemachte positiv oder negativ ist. Daraus ergeben sich folgende Konsequenzen:

- Die Kinderpflegerin sollte sich darüber im Klaren sein, dass sie von den Kindern auch dann nachgeahmt wird, wenn sie nichts bewusst vormacht oder sogar selbst unerwünschtes Verhalten zeigt. Am besten verhält man sich selbst so, wie man es sich von den Kindern wünscht.

- Zu bedenken ist auch, dass nicht nur die Kinderpflegerin Vorbild für die Kinder ist, sondern dass auch viele andere Personen, die Medien usw. den Kindern – bewusst oder unbewusst – etwas vormachen. Negativen Vorbildern sollte die Kinderpflegerin entgegenwirken, z. B. dadurch, dass sie schlechte Fernsehsendungen mit den Kindern bespricht.

7.3.4 Erklären, einsichtig machen

Aus der Theorie des Lernens durch Einsicht (vgl. Kap. 7.2.4) lässt sich die Einflussmöglichkeit „erklären, einsichtig machen" ableiten.

Eine Möglichkeit, ein Kind dazu zu veranlassen, das gewünschte Verhalten an den Tag zu legen, ist, ihm die Notwendigkeit des geforderten Verhaltens zu erklären und sie ihm einsichtig zu machen.

An einem sonnigen Wintertag erlaubt die Erziehe-
rin den Kindern, für eine Stunde in den Garten zu
gehen. Als die Kinderpflegerin der kleinen Eva in
der Garderobe des Kindergartens helfen will, ihren
Anorak anzuziehen, weigert sich Eva mit aller
Gewalt und verkündet lautstark, dass sie ohne
Anorak hinausgehen wolle. Die Kinderpflegerin
versucht daraufhin, Eva zu erklären, dass sie ohne
Anorak frieren und schließlich krank werden wird,
weil es trotz der Sonne immer noch recht kalt sei.

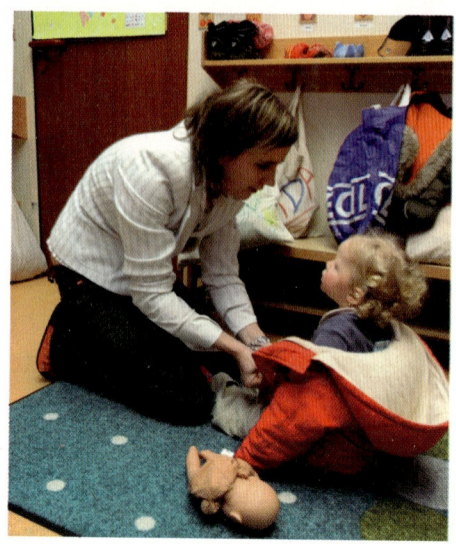

Einem Kind zu erklären, warum es sich so und
nicht anders verhalten soll, bedeutet, dass ihm
der Erziehende durch logische, verständliche
und begründete Argumente aufzeigen muss,
welche Konsequenzen das erwünschte und welche das unerwünschte Verhalten haben wird. Es
muss also der Zusammenhang zwischen den
möglichen Verhaltensweisen und den möglichen Konsequenzen hergestellt werden.

D **Definition**
Erklären *bedeutet, den Zusammenhang zwischen den Elementen einer Situation (zwischen*
Ursache und Wirkung, zwischen Verhalten und Konsequenzen) aufzuzeigen.

Durch die richtige Erklärung eines Sachverhaltes bekommt ein Kind die Zusammenhänge so
vor Augen geführt, dass es den Sachverhalt einsehen kann.

D **Definition**
Einsichtig machen *heißt, den Zusammenhang zwischen den Elementen einer Situation erkenn-*
bar, erfassbar, verstehbar zu machen.

Einsehbar ist ein erwünschtes Verhalten für ein Kind dann, wenn die Argumente logisch und
vernünftig sind und wenn das Kind eine gewisse geistige Reife besitzt.

Beispiel
Es erscheint jedem Menschen einsehbar, die heiße Herdplatte nicht zu berühren, weil man sich die
Finger verbrennen würde. Ein Kleinkind im Alter von sechs Monaten weiß jedoch mit dem Begriff
„heiß" noch nichts anzufangen und kann deshalb den Sachverhalt auch nicht einsehen.

Die Erziehungsmaßnahme „einsichtig machen" kann eine Kinderpflegerin auch anwenden,
indem sie das Kind vor ein Problem stellt und es selbst die Lösung suchen lässt. Das Kind fängt
an, verschiedene Möglichkeiten auszuprobieren, bis es die richtige Lösung gefunden hat. Mit
dem Erkennen der richtigen Lösung („**Aha-Erlebnis**") setzt beim Kind auch die Einsicht ein.
Hilfestellungen kann die Kinderpflegerin hier durch kleine Denkanstöße oder die Verdeutli-
chung der Problemlage und wichtiger Faktoren geben. Sie sollte dem Kind die Lösungssuche
jedoch nicht durch vorschnelles Einschreiten abnehmen.

Beispiel
Damit die Schüler die Lösung leichter finden, verdeutlicht die Kinderpflegerin im Hort genau, welche Faktoren bei der Aufgabe vorgegeben sind und welche gesucht werden. Sie ruft den Schülern alle erforderlichen Aspekte in Erinnerung und macht damit die Aufgabe überschaubar, lässt sie die richtige Lösung jedoch selbst suchen.

Der Vorteil dieser Erziehungsmaßnahme liegt darin, dass erwünschtes Verhalten, dessen Notwendigkeit oder Sinnhaftigkeit vom Kind eingesehen wurde, bereitwilliger gezeigt wird. Darüber hinaus wird durch Einsicht gelerntes Verhalten besser im Gedächtnis behalten.

Wie wir aus der Theorie des Lernens durch Einsicht wissen (vgl. Kap. 7.2.4), muss der Erziehende folgende **Faktoren berücksichtigen, wenn er die Einsicht beim Kind fördern will**:

- Der Erziehende muss die Elemente der Situation verdeutlichen. Das bedeutet, dass er Ursachen und Wirkungen, Konsequenzen, Zusammenhänge sowie die Gründe für sein Handeln bzw. seine Forderung offen und für das Kind verständlich darlegen muss.

Beispiele
Die Kinderpflegerin führt den Kindern vor Augen, was passiert, wenn einige Kinder beim Bilderbuch-Angebot nicht aufpassen: Die Kinder können nicht alles verstehen, was gesprochen wird, sie verpassen eine spannende Geschichte, einige Kinder werden deshalb wütend usw.

Die 16-jährige Verena ist auf eine Feier eingeladen und möchte nicht schon um 24:00 Uhr heimgehen. Ihre Eltern wünschen jedoch, dass Verena um Mitternacht zu Hause ist. Wollen die Eltern in diesem Fall, dass Verena das von ihnen geforderte Verhalten einsieht, so müssen sie ihre Sorgen, Ängste, Vorstellungen und Meinungen offen darlegen. Sie können auch darauf hinweisen, dass der Gesetzgeber die Lage ähnlich einschätzt und deshalb das Jugendschutzgesetz erlassen hat. An diese Bestimmungen haben sich Jugendliche und Eltern zu halten.

- Der Erziehende sollte dem Kind des Öfteren einen Perspektivenwechsel ermöglichen, um seine Fähigkeit der Umstrukturierung zu fördern. Möglich ist dies beispielsweise durch Rollenspiele oder durch gemeinsame Gespräche über Bilderbücher, Filme und Geschichten.

Beispiel
Der Schüler, der im Rollenspiel die Rolle des Lehrers gespielt hatte, sieht ein, dass der Lehrer bestimmte Maßnahmen ergreifen muss, um für Ruhe in der Klasse zu sorgen.

- Erziehende sollten Kinder das Lernen lehren. Lernstrategien helfen Kindern, Wissen effektiver zu speichern und im Bedarfsfall parat zu haben. Mit der Fähigkeit des Wissenstransfers wird so das Erfassen von Zusammenhängen (= Einsicht) gefördert.

Erklären und einsichtig machen sind wirkungsvolle Vorgehensweisen. Oft ist es jedoch nicht leicht, logische und einleuchtende Argumente zu finden und Sachverhalte offen und klar darzustellen. Auch garantiert Einsicht noch keine Verhaltensänderung. Menschen handeln manchmal wider besseres Wissen.

7.3.5 Ausprobieren lassen, Eigenerfahrungen ermöglichen

Aus der Theorie des Lernens durch Versuch und Irrtum (vgl. Kap. 7.2.3) ergibt sich die Möglichkeit, erzieherisch Einfluss zu nehmen durch „ausprobieren lassen, Eigenerfahrungen ermöglichen".

Ein Kind wird nicht nur dadurch erzogen, dass ihm der Erzieher sagt, wie es sich zu verhalten hat und was es zu unterlassen hat. Kinder lernen auch durch eigenes Ausprobieren und eigene Erfahrungen.

Zur Erziehungsmaßnahme wird das Ausprobieren, die Eigenerfahrung dann, wenn Erziehende das Kind bewusst eigene Erfahrungen machen lassen.

Beispiel
Obwohl Benjamin (18 Monate) mit einer ganzen Kiste voll Spielsachen in seinem Laufstall sitzt, möchte er heraus und ruft deshalb nach seiner Mutter. Da diese jedoch sehr auf die kreativen und motorischen Fähigkeiten ihres Sohnes bedacht ist, reagiert sie nicht und bringt ihren Sohn so dazu, sich selbst eine Lösung für sein Problem einfallen zu lassen. Er stellt sich zunächst auf die Zehenspitzen, um die Gitterstäbe überwinden zu können. Zu klein! Er versucht, sich mit seinen Armen hochzuziehen. Zu schwach! Er springt mehrmals hoch, plumpst jedoch immer wieder zurück. Schließlich zieht er sich die Spielzeugkiste an das Gitter, steigt hinauf und klettert über die Absperrung.
Von diesem Tag an sind die Gitterstäbe kein Hindernis mehr für ihn, weil er gelernt hat, mittels der Spielzeugkiste aus dem Laufstall zu kommen.

D #### Definition
*Unter **„ausprobieren lassen"** oder „Eigenerfahrungen ermöglichen" versteht man, dass der Erziehende dem Kind nicht sagt, was und wie es etwas machen soll, sondern dass er das Kind bewusst ohne Hilfe verschiedene Verhaltensweisen durchführen und damit eigene Erfahrungen gewinnen lässt.*

Diese Erziehungsmaßnahme hat den **Vorteil**, dass sich ein Kind das, was es am eigenen Körper erfahren hat, besser merken kann als etwas, was ihm nur erzählt oder gesagt wurde. Darüber hinaus fördert das eigene Ausprobieren die Selbstständigkeit und Kreativität des Kindes, und selbst gefundene Lösungen stärken das Selbstbewusstsein. Das Ausprobieren ist auch etwas, was Kinder gerne tun. Viele ihrer Spiele beinhalten experimentelle Momente, und das Spiel ist die für Kinder typische und natürliche Art, sich mit ihrer Umwelt auseinanderzusetzen.
Umgekehrt hat das Ausprobieren den **Nachteil**, dass es meist sehr zeitaufwendig ist. Als Erziehungsmaßnahme sind die Eigenerfahrungen deshalb nicht immer einsetzbar. Außerdem kann ein Kind in gefährliche Situationen geraten.

Beispiel
Ein Kind kann sich sehr verletzen, wenn es die Erfahrung am eigenen Körper macht, dass etwas, das als „heiß" bezeichnet wird, Schmerzen verursacht.

Aus diesen Vor- und Nachteilen sowie aus der Theorie des Lernens durch Versuch und Irrtum ergeben sich folgende **Konsequenzen der Erziehung**:

- Weil Kinder nur dann anfangen, etwas auszuprobieren, wenn sie ein Problem oder das Bedürfnis dazu haben, sollte der Erziehende diese Situation nutzen, geduldig sein und das Kind möglichst viel selbst ausprobieren lassen.
- Der Erziehende muss abwägen, in welchen Situationen der Einsatz dieses Erziehungsmittels zu gefährlich ist. Nach Möglichkeit sollte er die Gefahrenquellen beseitigen, damit das Kind selbst ausprobieren kann.
- Der Erziehende sollte dem Kind viele Möglichkeiten einräumen, die Verhaltensweise, die zum Erfolg führte, zu üben, da sie dann nachhaltiger gelernt werden kann.

Die Erziehungsmaßnahme „Eigenerfahrungen ermöglichen, ausprobieren lassen" ist sehr wirkungsvoll, aufgrund ihres Zeitaufwandes und ihrer Gefährlichkeit jedoch nur begrenzt einsetzbar.

7.3.6 Impulse geben, lenken, Gewohnheiten ausbilden

Einem Kind einen Impuls zu geben, damit es erwünschtes Verhalten zeigt, heißt, dass man es mit einer Beschäftigung betraut, durch die es das erwünschte Verhalten erlernen kann.

Beispiel
Die Kinderpflegerin im Kindergarten spielt in der Freispielzeit mit ein paar Kindern ihrer Gruppe „Mensch ärgere dich nicht", damit die Kinder lernen, sich an Regeln zu halten und Niederlagen einzustecken. Später lässt sie die Kinder in Gemeinschaftsarbeit eine große Collage gestalten, um sie dazu zu bringen, sich mit den anderen abzusprechen und auf die Wünsche der anderen Rücksicht zu nehmen.

Definition
D

Impulse geben heißt, dem Kind Anregungen und Anstöße zu geben, durch die das Kind indirekt ein Verhalten erlernt bzw. abbaut.

Impulse erhält ein Kind z. B. durch ein Spiel, weil dabei gewisse Anforderungen an das Kind gestellt werden. Es erwirbt im Spiel z. B. motorische und soziale Fähigkeiten und Fertigkeiten. Je nach dem Verhalten, das die Kinderpflegerin beim Kind erreichen möchte, wählt sie ein entsprechendes Spiel oder Spielzeug aus.

Beispiel
Frau M. möchte, dass ihre Kinder hausfrauliche Fähigkeiten erwerben und schenkt ihnen deshalb eine Puppenküche mit allen Utensilien, die für die Hausarbeit gebraucht werden.

Das Spiel ist eine optimale Möglichkeit, einem Kind etwas zu vermitteln, weil Kinder gerne spielen und das Lernen, das im Spiel automatisch stattfindet, nicht als anstrengend empfinden.

Da das Spiel eine für Kinder natürliche und typische Art ist, sich mit ihrer Umwelt auseinander-zusetzen, mit der sie gleichzeitig etwas lernen und die ihnen auch noch Spaß macht, eignet es sich hervorragend als Einwirkungsmöglichkeit. Durch das Spiel kann man dem Kind sehr viele erwünschte Verhaltensweisen nahebringen und alle seine Entwicklungsbereiche (Moto-rik, Wahrnehmung, Denken, Sprache, Sozialverhalten, Gewissen, Gefühle, Motivation) för-dern. Kinder lernen spielend fürs Leben.

Auch durch **geplante Angebote** oder **Arbeiten**, die man mit dem Kind zusammen ausführt oder dem Kind aufträgt, gibt man dem Kind Impulse und erzieht es dadurch.

Beispiele
Die Kinderpflegerin Maria führt mit ihrer Kindergruppe eine Bilderbuchbetrachtung als gezielte Beschäftigung durch, weil sie den Kindern durch den sozialen Inhalt des Bilderbuches soziales Ver-halten vermitteln will.
Herr H. möchte seinem Sohn Verantwortungsbewusstsein beibringen und erteilt ihm deshalb die Aufgabe, den Hamster zu versorgen. Diese tägliche Arbeit führt dazu, dass sich der Sohn für den Hamster verantwortlich fühlt.

Mittels eines Spiels, einer Beschäftigung, einer Aufgabe oder Arbeit Impulse zu geben, hat den Vorteil, dass das erwünschte Verhalten nicht direkt von der Erzieherin gefordert wird, sondern dass das Kind dieses Verhalten aus dem Spiel, der Beschäftigung, der Arbeit heraus erlernt. Die Erzieherin tritt damit in den **Hintergrund**. Sie steuert das Verhalten des Kindes **indirekt**. Das Kind lernt unabhängig von der Sympathie oder Antipathie, die es dem Erziehenden gegen-über empfindet. Lernen im Spiel bedeutet darüber hinaus für das Kind, dass es das Lernen nicht als Mühe empfindet, sondern dass es etwas macht, was ihm Lust und Freude bereitet. Auch die gezielten Angebote im Kindergarten machen dem Kind Spaß, sofern sie motivierend aufgebaut und auf die Interessen der Kinder abgestimmt sind.
Aufgabe der Kinderpflegerin ist es, geeignete Spiele und Angebote auszuwählen, damit erwünschtes Verhalten gelernt wird.

Impulse geben und dadurch das Verhalten eines Kindes lenken kann die Erzieherin auch, indem sie dem Kind das erwünschte Verhalten **angewöhnt**.

Beispiel
Die Kinderpflegerinnen im Kindergarten möchten, dass die Kinder lernen, sich nach dem Essen stets die Zähne zu putzen. Sie gehen daher jeden Tag nach der Brotzeit mit ihnen in den Waschraum und lassen die Kinder die Zähne putzen. So gewöhnen sich die Kinder an dieses Verhalten und erlernen es.

Definition
Gewohnheiten *sind Verhaltensweisen, die in bestimmten Situationen in immer gleicher Weise routinemäßig, unabhängig von Überlegungen und nahezu automatisch ablaufen.*

Die **Gewöhnung** hat den Vorteil, dass ein Kind nicht mehr nachdenken und sich anstrengen muss, sondern das Verhalten automatisch und routinemäßig ausführt. Dadurch wird der All-tag des Kindes einfacher.
Die Gefahr einer Gewohnheit liegt darin, dass sie oft auch dann noch ausgeführt wird, wenn sie längst sinnlos und überholt ist. Gewöhnt man einem Kind das erwünschte Verhalten an, so muss man ihm gleichzeitig die Fähigkeit vermitteln, seine Gewohnheiten wieder zu überden-ken und auf ihre Notwendigkeit hin zu überprüfen.

7.3.7 Räume gestalten

Nach aktuellen pädagogischen Konzepten – wie etwa dem Konzept des offenen Kindergartens (vgl. Kapitel 6.4.2) – ist es weniger sinnvoll, den Kindern die Welt zu erklären, sondern vielmehr, den Kindern die Möglichkeit zu geben, die Welt selbst zu entdecken (vgl. Regel/Kühne, 2007, S. 49). Nach einem derartigen Konzept besteht die Einflussmöglichkeit der Erzieherin bzw. Kinderpflegerin darin, den Kindern durch eine entsprechende **Raumgestaltung** und **geeignete Materialien** eine **Umgebung** zu bieten, die die Kinder in ihrem Entdecken und Lernen herausfordert und unterstützt. Auch klassische pädagogische Konzepte betonen die Bedeutung von Räumen: In der Reggio-Pädagogik werden Räume als „dritter Erzieher" bezeichnet (vgl. Kap. 6.4.1).

Die Räume sind richtig gestaltet, wenn sie zum Erkunden, Experimentieren, Forschen und Handeln anregen, wenn sie zum Bewegen motivieren, aber auch Rückzugsmöglichkeiten und Ruhezonen bieten, wenn sie zum gemeinsamen Spielen, zu Gesprächen und zum Austausch der Kinder untereinander anregen und wenn sich die Kinder darin wohl und ausgeglichen fühlen. Die Räume sind richtig gestaltet, wenn sie Materialien enthalten, die zum Entwicklungsstand und zu den verschiedensten Erfahrungen und Interessen der Kinder passen und den Kindern die Möglichkeit geben, allein oder mit anderen Kindern zusammen Antworten auf ihre Fragen zu finden.

Wichtige Aufgabe der Erziehenden ist darüber hinaus auch, die Kinder in ihrem Tun zu beobachten und zu reflektieren, ob die gestalteten Räume den Bedürfnissen der Kinder entsprechen, um bei Bedarf die Räume und Materialien anzupassen.

7.3.8 Konfliktsituationen mit Kindern und Jugendlichen

Erziehungsprozesse laufen oft nicht reibungslos ab, immer wieder kommt es zu Konflikten. Kinder und Jugendliche halten sich nicht an Regeln, stören andere, streiten sich oder zeigen aggressives Verhalten, um nur einige Beispiele zu nennen. Diese Situationen stellen für pädagogische Fachkräfte eine Herausforderung dar. Sie müssen rasch reagieren, fragen sich aber oft wie. Rezepte dafür, wie diese Konflikte zu lösen sind, gibt es nicht, denn viele Faktoren beeinflussen die Konfliktsituationen, wie z. B. Alter und Entwicklungsstand des Kindes, Erfahrungen, Gründe für das Verhalten und Häufigkeit. Früher haben pädagogische Fachkräfte oft mit Strafen reagiert. Heute weiß man, dass Strafen und Zwang keine Lösung sind und oft unerwünschte negative Nebeneffekte haben. So kann die Beziehung zur Kinderpflegerin leiden, Ärger und Wut ausgelöst werden und es fehlt den Kindern zudem an Handlungsalternativen. Vor allem aber wirken Strafen nur kurzfristig, das Problem bleibt langfristig bestehen oder verschärft sich sogar. Dennoch gilt: Fehlverhalten kann nicht einfach akzeptiert werden, es muss Konsequenzen haben. Aber welche Konsequenzen sind sinnvoll und hilfreich? Wir möchten Ihnen drei Möglichkeiten vorstellen, die denkbar sind: Grenzen setzen, Wiedergutmachung und sachliche Folgen.

Grenzen setzen

Im Alltag einer Kindertageseinrichtung gibt es viele Situationen, in denen die Kinderpflegerin Kindern Grenzen setzen muss, weil sonst das Kind selbst oder andere in Gefahr geraten. Das folgende Beispiel aus der Praxis zeigt eine solche Situation:

Beispiel
Moritz und Jeremy haben ca. 15 Minuten in der Bauecke gespielt. Sie haben Ufos gebaut und sich über die Flugobjekte unterhalten. Als die Ufos fertig waren, haben sie damit begonnen, sie fliegen zu lassen. Zunächst haben sie so getan „als ob", schließlich haben sie sich aber tatsächlich mit den Ufos beworfen. Die Kinderpflegerin fordert die beiden Kinder energisch auf, sofort aufzuhören, weil dieses Spiel zu Verletzungen führen könne. Alle Handlungen, die Kinder selbst oder andere Kinder verletzen können, sind in der Gruppe nicht erlaubt.

Definition
Grenzen setzen bedeutet, dem Kind Einhalt zu gebieten und ihm die Befriedigung seines (momentanen) Bedürfnisses zu verweigern.

Damit das Kind die Grenze verstehen und akzeptieren kann und lernen kann, damit umzugehen, wenn Wünsche versagt werden, sollten folgende Aspekte beachtet werden:

- Der Erziehende braucht klare, wohlüberlegte Erziehungsziele.
- Die Regeln und Normen des Zusammenlebens müssen klar und bekannt sein.

Beispiel
Im Kindergarten gibt es die Regel: Verhaltensweisen müssen beendet werden, wenn/sobald dadurch sich selbst oder andere geschädigt werden.

- Der Erziehende muss dem Kind ganz klar sagen, was erwünscht ist und was nicht.
- Die Grenzen müssen dem Entwicklungsstand des Kindes angepasst sein und dürfen das Kind nicht überfordern.
- Die Grenzen müssen mit Augenmaß gesetzt werden.
- Die Grenzen müssen erklärt und begründet werden, können und sollten soweit als möglich mit den Kindern erarbeitet und besprochen werden. Hilfreich ist auch, wichtige Regeln und Grenzen aufzuschreiben oder aufzumalen und in der Gruppe sichtbar auszuhängen.

Beispiel
Die Kinderpflegerin erklärt den beiden Kindern, dass sie aufhören sollen, sich mit den Ufos aus Legosteinen zu bewerfen, weil die Gefahr zu groß ist, dass sie sich gegenseitig oder andere Kinder, die in der Nähe sind, verletzen.

- Die Einhaltung der gesetzten Grenze muss konsequent eingefordert werden.

Beispiel
Die Kinderpflegerin muss darauf achten, dass die beiden Kinder wirklich aufhören, sich mit den Ufos aus Legosteinen zu bewerfen.

- Grenzüberschreitungen müssen sanktioniert werden und das Kind muss Konsequenzen seiner Grenzüberschreitung erfahren. Sanktionen dürfen nicht willkürlich erfolgen. Sie müssen in erkennbarem Zusammenhang mit dem Fehlverhalten stehen und sollten nach Möglichkeit vorher bekannt und besprochen sein.

Die Wiedergutmachung

Eine akzeptable Sanktion ist z. B. die **Wiedergutmachung**, d. h., dass das Kind das Fehlverhalten durch erwünschtes Verhalten ausgleicht oder den Schaden wiedergutmacht.

Beispiele

Sophia, die die Fensterscheibe eingeworfen hat, muss die neue Fensterscheibe vom eigenen Taschengeld bezahlen.
Harry, der seiner Schwester wehgetan hat, muss sich bei ihr entschuldigen.

Definition

Wiedergutmachung bedeutet, ein Fehlverhalten auszugleichen, einen Schaden zu bereinigen.

Sachliche Folgen

Eine weitere akzeptable Sanktion ist die **sachliche Folge**. Dies ist eine Konsequenz, die sich beinahe automatisch aus dem Fehlverhalten des Kindes ergibt.

Beispiele

Wenn Oliver zu spät zum Essen kommt, muss er essen, was übrig geblieben ist, oder er bekommt nichts mehr, weil alles aufgegessen wurde und die Mutter für ihn nicht noch extra kocht.
Die Schüler, die ihre Partnerarbeit im Unterricht aufgrund ihrer Schwätzerei nicht fertigstellen konnten, müssen die Arbeit zu Hause auf Kosten ihrer Freizeit fertig machen.

Definition

*Eine **sachliche Folge** ist eine für das Kind unangenehme Konsequenz, die sich aus dem Fehlverhalten des Kindes ergibt.*

Bei derartigen Konsequenzen bleiben die negativen Auswirkungen aus, weil sie sich, unabhängig von der Kinderpflegerin, aus dem Fehlverhalten ergeben und für das Kind **verstehbar** sind.

7.4 Faktoren, die die Wirkung pädagogischer Methoden beeinflussen

Eine Erziehungsmaßnahme zeigt nicht bei jedem Kind die gleiche Wirkung. Grund dafür sind verschiedene Faktoren, die die Wirkung einer Erziehungsmaßnahme beeinflussen.

Folgende Faktoren beeinflussen die Wirkung einer Erziehungsmaßnahme:

- **Die Persönlichkeit des Erziehers**
  Die Drohung eines strengen Erziehers wird das Kind mehr einschüchtern als die Drohung eines unsicheren Erziehers, der sich am Ende doch immer wieder mitfühlend und nachgiebig zeigt.

- **Die Persönlichkeit des Kindes**
  Das sensible Kind trifft der Tadel der Kinderpflegerin weit mehr als ein robustes Kind.

- **Das Verhältnis zwischen Erzieher und Kind**
  Ein Kind, das seinen Vater bewundert, wird diesen eher nachahmen und ihm gehorchen als ein Kind, das wenig Respekt vor dem Vater hat und ihn nicht mag.

● **Die jeweilige Situation (Gruppe, Zeit, Räumlichkeiten)**
Ein Kind, das in der Kindergartengruppe gern den „Clown" spielt und sich durch das Lachen der anderen Kinder bestärkt fühlt, wird in der Gruppe weniger auf die Mahnung der Kinderpflegerin hören, als wenn es mit der Kinderpflegerin alleine ist.
Morgens, wenn die Kinder ausgeschlafen sind, hören sie eher auf die Aufforderungen der Erzieherin und machen bei Angeboten besser mit als am Nachmittag, wenn sie müde, überreizt und überdreht sind.

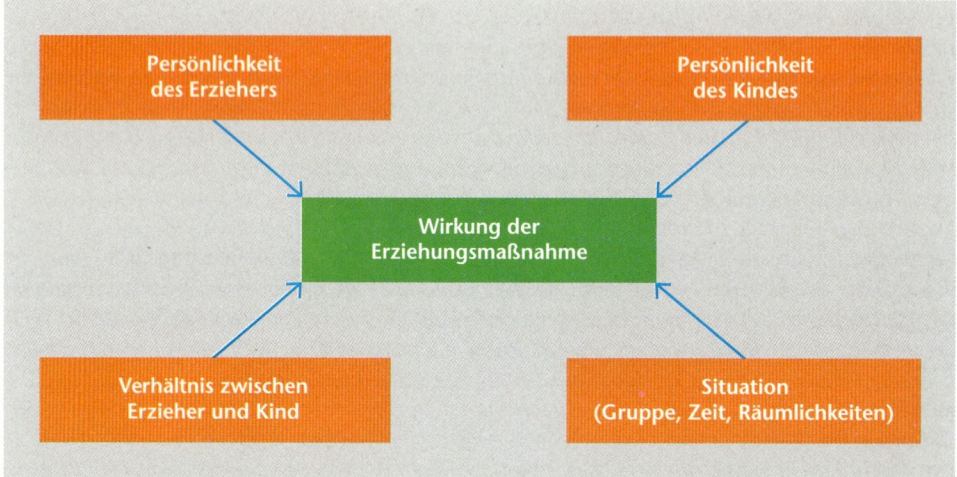

Die Wirkung einer Methode ist deshalb nie gleich, sondern von Erzieher zu Erzieher, von Kind zu Kind, von Situation zu Situation verschieden. Sie ist deshalb auch nicht eindeutig vorhersagbar. Erziehende dürfen sich folglich nicht dem Glauben hingeben, sie bräuchten nur das Mittel zu wählen, das sich einmal in einer bestimmten Situation bei einem bestimmten Kind bewährt hat. Bei der Wahl der Erziehungsmaßnahme sollte sich der Erziehende die einzelnen Einflussfaktoren stets vor Augen führen.

Fallbeispiel
Die Kinderpflegerin Dilara ist überrascht. Als sie den Kindern vor zwei Tagen erklärte, warum sie bei dem starken Regen nicht in den Garten gehen können, haben sie es eingesehen. Heute zeigen die Kinder bei derselben Problematik keine Einsicht, obwohl Dilara dieselben vernünftigen Argumente bringt.

Z   *Zusammenfassung*

Lernen ist ein nicht beobachtbarer Vorgang, durch den ein Verhalten oder Erleben dauerhaft erworben oder verändert wird. Lernen und Erziehung sind zwei Vorgänge, die eng miteinander verbunden sind.

Lerntheorien sind Theorien zur Erklärung der nicht beobachtbaren Lernprozesse. Zu den wichtigsten Lerntheorien zählen die Theorie vom Lernen durch Verstärkung, die Theorie vom Lernen durch Nachahmung, die Theorie vom Lernen durch Versuch und Irrtum sowie die Theorie vom Lernen durch Einsicht.

Lernen durch Verstärkung bedeutet, dass ein Mensch die Verhaltensweisen lernt, auf die eine angenehme Konsequenz folgt oder durch die eine unangenehme Konsequenz vermieden wird. Bei der positiven Verstärkung lernt der Mensch eine Verhaltensweise, weil diese eine angenehme Konsequenz herbeiführt. Bei der negativen Verstärkung lernt der Mensch eine Verhaltensweise, weil diese eine unangenehme Konsequenz verhindert. Damit ein Lernen durch Verstärkung überhaupt stattfindet oder erfolgreich verläuft, muss eine zu verstärkende Verhaltensweise vorhanden sein, außerdem sollte die Verstärkung unmittelbar erfolgen und wiederholt werden.

Lernen durch Nachahmung bedeutet, dass ein Mensch eine Verhaltensweise dadurch lernt, dass er sie bei einem anderen Menschen beobachtet und nachahmt. Nachgeahmt wird vor allem dann, wenn das Modell Ansehen und Macht besitzt, sympathisch, attraktiv und bewundernswert und mit seinem Verhalten erfolgreich ist. Die Nachahmung wird außerdem begünstigt, wenn der Nachahmende sich für das Verhalten interessiert, sich von dem Verhalten Erfolg oder Vorteile verspricht, das Verhalten billigt, sich zur Nachahmung fähig hält und zu dem Modell eine gute Beziehung hat.

Lernen durch Versuch und Irrtum bedeutet, dass ein Mensch eine Verhaltensweise lernt, indem er verschiedene Verhaltensweisen ausprobiert, die erfolgreiche Verhaltensweise speichert und die erfolglosen Verhaltensweisen unterlässt. Bedingung für das Lernen durch Versuch und Irrtum ist, dass das Kind ein Problem oder ein Bedürfnis hat, eine erfolgreiche Verhaltensweise gefunden wird und diese geübt werden kann.

Lernen durch Einsicht bedeutet, dass ein Mensch eine Verhaltensweise dadurch lernt, dass er den Zusammenhang zwischen den verschiedenen Elementen (Teilen) einer Situation erkennt. Das Lernen durch Einsicht wird ermöglicht bzw. begünstigt, wenn die Kenntnis sämtlicher Elemente einer Situation, die Fähigkeit der Umstrukturierung, die Fähigkeit des Perspektivenwechsels sowie die Fähigkeit des Wissenstransfers gegeben sind.

Einflussmöglichkeiten: Pädagogische Fachkräfte haben die Aufgabe, Lernprozesse zu gestalten, zu begleiten und zu unterstützen. Dafür gibt es unterschiedliche Möglichkeiten, die früher als Erziehungsmaßnahmen bezeichnet wurden. Der Begriff wurde abgelöst durch verschiedene andere Formulierungen, z. B. „Einflussmöglichkeiten", „Moderationstechniken" oder „Einwirkungsmöglichkeiten".

Ansätze oder Methoden sind z. B.:
- positiv verstärken,
- ermutigen,
- vormachen, Beispiel geben,
- erklären, einsichtig machen,
- ausprobieren lassen, Eigenerfahrungen ermöglichen,
- Impulse geben,
- Grenzen setzen,
- Wiedergutmachung,
- sachliche Folge.

Positiv verstärken heißt, auf ein Verhalten des Kindes eine Konsequenz folgen zu lassen, die das Kind veranlasst, dieses Verhalten nochmals zu zeigen. Positive Verstärker (= Konsequenzen) sind z. B. das Lob und die Belohnung, die sich bei richtiger Anwendung positiv auf die Entwicklung des Kindes auswirken.

In der heutigen Zeit wird die positive Verstärkung nicht mehr ausschließlich positiv bewertet, weil sie die Kinder in Abhängigkeit von den Erwachsenen hält und ihre selbstbestimmte Persönlichkeitsentwicklung verhindert. Als bessere Alternativen zur positiven Verstärkung gelten hier die Ich-Botschaften sowie das aktive Zuhören.

Ermutigen heißt, dem Kind Mut zu machen und ihm das angenehme Gefühl zu vermitteln, etwas zu können. Die Ermutigung ist nach Ansicht einiger Pädagogen das wichtigste Element der Erziehung.

Unter der Erziehungsmethode „**vormachen und Beispiel geben**" ist zu verstehen, dass dem Kind ein Verhalten vorgelebt wird, das es beobachten und nachahmen kann. Es handelt sich hierbei um eines der wirkungsvollsten Erziehungsmittel, wenn gewisse Voraussetzungen erfüllt sind.

Erklären heißt, dem Kind den Zusammenhang zwischen einem Verhalten und den Konsequenzen aufzuzeigen. Einsichtig machen bedeutet, dem Kind den Sachverhalt durch die Erklärung erkennbar und verstehbar zu machen. Erklären und einsichtig machen sind sehr wirkungsvolle Vorgehensweisen. Sie erfordern vom Erzieher jedoch die nicht einfache Fähigkeit, einen Sachverhalt offen und klar darzustellen sowie logisch, vernünftig und einleuchtend zu argumentieren.

Unter der Erziehungsmethode „**ausprobieren lassen, Eigenerfahrungen machen lassen**" versteht man, dass der Erzieher dem Kind nicht vorgibt, was zu tun ist, sondern dass er sich in Zurückhaltung und Geduld übt und das Kind die richtige Lösung selbst finden lässt. Eigene Erfahrungen sind sehr wirksam, benötigen jedoch meist sehr viel Zeit.

Impulse geben und das Verhalten des Kindes lenken bedeutet, dass der Erzieher das Kind mittels eines Spiels oder einer Beschäftigung dazu bringt, sich erwünschtes Verhalten anzueignen. Auch bei diesem Erziehungsmittel tritt der Erzieher eher in den Hintergrund. Indem Erziehende Gewohnheiten bei Kindern ausbilden, lenken sie deren Verhalten ebenfalls.

Räume gestalten bedeutet, Kindern durch eine entsprechende Raumgestaltung und geeignete Materialien eine Umgebung zu bieten, die die Kinder in ihrem Entdecken und Lernen herausfordert und unterstützt.

Grenzen setzen: Pädagogische Fachkräfte kommen immer wieder in Konfliktsituationen mit Kindern. Sie müssen dann Grenzen setzen und auf deren Einhaltung achten. Bei Überschreitung von Grenzen sind Sanktionen nötig, wie z. B. Wiedergutmachung und sachliche Folgen.

Die **Wirkung von Einflussmöglichkeiten** ist von Fall zu Fall verschieden, da die Persönlichkeit des Erziehers und des Kindes, das Verhältnis der beiden zueinander und die jeweilige Situation eine große Rolle spielen.

? *Fragen und Aufgaben zum Kapitel*

1. *Stellen Sie die vier angegebenen Lerntheorien an je einem konkreten Beispiel aus Ihrem Praktikum vor.*

2. *Begründen Sie, warum Lob und Belohnung früher als positive Vorgehensweisen galten, heute von vielen Pädagogen und Psychologen jedoch nicht mehr so positiv gesehen werden.*

3. *Zeigen Sie anhand konkreter Beispiele Konsequenzen auf, die sich aus den Erkenntnissen über die Auswirkungen von Lob und Belohnung für das Verhalten der Kinderpflegerin ergeben.*

4. *„Die Ermutigung ist das wichtigste Element in der Erziehung." Begründen Sie diese Aussage.*

5. *Finden Sie Beispiele aus dem Alltag, in denen Erziehende Kindern durch Vormachen erwünschtes Verhalten beibringen.*

6. *Suchen Sie Situationen im Alltag sozialpädagogischer Einrichtungen (Krippe, Kindergarten, Hort, Heim), die sich für eigenständige Erfahrungen von Kindern eignen.*

7. *Überprüfen Sie Spiele oder Angebote in Ihrer Praktikumsstelle auf mögliche Impulse, die man Kindern mit diesen Spielen oder Angeboten geben könnte.*

8. *Schreiben Sie Regeln und Grenzen auf, die es in Ihrer Praxisstelle gibt. Beobachten Sie, inwiefern Kinder diese Grenzen achten und was passiert, wenn sie Grenzen überschreiten oder Regeln brechen. Überlegen Sie, warum bestimmte Regeln immer wieder gebrochen werden und andere kaum. Welche pädagogische Konsequenz ergibt sich aus Ihren Beobachtungen?*

Anregungen zum Kapitel

9. *Arbeiten Sie aus dem Fallbeispiel zu Beginn dieses Kapitels heraus, welches Verhalten Rita aufgrund welcher Einflussmöglichkeiten erlernt hat. Berücksichtigen Sie dabei auch die Lerntheorien.*

10. *Erstellen Sie zu diesem Kapitel ein Mind-Map und einen hierarchischen Abrufplan.*

11. **Rollenspiel:**
    – *Schülerin A spielt die Rolle des zehnjährigen Manuels. Er sitzt über seinen Hausaufgaben. Eigentlich hat er keine Lust, seine Hausaufgaben zu machen, weil draußen herrliches Wetter ist. Außerdem ist die Rechenaufgabe so schwer. Er kann sie nicht lösen. Nach und nach wird er immer wütender, reißt schließlich die Seite aus dem Heft und wirft sie in die Ecke.*

    – *Schülerin B ist die Kinderpflegerin, der die Hausaufgabenbetreuung im Hort obliegt. Sie beobachtet, wie Manuel ziemlich unruhig auf seinem Stuhl hin und her rutscht und schließlich eine Seite aus seinem Mathematikheft reißt und in die Ecke wirft. Dieses Verhalten findet sie unmöglich. Sie geht deshalb zu Manuel und ergreift eine Erziehungsmaßnahme, die sie in diesem Fall für angebracht hält.*

    Reflektieren Sie anschließend über Gefühle und Erfahrungen, die beide Beteiligten gemacht haben.

12. **Spiel „Tabu"**
    Schreiben Sie in Kleingruppen wichtige Begriffe aus diesem Kapitel auf je ein Kärtchen und schreiben Sie unter den Begriff vier Wörter, die bei der Erklärung nicht verwendet werden dürfen. Verschiedene Teams spielen gegeneinander. Ein Spieler eines Teams zieht einen Begriff, den seine Mitspieler nicht sehen und den er ihnen erklären muss. Bei dieser Erklärung darf er die Wörter, die bei dem jeweiligen Begriff angegeben sind, nicht verwenden. Das Team, das die meisten Begriffe erraten hat, hat gewonnen.

Weiterführende Fragen und Anregungen

13. *Seit „PISA" wird auch in der Politik und in der Öffentlichkeit dem Thema „Bildung" große Bedeutung beigemessen. Erläutern Sie, warum eine gute Bildung für eine Gesellschaft in der globalisierten Welt auch von wirtschaftlicher Bedeutung ist.*

14. *Welche Rahmenbedingungen müssen gegeben sein, damit eine qualitativ gute Bildungs- und Erziehungsarbeit in den sozialpädagogischen Einrichtungen geleistet werden kann?*

8 Erziehungsstile

Die Praktikantin Katja arbeitet in einem Kinderheim. Sie ist in einer Gruppe eingesetzt, in der neun Kinder und Jugendliche im Alter zwischen zwei und 14 Jahren leben, vier Mädchen und fünf Jungen. Zur Gruppe gehören auch die Geschwister Martin, neun Jahre, und Maria, sieben Jahre. Die Grundschüler besuchen alle die Schule im Stadtteil, die älteren Kinder gehen auf unterschiedliche Schulen. Die Kinder werden um 6:30 Uhr geweckt, sollen sich dann waschen und anziehen und um 7:15 Uhr zum gemeinsamen Frühstück kommen. Spätestens um 7:40 Uhr müssen sie das Haus verlassen, um pünktlich in der Schule zu sein.

Folgende Situation ist für Martin und Maria morgens typisch. Die beiden finden viel Gelegenheit zum Spielen, sie trödeln herum und kommen nicht rechtzeitig zum Frühstück. Das Fachpersonal reagiert unterschiedlich:
Die Erzieherin Sabine lässt die Kinder spielen und greift zunächst nicht ein. Sie denkt, dass die Kinder ihre Angelegenheiten selbst regeln sollen. Bis jetzt sind sie noch jeden Tag in die Schule gekommen, wenn auch manchmal zu spät.
Anders Katja, ist sie in der Früh zuständig, dann fordert sie die Kinder freundlich auf, sich fertig zu machen und pünktlich zum Frühstück zu kommen. Weil das meist nicht klappt, geht sie dazu über, die Kinder zu ermahnen. Oft muss sie auch schimpfen, weil die Geschwister gar nicht vorwärtskommen. Gestern hat Martin gesagt: „Lass uns doch in Ruhe! Die Sabine meckert auch nicht dauernd."

Katja ist betroffen, sie nimmt sich vor, die Angelegenheit in die nächste Teambesprechung einzubringen.

Aus der hier beschriebenen Situation ergeben sich folgende Fragen:

1. *Wie können erzieherische Grundhaltungen beschrieben werden?*

2. *Welche Ursachen haben unterschiedliche erzieherische Grundhaltungen?*

3. *Welche Auswirkungen haben erzieherische Grundhaltungen?*

4. *Welche erzieherischen Grundhaltungen wirken sich günstig auf die Entwicklung von Kindern aus?*

5. *Welche nachteiligen Auswirkungen auf die Entwicklung von Kindern können sich aus welcher erzieherischen Grundhaltung ergeben?*

6. *Gibt es die „perfekte" Erzieherpersönlichkeit? Wie sieht sie aus?*

7. *Wie kann günstiges Erzieherverhalten gefördert werden?*

8.1 Der Begriff „Erziehungsstil"

Eltern, Erzieherinnen, Kinderpflegerinnen und andere Bezugspersonen nehmen auf unterschiedliche Art und Weise Einfluss auf Kinder und Jugendliche. Dabei unterscheiden sie sich in ihren Erziehungspraktiken und erzieherischen Grundhaltungen erheblich. Erziehungspraktiken sind Verhaltensweisen, die in einer konkreten Situation eingesetzt werden und auf ganz bestimmte Erziehungsziele hin ausgerichtet sind. Beispielsweise soll durch Belohnungen erreicht werden, dass ein Kind seinen Tischdienst nach dem Mittagessen im Heim ordentlich und gewissenhaft erledigt. Davon zu unterscheiden ist der **Erziehungsstil**. Beim Erziehungsstil handelt es sich um eine erzieherische Grundhaltung, die das gesamte Erziehungsklima prägt. Der Erziehungsstil vermittelt dem Kind, wie Erwachsene dem Kind als Person begegnen, er zeigt nicht, wie sie zu dessen Handlungen stehen.

Definition
*Unter „**Erziehungsstil**" versteht man eine Grundhaltung, eine charakteristische Art und Weise, die Erziehende den Kindern gegenüber einnehmen. Es sind Muster von Einstellungen, Handlungsweisen, sprachlichen und nicht sprachlichen Äußerungen, die die Art des Umgangs von Erziehenden mit Kindern kennzeichnen.*

8.2 Unterschiedliche Konzepte

Verschiedene Wissenschaftler haben sich mit der Thematik beschäftigt und unterschiedliche Konzepte erarbeitet. Zunächst werden zwei „Klassiker" vorgestellt, der Ansatz von Kurt Lewin (typologisch orientiert) und der von Reinhard und Anne-Marie Tausch (dimensionsorientiert). Danach werden ausführlicher die Konzepte von Diana Baumrind aus den 70er- und 90er-Jahren und von Sigrid Tschöpe-Scheffler aus den letzten Jahren vorgestellt. Theoretische Konzepte und Forschungen sind nur effektiv, wenn sie einen Nutzen für die praktische Arbeit bringen, deshalb wird auch dieser Aspekt aufgegriffen und die Bedeutung für die Ausbildung pädagogischer Fachkräfte sowie für Elternkurse dargestellt. Weil die Sichtweise „Erziehende wirken auf Kinder ein" zu einseitig ist und die Wechselwirkung pädagogischer Interaktion nicht ausreichend berücksichtigt, folgt darauf ein Abschnitt, der sich mit dem Einfluss von Kindern auf ihre Eltern befasst.
Abschließend wird das Elterntrainingsprogramm des Deutschen Kinderschutzbundes „Starke Eltern – starke Kinder" vorgestellt.

8.2.1 Das typologische[1] Erziehungsstilkonzept nach Kurt Lewin

Ausgangspunkt der Untersuchungen über Führungs- bzw. Erziehungsstile waren die Experimente von Kurt Lewin, einem österreichischen Psychologen, der vor dem Zweiten Weltkrieg in die USA auswanderte. Die Experimente, die er dort mit seinen Mitarbeitern in den frühen 1940er-Jahren durchführte, gehören zu den klassischen Experimenten der Sozialpsychologie.

---

[1] „typologisch": Das Erzieherverhalten wird im Hinblick auf ein charakteristisches Merkmal (z. B. autoritär, demokratisch) gruppiert und zusammengefasst.

Lewin führte folgende weitverbreitete Einteilung der Erziehungsstile ein:

- autoritärer Erziehungsstil,
- demokratischer Erziehungsstil,
- laissez-faire-Erziehungsstil (laissez-faire = frz., lasst gewähren; darunter versteht man eine Erziehung, die den Kindern völlige Freiheit lässt).

Merkmale der Erziehungsstile

Der autoritäre Erziehungsstil

Der autoritäre Erziehungsstil[1] ist dadurch gekennzeichnet, dass der Erzieher zu übermäßig lenkenden und kontrollierenden Maßnahmen neigt, Eigeninitiativen der Kinder kaum oder überhaupt nicht aufkommen lässt und viele, meist unnötige Sanktionen wie Tadel, Verbote, Drohungen, im Extremfall auch körperliche Züchtigung bevorzugt. Der Erzieher setzt sich um jeden Preis durch und berücksichtigt die Interessen des Kindes nur wenig.

Der demokratische Erziehungsstil

Der demokratische Erziehungsstil ist durch gegenseitiges Verständnis, Offenheit und hohe wechselseitige Akzeptanz gekennzeichnet. Die Interessen des Kindes werden berücksichtigt. Entscheidungen werden gemeinsam getroffen und durchgeführt. Der Gruppenleiter gibt Lernhilfen und fördert die Eigenaktivitäten der Kinder. Lob und Tadel sind sachbezogen, das Kind wird als gleichwertiger Partner akzeptiert. Alle Maßnahmen zielen auf die Mündigkeit des Kindes.

Der Laissez-faire-Erziehungsstil

Der Laissez-faire-Erziehungsstil ist dadurch gekennzeichnet, dass der Erzieher die Kinder grundsätzlich gewähren lässt („Sichausleben"), auf die Selbstverantwortung und Selbstbestimmung der Gruppe baut und die Kinder alles machen lässt, was sie wollen. Der Leiter greift nur ein, wenn er dazu aufgefordert wird bzw. wenn die Kinder gefährdet sind.

Auswirkungen der Erziehungsstile

In Lewins Experimenten herrschte in den **autoritär** geführten Gruppen im Allgemeinen ein **aggressives, gereiztes und dominantes Verhalten,** sofern die Aggressionen nicht vom Leiter unterdrückt wurden. Die Aggressionen richteten sich vor allem gegen schwächere Gruppenmitglieder oder den Leiter. In den Gruppen gab es häufig Außenseiter, an denen sich die Kinder abreagierten (Sündenböcke). Die Arbeitsleistung der Kinder hing in hohem Maße von der Anwesenheit des Erziehers ab.

Demokratisch geführte Gruppen zeigten bei der Arbeit ein breites Spektrum an **schöpferischen und konstruktiven Verhaltensweisen.** In der Gruppe herrschte eine entspannte Atmosphäre, die Kinder waren zufrieden und freundlich – sowohl zu anderen als auch zum Gruppenleiter. Die Beziehungen der Kinder untereinander waren spontaner, freundlicher und sachbezogener, es gab kaum Außenseiter.

---

[1] Statt von „autoritärem" spricht man auch vom „autokratischen Erziehungsstil".

Es bildeten sich Untergruppen, die längere Zeit bestehen blieben und gute Arbeitsergebnisse lieferten. Die Gruppen arbeiteten auch, wenn der Leiter nicht anwesend war. Aufmerksamkeit und Anerkennung erhielten die Kinder nicht nur vom Leiter, sondern auch von anderen Gruppenmitgliedern. Probleme, die auftauchten, wurden **kooperativ** bewältigt.

In den **Laissez-faire-Gruppen** zeigte sich bald **regelloses Verhalten.** Die Mitglieder der Gruppe verhielten sich ziellos, die unterbreiteten Vorschläge kamen nicht zur Ausführung, da sie keine Mehrheit fanden. Die Atmosphäre in der Gruppe war **gereizt und aggressiv.** Die Aggressionen entluden sich willkürlich an anderen Gruppenmitgliedern.

Die **Arbeitsleistungen** schwankten von Gruppe zu Gruppe. Am wenigsten leistete die Laissez-faire-Gruppe. Autoritär und demokratisch geleitete Gruppen erreichten etwa die gleichen Ergebnisse, die Qualität in den demokratisch geführten Gruppen war höher.

Lewins Ansatz ist auch einer breiten Öffentlichkeit bekannt geworden. In Fachkreisen wurde er jedoch teilweise stark kritisiert. Seine Einteilung in drei Typen ist zu grob bzw. undifferenziert. Auch sein methodisches Vorgehen ist problematisch. Experimente spiegeln nicht die Realität wider. „Gespieltes" Erzieherverhalten wirkt auf die Kinder nicht echt und kann Ergebnisse verfälschen.

In der Folge haben die Wissenschaftler Reinhard und Anne-Marie Tausch in Deutschland Untersuchungen in der erzieherischen Praxis und in Schulen durchgeführt, die eine differenzierte Einschätzung des Verhaltens ermöglichen.

8.2.2 Das dimensionsorientierte[1] Erziehungsstilkonzept nach Reinhard und Anne-Marie Tausch

Die Untersuchungen über Erziehungsstile stießen auf großes Interesse. Auch in der Bundesrepublik befasste man sich mit dem Thema. Die bekanntesten Arbeiten auf diesem Gebiet führte das Ehepaar Anne-Marie und Reinhard Tausch durch. Den umfangreichen Forschungen des Ehepaars liegt folgende Frage zugrunde: Wie können Erwachsene in humaner Weise mit ihren Partnern – Kindern, Jugendlichen, Erwachsenen – zusammenleben und deren Persönlichkeitsentwicklung und Lernen fördern?
Reinhard und Anne-Marie Tausch untersuchten zunächst das Verhalten von Lehrern an deutschen Schulen. Sie kamen zu dem Ergebnis, dass die Lehrer sich im Großen und Ganzen autoritär verhielten. Das Forscher-Ehepaar stellte jedoch bald fest, dass die Einteilung des Verhaltens anhand der wenigen Typen zu pauschal und ungenau ist. Sie entwickelten deshalb ein **Dimensionskonzept,** das es ermöglicht, Verhaltensweisen nach bestimmten Dimensionen genauer einzuordnen und in einem Koordinatensystem darzustellen.

---

[1] „dimensionsorientiert": Erzieherisches Verhalten wird in Merkmalsdimensionen (= gegensätzliche Begriffspaare) eingeteilt.

Die Hauptmerkmalsdimensionen

Reinhard Tausch und Anne-Marie Tausch verwenden **zwei Hauptdimensionen,** nämlich die **Lenkungsdimension** und die **emotionale Dimension.**

Die **Lenkungsdimension** gibt an, wie stark der Erziehende die Kinder lenkt, d. h. kontrolliert und dirigiert. Sie wird durch die Gegensatzpaare **maximale Lenkung** und **minimale Lenkung** gekennzeichnet.

Der Grad der Ausprägung der Merkmalsdimension wird anhand einer **Bewertungsskala** gemessen und kann einen Wert zwischen 0 und 6 bzw. −3 und +3 annehmen.

Sprachliche Äußerungen einer Kinderpflegerin können, bezogen auf den **Grad der Lenkung,** folgendermaßen eingeordnet werden:

Beispiel
0: „Ihr könnt wie immer machen, was ihr wollt!"
1: „Womit möchtest du gerne spielen?"
2: „Pass auf, die Vase ist zerbrechlich!"
3: „Spielt ruhig weiter!"
4: „Soll ich euch eine Geschichte vorlesen?"
5: „Jeder darf sich jetzt ein Spiel suchen, rumrennen darf aber niemand."
6: „Alle Kinder setzen sich jetzt in den Stuhlkreis!"

Bei der **emotionalen Dimension** (= Verhaltensweisen, die gefühlsmäßig bestimmt sind) stehen sich die Pole **Wertschätzung,** worunter man gefühlsmäßige Wärme, Zuneigung, Freundlichkeit und Wohlwollen versteht, und **Geringschätzung,** worunter man gefühlsmäßige Kälte, Abneigung, Distanz und Schroffheit versteht, gegenüber.

Auch die emotionale Dimension kann auf der Bewertungsskala sieben Werte annehmen. Sprachliche Äußerungen einer Kinderpflegerin können, bezogen auf den **Grad der Emotionalität,** folgendermaßen eingeordnet werden:

Beispiel
+3: „Vielen Dank für eure Mitarbeit."
+2: „Seid bitte ruhig, die anderen können nicht verstehen, was gesprochen wird."
+1: „Macht bitte mit!"
  0: „Du bist also wieder zurück."
−1: „Spiel mit jemand anderem!"
−2: „Du musst eben sehen, wie du alleine zurechtkommst."
−3: „Ich kann dich heute nicht mehr ertragen, geh weg!"

Lenkungsdimension und emotionale Dimension bezeichnet das Ehepaar Tausch als Hauptdimensionen. Jeder Erziehende weist diese beiden Dimensionen auf. Die besondere Ausprägung und Kombination der beiden Dimensionen – und damit der Erziehungsstil – lässt sich grafisch darstellen. Dazu trägt man auf der senkrechten Koordinate die Lenkungsdimension und auf der waagerechten Koordinate die emotionale Dimension ein. Die Zuordnung der einzelnen Verhaltensweisen ist durch subjektive Aspekte beeinflusst.

Dargestellt sind verschiedene erzieherische Grundhaltungen:

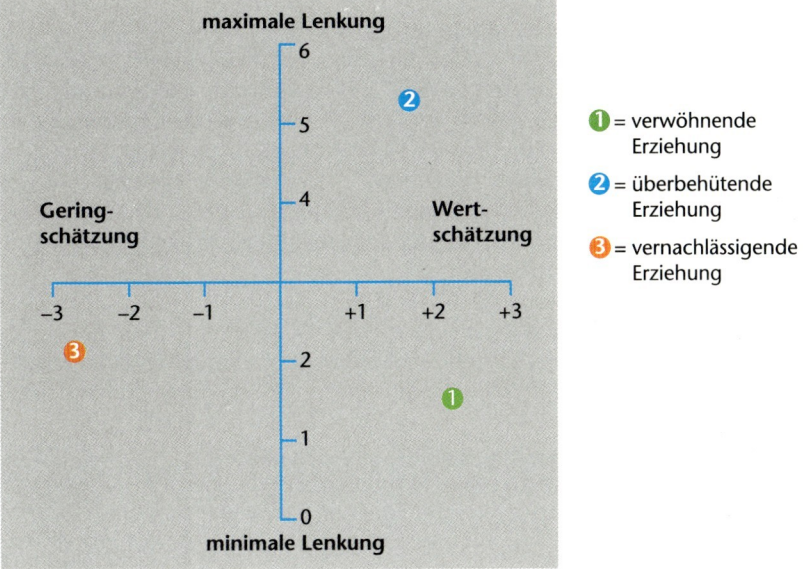

maximale Lenkung

Geringschätzung

Wertschätzung

minimale Lenkung

❶ = verwöhnende Erziehung

❷ = überbehütende Erziehung

❸ = vernachlässigende Erziehung

Auswirkungen der Hauptdimensionen des Erzieherverhaltens

Die ungünstigen Auswirkungen starker Lenkung überwiegen, da sie dem Kind wenig Spielraum für eigene Entfaltung bieten und damit die gesamte Persönlichkeitsentwicklung sowie die Entwicklung der Leistungsfähigkeit im intellektuellen, sozialen und emotionalen Bereich hemmen. Die Kinder lernen kaum, sich selbst zu bestimmen, d. h., ihre Aktivitäten werden fremdbestimmt, da sie immer nur auf Anweisungen und Befehle hin arbeiten.

Starke Lenkung hängt außerdem mit einem geringen kognitiven (= geistigen) Leistungsniveau zusammen, vor allem im kreativen Bereich. Im **sozialen Bereich** haben streng dirigierte Kinder wenig Erfahrungen, was sich in geringer Selbstständigkeit, Spontaneität und mangelndem sozialen Verhalten im Umgang mit anderen ausdrückt. Die Kinder ahmen das Verhalten des dirigierenden Erziehers nach (**Modelllernen**) und befehlen anderen, vor allem schwächeren Kindern, denen gegenüber sie aggressiv werden (vgl. Kap. 7.2.2).

Geringe Lenkung dagegen führt zu Selbstständigkeit, Selbstbestimmung und kreativem Handeln. Der Versuch, andere Menschen zu lenken, ist weniger ausgeprägt. Die Atmosphäre ist entspannt und angenehm.

Die Leistung in manchen Bereichen ist bei starker Lenkung teilweise höher. Die negativen Auswirkungen einer starken Lenkung werden durch ein hohes Ausmaß an positiver Wertschätzung abgemildert, insbesondere im emotionalen Bereich.

Achtung und Wärme fördern das seelische Wohlempfinden und den gefühlsmäßigen Erlebnisreichtum des anderen. Missachtung und Kälte beeinträchtigen sie. Emotionale Wärme führt zu hoher emotionaler Sicherheit, geringer Angst und einer hohen Bereitschaft, sich selbst und andere Menschen anzunehmen (vgl. Kap. 10.5 und 10.7). Die Kinder sind bereit, mit anderen zusammenzuarbeiten und ihnen zu helfen. Die Kinder können bei emotionaler Wärme ihre kognitive Leistungsfähigkeit voll entfalten, urteilen und denken selbstständig, sind kreativ und können sich auf neue Situationen einstellen.

Geringe Wertschätzung der Erziehenden führen zu Unsicherheit und geringer Selbstachtung des anderen. Negative Gefühlsvorgänge sind vorherrschend.

8.2.3   Der Ansatz von Diana Baumrind

Diana Baumrind hat vor allem die Erziehungsstile von Eltern untersucht. Sie hat ihre Arbeiten vorwiegend an euro-amerikanischen Mittelschichtsfamilien durchgeführt. Ihre Ergebnisse sind deshalb nicht ohne Weiteres übertragbar auf andere Kulturen. Diana Baumrind hat zwei Dimensionen des Erziehungsstils ausgemacht, die sich als besonders wichtig für den Erziehungsprozess erwiesen haben. Zum einen ist das Ausmaß an elterlicher Wärme, Unterstützung und Akzeptanz, zum anderen das Ausmaß an elterlicher Kontrolle und elterlichen Anforderungen von großer Bedeutung für die kindliche Entwicklung. Baumrind unterscheidet anhand dieser Dimensionen vier unterschiedliche Erziehungsstile: autoritativ, autoritär, permissiv und vernachlässigend-zurückweisend.

Nach der Typologie von Baumrind stellen **autoritative** Eltern angemessene Anforderungen an ihre Kinder, setzen klare Regeln und Gebote, auf deren Einhaltung sie genau achten. Innerhalb dieser Grenzen gewähren sie ihren Kindern genügend Freiräume und Selbstständigkeit, die mit zunehmendem Alter der Kinder erweitert werden, um ihre Selbstregulierung zu fördern. Eltern mit autoritativem Erziehungsstil sind grundsätzlich gesprächsbereit, diskutieren Regeln, sprechen mit ihren Kindern ruhig, vernünftig, lassen Spielraum für eigene Entscheidungen, kümmern sich um ihre Sorgen und Nöte und verwenden Strafen maßvoll und nicht willkürlich. Sie sind ihren Kindern positiv zugewandt und bringen ihnen hohe Wertschätzung entgegen.
Neuere Untersuchungen belegen, dass der autoritative Erziehungsstil günstige Voraussetzungen für eine positive Entwicklung schafft. Dieser autoritative Erziehungsstil wird am ehesten zu einer tragfähigen Bindung zwischen Eltern und Kind führen. Die Wahrscheinlichkeit, dass die Kinder bei diesem Erziehungsstil ein hohes Selbstwertgefühl entwickeln, kaum durch Verhaltensprobleme auffallen, hohe Leistungsbereitschaft zeigen und sich insgesamt reif und vernünftig verhalten, ist relativ hoch. Baumrind betont aber den relativ hohen Grad an Kontrolle, es werden viele Grenzen und Regeln gesetzt, die kindliche Freiheit rückt dadurch in den Hintergrund.

Beim **autoritären** Erziehungsstil verwenden Eltern strikte Disziplinierungsmaßnahmen, ohne dabei die Autonomie und Bedürfnisse des Kindes wesentlich miteinzubeziehen. Die Erzieher stellen hohe Anforderungen, kontrollieren die Kinder stark und erwarten, dass diese die Anweisungen sofort befolgen, ohne zu fragen. Zudem verwenden sie häufig Strafen und Drohungen. Die Eltern setzen ihre Vorstellungen unter Einsatz von Machtmitteln durch.
Kinder, die diesen Stil erleben, zeigen oft Gehorsam und Disziplin. Sie passen sich in der Schule und im außerschulischen Bereich an. Gleichzeitig entwickeln sie wenig Selbstwertgefühl und verfügen über ein geringes Selbstbewusstsein.

Permissive Eltern sind gegenüber ihren Kindern sehr nachsichtig, gehen auf die Bedürfnisse und Wünsche ihrer Kinder ein, stellen wenig Anforderungen und sie verlangen von ihren Kindern nicht, dass sie sich angemessen verhalten bzw. sich selbst regulieren. Den Eltern gelingt es nicht, den Kindern angemessenes gesellschaftliches Rollenverhalten zu vermitteln. Diese Kinder zeigen häufig schlechte schulische Leistungen, sind impulsiv und wenig selbstbeherrscht.

Am nachteiligsten ist der **zurückweisend-vernachlässigende** (auch: indifferente) Erziehungsstil. Er ist gekennzeichnet durch geringe Anforderungen, geringe Kontrolle, wenig Ge- und Verbote und emotionales Desinteresse der Eltern. Die Eltern minimieren Zeit und Aufwand für ihre Kinder. Kinder, die in diesem Stil erzogen sind, haben häufig eine gestörte Bindungsfähigkeit. Als Jugendliche zeigen sie häufig unsoziales Verhalten und haben wenig Selbstregulierungskompetenz. Sie besitzen wenig schulische und soziale Kompetenz.

Der **autoritative** Erziehungsstil scheint im Allgemeinen für die Entwicklung eines Kindes am vorteilhaftesten zu sein und lässt sich am Schnittpunkt der beiden Dimensionen „Anforderung" und „Ansprechbarkeit" (Reaktivität) lokalisieren (siehe Abbildung unten). Kinder und Jugendliche, die in diesem Erziehungsklima aufwachsen, sind im Allgemeinen in der psychosozialen Entwicklung weiter, haben eine größere Bereitschaft zu prosozialem Verhalten, eine größere innere Kontrollüberzeugung und weniger Verhaltensprobleme.

Heute herrscht allgemein die Haltung vor, dass eine gelungene Mischung aus Kontrolle, Warmherzigkeit und Freiheit der Kinder zu den günstigsten Erziehungspraktiken gehört.

> *„Kompetente Eltern haben auch kompetente Kinder. Genauer heißt dies: Eltern, die auf die Erziehung ihrer Kinder mit emotionaler Wärme, mit klaren und erklärbaren Regeln, mit der Bereitstellung entwicklungsangemessener Anregungsbedingungen und mit der Gewährung erweiterter Handlungsspielräume Einfluss nehmen, können im Schnitt damit rechnen, dass sich ihre Kinder zu selbstbewussten, emotional stabilen, sozial kompetenten, selbstverantwortlichen und leistungsfähigen Personen entwickeln."*
> (Schneewind, 2010, S. 156)

(vgl. Siegler u. a., 2011, S. 464)

Bei diesem Schema handelt es sich um eine idealtypische Darstellung. In der Praxis sind die verschiedenen Erziehungsstile nie in Reinform zu finden, sie kommen immer in Mischformen vor.

8.2.4 Die Bedeutung der Erzieherpersönlichkeit für den Erziehungsprozess/Sigrid Tschöpe-Scheffler

Das Verhalten des Erziehenden und damit der Erziehungserfolg wird stark von der jeweiligen Persönlichkeit geprägt. Als wesentliche Erziehungskompetenzen werden ein angemessenes Interaktions- und Kommunikationsverhalten, die Wahrung der Rechte des Kindes, eine ausreichende Kontrollüberzeugung der Eltern und das Vertrauen des Kindes in die eigene Kompetenz und Bewältigungsmöglichkeit neuer Situationen gesehen. Ein emotional förderndes Sozialklima mit Achtung, Verständnis, Akzeptanz, Wertschätzung und Sympathie, liebevollen Beziehungen, Grenzen und Struktur sowie die Einbindung in ein soziales Gefüge tragen wesentlich zum Erziehungserfolg bei.

Nach Sigrid Tschöpe-Scheffler ist die Basis für eine entwicklungsfördernde Unterstützung die verantwortliche Gestaltung und das „Sich-Einlassen" auf das Erziehungsgeschehen. Es bedarf **„fünf Säulen der Erziehung"**, um günstige Bedingungen für einen förderlichen Erziehungsprozess zu gestalten. Die Säulen werden hier nebeneinander dargestellt. In der Erziehungspraxis kommen sie jedoch nie isoliert vor, sondern stehen mit unterschiedlicher Schwerpunktsetzung eng miteinander in Verbindung.

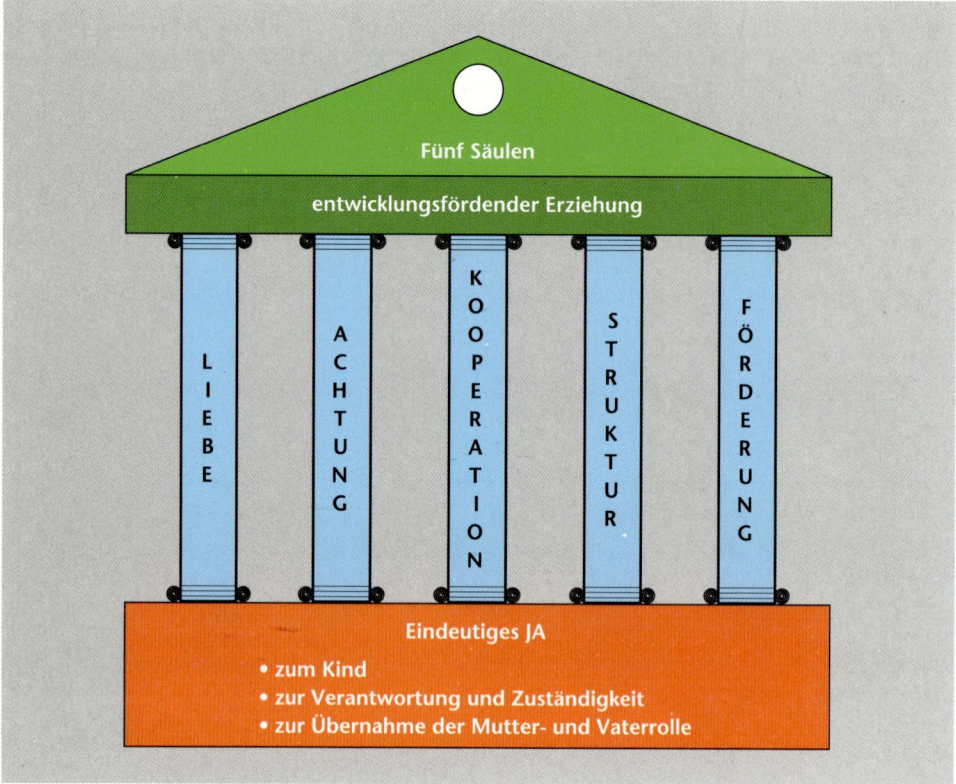

Fünf Säulen
entwicklungsfördernder Erziehung

L I E B E   A C H T U N G   K O O P E R A T I O N   S T R U K T U R   F Ö R D E R U N G

Eindeutiges JA
• zum Kind
• zur Verantwortung und Zuständigkeit
• zur Übernahme der Mutter- und Vaterrolle

(Tschöpe-Scheffler, 2011, S. 46)

Erste Säule: Liebe und emotionale Wärme

Begegnen Bezugspersonen dem Kind mit Liebe und emotionaler Wärme, dann fühlt sich das Kind angenommen und geborgen. Emotionale Wärme äußert sich darin, dass Erwachsene dem Kind Zuwendung und ungeteilte Aufmerksamkeit schenken. Erwachsene nehmen die Person des Kindes und seine Bedürfnisse wahr, begegnen ihm wohlwollend und mit echter Anteilnahme. Konkret heißt das, dass Erwachsene sich dem Kind mit Blickkontakt, Lächeln und der entsprechenden Körperhaltung zuwenden, es ansprechen, dass sie es an die Hand nehmen oder Körperkontakt gewähren, wenn das Kind das möchte oder auch, dass sie sich auf ein Spiel einlassen bzw. Trost spenden (vgl. Kap 10.1).

Im Gegensatz dazu stehen emotionale Kälte oder Überhitzung. Bei emotionaler Kälte bekommt das Kind zu wenig Zuwendung, es wird ignoriert, seine Bedürfnisse werden übersehen, sein Verhalten interessiert nur, wenn es stört. Im Extremfall wird das Kind offen abgelehnt, der Erwachsene zeigt keine Anteilnahme und meidet Körperkontakt. Es kommt zu einer Vernachlässigung auf psychischer, physischer und emotionaler Ebene.

Bei der Überhitzung hingegen erfährt das Kind ein Zuviel an Fürsorge. Es hat wenig Freiraum für die eigene Lebensgestaltung, die Fürsorge engt ein, die Bindung wird übermäßig stark und der Erwachsene überschreitet emotionale und körperliche Grenzen des Kindes. Das Kind wird zur Befriedigung eigener emotionaler Bedürfnisse missbraucht.

Zweite Säule: Achtung und Respekt

Das Kind soll in seiner Persönlichkeit und Individualität geachtet und respektiert werden. Die Grundhaltung des Erwachsenen ist geprägt von hoher **Wertschätzung** gegenüber der kindlichen Einzigartigkeit, er traut dem Kind eigene Wege zu und hält es für fähig, seine Belange selbst in die Hand zu nehmen und zu lösen. Das Kind wird mit allen Stärken, jedoch auch mit den Schwächen angenommen und geachtet. Das Kind wird als vollwertiger Interaktionspartner gesehen, dessen Individualität und Einzigartigkeit gewahrt und geachtet werden muss.
Im Gegensatz zur Achtung steht die **Missachtung**, d. h., im Erziehungsalltag wird das Kind nicht als Partner mit seinen eigenen Bedürfnissen und Rechten gesehen, sondern den Wünschen der Erwachsenen oder den gesellschaftlichen Normen angepasst. Das Verhalten und die Person des Kindes wird gering geschätzt, es wird entwürdigend bzw. erniedrigend behandelt und damit bloßgestellt.

Dritte Säule: Kooperation

Im Mittelpunkt dieser entwicklungsfördernden Dimension stehen Interaktionsverhalten, Gespräche, Erklärungen und das wechselseitige Verstehen. Wesentlich hierbei ist der **partnerschaftliche Umgang** miteinander, d. h., die Meinung des Kindes wird gehört, es wird in Entscheidungen miteinbezogen, darf Verantwortung übernehmen und wird begleitet, solange dies nötig ist. Bei Grenzüberschreitungen werden sowohl vom Erwachsenen als auch vom Kind Entschuldigungen ausgesprochen und akzeptiert.
Eine zu stark lenkende und **dirigierende Haltung** des Erziehers, die die kindliche Autonomie einschränkt und die Meinung des Erwachsenen höher bewertet, lässt dem Kind dagegen wenig Spielraum für Eigentätigkeit. Aktivitäten werden in diesem Fall auch gegen den Willen des Kindes durchgeführt und Argumente von Kindern werden weder gehört noch aufgegriffen. Der Erwachsene beschränkt die Autonomie des Kindes durch Kontrolle und Dirigismus. Dem Kind wird wenig zugetraut und es wird ihm kaum ermöglicht, Verantwortung für sein Handeln zu übernehmen, d. h., es erfährt sich als unfähig und minderwertig.

Vierte Säule: Struktur, Verbindlichkeit und Grenzsetzung

Im Allgemeinen herrscht heute wieder Übereinstimmung darüber, dass Kinder **Grenzen, Strukturen und Verbindlichkeiten** brauchen. Kindern sollte es ermöglicht werden, Grenzen und Regeln im sozialen Umgang zu erfahren, zu verstehen und auch einzuhalten. Im günstigsten Fall sollten solche Regeln durch Einsicht, Gewöhnung oder Einübung mit liebevoller Zugewandtheit erlernt werden. Durch ein verlässliches Wert- und Normsystem gelingt es dem Kind, sich den gewünschten gesellschaftlichen Verhaltensweisen anzupassen und soziales Handeln zu erlernen. Das Nichteinhalten dieser Strukturen und Regeln muss erwartbare Konsequenzen haben, die mit der Sache zu tun haben, sich also auf das Verhalten beziehen und nicht die Person des Kindes infrage stellen. Durch Verlässlichkeit und Kontinuität gewinnt das Kind Verhaltenssicherheit. Grenzen sind nicht in erster Linie Verbote, sondern Orientierungshilfen im Alltag, die unerlässlich für eine gesunde Entwicklung des Kindes sind und den Tages- und Alltagsablauf strukturieren bzw. Chaos und Grenzenlosigkeit eindämmen.
Behütung und Schutz des Kindes, Förderung seiner Entwicklung, Begleitung und Unterstützung gehören ebenso zur Erziehung wie einschränkende Verbote und u. U. Strafen als letzte Konsequenz bei Grenzüberschreitungen. Dieser Aspekt der Erziehung gilt als problematisch und erzeugt bei Kindern und Erziehern Stress und Frustration. Strafen sollten pädagogisch gerechtfertigt sein, auf Wiedergutmachung abzielen und die Würde des Kindes wahren.

Setzt ein Erwachsener **beliebige Grenzen** und ist sein Verhalten durch **Inkonsequenz, Widersprüchlichkeit** und **Orientierungslosigkeit** gekennzeichnet, so ist sein Verhalten undurchsichtig und bietet wenig Orientierung für das Kind.

Fünfte Säule: Allseitige Förderung

Aufgabe von Erzieherinnen und Eltern ist es, den Kindern eine **anregungsreiche Umwelt** zu bieten, die es ihnen ermöglicht, freudig Neues kennenzulernen und die Welt schrittweise zu erobern. Eine positive und starke Bindung zu einer Bezugsperson stärkt das Neugierverhalten und bietet die besten Voraussetzungen, das kindliche Experimentierverhalten zu unterstützen. Es ist die Aufgabe der Erwachsenen, dem Kind die notwendigen Erfahrungen zu ermöglichen, die es sein Potenzial ausschöpfen lassen.

Sowohl eine **mangelnde Förderung**, d. h., dass dem Kind die notwendigen Welt- und Lebenszusammenhänge vorenthalten werden, als auch eine oft einseitige, übertriebene „**Überförderung**" führen beim Kind zu einer mangelnden Lebenskompetenz und Unselbstständigkeit.

> *„Sind die Entwicklungsvoraussetzungen erfüllt, dann werden Kinder den Herausforderungen des Lebens mit Lebenslust und Lebensfreude begegnen können. Und nur dann entwickeln sie Mut zum Leben und sind zur Übernahme von Pflichten aus intrinsischer Motivation heraus bereit."*
> (Tschöpe-Scheffler, 2002, S. 10)

Diese Auswirkungen der Erziehung können gut mit einem Märchen verdeutlicht werden.

Beispiel aus der Weisheit eines Märchens:

Goldmarie landet in dem Land von Frau Holle und hört, wie sich das Leben um sie herum an sie wendet. Das gebackene Brot ruft: „Zieh mich heraus, zieh mich heraus!" Goldmarie stellt sich dem Ruf, indem sie tut, was sie im Moment als ihre Aufgabe wahrnimmt, ebenso verhält sie sich bei den Apfelbäumen, die voller Obst hängen und rufen: „Rüttle mich, schüttle mich!" Auch hier hält sie in ihrem Weg inne und geht der Aufforderung des Lebens an sie nach. Bei Frau Holle übernimmt sie Pflichten, die diese ihr zumutet. Als Lohn für ihre Arbeit wird sie auf dem Weg nach Hause mit Gold überschüttet. Wie anders verhält es sich mit der verwöhnten Pechmarie, die von der ehrgeizigen, neidischen Mutter in das Erfolg versprechende Land gestoßen wird. Achtlos geht sie an dem Brot und den Apfelbäumen, die ihr zurufen, vorbei. Sie hat im Gegensatz zu Goldmarie nicht gelernt, mit Herausforderungen des Lebens umzugehen. Stattdessen interessiert sie sich lediglich für das vermeintliche Ziel – Gold, d. h. für sie Genuss sofort! Schnelles Lebensglück und Erfüllung ohne Anstrengung. Als sie auch bei Frau Holle ihre Aufgaben (Lebensaufgaben) nicht wahrnimmt und keine Pflichten übernimmt, erhält sie beim Durchgang durch das Lebenstor Pech statt des erwarteten Lebensglückes.

Ein Märchen nur?

*Für mich liegt die Weisheit dieses Märchens u. a. darin, dass die kleinste, aber **eigene mutige Entscheidung** und **Autonomieerfahrung** von heute, der Impuls für die Übernahme von Verantwortung im weiteren Lebensvollzug sein kann. Die existentielle Grundhaltung einer Goldmarie ist die, sich vom Leben befragen zu lassen, sich dem Leben mit seinen Aufforderungen und Erfordernissen zu stellen. Goldmarie erkennt die Notwendigkeiten, die sich aus dem Alltag, aus einem gemeinschaftlichen Leben und aus der Umwelt ergeben. Im Gegensatz dazu steht die „Null-Bock-Haltung" einer Pechmarie. Sie entzieht sich der konkreten Lebensfrage oder nimmt sie gar nicht mehr wahr. Sollen doch die anderen, die auch bisher über mich und mein Leben entschieden* *haben, das Brot aus dem Ofen holen, die Äpfel auflesen, die Betten ausschütteln. Pflicht will als konkrete Lebensaufforderung gehört werden, und zwar nicht nur mit den Ohren, sondern auch mit allen Sinnen.*

Aber können wir der Pechmarie einen Vorwurf machen, dass sie an den Zumutungen des Lebens vorbeigegangen ist und sich die Hände nicht schmutzig machen wollte? Wahrscheinlich hatte sie eine Mutter, die ihr alles Anstrengende und Mühsame abgenommen hat. Oder sie hat erlebt, dass ihre Eltern, die es selbstverständlich immer nur gut mit ihr meinten, ihr Leben geplant, strukturiert und nach eigenen Entwürfen gestaltet haben. Eine Freigabe zum Selbstsein mit individuellen Erfahrungs- und Handlungsmöglichkeiten hat sie möglicherweise nie erlebt. Weniger die Demut vor den geheimnisvollen Lebensvollzügen des sich entwickelnden Kindes war möglicherweise die pädagogische Leitlinie der Mutter (und des Vaters) einer Pechmarie als vielmehr der Unmut darüber, dass sich hier ein Leben nach ganz anderen Gesetzen als den eigenen entfalten, entwickeln wollte.

Ist es ein Wunder, wenn unsere Pechmarie kaum noch die Fragen des Lebens hören kann und auch die Zumutungen anderer überlässt und damit den Mut verliert zu handeln, zu entscheiden, Verantwortung zu tragen – zu leben.
(Tschöpe-Scheffler, 2002, S. 10)

8.3 Die Bedeutung der Erziehungsstilforschung für die praktische Arbeit

Forschung wird nie zum Selbstzweck betrieben, sie hat immer das Ziel, dass Erkenntnisse und Ergebnisse für die Praxis nutzbar gemacht werden. Was bringt nun die Erziehungsstilforschung für den Alltag in der Kita?
Zum einen verdeutlicht sie, wie wichtig die Erzieherpersönlichkeit und deren Grundhaltung für den gesamten Erziehungsprozess sind. Weiterhin bietet sie Orientierung und Gewissheit. Viele Fachkräfte vermuten wahrscheinlich intuitiv, dass Wertschätzung und Ressourcenorientierung eine gute Basis für das erzieherische Wirken sind. Mit den Ergebnissen der Forschungsarbeiten wird dies zur Gewissheit. Damit erhalten Erziehende klare Hinweise dafür, wie ein förderlicher Erziehungsprozess gestaltet werden kann. Alle, die Kinder und Jugendliche erziehen, können sich daran orientieren und ihre Arbeit entsprechend strukturieren.
Gleichzeitig geben die wissenschaftlichen Erkenntnisse aber auch ein Instrumentarium an die Hand, mit dessen Hilfe die eigene Arbeit kritisch hinterfragt werden kann, z. B.: „Begegne ich allen Kindern mit ausreichender Wertschätzung?"
Die Ergebnisse der Forschung fließen sowohl in die Ausbildung zur pädagogischen Fachkraft ein als auch in Kurse zur Stärkung elterlicher Erziehungskompetenz.

8.3.1 Die Bedeutung der Erziehungsstilforschung für die Ausbildung von Fachkräften

Kinderpflegerinnen und Erzieherinnen setzen sich im Rahmen ihrer Ausbildung theoretisch und praktisch mit den Themen „Erzieherische Grundhaltungen" und „Erzieherpersönlichkeit" auseinander und gewinnen dadurch Erziehungskompetenz und Sicherheit. Später erweitern und festigen sie diese Kompetenz durch die Reflexion beruflicher Erfahrungen, kollegialen Austausch, Supervision oder Fort- und Weiterbildungen.

8.3.2 Die Bedeutung der Erziehungsstilforschung für Eltern

Eltern dagegen sind heutzutage oft verunsichert – sie fragen sich, wie Erziehung gelingen kann bzw. ob sie sich im Umgang mit ihren Kindern richtig verhalten. Je weniger allgemeinverbindliche Richtlinien es gibt und je stärker tradierte Werte relativiert werden oder ihre Gültigkeit verlieren, desto stärker sind Eltern auf ihre eigenen Kompetenzen angewiesen. Einer Studie der Fachhochschule Köln zufolge wünschen sich Eltern zur Unterstützung ihrer Erziehung:

- mehr Wissen über die Entwicklung und die Bedürfnisse ihrer Kinder sowie über entsprechende Unterstützungsmöglichkeiten. Sie möchten neue Formen der Erziehung ausprobieren.

- eine Erweiterung ihrer Handlungsmöglichkeiten, d. h., sie möchten mehr konkrete Hilfen, wie sie sich im Erziehungsalltag und in Konfliktsituationen kompetent verhalten können. Sie möchten sich sicherer im Umgang mit ihren Kindern fühlen.

- gut funktionierende Netzwerke, die sie bei ihrer Erziehungsarbeit unterstützen; dazu zählt ein regelmäßiger Austausch mit anderen Eltern zur Klärung schwieriger Erziehungssituationen.

Ein Weg zur Verbesserung der elterlichen Situation sind Elternkurse. Das sind Bildungsangebote für interessierte Eltern zur Stärkung der persönlichen Erziehungskompetenz und zur Verbesserung von Bewältigungsstrategien bei erzieherischen Konfliktsituationen bzw. die Vermittlung eines gewaltfreien Umgangs mit Konfliktsituationen im Erziehungsalltag. Elternkurse haben unterschiedliche Ansätze und wissenschaftliche Hintergründe. Die meisten Angebote basieren auf kommunikationspsychologischen, systemorientierten und lernpsychologischen Grundlagen. Als Beispiele können genannt werden:
- Triple P (Positive Parenting Program)
- STEP (Systematic Training for Effective Parenting)
- kess (kooperativ, ermutigend, sozial, situationsorientiert)
- Starke Eltern – starke Kinder

Starke Eltern – starke Kinder

Am Programm „Starke Eltern – starke Kinder" des Deutschen Kinderschutzbundes sollen exemplarisch Zielsetzung und Vorgehensweise eines solchen Bildungsangebotes für Eltern aufgezeigt werden.

„Starke Eltern – starke Kinder" zielt darauf ab, das Selbstvertrauen der Eltern als Erzieher zu stärken und die Kommunikation in der Familie zu stärken. Gleichzeitig soll möglicher Gewalt in den Familien präventiv begegnet werden, indem alternative Erziehungsmodelle- und möglichkeiten erlernt und eingeübt werden. Im Kurs wird das Modell der „anleitenden Erziehung" vermittelt, d. h. Eltern nehmen ihre Rolle als Erziehende an und begleiten ihre Kinder unter Achtung deren Rechte. Es werden keine Rezepte geboten, sondern es soll durch Selbstreflexion die „intuitive Elternkraft" gestärkt werden. Eltern werden dazu ermutigt, ihren eigenen Weg zu finden.

Die Kurse sind eine Kombination aus Theorievermittlung und Selbsterfahrung. Überschaubare theoretische Inhalte werden von der Kursleitung dargestellt, die Teilnehmer setzen die Inhalte mit eigenen Erfahrungen in Verbindung und üben verändertes Verhalten ein. Dieses wird dann als „Hausaufgabe" in der folgenden Woche in den Erziehungsalltag umgesetzt und beim nächsten Kurs werden Erfahrungen reflektiert.

8.4 Der Einfluss der Kinder auf das elterliche Verhalten

Es ist unbestritten, dass Erziehung ein Prozess der wechselseitigen Beeinflussung ist und keine einseitige Einflussnahme der Erwachsenen auf Kinder und Jugendliche (vgl. Kap. 9.5.4). Welche Rolle spielen für diesen Prozess individuelle Unterschiede der Kinder? Inwieweit tragen diese Unterschiede zu der Art und Weise der Erziehung bei und beeinflussen somit den Erziehungsstil? Auch diesen Fragen sind Wissenschaftler nachgegangen. Die Untersuchungen beziehen sich allerdings auf Eltern und können daher nicht ohne Weiteres auf den professionellen Bereich übertragen werden. Dennoch geben sie wertvolle Hinweise und sind Anlass zur Reflexion.

Attraktivität

Mütter, die attraktive, hübsche Säuglinge haben, behandeln diese zärtlicher und liebevoller als Mütter, die unattraktive Kleinkinder haben. Hübsche und weniger hübsche Babys werden demnach von Geburt an unterschiedlich behandelt. Dies setzt sich im späteren Leben fort (vgl. Siegler u. a., 2005, S. 653 f.).
Warum attraktive Säuglinge eine bevorzugte Behandlung erhalten, ist nicht klar. Eine plausible Erklärung wäre, dass Eltern unbewusst eher bereit sind, in gesunden Nachwuchs zu investieren, da die Überlebenschancen höher sind. Attraktivität könnte ein Indiz dafür sein.

Temperament

Eine positive, konstruktive Erziehung mit viel Gefühl und maßvoller Disziplin ist sehr wichtig – von ebenso großer Bedeutung ist das eher unterschätzte Temperament, d. h. genetische Faktoren spielen eine wichtige Rolle. Eher schwierige, zornige und ungehorsame Kinder machen den Einsatz eines autoritativen Erziehungsstiles schwierig. Kinder mit schwierigem Temperament sind insgesamt komplizierter und die Eltern reagieren entsprechend ungehalten, emotional kälter, abweisender und verstärken auf diese Weise das problematische Verhaltenspotenzial.
Wichtig ist auch, wie die Kinder die Einstellung ihrer Eltern ihnen gegenüber *wahrnehmen*. Wenn die Kinder annehmen, dass sich ihre Eltern ihnen gegenüber feindselig benehmen, unabhängig davon, ob das so ist, führt dies zu einer erhöhten Wahrscheinlichkeit für unsoziales oder deprimiertes Verhalten aufseiten des Kindes. Kinder erzeugen bei den Eltern nicht nur positives oder negatives Verhalten, sondern selektieren das elterliche Handeln, wie sie es selbst wahrnehmen und handeln dann entsprechend (vgl. Siegler u. a., 2011, S. 654).
Eine Studie von Ariel Knafo (Universität Jerusalem) und Robert Plomin (King's College London) bestätigt, dass sich Mädchen durchgängig sozialer verhalten und damit eine positivere Erziehung genießen. Mädchen sind offensichtlich von Haus aus sozialer veranlagt und werden durch eine entsprechende Erziehung der Eltern, Lehrer usw. auch entsprechend gefördert (vgl. Huber, 2007, S. 13).
Darüber hinaus gibt es eine Reihe von weiteren Faktoren, die bei elterlichen Haltungen ihren Kindern gegenüber eine Rolle spielen, wie z. B. das Alter der Eltern, die Beziehung zum Partner, eigene Überzeugungen und Werte, die religiöse Bindung oder die sozioökonomischen Verhältnisse.

Z   *Zusammenfassung*

Erziehungsstil

Unter „Erziehungsstil" versteht man eine Grundhaltung, die Erziehende den Kindern gegenüber einnehmen. Es sind Muster von Einstellungen, Handlungsweisen sowie sprachlichen und nicht sprachlichen Äußerungen, die die Art des Umgangs von Erziehenden mit Kindern kennzeichnen.

Typologisches Konzept von K. Lewin

Der Psychologe K. Lewin entwickelte das bekannteste typologische Konzept. Er unterscheidet zwischen einem autoritären, einem demokratischen und einem Laissez-faire-Erziehungsstil. Vereinfacht unterscheiden sich die drei Erziehungsstile in folgenden Punkten: Der autoritäre Erzieher bestimmt Ziele und Mittel der Tätigkeit, er gibt wenig Anregungen für selbstständiges Handeln der Kinder. Der demokratische Erzieher diskutiert Ziele und Mittel mit den Kindern und legt sie gemeinsam mit ihnen fest; er unterstützt selbstständige Aktivitäten der Kinder. Der Laissez-faire-Erzieher bestimmt kaum etwas, gibt wenig Anregungen und lässt die Kinder gewähren.

Dimensionsorientiertes Konzept

A.-M. und R. Tausch entwickelten ein dimensionsorientiertes Schema. Sie betrachten insgesamt vier Dimensionen als wesentlich bei der Erziehung: zum einen die Hauptdimension „Lenkung", die angibt, wie stark ein Erzieher die Kinder dirigiert und lenkt, und die Hauptdimension „Emotionalität", die die gefühlsmäßige Wärme und Zuwendung des Erziehers erfasst.

Konzept von D. Baumrind

D. Baumrind unterscheidet vier Erziehungsstile. Grundlage für diese Einteilung sind die beiden Dimensionen „Ansprechbarkeit" (Reaktivität) und „Anforderungen". Das Ausmaß der elterlichen Wärme und Akzeptanz entscheidet demnach ebenso über die Entwicklung des Kindes wie das Ausmaß elterlicher Kontrolle und Anforderungen.

Bei einem autoritären Erziehungsstil werden hohe Anforderungen an das Kind gestellt, die durch strikte Disziplinierungsmaßnahmen ergänzt werden. Die Autonomie des Kindes wird wenig einbezogen. Die Werte der Erziehung sind konventionell.

Beim permissiven Erziehungsstil werden wenig Anforderungen, d. h. wenig Normen und Standards, an die Kinder gestellt. Die Eltern unterstützen bzw. akzeptieren Wünsche und Bedürfnisse und wirken wenig strafend.

Am ungünstigsten wirkt sich zurückweisendes-vernachlässigendes Erzieherverhalten aus. Die Eltern verhalten sich wenig lenkend und mit emotionalem Desinteresse, was bei den Kindern oft zu wenig sozialer und schulischer Kompetenz führt.

Als günstig für die Entwicklung von Kindern hat sich der autoritative Erziehungsstil erwiesen. Er ist gekennzeichnet durch angemessene Anforderungen, die die Autonomie der Kinder nicht antasten. Die Eltern sind den Kindern mit einer gewissen Aufmerksamkeit und emotionalen Wärme zugewandt und fördern ihre Selbstregulierungsfähigkeit, zeigen jedoch auch ein gewisses Kontrollverhalten.

Fünf Säulen der Erziehung (Tschöpe-Scheffler)

Mit der Darstellung entwicklungsfördernder und entwicklungshemmender Faktoren bietet S. Tschöpe-Scheffler Kriterien für die Reflexion erzieherischen Handelns. Sie stellt fünf Säulen einer Erziehungshaltung auf, die sich positiv auf ein Kind auswirken. Die Wissenschaftlerin fordert von den Erzieherinnen, Kinderpflegerinnen und auch den Eltern, dass sie sich dem Kind mit emotionaler Wärme, Achtung und Respekt zuwenden. Hierzu gehören ein kooperatives und strukturiertes Verhalten, das Setzen von Grenzen und Verbindlichkeiten sowie eine allseitige Förderung.

Ungünstig auf die Entwicklung von Kindern wirkt sich ein erzieherisches Verhalten aus, das durch emotionale Kälte, Überbehütung, Missachtung der Person, starken Dirigismus, mangelnde Konsequenz bzw. zu wenig Ver- und Gebote sowie einseitige Überforderung und mangelnde Förderung gekennzeichnet ist.

Verhalten

Welches Erzieherverhalten jemand zeigt, hängt von vielen Faktoren ab. Besonders wichtig sind individuelle Persönlichkeitsmerkmale des Erziehenden, soziokulturelle und ökonomische Faktoren. Auch das Verhalten und Temperament des Kindes sowie situative Faktoren spielen eine Rolle.

Erkenntnisse aus der Erziehungsstilforschung können für die Praxis nutzbar gemacht werden. Pädagogischen Fachkräften dienen sie zur Reflexion, Eltern werden sie im Rahmen von Elternkursen nähergebracht.

Fragen und Aufgaben zum Kapitel

1. *Erläutern Sie den Unterschied zwischen Erziehungspraktiken und Erziehungsstilen.*

2. *Suchen Sie in der Fachliteratur bzw. in Lexika den Begriff „Erziehungsstil" und Informationen über erzieherische Grundhaltungen und vergleichen Sie die Definitionen.*

3. *Vergleichen Sie das Erziehungsstilkonzept von Lewin mit den Konzepten von Tausch/Tausch und Baumrind.*

4. *Finden Sie konkrete Beispiele für die Dimensionen „Echtheit" bzw. „Unechtheit" und „einfühlendes Verstehen" bzw. „kein einfühlendes Verstehen".*

5. *Beschreiben Sie eine Situation, die sich in Ihrer Praxisstelle zugetragen hat. Erläutern Sie, wie die Situation erzieherisch gelöst bzw. angegangen wurde. Beschreiben Sie den Erziehungsstil, der deutlich wurde. Überlegen Sie, wie sich die Situation entwickelt hätte, wenn ein anderer Erziehungsstil angewandt worden wäre.*

6. *In der sozialpädagogischen Praxis arbeiten Sie mit Kindern und Jugendlichen, die aus sehr unterschiedlichen Elternhäusern mit verschiedenen Erziehungsstilen kommen. Diskutieren Sie, welches Verhalten von einem Kind oder Jugendlichen zu erwarten ist, wenn es/er zu Hause in einem autoritativen, autoritären, permissiven oder vernachlässigenden Stil erzogen wird. Erläutern Sie Konsequenzen für Ihr eigenes Erzieherverhalten.*

7. *Diskutieren Sie, welche Auswirkungen bei den unterschiedlichen Erziehungsstilen nach Baumrind in neuen oder krisenhaften Situationen wie z. B. Schulwechsel, Prüfungen, Krankheiten zu erwarten sind. Begründen Sie Ihre Annahmen.*

8. *Gibt es den „idealen" Erziehungsstil, der für alle Kinder und Jugendlichen in allen Arbeitsfeldern geeignet ist? Begründen Sie Ihre Aussage.*

9. *Zwei Kinder streiten sich um einen Ball. Sie sehen den Vorgang und werden aktiv. Versuchen Sie, jeweils einen treffenden Satz für die verschiedenen Ebenen der Lenkung nach Tausch/Tausch zu formulieren. Stellen Sie fest, bei welcher Ebene Sie die meisten Schwierigkeiten hatten und versuchen Sie zu erklären, warum das so ist.*

10. *Ordnen Sie die Grundhaltung der beiden Fachkräfte aus der Situation zu Beginn des Kapitels nach den unterschiedlichen Konzepten ein.*

Anregungen zum Kapitel

11. *Spielen Sie in einem Rollenspiel die Erziehungsstile nach D. Baumrind an konkreten Beispielen durch.*

    – *Martina, zehn Jahre, hat zum wiederholten Male vergessen, sich die Hausaufgaben aufzuschreiben. Auch hat sie entsprechende Arbeitsblätter oder Hefte, die sie benötigt, nicht dabei. Spielen Sie die Kinderpflegerin im Hort.*

    – *Sie arbeiten als Kinderpflegerin im Kindergarten. Leon belegt schon seit einer halben Stunde die Schaukel, obwohl andere Kinder auch schaukeln möchten. Lösen Sie das Problem mit verschiedenen Erziehungsstilen.*

12. *Ordnen Sie den Erziehungsstil Ihrer Eltern, Großeltern und Lehrer einem der Stile nach Baumrind zu. Gab es große Unterschiede in den Erziehungsstilen Ihrer Bezugspersonen? Überlegen Sie, welche Auswirkungen diese Unterschiede möglicherweise auf Ihre persönliche Entwicklung hatten.*

13. *Überlegen Sie, inwieweit Sie es als notwendig erachten, ihre Grundhaltung gegenüber den Kindern und Jugendlichen, mit denen Sie arbeiten, zu verändern. Wären Sie grundsätzlich bereit dazu? Wo sehen Sie Grenzen?*

14. *Holen Sie sich von Ihrer Anleiterin eine Rückmeldung (möglichst konkrete Beispiele) darüber, wie sie Ihre erzieherische Grundhaltung einschätzt. Überlegen Sie, ob diese Einschätzung mit Ihrer eigenen übereinstimmt oder stark abweicht. Erörtern Sie mögliche Schlussfolgerungen.*

15. *Wählen Sie eine für Sie bedeutsame pädagogische Situation aus Ihrem Praktikum aus, an der Sie selbst beteiligt waren. Wie haben Sie die Situation wahrgenommen? Erklären Sie, warum Sie so und nicht anders gehandelt haben. Beschreiben Sie Ihre Gedanken bei den Handlungen. Begründen Sie Ihr Vorgehen.*

Weiterführende Fragen und Anregungen

16. *Der jeweilige Zeitgeist und das Bild vom Kind spielt eine große Rolle für die Wahl der Erziehungsstile. Erläutern Sie diesen Zusammenhang an konkreten Beispielen.*

17. *Informieren Sie sich im Kapitel 14 über Verhaltensauffälligkeiten und Verhaltensstörungen. Erläutern Sie, inwiefern erzieherische Grundhaltungen und entsprechende Maßnahmen als Ursache für Auffälligkeiten und Störungen angesehen werden können.*

9   Grundlagen menschlicher Entwicklung

Einstiegssituation

Die Zwillinge Lukas und Max (zwei Jahre ein Monat) besuchen seit zwei Monaten die Kinderkrippe. Die Eltern sind beide beruflich sehr eingespannt und haben wenig Zeit für die Zwillinge und die beiden älteren Geschwister Maja (sieben Jahre) und Laura (vier Jahre). Die große Tochter besucht nach der Schule den Hort, Laura ist in der Kindergartengruppe derselben Einrichtung. Den Eltern war wichtig, dass die Zwillinge in dieselbe Gruppe kommen und nicht getrennt werden.

Als Lukas und Max vor acht Wochen in die Einrichtung kamen, sprachen sie kein einziges verständliches Wort, sie unterhielten sich aber miteinander in einer Art „Geheimsprache", die von der Umwelt nicht verstanden wurde. Im motorischen Bereich dagegen waren beide auffallend gut entwickelt. Laut Angaben der Eltern hatten die beiden älteren Geschwister keinerlei Probleme im sprachlichen Bereich. Maja sprach bereits mit zwölf Monaten ihre ersten Worte, Laura mit 16 Monaten.

Seit etwa einem Monat beherrschen Lukas und Max einige verständliche Worte wie z. B. „Tee" oder „bauen". Die Kinderpflegerin und die Erzieherin sind verunsichert. Sollen sie den Eltern raten, zur Frühförderung zu gehen oder noch abwarten und beobachten, ob die Zwillinge weitere Fortschritte machen? (vgl. Largo, 2012, 23. Auflage, S. 25)

Die Handlungssituation wirft folgende Fragen auf:

1. Was versteht man unter dem Begriff „Entwicklung"?

2. Wie verläuft Entwicklung?

3. Auf welche Ursachen lässt sich Entwicklung zurückführen?

4. Wie lassen sich Unterschiede im Entwicklungsverlauf erklären?

5. Wie kann man den Verlauf der Entwicklung günstig beeinflussen? Wodurch wird er gehemmt?

9.1   Was versteht man unter Entwicklung?

Kinder sind bereits bei der Geburt sehr verschieden, was Größe, Gewicht und Aussehen betrifft. Äußere Unterschiede werden als selbstverständlich angesehen und akzeptiert. Wie unser Beispiel zeigt, entwickeln sich Kinder aber auch sehr unterschiedlich. Manche lernen schnell, andere langsam, sie sprechen viel oder wenig, drücken sich einfach oder differenziert aus. Treten im Verhaltensbereich Unterschiede auf, ist es wesentlich schwieriger, damit umzugehen.

Will man über die Grundlagen menschlicher Entwicklung sprechen, muss man erst einmal den Begriff „Entwicklung" klären. In der Fachliteratur wird der Begriff unterschiedlich bestimmt. Allen Definitionen gemeinsam ist: Entwicklung bezeichnet die Veränderungen eines Menschen im Laufe seines Lebens. Damit sind zwei wesentliche Merkmale angesprochen: Veränderungen und der Lebenslauf.

Entwicklung beginnt mit der Zeugung und endet mit dem Tod eines Individuums. Früher beschränkte sich die Entwicklungspsychologie auf die Erforschung von Kindheit und Jugend. Die moderne Entwicklungspsychologie bezieht sowohl die vorgeburtliche Entwicklung als auch die Entwicklung im Erwachsenenalter und Alter mit in ihre Überlegungen und Forschungen ein. Man spricht von der Entwicklungspsychologie der **Lebensspanne**.

Kerngedanke des Entwicklungsbegriffs sind **Veränderungen** im Laufe des Lebens. Menschen verändern sich ständig, aber nicht jede Veränderung ist auch Entwicklung. So zählen beispielsweise Vergessen, Verdrängen, Sensibilisieren, Verstehen und Bewerten nicht dazu. Um Entwicklung genauer bestimmen zu können, sind also weitere Merkmale nötig.

Veränderung findet ein Leben lang statt, einzelne **Entwicklungsfortschritte** lassen sich aber einem bestimmten **Lebensalter zuordnen.** Beispielsweise können die meisten Kinder zwischen neun und 15 Monaten laufen und zwischen zwölf und 18 Monaten ihre ersten Worte sprechen. Die Entwicklungspsychologie hat immer die gesamte Lebensspanne im Blick. Veränderungen sind erst dann interessant, wenn sie **nachhaltig** und dauerhaft sind, d. h., wenn sie Auswirkungen auf die weitere Entwicklung haben. So stellt sich z. B. die Frage, ob die Verzögerung der Sprachentwicklung wie bei Lukas und Max Auswirkungen auf die weitere Entwicklung der Zwillinge hat.

Entwicklung verläuft nicht sprunghaft, sondern **kontinuierlich**, also in kleinen Schritten, die aufeinander aufbauen. Auch wenn ein Kind „plötzlich" spricht, so hat es vorher Laute und Lautkombinationen gebildet und damit Vorübungen gemacht (vgl. Kap. 10.4).

Zusammenfassend kann der Begriff „Entwicklung" wie folgt definiert werden:

Definition
Bei **Entwicklung** *handelt es sich um Veränderungen, die aufeinander aufbauen, sich einer bestimmten Altersstufe zuordnen lassen, deren Wirkung nachthaltig ist und deren Ablauf kontinuierlich erfolgt.*

Da für die **erzieherische Praxis** die Altersspanne vom Neugeborenen bis zum Jugendlichen von Bedeutung ist, beschränkt sich dieses Kapitel auf die Kindheit und Jugend.

9.2   Ziele der Entwicklungspsychologie

Fragen, wie sie in dem Eingangsbeispiel gestellt werden, lassen sich mithilfe wissenschaftlicher Untersuchungen der kindlichen Entwicklung klären. Das ist Aufgabe der Entwicklungspsychologie. Sie ist eine Teildisziplin der Psychologie und verfolgt im Wesentlichen vier Ziele:

- **Beschreibung des Entwicklungsverlaufes**
  Die Entwicklungspsychologie erforscht universelle Veränderungen, d. h. Veränderungen, die unter normalen Umständen bei allen Kindern dieser Welt auftreten. Sie beschreibt, welche Entwicklungsschritte in welcher Reihenfolge wann gemacht werden.

- **Erklärung der Zusammenhänge**
  Die Beschreibung wird ausgewertet und daraufhin untersucht, ob es ein allgemeingültiges Muster, einen Plan gibt, nach dem Entwicklung bei allen Menschen verläuft. Die erkannten Muster werden als „Gesetzmäßigkeiten" bezeichnet.

- **Erforschung von Entwicklungsbedingungen**
  Entwicklungspsychologie geht der Frage nach, welche Faktoren Entwicklung auslösen und vorantreiben bzw. hemmen. In diesem Zusammenhang können auch Entwicklungsunterschiede erklärt werden.

- **Vorhersage und Anwendung**
  Entwicklungspsychologische Forschung wird nicht zum Selbstzweck betrieben. Sie dient dazu, Erziehung und Förderung optimal zu gestalten und soll helfen, Entwicklungsverzögerungen zu erkennen.

In den folgenden Abschnitten werden die einzelnen Punkte aufgegriffen, genauer erläutert und die entsprechenden entwicklungspsychologischen Erkenntnisse dargestellt. Als Beispiel wird die Sprachentwicklung herangezogen, da hier zahlreiche Forschungsarbeiten vorliegen. Der Aspekt der „Vorhersage und Anwendung" wird nicht als eigenständiger Abschnitt erscheinen, sondern unter dem Begriff „erzieherische Konsequenzen" an den entsprechenden Stellen behandelt.

9.3　Verlauf der Entwicklung – Wie verändert sich der Mensch im Laufe seines Lebens?

Ein Ziel der Entwicklungspsychologie ist es, den Verlauf der Entwicklung in verschiedenen Bereichen zu beschreiben, z. B. Motorik, Wahrnehmung, Denken, Sprache. Eine genaue Darstellung der Entwicklung in einzelnen Bereichen findet sich in Kapitel 10.1.

Wie gelangt die Entwicklungspsychologie zu den Erkenntnissen, die es ermöglichen, den Entwicklungsverlauf genau zu beschreiben und einem bestimmten Alter zuzuordnen? Um diese Frage zu klären, müssen wir einen Blick auf die Forschungsmethoden werfen.

9.3.1　Methoden der Entwicklungspsychologie

Die Entwicklungspsychologie bedient sich der Methoden der allgemeinen Psychologie wie **Beobachtung, Test, Experiment, Fallstudien** usw. Um die Veränderungen im Laufe des Lebens genauer feststellen zu können, geht sie dabei mit der **Längsschnitt- bzw. Querschnittmethode** vor.

Die Längsschnittmethode
Bei dieser Methode wird eine Gruppe von Personen gleichen Alters über einen längeren Zeitraum untersucht. Veränderungen in einem Entwicklungsbereich, z. B. der Sprache, werden in bestimmten Zeitabständen, z. B. monatlich, protokolliert. Auf diese Weise erhält man einen Überblick über den Verlauf der Entwicklung, insbesondere die Abfolge der einzelnen Fortschritte.
Längsschnittuntersuchungen sind allerdings sehr zeitaufwendig. Die Wissenschaftler beschäftigen sich Jahre oder Jahrzehnte mit derselben Gruppe, bis sie konkrete Aussagen machen können. Außerdem fallen immer wieder Versuchspersonen aus; Kinder ziehen mit den Eltern

weg, oder Eltern sind an einer Zusammenarbeit nicht mehr interessiert und bringen ihre Kinder nicht regelmäßig zu den Untersuchungen. Deshalb wird häufig zu einer anderen Methode gegriffen: der Querschnittmethode.

Die Querschnittmethode

Bei dieser Vorgehensweise werden Gruppen unterschiedlichen Alters **zu einem bestimmten Zeitpunkt** miteinander verglichen. So kann man z. B. feststellen, wie Kinder auf verschiedenen Altersstufen Fragen wie „Was ist ein Pullover?" beantworten. Jüngere Kinder antworten, indem sie den Zweck angeben: „Das ist etwas zum Anziehen." Ältere Kinder antworten dagegen mit dem Überbegriff: „Das ist ein Kleidungsstück." Der Vorteil dieser Methode liegt darin, dass man sehr schnell zu Erkenntnissen gelangt, indem man die verschiedenen Altersgruppen miteinander vergleicht und Unterschiede sofort feststellen kann. Querschnittuntersuchungen machen Aussagen über qualitative Unterschiede der Altersgruppen. So erfahren wir, was Kinder einer bestimmten Altersstufe z. B. im Bereich der Sprache leisten können, also was wir von den Kindern erwarten können.

Da beide Methoden ihre Vor- und Nachteile haben, bietet es sich an, sie miteinander zu kombinieren. Auf diese Weise erhält man ein ziemlich genaues Bild von Entwicklung. Die Ergebnisse werden oft in Tabellen oder Kurven dargestellt:

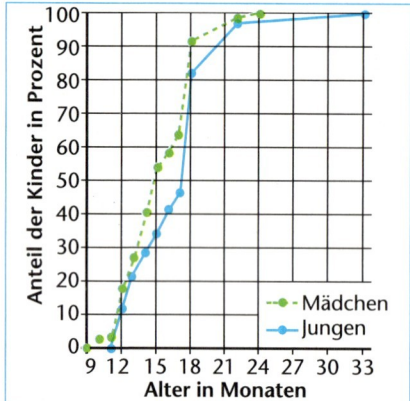

Sprachbeginn bei Schweizer Kindern. Die Kurven geben an, wie viel Prozent der Kinder in einem bestimmten Alter mindestens zwei Wörter sprechen. (vgl. Largo, 2009, S. 30)

Sprachentwicklung		
Stufe	**Alter**	**Merkmale**
Vorstufe	0,0 – 0,5	Schreien; erste Lautbildung
Lallmonologe	0,5 – 1,0	Aneinanderreihung von Silben
Einwortsätze	1,0 – 1,5	Ein Wort steht für den ganzen Satz; vorwiegend Hauptwörter
Zwei- und Mehrwortsätze	1,5 – 2,0	Wörter werden in der Grundform aneinandergereiht; erstes Fragealter

Stufen der Sprachentwicklung, vgl. Kap. 10.4.1

9.3.2 Altersgemäße, beschleunigte oder verzögerte Entwicklung

Entwicklungstabellen und -kurven ermöglichen den Vergleich eines bestimmten Kindes mit seiner Altersgruppe. So können Aussagen über den Entwicklungsstand dieses Kindes gemacht werden. Entwicklungstabellen oder -kurven sind dabei als Orientierungshilfen anzusehen. Sie geben Zeiträume an, in denen bestimmte Entwicklungsschritte gemacht werden. Wie die Tabelle oben zeigt, sprechen die meisten Kinder ihre ersten Worte zwischen dem zwölften und 18. Lebensmonat.

Verlauf der Entwicklung – Wie verändert sich der Mensch im Laufe seines Lebens?

179

Finden Fortschritte in den entsprechenden Zeiträumen statt, spricht man von einer **normalen oder altersgemäßen Entwicklung**. Daneben gibt es aber Ausnahme-Kinder, deren Entwicklung von der Norm abweicht. Sie sind in der Entwicklung entweder weit voraus oder hinterher. Man spricht dann von **beschleunigter** bzw. **verlangsamter oder verzögerter Entwicklung**. Sowohl bei der beschleunigten als auch bei der verzögerten Entwicklung kann nur ein Bereich, z. B. die Sprache, betroffen sein; es können aber auch mehrere Bereiche gleichzeitig, z. B. Sprache und Denken, betroffen sein. Von einer Abweichung sollte aber erst dann die Rede sein, wenn sehr große Unterschiede zum Durchschnitt vorliegen und/oder mehrere Entwicklungsbereiche betroffen sind. Die Ursachen für diese Abweichungen können vielfältig sein.

Definition

D

*Eine **beschleunigte Entwicklung** ist gegeben, wenn die Entwicklung in einem oder mehreren Bereichen früher beginnt und/oder schneller durchlaufen wird als bei den meisten Personen dieser Altersgruppe. Bei der verzögerten Entwicklung setzt die Entwicklung später ein und/oder verläuft wesentlich langsamer als bei den meisten Kindern und Jugendlichen.*

Fallbeispiel

Maja und Laura entwickelten sich, was die Sprachentwicklung anbelangt, altersgemäß, sprachen ihre ersten Worte mit zwölf bzw. 16 Monaten, also genau im angegebenen Zeitrahmen. Max und Lukas dagegen begannen erst mit 24 Monaten zu sprechen, damit lagen sie im Vergleich zu den angegebenen Werten in der Tabelle weit zurück. Ist ihre Sprachentwicklung als verzögert zu bezeichnen?

Wird eine Verzögerung befürchtet, ist es hilfreich, Tabellen für sogenannte **Spätentwickler** heranzuziehen. Eine der bekanntesten für Kinder bis vier Jahre ist die Tabelle von E. Kiphard. Für die Sprachentwicklung sieht die Tabelle für Kinder bis 24 Monate so aus (die Zahlen 1–24 stehen für Lebensmonate):

Die Angaben sind Mindestanforderungen. Wenn in der Spalte für 18 Monate alte Kinder angegeben ist: „Ahmt zwei Worte nach", so beherrschen 90 Prozent aller Kinder in diesem Alter die angegebene Fähigkeit. Die Tabelle will nach Angaben des Autors Entwicklungsverzögerungen und -störungen aufspüren. Kann ein Kind die angegebene Leistung nicht erbringen, auch nicht mit Übung, dann sollte dies als Alarmsignal angesehen werden. Die Suche nach Ursachen und eine Abklärung durch Fachleute ist ratsam. Mit dem Entwicklungsgitter wird keine Normalentwicklung erfasst, sondern die Minimalentwicklung als unterste Grenze der Norm. Darüber hinausgehende Rückstände haben eine Bedeutung. Sie sind Auswirkung einer oder mehrerer Ursache(n) (vgl. Kiphard, 2002, S. 10 ff.).

☐ 24. Benennt 2 Tätigkeiten
☐ 23. Benennt 4 Dinge
☐ 22. Benennt 3 Personen
☐ 21. Verwendet 5 Worte
☐ 20. Laute: n, l, d, t, w, f
☐ 19. Einwortsatz als Wunsch

☐ 18. Ahmt 2 Worte nach
☐ 17. Ahmt 2 Tierlaute nach
☐ 16. Sagt 2 sinnvolle Worte
☐ 15. Laute: a, o, u, m, b, p
☐ 14. Laute als Wunschäußerung
☐ 13. Kaut mühelos feste Nahrung

☐ 12. Lallt 4 verschied. Silben
☐ 11. Ahmt Laute nach
☐ 10. Äußert Stimmungslaute
☐ 9. Spuckt mit Zungenspitze
☐ 8. Trinkt von gehaltener Tasse
☐ 7. Leckt Breilöffel gut ab

☐ 6. Antwortet durch Laute
☐ 5. Schließt Mund, schluckt Spucke
☐ 4. Kichert, lacht, quietscht
☐ 3. Laute: cha, grr, öh, eku, erre
☐ 2. Andere Laute als Weinen
☐ 1. Saugt, schluckt, weint

☐ **Summe der Wertungen**

(Kiphard, 2002, S. 10 ff.)

Fallbeispiel

Vergleicht man die Angaben der Tabelle in Bezug auf die Sprachentwicklung, so werden erste Worte spätestens im Alter von 18 Monaten gesprochen. Lukas und Max liegen also auch hier unter den Werten, d. h., die Eltern sollten dies als Alarmzeichen ansehen.
Mögliche Ursachen konnten im Fall der Zwillinge gefunden werden. Die Eltern hatten kaum Zeit, sich um die Zwillinge zu kümmern, es fehlte also an Anregungen. Hinzu kommt die Tatsache, dass die Eltern unterschiedlichen Sprachgemeinschaften angehören, der Vater ist Schweizer, die Mutter Portugiesin. Zweisprachig erzogene Kinder befinden sich aber noch im Bereich der Norm.

Für die Beurteilung des Entwicklungsstandes ist nicht nur ein einziger Bereich ausschlaggebend, die gesamte Entwicklung muss einbezogen werden. Es kommt relativ oft vor, dass die Entwicklung eines Kindes in einem Bereich verzögert ist, dafür in einem anderen vorauseilt. Bei einer Gesamtbeurteilung sollte man deshalb alle Entwicklungsbereiche berücksichtigen.

Fallbeispiel

Von Max und Lukas wird berichtet, dass sie im motorischen Bereich sehr gut entwickelt waren und weit über dem Durchschnitt lagen. Hinzu kommt, dass die Zwillinge miteinander kommunizierten. Sie hatten eine eigene Sprache entwickelt, die von der Umgebung nicht verstanden wurde.

Berücksichtigt man alle Faktoren, so ist die verlangsamte Sprachentwicklung der Zwillinge nicht so gravierend, wie sie auf den ersten Blick aussieht. Tatsächlich holten Lukas und Max den Entwicklungsrückstand in wenigen Jahren auf. Beim Eintritt in den Kindergarten waren sie sprachlich noch verlangsamt. Sobald sie mehr Kontakt mit anderen Kindern hatten, holten sie aber schnell auf. Im Schulalter war das Sprachvermögen bereits durchschnittlich (vgl. Largo, 2009). Nicht immer verläuft die weitere Entwicklung so günstig wie bei Lukas und Max. Das Fallbeispiel zeigt uns, dass es wichtig ist, den Einzelfall zu betrachten. Günstig ist es, wenn alle Personen, die das Kind betreuen, sich ein Bild vom Entwicklungsstand machen und ihre Ergebnisse besprechen. Im Zweifelsfall sollte dann eine Fachkraft hinzugezogen werden.

Erzieherische Konsequenzen

Entwicklungstabellen müssen mit Bedacht verwendet werden. Sie bieten Chancen und Risiken gleichermaßen.
Durch die Möglichkeit, ein Kind mit seiner Altersgruppe zu vergleichen und den Entwicklungstand einzuschätzen, ergibt sich die Chance, Probleme frühzeitig zu erkennen und ihnen möglichst rasch zu begegnen, z. B. durch Maßnahmen der Frühförderung. Wurde ein Problem ausgemacht, besteht allerdings die Gefahr, den Blick darauf zu verengen, das Kind als defizitär zu betrachten. Oft kommt es dann zu ungeeigneten Fördermaßnahmen, weil das geübt wird, was das Kind nicht kann, ohne darauf zu achten, wo es im Moment steht. Diesen Gefahren kann man begegnen, indem man Tabellen aus einer anderen Perspektive betrachtet. Sie werden nicht nur herangezogen, um Defizite festzustellen, sondern auch um zu sehen, was das Kind kann und welcher Schritt als nächster folgt. Damit wird das **Entwicklungsalter**, nicht das Lebensalter zum Ausgangspunkt für pädagogische Bemühungen genommen. Planung und Angebote können so genau auf das einzelne Kind abgestimmt werden. Weiterentwicklung wird so bestmöglich unterstützt.

9.4 Gesetzmäßigkeiten der Entwicklung

Betrachtet man die Beschreibung der Entwicklung in einzelnen Bereichen genauer, so lassen sich bestimmte Muster, sogenannte **Gesetzmäßigkeiten** erkennen. Die Gesetzmäßigkeiten gelten für alle Entwicklungsbereiche.

9.4.1 Logische Reihenfolge

Veränderungen treten immer in einer bestimmten Reihenfolge auf. Die einzelnen Entwicklungsschritte bauen aufeinander auf. Laut UN-Bericht gibt es ca. 10 000 Sprachen auf der Welt, mit unterschiedlichen Lauten, Begriffen und Regeln. Egal, ob Kinder Chinesisch, Deutsch, Französisch oder eine andere Sprache erlernen, die Sprachentwicklung verläuft in einer bestimmten Reihenfolge. Die Kinder lernen zunächst einzelne Laute und Lautkombinationen, sprechen dann einzelne Wörter, reihen Wörter aneinander, bis sie schließlich Regeln erkennen und anwenden. Diese Abfolge ist nicht umkehrbar. Laute und Silben sind die Bausteine für Worte.

Definition
*Veränderungen treten in einer ganz bestimmten, **logischen Reihenfolge** auf. Die Abfolge ist nicht umkehrbar.*

9.4.2 Differenzierung und Integration

Differenzierung bedeutet Verfeinerung des Erlebens und Verhaltens. Mit zunehmendem Alter und voranschreitender Entwicklung stehen dem Kind mehr Möglichkeiten des Erlebens und Verhaltens zur Verfügung. Dies zeigt sich bei der sprachlichen Ausdrucksfähigkeit. Im Alter von 12 bis 18 Monaten spricht das Kind etwa zehn Wörter. Es handelt sich fast ausschließlich um Substantive oder Namen von Personen. Die Fähigkeit, sich mitzuteilen, ist entsprechend begrenzt, Betreuungspersonen müssen die Begriffe des Kindes interpretieren. Im Laufe der weiteren Entwicklung lernt das Kind neue Wörter, neben Substantiven auch Verben, Umstandswörter usw. Am Ende des zweiten Lebensjahres spricht es dann sogenannte Dreiwortsätze. Damit ist es dem Kind möglich, sich genauer und verständlicher auszudrücken. Der Interpretationsbedarf durch die Umwelt nimmt ab (vgl. Kap. 10.4.1).

Definition
Differenzierung ist die Verfeinerung von Verhalten und Erleben im Laufe der Entwicklung.

Damit durch die Differenzierung kein Chaos entsteht, verläuft parallel dazu die **Integration**. Einzelne Teile werden durch die Integration im Zusammenhang gesehen und in Beziehung miteinander gebracht.

Das Kind lernt zunächst Wörter und reiht sie in der Grundform aneinander. Dabei bleibt es aber nicht. Mit der Zeit erkennt es, dass die Sprache bestimmten Regeln folgt. Es beginnt, die Regeln anzuwenden, z. B. auf die Reihenfolge der Worte zu achten, Worte zu beugen. Es kann Zusammenhänge sprachlich ausdrücken.

Definition
Integration ist der Vorgang, bei dem einzelne Teile in Beziehung gesetzt und im Zusammenhang gesehen werden.

9.4.3 Kanalisierung und Verfestigung

Der Mensch hat bei seiner Geburt, bedingt durch seine Erbanlagen, eine Fülle von Möglichkeiten, Verhalten und Eigenschaften zu entwickeln. Durch den Einfluss der Umwelt (z. B. Geschwister, Erziehungsstil der Eltern) werden diese Möglichkeiten eingeschränkt und in bestimmte Bahnen gelenkt. Sie werden kanalisiert.

Der Mensch kommt mit der Fähigkeit zum Spracherwerb auf die Welt. Grundsätzlich kann ein Kind jede Sprache dieser Welt erlernen. Alle Babys beginnen im ersten Lebensjahr, Laute und später Silben zu sprechen. Das „Plaudern" von sechs Monate alten Kindern klingt überall auf der Welt ziemlich gleich. Durch die Interaktion mit der Umwelt, die eine bestimmte Sprache spricht, beginnen die Kinder, sich auf die Laute und Silben der Umwelt zu konzentrieren. Sie filtern diese Laute heraus und üben sie verstärkt. Bei Kindern im Alter von zehn Monaten erkennt man deutliche Unterschiede. Man kann am „Plaudern" hören, welche Sprache sie erlernen werden. Es hat die Kanalisierung auf die Muttersprache stattgefunden.

Im Laufe der Zeit verfestigen sich die kanalisierten Verhaltensweisen auf Kosten anderer Möglichkeiten.

Definition

*Wenn sich aus einer Fülle von Möglichkeiten bestimmte Verhaltensweisen herausbilden, bezeichnet man das als „**Kanalisierung**".*

Kinder, deren Lautbildung bereits kanalisiert ist, verlieren allmählich die Fähigkeit, Laute einer anderen Sprache zu hören oder zu bilden. So hören japanische Kinder den Unterschied zwischen „l" und „r" nicht mehr heraus und können mit der Zeit kein „r" mehr bilden. Dafür konzentrieren sich die Kinder auf die Sprache ihrer Umwelt und bauen diese aus. Sie können Laute der Muttersprache schneller identifizieren, auch wenn sie nicht deutlich ausgesprochen werden. Ihre eigene Aussprache verbessert sich.

Definition

*Bei der **Verfestigung** werden kanalisierte Verhaltensweisen zu festen Gewohnheiten oder Meinungen.*

Kanalisierung und Verfestigung sind zwei Seiten einer Medaille. Kanalisierung bedeutet Steigerung der Effektivität, Verfestigung dagegen Einschränkung von anderen Möglichkeiten. In diesem Zusammenhang stellt sich die Frage, ob es irgendwann überhaupt zu spät ist, Sprache bzw. eine Fremdsprache zu erlernen, oder umgekehrt, ob es einen besonders günstigen Zeitpunkt für den Spracherwerb gibt. Diese Frage wird in der Entwicklungspsychologie unter den Begriffen „kritische" und „sensible" Phasen diskutiert.

9.4.4 Kritische und sensible Phasen

Als kritische Phase wird der Zeitraum in der Entwicklung bezeichnet, in dem bestimmte äußere Reize einen dauerhaften Einfluss auf den Organismus haben. Verhaltensweisen werden dauerhaft festgelegt, Fähigkeiten nur in dieser Zeit erworben. Nach Ablauf der kritischen Phase haben die gleichen äußeren Reize keine Wirkung mehr.

Definition

*Den Zeitraum der Entwicklung, in dem bestimmte Verhaltensweisen und Fähigkeiten unabänderlich festgelegt werden, bezeichnet man als „**kritische Phase**" (vgl. Kap. 10.2.2).*

> *„Ob eine Sehstörung die Entwicklung des Gesichtssinns beeinträchtigen wird oder nicht, hängt weitgehend vom Alter ab, in dem sie auftritt. Da das binokulare [beid-äugige] so rasch und so früh reift und seine sensible Phase kurz nach der Geburt ein-setzt, sind Sehstörungen bei sehr kleinen Babys besonders schwerwiegend. Wenn die Augenachsen von der Normalstellung abweichen – Einwärts-, Auswärts- und Höhen-schielen – oder der Lichteinfall getrübt ist, entwickelt sich das binokulare Sehen nicht, sofern das Problem über den sechsten bis achten Lebensmonat hinaus besteht."*
> *(Eliot, 2010, S. 318)*

Weil der Nachweis für die Existenz von kritischen Phasen in vielen Bereichen der menschlichen Entwicklung schwierig und umstritten ist, bevorzugt man in der Entwicklungspsychologie den Begriff **„sensible Phase"**. Das bedeutet, dass Entwicklung in diesem Zeitraum nachhaltig beeinflusst wird. Verhaltensweisen und Fähigkeiten, die nicht in diesem Zeitraum gemacht werden, können nur unter großen Schwierigkeiten und/oder nur unvollständig nachgeholt werden.

Definition
Sensible Phasen sind Lebensabschnitte, in denen Verhaltensweisen und Fähigkeiten nachhaltig festgelegt werden.

D

Die Hirnforschung der letzten Jahre vermittelt uns eine ziemlich genaue Vorstellung von der sensiblen Phase im Bereich der Sprachentwicklung. Demnach dauert die sensible Phase für den Erstspracherwerb bis zum sechsten/siebten Lebensjahr. In dieser Zeit ist das kindliche Gehirn in der Lage, sich Sprache mühelos und rasch anzueignen. Diese Fähigkeit nimmt bis zum Jugendalter ständig ab und endet im frühen Erwachsenenalter. In diesem Zusammen-hang spricht man auch von **Entwicklungsfenstern**. Man könnte sagen, bis zum sechsten/siebten Lebensjahr ist das Fenster für die Sprachentwicklung geöffnet, danach schließt es sich allmählich, bis es im Erwachsenenalter ganz geschlossen wird.

Erzieherische Konsequenzen
Die Erkenntnisse der Hirnforschung haben dazu geführt, dass in letzter Zeit häufig gefordert wird, Fremdsprachen bereits im Kindergartenalter zu vermitteln, damit die sensible Phase optimal genutzt wird. Für den Bereich der Fremdsprachen ergibt die Forschungslage aller-dings ein etwas anderes Bild. Die Altersangaben sechstes/siebtes Lebensjahr gelten für den Erwerb der Erstsprache. Ein Mensch, der eine Sprache gut beherrscht, ist durchaus auch im Jugendalter oder als Erwachsener in der Lage, eine weitere Sprache gut zu erlernen. Es wird allerdings nicht mehr so mühelos sein und wahrscheinlich, was die Aussprache und Gramma-tik betrifft, nicht mehr ganz so perfekt. Deshalb zieht die Wissenschaftlerin Lise Eliot folgenden Schluss:

> *„Wenn Sie wollen, dass Ihr Kind eine Fremdsprache sehr gut beherrscht, sollten Sie es so früh wie möglich mit ihr in Kontakt bringen, auf jeden Fall bevor es die Grund-schule hinter sich hat, was traditionell das Alter ist, in dem Kinder mit dem Erlernen von Fremdsprachen überhaupt erst beginnen."*
> *(Eliot, 2010, S. 522 f.)*

Kinder, die in der sensiblen Phase zweisprachig aufwachsen oder eine Fremdsprache lernen, haben offenbar einen weiteren Vorteil: Ihr Gehirn ist besser vorbereitet, eine weitere Sprache zu lernen, als das von Kindern, die nur ihre Muttersprache beherrschen.

Werden Fremdsprachen im Kindergarten angeboten, sollte dies im Rahmen eines Gesamt-
konzeptes für Sprachförderung stehen. Wichtig ist zu klären, ob die Kinder ihre Muttersprache
gut beherrschen, welche Sprache angeboten werden soll und welche Personen das leisten
können. Es sollte kein Unterricht stattfinden, die Sprache sollte in den Alltag einfließen. Vermittelt werden muss sie durch einen Muttersprachler, da sonst Probleme bei der Aussprache
entstehen. Fraglich ist auch, ob es Englisch sein muss. Langfristige Motivation, eine Sprache
zu erlernen, entsteht, wenn echte Sprechanlässe bestehen. Eventuell gibt es die Möglichkeit,
ausländische Kinder und deren Eltern in die Arbeit einzubeziehen.

> *„Wenn Kinder das Gefühl haben, dass sie die Sprache für die Kommunikation brau-
> chen, dass sie ,was bringt', um mit einem anderen Kind oder Erwachsenen (z. B. mit
> einer ausländischen Erzieherin) zu sprechen oder zu spielen, dann werden sie diese viel
> schneller lernen. Mit einer deutschen Erzieherin Englisch zu sprechen, ist für ein Kind
> auf Dauer widersinnig."*
> (Ulich/Oberhuemer, 2004, S. 165)

9.5   Ursachen und Vorgänge der Entwicklung

Obwohl Entwicklung bei allen Menschen nach den oben aufgezeigten Gesetzmäßigkeiten
verläuft, entwickelt sich doch jeder Mensch, was das Tempo und die Ausprägung von Verhaltensweisen und Fähigkeiten anbelangt, sehr verschieden. Ursache dafür sind verschiedene
Faktoren, die Entwicklung auslösen und steuern. Man kann drei Gruppen von Einflussfaktoren
unterscheiden:

- Faktoren, die von innen heraus wirksam werden, die biologischen Grundlagen;
- Faktoren, die von außen Einfluss auf die Entwicklung nehmen, die Umwelteinflüsse;
- Faktoren, die das Individuum von sich aus zu seiner eigenen Entwicklung beiträgt, der Wille.

9.5.1   Biologische Grundlagen

Ei- bzw. Samenzellen enthalten das gesamte biologische Erbe von Mutter bzw. Vater. Bei der
Befruchtung werden diese Erbanlagen an das werdende Kind weitergegeben. Sie bestimmen
von Anfang an die Entwicklung eines Menschen entscheidend mit. Teilweise werden sie direkt
wirksam, wie bei der Festlegung des Geschlechts, der Haar- und Augenfarbe oder der Ausbildung von Sprechwerkzeugen. Im Verhaltensbereich wirken sie dagegen eher indirekt, d. h., es
werden Möglichkeiten des Verhaltens vererbt, nicht aber konkrete Verhaltensweisen. Diese
Möglichkeiten werden aber erst durch Umwelteinflüsse aktiviert. Sprache kann gelernt werden, aber nur mithilfe der Umwelt.

D   *Definition*
*Menschliches Verhalten wird durch innere Faktoren, das **biologische Erbe**, beeinflusst.*

Der Entwicklungsvorgang, der durch innere Faktoren ausgelöst und in Gang gehalten wird,
wird als **Reifung** bezeichnet. Reifung läuft gewissermaßen wie ein **biologisches Programm**
ab, d. h., Veränderungen treten immer in einer bestimmten Reihenfolge auf.

D   *Definition*
***Reifung** ist der Vorgang, der durch Erbanlagen bedingt wird.*

Biologische Grundlagen für den Spracherwerb:

- Ausbildung von Organen
  Das Kind wird mit allen für den Spracherwerb wichtigen Muskeln und Organen gebo-ren. Zwerchfell, Rachen, Stimmbänder, Lippen, Zunge, Gehörapparat sind bei der Geburt bereits fertig ausgebildet. Sprache kann aber erst gelernt werden, wenn weitere Rei-fungsprozesse stattgefunden haben.

- Reifungsprozesse
  Nerven und Muskulatur müssen reifen, erst dann ist die sogenannte Funktionsreife vorhan-den. Dann können Laute produziert werden, es kommt zum Lallen. Die Grundlage für die Sprache ist geschaffen.

- Verhaltensrepertoire des Säuglings
  Das neugeborene Kind ist auf das Erlernen der Sprache hin ausgerichtet. Es lauscht bevor-zugt der menschlichen Stimme und reagiert mit Aufmerksamkeit auf die „Ammensprache" der Betreuungsperson (vgl. Kap. 10.4.1).

- Gehirnstruktur
  Bereits bei der Geburt verfügt das Kind über eine Gehirnstruktur und Nervenzellenverbin-dungen, die es ihm ermöglichen, Laute und Lautverbindungen aus der gesprochenen Sprache der Umgebung herauszufiltern und zu erkennen (vgl. Kap. 10.4.1).

- Schließlich verfügt jeder Mensch über eine individuelle Sprachbegabung.

Biologische Grundlagen und Reifungsvorgänge allein genügen aber nicht, um Entwicklung zu erklären. Es müssen weitere Faktoren, die Umweltreize, hinzukommen, um die biologischen Grundlagen zur Entfaltung zu bringen.

9.5.2   Umwelteinflüsse

Die zweite große Gruppe von Einflussfaktoren sind die **Umwelteinflüsse**. Sie wirken von außen auf das Kind ein und bestimmen auf diese Weise die Entwicklung mit. Dazu zählen sowohl direkte Einflüsse, wie z. B. Erziehungsmethoden oder gezielte Anregungen, als auch indirekte Einflüsse, z. B. Bildungsstand der Eltern oder die Wohngegend. Wesentlich ist, dass die Einflüsse dauerhaft auf das Kind einwirken. Einmalige Ereignisse haben nur in Ausnahme-fällen eine nachhaltige Wirkung.

Definition   **D**
*Menschliches Verhalten wird durch äußere Einflüsse, die **Umweltfaktoren**, bestimmt.*

Den Vorgang, der durch Umweltreize in Gang gesetzt und gehalten wird, bezeichnet man als Lernen. Dadurch werden die vererbten Möglichkeiten aktiviert.

Definition   **D**
***Lernen** ist Verhaltensaufbau und Veränderung durch Erfahrung.*

Kinder kommen mit der Fähigkeit, Sprache zu lernen, auf die Welt. Dass sie sprechen lernen und welche Sprache sie erwerben, hängt von der Umwelt ab. Ein Beleg dafür sind die Beob-achtungen an gehörlosen Kindern. Sie beginnen zu lallen, weil aber die Anreize von außen fehlen, stellen sie das Lallen nach einiger Zeit wieder ein. Eine Weiterentwicklung ist ohne besondere Hilfe nicht möglich. Kinder, die hören, verstärken ihre Bemühungen und sprechen bald darauf ihre ersten Worte.

Die Umwelt bestimmt auch, auf welche Art und Weise gelernt wird, ob mit Ermahnung, Tadel, Wiederholung oder mit Ermunterung, Angeboten und Vorbild.

9.5.3   Persönliche Freiheit

Entwicklung ist keineswegs nur ein Ergebnis von Anlage und Umweltfaktoren, sie wird vom Kind selbst aktiv gesteuert. Die Entwicklungspsychologie widmet sich in den letzten Jahren verstärkt der Selbstbestimmung und Selbststeuerung. Das Bild vom Kind hat sich stark gewandelt. Ging man früher davon aus, dass es eher passiv und betreuungsbedürftig ist, so spricht man heute vom aktiven und kompetenten Kind, das seine Entwicklung von Anfang an mitgestaltet. Man spricht von Ko-Konstruktion (= Mit-Gestaltung). Sprache entfaltet sich nicht von selbst, kann aber auch nicht nur durch Nachahmung entstehen. Das Kind bildet nämlich eigene, nie vorher gehörte Sätze, es verwendet Sprache kreativ. Manche Kinder, wie die Zwillinge im Eingangsbeispiel, erfinden eine eigene Sprache, die nicht von der Umwelt gelernt wird (vgl. Kap. 1.4).

Definition
Entwicklung wird vom Individuum selbst gesteuert. Den Vorgang, der durch den eigenen Willen in Gang gesetzt wird, bezeichnet man als „Selbststeuerung".

9.5.4   Zusammenwirken verschiedener Entwicklungsfaktoren

Alle drei Faktoren wirken zusammen, sie bedingen Entwicklung gemeinsam. Es lässt sich nicht sagen, welchen Anteil die einzelnen Faktoren haben. Das Zusammenspiel soll hier an einigen Beispielen erläutert werden.

- Kinder kommen mit den organischen und hirnorganischen Voraussetzungen für den Spracherwerb auf die Welt. Sind die entsprechenden Reifungsprozesse erfolgt, können sie Laute und Lautkombinationen bilden. Die Umwelt bietet eine bestimmte Sprache an, diese und keine andere wird dann gelernt. Durch diese Anregungen werden Verschaltungen von Nervenzellen im Gehirn genutzt, verstärkt und dadurch effektiver. Es werden neue Verbindungen geknüpft und intensiviert, weitere Hirnregionen aktiviert, die es dem Kind ermöglichen, Begriffe zu erfassen und die Stufe der Einwortsätze zu erreichen. Das bedeutet, biologische Grundlagen brauchen Umweltreize und Umweltreize setzen neue Reifungsprozesse in Gang.

- Alle Kinder lernen unter normalen Umständen sprechen. Wie gut ihre Ausdrucksfähigkeit ist und wie schnell sie lernen, ist abhängig vom sprachlichen Angebot der Umwelt. Wie unterschiedlich sich verschiedene Umwelteinflüsse auf die Entwicklung auswirken, zeigt ein Bild aus der Pflanzenkunde. Es handelt sich dabei um dieselbe Pflanze (= gleiche Erbanlagen) an verschiedenen Standorten (= Umwelteinflüsse):

trocken und sonnig   *trocken und schattig*   *feucht und schattigq*

Die volle Entfaltung der Erbanlagen (hier Größe und buschiger Wuchs) ist offensichtlich nur an einem Standort, also in einer bestimmten Umwelt gegeben. An anderen Standorten gedeiht die Pflanze nur mittelmäßig oder bleibt klein und dürftig.

Natürlich sind diese Erkenntnisse nicht direkt auf den Menschen zu übertragen. Die Umwelteinflüsse, die auf den Menschen einwirken, sind wesentlich vielfältiger. Dennoch gibt es Belege dafür, dass es auch in der menschlichen Entwicklung günstige und ungünstige Umwelten gibt, die entsprechende Auswirkungen haben. Untersuchungen haben gezeigt, dass Eltern, die viel mit ihren Kinder sprechen und sie in der Phase der Lallmonologe verstärken, eindeutig mehr „Antworten" von ihren Kindern erhalten als Eltern, die wenig Anregung und sprachliche Zuwendung geben.

Aber auch der Einfluss der Umwelt auf die Entwicklung hat seine Grenzen. Beispielsweise sind Spitzenleistungen nicht ausschließlich durch eine günstige Umwelt zu erklären. Hier spielt die individuelle Begabung, z. B. für Sprache, eine Rolle. Umgekehrt wird sich eine hohe Begabung auch bei ungünstiger Umgebung durchsetzen, selbst wenn nicht alle Möglichkeiten ausgeschöpft werden können.

● Kinder bestimmen ihre eigene Entwicklung mit, sie wirken aktiv auf ihre Umwelt ein und verändern sie dadurch. Das folgende Beispiel zeigt, wie ein Kind das Verhalten des Vaters beeinflusst:

Beispiel
„Unser Sohn Martin war viereinhalb Jahre. Es war zur Adventszeit. Ich sitze lesend am Tisch, als plötzlich schwere Schritte im Flur Besuch ankündigen. Es klopft, herein kommt Martin als „Nikolaus" mit einem Säckchen voller Nüsse über der Schulter und einem großen Buch in der Hand. Er erklärt: ‚Ich bin jetzt der Nikolaus', kommt gemessenen Schrittes zu mir, schlägt das Buch auf, macht bedenkliche Miene, schüttelt gewichtig mit dem Kopf und ‚liest': ‚Sie schimpfen immer zu viel mit Ihrem Sohn!' Entsprechend spärlich fällt dann die Belohnung aus: eine einzige Erdnuss. Dann entfernt er sich, schon nicht mehr würdig, sondern wie üblich hampelnd, den Sack schlenkernd, und wirft dabei eine Vase mit Blumen zu Boden. Keine Scherben, aber Wasser auf Tisch, Wand und Boden. Gerade ermahnt, schimpfe ich nicht und beseitige die Spuren. Kaum sitze ich wieder am Tisch, als erneut Schritte Besuch ankündigen. Klopfen. Herein kommt Martin: ‚Es wär' jetzt nächstes Jahr!', den Sack über der Schulter und das goldene Buch in der Hand. Er schlägt auf, mit freundlichem Gesicht und ‚liest': ‚Es ist schon viel besser geworden mit dem Schimpfen!' Und entsprechend reichhaltiger ist dann auch die Bescherung." (Montada, 2008, S. 36)

● Umgekehrt kann aber die Umwelt auch Auswirkungen auf die Selbstbestimmung des Kindes haben. Bevorzugen Erziehende den autoritären Erziehungsstil, kann die Selbstbestimmung eingeschränkt werden, weil das Kind Angst hat und sich zurückzieht. Verhalten sich Eltern eher zugewandt und kontrollieren sie ihre Kinder weniger, wird die Eigenaktivität der Kinder angeregt und gefördert.

Konsequenz für die Erziehung

Die Beispiele haben gezeigt, wie vielfältig und kompliziert das Zusammenspiel der drei Faktoren für die Entwicklung ist.

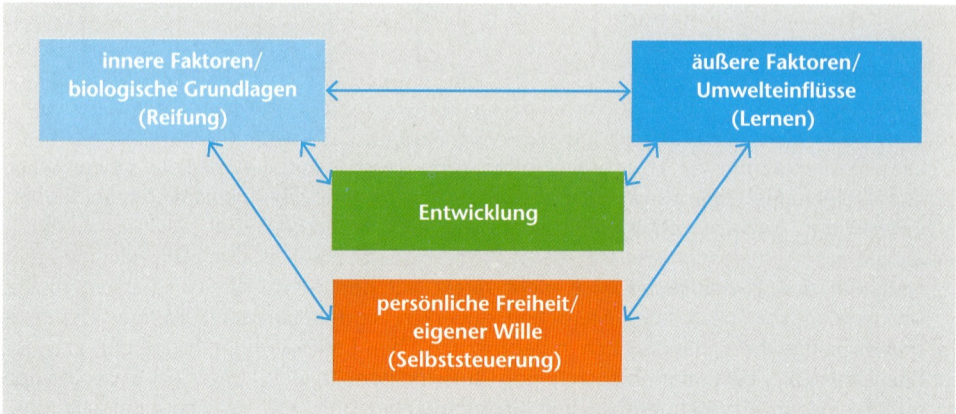

Als **Konsequenz für das erzieherische Handeln** ergibt sich aus dem Zusammenspiel von Anlage, Umwelt und Selbststeuerung die schwierige Aufgabe, in jedem Fall die Umwelt möglichst gut zu gestalten. Dies gilt bei günstigen und schwachen Erbanlagen gleichermaßen. Möglichst gut heißt dabei, *entsprechend den Anlagen* eine günstige Umwelt zu schaffen. Man sollte Kinder nicht über- bzw. unterfordern. Gleichzeitig muss das Kind als Individuum gesehen werden, mit seinen Eigenheiten, Interessen und Neigungen. Welche Anregungen und Angebote günstig sind und welche nicht, ist eine Frage, die nicht leicht zu beantworten ist. Hinweise dazu werden im Kapitel 10 bei der Darstellung der einzelnen Entwicklungsbereiche gegeben. Letztlich hängt die Entscheidung aber auch von der Beobachtungsgabe, dem Einfühlungsvermögen und den Bemühungen der Betreuungsperson ab.

Z *Zusammenfassung*

Entwicklungspsychologie eine Teildisziplin der Psychologie
Die Entwicklungspsychologie ist eine Teildisziplin der Psychologie und beschäftigt sich mit Veränderungen des Erlebens und Verhaltens im Laufe der Zeit. Sie verfolgt vier Ziele:
– *Beschreibung des Entwicklungsverlaufs,*
– *Erklärung von Zusammenhängen,*
– *Erforschung von Entwicklungsbedingungen,*
– *Vorhersage und Anwendung.*

Der Begriff „Entwicklung"
Entwicklung ist Veränderung, die
– *von der Zeugung bis zum Tod auftritt,*
– *mit dem Alter in Zusammenhang steht,*

- *auf früheren Veränderungen aufbaut,*
- *nachhaltige Auswirkungen hat,*
- *sich kontinuierlich, in kleinen Schritten vollzieht.*

Gesetzmäßigkeiten

Entwicklung läuft bei allen Menschen gleich ab, und zwar nach bestimmten Gesetzmäßigkeiten:
- *logische Reihenfolge,*
- *Differenzierung und Integration,*
- *Kanalisierung und Verfestigung.*

Altersgemäße, beschleunigte oder verlangsamte Entwicklung

Die meisten Kinder und Jugendlichen machen bestimmte Entwicklungsfortschritte in einem be-stimmten Alter. Es gibt aber auch Formen von beschleunigter bzw. verlangsamter Entwicklung. Beide Formen können Probleme mit sich bringen. Bei der verlangsamten Entwicklung kann sich eine frühe Förderung günstig auf den weiteren Verlauf auswirken.
In der Entwicklung gibt es kritische und sensible Phasen. In kritischen Phasen wird die weitere Ent-wicklung unabänderlich festgelegt. Beim Menschen gilt das nur für die embryonale Phase. In den sensiblen Phasen wird Entwicklung nachhaltig beeinflusst. Werden entsprechende Entwicklungs-schritte in dieser Phase nicht gemacht, so sind sie später nur unter großen Anstrengungen und/ oder nur unvollständig nachholbar.

Entwicklungsfaktoren

Entwicklung verläuft bei allen Menschen unterschiedlich, da unterschiedliche Einflussfaktoren den Verlauf bestimmen. Alle Faktoren stehen in einer engen Wechselbeziehung zueinander. Es lassen sich drei Gruppen unterscheiden:
- *innere Faktoren (biologische Grundlagen),*
- *äußere Faktoren (Umwelteinflüsse),*
- *Faktoren, die das Individuum beiträgt (der eigene Wille, Selbststeuerung).*

Die Entwicklung verläuft je nach Art und Ausprägung der einzelnen Faktoren. Aufgabe der Erzie-hung ist es, die Umwelteinflüsse möglichst günstig zu gestalten. Dabei müssen die individuellen Anlagen und der Wille des Individuums einbezogen werden.

Fragen und Aufgaben zum Kapitel

1. *Erläutern Sie den Begriff „Entwicklung" anhand der motorischen Entwicklung im Kleinkind-alter.*

2. *Erläutern Sie an einem konkreten Beispiel, was man unter „verzögerter" bzw. „beschleunigter Entwicklung" versteht.*

3. *Beschreiben Sie die Gesetzmäßigkeiten „Differenzierung" und „Integration" anhand der Wahrnehmung.*

4. *Viele Kindergärten werden von Kindern besucht, deren Erstsprache Türkisch oder Russisch ist. Halten Sie es für sinnvoll, dass die anderen Kinder diese Sprachen lernen? Begründen Sie Ihre Meinung aus fachlicher Sicht.*

5. *Ein Sprichwort lautet: „Was Hänschen nicht lernt, lernt Hans nimmermehr." Beziehen Sie Stellung zu diesem Sprichwort und finden Sie weitere, die sich auf die Entwicklung des Men-schen beziehen.*

6. Erläutern Sie das Zusammenspiel verschiedener Entwicklungsfaktoren anhand eines konkreten Beispiels.

7. Beschreiben Sie den Unterschied zwischen kritischen und sensiblen Phasen.

8. Erläutern Sie erzieherische Konsequenzen entwicklungspsychologischer Erkenntnisse. Beziehen Sie diese konkret auf Ihre Praktikumsstelle.

! Anregungen zum Kapitel

9. Beobachten Sie in Ihrer Praktikumsstelle Unterschiede in der motorischen Entwicklung. Gibt es Kinder, deren Entwicklung verzögert ist? Woran erkennen Sie eine Verzögerung? Welche pädagogischen Konsequenzen ergeben sich aus der Beobachtung?

10. Kleingruppenarbeit:
Bringen Sie ein Kinderfoto von sich mit. Jede Teilnehmerin zeigt – für alle gut sichtbar – ihr Foto. Eine Teilnehmerin beginnt. Zunächst beschreibt sie kurz, wie alt sie auf dem Foto ist und in welchem Zusammenhang es aufgenommen wurde. Dann begründet sie, warum sie gerade dieses Foto ausgewählt hat. Anschließend berichtet sie, wie sie damals war, sich verhalten hat, welche Fähigkeiten sie hatte, welche Personen wichtig waren, was sie gerne gemacht hat usw. Schließlich wird ein Vergleich zwischen damals und heute gezogen und beleuchtet, wie es zu möglichen Veränderungen gekommen ist. Die anderen Teilnehmer können Fragen stellen und Kommentare abgeben.

→ Weiterführende Fragen und Anregungen

11. Seit einiger Zeit gibt es die Möglichkeit, dass in Grundschulen Kinder mit und ohne Behinderung gemeinsam beschult werden. Erläutern Sie Vor- und Nachteile dieser Vorgehensweise aus entwicklungspsychologischer Sicht.

12. Informieren Sie sich über die Vorsorgeuntersuchungen U1–U10. Diskutieren Sie, ob diese Untersuchungen geeignet sind, Entwicklungsverzögerungen frühzeitig zu erkennen.

10 Entwicklungsaufgaben in Kindheit und Jugend

Einstiegssituation

Für das Team der Kindertagesstätte „Krümelkiste" steht in nächster Zeit viel an. Die Einrichtung ist in einer alten Villa untergebracht, deren baulicher Zustand katastrophal ist. Weder die Räumlichkeiten noch die Ausstattung entsprechen einem modernen Standard. Nun wurde ein Neubau genehmigt, Baubeginn war vor einigen Wochen. Die Fachkräfte sind in die Planung von Anfang an einbezogen gewesen und sollen nun in den nächsten Wochen ihre Wünsche im Hinblick auf die räumliche Ausstattung schriftlich beim Sachbearbeiter im Rathaus abgeben.

Das Team möchte mit dem Umzug gerne den Schwerpunkt der pädagogischen Arbeit auf den Bereich „Motorik" legen. Deshalb überlegen alle Fachkräfte, welche Bewegungsbedürfnisse Kinder auf verschiedenen Altersstufen haben und wie man diesen Bedürfnissen durch die Raumgestaltung, aber auch durch pädagogische Angebote entgegenkommen kann. Zu diesem Zweck hat die Leitung einen Entwicklungskalender und Fachliteratur besorgt, über die in der Teamsitzung diskutiert wird. Die Kinderpflegerin Melanie gibt zu bedenken, dass man vor lauter Konzentration auf den motorischen Bereich die anderen Bildungsbereiche nicht aus dem Blick verlieren dürfe. Hanna, die eine Zusatzausbildung zur Motopädin absolviert hat, entgegnet, dass es Wechselwirkungen der Bereiche gäbe. Wenn man die motorische Entwicklung unterstütze, würde gleichzeitig meist auch im sozialen oder in anderen Bereichen gelernt. Die Diskussion ist lebhaft und engagiert.

Dabei tauchen folgende Fragen auf:

1. Wie verläuft Entwicklung in einzelnen Bereichen wie Motorik, Wahrnehmung, Denken, Sprache, Sozialverhalten, Gewissensbildung und Sexualität?

2. Wie kann Entwicklung unterstützt und begleitet werden? Welche Umstände hemmen Entwicklung?

3. Welche Bedeutung hat die Entwicklung in einem Bereich für die Gesamtentwicklung?

4. Welche Entwicklungsstörungen können auftreten? Gibt es Alarmzeichen, die beachtet werden müssen?

5. Was ist zu beachten, wenn Entwicklungsprobleme vorliegen?

In diesem Kapitel werden folgende Entwicklungsbereiche genauer dargestellt: Motorik, Wahrnehmung, Sprache, soziales Verhalten, Moral, Motivation und Sexualität. Die Bereiche werden getrennt voneinander und der Reihe nach bearbeitet. Dabei enthält jeder Abschnitt mindestens die folgenden Aspekte:

- **Beschreibung des Entwicklungsverlaufs von der Geburt bis zum Jugendalter**
  Diese Vorgehensweise ermöglicht es, die Abfolge einzelner Entwicklungsschritte genau zu erkennen und so ein genaues Bild von der Entwicklung der einzelnen Bereiche zu gewinnen. Betrachtet man den Entwicklungsverlauf in einem Bereich isoliert, so besteht die Gefahr, die Gesamtentwicklung aus den Augen zu verlieren. Damit das nicht geschieht, wird auch der folgende Aspekt betrachtet:

- **Bedeutung der einzelnen Bereiche für die gesamte Entwicklung**
  Die einzelnen Bereiche entwickeln sich nicht getrennt voneinander, sie sind eng miteinander verknüpft. Wird dieser Zusammenhang berücksichtigt, spricht man von ganzheitlicher Sicht der Entwicklung. Anhand von Beispielen wird aufgezeigt, wie die einzelnen Bereiche miteinander verwoben sind.

- **Mögliche Probleme**
  Entwicklung verläuft nicht immer problemlos. Deshalb werden auch mögliche Schwierigkeiten beschrieben. Ein knapper Überblick gibt die Möglichkeit, die Vielfältigkeit der Probleme zu erkennen. Anhand von ausgewählten Beispielen wird die Auswirkung auf die Entwicklung verdeutlicht. Ziel ist es, Aufmerksamkeit und Sensibilität für mögliche Probleme zu schaffen. Eine systematische Einführung in die Heilpädagogik ist nicht beabsichtigt. Es werden allgemeine Probleme, Auffälligkeiten und Verzögerungen, aber auch Gefährdungen, Störungen und Behinderungen thematisiert (vgl. Kap. 14/15).

- **Möglichkeiten, Entwicklung zu begleiten und zu unterstützen**
  In zahlreichen Untersuchungen wurden inzwischen Erkenntnisse darüber gewonnen, welche erzieherischen Haltungen, Einflussmöglichkeiten und Angebote förderlich für die Entwicklung sind. Einige dieser Möglichkeiten werden jeweils am Schluss des Abschnitts dargestellt.

10.1 Motorische Entwicklung

Der Begriff „Motorik" kommt aus dem Lateinischen (movere = sich bewegen) und bezeichnet die Gesamtheit aller Bewegungsabläufe des menschlichen Körpers. Dabei kann unterschieden werden in die Bereiche **Grob- und Feinmotorik**. Die Grobmotorik umfasst die Bewegungen von Kopf, Schultern, Rumpf, Becken sowie Armen und Beinen. Bewegungen von Fingern, Zehen und Gesicht zählen zum feinmotorischen Bereich.

 Definition
*Die Gesamtheit aller Bewegungen eines Menschen wird als „**Motorik**" bezeichnet. Als „Grobmotorik" werden Bewegungen von Kopf, Schultern, Rumpf, Becken, Armen und Beinen bezeichnet. Bewegungen von Zehen, Fingern und Gesicht gehören zur Feinmotorik.*

10.1.1 Verlauf der motorischen Entwicklung

Entwicklung vor der Geburt/Neugeborenes (bis vier Monate)

Neue Untersuchungsmethoden (z. B. Ultraschall) geben einen sehr guten Einblick in die vorgeburtliche Entwicklung, auch im motorischen Bereich. Damit lassen sich bereits ab der achten Schwangerschaftswoche Bewegungen beobachten. Man unterscheidet zwischen sogenannten **Reflexen** und **spontanen Bewegungen**. Reflexe sind Bewegungen, die durch einen Reiz von außen ausgelöst werden und dann automatisch ablaufen. Sie können nicht gesteuert oder kontrolliert werden.

Definition

D

Reflexe sind angeborene, festgefügte Verhaltensweisen, die durch eine bestimmte Art von Reiz unmittelbar ausgelöst werden.

Neben den Reflexen treten aber auch schon sehr früh unvermittelte Bewegungen auf, z. B. gähnen und räkeln sich die Kinder zwischen der zwölften und 16. Schwangerschaftswoche genauso, wie Erwachsene dies auch tun. Die Aktivitäten des ungeborenen Kindes nehmen mit voranschreitender Schwangerschaft zu, sinken dann aber wenige Wochen vor der Geburt wieder ab. Die Mutter spürt die Bewegungen des Kindes etwa ab dem fünften Monat.

Auch ein großer Teil der Bewegungen eines Neugeborenen besteht aus **Reflexen.** Berührt man beispielsweise die Wange eines neugeborenen Säuglings, so dreht dieser den Kopf und öffnet den Mund. Er sucht die Brust der Mutter. Die Berührung (= **Reiz**) löst den Reflex (= **Suchreflex**) aus. Berührungen der Mundregion, z. B. der Kontakt mit der Brustwarze der Mutter, aber auch mit einem Schnuller, dem Sauger der Flasche oder einem Finger, lösen beim Kind den Saugreflex aus.

Einige Reflexe wie der Such- und der Saugreflex sichern das Überleben des Säuglings. Andere bringen keinen unmittelbaren Vorteil, wie z. B. der Greifreflex oder der Schreitreflex, bei dem Kinder „Gehbewegungen" machen, wenn sie aufrecht gehalten werden und die Füße den Boden berühren. Sie gelten als allgemeine Grundlage späterer motorischer Fähigkeiten. Die meisten Reflexe verschwinden in den ersten sechs Monaten. Einige wenige bleiben jedoch ein Leben lang erhalten, wie z. B. das Blinzeln oder das Niesen.

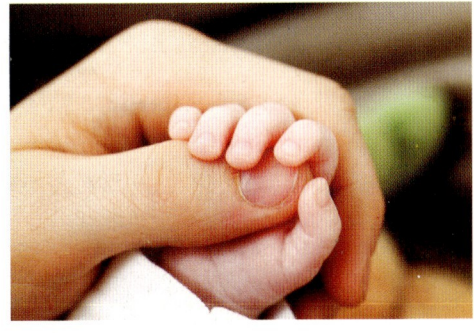

Kinderärzte überprüfen Reflexe sehr genau. Gute Reflexe sind ein Zeichen für ein intaktes Nervensystem. Sind Reflexe außergewöhnlich schwach, sehr ausgeprägt oder bestehen sie länger als üblich, kann das ein Hinweis auf einen Hirnschaden sein.

Neben den Bewegungen, die durch bestimmte Reize ausgelöst werden, lassen sich aber von Anfang an auch **unwillkürliche Bewegungen** des Neugeborenen beobachten, wie Strampeln oder das Bewegen der Arme.

Säuglingsalter/Kleinstkind (bis 15 Monate)

Die Entwicklung schreitet in dieser Zeit sehr rasch voran. Eine der wichtigsten Fähigkeiten, die das Kind in dieser Zeit erwirbt, ist die **selbstständige Fortbewegung.** Ein Kind kann aber nicht plötzlich laufen. Die Bewegung wird vielmehr allmählich in kleinen Teilschritten aufgebaut. Wie aus der Übersicht unten hervorgeht, verläuft die Entwicklung vom Kopf zu den Füßen. Dem Säugling gelingt es zunächst, den Kopf zu heben und zu drehen. Später beherrscht er die Bewegung des Rumpfes, z. B. Kopf und Brust von der Unterlage abheben und sitzen. Zuletzt gewinnt er die Kontrolle über die Beine, bis er schließlich mit ca. 15 Monaten selbstständig laufen kann.

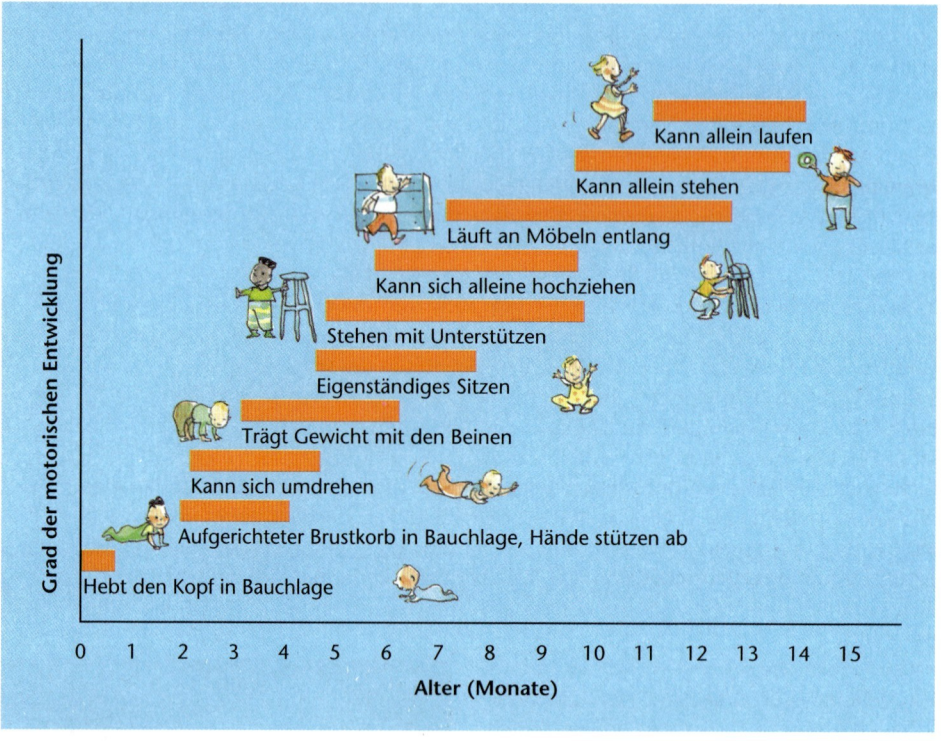

Die wichtigsten Stationen der motorischen Entwicklung in der frühen Kindheit (vgl. Siegler u. a., 2011, 3. Auflage, S. 190)

Neben der selbstständigen Fortbewegung ist das Greifen eine weitere wichtige Funktion, die in diesem Zeitraum entwickelt wird.

Kinder sind von sich aus interessiert, nach Gegenständen zu greifen und damit zu experimentieren. Während der ersten Lebensmonate sind die Versuche zu greifen aber unkoordiniert, ungelenk und wenig erfolgreich. Es handelt sich mehr um Fuchtelbewegungen, denn die Kinder schlagen mit den Armen in Richtung Gegenstand. Erst wenn die Kinder, bedingt durch einen Zuwachs an Kraft in Nacken-, Schulter- und Armmuskulatur, den Oberkörper besser kontrollieren können, sind die Voraussetzungen für das gezielte Greifen gegeben. Ab dem vierten Lebensmonat greifen die Kinder mit zunehmender Treffsicherheit. Im Alter von ca. sieben Monaten ist das Greifvermögen relativ stabil. In dieser Zeit entwickelt sich auch die Fähigkeit, die Arme unabhängig voneinander einzusetzen. Während der folgenden Monate verbessert sich dann das gezielte Greifen nach beweglichen Gegenständen.

Kann ein Kind zielgerichtet greifen, verändert sich die Art des Zugreifens. Anfänglich wird die ganze Hand benutzt, die Finger werden beim Zugreifen gegen die Handflächen gedrückt. Später kann das Kind einen Gegenstand in einer Hand halten und ihn mit den Fingern der anderen Hand untersuchen. Dabei wechselt das Kind oft die Hand. Am Ende des ersten Lebensjahrs beherrscht das Kind den „Pinzettengriff", d. h., es greift mit dem Daumen und einem der anderen Finger. Damit ist es ihm möglich, Gegenstände genauer zu erforschen, z. B. an Knöpfen zu drehen, Reißverschlüsse aufzuziehen oder Blumen zu „pflücken".

Kleinkindalter (15 Monate bis drei Jahre)

Zunächst sind die Bewegungen des Kleinkindes noch unsicher, tapsig und mit hohem Kraftaufwand verbunden. Im Englischen werden Kleinkinder zwischen ein und zwei Jahren deshalb „toddler" genannt (to toddle – wackeln). Sie werden in der folgenden Zeit aber ständig flüssiger und stabiler. Neben der Verbesserung der Bewegungsabläufe kommen in diesem Alter aber auch Veränderungen bzw. neue Bewegungsformen hinzu, wie Rennen, Treppensteigen, Balancieren, Springen, Tragen und den Körper beugen.

Auch im feinmotorischen Bereich macht das Kind große Fortschritte. Erkennbar ist das vor allem bei Handlungen im lebenspraktischen Bereich. Kinder können sich selbst anziehen, waschen, Zähne putzen und essen. Wobei die Drei- bis Vierjährigen durchaus bei den genannten Tätigkeiten noch einige Probleme haben. Manchmal wird beim Essen etwas verkleckert, sie können nur große Knöpfe auf- bzw. zumachen und haben auch manchmal die Schuhe am falschen Fuß oder die Knopfleiste verkehrt geschlossen. Sie verbessern die Fähigkeiten aber rasch und beherrschen sie dann im Alter von sechs Jahren gut.

Vorschulalter (drei bis sechs Jahre)

Diese Zeit ist gekennzeichnet durch ein beschleunigtes Muskelwachstum, das eine Zunahme an Kraft und Ausdauer mit sich bringt. Allmählich vollzieht sich der Wandel von der „Kleinkindform" hin zur „Schulkindform". Die nebenstehende Übersicht zeigt die **Veränderungen der Körperproportionen**:

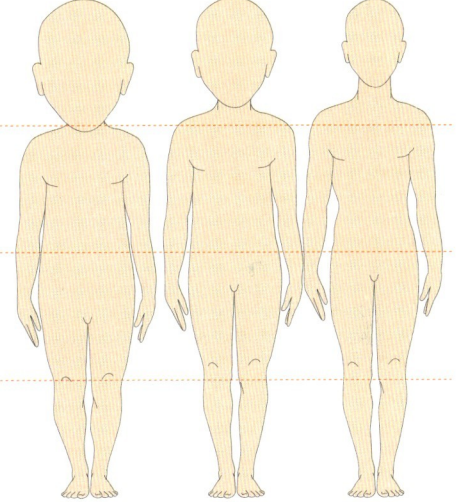

Kleinkind:
- Kopf im Verhältnis groß
- rundlicher Körperbau mit vorstehendem Bauch
- Rumpf deutlich länger als Arme und Beine

Schulkind:
- Kopf ist im Verhältnis zum Rumpf kleiner
- schlanker, gestreckter Körperbau; Taille
- Arme und Beine länger als Rumpf

Die tapsigen Bewegungen des Kleinkindes verschwinden vollständig. Im Alter von vier bzw. fünf Jahren bewegen sich die Kinder sicher, sie sind wendig und geschickt. Gleichzeitig entwickeln sie ein ausgeprägtes **Leistungsbewusstsein**. Bewegungs- und Geschicklichkeitsspiele sind jetzt besonders beliebt. Dazu gehört auch der Umgang mit dem Ball. Vierjährige Kinder haben noch Schwierigkeiten, gezielt zu werfen oder einen Ball aufzufangen, Fünfjährigen gelingt dies bereits recht gut. Mit etwa fünf Jahren ist der **Gleichgewichtssinn** dann ausgeprägt. Damit ist die Voraussetzung, z. B. für das Roller- und Fahrradfahren, das Rollschuhfahren und Schlittschuhlaufen, gegeben.

Die feinmotorische Entwicklung dieses Alters wird u. a. deutlich an der Malbewegung der Kinder. Die Malbewegungen des Kleinkindes werden von großen Muskeln gesteuert. Sie gehen vom Schultergelenk aus und werden mit dem ganzen Arm ausgeführt. Die Bilder sind daher entsprechend großflächig mit vorwiegend runden Elementen. Mit der Ausbildung der

Feinmuskulatur können auch die Malbewegungen immer besser gesteuert werden. Die Bewegungen des Vorschulkindes gehen vom Unterarm aus, sodass gerade Linien und kleinere Figuren kein Problem mehr sind.

Schulkind (sechs bis zwölf Jahre)

Das Schulkindalter ist gekennzeichnet durch eine Zunahme an Körpergröße und Muskelkraft. Bewegungsabläufe sind schneller, präziser und kraftvoller. Im Zusammenhang mit kognitiver und sozialer Entwicklung ist es den Kindern nun möglich, diese Fähigkeiten auf komplexe Weise zu nutzen, wie man z. B. am Ballspiel der Kinder erkennen kann. Schulkinder können dribbeln und Gegnern ausweichen, indem sie sich schnell vorwärts, seitwärts oder rückwärts bewegen. Ihr Körper ist elastisch und biegsam. Auch die Kraft, mit der ein Ball geworfen oder getreten wird, ist deutlich härter und wird auf den Mitspieler, z. B. bei Pässen, abgestimmt.
Eine besondere motorische Leistung, die vom Schulkind erbracht werden muss, ist das **Schreiben**. Auch die Schreibbewegungen des Erstklässlers gehen noch, wie beim Vorschulkind, vom Unterarm aus und sind daher entsprechend großflächig. Übungshefte für die erste Klasse berücksichtigen dies, indem sie eine große Schreibfläche bzw. große Zeilen bieten. Nur allmählich gelingt die Schreibbewegung aus dem Handgelenk heraus. Wichtig ist auch die Koordination von Wahrnehmung und Bewegung. Das Kind muss feine Unterschiede bei Buchstaben erkennen und diese dann zu Papier bringen.

Jugendalter

Im Jugendalter kommt es zu bemerkenswerten körperlichen Veränderungen, die sich auch auf die Bewegungen auswirken. Zunächst setzt ein **verstärktes Größenwachstum** ein.

Bei Mädchen kommt es im Alter von zwölf bis 13 Jahren, bei Jungen ungefähr zwei Jahre später zu einem regelrechten Wachstumsschub. Das Wachstum beginnt beim Kopf, den Händen und Füßen, geht dann auf Arme und Beine über und erfasst erst zum Schluss den Rumpf. Das hat zur Folge, dass der Jugendliche vorübergehend schlaksig wirkt und seine Bewegungen häufig ungeschickt sind.

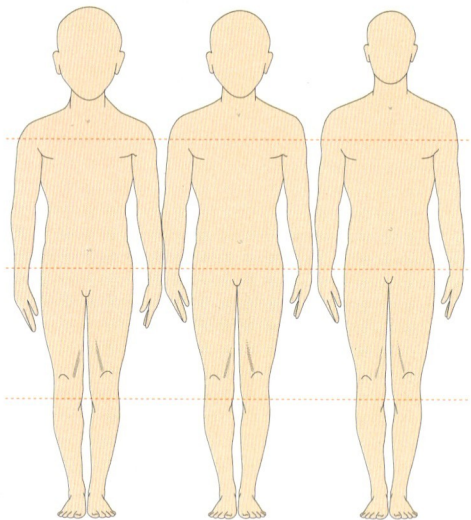

Ist das Wachstum mit 16/18 bzw. 18/20 Jahren abgeschlossen, lässt sich erneut eine Veränderung der Körperproportionen feststellen. Man spricht vom **zweiten Gestaltwandel**.

Gleichzeitig setzt ein **Breitenwachstum** ein. Bei den Mädchen verbreitert sich das Becken, bei den Jungen nimmt die Schulterbreite zu. Das Breitenwachstum steht in engem Zusammenhang mit der geschlechtlichen Entwicklung (vgl. Kap. 10.8).
Eine weitere Veränderung ist die starke **Zunahme der Muskelkraft**, etwa ab dem elften Lebensjahr. Dies betrifft vor allem männliche Jugendliche. Sie verfügen im Alter von 18 Jahren über erheblich mehr Kraft als gleichaltrige Mädchen. Dies hat Auswirkungen auf den sportlichen Bereich. So sind Frauen in bestimmten Sportarten nicht oder kaum vertreten. Bei der Beurteilung von sportlichen Leistungen muss nun nach Geschlechtern unterschieden werden. Aufgrund der raschen körperlichen Veränderungen ist Vorsicht bei Dauerbelastungen geboten.

10.1.2 Bedeutung der Motorik

Durch Übung und Erfahrung werden Bewegungen, die zunächst instabil und unvollkommen sind, ständig verbessert, vollkommener und sicherer.
Betrachtet man die beiden Jungen auf dem Bild genau, so ergeben sich viele Hinweise auf die Bedeutung der Motorik für die gesamte Entwicklung.

Sich bewegen kann hier heißen:

- eigene Fähigkeiten ausprobieren,
- sich einschätzen können,
- etwas bewirken können,
- das Gefühl von Energie und Erschöpfung erleben,
- Zusammenhänge erkennen,
- Erfahrungen mit Materialien machen,
- Probleme lösen.

Es wird deutlich, dass die Entwicklung der Motorik erhebliche Auswirkungen auf alle anderen Entwicklungsbereiche hat. Den Zusammenhang zwischen körperlich-motorischen Vorgängen und geistig-seelischem Erleben bezeichnet man mit dem Begriff **Psychomotorik**. Psychomotorische Erfahrungen sind infolgedessen Erfahrungen, die das Kind mit Leib und Seele macht.

Definition

Psychomotorik bezeichnet die Verbindung von psychischen und motorischen Vorgängen.

Die Bedeutung der Motorik für die sozial-emotionale Entwicklung

Durch Bewegung erwirbt sich das Kind ein Bild von seinem eigenen Körper und damit von sich selbst. Es lernt, seine Fähigkeiten einzuschätzen, einzusetzen und sich etwas zuzutrauen. Dies hat u. a. Auswirkungen auf den sozial-emotionalen Bereich.

Beispiel

Wann wird das Rollbrett zu schnell, habe ich genug Kraft, um bis zum Ende der Turnhalle zu fahren?

Solche Erfahrungen sind wichtig für den Aufbau von Selbstbewusstsein und Selbstwertgefühl. Kinder, die sich etwas zutrauen, probieren auch gerne etwas Neues aus. Sie lassen sich selbst von Fehlschlägen nicht so leicht entmutigen. Dies wiederum ist bedeutend für die Aufnahme in eine Spielgruppe. Kinder, die sich etwas trauen, die motorisch geschickt sind, werden gerne als Spielpartner von anderen Kindern gewählt. Kinder, die ungeschickt und übervorsichtig sind, werden ausgeschlossen, weil sie das Spiel behindern. Damit geraten diese Kinder in einen Teufelskreis, denn durch den Ausschluss vom Spiel haben sie gleichzeitig auch keine Übungsmöglichkeit mehr, das wiederum steigert die Unsicherheit. Diese wiederum bewirkt, dass sie noch seltener mitspielen dürfen.

Die Bedeutung der Motorik für die kognitive Entwicklung

Der Zusammenhang zwischen motorischen Leistungen und **Denkvermögen** ist inzwischen unumstritten. Das Zusammenspiel von Wahrnehmung und Bewegung bildet die Grundlage für die Denkentwicklung (vgl. Kap. 10.3.1). Kinder erschließen sich die Welt über Handlungen, sie begreifen die Welt. Durch Bewegungen können sie Begriffe bilden, Erkenntnisse gewinnen und Zusammenhänge begreifen.

Beispiel

Beim Rollbrettfahren kann das Kind die Bedeutung der Begriffe „schnell" und „langsam" erfassen. Es kann den Zusammenhang zwischen kräftigem Treten und Geschwindigkeit erkennen und schließlich, dass der Bremsweg umso länger ist, je schneller man fährt.

Sprache und Motorik

Sprechen wird von Bewegungen begleitet und dadurch unterstützt, Bewegungen regen aber umgekehrt ebenfalls dazu an zu sprechen. Das Kind spricht zuerst Wörter, die etwas mit Handlungen und Bewegungen zu tun haben. Schließlich ist Sprechen selbst ein komplizierter motorischer Vorgang. Es müssen ca. 200 Muskeln im Hals, Brustkorb, Kehlkopf, Gaumen, der Zunge und den Lippen miteinander koordiniert werden.

Wahrnehmung und Bewegung

Motorik und **Wahrnehmung** sind sehr eng miteinander verknüpft. Bei jeder motorischen Aktivität werden gleichzeitig mehrere Sinnesbereiche angesprochen bzw. angeregt.

Beispiel

Rollbrettfahren fördert den Gleichgewichtssinn, das Kind muss während der Fahrt auf dem Brett das Gleichgewicht halten. Auch der Lage- und Bewegungssinn wird angesprochen. Über die Muskelspannung wird die Körperbewegung der Bewegung des Rollbrettes angepasst. Das Kind schiebt, ohne hinzusehen, mit den Händen und Armen das Brett an. Schließlich spielt auch der Tastsinn eine Rolle, das Kind kann beim Anschieben den Boden unter den Händen fühlen.

Bewegung und körperliche Gesundheit

Auch für eine gesunde körperliche Entwicklung ist Bewegung wichtig. Sie bringt z. B. den Kreislauf in Schwung und sorgt dafür, dass die Gelenke geschmiert werden, und wirkt darüber hinaus den sogenannten Zivilisationskrankheiten wie z. B. Haltungsschäden oder Übergewicht entgegen. In den letzten Jahren werden vermehrt schon bei Kindern gesundheitliche Probleme festgestellt, die u. a. auf Bewegungsmangel zurückzuführen sind. So leiden schon heute viele Kinder und Jugendliche an Haltungsschäden und haben Übergewicht. Besonders betroffen sind Stadtkinder.

10.1.3 Probleme im motorischen Bereich

Motorische Auffälligkeiten können nach Ursachen unterschieden werden, die jeweils eine eigene Problematik mit sich bringen.

Eine Körperbehinderung liegt vor, wenn bewegungsbezogene Funktionen des Körpers beeinträchtigt bzw. geschädigt sind. Dazu gehören z. B. Lähmungen, die den **Bewegungsspielraum** der betroffenen Personen **einschränken**. Sie können den ganzen Körper oder auch nur Teilbereiche betreffen. Die gelähmten Körperteile können wegen der Erschlaffung oder wegen mangelnder Steuerungsfähigkeit nicht oder nicht ausreichend bewegt werden. Bei der spastischen (= krampfartigen) Lähmung kommt es zu unkontrollierten Bewegungen. Lähmungen werden meist durch Hirnschädigungen oder Schädigungen des Nervensystems infolge von Unfällen oder Infektionskrankheiten verursacht. In seltenen Fällen sind leichte Lähmungen und Zuckungen auf seelische Ursachen wie z. B. Überforderung zurückzuführen. Weitere Beispiele für die Schädigung von bewegungsbezogenen Körperfunktionen sind die Fehlbildung oder das Fehlen von Gliedmaßen und der Muskelschwund.

Auch andere organische Schädigungen können zu **Einschränkungen in der Bewegungsfähigkeit** oder in der Entfaltung von Bewegungsmöglichkeiten führen. Beispielsweise führt das Anfallsleiden „Epilepsie" zu einer **Einschränkung von Aktivitäten**. Der betroffene Personenkreis kann bestimmte motorische Aktivitäten wie Fahrradfahren oder Schwimmen nicht oder nur mit Begleitung ausführen. Ein Anfall während der Aktivität könnte zu einer lebensbedrohlichen Situation führen. Die Entfaltung von Bewegungsmöglichkeiten ist auch bei einer schweren Sehbehinderung oder Blindheit eingeschränkt. Die betroffenen Personen können ihr Bewegungspotenzial nicht in vollem Umfang nutzen. Sie benötigen besondere Hilfestellungen und Trainingsprogramme, um sich einigermaßen sicher in der Umgebung zurechtzufinden.

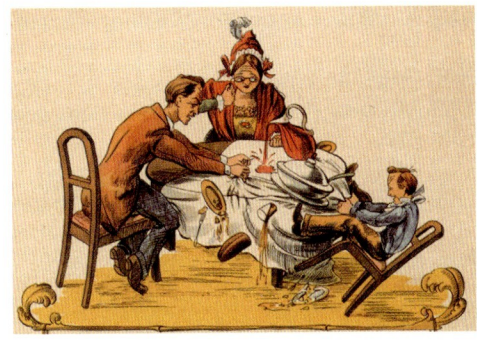

Anpassungsprobleme entstehen auch bei Störungen wie dem **Aufmerksamkeitsdefizit-Hyperaktivitätssyndrom** (ADHS). Diese Störung ist bedingt durch Probleme bei der Verarbeitung von Reizen, also im Wahrnehmungsbereich. Dennoch führt sie zu Problemen im motorischen Bereich. Die Kinder sind hyperaktiv, d. h., sie können kaum still sitzen, sind immer unterwegs und wirken „getrieben". Es kommt in der Folge zu Problemen, besonders wenn ruhiges Sitzen verlangt wird, beispielsweise bei Hausaufgaben, Essenssituationen oder im Stuhlkreis. Aber auch das Gegenteil ist problematisch für die Entwicklung im motorischen Bereich. **Antriebsschwache Kinder**, deren Tonus (= Muskelspannung) schwach ist, verfügen über eine schlechte Körperkoordination. Sie sind ungeschickt und haben kaum Freude an der Bewegung. Diese Kinder sind als Spielpartner unbeliebt, denn sie unterbrechen den Spielfluss durch ungeschickte Aktionen. Bei Fang- und Laufspielen sind sie nicht sehr leistungsfähig, weil sie überfordert sind. Auch sie benötigen besondere pädagogische Hilfestellung im motorischen Bereich.

10.1.4 Motorische Entwicklung anregen und unterstützen

Bewegungserziehung sollte grundsätzlich darauf bedacht sein, den natürlichen Bewegungsdrang der Kinder zu unterstützen und die Freude an der Bewegung zu erhalten. Dies kann sowohl in Alltagssituationen als auch in gezielten Angeboten geschehen.
Da die motorische Entwicklung in den ersten Lebensmonaten hauptsächlich auf Reifungsvorgängen beruht, ist ein gezieltes Training sinnlos, unter Umständen sogar schädlich. Dennoch kann man die normale Entwicklung unterstützen. Wichtig ist, dem Kind Raum für Bewegung zu geben. Das Baby muss strampeln können, das Krabbelkind krabbeln usw. Die Kleidung sollte bequem und nicht einengend, die Wohnung nach Möglichkeit kindgerecht gestaltet sein.
Auch das **Kleinkind** und das **Vorschulkind** brauchen Raum für Bewegung. Kinder lieben es, beispielsweise von Treppenstufen zu springen, auf dem Geländer zu rutschen und an Teppichstangen zu schaukeln. Diese Aktivitäten werden oft von Eltern und Kinderpflegerinnen verboten mit dem Hinweis auf mögliche Verletzungsgefahr. Verletzungen werden aber nicht durch Verbote, Einschränkung der Bewegungsfreiheit oder möglichst sichere Räume und Geräte vermieden. Im Gegenteil, Kinder müssen in ihren Bewegungen sicherer werden, lernen, mit Gefahren umzugehen, und dies lernen sie gerade, indem sie auf dem Geländer rutschen usw. Sichere Kinder haben weit weniger Unfälle, wie Untersuchungen belegen. Deshalb müssen Räume und Geräte zur Bewegung anregen und vielfältige Aktivitäten nach Möglichkeit erlaubt sein.

Auch in Tageseinrichtungen für Kinder sollte Raum für Bewegung im Alltag gegeben werden. Dies gilt umso mehr in Städten, wenn Kinderpflegerinnen wissen, dass Kinder ansonsten wenig Möglichkeiten haben, sich zu bewegen. Im Sommer ist dies in vielen Einrichtungen selbstverständlich, man geht in den Garten. Dort gibt es eine Fülle von Möglichkeiten für die Kinder, sich zu bewegen. Das Außengelände sollte entprechend gestaltet sein und z. B. Klettermöglichkeiten, Schaukeln und Sandkästen bieten. Problematisch wird die Situation, wenn das Wetter schlecht ist. Die Kinder müssen dann meist im Raum bleiben und sich ruhig verhalten. Hier sollte sich das Fachpersonal überlegen, wo und in welchem Umfang auch bei schlechtem Wetter Bewegungsmöglichkeiten für die Kinder geschaffen werden können. Eingangshalle, Flure und Treppenbereiche können als Bewegungsräume genutzt werden. Und man kann auch bei Regenwetter hinausgehen. Es kommt nur auf die richtige Kleidung an.

Neben den Alltagssituationen gibt es die **gezielte Bewegungserziehung** im Kindergarten. Dabei ist grundsätzlich zwischen dem gelenkten Angebot und dem offenen Angebot zu unterscheiden.

Sportbeschäftigungen oder Sportstunden gehören zu den **gelenkten Angeboten**. Sie werden von der Kinderpflegerin geplant und durchgeführt. Dabei legt die Fachkraft Ziele und Vorgehensweise fest.

Beispiel
Das Ziel „Balancierfähigkeit" wird durch Laufen auf der umgedrehten Langbank verwirklicht.

Häufig laufen die Angebote nach einem bestimmten Muster ab. Die Leiterin oder ein Kind machen die Übung oder Teilschritte davon vor, die anderen Kinder machen sie anschließend nach. Diese Form der Bewegungserziehung bringt Probleme mit sich. Sie ist, vor allem für kleinere Kinder, stark einschränkend. Außerdem besteht die Gefahr, dass Kinder, die das Ziel nicht erreichen, den Spaß an Sportangeboten oder gar an der Bewegung überhaupt verlieren. Wichtig ist deshalb, dass die Kinderpflegerin folgende Punkte beachtet:

- Zielsetzung und Planung müssen sich an den Bedürfnissen der Kinder orientieren,

- spielerisch vorgehen, z. B. Förderung des Reaktionsvermögens mit dem Spiel „Feuer, Wasser, Erde, Luft",

- Ziele nicht zu starr festsetzen, sondern Freiraum ermöglichen (z. B. geht es nicht nur darum, einen Ball zu fangen, die Kinder können ausprobieren, „wie" man einen Ball fangen kann).

Beim offenen Angebot sollen nicht einzelne Fähigkeiten und Fertigkeiten geschult werden, sondern das Kind soll ganzheitlich gefördert werden. Den Kindern werden der Raum, Materialien und Geräte zur Verfügung gestellt. Es wird aber nicht vorgegeben, was damit zu tun ist. Das entscheiden die Kinder miteinander. Sie sollen sich aktiv mit ihrer Umwelt auseinandersetzen.

Beispiel
Beispielsweise ist eine Langbank vorhanden. Je nach Vorstellung und Spielidee der Kinder kann diese Bank zum Boot, zur Burgmauer, zum Zug werden oder aber auch Bank bleiben. Dies wird von den Kindern gemeinsam beschlossen.

Die Kinder lernen auch auf diese Weise bestimmte motorische Fähigkeiten (z. B. balancieren). Nur sind die Ziele nicht mehr vorher festgelegt, sie ergeben sich erst während des Spiels. Darüber hinaus werden gleichzeitig andere Entwicklungsbereiche gefördert, etwa der soziale Bereich. Denn die Kinder müssen sich darüber auseinandersetzen, wie das Gerät eingesetzt wird und Bewegungen aufeinander abstimmen, um den Kasten wegzuschieben. Eine Spiel-idee wird entwickelt und weitergeführt, dies berührt den kreativen Bereich. Es ergeben sich Probleme, die nur durch Nachdenken gelöst werden können. Damit wird der kognitive Bereich angesprochen.

Bei den offenen Angeboten ist die Kinderpflegerin nicht überflüssig, wie man zunächst mei-nen könnte. Ihre Aufgaben sehen allerdings hier ganz anders aus. Sie muss gut überlegen, welches Material und welche Geräte sie ihrer Gruppe zur Verfügung stellt. Dazu muss sie die Schwächen und Stärken der Kinder kennen. Sie muss den Überblick über viele Einzelaktionen haben und eingreifen, wenn es gefährlich wird. Kinder, die Probleme haben, ins Spiel zu kom-men, sollte sie integrieren können. Da die Kinder in vielen Einrichtungen nicht an diese Art von Angebot gewöhnt sind, ist es wichtig, sie langsam heranzuführen, ansonsten entsteht möglicherweise ein Durcheinander. Dies kann durch Vorgabe eines bestimmten Themas, z. B. Zirkus, Zoo, und einige konkrete Spielvorschläge geschehen. So werden die Kinder angeregt

und entwickeln schließlich eigene Ideen. Offenes und gezieltes Angebot schlie-ßen einander nicht aus, sondern ergänzen sich gegenseitig.

Schulkinder, die fünf oder sechs Stunden lang stillsit-zen mussten, brauchen am Nachmittag einen Aus-gleich. Sie müssen sich bewegen können und dür-fen. Insbesondere im Hort ist darauf zu achten, dass die Hausaufgaben nicht einen zu großen Teil der Zeit einnehmen. Im Schul- und im Jugendalter werden auch Sport-vereine interessant. Sie haben ein vielfältiges Angebot und bieten gleichzeitig die Möglichkeit zu sozialen Kontakten.

10.2 Entwicklung der Wahrnehmung

Wie gut hören, sehen oder fühlen neugeborene Kinder und wie entwickeln sich ihre sensori-schen Fähigkeiten weiter? Das sind zentrale Fragen, die in diesem Kapitel geklärt werden sollen. Dabei beschränken wir uns auf die Wahrnehmung von Kindern in den ersten Lebensmonaten. Das hat mehrere Gründe. Erstens funktionieren die Sinnessysteme bereits bei der Geburt relativ gut und entwickeln sich im angegebenen Zeitraum sehr schnell. Zweitens gibt es gerade für dieses Alter sehr viele, ganz aktuelle Forschungsarbeiten mit überraschenden Ergebnissen. Drit-tens sollen im Folgenden einige Forschungsansätze vorgestellt werden, mit denen Wissenschaft-ler das Gebiet der Wahrnehmung im Kleinstkindalter erschließen. Sie setzen dabei raffinierte Forschungsmethoden ein, da die Kinder in diesem Alter noch keine Auskunft erteilen können.

Der Schwerpunkt der Ausführungen wird im Bereich des Sehens liegen, da dieses Sinnessys-tem am besten untersucht ist.

10.2.1 Der Prozess der Wahrnehmung

Der Prozess der Wahrnehmung wurde bereits im Kapitel 4.2.1 dargestellt. Zur Erinnerung soll an dieser Stelle die folgende Skizze genügen.

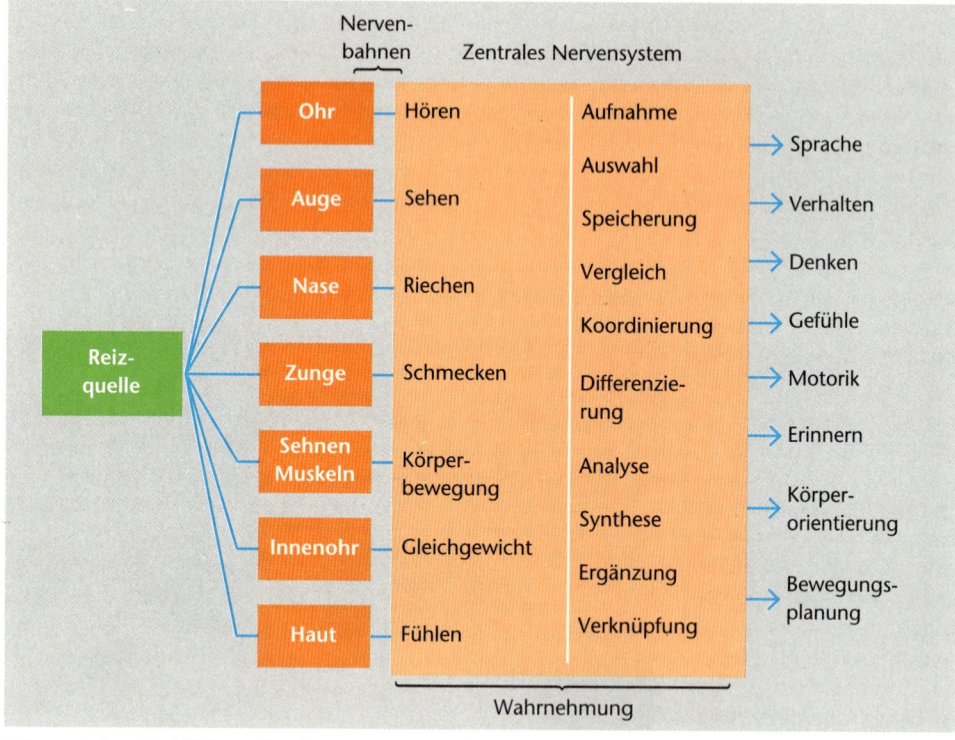

Schematisches Modell der Wahrnehmung (vgl. Barth, 1993, S. 24)

10.2.2 Die einzelnen Sinnessysteme

Die Sinne sind unser Tor zur Welt. Durch die Sinne erhalten wir Informationen über die Welt und unseren eigenen Körper.

Der Mensch verfügt über **sieben Sinnessysteme**. Sie können unterteilt werden in Nah- und Fernsinne. Bei den **Nahsinnen** wirkt der Reiz direkt auf den Körper (z. B. Berührung der Haut). Die **Fernsinne** nehmen Reize wahr, die sich vom Körper entfernt befinden (z. B. einen Baum in der Ferne sehen).

Zu den Nahsinnen zählen:
- Tastsinn
- Geschmackssinn
- Lage- und Bewegungssinn
- Gleichgewichtssinn

Zu den Fernsinnen zählen:
- Sehsinn
- Hörsinn
- Geruchssinn

Früher hielt man die Welt von Neugeborenen für ein „großes schimmerndes und dröhnendes Wirrwarr". Heute ist diese Auffassung widerlegt. Wir werden sehen, dass alle Sinnessysteme der Kinder von Anfang an erstaunlich leistungsfähig sind.

Der Tastsinn

Über den **Tastsinn** werden Berührungsreize auf der Haut wahrgenommen. Je nach Reiz werden dabei verschiedene Empfindungen ausgelöst: Kälte, Hitze, Druck und Schmerz. Der Tastsinn ist in zwei Systeme unterteilt, ein **schützendes** und ein **beurteilendes System**. Mit dem schützenden System werden Berührungen allgemein wahrgenommen. Es werden Schutzreflexe ausgelöst, z. B. bei Verbrennungsgefahr sofortiges Zurückziehen der Hand. Über das beurteilende System erhalten wir eine genaue Vorstellung von Formen, Oberflächen usw.

Menschen nehmen Berührungsreize passiv wahr, wenn sie berührt werden. Sie suchen aber auch aktiv nach solchen Reizen, z. B. wenn sie Oberflächen betasten. Man spricht dann von **Erkundungswahrnehmung**.

Der Tastsinn ist schon im Mutterleib entwickelt und funktionsfähig. Infolgedessen reagieren auch Neugeborene auf Berührungsreize. Sie verfügen auch über die Fähigkeit, Temperaturen wahrzunehmen.

Der Gleichgewichtssinn

Der Gleichgewichtssinn ermöglicht den aufrechten Gang und die Orientierung im Raum. Er reagiert auf Veränderungen des Körpers und hält den Körper in der Balance. Wenn man stolpert, werden z. B. Ausgleichsbewegungen mit den Armen in Gang gesetzt.

Über den Gleichgewichtssinn spüren wir, ob und wie schnell wir uns bewegen und in welche Richtung die Bewegung geht. An diesen Ausführungen wird deutlich, dass der Gleichgewichtssinn die Voraussetzung für die motorische Entwicklung darstellt. Aber auch Auswirkungen auf die Sehfähigkeit sind logisch. Nur wer Kopf und Körper ruhig halten kann, kann Gegenstände scharf erkennen. Wer nicht dazu in der Lage ist, dem verschwimmen sie ständig vor den Augen. Wir nehmen den Gleichgewichtssinn als selbstverständlich hin. Bewusst wird er meist erst bei einer Überreizung wie z. B. bei langem Karussellfahren. Das Gleichgewichtssystem wird im zweiten und dritten Schwangerschaftsmonat angelegt und ist bei normal verlaufender Schwangerschaft im sechsten Monat ausgereift.

Der Lage- und Bewegungssinn

Der Lage- und Bewegungssinn nimmt Veränderungen der Muskelspannung auf. Er kann uns dadurch Informationen über unseren Körper, über Ausmaße, Fähigkeiten, Grenzen und Gewicht geben. Der Mensch weiß, ohne hinzusehen, wo sich seine Körperteile befinden. Zudem weiß er, ob und wie sie sich bewegen.

Weiterhin werden über diesen Sinn Erfahrungen mit dem Körper gespeichert. Diese helfen dann z. B., Bewegungen immer besser abzuschätzen und zu steuern.

Durch Erfahrungen mit Gleichgewichts- und Tastsinn kann ein genaues Bild über den eigenen Körper entstehen und allmählich ein gutes Körpergefühl aufgebaut werden.

Tastsinn, Gleichgewichtssinn und Lage- und Bewegungssinn gelten als **Basissinne**, d. h., alle anderen Wahrnehmungsprozesse bauen auf ihnen auf. Funktionieren sie nicht ausreichend, sind auch die anderen Wahrnehmungsbereiche beeinträchtigt und damit die gesamte Entwicklung.

Definition

Basissinne sind die Grundlage für die weitere Wahrnehmungsentwicklung. Dazu gehören Tastsinn, Gleichgewichtssinn sowie Lage- und Bewegungsempfinden.

Der Sehsinn

Mit dem Sehsinn unterscheiden wir Farben und erkennen Formen, er unterstützt uns beim Steuern von Bewegungen. Der Mensch ist in der Lage, aus der Vielzahl von visuellen Reizen diejenigen auszuwählen, die seine Aufmerksamkeit erregen, andere treten in den Hintergrund. Das beidäugige Sehen ist Voraussetzung für das räumliche Sehen, es ermöglicht es, Tiefen wahrzunehmen.

Der Sehsinn ist bei der Geburt am schlechtesten entwickelt. Weil die Zellen im Auge, z. B. in der Retina, noch nicht ausgereift bzw. die Muskeln der Linse noch schwach sind, kann das Neugeborene seine Augen noch nicht kontrollieren oder fokussieren[1]. Seine Sehschärfe ist daher begrenzt, es sieht verschwommen. Trotzdem beginnt das Kind gleich nach der Geburt, seine Umwelt mit den Augen zu erkunden. Dabei bevorzugt es Reize (Gegenstände oder Personen), die sich bewegen. Farben kann das Kind noch nicht erkennen, auch wenn es lieber bunte oder helle als graue Reize betrachtet.
Durch die Reifung des Auges und der Sehzentren im Gehirn wird die Entwicklung des Sehvermögens unterstützt und vorangetrieben. Mit etwa zwei Monaten sehen die Kinder bereits deutlich und können Farben unterscheiden. Bis zum sechsten bzw. siebten Monat erreicht die Sehschärfe dann das volle Niveau.

Wenn Kinder Menschen und Dinge in ihrer Umgebung deutlicher sehen, können sie mehr Informationen darüber aufnehmen. Wie – das ist anhand des Tiefensehens zu erkennen. **Tiefensehen** bedeutet, den Raum, Höhen und Tiefen sowie Entfernungen zu erkennen. Man benötigt diese Fähigkeit z. B., um gezielt nach Gegenständen zu greifen, im Raum nicht an irgendetwas zu stoßen oder Saft in ein Glas einschenken zu können. Aufschluss über das Tiefensehen gibt der Versuch mit der sogenannten visuellen Klippe:

Sechs bis 14 Monate alte Kinder krabbeln über die flache Seite, nicht aber über den „Abgrund" – selbst dann nicht, wenn die Mutter sie lockt.

Kinder verfügen also ungefähr dann über die Fähigkeit des Tiefensehens, wenn sie anfangen zu krabbeln. Sie sind deshalb aber noch nicht davor geschützt, irgendwo hinunterzufallen. Eltern und Fachkräfte in Kinderkrippen müssen unbedingt darauf achten, dass die Kinder nicht zu nahe an Treppen oder ähnliche Tiefen gelangen, die gefährlich werden könnten. Umgekehrt wird das Tiefensehen durch die Bewegungen im Raum beim Krabbeln weitergeschult, sodass es immer präziser funktioniert.

---

[1] *fokussieren = scharf stellen*

Der Hörsinn

Über das Hören können Töne, Geräusche und Klänge wahrgenommen und unterschieden werden. Darüber hinaus trennen wir Nebengeräusche von wichtigen akustischen Informationen. So kann ein Kind beispielsweise die Stimme der Kinderpflegerin heraushören, obwohl viele andere Geräusche im Gruppenraum vorhanden sind. Wir hören, aus welcher Richtung ein Geräusch kommt und können einschätzen, wie weit die Reizquelle entfernt ist.

Das Gehör funktioniert bereits einige Monate vor der Geburt und ist beim Neugeborenen äußerst leistungsfähig: Kinder, die nicht mehr als zwölf Stunden in der Nähe der Mutter verbracht haben, erkennen eindeutig deren Stimme wieder. Das hat eine Untersuchung gezeigt, in der die Saugbewegungen an einem Schnuller gemessen wurden, während die Mutter oder andere Frauen eine Geschichte vorlasen. Die Kinder saugten deutlich heftiger an ihrem Schnuller, wenn sie die Stimme der Mutter hörten; wenn andere Frauen sprachen, saugten sie nicht so stark.

Der Geruchssinn

Der Mensch kann tausende verschiedene Duftstoffe unterscheiden. Der Geruchssinn warnt uns vor verdorbenen Lebensmitteln oder regt den Appetit an, z. B. beim Wahrnehmen des Geruchs eines Bratapfels. Dann läuft uns das Wasser im Mund zusammen.

Der Geruchssinn ist bei der Geburt voll funktionsfähig. Neugeborene haben bestimmte Geruchsvorlieben. So ruft beispielsweise der Geruch nach Bananen oder Vanille positive Reaktionen hervor, während der Geruch nach faulen Eiern bewirkt, dass die Kinder das Gesicht verziehen. Zudem können sie offenbar erkennen, woher der Geruch kommt. Ist ein Geruch unangenehm, drehen sie den Kopf in die andere Richtung.

Der Geschmackssinn

Grundsätzlich lassen sich vier Geschmacksrichtungen unterscheiden, nämlich süß, sauer, salzig, bitter. In jüngster Zeit wird oft eine weitere Geschmacksqualität, „umami" = herzhaft, fleischig, in die Reihe der Geschmacksrichtungen aufgenommen. Der Geschmack „umami" wurde das erste Mal 1908 von einem japanischen Forscher beschrieben. Ausgelöst wird er durch besonders eiweißhaltige und aminosäurereiche Nahrung. Der Geschmackssinn hilft dem Menschen, die Qualität seiner Nahrung zu überprüfen. So warnt bitterer Geschmack vor ungenießbarer oder giftiger Nahrung.

Wie der Geruchssinn ist auch der Geschmackssinn bei der Geburt bereits voll funktionsfähig. Bereits Neugeborene sind in der Lage, Geschmacksrichtungen zu unterscheiden. Auf Süßes reagieren sie mit einem Lächeln, ist der Geschmack sauer, verziehen sie den Mund. Auch ein bitterer Geschmack führt dazu, dass sie eine Grimasse ziehen. Die Reaktionen sind denen von Erwachsenen sehr ähnlich.

10.2.3 Verbesserung der Wahrnehmungsleistungen

Bei der Geburt sind alle Sinne bereits äußerst leistungsfähig. Über Sinnesreize werden neue Erfahrungen gesammelt und gespeichert, wodurch eine Basis geschaffen wird für die Einordnung und Bewertung weiterer Erfahrungen. Gleichzeitig wird durch Anregung die Leistungsfähigkeit in den einzelnen Sinnesbereichen verbessert. Dem Kind gelingt zunehmend die schnellere und gezieltere Auswahl und Verarbeitung der Reize.

Neben der Verbesserung der Leistungsfähigkeit von einzelnen Sinnessystemen ist auch die Zusammenarbeit und Verknüpfung (= **Integration**) der Bereiche von Bedeutung. Bis vor Kurzem ging man davon aus, dass nach der Geburt die Sinnessysteme getrennt arbeiten und zunächst in den einzelnen Bereichen die Fähigkeiten ausgebaut werden.

Neuere Forschungen legen nahe, dass die einzelnen Sinnessysteme von Anfang an zusammenarbeiten. Beleg für einfache Formen der Verknüpfung von Sinneswahrnehmungen ist z. B. ein Experiment mit verschiedenen Schnullern.

Beispiel
Man gab sechs Monate alten Säuglingen Schnuller und achtete darauf, dass die Kinder den Schnuller nicht sehen konnten. Eine Gruppe erhielt glatte Schnuller, die andere Schnuller mit Noppen. Nachdem die Kinder eine Weile gesaugt hatten, nahm man ihnen die Schnuller wieder weg und zeigte den Babys Bilder davon. Alle Kinder betrachteten das Bild von dem Schnuller länger, den sie vorher im Mund hatten und mit der Zunge ertasten konnten.

10.2.4 Bedeutung der Wahrnehmung

Ohne Wahrnehmung wären Erleben, Verhalten und Lernen nicht möglich. Erst durch sie kann der Mensch sich mit seiner Umwelt auseinandersetzen. Er kann Informationen aufnehmen, sie verarbeiten und sich der Umwelt anpassen. Wahrnehmung ist also von zentraler Bedeutung für die gesamte Entwicklung. Auch der erwachsene Mensch braucht Umweltreize. Ein längerer Mangel an oder Entzug von Reizen führt zu **Verhaltensproblemen** und **Persönlichkeitsstörungen**. Wer einmal längere Zeit ans Bett gefesselt war oder lange Reisen im Auto ohne Pausen gemacht hat, kann vielleicht ahnen, welche Probleme auftreten können.
Die Bedeutung der Wahrnehmung für die gesamte Entwicklung soll am **Beispiel des Tastsinns** erläutert werden.

Bedeutung für den sozial-emotionalen Bereich
Pflegepersonen gehen in der Regel sehr liebevoll mit dem Kind um. Sie streicheln es, nehmen es auf, wenn es schreit, spielen mit ihm beim Baden oder Wickeln. Es kommt so automatisch zu Berührungen. Der Hautsinn des Babys wird angesprochen. Fehlt diese Stimulation, so kann es zu schwerwiegenden Störungen in der sozial-emotionalen Entwicklung kommen. Die Kinder können keine Bindung zur Pflegeperson entwickeln und damit fehlt ihnen die Grundlage für die weitere soziale und emotionale Entwicklung.

Bedeutung für die körperliche Entwicklung und die Gesundheit
Berührungsreize sind bedeutsam für die körperliche Entwicklung und die Gesundheit von Kindern. Diese Erkenntnis hat sich inzwischen allgemein durchgesetzt und dazu beigetragen, dass sich Frühgeborenen-Stationen stark verändert haben. Die Frühchen lagen früher in Brutkästen, waren an Schläuche angeschlossen und blieben ohne Ansprache und vor allem ohne Berührungsreize. Heute werden die Eltern aufgefordert, ihre Kinder mehrere Stunden herumzutragen und Hautkontakt herzustellen. Diese Methode nennt sich, wegen der Ähnlichkeit zu Beuteltieren, „Kängurumethode". Die Ergebnisse sind beeindruckend: Die Kinder schlafen besser, atmen regelmäßiger, nehmen rascher zu und können früher aus der Klinik entlassen werden (vgl. Eliot, 2010, S. 205 f.). Damit sind gute Voraussetzungen für die weitere Entwicklung geschaffen.

Bedeutung für den kognitiven Bereich
Die Auswirkungen von Berührungsreizen auf den kognitiven Bereich werden u. a. von der folgenden Studie belegt: Vier Monate alte Babys, die Massagen erhielten, erbrachten in Tests bessere Leistungen als die Kontrollgruppe. Sie konnten Reize schneller unterscheiden und bevorzugten neue Reize. Diese Fähigkeiten sind wichtig für die weitere Intelligenzentwicklung. Aber auch die Erkundungswahrnehmung spielt eine Rolle. Kinder berühren Dinge,

ergreifen sie, stecken sie in den Mund. Sie gewinnen auf diese Weise unterschiedliche Erkenntnisse, z. B. dass ein Gegenstand hart ist oder weich, eckig oder rund usw.

10.2.5 Probleme der Wahrnehmung

Bei den Problemen im Bereich der Wahrnehmung unterscheidet man in Sinnesbeeinträchtigungen und Wahrnehmungsstörungen. Während bei den Sinnesbeeinträchtigungen die Wahrnehmungsorgane in ihrer Funktion eingeschränkt sind, können bei den Wahrnehmungsstörungen zwar Reize über intakte Organe aufgenommen, aber nicht sinnvoll verarbeitet werden.

Sinnesbeeinträchtigungen

Sind Sinnesorgane nicht oder nur eingeschränkt funktionstüchtig, spricht man von „Sinnesbeeinträchtigungen" oder „Sinnesbehinderungen". Im Bereich des Sehens zählen dazu die Kurz- und Weitsichtigkeit, das eingeschränkte Sehen durch den grünen oder grauen Star, das fehlende räumliche Sehen durch den Ausfall eines Auges, das Schielen, aber auch die völlige Blindheit bzw. das Sehen mit Sehresten. Das Sehen ist in allen Fällen mehr oder minder eingeschränkt, wobei einige der aufgeführten Probleme heutzutage durch medizinische Behandlung oder Hilfsmittel wie Brillen/Kontaktlinsen behoben oder zumindest gemildert werden können.

Wahrnehmungsstörungen

Bei sogenannten „Wahrnehmungsstörungen" funktionieren die Sinnesorgane meist gut. Das Problem besteht darin, Reize auszuwählen bzw. angemessen zu verarbeiten. Die folgende Abbildung verdeutlicht dieses Problem am Beispiel des Hörens. Das Hörorgan ist intakt, das Kind kann hören. Es ist aber nicht in der Lage, Reize auszuwählen, es kann wichtige von unwichtigen Reizen nicht unterscheiden.

Auto draußen

Reden des Nachbarn

Anweisung des Lehrers

Schritte auf dem Flur

Stuhl schieben

?

Auto draußen

Reden des Nachbarn

Anweisung des Lehrers

Schritte auf dem Flur

Stuhl schieben

Normale Hörwahrnehmung   *Gestörte Hörwahrnehmung*

Ein Kind mit einer solchen Wahrnehmungsstörung nimmt die Geräuschkulisse in der Klasse und außerhalb genauso intensiv wahr wie die Stimme der Lehrkraft. Es bekommt von allen Informationen nur Bruchstücke mit und verfügt deshalb nur über ungenaue Informationen. Als Folge davon kann es auch nicht angemessen reagieren, es muss z. B. dauernd nachfragen. Wegen der Fülle an ungefilterten Informationen ist die Aufnahmefähigkeit schnell erschöpft. Wahrnehmungsstörungen können sich zeigen in Ungeschicklichkeit, mangelnder Konzentrationsfähigkeit, erhöhter Reizbarkeit, depressiver Grundstimmung, auffälligem Sozialverhalten und sogenannten **Teilleistungsstörungen** wie z. B. Sprachstörungen, Rechenschwäche, Lese- und Rechtschreibschwäche. Kinder mit Wahrnehmungsstörungen brauchen spezielle Hilfe. Um Sinnesbeeinträchtigungen oder Wahrnehmungsstörungen auszuschließen bzw. frühzeitig zu erkennen, ist es wichtig, dass die **Vorsorgeuntersuchungen** in Anspruch genommen werden. So kann entweder sehr früh Abhilfe geschaffen oder aber durch Frühförderung ein Ausgleich herbeigeführt werden.

10.2.6 Wahrnehmung anregen und unterstützen

Die Wahrnehmungswelt von Kindern hat sich verändert. Es stehen immer weniger Bewegungsräume zur Verfügung, vor allem in den Städten. Das hat zur Folge, dass Lage- und Bewegungssinn sowie Gleichgewichtssinn zu wenig geübt werden können. Gleichzeitig bieten Medien wie das Fernsehen ein Überangebot in den Bereichen Sehen und Hören. Viele Kinder erhalten eine einseitige „Sinneskost". Gerade für kleine Kinder ist aber eine ganzheitliche und ausgewogene Förderung der Sinne wichtig. Gelingen kann das, wenn Wahrnehmungsförderung im Rahmen von sozialen Interaktionen und indem die Eigenaktivität des Kindes gestärkt wird.

Ganzheitliche Förderung (Qualität der Reizangebote)

Die Wahrnehmungsfähigkeit von Neugeborenen ist auf die Aufnahme von sozialen Reizen ausgerichtet. Deshalb sollte Reizvermittlung in soziale Interaktionen mit dem Kind eingebettet werden. Die Betreuungsperson spricht das Kind an, nimmt es hoch, streichelt es liebevoll, wickelt und badet es. Mit diesen Tätigkeiten werden alle Sinne angeregt. Die Reize sind ausreichend und so strukturiert, dass sie den Verarbeitungsmöglichkeiten des Kindes entsprechen.

Die Gestaltung der Umwelt bietet zusätzlich Reize, z. B. Mobiles über dem Bett, Spieluhren oder Kuscheltiere. Eine normale Umwelt ist völlig ausreichend für eine gesunde Entwicklung. Zu viele, schlecht strukturierte Reize können das Kind überfordern.

Später, wenn das Kind krabbeln kann und mobil ist, sucht es geradezu nach Anregungen. Es untersucht Gegenstände auf ihre Beschaffenheit hin. Zu diesem Zweck werden sie befühlt, betrachtet, geschüttelt und in den Mund gesteckt. Dies sollten Eltern bzw. das Fachpersonal in Kinderkrippen so weit wie möglich zulassen, da das Kind wichtige Erfahrungen sammelt. Es muss sich in Ruhe mit einer Sache auseinandersetzen dürfen. Erwachsene müssen dem Kind die nötige Zeit hierzu lassen.

Auch die Wahrnehmungsförderung bei Kindergartenkindern und älteren Kindern sollte immer ins Spiel eingebunden sein. Es schafft eine Fülle von Möglichkeiten für sinnliche Erfahrungen – sowohl das Spiel im Freien, z. B. Barfußlaufen, Sandspiel, Fangen, Schaukeln, Klettern oder Balancieren usw., als auch das Spiel im Raum, z. B. Brett- und Rollenspiele. Haben Kinder zu Hause wenig Gelegenheit, sich zu bewegen, kann der Kindergarten für Ausgleich sorgen, indem man oft mit der Gruppe in den Garten geht oder in den Räumen Möglichkeiten schafft, Lage- und Bewegungssinn und Gleichgewicht zu üben, z. B. durch Hängematten oder zusätzliche Angebote in der Turnhalle.

Gutes Spielzeug hat eine anregende Wirkung auf Kinder. Es gibt speziell für den Bereich der Wahrnehmung entwickelte Spielmaterialien. Aber auch Naturmaterialien und Gegenstände des täglichen Gebrauchs können demselben Zweck dienen. So wird es dem Kind sicherlich Freude bereiten, mit einem Kochlöffel auf einen Kochtopf oder eine Plastikschüssel zu schlagen und dadurch unterschiedliche Geräusche zu erzeugen.

Gezielte Förderung einzelner Wahrnehmungsbereiche

Es gibt eine Fülle von Spielanregungen, die einen bestimmten Wahrnehmungsbereich fördern. Dabei wird ein einzelner Sinnesbereich gezielt angesprochen, andere werden teilweise bewusst „ausgeblendet". So wird die Konzentration auf einen Sinn und seine Sensibilisierung möglich. Ein Beispiel für den Gleichgewichtssinn soll diese Art der Förderung verdeutlichen:

Beispiel
„Balance-Akte: Jedes Kind hat einen Pezziball und probiert Gleichgewichtskünste aus. Es versucht z. B., auf ihm zu sitzen, zu liegen oder in einer anderen Position auf ihm zu balancieren oder in der Bauchlage über den Ball zu rollen. Wenn alle Bälle hintereinander gelegt werden, entsteht ein langer ‚Bus' mit Sitzplätzen." (Zimmer, 2006, S. 221)

10.3 Denkentwicklung

Die **Entwicklungspsychologie** befasst sich vorwiegend damit, wie sich die Fähigkeit zu denken im Laufe der Kindheit entwickelt. Denken ist ein Vorgang, den man nicht beobachten kann. Es werden Situationen und Probleme erfasst und verarbeitet. Deshalb schließt man von Verhaltensweisen und Aussagen auf die Fähigkeit zu denken.

Definition
__Denken__ ist ein Vorgang, den man nicht beobachten kann. Es werden Situationen und Probleme erfasst und verarbeitet.

10.3.1 Theoretische Ansätze

Die Entwicklung des logischen Denkens ist ein komplexer Prozess, der von Entwicklungspsychologen unterschiedlich erklärt wird. Vermutlich kann ein theoretischer Ansatz den Prozess der Denkentwicklung ohnehin nicht vollständig erfassen. Die theoretischen Ansätze widersprechen sich nicht, sondern ergänzen sich und tragen gemeinsam dazu bei, die kognitive Entwicklung besser zu verstehen. Wir möchten in diesem Abschnitt zwei wichtige Erklärungsansätze vorstellen: den Ansatz von Jean Piaget und den von Lew Wygotski.

Die Theorie von Jean Piaget

Kinder erleben und verarbeiten die Welt anders als Erwachsene. Ein Beispiel soll dies verdeutlichen:

Fallbeispiel
Michael und sein Bruder Peter streiten sich um ein Glas Saft. Beide wollen das hohe, schmale Glas und nicht das flache, breite. Als die Mutter nach dem Grund fragt, antworten beide: „Weil in dem hohen mehr drin ist." Die Erklärung der Mutter, dass in beiden gleich viel Saft sei, können sie nicht verstehen.

Denkfehler wie diese sind typisch für eine bestimmte Altersstufe. Es wird deutlich, dass Kinder die Welt anders erleben und verarbeiten als Erwachsene. Der Schweizer Psychologe Jean Piaget erkannte, dass Besonderheiten kindlichen Denkens mit dem Verlauf der Denkentwicklung im Zusammenhang stehen. Über 40 Jahre lang führte er in diesem Bereich Untersuchungen durch. Er beobachtete Kinder, befragte sie und führte kleine Experimente mit ihnen durch.

Jean Piaget (1896–1980)

Ausgangspunkt für Piagets Forschungen sind folgende Annahmen:

- Kinder sind von Geburt an körperlich und geistig aktiv und treiben ihre eigene Entwicklung voran. Piaget beschreibt Kinder als „Wissenschaftler", die es lieben zu experimentieren.

- Die logische Schlussfolgerung: Kinder lernen viel von selbst und weniger durch Belehrung.

- Kinder sind von sich aus motiviert zu lernen, sie verfügen über intrinsische Motivation.

Verlauf der Denkentwicklung

Piaget verdanken wir wesentliche Erkenntnisse über die Besonderheiten kindlichen Denkens und der Denkentwicklung. Aufgrund seiner Studien kam er zu dem Schluss, dass sich die Denkentwicklung in vier Stufen vollzieht:

Die sensumotorische Stufe (Geburt bis zwei Jahre)

Denken entwickelt sich auf der Grundlage von Wahrnehmung und Bewegung. Die Entwicklung in dieser Phase wird von Piaget in sechs Teilschritte unterteilt. Jedes Kind durchläuft jede Unterstufe, wenn auch in individuellem Tempo. Die Altersangaben sind Richtwerte, sie können leicht variieren.

- **Stufe 1: Geburt bis ein Monat**
  Bei der Geburt verfügen Kinder über sehr wenig Weltwissen. Daher erkunden sie ihre Umwelt noch nicht gezielt. Auf dieser Stufe sind Reflexe und Wahrnehmungsfähigkeit die Werkzeuge für den Aufbau der Intelligenz. Kinder greifen zu, wenn etwas ihre Handfläche berührt, saugen oder drehen den Kopf zu einer Geräuschquelle. Im ersten Lebensmonat werden diese Fähigkeiten geübt und gegen Ende auch verändert. Hat das Kind beispielsweise zunächst gesaugt, ohne Unterschiede zu machen, passt es sich nun der Umwelt an. Es saugt an der Brustwarze, die Milch gibt, anders als am Schnuller.

- **Stufe 2: ein bis vier Monate**
  Einzelne Reflexe werden zusammengefasst zu größeren Verhalteneinheiten. Das Kind konzentriert sich dabei auf den eigenen Körper. Beispielsweise werden Saugen und Greifen kombiniert, Gegenstände werden ergriffen und zum Mund geführt, anschließend wird daran gesaugt.

- **Stufe 3: vier bis acht Monate**
  Bisher waren die Verhaltensweisen an Reflexe gebunden, nun kann die Motorik gezielter gesteuert werden. Das Kind kann sitzen und mit Gegenständen hantieren, es wendet sich verstärkt seiner Umwelt zu. Zufällige Handlungen, die interessante Effekte erzeugen, z. B. das Schütteln einer Rassel, sind Anlass für das Kind, sie zu wiederholen.

- **Stufe 4: acht bis zwölf Monate**
  Auf dieser Stufe können Kinder zielgerichtet einfache Probleme lösen, sie verlassen damit die Ebene „Versuch und Irrtum". Handlungen werden als Mittel zum Zweck eingesetzt. Das Kind erkennt, dass eine Handlung immer bestimmte Folgen hat. Die Rassel wird geschüttelt, weil das ein Geräusch erzeugt oder ein Gegenstand, der unter einem Tuch versteckt ist, wird gezielt gesucht.

- **Stufe 5: zwölf bis 18 Monate**
  Kinder werden zu „Wissenschaftlern". Sie experimentieren, z. B. lassen sie den Löffel aus verschiedenen Höhen auf den Boden fallen und schlagen damit auf den Tisch oder an die Tasse. Am Ende dieser Stufe steht der Übergang zur inneren Vorstellung.

- Zwischen dem 18. und 24. Lebensmonat kann das Kind seine Handlungen „geistig" vollziehen. Es kann sich vorstellen, was passieren wird, ohne dass es die Handlung ausführen muss. Beispielsweise möchte das Kind an einen Gegenstand gelangen, der auf dem Tisch liegt, es ist aber zu klein. Es weiß, wenn es den Stuhl an den Tisch schiebt, kann es den Gegenstand erreichen. Es muss das nicht mehr ausprobieren. Mit dem Übergang von der Handlung zur inneren Vorstellung sind einfache Denkmuster entstanden.

Schließlich ist mit der Fähigkeit der inneren Vorstellung die Grundlage für symbolisches Denken gelegt. Das Kind kann zwischen tatsächlichen und bloß vorgestellten (= symbolischen) Gegenständen unterscheiden. Damit wird das „Als-ob-Spiel" möglich. Mit dem Spielzeugtelefon wird getan, als ob man telefoniere oder der Sandkuchen wird „gegessen".

Stufe des anschaulichen Denkens (zwei bis sieben Jahre)

Die Phase des anschaulichen Denkens ist gleichzeitig durch kognitive Fortschritte wie auch interessante Beschränkungen gekennzeichnet. Eine Erzieherin fasst dies so zusammen:

> *„Der Geist von Kindergartenkindern ist eine solche Mischung von Logik, Fantasie und falschen Schlussfolgerungen. Jeden Tag bin ich verblüfft über die Reife und Originalität dessen, was sie sagen und tun. Zu anderen Zeiten jedoch scheint ihr Denken begrenzt und unflexibel zu sein."*
> (Berk, 2011, S. 301)

Die Trennung von Denken und Handeln ermöglicht dem Kind flexibleres Denken. Es verwendet zunehmend die Sprache, denkt in Worten. Damit kann es gegenwärtige Erfahrungen überwinden und sich mit der Vergangenheit oder Zukunft beschäftigen.

Auch die Qualität der Als-ob-Spiele verändert sich, wenn die Kinder von der sensumotorischen Phase in die anschauliche Phase des Denkens übergehen. Das Spiel löst sich mehr und mehr von den Bedingungen des wirklichen Lebens. Es ist weniger selbstbezogen und wird immer komplexer. Vorschulkinder kombinieren ihre Vorstellungen miteinander, wenn sie sich im Rollenspiel befinden. Sie sind dann in der Lage, sich in die geistigen Aktivitäten der anderen Kinder einzudenken.

Neben diesen Fortschritten im Als-ob-Spiel gibt es in der Phase des anschaulichen Denkens aber auch eine Reihe von Beschränkungen. Nach Piaget sind die Kinder noch nicht in der Lage, logisch zu denken. Da Kinder in diesem Alter sich bereits recht gut ausdrücken können, konnte Piaget nun Befragungen und kleine Experimente durchführen. Dadurch konnte er einige wesentliche Merkmale kindlichen Denkens dieser Stufe aufzeigen.

Das Kind macht sich zum Maßstab aller Dinge. Es kann sich nicht in andere Personen hinein-versetzen und deren Blickwinkel einnehmen, es ist **ichbezogen**. Die Welt ist für das Kind gemacht. Jedermann denkt und fühlt genau wie das Kind. Hierzu gibt es einen bekannten Versuch von Piaget, den sogenannten Drei-Berge-Versuch:

Zeigt man einem Kind ein Modell mit verschieden hohen und verschiedenfarbigen Bergen, kann es angeben, wie eine Puppe die Berge sieht, wenn sie den gleichen Standort einnimmt wie das Kind. Dagegen ist das Kind außerstande, die Lage der Berge zu bestimmen, wie sie die Puppe von der anderen Seite aus sieht.

Die Ichbezogenheit bleibt aber nicht auf den Wahrnehmungsbereich beschränkt, sie findet sich auch in anderen Lebensbereichen. Auf der sprachlichen Ebene zeigt sie sich darin, dass Kinder nicht in der Lage sind, eine Geschichte so zu erzählen, dass auch außenstehende Per-sonen sie verstehen können. Sie halten es nicht für notwendig, Zusammenhänge darzustellen, denn sie gehen davon aus, dass die Zuhörer wissen, wer beteiligt ist und wo die Handlung spielt. Auch in Bezug auf das Einfühlungsvermögen bestehen Defizite. Wenn ein Kind weiter Lärm macht, obwohl die Mutter Kopfweh hat und ihre Ruhe haben möchte, so geschieht das nicht aus böser Absicht, sondern aus seinem Unvermögen heraus, sich in die Situation der Mutter zu versetzen.

Die **Eingleisigkeit des Denkens** soll verdeutlicht werden mit dem wohl bekanntesten Versuch Piagets, dem Umschüttversuch:

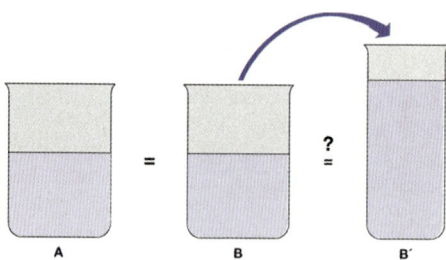

Hier wird deutlich, wie stark Kinder an die konkrete Wahrnehmung gebunden sind. Sie sehen, dass der Flüssigkeitsstand unterschiedlich hoch ist, also ist ihres Erachtens auch verschieden viel in einem Gefäß enthalten. Aus diesem Versuch lassen sich gleich zwei Merkmale des anschaulichen Denkens ableiten:

● Die Kinder **konzentrieren** sich bei der Beurteilung ausschließlich **auf ein Merkmal**, in die-sem Fall die Höhe des Glases. Die Breite wird völlig außer Acht gelassen. Dieses Merkmal treffen wir auch im Alltag häufig an. Kindern fällt es aus diesem Grund schwer, Verwandt-schaftsverhältnisse zu begreifen. Die eigene Oma ist Oma, sie kann nicht gleichzeitig als die Mutter der Mutter gesehen werden.

- Aber auch die **Umkehrbarkeit** bleibt ihnen verborgen. Obwohl sie beim Umschütten anwesend sind, können sie den beobachteten Prozess nicht berücksichtigen. Sie orientieren sich ausschließlich am Ergebnis, dem unterschiedlichen Flüssigkeitsstand.

Stufe des logischen Denkens (sieben bis zwölf Jahre)

Um das siebte Lebensjahr zeigt das Kind Verhaltensweisen, die auf wichtige Fortschritte in der Denkentwicklung schließen lassen. Denken löst sich allmählich von der konkreten Wahrnehmung und Erfahrung und wird flexibler. Das Kind kann gedanklich Schlüsse ziehen, Lösungen innerlich vorwegnehmen und zunehmend den Gesetzen der Logik folgen. Auch hier lassen sich wesentliche Merkmale festmachen:

- Ein Merkmal ist die **Umkehrbarkeit**. Führt man denselben Umschüttversuch mit Achtjährigen durch, werden sie sich über die Fragestellung wundern. Für sie ist es selbstverständlich, dass in den Gefäßen gleich viel Saft ist, da beim Umschütten doch nichts hinzugegeben oder weggenommen wurde. Sie haben erkannt, dass eine Menge gleich bleibt, auch wenn sich die Form verändert. Dies ist eine wichtige Voraussetzung für das Rechnen. Ein Wert bleibt gleich, wenn nichts hinzugezählt oder abgezogen wird (vgl. Kapitel 11.3.4).

- Die Kinder verbessern ihre Fähigkeit zu klassifizieren. Sie lösen nun Aufgaben wie die folgende ohne größere Probleme (vgl. Berk 2011, S. 306).

Beispiel
Kindern werden 16 Blumen gezeigt, von denen zwölf grün und vier rot sind. Sie werden gefragt: Sind dort mehr grüne Blumen als Blumen überhaupt?

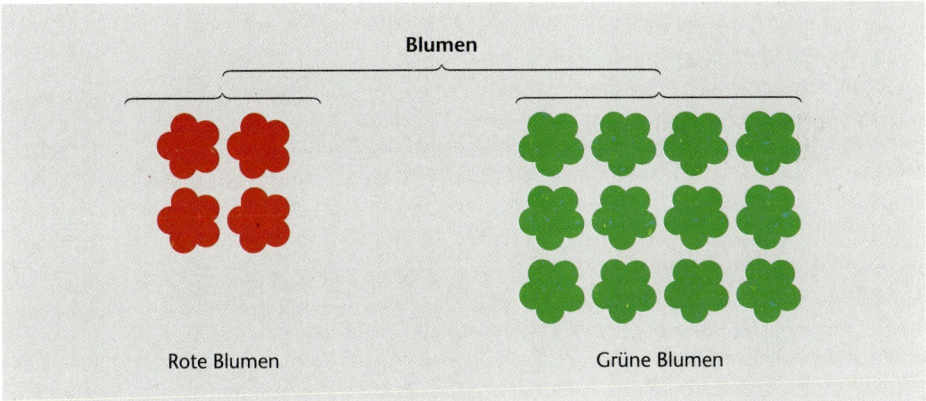

Kinder ab sieben Jahren können drei Kategorien (Blumen allgemein, rote Blumen, grüne Blumen) gleichzeitig berücksichtigen. Die Fähigkeit zu klassifizieren schlägt sich nieder in dem Interesse, alles Mögliche zu sammeln, z. B. Steine, Briefmarken oder Bilder von Sportlern.

- Im Unterschied zur nächsten Stufe bleibt das Denken aber an **tatsächliche Gegebenheiten** gebunden. Man spricht deshalb auch von **beschreibendem Denken**. Die Realität muss aber nicht mehr konkret gesehen werden, das Kind arbeitet mit innerer Anschauung, mit Vorstellungen. Das Kind kann z. B. folgende Aufgabe lösen:

Beispiel
Alle Raubtiere fressen Fleisch. Der Wolf ist ein Raubtier. Was kannst du daraus noch über den Wolf erraten?

Würde die Aufgabe rein abstrakt gestellt, wie es in einem Entwicklungstest von Hetzer geschieht, so könnten die Kinder auf dieser Stufe sie nicht bewältigen. Auf der nächsten Stufe dagegen ist auch dies möglich. Hierzu ein Beispiel:

Beispiel
Alle Feso sind Daro, die Daro leben im Wasser. Was kannst du über die Feso erraten?

Stufe des abstrakten Denkens (ab zwölf Jahren)

- Jugendliche ab zwölf Jahren können die oben angeführte, abstrakt gestellte Aufgabe bewältigen. Sie sind nicht mehr an die innere Anschauung gebunden, sondern können von abstrakten Voraussetzungen ausgehend logische Schlussfolgerungen ziehen.

- Jugendliche auf dieser Stufe können systematisch nach der Lösung eines Problems suchen. Dies wird anhand der Chemieaufgabe deutlich, die Piaget Kindern verschiedener Altersstufen stellte:

Beispiel
Piaget legte den Versuchspersonen vier gleiche Fläschchen mit geruch-, geschmack- und farblosen Flüssigkeiten vor, die sich äußerlich nicht voneinander unterschieden. Fläschchen 1 enthielt Schwefelsäure, Fläschchen 2 Wasser, Fläschchen 3 Wasserstoffsuperoxyd, Fläschchen 4 Thiosulfat. Dazu kam noch ein Gefäß mit Tropfenzähler, das Kaliumjodid enthielt (g).
Bei Vermischung von 1 und 3 mit einigen Tropfen färbt sich die Flüssigkeit gelb. Bei Hinzufügen von 2 ändert sich nichts. Bei Zugießen von 4 verschwindet die gelbe Farbe. Der Versuchsleiter zeigt dem Kind zwei Gläser, die scheinbar die gleiche klare Flüssigkeit enthielten und setzte bei beiden einige Tropfen aus g hinzu. Da das eine Glas aus 1 und 3 gemischt war, färbte sich die Flüssigkeit gelb; das andere Glas, das nur Wasser enthielt, blieb farblos. Das Kind sollte das gleiche Ergebnis mit den vier bereitgestellten Fläschchen und dem Gefäß erzielen (vgl. Montada, in: Oerter/Montada, 2008, S. 434).

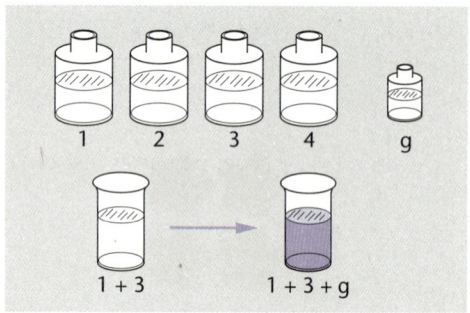

Der Jugendliche kann ein Testsystem entwickeln und beschreiben, wie er sich die Testreihe vorstellt. Er kombiniert die Behälter systematisch und behält dabei den Überblick. Er findet die Lösung der Aufgabe. Auch Kinder auf der Stufe des logischen Denkens versuchen systematisch vorzugehen, sie verlieren jedoch schnell den Überblick. Eine Testreihe haben sie gedanklich nicht entworfen.

- Das Denken von Kindern und Jugendlichen in diesem Alter geht über die konkret gegebene Wirklichkeit hinaus und beschäftigt sich mit hypothetischen Möglichkeiten. Als Beispiel kann folgende Frage dienen:

Beispiel
Was wäre, wenn alle Menschen gleich viel Geld hätten?

Während alle Kinder auf der ganzen Welt die ersten drei Phasen durchlaufen, scheint die vierte Phase nicht unbedingt von allen Jugendlichen erreicht zu werden. Günstige Umweltbedingungen mit entsprechenden Lernanreizen sind förderlich. Wo sie fehlen, kommt es offenbar nicht zur Entwicklung der letzten Stufe.

Kritische Würdigung der Theorie Jean Piagets

Piaget hat eine umfangreiche und in sich geschlossene **Theorie der Denkentwicklung** entworfen. Sie gibt uns Einblick in die Art des Denkens von Kindern. Dadurch können wir Kinder heute besser verstehen und auch besser fördern. Dennoch ist Piaget auch häufig kritisiert worden. Wesentliche **Kritikpunkte** sollen hier aufgegriffen werden:

- Piaget hat die Leistungsfähigkeit der Kinder unterschätzt. Kritische Nachprüfungen von anderen Wissenschaftlern haben ergeben, dass beispielsweise die Ichbezogenheit im Drei-Berge-Versuch bereits von Dreijährigen überwunden werden kann. Voraussetzung dafür war, dass die Versuchsanordnung kindgerechter gestaltet wurde. Auch im Alltag lassen sich Beobachtungen machen, die belegen, dass bereits kleinere Kinder sich in andere hineinversetzen können. Sie versuchten beispielsweise ein anderes Kind, das weinte, zu trösten. Dies ist aber keine verlässliche Reaktion. Im nächsten Moment in einer ähnlichen Situation interessieren sich dieselben Kinder nicht dafür, ob jemand traurig ist und weint. Sie spielen weiter oder schauen nur zu.

- Piaget hat ausgeschlossen, dass Fähigkeiten geübt und damit verbessert werden können. Spätere Forschungsarbeiten kommen hier zu anderen Ergebnissen. Training kann dazu führen, dass eine Stufe früher überwunden wird. Allerdings wird die Stufe nur im trainierten Bereich überwunden, nicht grundsätzlich.

- Piaget befragte die Kinder in seinen Untersuchungen oder gab zumindest sprachliche Anweisungen. Viele Forscher meinen, dass die Art der Fragestellung oder Anweisung zu schwierig war. Die Kinder hätten die Aufgaben lösen können, wenn sie anders gefragt worden wären. Einige Ergebnisse könnten aufgrund von Missverständnissen entstanden sein. Piaget wiederholte seine Fragen, er fragte z. B. vor dem Umschüttversuch „Wo ist mehr drin?" und danach. Die Kinder könnten auf die Idee gekommen sein, ihre erste Antwort – „gleich viel" war falsch. Deshalb wählten sie nach dem Umschütten eine andere Antwort.

- Der soziale Aspekt des Lernens spielt kaum eine Rolle.

Trotz aller Kritik verdanken wir Piaget wesentliche Erkenntnisse über die Denkentwicklung. Eine Zusammenfassung gibt folgendes Zitat:

> *„Sie (die Theorie Piagets) bietet einen guten Überblick darüber, wie das Denken von Kindern zu verschiedenen Zeitpunkten beschaffen ist. Sie bietet eine plausible und attraktive Perspektive auf das Wesen des Kindes. (…) Sie enthält zahllose faszinierende Beobachtungen über das Denken von Kindern."*
> *(Siegler u. a., 2011, S. 140)*

Denken ist variabler, als Piaget es angenommen hat. Seine Annahme, dass kleine Kinder durch Handeln in der Umgebung lernen, ist unbestritten. Stark kritisiert wird aber die Ausschließlichkeit der Annahme. Piaget wurde vorgeworfen, dass er die Sprache bzw. den sozialen Dialog mit Erwachsenen und anderen Kindern zu wenig beachtet habe. Diese Sicht wird im Ansatz von Lew Wygotski in den Mittelpunkt gestellt.

Die soziokulturelle Theorie nach Lew Wygotski

Die soziokulturelle Theorie geht zurück auf den russischen Psychologen Lew Wygotski. Er vertritt die Auffassung, dass ein großer Teil der kognitiven Entwicklung über die direkte Interaktion und Kommunikation von Kindern mit anderen Personen stattfindet. In jeder Gesellschaft vermitteln Eltern oder andere Erwachsene den Kindern Werte, Traditionen, kulturelle Fähigkeiten und Kenntnisse.

Dafür sind zwei grundlegende Fähigkeiten nötig: Die Neigung, anderen Menschen etwas bei-zubringen und umgekehrt die Bereitschaft, Informationen von anderen aufzunehmen und daraus zu lernen.

Damit dies gelingen kann, müssen sich die beteiligten Personen in der Kommunikation aufei-nander beziehen. Hinweise für diese Fähigkeit, Informationen aufzunehmen und zu lernen, sehen Vertreter der soziokulturellen Theorie z. B. in der geteilten Aufmerksamkeit. Schon Kin-der im Alter ab neun Monate schauen z. B. in die gleiche Richtung wie ihre Mutter, die auf einen Gegenstand zeigt. Umgekehrt sind sie in der Lage, die Aufmerksamkeit von Erwachsenen auf etwas zu lenken, das sie interessiert, z. B. indem sie darauf zeigen und zwischen dem Erwachsenen und dem Gegenstand hin- und herschauen.

Soziale Interaktion und Kommunikation können kognitive Veränderungen und Fortschritte bewirken, allerdings ist die Qualität der Interaktion dabei entscheidend. Geben Erwachsene den Kindern Hilfestellung in der „Zone der nächsten Entwicklung", also knapp über ihrem Leistungsvermögen, dann können Wissen und Kompetenzen des Kindes gestärkt und erwei-tert werden. Eine reine Belehrung hätte nicht diesen Effekt.

Es soll nicht unerwähnt bleiben, dass auch die Theorie Wygotskis kritisiert wird. Man wirft ihm vor, er hebe Kommunikation bzw. die Bedeutung der Sprache zu sehr hervor und gehe zu wenig auf kulturelle Unterschiede ein. Auch werde nicht berücksichtigt, inwiefern grundle-gende Fähigkeiten, z. B. die Wahrnehmung, zu höheren kognitiven Prozessen beitrügen.

10.3.2 Bedeutung der Denkentwicklung

Der Zusammenhang der Denkentwicklung mit der Entwicklung von Motorik, Wahrneh-mung und Moral wird in den entsprechenden Kapiteln angesprochen. Der Zusammenhang mit der **Sprachentwicklung** soll hier kurz aufgezeigt werden. Denkentwicklung und Sprach-entwicklung sind eng miteinander verknüpft. Die Sprache ist das Werkzeug, mit dessen Hilfe man Gedanken mitteilen kann. Umgekehrt heißt das, dass Gedanken, ausgesprochen oder unausgesprochen, über Sprache formuliert werden. Der Zusammenhang wird durch Unter-suchungen belegt. Kinder, deren Sprachentwicklung verzögert ist, haben oft auch im Bereich des Denkens Schwierigkeiten.

10.3.3 Probleme der Denkentwicklung

Eine **Störung der Denkentwicklung** liegt vor, wenn trotz erzieherischer Bemühungen und Förderung die Denk- und Lernfähigkeit eines Menschen auf Dauer eingeschränkt ist. Um dies festzustellen, werden Denkleistungen mithilfe von **Intelligenztests** gemessen. Diese Tests bestehen aus einer Reihe altersbezogener Aufgaben. Löst ein Mensch die Aufgaben seiner Alters-stufe, so ist er durchschnittlich intelligent. Kann er sie nicht lösen, ist er weniger intelligent, löst er die Aufgaben der nächsten Altersstufe, ist er überdurchschnittlich intelligent. Das Ergebnis wird in Zahlen ausgedrückt, dem sogenannten **Intelligenzquotienten**, abgekürzt IQ. Ein IQ von 100 besagt, dass die getestete Person dem Durchschnitt ihrer Altersgruppe entspricht.

Definition

*Der **Intelligenzquotient** gibt an, ob eine Testperson im Verhältnis zu ihrer Altersgruppe durchschnittlich, unter- oder überdurchschnittlich intelligent ist.*

Je niedriger der IQ ist, desto weniger Aufgaben wurden gelöst. Liegt dabei der Intelligenzquotient unter einer bestimmten Grenze, liegt höchstwahrscheinlich eine Schädigung der Denkfähigkeit vor. Denk- und Lernleistungen sind dann eindeutig beeinträchtigt. Je nach Höhe des IQ spricht man von einer **Lernbehinderung** oder von einer **geistigen Behinderung**, wobei es auch zu Überschneidungen kommen kann (vgl. Kap. 15.1.2).

Der Intelligenztest allein reicht nicht aus, eine Störung der Denkfähigkeit festzustellen. Es sollten ebenso langfristige Beobachtungen, Befragungen der Eltern usw. herangezogen werden, insbesondere bei Grenzfällen.

Mit der Feststellung der Störung ist noch nichts über deren Ursachen ausgesagt. Störungen können sowohl **organischer** als auch **psychosozialer** Natur sein. Bei den geistigen Behinderungen liegen in der Regel organische Gründe vor. Dabei kann es sich um einen anlagebedingten Defekt handeln (wie z. B. bei Trisomie 21, auch Down-Syndrom genannt – bei diesen Menschen ist das Chromosom 21 dreimal anstatt nur zweimal vorhanden).

Die Intelligenzschwäche kann aber auch später erworben werden, z. B. durch Infektionskrankheiten (Röteln) während der Schwangerschaft oder Sauerstoffmangel während der Geburt. Auch Unfälle mit Hirnverletzung oder durch Infektionskrankheiten im Laufe des Lebens können zu einer Verminderung der Denkfähigkeit führen. Bei der Lernbehinderung werden eher psychosoziale Ursachen angenommen. Vernachlässigung, ständige Überforderung oder zu strenge Erziehung sind hier als mögliche Auslöser zu nennen (vgl. Kap. 15.1.4).

Denkleistungen können auch beeinträchtigt werden durch Konzentrationsstörungen oder mangelnde Gedächtnisleistungen. Dabei handelt es sich aber nicht um eine Störung des Denkvermögens.

10.3.4 Denkentwicklung anregen und unterstützen

Die beiden theoretischen Ansätze führen logischerweise zu unterschiedlichen Schlussfolgerungen im pädagogischen Bereich. Diese schließen aber einander nicht aus, sondern können vielmehr als Ergänzung betrachtet werden.

- Die Förderung der Denkentwicklung nach Piaget unterstützt das entdeckende Lernen. Dem Kind sollten von Anfang an **Anregungen und Reize** geboten werden. Die Beschreibung der sensumotorischen Phase zeigt, wie wichtig das Hantieren mit Gegenständen wie Rassel oder Bauklotz für die Entwicklung der Denkleistungen ist. Wichtig ist auch die **Schaffung einer kindgerechten Umwelt**. Das Kind muss Freiraum haben, etwas auszuprobieren, und darf nicht ständig durch Verbote eingeschränkt werden. Ein Beispiel soll dies verdeutlichen:

Beispiel

Ein Kind möchte der Mutter helfen, die Blumen zu gießen. Es hat eigens dafür eine kleine Kanne. Ein zwei Jahre altes Kind wird dabei fast zwangsläufig selbst auch nass. Es muss erst lernen, wie weit man die Kanne neigen muss, damit das Wasser nicht auch oben herausschwappt. Es muss zielen lernen usw. Und natürlich macht es auch Spaß, mit Wasser zu spritzen. Vielleicht wäre es besser, dem Kind vorher die Schuhe und Strümpfe auszuziehen, statt das Blumengießen zu verbieten.

Kindgerecht bedeutet nicht automatisch, dass teures Spielzeug zur Verfügung stehen muss. Einfache Haushaltsgegenstände, Naturmaterialien, eine Verkleidungskiste und einfaches, aber anregendes Spielzeug wie z. B. Bausteine, Puzzles oder Instrumente sind oftmals viel interessanter und für die Förderung der Denkentwicklung häufig auch besser geeignet.

- Die Förderung der Denkentwicklung nach Wygotski besteht in der Hauptsache darin, das Kind im Bereich der „Zone der nächsten Entwicklung" zu unterstützen. Basis dafür ist eine genaue Beobachtung des Kindes, um seine Fähigkeiten einschätzen zu können. Auf der Grundlage der Beobachtungen können Aufgaben gestellt werden bzw. das Kind kann bei der Bewältigung bestehender Aufgaben unterstützt werden. Der Erwachsene sollte dem Kind behutsame, aber gezielte Hinweise geben oder ihm Fragen stellen, die es zum Denken anregen. Das Kind sollte ermutigt werden und für seine Anstrengung und Leistung Anerkennung erhalten.

Günstig ist auch die Bildung von Lerngemeinschaften. Gleichaltrige Kinder mit unterschiedlichen Fähigkeiten können sich bei der Lösung einer Aufgabe gegenseitig unterstützen und so Wissen und Kompetenzen erweitern.

10.4 Sprachentwicklung

Der Besitz der Sprache ist charakteristisch für den Menschen. Durch sie unterscheidet sich der Mensch vom Tier. Zwar ist es gelungen, Menschenaffen teilweise die Gebärdensprache der Gehörlosen beizubringen, dennoch ist diese Leistung nicht mit der Beherrschung der menschlichen Sprache vergleichbar. Die Schimpansen beschränken sich darauf, vorgegebene Zeichen nachzumachen. Eigene Wort- und Satzkombinationen und die Freude am Informationsaustausch, wie dies bereits bei Kindern zu beobachten ist, fehlen völlig.

10.4.1 Verlauf der Sprachentwicklung

Mit der Entwicklung des **Spracherwerbs** haben sich viele Wissenschaftler beschäftigt. Deshalb liegen diesbezüglich genaue Kenntnisse und Beschreibungen vor.

> *„Kinder lernen das Sprechen auf bemerkenswert gesetzmäßige Weise. (…) Trotz der Unterschiede zwischen den Sprachen der Welt folgen alle Kinder einem nahezu identischen Zeitplan und sprechen erst einzelne Worte, dann Zweiwortsätze, gefolgt von komplexeren Kombinationen (…)."*
> (Eliot, 2010, S. 506)

Die Sprachentwicklung lässt sich daher gut in verschiedene Stufen oder Phasen einteilen, die jeweils durch bestimmte Fortschritte gekennzeichnet sind.

Vorstufe

Die erste Lautäußerung des Neugeborenen ist der sogenannte Geburtsschrei, der durch das Einsetzen der Atmung erfolgt. Er steht aber noch in keinem Zusammenhang mit Sprache. In den folgenden Wochen und Monaten schreit das Kind, um sich bemerkbar zu machen. Es schreit, wenn es Hunger hat, wenn die Windel nass ist, wenn es im Schlaf gestört wird usw. Neben den Unmutsäußerungen lautieren Kinder ab dem Alter von ca. zwei Monaten. Sie bilden lange Melodien von „aaaaaahhh" und „ooooooohhh" sowie Gaumenlaute wie „g" und „ng". Zwischen dem dritten und sechsten Lebensmonat reift der Stimmapparat des Säuglings heran und wird dem des Erwachsenen ähnlicher. Damit wird die Bildung neuer sprachlicher Laute wie b, d, m, n und Lautkombinationen wie ba, da möglich. Es beginnt ein neuer Abschnitt der Sprachentwicklung.

Stufe der Lallmonologe (sechs Monate bis ein Jahr)

Mit etwa sechs Monaten beginnen Kinder, Ketten aus einfachen Silben zu bilden wie ba-ba-ba oder da-da-da.
Man bezeichnet diese als **Lallmonologe**. Dabei macht es den Kindern offensichtlich Spaß, immer wieder die gleichen Silben aneinanderzureihen. Sie tun dies oft minutenlang in singendem Ton. Die Lallmonologe entstehen und verfestigen sich durch Selbstnachahmung, d. h., das Kind hört sich selbst und wiederholt dann das Gehörte. Hinzu kommt die Fremdnachahmung. Mit den Lallmonologen erregen die Kinder die Aufmerksamkeit der Erwachsenen. Eltern reagieren auf das Lallen, sie imitieren es, bieten neue Silben an oder sprechen ganz einfach mit ihrem Kind. Auf diese Weise wird das Kind durch die Erwachsenen verstärkt, weiterzuplaudern.

Am Anfang dieser Stufe ähneln sich die Lallmonologe aller Kinder. Untersuchungen haben aber gezeigt, dass sich bereits auf dieser Stufe Unterschiede zwischen den verschiedenen Sprachgemeinschaften herausbilden. Mit ca. zehn Monaten lallen Babys verstärkt Laute und Lautverbindungen ihrer Muttersprache. Amerikanische Mütter konnten unter lallenden Babys verschiedener Nationalitäten eindeutig die amerikanischen identifizieren. Am Ende dieser Stufe verfügen Kinder über wesentliche Bausteine der Sprache. Ein weiterer wesentlicher Fortschritt fällt in diese Phase: Kinder erkennen die Bedeutung von Sprache. Damit ist die Grundlage für die weitere Sprachentwicklung geschaffen.

Schon mit etwa zehn Monaten verfügt das Kind über einen passiven Wortschatz, d. h., es kann Worte verstehen, aber noch nicht selbst sprechen. Es versteht Begriffe wie z. B. „nein", „hallo", „Flasche" oder Namen von Personen. Die Bedeutung der Worte erschließt sich dem Kind über die Interaktion mit Erwachsenen. Durch Wiederholung und Betonung des Begriffes werden Wort und Gegenstand bzw. Person allmählich in Zusammenhang gebracht.

Stufe der Einwortsätze (ein Jahr bis ein Jahr sechs Monate)

Seine ersten Worte, die der Erwachsenensprache ähneln, spricht das Kind gegen Ende des ersten Lebensjahres. Es handelt sich zunächst oft um Wörter, die aus einer **Silbenverdoppelung** (wie z. B. ma-ma) oder durch **Lautnachahmung** aus der Umwelt (wie z. B. wau-wau) entstehen. Schließlich werden auch einfache Begriffe nachgesprochen, die Erwachsene dem Kind vorsagen.

Wenn Begriffe über Spiele, Handlungen und Interaktion mit Erwachsenen gelernt werden, ist es verständlich, dass Kinder bestimmte Begriffe bevorzugt lernen. Es sind dies Namen von Personen, die sich mit dem Kind beschäftigen (wie Mama, Papa) oder Hauptwörter, die Gegenstände bezeichnen, mit denen das Kind hantieren kann, wie z. B. Teddy, Auto usw.

Hat das Kind die Bedeutung des Wortes erfasst, wird es gezielt eingesetzt. Dabei übernimmt das einzelne Wort die Funktion eines ganzen Satzes, daher auch die Bezeichnung „Stufe der Einwortsätze".

Beispiel

Mit dem Wort „Stuhl" können folgende Aussagen gemacht werden:
- *„Das ist ein Stuhl."*
- *„Ich möchte auf dem Stuhl sitzen."*
- *„Der Stuhl ist mir im Weg."*

Was tatsächlich gemeint ist, lässt sich nur aus dem Gesamtzusammenhang erkennen. Folgendes Beispiel zeigt einen solchen Zusammenhang auf:

Fallbeispiel

Katrin und ihre Mutter sitzen zusammen beim Frühstück:

Katrin: „tuhl"	Katrin (jammert): „hunta, hunta"
Mutter: „Du möchtest dich auf den Stuhl setzen?"	Mutter: „Doch runter?"
Katrin: „ehse"	Katrin: „tuhl" (zeigt auf einen anderen Stuhl)
Mutter: „Ja, du kannst Käse haben." Sie setzt Katrin auf den Stuhl.	Mutter: „Ach, auf den Stuhl willst du!"

Werden die Aussagen der Kinder vom Erwachsenen falsch gedeutet, so reagieren die Kinder häufig mit Jammern, Weinen oder Wut. Sie können nicht verstehen, dass der Erwachsene nicht sofort weiß, was sie wollen.

Die Aussprache der Wörter in dieser Phase unterscheidet sich noch stark von der Erwachsenensprache. Manchmal können nur die Bezugspersonen das Kind verstehen.

Stufe der Zwei- und Mehrwortsätze (ein Jahr, sechs Monate bis zwei Jahre)

Hat das Kind erkannt, dass jedes Ding einen Namen hat, so beginnt es gezielt nach Bezeichnungen zu fragen (**erstes Fragealter**). „Das?" oder „Is das?" bekommt der Erwachsene jetzt häufig zu hören. Dadurch erweitert sich der Wortschatz eines Kindes sprunghaft.

Der Übergang vom Einwortsatz zu **Zwei-Wort-Äußerungen** ist fließend. Anfänglich werden zwei einzelne Worte ohne jegliche Verbindung nacheinander gesprochen. Später gehören die Worte eindeutig zusammen:

Beispiele

Mädi schlafen; Mama weg; Auto put

Neben Hauptwörtern treten nun auch Verben, Umstandswörter und Eigenschaftswörter auf. Wie die Beispiele zeigen, werden die Verben meist in ihrer Grundform gebraucht. Das Kind kann jetzt mehr über Dinge aussagen, allerdings müssen die Aussagen auch in dieser Phase noch gedeutet werden. Bevorzugt sprechen Kinder über ihre Handlungen und über Veränderungen, die sie damit erreicht haben. Sie beziehen sich erstmals in ihren Aussagen auf vergangene Situationen, auch wenn sie die Vergangenheit sprachlich noch nicht ausdrücken können. Ein- und zweisilbige Wörter werden in der Regel richtig ausgesprochen, drei- und mehrsilbige dagegen verkürzt.

Gegen Ende des zweiten Lebensjahres kommt es dann zu Drei- und Mehrwortäußerungen wie:

Beispiele
Auto is put; Andi Ball haben

Hier werden nun erste grammatische Merkmale deutlich. Die Kinder folgen nämlich bereits der Wortstellung der Erwachsenensprache. Verben („haben") stehen fast immer am Satzende, und das Subjekt („Andi") steht vor dem Objekt („Ball"). Auch beginnen die Kinder, zumindest einige Wörter zu beugen. Damit ist der Übergang zur nächsten Stufe hergestellt.

Auf- und Ausbau der Grammatik (zwei bis drei Jahre)

Das Kind erkennt Regeln und wendet diese an, z. B. beugt es Wörter, um die Vergangenheit auszudrücken. Dabei kommt es anfangs noch häufig zu Fehlern, den **Analogiefehlern**. Das Kind hat eine Regel erkannt und wendet sie nun auf andere Wörter an, obwohl sie hier nicht passt.

Beispiele   *hoch – höher*   *gut – güter*
              spielen – gespielt   *trinken – getrinkt*

Grammatik und Satzbau werden durch das korrekte **Vorbild von Erwachsenen** rasch verbessert. Das Kind macht geradezu stürmische Fortschritte. Am Ende dieser Stufe kann es weitgehend richtig sprechen. Es kann Sätze bilden, Fragen stellen und beantworten und Zusammenhänge erklären. Seine Sprechweise ist für jedermann verständlich, auch wenn einige Lautkombinationen noch nicht richtig ausgesprochen werden können. Offenbar kennen die Kinder jetzt aber die richtige Aussprache, auch wenn sie sie selbst noch nicht beherrschen. Sie haben Begriffe richtig gespeichert und verstehen sie auch nur bei korrekter Anwendung. Dies zeigt folgender Versuch:

Fallbeispiel
Ein Kind nennt seinen Plastikfisch „Fis". Der Versuchsleiter fragt das Kind: „Ist das dein Fis?" Er macht also die Aussprache des Kindes nach. Das Kind antwortet: „Nein, das ist mein Fis." Auch weitere Nachfragen mit dem Begriff „Fis" weist das Kind zurück. Erst als der Versuchsleiter fragt: „Ist das dein Fisch?", antwortet das Kind erfreut: „Ja, das ist mein Fis." (Mietzel, 2002, S. 159)

Bedeutsam ist das Erkennen der richtigen Laute und Lautkombinationen für das Lesen- und Schreibenlernen.

Sprache ist mehr als Sprechen. Gespräche führen heißt auch, zwischen Sprechen und Zuhören abwechseln, Gesprächsinhalte aufeinander zu beziehen. Erste Ansätze des Dialogs sind bereits im Alter von zweieinhalb bis drei Jahren in Spielsituationen zu beobachten. Kinder wechseln sich beim Spielen und Unterhalten ab, sie reagieren in diesem Alter aber nicht immer direkt aufeinander.

Stufe der Festigung (drei bis vier Jahre)

Einfache Sätze werden richtig gebildet. Sie werden zunehmend durch „und", „oder" und „aber" verbunden. Erste **Satzgefüge** mit Haupt- und Nebensatz entstehen, wobei der Hauptsatz häufig mit „ich möchte" beginnt und der Nebensatz mit „dass" eingeleitet wird. Bei der

Beugung von Wörtern kommen kaum noch Fehler vor. Auch die Aussprache verbessert sich ständig. Drei- und mehrsilbige Wörter können richtig gesprochen werden. Probleme kann es nach wie vor bei Lautverbindungen mit „k" und „s" geben.

In die Stufe der Festigung fällt auch das **zweite Fragealter**, das gegen Ende des dritten Lebensjahres beginnt und seinen Höhepunkt in der Mitte des vierten Lebensjahres hat. Das Kind stellt jetzt andauernd „Warum-Fragen".

Erwachsene empfinden diese Zeit meist als sehr anstrengend. Kaum haben sie eine Frage beantwortet, wird die nächste gestellt. Auch ist es oft schwierig, eine kindgerechte Antwort zu finden auf Fragen wie: „Warum gibt es einen Wald?" oder „Warum donnert es?"

Vollständige Beherrschung (vier bis fünf Jahre)

Die Sprache gleicht sich immer mehr der Sprache der Erwachsenen an. Die Satzgefüge werden komplizierter. Das Kind ist in der Lage, über vergangene, zukünftige und nur gedachte Ereignisse zu sprechen. Die Aussprache ist nun auch bei schwierigen Lautkombinationen korrekt. Mit fünf Jahren ist die sprachliche Entwicklung in ihren Grundzügen abgeschlossen.

Im Laufe der Vorschulzeit erkennen die Kinder auch, dass Sprache gezielt für eigene Absichten eingesetzt werden kann. Dafür muss man die Sprache auf den jeweiligen Kommunikationspartner abstimmen. Fünfjährige Kinder berücksichtigen dies, sie sprechen beispielsweise mit jüngeren Geschwistern anders als mit den Eltern. Auch die Fähigkeit, Dialoge zu führen, nimmt im Laufe der Kindergartenzeit zu. Bei Fünfjährigen kann man schon ziemlich lange Gespräche beobachten, in denen sie sich aufeinander beziehen. Dies ist eine wichtige Voraussetzung für das Gelingen sozialer Beziehungen.

Weitere Entwicklung im Schulalter

Auch im Schulalter lernt das Kind noch jeden Tag neue Wörter. In den ersten vier Grundschuljahren nimmt der Wortschatz um ein Vierfaches zu und umfasst dann ca. 40 000 Begriffe. Kinder denken nun über Wörter nach, benutzen sie präziser und erkennen, dass es Synonyme gibt. Umgekehrt entwickeln sie das Bewusstsein, dass einzelne Wörter mehrere Bedeutungen haben können, z. B. eine „süße Katze". Damit ist es Acht- bis Zehnjährigen möglich, Metaphern, Wortspiele, Rätsel und Witze zu erfassen, in denen

doppelte Bedeutungen eine Rolle spielen. Auch die Grammatik wird während der Schulzeit verbessert bzw. erweitert, Kinder verwenden häufiger Passiv- oder Infinitivsätze.

Neu ist die schriftliche Ausdrucksweise. Die Schriftsprache weist einige Besonderheiten auf und ist nicht einfach eine Übersetzung der mündlichen Sprache. In der Schriftsprache gibt es keine Betonung, keinen Rhythmus oder Ausdruck. Das mündliche Sprechen findet in anderen Situationen statt. Sprache ist hier ein Bestandteil einer Tätigkeit. Bei der Schriftsprache ist deshalb ein anderer Grad an Bewusstsein notwendig. Untersuchungen haben gezeigt, dass Kinder im Schulalter zunehmend kompliziertere Sätze bilden. Sie bringen damit Begründungen und Bedingungen zum Ausdruck.

Sprachentwick-lung	Alter/Jahre	Merkmale
Vorstufe	0,0–0,5	Schreien; erste Lautbildung
Lallmonologe	0,5–1,0	Aneinanderreihung von Silben
Einwortsätze	1,0–1,5	ein Wort steht für den ganzen Satz; vorwiegend Hauptwörter
Zwei- und Mehrwortsätze	1,5–2,0	Wörter werden in der Grundform aneinandergereiht; erstes Fragealter
Auf- und Ausbau	2,0–2,5	einfache Sätze; Grammatik noch fehlerhaft
	2,5–3,0	erste einfache Satzgefüge; rasche Verbesserung der Grammatik; Beginn des zweiten Fragealters
Festigung	3,0–4,0	Satzgefüge werden umfangreicher; Grammatik festigt sich
vollständige Beherrschung	4,0–5,0	kompliziertere Satzstrukturen; Grammatik wird beherrscht
weitere Entwicklung	ab 6	Synonyme, Passivsätze, doppelte Bedeutung von Begriffen; Anfänge der Schriftsprache

10.4.2 Bedeutung der Sprachentwicklung

Die Bedeutung für den sozial-emotionalen Bereich

Mithilfe der Sprache können Kontakte geknüpft werden, Beziehungen aufrechterhalten und vertieft werden. Untersuchungen haben gezeigt, dass Kinder, die sich sprachlich gut ausdrücken können, weniger Probleme haben, Kontakte zu knüpfen und beliebter sind. Die Rolle des Anführers in der Gruppe wird ebenfalls von Kindern bzw. Jugendlichen besetzt, die sich gut verständigen können und fähig sind, Konflikte über Sprache zu lösen. Sprache ist also von großer Bedeutung für den **sozialen Bereich**.
Kinder werden durch die zunehmende Sprachentwicklung selbstständiger und selbstsicherer. Sie sind in der Lage, zu fragen, zu begründen, was sie tun, und zu beschreiben, was sie fühlen. Erwachsene sind nicht mehr auf die Deutung von Verhaltensweisen wie z. B. Weinen angewiesen; das Kind kann sagen, warum es weint. Dadurch können Erwachsene **Bedürfnisse und Gefühle** der Kinder erkennen und besser auf sie eingehen. Gleichzeitig bietet das zunehmende Sprachverständnis den Erwachsenen die Möglichkeit, ihr eigenes Verhalten zu begründen. Auf diese Weise werden Anweisungen und Verbote einsehbar oder zumindest Zusammenhänge deutlich.

Die Bedeutung für den schulischen Werdegang

Sprache hat eine außerordentlich große Bedeutung für das schulische Lernen und damit letztendlich für den schulischen und beruflichen Werdegang. Zunächst ist das **Sprachverständnis** von Bedeutung. Alle Erklärungen und Anweisungen in der Schule laufen über die Sprache. Will man gute Noten bekommen, ist die **Sprachproduktion** wesentlich. Alle Notenerhebungen in den Kernfächern geschehen über Sprache, entweder mündlich oder schriftlich. Kinder, die sich sprachlich nicht besonders differenziert ausdrücken können, sind im Nachteil.

Kinder mit Migrationshintergrund, die nur wenig Deutschkenntnisse haben, bekommen in der Schule zwangsläufig Probleme. Deshalb wird in letzter Zeit darüber nachgedacht, wie man diese Kinder speziell im sprachlichen Bereich fördern kann (vgl. Kap. 13.2.3).

10.4.3 Probleme der Sprachentwicklung

Angaben über die **Häufigkeit von Sprachstörungen** gehen weit auseinander. Einig ist man sich aber darüber, dass Sprachstörungen in den letzten Jahren stark zugenommen haben und die Tendenz weiter steigend ist. Viele der im Folgenden beschriebenen Symptome (= Merkmale) treten im Verlauf der normalen Sprachentwicklung bei allen Kindern auf. Es handelt sich daher nicht um Auffälligkeiten. Erst wenn die Symptome über das vierte bzw. fünfte Lebensjahr hinaus andauern, kann man von einer Störung sprechen. Hier wird nur auf die Störungen eingegangen, die im Kindesalter besonders häufig auftreten.

Man unterscheidet vier verschiedene Arten von Sprachstörungen. Die Einteilung orientiert sich dabei an den **Symptomen**:
- Störungen der Aussprache und Lautbildung (z. B. Stammeln),
- Redeflussstörungen (z. B. Stottern),
- Stimm- und Stimmklangstörungen (z. B. Näseln),
- Störungen des Sprachaufbaus (Dysgrammatismus).

Beispielhaft soll hier auf das **Stammeln** und den **Dysgrammatismus** eingegangen werden. Das **Stammeln** ist die am weitesten verbreitete Sprachstörung unter Kindern. Man versteht darunter die Unfähigkeit, einzelne Laute richtig bilden oder aussprechen zu können. Ist nur ein Laut betroffen, wie z. B. der k-Laut, so bleibt die Sprache verständlich. Auch bei Störungen von mehreren Lauten oder Lautgruppen, wie z. B. s und sch, bleibt die Verständlichkeit meist erhalten. Stark beeinträchtigt ist sie dagegen beim schweren Stammeln, wenn überhaupt nur wenige Laute richtig gebildet werden. Kinder, die stammeln, gehen unterschiedlich damit um:

- Eine Möglichkeit ist, den Laut einfach auszulassen, z. B. Kuchen – Uchen, Sonne – Onne.

- Der Laut kann aber auch durch einen anderen ersetzt werden, z. B. Kuchen – Tuchen, Sonne – Donne.

- Eine weitere Möglichkeit ist die fehlerhafte Bildung des Lautes. Dies geschieht häufig bei s-Lauten. Weitverbreitet ist das **Lispeln**.

Beim **Dysgrammatismus** ist die Person nicht in der Lage, grammatikalisch richtige Sätze zu bilden. Dabei kommen unterschiedliche Schweregrade vor:

- Bei der leichtesten Form können einfache, kurze Sätze richtig gebildet werden. Bei komplizierteren Sätzen treten Fehler beim Satzbau und/oder bei der Beugung von Wörtern auf.

  Beispiel
  Wenn ich das Auto mich kaufe.

- Bei einer mittelgradigen Störung wird das Zeitwort meist in der Grundform an das Satzende gestellt.

  Beispiel
  Ich das nicht wissen.

- Im schwersten Fall werden einzelne Wörter aneinandergehängt, ohne sie zu beugen. Die Äußerungen sind sehr kurz, meist auf ein bis drei Worte beschränkt. Hier wird es dann oft schwierig, den Sinn des Gesagten zu erschließen.

Beispiel
Das Auto Mama.

Es gibt verschiedene **Ursachen** für das Auftreten von Stammeln und Dysgrammatismus. Eine Möglichkeit ist, dass die Wahrnehmungsfähigkeit und die Fähigkeit der Verarbeitung von Wahrnehmungen herabgesetzt sind. Beide Störungen können aber auch durch soziale Probleme, wie z. B. Vernachlässigung, bedingt sein.
Wenn die Stufen der Sprachentwicklung zu einem viel späteren Zeitpunkt oder nur unzureichend durchlaufen werden, spricht man von **verzögerter Sprachentwicklung**. Eine stark verzögerte Sprachentwicklung äußert sich in geringem Wortschatz, Problemen bei der Aussprache und fehlerhafter Grammatik. Als Ursache kommen mehrere Faktoren infrage. Zum einen können organische Störungen vorliegen, wie z. B. Hirnschädigungen oder Krankheiten. Aber auch soziale Faktoren wie mangelnde Anregungen und Zuwendung, autoritärer Erziehungsstil und Überforderung können zur Verzögerung der Sprachentwicklung führen (vgl. Kap. 9.3.2).

10.4.4 Sprachentwicklung anregen und unterstützen

Bei der Förderung der Sprachentwicklung geht es darum, die Sprachkenntnisse, das Sprachverständnis und die Sprachfähigkeit, also die Fähigkeit sich auszudrücken, zu fördern.

Ammensprache
Wenn Erwachsene mit kleinen Kindern sprechen, ändern sie die Stimmlage, heben ein Wort besonders heraus, indem sie es in die Länge dehnen und übermäßig betonen. Sie bilden nur kurze Sätze, machen viele Pausen und wiederholen einzelne Worte immer wieder. Diese Art, mit Kindern zu sprechen, wird als „Ammensprache" bezeichnet und ist bei Erwachsenen auf der ganzen Welt zu beobachten. Der Tonfall lässt die Babys die Bedeutung der Worte erkennen, ohne dass sie den Inhalt verstehen. Die folgende Grafik zeigt, wie amerikanische und chinesische Mütter die Stimme anheben, um das Kind aufmerksam zu machen oder zu belohnen, bzw. wie sie bei Warnungen und zum Zwecke der Beruhigung die Stimme senken.

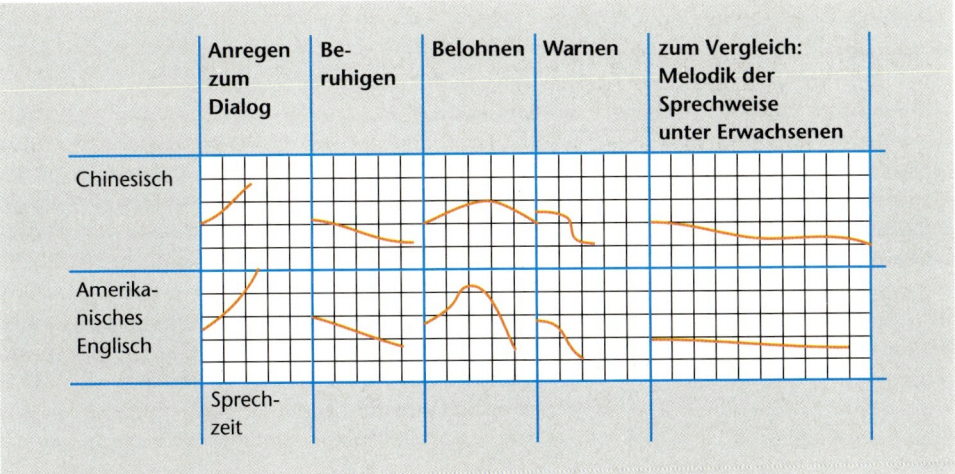

(Haaf/Schrader, 1993, S. 46)

In erster Linie wird durch die Ammensprache eine emotionale Beziehung zum Kind hergestellt, eine Basis für die Verständigung geschaffen. Gleichzeitig passen sich Erwachsene damit
den Anforderungen des Kindes an. Es hört immer wieder dieselben Silben und Laute, bis es sie
schließlich wiedererkennt und nach einiger Zeit selbst bildet. Indem sie die Ammensprache
verwenden, werden Erwachsene, häufig unbewusst, zu Sprachlehrern. Auch für das Erfassen
von Begriffen sind die Erwachsenen wichtig. Sie zeigen z. B. Gegenstände und sprechen wieder und wieder den Begriff dazu. Ebenso begleiten Eltern ihre Aussagen oft mit Bewegungen
und fordern auch das Kind dazu auf. Ein bekanntes Beispiel ist „Mach winke-winke". Dadurch
wird Sprachverständnis angebahnt. Das Kind ahnt, dass Sprache etwas mit Tätigkeiten zu tun
hat. Es erkennt schließlich, dass der Begriff „winke" für die Tätigkeit „winken" steht, und wird
versuchen, das Wort zu sagen. Die Ammensprache ist nicht zu verwechseln mit der Neigung
von Erwachsenen, alles zu verniedlichen oder mit einem unnatürlichen Tonfall zu sprechen.
Dies sollte vermieden werden. Die Ammensprache ist klar, einfach und im Tonfall positiv.

Erweiterung/Umformulierung

Sind die Kinder in ihrer Sprachentwicklung etwas fortgeschrittener, verändert sich auch das
Verhalten der Erwachsenen. Sie nehmen die unvollständigen und fehlerhaften Aussagen der
Kinder auf und formulieren sie um bzw. ergänzen diese.

Beispiel
Lisa: „Lisa Milch" – Vater: „Du möchtest Milch trinken."

Auf diese Art werden die Äußerungen der Kinder inhaltlich nicht verändert, sondern nur verbessert. Untersuchungen beweisen, dass dies bei der Ausbildung der Sprachfähigkeit günstig
ist. Wenig hilfreich sind dagegen Verbesserungen, bei denen Kinder den Satz oder die falsch
ausgesprochenen Worte wiederholen sollen. Solche Verbesserungen dämpfen die Sprechfreude.

Reime und Spiele mit Reimen

Neben den Alltagssituationen werden jetzt auch gezielte
Maßnahmen zur Förderung der Sprache eingesetzt. Eine
Möglichkeit bieten die Kinderreime. Einige sind vielleicht
noch aus der eigenen Kindheit bekannt. Ein „Klassiker",
den schon Großeltern und Urgroßeltern lehrten, ist der
nebenstehende Reim.

Kinderreime fördern **Sprachmelodie** und **Sprechrhyth-
mus**. Diese wiederum machen die Sprache schwungvol-
ler und ausdrucksstark. Menschen, die schwungvoll und

Hoppe, hoppe Reiter,
wenn er fällt, dann schreit er.
Fällt er in den Graben,
fressen ihn die Raben.
Fällt er in den Sumpf,
macht der Reiter plumps.

ausdrucksstark sprechen, hört man lieber zu als solchen, die monoton sprechen. Darüber
hinaus erfüllen die Reime einen weiteren Vorteil: Kinder bekommen das Gefühl, etwas zu kennen und zu können. Wird der Reim im Kindergarten eingesetzt, hat er integrierende Wirkung.
Auch Außenseiter und zurückhaltende Kinder gehören während des „Spiels" dazu. Nicht
zuletzt bereiten Kinderreime Freude.

Reime werden immer wieder gewünscht, oft wiederholt und sind bis ins Grundschulalter hinein beliebt. Kinder kennen die Reime und die entsprechenden Spiele auswendig, sie bekommen so das Gefühl, ihre Umwelt zu kontrollieren, sie fühlen sich sicher.

Literacy-Erziehung

Literacy ist ein Sammelbegriff für Erfahrungen mit Lese-, Erzähl- und Schriftkultur. Die Möglichkeiten in dem Bereich sind vielfältig, z. B. Bilderbücher, Gute-Nacht-Geschichten, Theater- und Puppenspiele, Briefe, E-Mails, aber auch einfache Dinge wie Einkaufslisten und Notizen. Untersuchungen haben gezeigt, dass Kinder mit vielfältigen Literacy-Erfahrungen langfristig deutliche Entwicklungsvorteile im Bereich der Sprachkompetenz, beim Lesen und Schreiben haben. Sie verfügen über mehr Wissen und entwickeln eine positive Haltung

zu Büchern und Geschichten. Das **Bilderbuch** ist eine der wirksamsten Möglichkeiten der Literacy-Aktivitäten, deshalb soll es hier als Beispiel herausgegriffen werden.

Bilderbücher dienen in vielfältiger Weise der Sprachförderung. Wichtig ist dabei, wie sie eingesetzt werden. Als besonders effektiv hat sich das sogenannte dialogisierende Lesen erwiesen. Die Erwachsenen versuchen, das Kind zu aktivieren, sich mit dem Buch auseinanderzusetzen.

> *„Der Unterschied zur herkömmlichen Bilderbuchbetrachtung besteht darin, dass bei dem Kleinstgruppenangebot nicht der Inhalt des Buches im Vordergrund steht, sondern das Buch als Medium genutzt wird, um mit den Kindern in Dialog zu treten. (...) Beim dialogischen Lesen ist die Fragetechnik besonders bedeutsam. Vor allem offene Fragen regen die Entwicklung der Erzählkompetenz und eher sprachstrukturelle Aspekte an. Fragen mit offenem Charakter können eine Diskussion in Gang bringen, unterstützen das Kind, sich auf Details einer Geschichte zu konzentrieren und helfen ihm, eine Beziehung zwischen Geschichte und den eigenen Erfahrungen herzustellen: ‚Kennst Du jemanden, der das auch so gemacht hat?' ‚Ist Dir das auch schon mal passiert?' ‚Was würdest Du an seiner Stelle tun?' ‚Wie war das, als Du das letzte Mal krank warst?'"*
> *(Reichert-Garschhammer/Kieferle, 2011, S. 121 f.)*

Die beschriebene Vorgehensweise weckt die Sprechfreude bei Kindern, sie lernen, frei zu formulieren und eigene Gedanken in Worte zu fassen.

Wird der Text eines Buches in die Betrachtung einbezogen, lernen die Kinder ein anderes Sprachniveau kennen. In Kinderbüchern ist der Wortschatz variationsreicher, es werden Begriffe wie „erblicken", „erspähen" usw. verwendet. Auch der Satzbau der Schriftsprache ist anders als bei der gesprochenen Sprache. Im Alltag verwenden wir einfache, kurze Sätze, in Büchern ist der Satzbau dagegen wesentlich differenzierter. Kinder, die Erfahrungen mit Texten machen, können Schriftsprache besser verstehen und selbst gut einsetzen.

Geschichten und Märchen verbessern zudem die Abstraktionsfähigkeit. Alltagssprache bezieht sich auf bekannte, konkrete Situationen und Handlungen. In Erzählungen müssen Personen, Räume und Situationen erst sprachlich eingeführt werden, das erfordert Abstraktionsfähigkeit. „Wir waren in Spanien im Urlaub, das ist ein Land, das weit weg ist. Man braucht mit dem Auto mehr als einen Tag, um dort hinzufahren." Die Fähigkeit, derart zu abstrahieren, ist bedeutsam für Lesen und Schreiben.

Bilderbücher sind bis ins Grundschulalter beliebt. Bei der Betrachtung sollte sich die Kinderpflegerin auf die Kinder einstellen, sich an ihrem Tempo orientieren. Man kann eine Seite länger anschauen, zurückblättern, ins Gespräch kommen und von der Geschichte im Buch abschweifen. Voraussetzung für die Effektivität des dialogisierenden Lesens sind kleine Gruppen und mehrere Angebote in der Woche. Besonders wichtig und geeignet sind Literacy-Erfahrungen für Kinder, die im sprachlichen Bereich Probleme haben.

Weitere Möglichkeiten, die Sprachentwicklung anzuregen und zu unterstützen

- Die Kinderpflegerin sollte den Kindern ein gutes Sprachvorbild sein. Das bedeutet, sie sollte klar und deutlich sprechen und auf ihre Wortwahl achten.

- In Alltagssituationen kann sie Kinder zum Sprechen ermuntern, dies gelingt insbesondere durch aktives Zuhören bzw. eine entsprechende erzieherische Grundhaltung (vgl. Kap. 16.7.1).

- Sind Kinder im Fragealter, sollte die Kinderpflegerin auf die Fragen eingehen. Dabei ist es nicht wichtig, möglichst präzise und sachgerecht zu antworten. Vielmehr sollte der Erwachsene die Thematik, die das Kind beschäftigt, erkennen und mit dem Kind darüber ins Gespräch kommen. Sachverhalte müssen kindgerecht erklärt werden.

- Es gibt natürlich noch zahlreiche weitere Möglichkeiten der Sprachförderung. Genannt seien hier nur Kinderlieder, Rollenspiele, das Theaterspiel und Gespräche. Auch Ausflüge und Spaziergänge regen zum Sprechen an.

- Kinder mit Sprachstörungen bedürfen der besonderen Zuwendung. Sie sollten nicht ständig verbessert werden, da sie sonst die Freude am Sprechen verlieren. Es ist wichtig, die Eltern frühzeitig auf die Problematik aufmerksam zu machen, da Förderung in jungen Jahren sehr Erfolg versprechend ist.

10.5 Sozialentwicklung

„Es ist nicht gut, dass der Mensch allein sei." (Mos. 2, 18)

Dieses Bibelzitat weist darauf hin, dass der Mensch auf das Zusammenleben mit anderen Menschen in einer Gemeinschaft angewiesen ist. Jedes Verhalten, das den Umgang mit anderen Menschen betrifft, bezeichnet man als Sozialverhalten. Dazu gehören u. a. das Knüpfen und Aufrechterhalten von Kontakten, eine gemeinsame Arbeit bzw. gemeinsames Spiel und Freundschaften genauso wie die Auseinandersetzung und Konfliktbewältigung. Sozialverhalten ist nicht angeboren, es muss **gelernt** werden.

Definition
Unter *„Sozialverhalten"* versteht man jedes Verhalten, das den Umgang mit anderen Menschen betrifft.

10.5.1 Verlauf der Sozialentwicklung

Bereits das Neugeborene braucht neben der körperlichen Versorgung und Pflege die soziale Betreuung. Zunächst bestehen soziale Kontakte hauptsächlich zu erwachsenen Betreuungspersonen in der Familie. Später erweitert sich der Kreis auf Personen außerhalb der Familie. Mit dem Eintritt in den Kindergarten, z. T. aber auch früher, gewinnen die Gleichaltrigen an Bedeutung. Der Kreis der Sozialbeziehungen wird immer größer. Der Jugendliche schließlich löst sich emotional von der Familie, die Beziehung bekommt eine neue Qualität. Er wendet sich in dieser Zeit dann verstärkt seinem Freundeskreis zu.

Die Beziehung zu Erwachsenen

Die ersten sozialen Kontakte und Beziehungen eines Kindes bestehen zwischen ihm und seiner Betreuungsperson, meist der Mutter. Die Mütter nehmen ihre Kinder auf, sprechen mit ihnen, zeigen ihnen Gegenstände usw. Offenbar ist das Neugeborene mit bestimmten Merkmalen und Fähigkeiten ausgestattet, die erwachsene Personen dazu bewegen, sich ihm zuzuwenden.

Damit ist die soziale Versorgung des Kindes gewährleistet. Zu diesen Merkmalen und Fähigkeiten gehören:

- das Aussehen des Kindes,
- die Fähigkeit, bestimmte Signale aus der Umwelt zu beachten,
- die Fähigkeit, Signale auszusenden, die sozial gedeutet werden.

Verhaltensforscher sind der Meinung, dass der **Anblick** eines Babykopfes bzw. Babygesichtes **automatisch** Zuwendungsverhalten bei Erwachsenen auslöst. Von besonderer Bedeutung sind dabei die hohe Stirn, die großen, tiefliegenden Augen und die ausgeprägten Wangen. Diese Merkmale werden zusammengefasst unter dem Begriff „**Kindchenschema**". Erwachsene reagieren dann häufig mit den Worten „niedlich" oder „süß".

Bereits Neugeborene beachten bevorzugt Signale aus der Umwelt, die mit sozialer Beziehung zu tun haben. Das Kind lauscht der menschlichen Stimme, betrachtet interessiert das menschliche Gesicht und beruhigt sich, wenn es aufgenommen und geschaukelt wird.

Darüber hinaus sendet aber ein Kind auch Signale aus, die dann von den Betreuungspersonen sozial gedeutet werden. Zu diesen Signalen gehört das Lächeln und Anschmiegen. Sie lösen beim Erwachsenen verstärkt Zuwendung aus. In Situationen, die vom Kind als bedrohlich erlebt werden, wird es weinen oder sich anklammern. Die Betreuungsperson gewährt daraufhin Nähe, Schutz und Trost. Zunächst sind diese sogenannten **Bindungsverhaltensweisen** nicht auf eine bestimmte Person ausgerichtet. Durch die häufige Interaktion mit der Betreuungsperson entsteht eine Bindung an diese Person, die man an folgenden Verhaltensweisen des Kindes erkennen kann:

- Etwa mit sechs Monaten wendet sich das Kind verstärkt der Bezugsperson zu. Vor allem in „Alarmsituationen", wenn es müde oder krank ist, wenn es Trost braucht, sucht es die Nähe der Bezugsperson.

- Als weiterer Hinweis dafür, dass eine Bindung entstanden ist, wird das sogenannte **Fremdeln** angesehen. Es tritt etwa um den achten Lebensmonat herum auf und wird deshalb auch als „Acht-Monats-Angst" bezeichnet. Die Kinder reagieren dann auf fremde Personen abwehrend: Sie schauen sie furchtsam an, ihre Körperhaltung versteift sich und unter Umständen fangen sie an zu weinen oder zu schreien.

- Davon zu unterscheiden ist die **Trennungsangst**. Auch sie wird als Zeichen für die Bindung an vertraute Personen gesehen. Sie tritt auf, wenn das Kind in einer unbekannten Umgebung von der Bezugsperson alleine gelassen wird. Auch dann weint und schreit das Kind. Seine Spielaktivität nimmt deutlich ab. Fremdeln und Trennungsangst kommen bei nahezu allen Kindern in allen Kulturen vor, wenn auch mit unterschiedlicher Intensität.

Entscheidend ist aber nicht, dass eine Bindung entstanden ist, sondern welche Qualität sie hat. Man unterscheidet zwischen sicherer und unsicherer Bindung. Geht die Bezugsperson sensibel auf das Kind ein, entsteht eine sichere Bindung. Kinder, die sicher gebunden sind, erkunden ihre Umwelt, trauen sich etwas zu und haben eine positive Grundstimmung. Umgekehrt entsteht bei unsensibler Betreuung eine unsichere Bindung. Diese Kinder sind zögerlich, ängstlich oder distanzlos. Sie haben eine eher misstrauische Grundstimmung.

Bindungen können, entgegen früherer Annahmen, durchaus zu mehreren Personen entstehen. Ist die Bindung an eine Person oder mehrere Personen gelungen, so ist die Grundlage für die weitere Sozialentwicklung gelegt. Es beginnt nun ein langsamer, aber ständig voranschreitender Ablösungsprozess. Das Kind wird beweglicher, lernt sprechen und hat damit die Möglichkeit, seine Umwelt aktiv zu erkunden und sich anderen Personen zuzuwenden. Die Bezugsperson ist dabei eine Art Sicherheitsbasis, von der das Kind ausgeht. Wird es gefährlich, kehrt das Kind zur Basis zurück und sucht dort Schutz oder Trost (vgl. Kap. 1.1).

Ein entscheidender Schritt in diesem Ablösungsprozess ist die **Entdeckung der eigenen Person**. Etwa zwischen eineinhalb und drei Jahren erkennt sich das Kind als eigenständige Person. Es verwendet das Fürwort „ich" anstelle seines Namens und erkennt sich eindeutig im Spiegel. Hat ein Kind das eigene Ich entdeckt, versucht es herauszufinden, was es alles bewirken kann und wo seine Grenzen liegen. Es möchte bestimmte Tätigkeiten, wie z. B. Saft einschenken, Haustüre aufsperren usw., selbst machen. Bei Konflikten mit den Erziehungspersonen kommt es häufig zu Wutausbrüchen. Das Kind stampft auf, schreit, schlägt um sich, wirft sich auf den Boden oder hält gar die Luft an, bis es blau wird. Es lässt sich in diesen Momenten kaum beruhigen, will sich nicht anfassen lassen und kapselt sich von der Umwelt ab. Diese Zeit ist bekannt unter dem Begriff „**Trotzphase**". Mit etwa drei Jahren flauen die „Trotzanfälle" dann wieder ab.

Der Begriff „Trotzphase" wird dem Verhalten des Kindes in dieser Zeit nicht gerecht. Das Kind trotzt nicht dem Erwachsenen, sondern es will herausfinden, was es bewirken kann und wo die Grenzen sind. Deshalb spricht man heute nicht mehr von Trotzphase, sondern von „**Autonomiealter**"[1]. Dieser Begriff bringt zum Ausdruck, dass das Kind bestrebt ist, seine Eigenständigkeit zu erproben (vgl. Kapitel 1.5.2).

Mit dem Eintritt in Kindergarten und Schule erweitert sich das soziale Bezugssystem. Das Kind verbringt nun viele Stunden des Tages außerhalb der Familie. Erzieherinnen, Kinderpflegerinnen und Lehrerinnen werden zu wichtigen Bezugspersonen und Vorbildern. Die Kinder werden immer selbstständiger und auch kritischer gegenüber den Erwachsenen. Sie brauchen aber gleichzeitig noch viel Zuwendung und Geborgenheit.

Erst im Jugendalter beginnt dann die bewusste emotionale Ablösung von den Eltern. Diese Zeit ist häufig durch Konflikte mit den Eltern geprägt. Werte und Normen, die früher als Kind einfach übernommen wurden, werden jetzt infrage gestellt. Der Jugendliche möchte mehr Freiheit, will für sich selbst entscheiden und sich nichts mehr von den Eltern sagen lassen. Gleichzeitig wendet er sich verstärkt den Gleichaltrigen zu. Persönliche Probleme, die früher mit den Eltern besprochen wurden, werden nun mit Freunden diskutiert.

---

[1] Autonomie = Selbstständigkeit, Unabhängigkeit

Soziale Kontakte und Beziehungen zu Gleichaltrigen

Lange Zeit glaubte man, kleine Kinder unter drei Jahren hätten an Gleichaltrigen kein Interesse und seien nicht fähig, Kontakte herzustellen. Heute weiß man, dass das nicht stimmt. Bereits sechs Monate alte Babys lachen sich zu und fassen sich an. Mit dem Eintritt in die Krippe, den Kindergarten und in die Schule nehmen die Gleichaltrigen an Bedeutung zu. Der Kontakt zu anderen Kindern bietet Chancen für die Sozialentwicklung. Dies lässt sich an der Entwicklung von sozialen Verhaltensweisen und an der Bewältigung von Konflikten verdeutlichen.

Soziale Verhaltensweisen wie Einfühlen, Miterleben, Geben und Nehmen, Erzählen und Zuhören oder das Teilen von Spielsachen und Süßigkeiten sind wichtige Voraussetzungen für dauerhafte Sozialbeziehungen und die soziale Beliebtheit in Gruppen. Als erste einfühlsame Regung gilt das Schreien von Säuglingen, wenn diese hören, dass andere Säuglinge schreien. Das Spiel von kleinen Kindern ist noch nicht auf einen Sozialpartner bezogen. Die Kinder schauen den anderen zu oder spielen neben ihnen. Trotzdem hat bereits diese Form des Spiels einen erheblichen Einfluss auf die Sozialentwicklung. Die Kinder üben dadurch nämlich die Fähigkeit, sich in andere Personen einzufühlen. Im Kindergartenalter werden soziale Verhaltensweisen dann u. a. durch das gemeinsame Spiel eingeübt. Rollenspiele sind dafür ein gutes Beispiel. Jeder muss verschiedene Rollen übernehmen, mal der „Bestimmer" sein, ein anderes Mal eine unbeliebte Rolle übernehmen (vgl. Kap. 12.1.4).

Neben der Entwicklung von sozialen Verhaltensweisen sind auch **Auseinandersetzung und Konfliktbewältigung** wichtige soziale Erfahrungen. Mit der Entdeckung der eigenen Person kommt es häufiger zu Konflikten zwischen Gleichaltrigen. Folgende Unterhaltung gibt ein Beispiel:

Fallbeispiel
David: „Magst du mein Bild?"
Tony: „Nein."
David: „Du musst es mögen."
Tony: „Wenn ich nicht will, muss ich es nicht mögen."
David: „Warum?"
Tony: „Weil ich es nicht mag. Darum!"
(Mietzel, 2002, S. 242)

Davids Eltern hätten wahrscheinlich sein Bild gelobt. Der gleichaltrige Tony gibt eine negative Antwort. Dadurch entsteht ein Konflikt. Die Auseinandersetzungen lassen sich nicht mit denen vergleichen, die das Kind mit Erwachsenen führt. Zwischen Gleichaltrigen herrscht kein **Machtgefälle**. Es müssen neue Strategien zur Konfliktlösung entwickelt werden. Dies scheint ein langwieriger Prozess zu sein. Man hat festgestellt, dass Fünfjährige ca. 20-mal täglich mit Sozialpartnern in Konflikte geraten. Darüber hinaus können sich Kinder mit anderen vergleichen und so ein Selbstbild aufbauen. David hat festgestellt, dass Tony ihn nicht für einen guten Zeichner hält, eine Erfahrung, die er im Elternhaus vermutlich kaum gemacht hätte.

10.5.2 Bedeutung der Sozialentwicklung

Von entscheidender Bedeutung für die weitere soziale Entwicklung ist eine sichere Bindung an die Bezugsperson. Langzeitstudien haben ergeben, dass Kinder, die in den ersten Lebensjahren eine sichere Bindung hatten, bis ins Jugendalter ausgeglichener und selbstsicherer sind, eine positivere Grundstimmung haben und mit Konflikten besser umgehen können als Kinder mit unsicherer Bindung.

Kinder mit sicherer Bindung entwickeln ein Grundvertrauen in sich und die Welt, das es ihnen möglich macht, im Laufe ihres Lebens auch anderen Menschen zu vertrauen und eine positive Lebenseinstellung zu entwickeln. Eine sichere Bindung ist Voraussetzung für das Gelingen weiterer Sozialkontakte (vgl. Kap. 1.1).

Aber auch für andere Entwicklungsbereiche ist die sichere Bindung wichtig. Als Beispiel soll hier die kognitive Entwicklung erwähnt werden. Nur ein Kind mit sicherer Bindung wird seine Umwelt aktiv erforschen. Dies wiederum ist Voraussetzung für die Denkentwicklung. Auf der sensumotorischen Stufe wird die innere Vorstellung über Handlungen erworben (vgl. Kap. 10.3.1).

Der Kontakt mit Gleichaltrigen bzw. anderen Kindern ermöglicht dem Kind Sozialerfahrungen, die es mit Erwachsenen kaum machen kann. Die Beziehung zwischen Erwachsenen und Kindern unterscheidet sich nämlich in mehrfacher Hinsicht. Es besteht unter Gleichaltrigen kein Machtgefälle. Sozialverhalten kann also auf der gleichen Ebene ausprobiert werden. Ältere Kinder befinden sich auf einer höheren Entwicklungsstufe, sind aber dennoch nicht so „unerreichbar" wie Erwachsene. Insofern bieten sie ein wertvolles Modell. Im Kontakt mit anderen lernen Kinder Austauschregeln wie Geben – Nehmen, Teilen usw.

Kinder, die diese Austauschregeln beherrschen, sind in der Gruppe beliebt. Anerkannte Kinder erfahren auch in schwierigen Situationen Hilfe von anderen Kindern. Werden Kinder bereits im Kindergartenalter von der Gleichaltrigengruppe abgelehnt, zieht sich dieses Problem meist durch bis ins Jugendalter. Die Kinder befinden sich in einem Teufelskreis. Sie werden schließlich Kontakte zu anderen Kindern und Jugendlichen suchen, die ebenfalls Ablehnung erfahren haben. Es kommt damit zu einer Häufung problematischer sozialer Verhaltensweisen. Anerkennung durch Gleichaltrige und Lernen von prosozialen Verhaltensweisen wird immer schwieriger.

10.5.3 Probleme des Sozialverhaltens

Sozialverhalten wurde am Anfang des Kapitels definiert als „jedes Verhalten, das den Umgang mit anderen Menschen betrifft". Kinder sollen nun bestimmte soziale Fähigkeiten und Verhaltensweisen lernen, die für ein zufriedenstellendes Zusammenleben notwendig sind. Dazu gehören u. a. ein gewisses Maß an Selbstkontrolle, Frustrationstoleranz, Kontaktfähigkeit usw. Werden diese Fähigkeiten beherrscht, so kann der Ausgleich zwischen gesellschaftlicher Anpassung und Wahrung der Identität gelingen. Werden diese Fähigkeiten nicht oder nicht ausreichend gelernt, kommt es zu Störungen im sozialen Bereich.

Solche Störungen treten in vielfältiger Form und unterschiedlicher Ausprägung auf. Dazu gehören beispielsweise Aggression, Verwahrlosung und Sucht ebenso wie Überangepasstsein, übertriebene Hilfsbereitschaft oder Ängstlichkeit.

Aber auch Verhaltensweisen und Symptome, die zunächst eher als Krankheit gesehen werden, können auf Störungen im sozialen Bereich hinweisen, wie z. B. Bettnässen, Mangel an Konzentrationsfähigkeit, Durchfall, Hauterkrankungen oder Asthma.

Auf einige dieser Störungen wird in Kapitel 14 ausführlicher eingegangen.

10.5.4 Sozialverhalten anregen und unterstützen

Die notwendige Grundlage für die normale Entwicklung des Sozialverhaltens ist die liebevolle Zuwendung einer festen Bezugsperson in den ersten Lebensjahren des Kindes. Bezugspersonen sollten einfühlsam sein, auf Signale des Kindes achten und angemessen und zuverlässig reagieren.

Der Übergang von der Familie in die Krippe oder den Kindergarten ist für viele Kinder nicht leicht. Solchen Übergangssituationen (= Transitionen) wird in der Fachliteratur Aufmerksamkeit gewidmet. Man hat festgestellt, dass diesen Situationen eine große Bedeutung zukommt. Werden Übergänge in der Kindheit gut bewältigt, bestehen gute Chancen, dass auch spätere Übergangssituationen gelingen. Übergänge sollten deshalb pädagogisch begleitet werden, z. B. durch langsames Eingewöhnen, Rituale, geordneten Tagesablauf, evtl. Patenschaften von größeren Kindern (vgl. Kap. 11.3).

Im Trotzalter ist die oberste Regel für die Erwachsenen „Ruhe bewahren", was nicht immer einfach ist. Strafe ist bei Trotzanfällen nicht angebracht. Die Kinder wenden sich nicht gegen den Erwachsenen, sondern wollen ihre Grenzen erkennen. Kinder, die Freiräume haben und deren Tagesablauf an ihren Bedürfnissen orientiert ist, trotzen weniger häufig und weniger intensiv. Ein weiterer wichtiger Faktor ist, dass Kinder – vor allem Einzelkinder – auch schon vor dem Schuleintritt mit Gleichaltrigen spielen können. Der Kindergarten, der z. B. durch Gesellschaftsspiele oder auch im Freispiel ganz besonders auf die Förderung des Sozialverhaltens achtet, bietet hier eine gute Gelegenheit. Mit der Bedeutung des Kindergartens für die soziale Entwicklung beschäftigt sich ausführlich das Kapitel 12.

Schließlich hat das Vorbild der Eltern, der Kinderpflegerinnen, der Erziehenden, der Lehrkräfte usw. einen erheblichen Einfluss auf die Sozialentwicklung des Kindes. Die Kinder achten sehr genau darauf, wie die Mutter mit der Freundin umgeht oder die Kinderpflegerin ein Kind der Gruppe tröstet. So kann man durch vorbildhaftes Verhalten Toleranz, Kompromissbereitschaft, Einfühlungsvermögen usw. vermitteln, ohne zu belehren.

10.6   Entwicklung der Moral

Das Zusammenleben in einer Gesellschaft wird durch **Verhaltensvorschriften** geregelt. Diese Vorschriften bezeichnet man auch als **Normen**. Sie geben an, was man tun darf und was nicht, welche Rechte und Pflichten der Einzelne hat (vgl. Kap. 3.1.2).

Definition
***Normen** sind Verhaltensvorschriften, die das Zusammenleben in einer Gesellschaft regeln.*

Verschiedene Normen werden im Laufe des Lebens gelernt und verinnerlicht. Ein System von Normen bezeichnet man als **Moral**.

D *Definition*
Moral ist das System von unterschiedlichen Normen in einer Gesellschaft.

Den Prozess der Verinnerlichung bezeichnet man auch als Aufbau des Gewissens oder der Moral. Dabei funktioniert das Gewissen wie eine „innere Stimme", die meldet, was moralisch ist, also den Normen entspricht. Das Gewissen wird zur **Richtschnur** für das eigene Handeln; außerdem beurteilt man mit seiner Hilfe die Handlungen anderer Menschen.

D *Definition*
Gewissen ist die „innere Stimme", die prüft, ob Verhaltensweisen mit dem Normensystem übereinstimmen.

10.6.1 Verlauf der Moralentwicklung

Wie kann man erkennen, ob jemand Werte und Normen verinnerlicht hat, die in der Gesellschaft Gültigkeit haben? Beobachten wir ein Verhalten, so bewerten wir es häufig gleich als „gut" oder „schlecht". Eine oberflächliche Betrachtung kann aber in die Irre führen. Nehmen wir an, ein Junge hilft seiner Großmutter freiwillig bei der Gartenarbeit, dann schätzen wir das als gutes Verhalten ein. Erfahren wir aber später, dass er das nur getan hat, weil er weiß, dass die Großmutter ihm dann sehr viel Geld dafür gibt, wird unsere Beurteilung des Verhaltens anders ausfallen.

Will man moralisches Verhalten bewerten bzw. die Moralentwicklung untersuchen, muss man auch Absichten und Ziele von Personen berücksichtigen, die hinter einem bestimmten Verhalten stecken. Wissenschaftler, die sich mit dem Thema „Moralentwicklung" befasst haben, verwenden deshalb oft Fallgeschichten, die moralische Konflikte enthalten. Sie fordern Kinder, Jugendliche und Erwachsene auf, die Konflikte zu lösen und ihre Entscheidung zu begründen. Die Begründungen geben dann Aufschluss darüber, auf welchem moralischen Niveau (Entwicklungsstufe) sich die jeweilige Person befindet. Über den Vergleich der Altersgruppen lässt sich ermitteln, inwiefern moralische Urteile sich im Laufe der Entwicklung verändern.

Wichtige Erkenntnisse zu diesem Thema erhalten wir aus den Forschungsarbeiten von Piaget, Kohlberg und Eisenberg. Sie kommen zu ähnlichen Ergebnissen. Stellvertretend wird in diesem Abschnitt die Arbeit von Nancy Eisenberg dargestellt.

Eisenberg legte den Kindern prosoziale Konflikte wie den folgenden vor:

> *„Eines Tages wollte ein Junge namens Eric zur Geburtstagsfeier eines Freundes gehen. Unterwegs sah er einen Jungen, der hingefallen war und sich am Bein verletzt hatte. Der Junge bat Eric, zu seiner Wohnung zu gehen und seine Eltern zu holen, sodass diese kommen und ihn zum Arzt bringen könnten. Wenn Eric aber loslaufen und die Eltern des Kindes holen würde, käme er erst später zur Geburtstagsfeier und würde Eis, Kuchen und alle Spiele verpassen. Was sollte Eric tun? Und warum? "*
> *(Siegler u. a., 2011, S. 546)*

Die Kinder mussten also entscheiden, ob sie freiwillig jemandem helfen (= prosoziales Verhalten) oder lieber den eigenen Bedürfnissen nachgehen. Die Auswertung ergab, dass sich die moralische Entwicklung in fünf Schritten vollzieht, die in einer bestimmten Reihenfolge auftreten und sich jeweils einer Altersgruppe zuordnen lassen. Die einzelnen Etappen sollen nun, jeweils auf das Beispiel bezogen, aufgezeigt werden:

1. Kindergartenkinder orientieren sich vorwiegend an den eigenen Bedürfnissen. Entsprechend lautet ihre Begründung oft: „Eric sollte zur Feier gehen, weil er das will."

2. Einige Kinder im Kindergartenalter, vermehrt aber Grundschüler machen sich Sorgen um das Wohlergehen anderer. Sie sagen, Eric solle helfen, weil der andere Junge blute oder verletzt sei.

3. Grundschulkindern ist es zunehmend wichtig, soziale Anerkennung zu bekommen. Sie handeln so, wie es andere Menschen und die Gesellschaft „gut" finden. Demnach lautet eine mögliche Begründung auf dieser Stufe: „Eric sollte helfen, um freundlich zu sein."

4. a) In der späten Kindheit bzw. im Jugendalter wird, in unterschiedlichem Ausmaß, die Perspektive des verletzten Jungen übernommen. Als Begründung geben ältere Kinder u. a. an, Eric solle sich überlegen, wie es ihm in dieser Situation gehen würde. Auch Überlegungen hinsichtlich möglicher Folgen des eigenen Verhaltens werden bedacht. Wird Hilfe geleistet, entstehen positive Gefühle, bei unterlassener Hilfeleistung dagegen Schuldgefühle.

   b) Ältere Jugendliche, wenn auch eine Minderheit, bringen in ihrer Begründung verinnerlichte Werte zum Ausdruck und die Gefühle, die entstehen, wenn man diesen Werten nicht gerecht wird. Es geht ihnen darum, individuelle und gesellschaftliche Vereinbarungen zu erfüllen. Sie glauben an Recht, Würde und Gleichheit aller Individuen. Sie sind der Meinung, Eric solle helfen, weil jeder Mensch ein Recht auf Hilfe habe, wenn er verletzt ist. Auf der Ebene 4b werden die zugrunde liegenden Werte aber noch nicht eindeutig oder nachdrücklich genannt. Deshalb wird diese Stufe als „Übergang" bezeichnet.

5. Auf der Ebene 5 ist dies der Fall. Die Jugendlichen bringen deutlich zum Ausdruck, dass sie gesellschaftliche Verpflichtungen anerkennen und erfüllen wollen und daran interessiert sind, den Zustand der Gesellschaft zu verbessern. Betont wird nun auch, dass positive oder negative Gefühle eine Rolle spielen, je nachdem, ob es einem gelingt, die eigenen Werte und Normen umzusetzen oder nicht.

Die geschilderten Veränderungen im prosozialen, moralischen Denken fand man bei Kindern aus unterschiedlichen Ländern wie Deutschland, Brasilien, Israel und Japan. Das bedeutet, dass es sich um allgemeingültige Entwicklungsschritte handelt. Selbstverständlich existieren aber auch kulturelle Unterschiede.

10.6.2 Bedeutung der moralischen Entwicklung

Ohne Moral ist das Zusammenleben in einer Gesellschaft nicht möglich. Die Verhaltensvorschriften sind aber nicht starr, sondern einem **ständigen Wandel** unterworfen. Wohl deshalb beklagt die jeweils ältere Generation immer wieder die moralische „Unzulänglichkeit" der Jugend. Heute leben wir in den westlichen Industrienationen in einer Zeit des raschen Umbruchs. Soziale Werte wie Gemeinschaft, Hilfsbereitschaft und Rücksichtnahme verlieren zunehmend an Bedeutung. Im Vordergrund stehen heute der Einzelne und seine Bedürfnisse sowie materielle Werte. Damit sind wir in eine **Sinnkrise** geraten. Frühere Werte entfallen ohne Ersatz. Dies bringt auch für die Erziehung Probleme mit sich. Vereinzelung, Vereinsamung und Orientierungslosigkeit seien hier als Schlagworte genannt.

Gleichzeitig bietet unsere Zeit ein ungeheures Maß an technischen Möglichkeiten, man denke beispielsweise an die Genforschung. Diese Möglichkeiten werfen neue moralische Fragen auf. Darf der Mensch alles tun, was technisch machbar ist? Wo sind die Grenzen? Welche Verantwortung tragen wir für die nachfolgenden Generationen?

Zwischen der moralischen Entwicklung und der Denkentwicklung besteht ein enger Zusammenhang. Die letzte Stufe des moralischen Urteilens setzt ein hohes Abstraktionsvermögen voraus. Die Ichbezogenheit ist hier vollständig überwunden. Umgekehrt bedeutet das, dass derjenige, der die letzte Stufe der Denkentwicklung nicht erreicht, auch die letzte Stufe der Moralentwicklung nicht erreichen kann.

Auch zur Sozialentwicklung bestehen Verbindungen. Wie dort beschrieben sind Kinder, die positives soziales Verhalten zeigen, in der Gruppe beliebt bzw. werden leichter in eine Gruppe aufgenommen. Hinter den sozialen Verhaltensweisen stehen moralische Normen wie Hilfsbereitschaft, Rücksichtnahme, die Fähigkeit zu teilen usw. Diese Normen helfen den Kindern, in ihren sozialen Beziehungen zurechtzukommen.

10.6.3 Probleme der moralischen Entwicklung

Erzieherverhalten hat einen entscheidenden Einfluss auf die Gewissensbildung. Deshalb sollen Beispiele für mögliche Störungen hier in direktem Zusammenhang mit problematischem Erzieherverhalten diskutiert werden.

Oberflächliche Anpassung an Werte und Normen

Die Forschung hat eindeutig ergeben, dass **machtausübendes Erzieherverhalten** ungünstig ist. Die Kinder halten sich zwar an die vorgegebenen Normen, aber nur aus Angst vor Strafe. Machtausübendes Erzieherverhalten verhindert die Verinnerlichung von Normen. Es handelt sich also um eine rein äußere Anpassung. Fühlt sich das Kind unbeobachtet oder nicht kontrolliert, so wird es die Vorschriften vermutlich übertreten.

Überstrenges Gewissen

Ebenso problematisch ist der **Liebesentzug**. Eltern zeigen sich bei moralischem Fehlverhalten der Kinder oft enttäuscht und gekränkt. Sie weisen die Kinder zurück oder brechen die Beziehung für längere Zeit ab. Vermutlich verinnerlichen die Kinder die Normen der Eltern auf diese Weise; ihr Gewissen wird aber übermäßig streng ausgeprägt. Menschen mit überstrengem Gewissen haben dauernd Angst, etwas falsch zu machen, sie wollen keine Verantwortung übernehmen und vermeiden jede Kritik. Die eigenen Bedürfnisse können nicht mehr zugelassen werden.

Fehlen von Werten und Normen

Werden Kindern kaum Werte und Normen vermittelt, wie dies bei der vernachlässigenden Erziehung der Fall ist, so bildet sich das Gewissen nur sehr schwach aus. Die Folge davon ist, dass sich diese Kinder und Jugendlichen am Lustprinzip orientieren. Sie suchen immer erst ihren eigenen Vorteil, Rücksichtnahme und Achtung der Bedürfnisse von anderen Menschen sind ihnen fremd. Soziales Miteinander wird durch diese Verhaltensweisen sehr erschwert (vgl. Kap. 14.5).

10.6.4 Moralische Entwicklung anregen und unterstützen

Verinnerlichung von Normen bedeutet mehr als die Kenntnis der Normen. Verinnerlichung heißt, die Normen anzuerkennen und als eigene anzusehen. Die Normen werden sozusagen ein Teil der Person.

Wie kann es gelingen, dass Kinder und Jugendliche soziale Regeln erlernen, in der Lage sind, diese kritisch zu überprüfen, ihren Nutzen erkennen und sie schließlich verinnerlichen? Dies gelingt nicht mit Belehrungen und – wie wir gesehen haben – auch nicht mit Vorwürfen oder Strafe.

Kleine Kinder lernen vor allem durch Nachahmung. Das bedeutet, es ist wichtig, ihnen Normen vorzugeben und vorzuleben. Von entscheidender Bedeutung ist die Beziehung zum Kind. Die Betreuungsperson sollte dem Kind eine eindeutige Orientierung ermöglichen. Dafür muss sie in der Ich-Form sprechen, z. B.: „Ich möchte, dass du …" Im Alltag der Kindertagesstätten gibt es zahlreiche Gelegenheiten, als Vorbild zu wirken, z. B. kann die Kinderpflegerin den Kindern bei der morgendlichen Begrüßung Zeit und Zuwendung geben, um Wertschätzung zu vermitteln.

Hat ein Kind Fehlverhalten gezeigt, hilft es wenig, lange auszuführen, warum es das nicht tun soll. Sinnvoller ist eine andere Art der Disziplinierung, nämlich die erklärende Erziehungsmaßnahme. Dem Kind werden die Folgen seines Handelns vermittelt, z. B.: „Er weint, weil du ihm das Auto weggenommen hast" oder „Wenn du weiterschiebst, drückst du sie an die Wand und das tut weh." Das Kind wird ermutigt, Empathie zu zeigen und erhält gleichzeitig Hinweise, wie es sich verhalten soll. Es kann eine konkrete Verhaltensänderung bedenken und wird motiviert, aktiv auf die Regeln zu achten.

Für die Auseinandersetzung mit Werten und Normen können auch Materialien eingesetzt werden, die zum Nachdenken anregen, wie z. B. folgende Bilder:

Zu solchen oder ähnlichen Abbildungen könnte man Kinder befragen, was sie schlimmer finden: eine geplante oder ein unabsichtliche Beschädigung. Denn es macht einen großen Unterschied, ob etwas vorsätzlich, also mit Absicht geschehen ist, oder ob ein Versehen der Grund für ein Missgeschick war. In den Gesprächen, die sich aus einer solchen Fragestellung ergeben, kann die moralische Entwicklung von Kindern unterstützt und gefördert werden.

Etwa ab dem Grundschulalter beginnt die **Auseinandersetzung mit Normen**. Kinder fragen, woher die Regeln kommen, wer sie gemacht hat, wie sie begründet werden. Manchmal bezweifeln sie sogar schon deren Berechtigung. Jetzt ist es wichtig, dem Entwicklungsstand des Kindes angemessene Erläuterungen und Begründungen für die Regeln zu geben. Bestehen Konflikte zwischen zwei Normen, sollten diese angesprochen und mit dem Kind gemeinsam Lösungsmöglichkeiten überlegt werden. Wichtig ist dabei auch ein Spielraum für eigene Entscheidungen des Kindes. Argumentation und Belehrung allein führen aber nicht zu einer Weiterentwicklung der Moral. Es müssen vielmehr **direkte Erfahrungen mit moralischen Überlegungen und Konflikten** gemacht werden. Ganz besonders wichtig sind Erfahrungen, bei denen man lernt, sich in andere hineinzuversetzen. Denn höhere Stufen der Moral setzen diese Fähigkeit voraus.

Solche Konfliktsituationen können in gelenkten Rollenspielen aufgegriffen und bearbeitet werden. Auf diese Weise wird geübt, sich in eine andere Person hineinzuversetzen. Das Spiel erlaubt es, über die eigene Person hinaus zu argumentieren.

10.7   Entwicklung der Motivation

Die Psychologie befasst sich mit der Frage, warum sich Menschen in derselben Situation unterschiedlich verhalten bzw. warum sie sich in einer bestimmten Situation so und nicht anders verhalten. Was treibt ihr Verhalten an und wodurch wird es gesteuert? Was ist der Beweggrund, sprich das **Motiv**, für ihr Verhalten?

Definition

Motive sind Beweggründe. Sie treiben den Menschen an, auf ein bestimmtes Ziel hinzusteuern. Motivation ist der Vorgang, bei dem Motive den Menschen antreiben.

Beispiel

Eine Schülerin hat ein ausgeprägtes Leistungsmotiv. Das bedeutet, dass sie in der Schule mitarbeitet, zu Hause lernt und versucht, gute Noten zu bekommen. Für die Schülerin ist es wichtig, gute Leistungen zu erbringen.

Man könnte auch sagen, die Schülerin hat das Bedürfnis, gute Leistungen zu erzielen. Bedürfnisse treiben den Menschen an, aktiv zu werden. Die Begriffe „Bedürfnis" und „Motiv" können daher synonym verwendet werden.

Motive unterscheiden sich in Art und Stärke. Meist ist nicht nur ein Motiv für ein bestimmtes Verhalten verantwortlich, sondern mehrere gleichzeitig. Die Psychologie unterscheidet zwischen **Grundmotiven** und **höheren Motiven**. Die Grundmotive dienen der Erhaltung des Lebens, zu ihnen gehören das Bedürfnis nach Nahrung, Schlaf usw. Die höheren Motive dienen der Selbstverwirklichung, hierzu zählen u. a. das Bedürfnis nach Macht und das Leistungsmotiv.

Grundlegende Bedürfnisse werden ausführlich im Kapitel 5 dargestellt. Deshalb wird an dieser Stelle auf eine Wiederholung verzichtet.

Im Bereich der höheren Motive ist die Leistungsmotivation am besten erforscht. Sie soll deshalb hier etwas ausführlicher dargestellt werden.

Die Forschung auf diesem Gebiet ist eng verbunden mit dem Namen H. Heckhausen, der sich bereits seit den 60er-Jahren mit dem Thema Leistungsmotivation beschäftigt und zu diesem Zweck zahlreiche Experimente durchgeführt hat. Das bekannteste dürfte das „Turmbau-Experiment" sein, das uns einen Einblick in den Verlauf der Motivationsentwicklung ermöglicht.

10.7.1 Leistungsmotivation auf verschiedenen Altersstufen

Kinder zwischen zwei und sieben Jahren sollten mit dem Versuchsleiter um die Wette einen Turm bauen. Dabei wird der Erfolg vom Versuchsleiter beeinflusst. In einigen Versuchen baut der Erwachsene schneller als die Kinder, in anderen baut er absichtlich langsamer. Die Kinder wissen von dieser Manipulation nichts. Anhand dieses Versuchs lässt sich die Entwicklung der Leistungsmotivation gut erkennen.

Kinder unter zweieinhalb Jahren

Kinder unter zweieinhalb Jahren verstanden die Situation noch nicht. Sie bauten den Turm, unterbrachen aber ihre Arbeit immer wieder und achteten auch nicht darauf, wie weit der „Gegner" schon war. Sie freuten sich sogar, wenn der Turm mit Gepolter wieder einstürzte. Die Kinder hatten einfach nur Spaß an den Effekten ihrer Handlung.

Kinder von zweieinhalb bis dreieinhalb Jahren

Auch die meisten der zweieinhalb- bis dreieinhalbjährigen Kinder zeigten dieses Verhalten. Bei einigen Kindern zeichneten sich allerdings in diesem Alter bereits erste Hinweise auf Wetteifer und damit Leistungsmotivation ab.

Kinder von dreieinhalb bis viereinhalb Jahren

Ab etwa dreieinhalb Jahren verstehen Kinder den Maßstab für die Bewertung, dass nämlich Sieger ist, wer zuerst fertig wird. Alle Kinder in diesem Alter zeigten Wetteifer. Sie strengten sich an, als Erster fertig zu sein. Dies war an ihrem Gesichtsausdruck zu erkennen. Auch wurde nun sehr darauf geachtet, wie weit der „Gegner" ist. Hatten sie gewonnen, so waren sie stolz auf ihre Leistung. Sie warfen dann z. B. die Arme nach oben, klatschten in die Hände, der Körper straffte sich und sie schauten triumphierend auf den Verlierer. Hatten sie dagegen verloren, so waren sie enttäuscht. Sie blickten beschämt weg oder lächelten verlegen.

Heckhausens Experiment verdeutlicht, dass Kinder im Alter von dreieinhalb bis viereinhalb Jahren bereits alle Anzeichen von Leistungsmotivation zeigen.

Definition
Leistungsmotivation ist gekennzeichnet durch folgende Merkmale: Anstrengung, um ein Ziel zu erreichen, Stolz auf das eigene Werk und Hoffnung auf Erfolg bzw. Angst vor Misserfolg.

Kinder bis viereinhalb Jahren sind aber noch nicht in der Lage, ihre Erfolgschancen realistisch einzuschätzen. Sie gehen noch stark davon aus, dass sie gewinnen werden, selbst dann noch, wenn sie bereits viele Male verloren haben.

Kinder von viereinhalb bis ca. sechseinhalb Jahren

Ab viereinhalb Jahren schätzen Kinder die eigene Leistungsfähigkeit allmählich realistischer ein. Zunehmend gelingt es den Kindern auch, Misserfolge besser zu ertragen und den Erfolg von anderen anzuerkennen. Ab fünfeinhalb Jahren ist zu bemerken, dass die Kinder sich nach einem Misserfolg verstärkt anstrengen, um das nächste Mal zu gewinnen. Insgesamt steigt bis zum Schulalter die Leistungsspanne an, d. h., die Kinder sind wesentlich länger bei der Sache.

Schulkinder

Im Schulalter spielt der **Leistungsgedanke** eine wichtige Rolle. Der Schulanfänger ist noch nicht in der Lage, seine Fähigkeiten im Verhältnis zur Schwierigkeit der Aufgabe zu sehen und sich selbst ein angemessenes Leistungsziel zu setzen. Dazu fehlen ihm noch in vielen Bereichen Erfahrungen. So antworten noch viele Kinder auf die Frage „Wer kann das?" mit „Ich", ohne dass dies auch tatsächlich der Fall ist. Die Schule trägt aber dazu bei, dass sich die Fähigkeit der Selbsteinschätzung allmählich herausbildet. Bereits jetzt lassen sich dauerhafte Verhaltensmuster erkennen. Es gibt Kinder, die wagemutig sind, d. h. sich auch an schwierige Aufgaben herantrauen, und Kinder, die schwierige Aufgaben nur ganz vorsichtig angehen.

10.7.2 Bedeutung und Probleme der Leistungsmotivation

Ohne Motivation bzw. Leistungsmotivation gäbe es kein Lernen und damit keinen Fortschritt in der Entwicklung. Deshalb ist die Leistungsmotivation entscheidend für die gesamte Entwicklung. Der schulische Bereich ist ohne Leistungsmotivation nicht denkbar. Wer hier hoch motiviert ist, hat bessere Chancen auf einen entsprechend guten Abschluss. Dieser wiederum verschafft den Zugang zu entsprechend qualifizierten Berufen.

Grad der Ausprägung

Leistung wird in unserer Gesellschaft großgeschrieben. Wer etwas leistet, ist angesehen. Dabei besteht die Gefahr, dass Leistung überbewertet wird und so ein übersteigertes Leistungsstreben zustande kommt, das Neid und Konkurrenz erzeugt. Menschen, die gewisse Leistungen nicht erbringen können, werden an den Rand der Gesellschaft gedrängt. Aufgrund dieser Probleme wurde häufig gefragt, ob Leistungsmotivation überhaupt gefördert werden sollte oder ob man damit nicht nur eine Ellenbogengesellschaft herstellt. Trotz dieser möglichen Gefahr ist Leistungsstreben nicht einfach abzulehnen. Es handelt sich um ein menschliches Bedürfnis und sollte deshalb nicht verurteilt werden. Allerdings muss dabei darauf geachtet werden, dass es sich um ein ausgewogenes Leistungsstreben handelt und soziale Aspekte nicht zu kurz kommen.

Leistungsdruck/Angst zu versagen

Eng mit dem Grad der Ausprägung hängt der Leistungsdruck zusammen. Es wird immer häufiger beklagt, dass bereits Kinder im Schulalter unter Leistungsdruck geraten, der von den Eltern und Lehrern ausgeübt wird. Sie wollen und sollen ihre Kinder möglichst gut auf die Leistungsgesellschaft vorbereiten und stellen dann oft zu hohe Anforderungen. Können Kinder den Anforderungen nicht genügen, erleben sie sich als Versager und schreiben den Misserfolg ihrer Person zu. Dies hat zur Folge, dass sie ein negatives Selbstbild entwickeln. Ihr Selbstwertgefühl leidet, und sie sind auf Dauer gesehen nur noch schwer zu motivieren. Um Missverständnisse zu vermeiden: Anforderungen sind wichtig für die Entwicklung. Sie sollten sich jedoch unbedingt an den Interessen und Fähigkeiten des Kindes orientieren.

Betonung von kognitiver Leistung

Ein weiteres Problem ist die Richtung der Leistungsmotivation. Hier wird häufig der **kognitive Bereich** übermäßig betont und die kreative, musische oder motorische Seite vernachlässigt. Dies wird in der Schule besonders deutlich. Die Fächer Musik, Sport oder Kunsterziehung haben meist keinen besonders hohen Stellenwert bei den Eltern. Die Eltern achten oft nicht darauf, ob die Noten in diesen Fächern gut sind oder ob das Kind besonders viel Spaß daran hat. Wichtig sind die Hauptfächer, die auch Versetzungsfächer sind. Ausnahmen bilden da nur Schulen, die sich auf bestimmte Bereiche spezialisiert haben, wie z. B. Sportgymnasien.

Innen- bzw. außengesteuerte Motivation

Kleine Kinder handeln aus Neugier. Sie interessieren sich für vieles, wollen alles ausprobieren. Mit zunehmendem Alter kristallisieren sich bestimmte Vorlieben heraus. Manche Kinder malen gerne, andere schauen gerne Bilderbücher an, wieder andere basteln am liebsten. Bei diesen

Tätigkeiten entwickeln Kinder eine enorme Ausdauer und sind motiviert, sie noch genauer, besser und schöner zu machen. Die Motivation zum Handeln kommt von innen, aus dem Kind heraus. Man spricht hier von **intrinsischer Motivation**. Lernen geschieht sozusagen nebenbei.

Daneben gibt es die von außen gesteuerte Motivation, die sogenannte **extrinsische Motivation**. Eltern, Erzieher und später Lehrer versuchen das Kind für bestimmte Dinge zu begeistern, damit es etwas Bestimmtes lernt. Sie machen Bastelangebote, damit das Kind schneiden lernt, Bilderbuchbetrachtungen, damit der Wortschatz erweitert wird usw. Das Kind macht mit, weil es von den Eltern oder dem Erzieher ein Lob und Zuwendung haben möchte, aber nicht um der Sache willen. Diese äußere Motivation kann problematisch werden. Auf Dauer gesehen können sich Abneigungen entwickeln. Das Kind will, wenn es älter ist, nicht mehr von außen bestimmt werden. Die fremdbestimmte Motivation dürfte ein Grund für die Abneigung gegen die Schule sein, die sich z. T. bereits ab der zweiten Klasse beobachten lässt und später noch stärker wird. Der Schüler fühlt sich als „Schachfigur", die hin und her bewegt wird. Findet Lernen stärker selbstbestimmt statt, z. B. durch die Einführung von Freiarbeit, so ist auch weniger Abneigung gegen die Schule festzustellen. Das bedeutet aber nicht, dass keine Angebote mehr gemacht werden sollen. Es ist nur stärker darauf zu achten, dass die Angebote an den Bedürfnissen und Interessen der Kinder orientiert sind. Aus einer fremdbestimmten Motivation kann sich durchaus eine innere Motivation entwickeln.

10.7.3 Leistungsmotivation anregen und unterstützen

Die Entwicklung der Leistungsmotivation wird durch erzieherische Einflüsse entscheidend beeinflusst. Dies gilt insbesondere für die Ausprägung der Leistungsmotivation, d. h. hohe oder niedrige Leistungsbereitschaft. Besonders günstig wirken hier, wie durch Untersuchungen festgestellt wurde, die Erziehung zur Selbstständigkeit, eine anregend gestaltete Umwelt, angemessene Aufgaben, Vorbilder und Ermutigung vonseiten der Erziehenden.

Selbstständigkeitserziehung

Wie bereits beschrieben, sind Kinder neugierig und haben Freude daran, Dinge selbst zu tun. Dies kommt z. B. in Aussagen wie „leine machen" (alleine machen) zum Ausdruck, die Kinder schon sehr früh machen. Der Wunsch kleiner Kinder, etwas selbst zu machen, ist ein Vorläufer der Leistungsmotivation, darauf wird später aufgebaut. Deshalb ist es wichtig, dies zuzulassen und zu fördern. Selbstständigkeitserziehung wird somit zur Grundlage für Leistungsmotivation. Dabei ist zu beachten, dass sich diese Selbstständigkeit nicht auf lebenspraktische Dinge wie alleine essen, anziehen usw. beschränkt. Gerade die Selbstständigkeit in Bezug auf eigene Entscheidungen scheint von großer Bedeutung zu sein. Das Kind muss also z. B. entscheiden können, mit wem, was und wie lange es spielen möchte.
Kinder, die es nicht schaffen, sich selbst zu entscheiden, brauchen Hilfestellung. Bei der Auswahl von Spielen kann die Kinderpflegerin eine kleine Vorauswahl treffen und nur diese Spiele den Kindern anbieten. Sie kann auch Kriterien für die Auswahl besprechen wie z. B. die Dauer des Spiels oder Fähigkeiten, die man benötigt. Wichtig ist es auch, Geduld aufzubringen und die Entscheidung des Kindes abzuwarten.

Angemessene Anforderungen

Auch Anforderungen und Aufgabenstellungen, die von Eltern, Lehrern und Lehrerinnen oder pädagogischem Personal an die Kinder gestellt werden, tragen zum Aufbau von Leistungsmotivation bei. Wichtig ist dabei, dass die Anforderungen dem Entwicklungsstand der Kinder entsprechen. Als günstig haben sich Aufgaben mit mittlerem Schwierigkeitsgrad erwiesen. Sie liegen etwas über den Fähigkeiten des Kindes, sodass es sich anstrengen muss. Gleichzeitig kann es mit Anstrengung aber auch zum Erfolg kommen. Zwar werden die Aufgaben von außen gestellt, es entwickelt sich dadurch jedoch häufig eine innere Motivation beim Kind. Es will die Aufgabe von sich aus bewältigen. Zu vermeiden sind Über- oder Unterforderung. Sind Kinder unterfordert, fehlt der Anreiz, Aufgaben zu erfüllen. Werden Kinder dagegen überfordert, entsteht das Gefühl, versagt zu haben und nichts zu können. Dies wiederum führt zu einer Abnahme von Leistungsmotivation und kann das Selbstwertgefühl beeinträchtigen.

Anregende Umwelt

In engem Zusammenhang damit steht eine anregende Umwelt. Die Umwelt eines Kindes sollte so gestaltet sein, dass es etwas selbst machen kann. Spielzeug wie Bausteine, Puppen, Malsachen oder Gegenstände des täglichen Lebens wecken sein Interesse, es will sich damit beschäftigen. Wichtig ist hier das Mittelmaß. Es sollten nicht zu viele, aber auch nicht zu wenige Anregungen vorhanden sein. Dieses Mittelmaß zu finden ist sehr schwierig, da es dabei auch auf das einzelne Kind ankommt. Meist wird heutzutage eher

zu viel Spielzeug angeboten. Schaut man in Kinderzimmer und Kindergärten, so quellen einem die Spielsachen förmlich entgegen. Die Auseinandersetzung mit dem einzelnen Gegenstand ist kaum mehr gegeben. Kinderpflegerinnen klagen häufig, dass Kinder alle fünf Minuten etwas anderes und nichts richtig spielen wollen. Eventuell aber haben die Kinder gar nicht mehr die Gelegenheit zum intensiven Spiel, weil so viel Neues lockt. Einige Kindergärten räumen deshalb einen Teil des Spielzeuges weg. Nach einer bestimmten Zeit wird dann ausgewechselt. Andere bieten eine „spielzeugfreie Zeit" an.

Vorbild

Es kann davon ausgegangen werden, dass nicht nur direktes, sondern auch indirektes Erzieherverhalten wie das Vorbild oder der Bezug zum Kind beim Aufbau der Leistungsmotivation eine Rolle spielen. Versuche haben gezeigt, dass ein gut motiviertes Vorbild bei Kindern Leistungsmotivation bewirken kann. Der pädagogische Bezug spielt insbesondere in der Schule eine wichtige Rolle. Kinder lernen und zeigen Leistung auch, weil sie Anerkennung vom Lehrer suchen.

10.8   Entwicklung der Sexualität

In älteren Büchern zur Entwicklungspsychologie wird man wahrscheinlich kein Kapitel über die sexuelle Entwicklung finden. Das hängt damit zusammen, dass Sexualität lange Zeit ein Thema war, über das man nicht sprach. Heute findet man genügend Fachliteratur, die sich mit diesem Thema beschäftigt.

10.8.1 Sexualität in der Kindheit

„Das Kind hört nicht am Kopf auf", lautet die Überschrift eines Aufsatzes in einer Fachzeitschrift, in dem es um Sexualität geht. Damit soll darauf aufmerksam gemacht werden, dass Sexualität zu Unrecht aus der kindlichen Entwicklung ausgeklammert wird. Tatsächlich ist bereits bei sechs bis zwölf Monate alten Kindern zu beobachten, dass sie ihre Geschlechtsorgane berühren. Im

Vorschulalter sind Kinder dann nicht mehr nur am eigenen Körper, sondern auch am Körper anderer interessiert, insbesondere an Körperteilen, die normalerweise verborgen sind. Deshalb sind Rollenspiele mit den Themen „Doktor", „Mutter und Kind" oder „Geburt" in dieser Zeit besonders beliebt. Dabei bietet sich die Gelegenheit, andere Kinder zu untersuchen und zu betasten.

Auch bei Schulkindern hält das Interesse am Körper an, wie die Erinnerungen eines Jugendlichen zeigen. Er erinnert sich, wie er als Sechsjähriger mit einem Mädchen im gleichen Alter „Doktor" spielte, wobei sie die „Ärztin" war.

Beispiel

Sie machte so'n bisschen herum, bis ich anfing, die erste Erektion zu bekommen, an die ich mich erinnern kann. (…) Sie fing an zu kichern. Ich konnte auch nichts anderes als kichern, und so lachten wir herzlich für einige Minuten, bis sie mich fast schreiend fragte: „Was ist das?! Was ist dies!" Auch aus mir platzte es heraus. „Ich weiß es nicht!" (Mietzel, 2002, S. 373)

Kindliche Sexualität kann nicht mit den Maßstäben der Erwachsenen gemessen werden. Es geht eher um **Neugier** und **Informationsbedürfnis**. Der eigene Körper und der Körper anderer wird entdeckt. Die Beziehung zum anderen spielt in Bezug auf Sexualität im Kindesalter noch keine Rolle. Im oben aufgeführten Beispiel reagiert der Junge wohl reflexhaft und weniger auf dieses bestimmte Mädchen.

10.8.2 Sexualität im Jugendalter

Im Jugendalter wird Sexualität zu einem wesentlichen Erlebnisbereich. Körperliche Veränderungen eröffnen neue Möglichkeiten und Interessen in diesem Bereich.

Körperliche Veränderungen

Mit Beginn des Jugendalters treten starke körperliche Veränderungen auf. Neben einem verstärkten Größen- und Breitenwachstum und der Veränderung der Gesichtszüge setzt die Geschlechtsreifung ein. Ausgelöst wird sie durch starke Hormonausschüttungen. Die Zeit der Geschlechtsreifung wird auch „Reifezeit" genannt oder mit dem Fremdwort **Pubertät** bezeichnet.

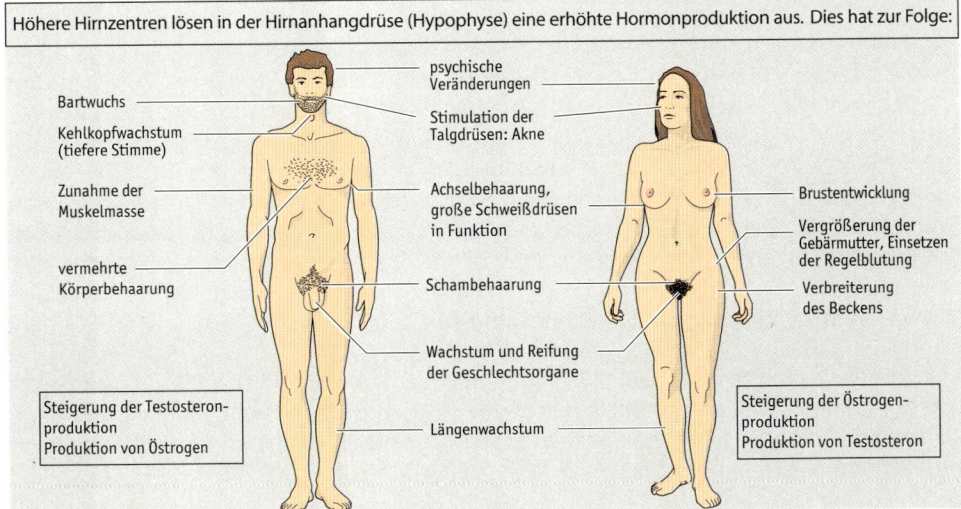

Körperliche Veränderungen durch Hormonausschüttung während der Pubertät

Während der Reifezeit entwickeln sich die **Geschlechtsmerkmale**. Man unterscheidet zwischen **primären** und **sekundären Geschlechtsmerkmalen**.

Primäre Geschlechtsmerkmale sind alle inneren und äußeren Organe, die direkt der Fortpflanzung dienen. Dies sind beim Mädchen die Gebärmutter, die Eierstöcke, Scheide und Klitoris. Primäre Geschlechtsorgane des Jungen sind Penis, Hoden und Hodensack. Während der Reifezeit wachsen die Geschlechtsorgane und werden funktionsfähig. Beim Mädchen zeigt sich dies mit dem Auftreten der ersten Regelblutung, beim Jungen ist es der erste Samenerguss.

Sekundäre Geschlechtsmerkmale stehen nicht in direktem Zusammenhang mit der Fortpflanzung. Durch sie unterscheiden sich Frau und Mann äußerlich, sie sind kennzeichnend für die „Fraulichkeit" bzw. „Männlichkeit". Dazu gehören beim Mädchen u. a. die Entwicklung eines breiten Beckens und des Busens, beim Jungen z. B. die breiteren Schultern, der Stimmbruch und später die tiefere Stimme.

Die Reifezeit beginnt bei Mädchen etwa im Alter von zehn Jahren und ist mit ca. 14 1/2 Jahren abgeschlossen. Sie beginnt mit der Entwicklung der Brüste und einem Wachstumsschub. Die erste Menstruation tritt bei den meisten Mädchen im Alter von knapp 13 Jahren auf. Bei Jungen setzt die Pubertät über ein Jahr später, mit ca. 11 1/2 Jahren, ein. Erstes Anzeichen bei den Jungen ist die Vergrößerung der Hoden und kurz darauf des Penis. Der Wachstumsschub findet nicht zu Beginn der Reifezeit statt, sondern in der Mitte dieser Phase. Nach viereinhalb Jahren ist die Pubertät auch bei den Jungen weitgehend abgeschlossen. Die Altersangaben sind Durchschnittswerte, individuelle Unterschiede können sehr groß sein und werden noch genauer thematisiert.

Die körperlichen Veränderungen werden von Jugendlichen interessiert und kritisch beobachtet. Sie betrachten sich häufig im Spiegel, finden sich zu dick, das Kinn zu klein oder zu groß, oft kommen Hautprobleme hinzu. Die Unzufriedenheit mit dem eigenen Aussehen wird durch die Medien, insbesondere die Werbung, noch verstärkt. Hier werden nur ideale Frauen und Männer gezeigt. Jugendliche orientieren sich noch sehr an diesen Schönheitsidealen, viele Erwachsene allerdings auch.

Reaktionen auf körperliche Veränderungen

Heutzutage sind fast alle Jugendlichen über die körperlichen Veränderungen durch Eltern, Freunde oder Medien informiert. Sie reagieren oft mit einer Mischung aus positiven und negativen Gefühlen. Dabei kann festgestellt werden: Je besser sie informiert sind und je sensibler die Familie auf die Veränderungen eingeht, desto positiver fällt die Reaktion aus.

Veränderungen von Gefühlen und Sozialverhalten

Die Reifezeit gilt allgemein auch als Zeit extremer Stimmungsschwankungen. Zurückgeführt wird die Launenhaftigkeit auf hormonelle Veränderungen. Ein Zusammenhang ist zwar gegeben, Hormone als alleinige Ursache für derartige Stimmungsschwankungen anzusehen, ist aber wissenschaftlich nicht mehr vertretbar. Studien zeigen, dass gute oder schlechte Laune eng mit Situationen verknüpft sind, in denen sich Jugendliche befinden. Umgebungen und Situationen, die von Erwachsenen strukturiert und bestimmt sind, wie z. B. Unterricht, Arbeit usw., verursachen eher schlechte Laune. Bessere oder gute Laune kam bei Jugendlichen z. B. bei Freizeitaktivitäten mit Freunden auf. Weil Teenager die Situationen häufiger wechseln, verändern sie vermutlich auch öfter ihre Stimmung.

Auch die Beziehung zu den Eltern verändert sich in der Pubertät, was häufig zu Spannungen und Konflikten in der Familie führt. Jugendliche wollen nicht mehr am Sonntagsspaziergang teilnehmen, finden Familienbesuche oder Familienfeste langweilig und möchten auch nicht mehr mit den Eltern in Urlaub fahren.

Solche Schwierigkeiten kennt man in manchen anderen Kulturen nicht. Kinder werden dort mit dem Eintreten der Reifezeit, meist durch Rituale, in den Kreis der Erwachsenen aufgenommen. Verbunden damit sind sowohl Privilegien als auch Pflichten. In westlichen Industrienationen verlängert sich dagegen die Jugendzeit, bedingt durch Schul- und Ausbildungszeiten, immer weiter. Jugendliche sehen aus wie Erwachsene, bleiben aber finanziell abhängig. Sie werden einerseits behandelt wie Erwachsene, andererseits wie Kinder. Auf diese zwiespältige Situation reagieren sie mit psychologischer Distanzierung. Auch wenn Eltern und andere Erwachsene die Zeit als anstrengend erleben, aus Sicht der Entwicklungspsychologie erfüllen Jugendliche mit der psychologischen Distanzierung eine wichtige Entwicklungsaufgabe.

Hinzu kommt, dass sich die Urteilsfähigkeit von Jugendlichen erhöht, Eltern sich daran aber erst gewöhnen müssen und sich Sorgen machen. So kommt es zu Streitereien wegen alltäglicher Themen wie Aussehen, Autofahren oder Ausgehen, weil sich die Jugendlichen bevormundet fühlen. Die meisten Streitigkeiten sind aber nicht besonders schwerwiegend, denn letztlich profitieren beide Seiten von den familiären Banden.

Sexuelle Aktivitäten und Erfahrungen

Mit der Reife werden dem Jugendlichen sexuelle Möglichkeiten bewusst. Es lassen sich unterschiedliche sexuelle Aktivitäten erkennen: Erste Erfahrungen machen Jugendliche meist mit dem eigenen Körper, d. h., sie befriedigen sich selbst. Auch homosexuelle Aktivitäten, also mit gleichgeschlechtlichen Partnern, sind zu Beginn der Pubertät durchaus üblich. Damit ist noch keine sexuelle Orientierung verbunden. Im Laufe der weiteren Entwicklung bezieht sich sexuelles Verhalten bei den meisten Jugendlichen zunehmend auf das  andere Geschlecht. Die sexuellen Kontakte werden schrittweise aufgebaut vom ersten Kuss über Petting bis hin zum Geschlechtsverkehr.

Eine Befragung aus dem Jahr 2010 ermittelte die Erfahrungen mit Geschlechtsverkehr von deutschen 17-jährigen Jungen und Mädchen:

Alter beim ersten Geschlechtsverkehr – befragt wurden sexuell erfahrene 17-Jährige –		
Alter beim ersten Geschlechtsverkehr	Mädchen	Jungen
13 Jahre und jünger	4 %	8 %
14 Jahre	19 %	8 %
15 Jahre	25 %	27 %
16 Jahre	39 %	42 %
17 Jahre	13 %	15 %

(vgl. Bundeszentrale für gesundheitliche Aufklärung, 2010, S. 121)

Man unterscheidet in **reife und unreife Sexualität**. Finden sexuelle Handlungen wie z. B. Geschlechtsverkehr aus Neugier statt oder spielt der Druck von Gleichaltrigen eine Rolle, handelt es sich um unreife Sexualität. Dies ist vor allem bei jüngeren Jugendlichen der Fall. Bei reifer Sexualität ist die Beziehung zum Partner ausschlaggebend. Man ist besorgt um den anderen, möchte ihm ein guter Partner sein. Ältere Jugendliche legen großen Wert auf Partnerschaft und Beziehung, sie ist Voraussetzung für sexuelle Aktivitäten (vgl. Mietzel, 2002, S. 376).

Untersuchungen haben ergeben, dass Faktoren wie z. B. sehr frühes Einsetzen der Reifung, Scheidung der Eltern, große Familie, geringe religiöse Bindung und niedrige Bildungsziele dazu beitragen, dass Jugendliche in sehr jungem Alter sexuell aktiv werden.

> *„Frühe und häufige sexuelle Aktivität hat mit persönlichen und erziehungsbedingten*
> *Merkmalen sowie mit der Familie und Gleichaltrigen zu tun."*
> (Berk, 2011, S. 508)

10.8.3 Probleme während der Reifezeit

Wie bereits erwähnt, können Beginn und Ende der Reifezeit sowohl bei Mädchen als auch bei Jungen weit auseinanderliegen. Zu keiner anderen Zeit in der Entwicklung unterscheiden sich Gleichaltrige deutlicher als während der Pubertät. Folgende Abbildung macht dies deutlich:

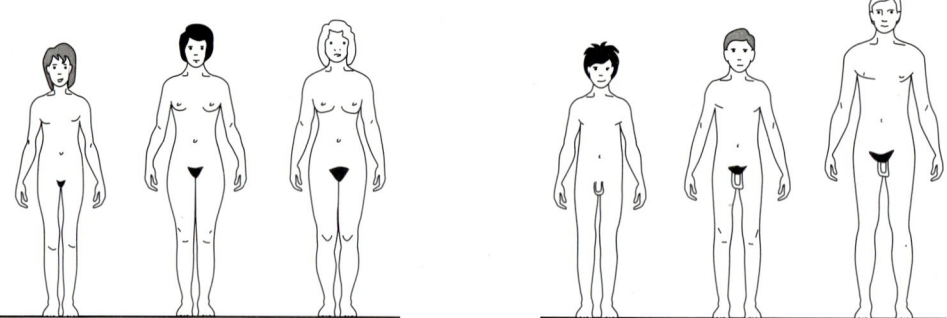

Unterschiede im körperlichen Reifeniveau bei Gleichaltrigen: Alle drei weiblichen Jugendlichen sind zwölfeinviertel Jahre alt, alle männlichen Jugendlichen 14 3/4 Jahre alt, aber sie befinden sich in verschiedenen Phasen körperlicher Entwicklung, nämlich vor, während und nach der Geschlechtsreife.

Dies kann Probleme mit sich bringen, denn die Umwelt reagiert unterschiedlich auf verschiedene Entwicklungsniveaus. Setzt die Entwicklung früh ein, so ist sie auch wesentlich eher abgeschlossen als bei den Altersgenossen. Die Umwelt reagiert auf Jugendliche, die bereits erwachsen aussehen, indem sie ihnen mehr Freiheiten zugesteht, aber gleichzeitig auch vernünftige Entscheidungen erwartet. Spätentwickler werden dagegen sehr lange wie Kinder behandelt. Dies hat Auswirkungen auf das Selbstwertgefühl, wie Untersuchungen an jungen Männern zeigen. Frühreife junge Männer haben mehr Selbstbewusstsein, sie sind ausgeglichener, besitzen mehr Humor und zeigen ein angemessenes Sozialverhalten. **Spätentwickler** verfügen nur über ein geringes Selbstwertgefühl, sind verkrampfter und streben stark nach Unabhängigkeit. Diese Unterschiede blieben über eine lange Zeit erhalten, sie waren noch bei den 33-Jährigen festzustellen.

Ein weiteres Problem kann durch **mangelnde Aufklärung** entstehen. Werden Mädchen bzw. Jungen von der ersten Regelblutung bzw. dem ersten Samenerguss unaufgeklärt überrascht, können Ängste entstehen. Aber nicht nur die Aufklärung, auch die **Bewertung** dieser Ereignisse scheint eine wichtige Rolle zu spielen. Dies ist insbesondere bei Mädchen der Fall. Sie fühlen sich in ihren Aktivitäten beeinträchtigt. Hinzu kommen häufig Beschwerden wie Kopfschmerzen, Rückenschmerzen, Reizbarkeit und Stimmungsschwankungen vor oder während der Menstruation. Dabei ist noch nicht geklärt, ob die Beschwerden allein durch hormonelle Veränderungen verursacht werden oder in gewisser Weise auch die Einstellung der Frauen daran beteiligt ist.

10.8.4 Bedeutung der Sexualität

Sexualität und Moral hängen eng zusammen. Dies wird deutlich, wenn man den **Wandel der Moralvorstellungen** in Bezug auf die Sexualität über die Jahrhunderte betrachtet. Sexualität wurde früher als schmutzig und schädlich abgelehnt. Entsprechend wurden Kinder und Jugendliche erzogen. Das bedeutet noch nicht, dass Jugendliche sich unbedingt an diese Verhaltensvorschriften hielten. Sie wurden sicherlich auch damals sexuell aktiv. Aber sie mussten bei Entdeckung mit Strafen rechnen und hatten sicherlich ein schlechtes Gewissen. Allgemein hat sich die Moralvorstellung in unserer Gesellschaft im Hinblick auf Sexualität in den letzten Jahrzehnten stark gewandelt. Sexualität wird als **natürlicher Bestandteil** des Lebens angenommen. Diese Einstellung hat selbstverständlich Auswirkungen auf die Sexualerziehung, die freiheitlicher und körperfreundlicher geworden ist. Dies hat aber nicht, wie immer wieder behauptet wird, zu Zügellosigkeit oder schrankenloser Freizügigkeit geführt. Heutzutage werden früher sexuelle Kontakte aufgenommen, und auch der voreheliche Geschlechtsverkehr mit verschiedenen Partnern ist keine Seltenheit mehr. Die Beziehung spielt aber eine sehr wichtige Rolle. Sexualität wird heute unverkrampfter und freier gesehen, aber durchaus im Zusammenhang mit Verantwortung für den Partner.

10.8.5 Sexualerziehung

Sexualität ist ein wichtiger Teilbereich des menschlichen Lebens, der eng mit anderen Bereichen verknüpft ist. Sexualerziehung ist nicht zu trennen von Persönlichkeitserziehung und sozialer Erziehung.

Folgende Ziele aus dem Bereich der Persönlichkeitserziehung sind beispielsweise von Bedeutung:
- gutes Körpergefühl,
- Respekt und Achtung vor dem eigenen Körper,
- Selbstwertgefühl,
- Fähigkeit, eigene Gefühle zu erkennen und zu benennen, darüber zu sprechen,
- Identifikation mit der eigenen Geschlechtsrolle (vgl. Kap. 3.1.2).

Die Bedeutung dieser Ziele für die Sexualität liegt auf der Hand. Wer ein Selbstwertgefühl entwickelt hat, wird als gleichberechtigter Partner angesehen werden. Nur wer gute und ungute Gefühle erkennt und formulieren kann, wird in der Lage sein, Wünsche zu äußern, Sexualität positiv zu erleben und sich vor unguten Situationen schützen können. Sexualität ist eine Möglichkeit, sich als Frau/Mann zu erleben und zu verwirklichen. Dafür ist es notwendig, sich mit der eigenen Geschlechtsrolle zu identifizieren. Ein gutes Körpergefühl und der respektvolle Umgang mit dem Körper ermöglichen es, Sexualität zu genießen.

Sexualität ist (meistens) auf einen Partner ausgerichtet. Damit beide Partner Sexualität als befriedigend erleben können, sind soziale Fähigkeiten nötig, wie z. B.:
- Einfühlungsvermögen,
- Rücksichtnahme,
- Respekt und Achtung vor den Bedürfnissen des anderen,
- Beziehungsfähigkeit.

Ein weiteres wichtiges Ziel ist die **Aufklärung**, also Wissen über die Geschlechtlichkeit und damit verbundene Fragen. Im Vorschulbereich sollte auf keinen Fall „Unterricht" durchgeführt werden. Das Thema wird besser aus der Situation heraus aufgegriffen. Kinder stellen von selbst Fragen zum Thema Sexualität, z. B. wenn die Erzieherin oder eine Mutter in der Gruppe ein Baby erwartet. Die Fragen sollten kindgerecht und wahrheitsgetreu beantwortet werden. Es ist jedoch nicht sinnvoll, den Kindern mehr aufzudrängen, als sie wissen wollen. Inzwischen liegt eine Reihe von guten Kinderbüchern vor, die sich dem Thema Aufklärung widmen.

Z *Zusammenfassung*

Menschen entwickeln sich im Laufe ihres gesamten Lebens. Besonders rasch und deutlich sind die Fortschritte und Veränderungen in Kindheit und Jugend. Dabei lassen sich verschiedene Schwerpunkte an Entwicklungsaufgaben erkennen.

Entwicklungspsychologie
Aufgabe der Entwicklungspsychologie ist es, zu untersuchen, wie Entwicklung verläuft und wodurch der Verlauf positiv bzw. negativ beeinflusst wird. Aufgrund dieser Erkenntnisse können dann Konsequenzen für die erzieherische Praxis gezogen werden. Die Aufteilung in acht verschiedene Teilbereiche (nämlich Motorik, Wahrnehmung, Denken, Sprache, Motivation, Sozialverhalten, Sexualität und Moral) erleichtert die Betrachtung von Entwicklungsverläufen. Die einzelnen Bereiche entwickeln sich jedoch nicht unabhängig voneinander, sondern beeinflussen sich gegenseitig.

Entwicklung der Motorik
Als „Motorik" bezeichnet man die Gesamtheit aller Bewegungen. Die wichtigsten Bewegungsarten entwickeln sich in der frühen Kindheit und werden später verbessert und miteinander kombiniert. Die Bedeutung der motorischen Entwicklung für andere Entwicklungsbereiche ist durch zahlreiche Untersuchungen nachgewiesen. Besonders hervorzuheben ist die Bedeutung für die kognitive Entwicklung, da dieser Zusammenhang häufig unterschätzt wird. Störungen der motorischen Entwicklung können bedingt sein durch Schädigungen von bewegungsbezogenen Körperfunktionen, z. B. bei Lähmungen, aber auch durch Schädigungen oder Probleme in anderen Bereichen, z. B. durch Sehbehinderung oder das Aufmerksamkeitsdefizit-Hyperaktivitäts-Syndrom.

Wahrnehmungsentwicklung
Der Mensch verfügt über sieben Sinnessysteme. Die fünf Sinne Sehen, Hören, Riechen, Schmecken und Fühlen sind uns vertraut. Weniger bekannt, aber nicht weniger wichtig sind der Lage- und Bewegungssinn und der Gleichgewichtssinn. Viele dieser Systeme sind schon beim Neugeborenen funktionstüchtig. Im Laufe der Entwicklung gelingt die Verarbeitung der wahrgenommenen Reize dann immer besser und gezielter. Wahrnehmungsstörungen treten auf, wenn Reize nicht oder nur unvollständig aufgenommen oder nicht angemessen verarbeitet werden können. Von Sinnesbehinderung spricht man, wenn die Sinnesorgane nicht oder nur eingeschränkt funktionstüchtig sind.

Denkentwicklung
Die Fähigkeit zu denken entwickelt sich nach Jean Piaget in vier aufeinanderfolgenden Schritten: sensumotorische Stufe, Stufe des anschaulichen Denkens, logisches Denken und abstraktes Denken. Er geht davon aus, dass Kinder überwiegend durch aktives Handeln lernen. Die Bedeutung der Sprache und des sozialen Dialogs hat Jean Piaget vernachlässigt. Diese Sicht wird von dem Psychologen Lew Wygotski in den Mittelpunkt gestellt. Er vertritt die Auffassung, dass ein großer Teil der kognitiven Entwicklung über die direkte Interaktion und Kommunikation mit Erwachsenen und Kindern stattfindet. Einschränkungen des Denkvermögens werden mithilfe von Intelligenztests festgestellt. Je nach Leistung wird hier zwischen Lernbehinderung und geistiger Behinderung mit verschiedenen Schweregraden unterschieden.

Sprachentwicklung
Auch bei der Sprachentwicklung lassen sich einzelne Schritte erkennen. Ausgangspunkt ist das Vorstadium. Es folgen die Stufen der Lallmonologe, der Einwort-Sätze, der Zwei- und Mehrwortsätze und der Auf- und Ausbau der Grammatik, bis das Kind schließlich mit etwa fünf Jahren die Sprache vollständig beherrscht. Im Schulalter wird Sprache erweitert und verfeinert, z. B. werden Synonyme erkannt und verwendet.

Sozialentwicklung
Grundlage für die soziale Entwicklung ist die gelungene Bindung des Kindes an seine Betreuungsperson(en). Kinder, die über eine solche Bindung verfügen, zeigen auch später viele sozial erwünschte Verhaltensweisen und zeichnen sich durch ein hohes Maß an Selbstwertgefühl aus. Entsprechend problematisch ist es, wenn die Bindung nicht bzw. nur unzureichend gelungen ist. Wichtig für den Aufbau einer solchen sicheren Bindung ist der sensible Umgang des Erwachsenen mit dem Baby. Weitere Meilensteine sind das Autonomiealter und der Eintritt in Institutionen wie Krippe, Kindergarten und Schule. Die Beziehung zu Gleichaltrigen unterscheidet sich in der Qualität stark von der Beziehung zu Erwachsenen. Unter gleichgestellten Partnern können die Kinder soziale Regeln einüben und Möglichkeiten der Konfliktlösung ausprobieren. Dem Kind sollten schon früh Kontakte zu Gleichaltrigen ermöglicht werden. Erwachsene sollten dabei den Kontakt nicht zu stark regulieren, denn gerade in der Auseinandersetzung der Kinder miteinander (positiv wie negativ) liegt die Chance, zu lernen und sich zu entwickeln.

Moralentwicklung
Das Zusammenleben in einer Gesellschaft wird durch Normen geregelt. Ein System von Normen bezeichnet man als Moral. Nach Eisenberg entwickelt sich die Moral in sechs aufeinanderfolgenden Stufen, wobei die ersten fünf Stufen fremdbestimmt und die letzten beiden selbstbestimmt sind. Probleme gibt es, wenn das Gewissen zu stark oder zu schwach ausgeprägt ist.

Entwicklung der Motivation
Die Leistungsmotivation ist gekennzeichnet durch die Merkmale Anstrengung und Hoffnung auf Erfolg bzw. Angst vor Misserfolg und bereits bei dreieinhalbjährigen Kindern erstmals zu erkennen. Die beste Motivation ist die, die das Kind von sich selbst aus empfindet. Eine von außen auferlegte Motivation muss sich unbedingt an den Interessen der Kinder orientieren und darf sie weder unternoch überfordern.

Entwicklung der Sexualität
Sexualität im Kindesalter beruht auf Neugier und Informationsbedürfnis über den eigenen Körper und den Körper anderer. Im Jugendalter setzt die Geschlechtsreife ein, die enorme körperliche Veränderungen mit sich bringt. Es werden erste sexuelle Erfahrungen gemacht.

? Fragen und Aufgaben zum Kapitel

1. Angenommen, Sie sind in die Planung eines neuen Kindergartens einbezogen. Welche „Bewegungsräume" würden Sie vorsehen? Begründen Sie Ihre Aussage.

2. Literacy-Erfahrungen sind wichtig für die Entwicklung von Kindern. Zeigen Sie auf, wie bereits Kindergartenkinder sinnvolle Erfahrungen mit Schriftsprache machen können.

3. Beschreiben Sie zwei Kinder Ihrer Gruppe mit sprachlichen Problemen genauer. Beurteilen Sie, ob die Schwierigkeiten entwicklungsbedingt sind oder ob es sich um eine Verzögerung oder Auffälligkeit handelt.

4. Erläutern Sie den Zusammenhang zwischen Wahrnehmung und motorischer Entwicklung anhand konkreter Beispiele.

5. Sammeln Sie Aussagen von Kindern, die auf die Entwicklungsstufe „anschauliches Denken" hinweisen und ordnen Sie die Aussagen den entsprechenden Merkmalen zu.

6. Beschreiben Sie, wie sich sozial kompetente Kinder auf verschiedenen Altersstufen verhalten.

7. Kinder kommen jeden Tag in moralische Konfliktsituationen. Beobachten Sie eine solche Situation und sprechen Sie mit den Kindern über die Gründe ihres Verhaltens. Beurteilen Sie dann, auf welcher Stufe der Moralentwicklung sich die Kinder befinden.

8. Beschreiben Sie erzieherisches Verhalten, das die Entstehung von Leistungsmotivation unterstützt oder hemmt.

! Anregungen zum Kapitel

9. Vergleichen Sie Kinderzeichnungen von drei-, vier-, fünf- und sechsjährigen Kindern miteinander. Welche Fortschritte bezüglich der Wahrnehmung und feinmotorischer Fähigkeiten sind zu erkennen?

10. Nehmen Sie ein Fernrohr und halten Sie es vor die Augen. Gehen Sie so durch das Klassenzimmer oder den Gruppenraum Ihrer Praxisstelle. Versuchen Sie dabei nirgends anzustoßen. Beschreiben Sie Ihre Erfahrungen. So geht es einem wahrnehmungsgestörten Kind jeden Tag.

11. Sichten Sie Bilderbücher zum Thema „Aufklärung", die in Ihrer Praxisstelle vorhanden sind. Diskutieren Sie die Eignung der Bücher.

12. Überdenken Sie im Rückblick die Zeit Ihrer Pubertät. Beschreiben Sie Themen und Probleme, die für Sie persönlich vorrangig waren. Erinnern Sie sich an Personen und Hilfestellungen, die Sie erhalten haben. Inwiefern waren diese hilfreich? Lassen Ihre Erinnerungen Rückschlüsse auf sinnvolles pädagogisches Verhalten zu?

→ Weiterführende Fragen und Anregungen

13. Bildung und Erziehung in der frühen Kindheit wird in den letzten Jahren große Bedeutung beigemessen. Informieren Sie sich über gesetzliche Rahmenbedingungen, die dieses Ziel unterstützen sollen.

14. Die Bundesregierung hat im Juni 2008 einen bundesweiten Aktionsplan für gesunde Ernährung und mehr Bewegung gestartet. Informieren Sie sich über den Aktionsplan und diskutieren Sie mögliche Effekte solcher Aktionspläne.

11 Bereichsübergreifende Entwicklungsaufgaben im Kindes- und Jugendalter

Einstiegssituation

Zum Schuljahresbeginn hat es in einer Gruppe des Hortes „Kinderoase" große Veränderungen gegeben: Zehn der insgesamt 18 Kinder, die im letzten Jahr die fünfte und sechste Klasse besuchten, haben den Hort verlassen. Sechs Kinder, fünf Erstklässler und ein Drittklässler, wurden im September neu aufgenommen. Bis zum November wird die Gruppe mit 14 Kindern weitergeführt, dann kommen drei weitere Kinder dazu. Die Gruppe wird von einer Erzieherin geleitet, sie wird unterstützt von einer Kinderpflegerin und einer Erzieherpraktikantin im zweiten Jahr.

Das Team hat jeden Montag von 16:00 bis 18:00 Uhr Teamsitzung. Seit dem Schulbeginn sind acht Wochen vergangen, das Team will sich deshalb die Situation der Erstklässler heute genauer anschauen und feststellen, ob es Bedarf gibt, sich um einige Kinder gezielter zu kümmern.

Zwei der Erstklässler, Nicolas und Leonie, kommen gut in der Schule und im Hort zurecht. Beide gehen gerne in die Schule und auch Hausaufgaben sind kein Problem – meistens sind sie nach 20 Minuten fertig. Sowohl Nicolas als auch Leonie haben inzwischen Anschluss gefunden und genießen die Freizeitaktivitäten mit den anderen Kindern.

Lea hatte anfangs Schwierigkeiten damit, dass sie in der Schule still sitzen soll und aufpassen muss. Inzwischen hat sie sich an den Ablauf gewöhnt und mag die Schule, lieber spielt sie allerdings mit ihrer neuen Freundin Hanna in der Puppenecke.

Noah bereitet die Hausaufgabensituation immer noch Probleme. Er hat zwar verstanden, was er tun soll, braucht aber sehr lange, bis er anfängt. Oft hat er seine Arbeitsmaterialien nicht bereitliegen, ab und zu hat er auch ein Heft oder ein Buch, das er benötigt, in der Schule vergessen.

Hanna kommt mit dem Pendeln zwischen Schule, Hort und zu Hause nicht zurecht. Sie ist nach der Schule oft müde und lustlos. Hausaufgaben belasten sie, denn sie ist ehrgeizig, kann sich aber nach dem Essen schwer konzentrieren. Ihre Mutter schildert, dass sie zu Hause oft schlechte Laune hat und auf die Schule schimpft.

Lucca hat nur mit dem Schreiben große Probleme. Er hält den Stift so verkrampft, dass ihm oft nach zwei Zeilen schon die Hand wehtut. Er hat neulich den Stift auf den Tisch geworfen und gerufen: „Ich kann das nicht!"

Das Team diskutiert darüber, was Kinder für einen erfolgreichen Schulstart brauchen und welche Ursachen für die Unterschiede im Umgang mit den schulischen Aufgaben bei den Kindern infrage kommen. Man überlegt, ob die Vorbereitung auf die Schule im Kindergarten (des eigenen Trägers) intensiviert werden sollte, um die Probleme abzufedern. Eventuell soll eine Kooperation zwischen Kindergarten und Hort aufgebaut werden.

Es ergeben sich die folgenden Fragen:

1. *Welche grundlegenden Kompetenzen werden in der Kindheit aufgebaut? Inwiefern helfen diese Kompetenzen den Kindern, Übergänge zu bewältigen?*

2. *Was heißt eigentlich „Schulfähigkeit"?*

3. *Gibt es Einstiegswissen, das wichtig ist beim Eintritt in die Grundschule?*

4. *Übergänge sind besondere Situationen im Leben von Kindern. Wodurch sind sie gekennzeichnet?*

5. *Welche Herausforderungen müssen Kinder beim Eintritt in die Grundschule bewältigen und wie können Fachkräfte sie dabei unterstützen?*

6. *Übergänge sind belastende Situationen. Wie können Kinder befähigt werden, Belastungen zu meistern und sich dabei positiv zu entwickeln?*

11.1 Bereichsübergreifende Entwicklungsaufgaben

Die Lebensbedingungen von Kindern sind heutzutage ausgesprochen vielfältig und komplex, z. B.:

- Kinder leben in verschiedenen Familienformen, mit und ohne Geschwister.
- Sie bewegen sich innerhalb von Kindertageseinrichtungen in altersgemischten Gruppen.
- Kinder sind gesund oder krank, behindert oder von Behinderung bedroht.
- Sie erleben in ihrer Umwelt täglich kulturelle Vielfalt.
- Viele Kinder sind mit Armut und/oder Ausgrenzung konfrontiert.
- Sie müssen Übergänge bewältigen, z. B. den Übergang in die Schule, unter Umständen auch Wohnortwechsel oder Wechsel der Familienstruktur.

Kurz gesagt, die moderne Welt stellt Kinder und ihre Familien vor zahlreiche Herausforderungen. Um damit zurechtzukommen und in der modernen Welt bestehen zu können, müssen Kinder dazu befähigt werden, autonom zu leben, soziale Verantwortung zu tragen, mit Belastungen umzugehen und anstehende Veränderungen zu bewältigen. Wissen und Fertigkeiten, wie sie in Kapitel 10 beschrieben werden, sind wichtig, reichen aber nicht aus, um diese bereichsübergreifenden Entwicklungsaufgaben zu meistern. Dafür benötigen Kinder und Jugendliche Kompetenzen, sogenannte Basiskompetenzen.

Was man unter Basiskompetenzen versteht, inwiefern sie bei der Bewältigung von unterschiedlichen Anforderungen helfen und wie der Auf- und Ausbau dieser Kompetenzen unterstützt werden kann, wird in diesem Kapitel am Beispiel des Übergangs vom Kindergarten in die Grundschule aufgezeigt.

11.2 Basiskompetenzen: Begriff und Überblick

Der Begriff „Basiskompetenz" enthält zwei Bestandteile, „Basis" und „Kompetenz". Basis bedeutet Grundlage, Grundstock oder auch Unterbau. Der Begriff Kompetenz ist vielschichtiger und kann nicht mit einem Wort beschrieben werden. Unter Kompetenzen versteht man die Fähigkeit und die Bereitschaft, Aufgaben sachgerecht und verantwortungsvoll zu bewältigen. Entsprechend ist der Begriff im Bayerischen Bildungs- und Erziehungsplan definiert:

Definition

D

Basiskompetenzen sind grundlegende Fähigkeiten und Persönlichkeitscharakteristika. Sie befähigen das Kind, mit Erwachsenen und Kindern zu interagieren und sich mit den Gegebenheiten seiner dinglichen Welt auseinanderzusetzen (vgl. Bayerischer Bildungs- und Erziehungsplan, 2006, S. 55).

Basiskompetenzen können verschiedenen Bereichen zugeordnet werden. Häufig findet man die Einteilung in die Bereiche Fachkompetenz, personale Kompetenzen, soziale Kompetenzen und Methodenkompetenz. Der Bayerische Bildungs- und Erziehungsplan wählt eine andere Einteilung, nämlich: personale Kompetenzen, Kompetenzen zum Handeln im sozialen Kontext, lernmethodische Kompetenz und Kompetenzen zum Umgang mit Veränderungen und Belastungen. Fach- bzw. Sachkompetenz werden im Bayerischen Bildungs- und Erziehungsplan den personalen und sozialen Kompetenzen zugeordnet. Die Kompetenzbereiche lassen sich wie folgt weiter ausdifferenzieren:

1. Personale Kompetenz

Selbstwahrnehmung

- Selbstwertgefühl
- positives Selbstkonzept

motivationale Kompetenzen

- Autonomie erleben
- Kompetenz erleben
- Selbstwirksamkeit
- Selbstregulation
- Neugier, individuelles Interesse

kognitive Kompetenzen

- differenzierte Wahrnehmung
- Denkfähigkeit
- Gedächtnis
- Problemlösungsfähigkeit
- Fantasie und Kreativität

physische Kompetenzen

- Übernahme von Verantwortung für
- Gesundheit und körperliches Wohlbefinden
- grob- und feinmotorische Kompetenzen
- Fähigkeit zur Regulierung körperlicher
- Anspannung

2. Kompetenzen zum Handeln im sozialen Kontext

soziale Kompetenzen

- gute Beziehungen zu Erwachsenen
- und Kindern
- Empathie und Perspektivenübernahme
- Kommunikationsfähigkeit
- Kooperationsfähigkeit
- Konfliktfähigkeit

Entwicklung von Werten und Orientierungskompetenzen

- Werthaltung
- moralische Urteilsbildung
- Unvoreingenommenheit
- Sensibilität für und Achtung von
- Andersartigkeit und Anderssein
- Solidarität

Fähigkeit und Bereitschaft zur Verantwortungsübernahme

- Verantwortung für das eigene Handeln
- Verantwortung anderen Menschen
- gegenüber
- Verantwortung für Umwelt und Natur

Fähigkeit und Bereitschaft zur demokratischen Teilhabe

- Akzeptieren und Einhalten von
- Gesprächs- und Abstimmungsregeln
- Einbringen und Überdenken des eigenen
- Standpunktes

3. Lernmethodische Kompetenzen

– Lernen, wie man lernt

4. Kompetenter Umgang mit Veränderung und Belastung

– Resilienz/Widerstandsfähigkeit

11.2.1 Basiskompetenzen – einige ausgewählte Beispiele

An dieser Stelle wird pro Bereich eine Basiskompetenz herausgegriffen und genauer darge-stellt. So kann man sich ein Bild davon machen, was unter dem Begriff „Basiskompetenz" zu verstehen ist.

Selbstbild/Selbstkonzept – eine personale Basiskompetenz

Unter „Selbstkonzept" versteht man das Bewusstsein bzw. das Wissen über sich selbst, über individuelle Fähigkeiten, Eigenschaften, Stärken und Lernpunkte. Das Selbstkonzept bezieht sich auf verschiedene Lebensbereiche wie soziale Fähigkeiten, die Fähigkeit, mit Gefühlen umzugehen und die Fähigkeit, sich selbst körperlich einzuschätzen (z. B. was Aussehen und Fitness anbelangt), und auf die Lern- und Leistungsfähigkeit.

Beispiel
Lucca stellt in der Handlungssituation zu Beginn des Kapitels fest: „Ich kann das nicht!" und meint damit, dass er das Schreiben nicht beherrscht.

Kommunikationsfähigkeit – eine Kompetenz zum Handeln im sozialen Kontext

Zur Kommunikationsfähigkeit gehört zunächst die Beherrschung einer Sprache. Je genauer man die Regeln einer Sprache beherrscht und je größer der Wortschatz ist, über den man verfügt, desto präziser kann man sich ausdrü-cken und desto besser wird man verstanden. Gleichzeitig ist aber auch die nonverbale Aus-drucksfähigkeit von erheblicher Bedeutung. Erzählungen beispielsweise sind erst interes-sant, wenn Stimme und Tonfall den Inhalt widerspiegeln, das Sprachtempo sich verän-dert und das Gesagte durch Mimik und Gestik betont und begleitet wird.

Kommunikationsfähigkeit geht aber weit über individuelle Ausdrucksmöglichkeiten hinaus. Soll Kommunikation gelingen, müssen sich die Kommunikationspartner aufeinander einstel-len, sich beim Reden und Zuhören abwechseln, ihre eigenen Aussagen auf die des Partners beziehen und bei Unklarheiten nachfragen.

Beispiel
Kinder müssen verbale Anweisungen der Lehrkraft verstehen und sollten ihre Antworten zielgerichtet und präzise formulieren können, wenn sie aufgerufen werden.

Lernmethodische Kompetenz

Die lernmethodische Kompetenz wird häufig einfach und schlagwortartig mit den Worten „Lernen lernen" umschrieben. Es geht dabei darum, Wissen selbstgesteuert, bewusst und reflektiert zu erwerben und anzuwenden bzw. flexibel auf andere Situationen zu übertragen. Um dies leisten zu können, ist es notwendig, über das eigene Lernen nachzudenken, Probleme zu entdecken und Strategien für die Optimierung zu entwickeln.

In der modernen Gesellschaft wird dieser Kompetenz eine hohe Bedeutung beigemessen, denn sie ermöglicht lebenslanges und selbstgesteuertes Lernen. Ohne diese Fähigkeit wird man in einer sich rasant verändernden Welt in Zukunft nicht mehr zurechtkommen.

Das Besondere an der lernmethodischen Kompetenz ist, dass sie andere Basiskompetenzen in sich vereinigt, denn sie baut auf verschiedenen personalen und sozialen Basiskompetenzen auf, wie z. B. Kommunikationsfähigkeit, Verantwortung übernehmen, Denkfähigkeit, Gedächtnis und Werthaltung.

Resilienz – die Kompetenz zum Umgang mit Veränderungen und belastenden Situationen

Auch die Resilienz hat, wie die lernmethodische Kompetenz, eine Sonderstellung. Auch sie baut auf anderen Basiskompetenzen auf und kann nicht isoliert von ihnen betrachtet werden. Der Begriff „Resilienz" kommt aus dem Englischen „resilience" und kann mit „Widerstandsfähigkeit" übersetzt werden. In der Pädagogik und Psychologie wird damit eine Person bezeichnet, die mit Belastungen, z. B. Armut, Krankheit oder familiären Krisen umgehen kann. Es geht also darum, sich von einer schwierigen Lebenssituation nicht „unterkriegen zu lassen" und nicht daran zu zerbrechen. Übergänge wie der vom Kindergarten in die Schule werden zu den belastenden Situationen gezählt, weil Kinder in relativ kurzer Zeit viele Entwicklungsaufgaben bewältigen müssen.

Resilienz zeigt sich erst dann, wenn Belastungen auftreten und es dem Kind trotz dieser Belastungen gelingt, sich an die Situation anzupassen, die Anforderungen zu bewältigen und sich positiv zu entwickeln. Das Gegenteil von Resilienz ist die Vulnerabilität, die Verletzbarkeit oder Verwundbarkeit. Kinder, die vulnerabel sind, können in belastenden Situationen nicht bestehen und neigen daher verstärkt zu Ängsten, Aggressionen, Erkrankungen und psychischen Problemen.

Resilienz ist kein angeborenes Persönlichkeitsmerkmal, sie wird im Laufe des Lebens erworben. Sie ist situationsspezifisch, d. h., Resilienz bezieht sich auf einen bestimmten Lebensbereich und kann nicht ohne Weiteres auf andere Bereiche übertragen werden. Zudem kann man nicht davon ausgehen, dass sie, einmal erworben, ein Leben lang erhalten bleibt.

Untersuchungen belegen, dass Resilienz verschiedene Basiskompetenzen in sich vereinigt. Man hat nämlich herausgefunden, dass resiliente Kinder u. a. über folgende personale und soziale Kompetenzen verfügen:

- hohe Problemlösefähigkeit, Kreativität und Lernbegeisterung
- Selbstwirksamkeit und Kontrollüberzeugung
- Verantwortungsübernahme
- optimistische Lebenseinstellung
- hohes Maß an Eigenaktivität
- Fähigkeit, soziale Unterstützung zu mobilisieren

Ob und inwieweit sich ein Kind zur resilienten Persönlichkeit entwickeln kann, hängt auch von sozialen Ressourcen ab. Dazu zählen u. a. eine sichere Bindung, positive Rollenmodelle, ein offenes, wertschätzendes Klima, positive Peer-Kontakte und positive Lernerfahrungen in sozialpädagogischen Einrichtungen und Schule.

11.2.2 Wie entwickeln sich Basiskompetenzen?

Das Kind kommt bereits mit Kompetenzen auf die Welt. Die Frage, wie sich diese Kompetenzen weiterentwickeln und ausdifferenzieren, kann inzwischen von der Wissenschaft beantwortet werden. Basiskompetenzen entwickeln sich in engem Zusammenhang mit Fähigkeiten und Fertigkeiten in einzelnen Entwicklungsbereichen. Die Auseinandersetzung und Beschäftigung mit Themen (Lernerfahrungen) in diesen Bereichen unterstützt den Auf- und Ausbau von Basiskompetenzen. Dies ist aber nur der Fall, wenn bestimmte Bedingungen erfüllt sind:

- Lernbedürfnisse des Kindes wie z. B. Interesse, Fähigkeiten, Vorwissen, Lernweg und Lerntempo müssen berücksichtigt werden.

- Kindlicher Lerneifer wird aufgegriffen durch eine Aufgabenstellung, die zum Ausprobieren und Experimentieren anregt.

- Die Gestaltung von Lernprozessen ist vielfältig und abwechslungsreich. Es lernt immer das „ganze Kind", d. h. mit allen Sinnen und Persönlichkeitsbereichen.

- Kinder werden von der Idee bis zur Reflexion als Mitgestalter des Lernens betrachtet. Es wird mit ihnen gelernt, sie werden nicht einfach mit Themen konfrontiert, die für sie vorbereitet wurden.

- Kinder können eigenaktiv und selbsttätig lernen, das ist effektiver und nachhaltiger als Belehrung, denn Sachverhalte werden so tiefer durchdrungen.

- Lernen gelingt vor allem dann, wenn die Atmosphäre stimmt, d. h., wenn Kinder sich wohlfühlen und mit Freude lernen.

- Schließlich sind Lerngemeinschaften förderlich. Kinder entwickeln ihr Bild von der Welt durch den Austausch mit Erwachsenen und anderen Kindern.

Die Liste der Bedingungen zeigt: Bei der Entwicklung von Basiskompetenzen ist die Art und Weise, wie gelernt wird, entscheidend. Weniger bedeutsam ist, was gelernt wird oder wie viel bzw. wie groß die Fortschritte sind. Das folgende Zitat fasst die wesentlichen Aspekte zusammen:

> „Kompetenzen lassen sich nicht vermitteln. Vielmehr sind Bildungsprozesse so zu gestalten, dass Kinder eigenaktiv und selbsttätig ihre bereits vorhandenen Kompetenzen einsetzen und weiterentwickeln und zugleich neue Kompetenzen entwickeln können."
>
> (Staatsinstitut für Frühpädagogik, 2010, S. 26)

Mit den Erkenntnissen über Lernprozesse, die den Auf- und Ausbau von Basiskompetenzen unterstützen, geht zwangsläufig eine Neubewertung der Rolle von pädagogischen Fachkräften einher. Vermittlung, Instruktion und Unterweisung treten als Methoden in den Hintergrund. Die pädagogische Fachkraft beobachtet und dokumentiert ihre Beobachtungen und erfasst so Themen und Interessen des Kindes. Diese greift sie auf, begleitet das Kind und unterstützt es bei der Auseinandersetzung mit seinem Thema. Die Fachkraft hält sich eher zurück und setzt stärker auf die Aktivität des Kindes und auf die Gestaltung des Umfelds.

In Kapitel 10 finden Sie Beispiele für die Gestaltung von Bildungs- und Lernprozessen, die die oben angeführten Bedingungen erfüllen oder zumindest einige davon berücksichtigen. Beachten Sie hier genauer die folgenden Abschnitte: Das offene Bewegungsangebot, die ganzheitliche Förderung der Wahrnehmung, die Anregung der Denkentwicklung und die dialogische Bilderbuchbetrachtung.

11.3 Der Übergang vom Kindergarten in die Grundschule – ein Beispiel für bereichsübergreifende Entwicklungsaufgaben

Im Leben von Kindern und Jugendlichen gibt es immer wieder belastende Situationen, die es zu bewältigen gilt. Es handelt sich um „Querschnittaufgaben" oder „bereichsübergreifende Entwicklungsaufgaben" wie z. B. die Bewältigung von Übergängen, der Umgang mit individuellen Unterschieden und mit soziokultureller Vielfalt. Die Darstellung dieser Aufgaben erfolgt in diesem Kapitel exemplarisch am Übergang vom Kindergarten zur Grundschule.

11.3.1 Kennzeichen von Übergangssituationen

Übergangssituationen sind zeitlich begrenzte Lebensabschnitte, die gekennzeichnet sind durch eine Reihe von Veränderungen und damit verbundene Entwicklungsaufgaben. Dazu gehören z. B. der Übergang von der Familie in die Tageseinrichtung, der Übergang in die Grundschule, Schulwechsel, Heirat, Geburt eines Kindes, aber auch Arbeitslosigkeit oder Krankheit. Bedingt durch gesellschaftliche Veränderungen werden solche kritischen Lebensereignisse in Zukunft im Leben von Kindern und ihren Eltern zunehmen. Als Beispiele können Scheidung, Wiederheirat, Arbeitslosigkeit, Armut oder Wohnortwechsel genannt werden. In der Fachwelt werden Übergänge als **Transitionen** bezeichnet.

Im Verlauf von Übergängen haben Kinder (und ihre Eltern) verschiedene Anforderungen zu bewältigen. Die folgenden Anforderungen gelten allgemein für Übergangssituationen und sind dann konkret auf den Übergang in die Grundschule bezogen:

- **Veränderung des Selbstbildes/der Identität durch einen neuen Status**
  Das Kind gehört jetzt zu den „Großen" im Kindergarten. Es fühlt sich entsprechend als angehendes Schulkind. Er traut sich mehr zu und kann mehr als die Kinder, die noch nicht so alt sind. Andererseits beansprucht es aber auch mehr Selbstständigkeit für sich. Schultüte und Schulranzen, die Kinder gegen Ende des Kindergartenjahres erhalten, sind ein äußeres Zeichen für diese Veränderung.

- **Veränderung von Rollen**
  Mit dem Schuleintritt kommt zu der Rolle, die das Kind in seiner Familie bereits hat, die Rolle als Schulkind dazu. An diese Rolle sind bestimmte Erwartungen geknüpft, z. B. dass das Kind früh aufsteht, in der Schule ruhig sitzen kann und sein Spielbedürfnis auf die Pause verschieben kann. Das Kind kann nicht mehr so frei wie vorher über seine Zeit verfügen, denn es hat Hausaufgaben zu erledigen und soll für Probearbeiten zusätzlich den Stoff wiederholen.

- **Erwerb neuer Kompetenzen**
  In der Schule werden die Kulturtechniken Lesen, Schreiben und Rechnen erlernt.

- **Veränderung bzw. Verlust, Ausweitung und Reorganisaton von Beziehungen**
  Beim Schulwechsel verlässt das Kind die Einrichtung Kindergarten. Vertraute Personen wie Kinderpflegerin, Erzieherin und Freunde bleiben in der Einrichtung zurück. Gleichzeitig mit dem Verlust geht der Aufbau neuer Beziehungen einher. Es gibt Klassenkameraden, die zu Freunden werden oder auch nur zur „Arbeitsgemeinschaft" gehören. Die Beziehung zur Lehrerin ist sehr wichtig, sie ist aber durch mehr Distanz gekennzeichnet als die Beziehung zum Fachpersonal im Kindergarten.

D

Definition
***Übergangssituationen** sind Lebensabschnitte, die gekennzeichnet sind durch Veränderung und damit verbundene Entwicklungsaufgaben. Diese Aufgaben müssen in relativ kurzer Zeit bewältigt werden.*

Weil viele Aufgaben und Anforderungen gleichzeitig und in kurzer Zeit zu bewältigen sind, spricht man auch von „verdichteten Entwicklungsaufgaben". Auch für die Eltern beginnt mit dem Eintritt des Kindes in die Grundschule ein neuer Lebensabschnitt: Sie müssen Abschied nehmen vom Kindergarten, Kontakte zur Lehrkraft und zu anderen Eltern knüpfen usw.

11.3.2 Die Bedeutung von Übergängen

Übergänge sind Zeiten starker Emotionen für alle Beteiligten. Kinder sind in der Regel hoch motiviert und freuen sich auf die Schule, sie verspüren jedoch gleichzeitig Angst vor der unbekannten Situation und den Anforderungen. Eltern sehen den Schuleintritt als Entwicklungsfortschritt und machen sich gleichzeitig Sorgen, ob ihr Kind den neuen Aufgaben gewachsen sein wird.

Eine erfolgreiche Bewältigung von Übergängen, in diesem Fall ein erfolgreicher Schulstart, ist für die weitere Entwicklung ausgesprochen wichtig. Wird der Übergang gemeistert, gehen positive Impulse von der Situation aus. Das Kind erhält Lernanreize, baut Leistungsmotivation auf und entwickelt Freude am Lernen. Immerhin 20 bis 25 Prozent eines Jahrgangs haben mit dem Übergang vom Kindergarten in die Grundschule aber Probleme. Es gelingt ihnen nicht bzw. nur bedingt, den neuen Anforderungen gerecht zu werden. Das kann zu Folgeproblemen führen wie Motivationsschwierigkeiten, Versagensängsten und einer ablehnenden Haltung gegenüber der Schule.
Für Eltern, das Fachpersonal des Kindergartens und Lehrer stellt sich die Frage nach der Schulfähigkeit und Möglichkeiten der Schulvorbereitung.

11.3.3 Der Begriff „Schulfähigkeit"

Der Begriff „Schulfähigkeit" hat sich im Laufe der letzten Jahrzehnte stark gewandelt. In den 50er- und 60er-Jahren sprach man von „Schulreife". Mit dem Begriff wurde ein bestimmter Entwicklungsstand des Kindes bezeichnet. Man ging davon aus, dass jedes Kind irgendwann Fähigkeiten und Fertigkeiten entwickelt, die es ihm ermöglichen, die Anforderungen der Schule zu meistern. Ausgangspunkt dafür war die inzwischen widerlegte Vorstellung, dass allein Reifungsprozesse die Grundlage für Entwicklung bilden.

Ende der 60er-Jahre setzte sich auf der Basis lerntheoretischer Erkenntnisse die Auffassung durch, dass nicht Reifung, sondern Lernprozesse ausschlaggebend sind für Entwicklung.

Fähigkeiten und Fertigkeiten, die bedeutsam sind für den Schulerfolg, können erworben werden. Man sprach daher auch nicht mehr von „Schulreife", sondern von „Schulfähigkeit". In den 70er-Jahren setzte dann eine regelrechte Förderwelle ein. Kinder wurden durch Lernangebote ganz gezielt auf die Schule vorbereitet. Es gab eine Vielzahl von Arbeitsmaterialien, z. B. LÜK-Kästen, Vorschulmappen und Frühleseprogramme. Die Aktivitäten der Kindergärten führten zu hohen Erwartungen, die allerdings enttäuscht wurden. Der Effekt der Maßnahmen war nicht so groß wie erhofft. Denn bei den Förderprogrammen war der Blick zu einseitig auf Fähigkeiten und Fertigkeiten des Kindes gerichtet. Zudem hatte man individuelle Lernvoraussetzungen zu wenig berücksichtigt. Die Programme waren zu stark kognitiv orientiert und bezogen die Eltern der Kinder nicht genügend in die Arbeit ein. Deshalb wurden sie rasch wieder

eingestellt und in der Folgezeit sogar abgelehnt. Man betonte nun eher die sozialen und motivationalen Faktoren des Schuleintritts, die sogenannte Schulbereitschaft, und grenzte die Arbeit des Kindergartens bewusst gegen die Schule ab.

Heute wird der Blick nicht mehr nur auf den Entwicklungsstand des Kindes gerichtet, sondern auf alle am Prozess beteiligten Personen und Institutionen. Schulfähigkeit wird als pädagogische Aufgabe betrachtet, an der Kinder, Eltern, das Fachpersonal des Kindergartens und Lehrkräfte beteiligt sind. Ziel ist es, die Anschlussfähigkeit zwischen den Institutionen Kindergarten und Schule herzustellen und so einen möglichst reibungslosen Übergang zu ermöglichen. Damit wird Schulfähigkeit zur Kompetenz, die sich auch in der Schule noch entwickelt.

> *„Schulfähigkeit wird (...) zu einer Aufgabe für alle Beteiligten. Die Fähigkeit, diese Aufgabe zu lösen, wird als Kompetenz eines sozialen Systems verstanden."*
> (Griebel/Niesel, 2011, S. 128)

Folgende Aspekte spielen aus Sicht der beteiligten Personen bzw. Institutionen eine Rolle:

- das Kind: z. B. Motivation, kognitive Voraussetzungen,
- die Eltern: z. B. Unterstützung, Bindung,
- die Schule: z. B. Lehrplan, Bedingungen des Anfangsunterrichts, Methoden,
- der Kindergarten: z. B. Anregungen, Förderung, Erkennen von zusätzlichem Förderbedarf.

Die Vorbereitung auf die Schule ist damit ein eigenständiges Bildungsziel des Kindergartens.

11.3.4 Ziele und Möglichkeiten der Schulvorbereitung

Vorbereitung auf die Schule ist eine Aufgabe, die bereits mit dem Eintritt in den Kindergarten beginnt. Dabei geht es nicht darum, den Kindergarten zu verschulen, also Arbeitsweisen und Inhalte der Schule vorwegzunehmen oder der Schule in der Art zuzuarbeiten, dass alle Kinder mit gleichen Voraussetzungen beginnen. Für den Kindergarten lassen sich drei große Zielbereiche ausmachen, die bedeutsam sind für die Vorbereitung auf die Schule: Stärkung von Basiskompetenzen, Entwicklung schulnaher Kompetenzen, sogenannte Vorläuferfähigkeiten, und das Wecken von Interesse und Vorfreude.

Stärkung von Basiskompetenzen

Basiskompetenzen befähigen dazu, belastende Situationen wie Übergänge erfolgreich zu bewältigen. Studien haben nämlich gezeigt, dass resiliente Kinder mit belastenden Situationen besser umgehen können. Inwiefern die einzelnen Kompetenzen bedeutsam sind für den Übergang vom Kindergarten in die Grundschule und wie der Aufbau der Kompetenzen unterstützt werden kann, soll an zwei Beispielen genauer aufgezeigt werden:

- **Selbstbild/Selbstkonzept**
  Das Selbstkonzept ist das Bewusstsein bzw. das Wissen über sich selbst, über individuelle Fähigkeiten, Eigenschaften, Stärken und Schwächen. Es bezieht sich auf verschiedene Lebensbereiche wie auf soziale Fähigkeiten, die Fähigkeit, mit Gefühlen umzugehen, sich körperlich einzuschätzen, was Aussehen und Fitness anbelangt, und auf die Lern- und Leistungsfähigkeit. Hat das Kind die Vorstellung von sich, dass es gut lernen kann und Leistung erbringt, dann wird es mit dieser Haltung in der Schule vermutlich vorankommen. Ein Kind, das von sich das Bild hat, nichts zu können, schlechte Leistungen zu erbringen und meistens zu versagen, wird kaum motiviert sein, sich anzustrengen und die Lernanreize zu nutzen. Das Selbstkonzept wird entscheidend durch die Umwelt beeinflusst, vor allem durch eine positive Grundhaltung und differenzierte positive Rückmeldungen von Bezugspersonen.

- **Intrinsische Motivation**
  Intrinsische Motivation bedeutet die innere Bereitschaft, zu lernen und etwas zu leisten. Das Kind lernt die Buchstaben, weil es lesen und schreiben möchte. Es arbeitet an bestimmten Themen, weil es sich selbst dafür interessiert und nicht, weil Erwachsene die Arbeit erwarten, verlangen oder belohnen. Wie Studien belegen, fördert intrinsische Motivation die Ausdauer und Konzentration, also Fähigkeiten, die für schulisches Lernen große Bedeutung haben. Die intrinsische Motivation wird gefördert durch eine kindzentrierte Selbstständigkeitserziehung, eine anregende Umwelt und angemessene Aufgabenstellungen.

Basiskompetenzen sind grundlegende Fähigkeiten, die sich ein Leben lang weiterentwickeln. Der Kindergarten und die Eltern haben die Aufgabe, beim Aufbau dieser Kompetenzen zu helfen, die Schule setzt diesen Prozess fort.

Entwicklung schulnaher Kompetenzen/Vorläuferfähigkeiten

Schule fängt nicht beim Nullpunkt an. Lesen, Schreiben und Rechnen bauen auf Vorerfahrungen und Vorwissen der Kinder auf. Untersuchungen zeigen, dass diese Erfahrungen große Bedeutung für den Schulerfolg haben. Daher ist es wichtig, gerade leistungsschwachen Kindern entsprechende Angebote im Kindergarten zu machen. Letztlich profitieren auch die leistungsstarken Kinder davon.

Neuere empirische Studien belegen, dass ganz bestimmte Fähigkeiten besonders wichtig sind für einen erfolgreichen Schulstart. Für den Schriftspracherwerb sind das die phonologische Bewusstheit und ein Vorwissen über Schrift. Im Bereich Mathematik handelt es sich um mengen- und zahlenbezogenes Vorwissen.

Phonologische Bewusstheit

Bei der phonologischen Bewusstheit handelt es sich um die Fähigkeit, die Aufmerksamkeit auf die formalen Aspekte der Sprache zu lenken. Die Bedeutung der Sprache bleibt dabei unberücksichtigt. Phonologische Bewusstheit im weiteren Sinne bezieht sich auf den Sprachrhythmus, z. B. Reime, Silben klatschen, phonologische Bewusstheit im engeren Sinne auf den Umgang mit Phonemen (kleinste Lauteinheiten), z. B. Anlaute oder Endlaute erkennen.

Die Förderung der phonologischen Bewusstheit ist auf vielfältige Weise möglich, beispielsweise durch Sing-, Reim- und Fingerspiele, Silbendomino, Anlautdomino usw. Aber auch alte Spiele wie „Ich sehe was, was du nicht siehst und das fängt mit ‚B' an", tragen zur phonologischen Bewusstheit bei (vgl. Kapitel 10.7.2).

Darüber hinaus gibt es **Programme**, die speziell zur Förderung der phonologischen Bewusstheit entwickelt wurden. Mit dem Programm „Hören, lauschen, lernen" von Petra Küspert und Wolfgang Schneider liegt für den Vorschulbereich ein Programm vor, das wissenschaftlich erprobt und dessen Effektivität durch mehrere Studien belegt ist. Es ist konzipiert für Kinder im letzten Kindergartenjahr und erstreckt sich über einen Zeitraum von 20 Wochen. Durchgeführt wird es vom Fachpersonal des Kindergartens mit Kleingruppen von ca. sechs Kindern. Die täglichen Trainingseinheiten dauern zehn bis 15 Minuten. Es gibt insgesamt sechs Übungseinheiten, die in der folgenden Reihenfolge bearbeitet werden:

- Lauschspiel: Dabei lernen die Kinder, ihre Aufmerksamkeit auf Geräusche zu lenken.

- Reime: Die Kinder lernen, die formale Struktur der Sprache zu beachten.

- Sätze und Wörter: In diesen Übungen erfahren Kinder, dass Sätze sich in einzelne Wörter zerlegen lassen.

- Silben: Kinder zerlegen die Wörter in einzelne Silben und umgekehrt fügen sie einzelne Silben zu Wörtern zusammen.

- Anlaute: Mit diesen Übungen werden die Kinder in die kleinsten Einheiten der Sprache, die Laute, eingeführt. Zunächst geht es nur um Anlaute.

- Phone: Phone sind Laute. In diesen Übungen geht es um Laute im Wort, nicht mehr nur um Anfangslaute eines Wortes. Laute werden zu einem Wort zusammengezogen oder ein Wort wird in Einzellaute zerlegt.

Das Programm muss entsprechend der Arbeitsanleitung durchgeführt werden, um effektiv zu sein (vgl. Küspert/Schneider, 2006).

Literacy-Erfahrungen

Ebenfalls wichtig für den Schriftspracherwerb, wenn auch nicht so bedeutsam wie die phonologische Bewusstheit, sind Literacy-Erfahrungen (vgl. Abschnitt 10.4.4). Literacy ist ein Sammelbegriff für frühe Erfahrungen mit Schrift und ihrer Bedeutung. Sie können gemacht werden, z. B. wenn Kinder Kritzelbriefe schreiben, ihren Namen abmalen und schließlich selbst schreiben können oder sich von der Kinderpflegerin einen Brief an die Oma schreiben lassen.

Mengen- und zahlenbezogenes Vorwissen

Zentrale Vorläuferfähigkeiten für den Bereich Mathematik ist das mengen- und zahlenbezogene Vorwissen der Kinder. Es geht um die folgenden Fähigkeiten: Vergleiche, Ordnen, Klassifizieren von Gegenständen nach bestimmten Merkmalen, Mengenauffassung, Zahlbegriff, Umgang mit Symbolen, Erfassen abstrakt-logischer Zusammenhänge und Erkennen von Ursache-Wirkung-Zusammenhängen. Auch im Bereich „Mathematik" gibt es vielfältige Möglichkeiten der Förderung.

Exemplarisch wird hier der Bereich „Vergleichen, Sortieren und Klassifizieren von Gegenständen dargestellt:

> *„Beim Sortieren betrachten die Kinder einzelne Eigenschaften losgelöst von den zu kategorisierenden Objekten. (...) Kategorien zu bilden und innerhalb dieser Kategorien Beziehungen zwischen den ansonsten unterschiedlichen Dingen herzustellen – das ist ein großer Schritt in der Entwicklung mathematischen Denkens. Das Sortieren hilft, abstrakteres Wissen über die Eigenschaften zu ‚konstruieren‘, um später Kategorien zu bilden.*
>
> *Sobald die Kinder zu mir kommen, zeige ich ihnen unterschiedliche Materialien, und gleich am nächsten Tag kippe ich vier verschiedene Spielzeugkästen auf dem Fußboden aus. Wir vermischen alles miteinander und ich bitte die Kinder, Ordnung in das Chaos zu bringen, mir beim Sortieren zu helfen. Dabei sprechen wir über die Eigenschaften der verschiedenen Dinge und überlegen, wohin was geräumt werden kann, erfinden eigene Ordnungen. (...) Später sortieren wir Plastiktiere, Knöpfe nach Größe, Farbe oder Anzahl der Löcher, Schlüssel nach Größe und Form. Bei den Knöpfen stellen die Kinder von ganz allein neue Beziehungen her: Mal sortieren sie alle glänzenden Knöpfe aus, mal alle stumpfen."*
> (Hoenisch, 2007, S. 33 und 35)

Studien haben ergeben, dass Kinder sich hinsichtlich der Vorläuferfähigkeiten stark unterscheiden. Offensichtlich bestehen sehr unterschiedliche Möglichkeiten, Erfahrungen mit Schrift, Zahlen und Mengen zu machen. Weil diese Erfahrungen so entscheidenden Einfluss auf den Schulerfolg haben, ist es wichtig, gerade leistungsschwachen Kindern gezielte und interessante Angebote zu machen. Methodisch sollten sie sich an der Elementarpädagogik orientieren und nicht am schulischen Lernen.

Stärkung der Schulbereitschaft
Das dritte Ziel der Schulvorbereitung „Interesse und Vorfreude" auf die Schule wecken, könnte mit dem Begriff „Schulbereitschaft" bezeichnet werden. Es geht darum, dass Kinder sich mit dem Thema auseinandersetzen, ein Schulkind zu werden. Dies geschieht in Gesprächskreisen, Rollenspielen und durch regelmäßige Besuche in der Grundschule.

Z   *Zusammenfassung*

Basiskompetenzen
Die Entwicklung von grundlegenden Kompetenzen, sogenannten Basiskompetenzen, geht über die Kenntnisse und Fertigkeiten in einzelnen Bereichen hinaus. Sie helfen dem Kind, zu einer autonomen Persönlichkeit zu werden, die sozial verantwortlich handeln kann und die in der Lage ist, Veränderungen in der Zukunft zu bewältigen.

Basiskompetenzen werden im Bayerischen Bildungs- und Erziehungsplan eingeteilt in die Bereiche Personale Kompetenzen, Kompetenzen zum Handeln im sozialen Kontext, Lernmethodische Kompetenzen und Resilienz.

Basiskompetenzen entwickeln sich durch die Auseinandersetzung mit bestimmten Themen und Inhalten. Voraussetzung dafür ist, dass Lernen ganzheitlich stattfindet.

Übergangssituationen

Im Leben von Kindern und ihren Familien gibt es immer wieder belastende Situationen, wie z. B. den Übergang vom Kindergarten in die Grundschule. Kinder müssen befähigt werden, mit belastenden Situationen umzugehen und diese erfolgreich bewältigen zu können. Unterstützt werden Kinder bei diesem Übergang durch Stärkung ihrer Basiskompetenzen und die Entwicklung von schulnahen Vorläuferfunktionen. Die innere Auseinandersetzung mit dem Thema Schule stärkt zudem ihre Schulbereitschaft.

Fragen und Aufgaben zum Kapitel

1. Überlegen Sie, wie die motivationale Kompetenz „Selbstwirksamkeit" in Krippe, Kindergarten, Hort und Jugendarbeit konkret unterstützt werden kann.

2. Erklären Sie, was man unter dem Begriff „Resilienz" versteht.

3. Erläutern Sie, warum Empathiefähigkeit so wichtig ist für den Übergang vom Kindergarten in die Grundschule.

4. Erläutern Sie die allgemeinen Kennzeichen von Übergängen anhand eines Beispiels (Übergang von der Familie in die Krippe oder Übergang von der Schule ins Berufsleben).

5. Schulfähigkeit zu fördern ist eine Aufgabe vom Kind, seiner Familie, der Schule und des Kindergartens. Zeigen Sie konkrete Möglichkeiten auf für die Bereiche Familie und Schule.

Anregungen zum Kapitel

6. Fragen Sie in Kindergärten und Grundschulen nach der Zusammenarbeit zwischen den Institutionen. Welche unterschiedlichen Formen der Zusammenarbeit gibt es? Welche Erfahrungen machen Lehrkräfte und Kinderpflegerinnen bzw. Erzieherinnen?

7. Suchen Sie Alltagssituationen in Ihrer Praxisstelle, die es den Kindern ermöglichen, Erfahrungen im Bereich Vergleichen, Sortieren, Ordnen, Klassifizieren (mengen- und zahlenbezogenes Vorwissen) zu sammeln.

8. Beobachten Sie Kinder bei einem offenen Bewegungsangebot oder einer dialogischen Bilderbuchbetrachtung und stellen Sie fest, was Kinder in diesen Situationen gelernt haben. Versuchen Sie darüber mit den Kindern ins Gespräch zu kommen.

12 Die Gruppe

Einstiegssituation

Martin geht in den „Pumuckl"-Kindergarten in München. Er ist ein unauffälliges Kind. Als er vor einem Jahr neu in die Gruppe kam, war er sehr schüchtern und bewegte sich immer in der Nähe der Erzieherin. Wenn er in der Bauecke spielte und ein Kind wollte seine Klötze haben, gab er sie sofort her. Die Erzieherinnen sahen dies und unterstützten ihn: „Willst du denn nicht mehr spielen? … Sag doch einfach mal Nein."

Inzwischen kann sich Martin wehren, außer wenn Peter etwas von ihm will, da gibt er immer nach. Nachdem er eine Zeit lang immer sofort Nein gesagt hatte, kann er inzwischen auch Kompromisse aushandeln wie: „Wenn du mir dieses Auto lässt, können wir zusammen spielen!" Er bringt auch eigene Wünsche ein, wenn nicht zu viele Kinder beteiligt sind.
Er hat gelernt, auf andere Kinder zuzugehen, wenn er nicht alleine spielen will. Da Martin ein Einzelkind ist, kannte und konnte er dies bisher nicht. Mit Anja versteht er sich besonders gut. Er sorgt dafür, dass die Bauecke aufgeräumt ist, nachdem er dort gespielt hat.

Die Eltern von Martin sind trotz des positiven Einflusses des Kindergartens etwas besorgt, da er mit „Ausdrücken" nach Hause kommt, die er vorher gar nicht kannte, und auch mal wütend seine Sachen in die Ecke wirft, was er früher nie tat.

Aus der hier beschriebenen Situation ergeben sich folgende Fragen:

1. Welche Merkmale kennzeichnen eine Gruppe, besonders die Kindergartengruppe?

2. Welche Bedeutung hat die Gruppe für die Entwicklung des Kindes?

3. Welche Regeln und Normen gelten in der Gruppe? Wie entstehen sie?

4. Welche Rollen gibt es in einer Kindergartengruppe?

5. Wie kann man die Gruppenstruktur erfassen?

6. Wie kann die Erzieherin Kinder in die Gruppe integrieren?

7. Wie kann die Erzieherin auf die Bedenken der Eltern reagieren?

12.1 Merkmale und Bedeutung einer Gruppe

Der Mensch als soziales Wesen ist auf Beziehungen zu seinen Mitmenschen angewiesen, d. h., er verbringt einen Großteil seiner Zeit in und mit Gruppen. Das Leben in Gruppen ist eine menschliche Grunderfahrung, auch ein Kindergartenkind lebt bereits in verschiedenen Gruppen. In der Gruppe kann ein Kind unterschiedliche Erfahrungen machen, es verhält sich anders als alleine und lässt sich von der Gruppe in seinem Verhalten beeinflussen.

Das erzieherische Handeln bezieht sich auf das einzelne Kind und vollzieht sich in sozialen Bezügen. Die Art und Weise, in der Kinder sich zu Gruppen zusammenschließen, wie sie sich in der Gruppe verhalten, welcher Einfluss von der Gruppe ausgeht, wie sie sich verändert und welche Erfahrungen Kinder darin machen, sind Aspekte, die eine Kinderpflegerin erkennen muss, um erzieherisch sinnvoll handeln zu können.

12.1.1 Merkmale von Gruppen

Ein Kind gehört vielen Gruppen an:

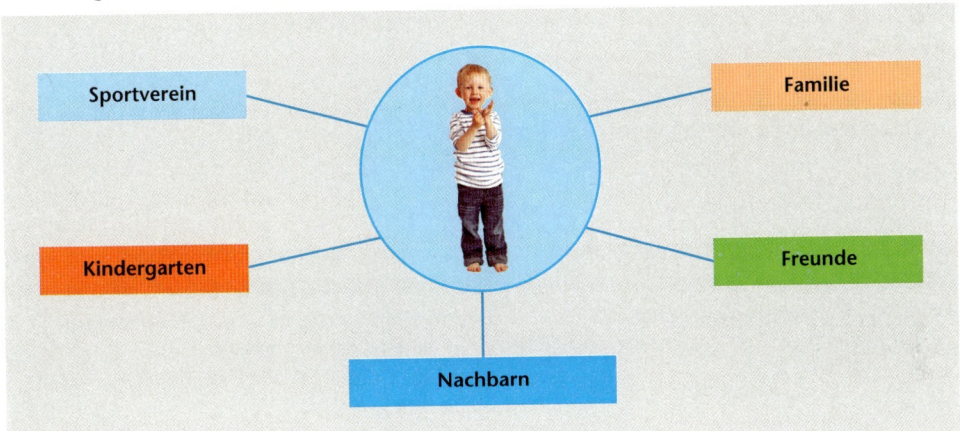

Fallbeispiel
Stefan ist vier Jahre alt und besucht den Kindergarten „Pumuckl" in München. Er ist Deutscher und lebt mit seiner Familie (Eltern und Geschwister) in München. Jeden Donnerstagnachmittag geht er mit seiner Mutter zum Turnen. Mehrmals in der Woche trifft er sich mit seinen Freunden Florian und David.

Jeder Mensch gehört im Laufe seines Lebens nacheinander oder gleichzeitig verschiedenen Gruppen an.

Definition
*Als **Gruppe** bezeichnet man mehrere Menschen, die miteinander in Beziehung stehen. Gruppen weisen folgende Merkmale auf:*
- *Zusammenfinden mehrerer Personen (ab drei Personen),*
- *Kontakt und Verständigung, d. h. sie stehen in wechselseitiger Beziehung,*
- *Bestand über einen längeren Zeitraum,*
- *gemeinsame Gruppenziele,*
- *gemeinsame Verhaltensregeln und Wertvorstellungen (Normen),*
- *Struktur mit verschiedenen Rollen.*

12.1.2 Primär- und Sekundärgruppe

Gruppen, die uns gefühlsmäßig sehr nahestehen, nennt man Primärgruppen (lat. Primus = der Erste). Sie beeinflussen die Persönlichkeitsentwicklung durch den intensiven, häufigen und frühen Kontakt. Die Familie und auch Gleichaltrigengruppen in der Jugendzeit können zu den Primärgruppen gezählt werden.

Die Familie weist die klassischen Merkmale einer Primärgruppe auf: intime und direkte Beziehungen, Prägung der Persönlichkeit durch die Normen sowie durch die Existenz der Gruppe überhaupt (Wir-Gefühl), überragende Bedeutung für den Einzelnen und eine relative Dauerhaftigkeit.

Gruppen, die uns nicht so nahestehen, auch wenn wir zu ihnen gehören, nennt man **Sekundärgruppen** (lat. secundus = der Zweite). Mitglieder von Sekundärgruppen werden wir, wenn wir uns Gruppen außerhalb der Familie anschließen, z. B. Kindergartengruppe, Schulklasse, Kollegenteam. Diese Gruppen vervollständigen unsere sozialen Fähigkeiten. Wir lernen, uns ein- und unterzuordnen, wir üben uns in Selbstbeherrschung, Rücksichtnahme und Toleranz. Bei Sekundärgruppen handelt es sich um größere Gruppen, bei denen das Wir-Gefühl nur mäßig ausgeprägt ist und die Mitglieder weniger Kontakt zueinander haben. Die Sekundärgruppe hat weniger Einfluss auf die Persönlichkeitsentwicklung.

Definition

***Primärgruppen**, z. B. Familie, Spielgruppe, sind Gruppen, denen der Mensch zeitlich zuerst angehört und die das Verhalten besonders stark beeinflussen.*

***Sekundärgruppen**, z. B. Kindergartengruppe, Schulklasse, sind Gruppen, denen der Mensch erst später beitritt. Sie vervollständigen die sozialen Fähigkeiten.*

Merkmale der Primärgruppe	Merkmale von Sekundärgruppen
– häufiger, emotionaler Kontakt – vorwiegend direkter Kontakt (von Angesicht zu Angesicht) – kleine, überschaubare Mitgliederzahl – relativ dauerhaft – umfassende Ziele	– geringer, in der Regel sachlicher Kontakt – häufig indirekter Kontakt – oft vorübergehend, kurzfristig – begrenzte Ziele

12.1.3 Die Kindergartengruppe

Die Kindergartengruppe ist eine Sekundärgruppe, da es sich um eine relativ große Gruppe von rund 20 bis 25 Kindern handelt. Die Kinder kennen sich zwar persönlich und können miteinander in Kontakt treten, die Beziehungen untereinander sind aber nicht immer so intensiv, dass die Kinder sich wesentlich beeinflussen.

Bei der Kindergartengruppe handelt es sich zudem um eine **formelle Gruppe**, da sie von einer Erzieherin geleitet wird und von außen festgesetzte Ziele (z. B. Förderung der Gesamtpersönlichkeit des Kindes) sowie Regeln und Normen vorhanden sind. Innerhalb der formellen Gruppe können sich jedoch **informelle Gruppen** bilden, z. B. indem drei Kinder häufig zusammen spielen und sich auch außerhalb des Kindergartens treffen. Für die Kinderpflegerin ist es wichtig, die informellen Gruppen und damit die „heimlichen" Wortführer in der Gruppe zu kennen. Hat die pädagogische Fachkraft die „Wortführer" für ihre Ziele gewonnen, wird es leichter, auch die anderen Kinder zum Mitmachen zu bewegen.

Sieht man von den Betreuerinnen ab, gibt es in Kindergartengruppen kaum „offizielle" Rollen. Eine **„inoffizielle" Rollenstruktur** bildet sich jedoch relativ schnell heraus.

Die Besonderheit der Kindergartengruppe besteht darin, dass sie sich aus lauter „Noch-Nicht-Erzogenen" zusammensetzt. Ihren Mitgliedern fehlen gewisse Voraussetzungen zu einer echten Gruppenbildung. Diese werden sie erst im Laufe ihrer Gruppenzugehörigkeit erwerben. Von einem dreijährigen Kindergartenkind kann man nicht erwarten, dass es zusammen mit fünf anderen Kindern arbeitsteilig eine Sandburg baut. Einem solchen kooperativen Verhalten stehen entwicklungsbedingte Faktoren entgegen. Kinder verhalten sich zwar aus eigenem Antrieb sozial, müssen die richtigen Verhaltensmuster aber erst noch lernen.

So ist die Gruppe im Erziehungsprozess *Mittel* und *Zweck* zugleich: Durch die Kindergartengruppe soll das Kind **gruppenfähig** werden.

Bei einer Kindergartengruppe handelt es sich um:

- eine Sekundärgruppe, da die gefühlsmäßigen Bindungen relativ gering sind, was auch für die gegenseitige Beeinflussung innerhalb der ganzen Gruppe gilt;

- eine formelle Gruppe, da Leitung, Ziele und Normen weitgehend von außen festgelegt sind. Innerhalb dieser formellen Gruppe können jedoch informelle Gruppen entstehen, wenn sich einige Kinder anfreunden.

12.1.4 Entwicklung gruppenbezogener Verhaltensweisen

Inwieweit ein Kind sich in eine Gruppe einordnen kann, d. h., sich an die Regeln und Verhaltensnormen einer Gruppe anpassen und zu anderen Kindern Kontakt aufnehmen kann, hängt von vielen Faktoren ab, z. B. von seiner kognitiven und sozialen Entwicklung. Die **Gruppenfähigkeit** ist ein Teil des sozialen Verhaltens. Wer sich nicht ein- und unterordnen kann, besitzt keine Gruppenfähigkeit.

Unter „Gruppenfähigkeit" versteht man das gruppenbezogene Sozialverhalten eines Menschen, d. h. die Fähigkeit, positive Beziehungen zu anderen Gruppenmitgliedern anzuknüpfen und aufrechtzuerhalten.

Beobachtet man zweijährige Kinder beim Spielen, so zeigt sich, dass sie nur selten zusammen spielen. Die Kinder sitzen meist nebeneinander und jedes spielt für sich, stets darauf bedacht, dass das eigene Spielzeug von niemandem benutzt wird (**Parallelspiel**). Intensivere Kontakte ergeben sich höchstens beim Streit um Spielzeug oder anderes. Das Beieinandersitzen bahnt jedoch die Gruppenfähigkeit an, da es Gelegenheit zu Einzelkontakten bietet.

Mit drei Jahren spielen Kinder schon kurze Zeit zusammen, meistens jedoch nur mit einem Partner (**Partnerspiel**).

Mit vier Jahren ist ein Kind fähig, sich zeitweise einer Gruppe anzuschließen und sich den Gruppennormen bzw. den Weisungen des Gruppenleiters (d. h. der Erzieherin oder Kinderpflegerin) zu beugen. Das Kind neigt jedoch immer wieder zum individuellen Spiel. Das Gruppenleben gewinnt aber zunehmend an Bedeutung. Die Anerkennung und Beachtung durch

die Gruppe und die wachsende Fähigkeit, auch Niederlagen zu verkraften, führen dazu, dass das Kind sich in der Gruppe wohlfühlt. „Freunde" gewinnen immer größeren Einfluss.

Sechsjährige Kinder haben Freude am Umgang mit Gleichaltrigen, sie bilden bereits Interessengruppen und schließen häufig Freundschaften. Die Gruppenfähigkeit ist mit Beginn des Schulalters so weit vorhanden, dass einer gezielten Gruppenbildung keine entwicklungsbedingten Hindernisse mehr entgegenstehen.

Alter der Kinder	Bevorzugte Spielform
zwei Jahre	Kinder beschäftigen sich vor allem mit sich selbst (Parallelspiel), gelegentliche Einzelkontakte
drei Jahre	Partnerspiele stehen im Vordergrund
vier Jahre	kurzzeitiger Anschluss an eine Gruppe, Gruppenregeln werden zunehmend befolgt, gemeinsame Spiele
ab fünf Jahren	Kinder spielen häufig mit Freunden oder mit mehreren Kindern, Freunde gewinnen zunehmend an Bedeutung

12.1.5 Bedeutung der Gruppe für ein Kind

In den ersten Lebensjahren stellt die Familie oft den einzigen Bezug dar, d. h. die Erfahrungswelt des Kindes ist auf einen engen Raum und wenige Personen beschränkt. Wenn die Kinder ca. zwei Jahre alt sind, besuchen die Mütter mit ihren Kindern oft Spielgruppen bzw. suchen für ihre Dreijährigen eine Gruppe in einem Kindergarten. Der Eintritt eines Kindes in den Kindergarten bringt viele Neuerungen mit sich und stellt hohe Anforderungen an das Kind.

Für Kinder erweitert sich mit dem Eintritt in eine Kindergartengruppe der Erfahrungsraum erheblich. Sie treten zum ersten Mal in eine größere Gemeinschaft ein und müssen sich den dort festgelegten Regeln unterordnen, sie erfahren, dass sie eines unter vielen Kindern sind und sich anpassen müssen. Teilweise müssen sie sogar ihre eigenen Bedürfnisse zugunsten des Gruppenwohls zurückstellen. Durch den Kontakt zu anderen Kindern erhalten sie soziale Anerkennung bzw. müssen Rückschläge und Niederlagen einstecken, wodurch sie zunehmend ihre Identität aufbauen können. Zudem lernen sie, andere Kinder einzuschätzen und zu tolerieren, sowie sich in sie hineinzuversetzen. Kinder erhalten die Möglichkeit, soziale Rollen einzuüben bzw. auch abzulehnen. Ein schüchternes Kind kann z. B. einen Polizisten spielen, ein dominantes Kind muss sich den Anweisungen seiner „Eltern" unterordnen, wenn es das „Kind" spielt. Kinder lernen in der Gruppe nicht nur, Kontakte zu Gleichaltrigen und Erwachsenen zu knüpfen, sie müssen sie auch über einen längeren Zeitraum aufrechterhalten können. Im Kindergartenalltag entstehen häufig auch Konflikte, z. B. um Spielzeug oder um den Platz in der Bauecke. Kinder lernen, diese Konflikte zu ertragen bzw. zu bewältigen, andere zu unterstützen oder sich helfen zu lassen.

Eine Gruppe bietet optimale Voraussetzungen, um soziale Verhaltensweisen wie Rücksichtnahme, Teilen, Toleranz usw. einzuüben (vgl. Kap. 10. 5).

Besonders wichtig ist der Erfahrungsraum „Gruppe" für Einzelkinder bzw. für Kinder, die außerhalb des Kindergartens selten Gelegenheit haben, mit anderen Kindern aus der Nachbarschaft oder dem Bekanntenkreis der Eltern zu spielen. Eltern klagen aber auch über negative Einflüsse der Gleichaltrigen, z. B. wenn ihre Kinder „Ausdrücke" oder aggressive Verhaltensweisen mit nach Hause bringen. Kinder können und dürfen von solchen Einflüssen nicht verschont bleiben, sie sollen befähigt werden, angemessen damit umzugehen.

Grundsätzlich besitzen damit Kindergruppen eine wichtige **Sozialisationsfunktion:**
- Erweiterung des Erfahrungsraumes,
- Einordnen in eine Gemeinschaft,
- Einübung sozialer Verhaltensweisen und Einstellungen,
- Finden der eigenen Identität,
- Erwerb sozialer Anerkennung,
- Kontakt zu Gleichaltrigen und Erwachsenen,
- Einübung von Möglichkeiten der Konfliktregelung.

12.2 Struktur einer Gruppe

Eine wesentliche Voraussetzung für das Funktionieren einer Gruppe oder einer Gesellschaft ist das Vorhandensein einer Ordnung. Durch Verhaltensweisen, die als erlaubt, angemessen oder verboten gelten, wird die Ordnung geschaffen und aufrechterhalten.

Die Kontakte und Beziehungen in einer Gruppe laufen in einer bestimmten Art und Weise ab und ergeben eine spezifische Gruppenstruktur.

Definition   **D**
Gruppenstruktur ist die Bezeichnung für das Gefüge, das sich bildet, wenn die Gruppenmitglieder in sozialem Kontakt zueinander stehen.

Die Strukturierung einer Gruppe orientiert sich an verschiedenen Gesichtspunkten. So gibt es z. B. eine **Kommunikationsstruktur**, eine **Freundschaftsstruktur**, eine **Machtstruktur** usw. In einer Kindergartengruppe ist vor allem die Freundschaftsstruktur von Bedeutung.

Im Folgenden werden wesentliche Aspekte der Gruppenstruktur dargelegt.

12.2.1 Gruppennormen und Sanktionen

Gruppen fordern von ihren Mitgliedern, dass sie sich an die vorhandenen Regeln halten. Sie steuern damit das Verhalten und die Einstellungen ihrer Mitglieder. Diese Regeln, die sowohl die Grenzen des Erlaubten als auch Forderungen der Gruppe festlegen, nennt man soziale Normen. Sie entstehen durch das soziale Miteinander der Gruppenmitglieder.

Definition   **D**
Soziale Normen sind Regeln darüber, wie man sich verhalten bzw. nicht verhalten soll.

Soziale Normen werden vom Individuum als von außen kommend erlebt und üben Zwang aus. Die Einhaltung sozialer Normen wird durch bestimmte negative oder positive Reaktionen der Mitglieder überwacht bzw. erzwungen.
In den meisten Kindergärten gibt es Kindergartenordnungen, die geltende Regeln verbindlich vorschreiben, z. B. dass Kinder rutschfeste Hausschuhe tragen sollen, zum Frühstück nichts Süßes mitbringen dürfen usw.
Die Einhaltung der Normen wird kontrolliert. Wenn die Kinder zur Brotzeit keine Süßigkeiten mitbringen dürfen (= Norm), ein Kind dennoch eine Tafel Schokolade auspackt und die Kinderpflegerin dem Kind diese wegnimmt, eventuell die Mutter deswegen noch zur Rede stellt, so wird diese Norm streng kontrolliert. Die Betreuerinnen legen offensichtlich großen Wert auf die Einhaltung dieser Regel. Wird die Mutter nur darauf hingewiesen, dass es eigentlich nicht erlaubt sei, Süßigkeiten mitzubringen, wird die Norm nur schwach kontrolliert.

Fallbeispiel

Kinder bauen sich aus Legosteinen Pistolen und spielen Cowboys. Die Kinderpflegerin nimmt ihnen die Waffen weg und weist sie an, in der Bauecke zu spielen.
In diesem Kindergarten gilt die Norm, dass man kein Kriegsspielzeug verwenden darf. Setzen sich Kinder über dieses Gebot hinweg, müssen sie mit negativen Reaktionen rechnen.

Übertretungen oder die Nichteinhaltung der Gruppennormen werden von den Gruppenmitgliedern kontrolliert. Je wichtiger Normen für die Gruppe sind, umso größer wird der „Gruppendruck" auf die einzelnen Mitglieder, die Normen auch einzuhalten. Dazu werden bestimmte Sanktionen durch die Gruppe ausgeübt. Sanktionen sind Reaktionen, die sowohl strafender als auch belohnender Art sein können.

Definition

Sanktionen *sind Maßnahmen, die dafür sorgen, dass die vorhandenen Normen eingehalten werden. Sie können positiver oder negativer Art sein.*

Normen werden vom Individuum oft als Zwang und als unangenehm empfunden. Sie sind im menschlichen Zusammenleben jedoch eine unabdingbare Notwendigkeit, ohne die das Zusammenleben im „Chaos" enden würde.

Beispiel

Wie sähe z. B. der Alltag einer Kinderpflegerin ohne Normen aus? Sowohl sie als auch die Kinder müssten sich überlegen, wann sie in den Kindergarten gehen und ob sie dort arbeiten bzw. mit anderen Kindern basteln und spielen oder nur herumsitzen wollen. Die Kinderpflegerin könnte die Gruppe verlassen, wann sie wollte, und die Kinder nach Lust und Laune nach Hause schicken.

Die sozialen Normen haben eine entlastende Funktion und geben jedem Orientierungspunkte für sein Verhalten, schränken ihn aber auch ein. Das Verhalten der Mitmenschen wird teilweise vorhersehbar, zumindest in einem bestimmten Rahmen. Soziale Normen vereinheitlichen das Verhalten der Menschen und gewähren dadurch eine gewisse Sicherheit und Stabilität für den Einzelnen.
Für Gruppen sind soziale Normen unbedingt erforderlich, sie fördern das „Wir-Gefühl" und grenzen eine Gruppe gegenüber anderen Gruppen ab.

12.2.2 Position, Status und Rollenstruktur

Soziale Normen schreiben Handeln vor. So hat man z. B. als Kinderpflegerin, Ehefrau, Tochter, Mutter usw. bestimmte Aufgaben zu erfüllen, die unabhängig von der Person, die diese Stelle einnimmt, gelten. Man bezeichnet diesen Platz als **soziale Position.**

Soziale Positionen sind gruppengebunden und bestehen unabhängig vom Inhaber, d. h., die Position „Leiterin des Kindergartens" bleibt auch bestehen, wenn Frau X, die bisher diese Position innehatte, in Elternzeit geht. Der Einzelne kann mehrere Positionen innerhalb der Gesellschaft einnehmen.

Man unterscheidet zwischen zugeschriebenen und erworbenen Positionen. So sind z. B. die Positionen Mann oder Frau, Jugendlicher oder Greis biologisch bedingt und damit zugeschrieben. Andere Positionen hingegen müssen erst erworben werden, z. B. Leiterin eines Kindergartens, Mutter, Vater usw.

Der Inhaber einer Position steht in Verbindung mit bestimmten Personen, den Bezugspersonen. Diese erwarten vom Positionsinhaber bestimmte Verhaltensweisen. So wird z. B. von der Leiterin einer Kindergartengruppe erwartet, dass sie die Kinder sinnvoll beschäftigt und sie entsprechend ihren Fähigkeiten fördert.

Definition

*Die **soziale Position** ist der Platz, den ein Individuum innerhalb einer Gruppe bzw. in einer Gesellschaft einnimmt. Jeder Mensch kann mehrere Positionen innerhalb der Gesellschaft einnehmen. Man unterscheidet zugeschriebene und erworbene Positionen.*

Die mit der Position verbundenen Erwartungen der Mitmenschen an den Inhaber werden **soziale Rolle** genannt, z. B. Vaterrolle, Tochterrolle, Berufsrolle usw.

Definition

*Die **soziale Rolle** umfasst alle Verhaltenserwartungen, die eine Gruppe an den Inhaber einer sozialen Position stellt.*

Jeder Mensch gehört im Laufe seines Lebens mehreren Gruppen an, besitzt demzufolge mehrere Positionen und muss daher auch eine Vielzahl verschiedener Rollen übernehmen.

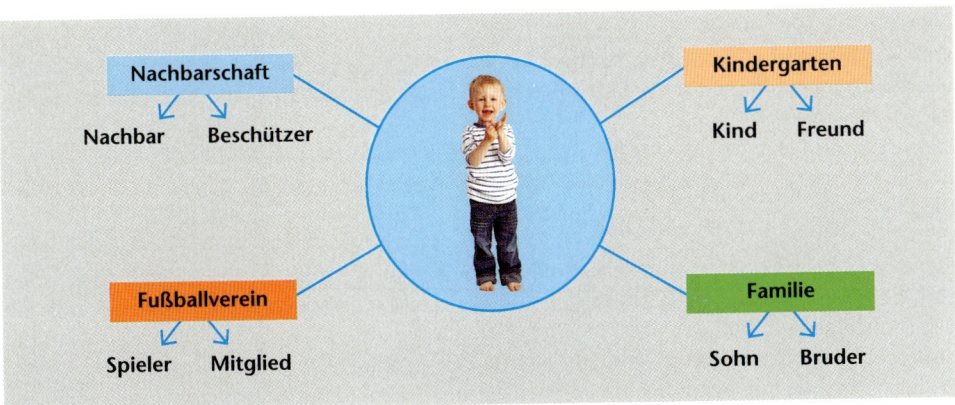

Ein Kind hat z. B. die Rolle *Sohn* in der Familie, die Rolle *Freund* im Kindergarten, die Rolle *Junge* in der Gesellschaft usw.

Soziale Rollen sind mit Verhaltensvorschriften verbunden, deren Inhalt von der Gruppe bzw. Gesellschaft bestimmt wird. Die Erwartungen an den einzelnen Rolleninhaber haben jedoch eine gewisse Verbindlichkeit. Je nach dem Grad der Verbindlichkeit unterscheidet man **Muss-, Soll- und Kann-Erwartungen.**

Beispiel

Um in den Kindergarten aufgenommen zu werden,
- *muss ein Kind sauber sein,*
- *sollte es sich sprachlich angemessen ausdrücken können,*
- *kann es gute Umgangsformen beherrschen.*

Muss- und Sollerwartungen werden von der Gesellschaft negativ sanktioniert, Kann-Erwartungen jedoch positiv. Ist ein Kind nicht sauber, so wird es unter Umständen nicht in den Kindergarten aufgenommen (= negative Sanktion). Ist ein Kind nicht in der Lage, seine Bedürfnisse und Wünsche zu formulieren, so kann die Kinderpflegerin diesen nicht nachkommen (= negative Sanktionen). Bedankt sich ein Kind für etwas, wird es wahrscheinlich entsprechend gelobt (positive Sanktion). In einer Gruppe hat jedes Mitglied einen bestimmten Rang oder Stand, d. h. es gibt in jeder Gruppe ein Rangsystem mit hohen und niedrigen Positionen bzw. es gibt unterschiedliche Bewertungen und Anerkennungen von Personen durch die anderen Gruppenmitglieder. Diesen Platz innerhalb der Gruppe oder der Gesellschaft bezeichnet man als **sozialen Status.**

Definition

*Der **soziale Status** gibt den Grad der sozialen Wertschätzung an, den der Einzelne durch die Gruppenmitglieder erfährt. Der soziale Status ergibt sich aufgrund der sozialen Position und der damit verbundenen Rolle des Gruppenmitglieds.*

Je höher also eine Position in einer Gruppe eingeschätzt wird, desto höher ist der soziale Status des Gruppenmitglieds, das diese Position einnimmt. Zur Einschätzung verwenden die Gruppenmitglieder bestimmte Kriterien oder Werte, die von den Gruppenmitgliedern für wichtig gehalten werden. Ein Mensch nimmt in verschiedenen Gruppen nicht immer den gleichen Status ein.

Fallbeispiel

Karin kommt meist ungepflegt und ungewaschen in den Kindergarten. Ihre Kleidung ist altmodisch und abgetragen. Sie spricht nur wenig und wird von anderen Kindern kaum zum gemeinsamen Spielen aufgefordert.
Karin geht auch in die musikalische Frühförderung. Der Musiklehrer verspricht sich viel von ihr, weil sie musisch sehr begabt ist. Die anderen Kinder bewundern ihr musisches Können und betrachten sie als Vorbild.

Status und Rolle gehören stets zusammen. Eine bestimmte Rolle ist mit einem bestimmten Status verbunden, z. B. ist die Rolle des Anführers in einer Gruppe mit einem hohen Status, die Sündenbockrolle mit einem niedrigen Status verbunden. Status und Rolle dürfen jedoch nicht verwechselt werden. Die Rolle bezieht sich auf bestimmte Verhaltenserwartungen an einen Positionsinhaber, der Status auf die Wertschätzung, die mit diesem Verhalten verbunden ist.

Die Mitglieder einer Gruppe verwenden bestimmte Kriterien, z. B. Tüchtigkeit, Leistung oder Kontaktfähigkeit, nach denen sie sich gegenseitig höher oder niedriger einschätzen.

Kriterien wie Leistungsfähigkeit oder Tüchtigkeit spielen in einer Kindergartengruppe kaum eine Rolle. Wichtiger ist hier die Kontaktfähigkeit eines Kindes. Bei den Kriterien handelt es sich um Werte, die von der jeweiligen Gruppe als wichtig empfunden werden.

Rollen sind an Gruppen gebunden		Erwartetes Verhalten	Rollenverhalten wird sanktioniert
Gruppe	Rolle		
Familie	Sohn	Gehorsam, Rücksicht	Lob, Strafe
	Bruder	Hilfe, Gespräch	gemeinsames Spielen
Kindergarten	Kind	Selbstständigkeit	Zuwendung
	Freund	Treue, Spielen	Anerkennung
Sportverein	Mitglied	Mitarbeit, Beitrag	Beachtung
	Spieler	Einsatz, Pünktlichkeit	Erfolg
↓		↓	↓
zugewiesen oder erworben		Muss-, Soll- oder Kann-Erwartung	negative oder positive Sanktionen

12.2.3 Typische Rollen in einer Kindergartengruppe

Die Kindergartengruppe bietet als formelle Gruppe kaum „offizielle" Rollen an. Für die Kinder gibt es wenige Ämter. Ob die Erzieherin und die Kinderpflegerin zur Gruppe gezählt werden, ist umstritten. Sie übernehmen jedoch in jedem Fall Führungsaufgaben, die sie zusammen mit anderen Besonderheiten (z. B. dem Altersvorsprung) eher als außerhalb der Gruppe stehend erscheinen lassen. Von den Betreuerinnen erwarten die Kinder Verhaltensweisen, die sich von den ihren und denen der anderen Kinder deutlich unterscheiden.
Unter den Kindern ergeben sich jedoch schnell Unterschiede. Kinder wissen sehr schnell, womit sie Erfolg haben, und nutzen dies für ihre Zwecke. Sie bedienen sich unterschiedlichster Strategien, um Anerkennung und Beachtung zu erhalten.

Anführer oder Boss

Anführer geben in der Gruppe den Ton an. Andere Kinder befolgen die Anweisungen und Wünsche des Anführers, der in der Regel eine hohe Wertschätzung (hoher Sozialstatus) genießt. Der Anführer ist in der Lage, andere Kinder für seine Ziele zu gewinnen und für Aktivitäten zu motivieren. Problematisch wird dies, wenn er „negative" Ziele verfolgt, die den Interessen der Kinderpflegerin entgegenlaufen, da der Boss dann dem Fachpersonal „über den Kopf wachsen" kann.

Mitläufer

Jeder Anführer braucht natürlich ein Gefolge. Der Mitläufer orientiert sich normalerweise an der allgemeinen, mehrheitlich vorhandenen Meinung und äußert seine eigenen Wünsche und Bedürfnisse nicht. Mitläufer sind den verschiedenen, gerade aktuellen Einflüssen ausgesetzt. Sie besitzen ein relativ geringes Selbstbewusstsein und sind kaum in der Lage, sich eine eigene Meinung zu bilden, geschweige denn, sie durchzusetzen.

Außenseiter

Außenseiter sind Kinder, die von sich aus nicht fähig sind, sich in eine Gruppe einzufügen. Sie selbst unternehmen nichts zu ihrer Integration und haben häufig Merkmale, die sie von der Gruppe abheben. Hier ist der besondere Einsatz der Kinderpflegerin gefragt, um ihnen die notwendige Anerkennung durch die anderen Kinder zu verschaffen und sie somit in die Gruppe zu integrieren. Dies kann geschehen, indem sie ihnen z. B. Aufgaben, die der Gruppengemeinschaft die-

nen, überträgt. In der Regel ist auch jedes neue Mitglied zunächst Außenseiter, so werden ihm z. B. Streiche gespielt, häufig wird ihm Schuld zugeschoben. Es integriert sich jedoch meist schnell in die Gruppe und verschafft sich den entsprechenden Status.

Clown, Kasper

Gruppenclowns sind Kinder, die häufig unter Versagensängsten leiden. Durch auffälliges Verhalten suchen sie Beachtung und Anerkennung, die sie auf positive Art und Weise nicht erhalten können. Charakteristisch für den Clown ist, dass er auch in ernsten Situationen Unfug treibt und seine Grenzen nicht kennt.

Er wird von der Gruppe manchmal zwar toleriert, aber nicht ernst genommen. Wichtig ist es, positive Verhaltensweisen des Clowns zu verstärken, damit er dadurch die nötige Zuwendung erhält und es nicht mehr nötig hat, „herumzukaspern".

Schläger und Tyrann

Schlägertypen versetzen andere Kinder, vor allem kleinere und schwächere, in Angst und Schrecken. Sie versuchen, ihre Macht um jeden Preis auszuspielen. Hier muss die Kinderpflegerin in jedem Fall eingreifen und dem Kind die Grenzen zeigen.

Schüchterne, Langweiler und Überbrave

Schüchterne, langweilige und überbrave Kinder haben normalerweise ein geringes Selbstbewusstsein. Sie leben in der ständigen Angst, etwas falsch zu machen. Die Kinderpflegerin sollte diese Kinder aktivieren, ihnen Erfolgserlebnisse verschaffen und sie in das Gruppengeschehen eingliedern.

Rebellen

Rebellen können sich nur schwer in den Gruppenprozess einfügen. Sie begehren ständig gegen alles auf, vor allem gegen die Aktivitäten des Anführers. Wenn sich Rebellen jedoch für etwas interessieren, zeigen sie vollen Einsatz, hohe Leistungsbereitschaft und Disziplin.

Nörgler oder Meckerer

Diese Kinder gehen sich selbst und anderen „auf die Nerven", weil sie an allem etwas auszusetzen haben. Niemand kann ihnen etwas recht machen. Die Kinderpflegerin sollte Interessenbereiche suchen, um die Energien des Kindes positiv zu nutzen und es in die Gruppe zu integrieren.

Sündenbock

Dem Sündenbock wird bei Konflikten in der Gruppe die Schuld zugeschoben. Er hat innerhalb der Gruppe eine Randposition und ein relativ geringes Sozialprestige. Die Kinderpflegerin sollte Konflikte sachlich analysieren und die Verursacher gerecht behandeln.

Dies ist keine vollständige Aufzählung von „Rollen" in einer Kindergartengruppe. Jede Gruppe ist eine Gemeinschaft von Einzelpersönlichkeiten, die jeweils in der individuellen Eigenart berücksichtigt werden sollen.

12.3 Methoden der Gruppenforschung

Um Erziehungsgruppen sinnvoll leiten oder kleinere Arbeitsgruppen auswählen zu können, ist es hilfreich, die Struktur der Gesamtgruppe, d. h. die Beziehung ihrer Mitglieder zueinander und die Position Einzelner, zu kennen. Zur Ermittlung der Gruppenstruktur gibt es verschiedene Methoden. Am bekanntesten ist der soziometrische Test.

Definition
*Bei **soziometrischen Verfahren** wird mittels standardisierter Fragen erforscht, welche Zuneigungen und Abneigungen zwischen den Mitgliedern einer Gruppe bestehen.*

Grundzüge der Soziometrie
Grundlegendes Ziel der Soziometrie ist es, die gefühlsmäßigen Beziehungen unter den Gruppenmitgliedern herauszufinden und Einblick in den Aufbau der Gruppe zu erhalten. Die drei Hauptziele sind:

- die Erforschung der Gruppenstruktur, z. B. in Schulen, Kindergärten, Heimen, Industrie oder Wirtschaft,
- die Erstellung einer Individualdiagnose, d. h. es wird die soziale Position und der Status einzelner Personen innerhalb der Gruppe ermittelt,
- die Kleingruppenforschung, dabei geht es um die Erhebung von Gesetzmäßigkeiten sozialer Abläufe und die Entstehung und Veränderung von Gruppenstrukturen in Kleingruppen.

Zur Erhebung der Daten wird ein **soziometrischer Test** verwendet. Jedes Gruppenmitglied wird schriftlich oder mündlich nach seinen Zuneigungen und/oder Abneigungen gefragt.

In einer Kindergartengruppe könnten folgende Fragen verwendet werden:
- „Wen magst du in der Gruppe am liebsten?"
- „Wen magst du in der Gruppe am wenigsten?"

- „Mit wem spielst du am häufigsten im Kindergarten?"
- „Mit wem spielst du selten oder nie?"
- „Mit wem würdest du gerne spielen?"
- „Mit wem würdest du nicht spielen?"
- „Mit wem triffst du dich außerhalb des Kindergartens häufig?"
- „Wenn du eine Geburtstagsfeier machen würdest, wen aus der Gruppe würdest du einladen?"
- „Wen würdest du nicht zu deiner Geburtstagsfeier einladen?"

Auf diese Weise kann das innere System einer Gruppe hinsichtlich der Beliebtheit der Gruppenmitglieder ermittelt werden.
Die Ergebnisse werden in einer Positionstabelle, einer **Soziomatrix**, festgehalten.

Beispiel für eine Soziomatrix

In einer Kindergartengruppe wird ein soziometrischer Test mit folgenden Fragen durchgeführt:

a) Wenn du eine Geburtstagsfeier machen würdest, wen aus der Gruppe würdest du einladen? Du kannst zwei Kinder nennen.

b) Wen würdest du nicht zu deiner Geburtstagsfeier einladen? Du kannst zwei Kinder auswählen.

Wähler \ Gewählte	Maria	Christoph	Theo	Andreas	Uli	Kerstin	Frank	Bastian	Hans	Petra	Bernd	Anna	Zeilensumme	positiv	negativ
Maria					+					−			2	1	1
Christoph						−	+					+	3	2	1
Theo				−					+				2	1	1
Andreas													—	—	—
Uli	+											−	2	1	1
Kerstin		−		−					+		+		4	2	2
Frank										+		+	2	2	—
Bastian						+			+				2	2	—
Hans			+	−		+							3	2	1
Petra		+							−		+		3	2	1
Bernd									+			+	2	2	—
Anna		+									−		2	1	1
Spaltensumme	1	3	1	3	1	3	1	—	5	2	3	4			
positiv	1	2	1	—	1	2	1	—	4	1	2	3			
negativ	—	1	—	3	—	1	—	—	1	1	1	1			

(vgl. Metzinger, 2010, S. 69)

Anhand der abgegebenen Positiv- und Negativwahlen kann man etwas über die Stellung der Gruppenmitglieder in der Gruppe erfahren:

- Star: die Person, die die meisten positiven Stimmen bekommen hat (hier Hans)
- Abgelehnter: die Person, die die meisten negativen Stimmen bekommen hat (hier Andreas)

- Ausgestoßener: die Person, die nur negative, keine positiven Stimmen bekommen hat (hier ebenfalls Andreas)
- Unbeachteter: die Person, die keine oder nur ganz wenige positive und negative Stimmen bekommen hat (hier Bastian)

→ Die Anzahl der abgegebenen Stimmen ist bei unbegrenzter Wahlfreiheit ein Maß für **Kontaktfreudigkeit**. In unserem Beispiel zeigte sich demnach Kerstin als am kontaktfreudigsten.

Man muss dabei immer bedenken, dass jeder soziometrische Test nur eine Momentaufnahme ist und entsprechende Einflüsse zur Geltung bringt.
Als wichtige Aspekte der Analyse gelten: Teilgruppenbildungen (Cliquen), Stars, Kettenbildungen, Paarbildungen, Randpositionen.

Zur besseren Übersichtlichkeit kann die Soziomatrix grafisch in einem **Soziogramm** dargestellt werden. Es ist darauf zu achten, dass die Mitglieder, die das Geschehen in der Gruppe bestimmen, in der Mitte stehen und die sozialen Entfernungen der einzelnen Mitglieder zueinander auch grafisch entsprechend zum Ausdruck kommen.

Beispiel für ein Soziogramm

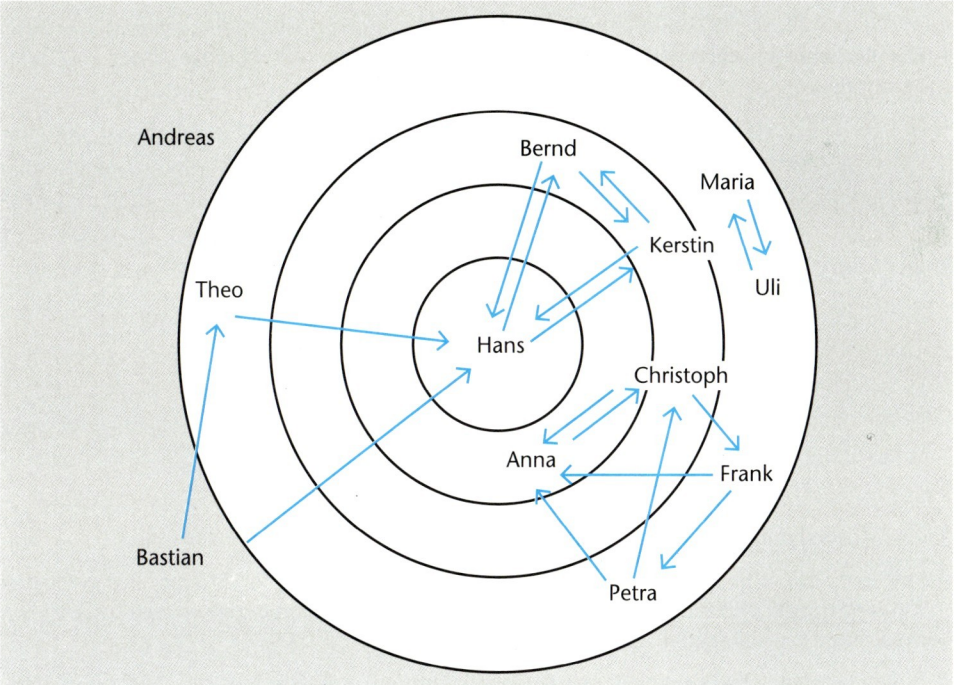

(vgl. Metzinger, 2010, S. 71)

Anhand einer grafischen Darstellung lassen sich typische soziale Stellungen der einzelnen Gruppenmitglieder besser erkennen. Mit dem soziometrischen Verfahren lassen sich auch **typische soziale Untergruppen** in einer Gesamtgruppe feststellen:

- Häufig vorkommende soziale Beziehungen der Gruppenmitglieder bestehen innerhalb einer **Clique**: Einige Gruppenmitglieder wählen sich untereinander sehr häufig, richten wenige Wahlen nach außen und empfangen wenige Wahlen von außen.

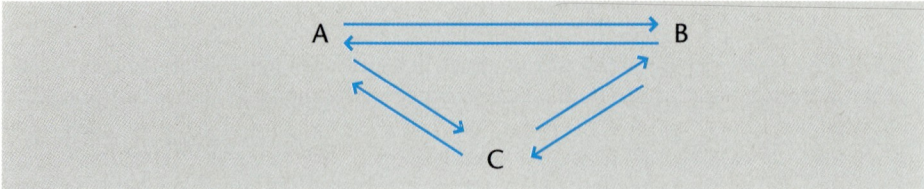

- **Das Paar**: Zwei Kinder wählen sich gegenseitig und haben wenige Wahlen von außen.

- **Die Kette**: Ein Kind wählt ein anderes, das wiederum ein anderes wählt usw. Es kommt zu keinen gegenseitigen Wahlen.

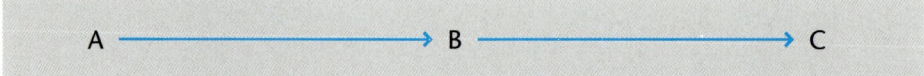

- **Die Gabelung**: Mehrere Mitglieder sind untereinander indirekt über einen Vermittler verbunden.

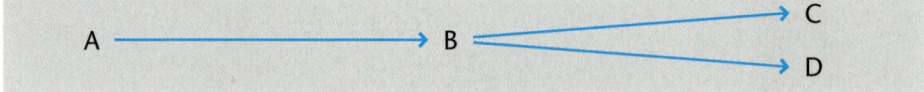

- **Der Stern**: Ein Kind wird von anderen häufig gewählt, die sich untereinander wenig kennen.

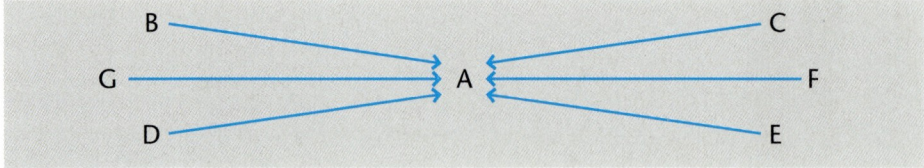

(vgl. Metzinger, 2010, S. 71 f.)

Bei der **Auswertung einer Soziomatrix** sollte man Folgendes im Auge behalten:

- Der soziometrische Test ist immer nur eine Momentaufnahme der Gruppe. Besonders bei Kindergruppen sind die sozialen Beziehungen sehr wechselhaft und vom letzten Streit um Spielzeug bzw. der letzten gemeinsamen Aktivität bestimmt.

- Eine einmalige Erhebung stellt bei Kindern eher ein Zufallsergebnis dar, häufige Wiederholungen führen jedoch zu einer Abstumpfung.

- Fragen nach den gefühlsmäßigen Bindungen der Kinder können starke Gefühle hervorrufen, deshalb sollten vor allem Fragen nach Abneigungen sehr vorsichtig formuliert werden.

- Die erhaltenen Daten müssen immer im Hinblick auf die spezielle Fragestellung gedeutet werden: Der Test gibt nur Auskunft darüber, mit wem ein Kind am liebsten spielt, neben wem es sitzen möchte usw. Daraus können nicht ohne Weiteres Rückschlüsse gezogen werden.

- Die Untersuchung gibt nur über die augenblickliche Freundschaftsstruktur Auskunft, Aussagen über die Ursachen und die Stärke der Gefühle lassen sich nicht machen.

- Die Daten aus den soziometrischen Verfahren sollten immer im Zusammenhang mit anderen Beobachtungen und Informationen (Akten, Eltern, Aussagen von Freunden usw.) verglichen werden. Daraus kann dann auf das „Warum" von Negativ- und Positivwahlen der Mitglieder geschlossen werden.

- Wahlbegrenzungen sind unerlässlich, können die Ergebnisse jedoch verfälschen, z. B. wenn nur drei Personen gewählt werden dürfen, jemand aber vier gute „Freunde" hat. Ein Kind, das keine Vorlieben hat, steht zudem unter psychologischem Druck zu wählen.

Soziometrische Tests stellen nur eine Momentaufnahme der Gruppenstruktur dar und sind damit von vielen, oft nur kurzzeitig wirkenden Aspekten beeinflusst. Ein soziometrischer Test gibt prinzipiell nur Auskunft über die spezielle Fragestellung und erlaubt ohne zusätzliche Informationen keine generellen Aussagen über Zu- und Abneigungen. Über Ursachen und Motive der Wahlen wird nichts bekannt.

Um die Position eines Kindes in einer Gruppe zu ermitteln, könnte die Erzieherin zusammen mit der Kinderpflegerin auch ein Gruppensoziogramm erstellen. Die Erzieherin beobachtet über einen gewissen Zeitraum ein Kind und notiert sich, mit wem es was spielt bzw. mit wem es kaum Kontakt aufbaut.

Beispiel für ein Gruppensoziogramm
Martin, sechs Jahre, hält sich im Kindergarten häufig zusammen mit Alexander, Michael, Sebastian und Jakob, alles Vorschulkinder, in der Bauecke auf. Mit Christian, sechs Jahre, und Anna-Lea bastelt er sehr gerne oder spielt Verschiedenes am Tisch mit ihnen. Auffallend ist, dass er nur mit einem Mädchen häufiger spielt und offensichtlich ältere bzw. gleichaltrige Kinder bevorzugt. Anna-Lea ist erst fünf Jahre alt, wohnt allerdings in direkter Nachbarschaft, sodass die beiden öfter gemeinsam in den Kindergarten gebracht werden.

Die Position eines Kindes könnte im Gruppensoziogramm folgendermaßen dargestellt werden:

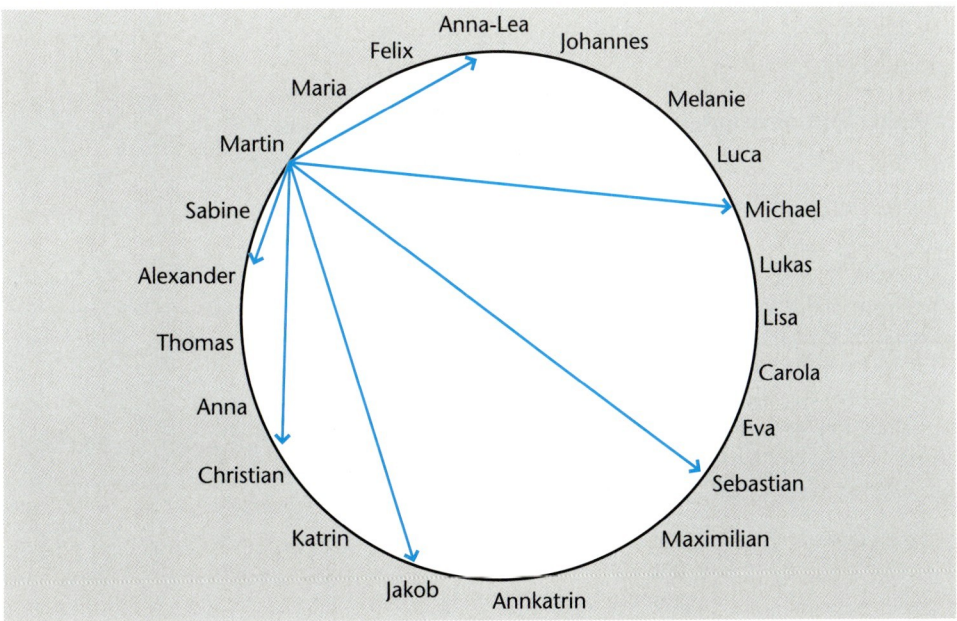

12.4 Gruppendynamische Prozesse

Die Mitglieder einer Gruppe stehen in ständiger wechselseitiger Kommunikation und **Interaktion.** Dabei beeinflussen sie sich – indirekt oder direkt – gegenseitig. Je nach Häufigkeit und Tiefe der Beziehungen der Gruppenmitglieder untereinander wird ein **dynamischer**[1] Prozess in Gang gesetzt.

Definition

Gruppendynamik *bezeichnet alle dynamischen Handlungsabläufe zwischen den Gruppenmitgliedern und die Möglichkeiten, solche Prozesse zu beeinflussen.*

12.4.1 Entstehung einer Gruppe

Wenn sich eine Gruppe bildet, laufen normalerweise immer wieder ähnliche Prozesse ab. Im Folgenden werden einige wiederkehrende Erscheinungsformen der Entwicklung von Gruppen beschrieben.

Die einzelnen Phasen laufen in der Wirklichkeit nicht genauso und nicht immer in der beschriebenen Reihenfolge ab. Es gibt Sprünge, d. h., manche Phasen durchläuft eine Gruppe gar nicht oder erst viel später, auch Rückschritte sind möglich. Es erleben auch nicht immer alle Gruppenmitglieder gleichzeitig dieselbe Phase.
Die **Systematisierung in Phasen** ist trotzdem sinnvoll, weil sie einer Kinderpflegerin hilft, Gefahren, Gefühle und Verhaltensweisen wahrzunehmen und einzuordnen.
Sie kann den momentanen Entwicklungsstand einer Gruppe erkennen und in ihre Zielformulierungen und Planungen einbeziehen.

Das im Folgenden beschriebene Modell lehnt sich an das **Phasenmodell von Bernstein/Lowy** (vgl. Bernstein/Lowy, 1978) an. Die Entwicklung einer Gruppe vollzieht sich danach in fünf Phasen, wobei über die Dauer und die Tiefe der Beziehungen nichts ausgesagt wird. Bernstein und Lowy beschreiben nicht nur den jeweiligen Entwicklungsstand einer Gruppe, sondern auch die damit verbundene Aufgabe des Leiters, also die Aufgaben der Erzieherin und der Kinderpflegerin.

1. Phase: Fremdheitsphase
Kommen Kinder im Herbst in eine neue Kindergartengruppe, sind sie einerseits gespannt und neugierig auf das Neue, andererseits fühlen sie sich unsicher und gehemmt. Wie stark diese Gefühle beim einzelnen Kind sind, hängt von den Vorerfahrungen in anderen Gruppen ab, d. h. wie sich das Kind in anderen Gruppen (z. B. Spielgruppe, Sportgruppe) verhalten hat und wie es dort akzeptiert wurde. Die Kinder spielen in dieser Phase oft alleine, tasten sich gegenseitig ab,

---
[1] dynamisch: mit Bewegung verbunden

beobachten die anderen Kinder. Viele der Kinder orientieren sich an anderen, häufig an den Erwachsenen in der Gruppe, von denen man sich Sicherheit und **Verhaltensorientierung** verspricht. Die Situation ist noch sehr offen und ungeklärt, es entstehen aber schnell Regeln und Normen, um etwas Sicherheit zu gewinnen.

In dieser Phase beginnen bereits die **Rollenfindung** und **Rollenzuschreibung**. Ein Kind fängt im Stuhlkreis immer sofort zu reden an, und bald erwarten andere Kinder von ihm, dass es Entscheidungen trifft. Die Gruppe besitzt noch kein Zusammengehörigkeitsgefühl (Wir-Gefühl). Die Kinder erkunden sich noch. Im Vordergrund steht die Befriedigung der eigenen Bedürfnisse (vgl. Kap. 5).

Fallbeispiel

Die Kinder wenden sich einzeln den vorhandenen Spielen zu. Sabine baut mit dem Baukasten, Sibylle beschäftigt sich in der Puppenecke, und Matthias spielt ein Memospiel. Manchmal geht Matthias zu Sabine und baut auch ein wenig mit, schon bald wendet er sich aber wieder ab. Ab und zu lässt Sabine sich von Sibylle helfen, aber überwiegend spielen die Kinder alleine. Sibylle wendet sich an die Kinderpflegerin und fragt: „Was soll ich spielen?" Die Betreuerin schlägt ihr vor, mit Matthias das Memospiel zu spielen. Sie bietet außerdem an, einen Schmetterling mit ihr und anderen zu basteln.

Aufgabe der Kinderpflegerin ist es, Verhaltensrichtlinien zu geben, um den Kindern die Unsicherheit zu nehmen. Die Kinderpflegerin wirkt als Vorbild, d. h. die Kinder beobachten sie und ihr Verhalten wird zum Maßstab.

Die Kinderpflegerin verhält sich hilfreich und sinnvoll,

- wenn sie alle Kinder ernst nimmt und offen und aufmerksam ist,

- wenn sie Unsicherheiten wahrnimmt und Hilfen anbietet,

- wenn sie klare Verhaltensregeln aufstellt und einen Überblick über Möglichkeiten und Grenzen, über Spielräume und unveränderbare Bedingungen gibt,

- wenn sie gemeinsame Spiele unterstützt und den Kindern Gelegenheit zur Beziehungsaufnahme gibt,

- wenn sie zum Entstehen positiver Gruppennormen beiträgt, z. B. dazu, dass die Kinder einander zuhören, eine bestimmte Reihenfolge einhalten usw.

2. Phase: Orientierungsphase – Phase der Platzfindung – Machtkampf und Kontrolle

Nachdem die ersten Annäherungsversuche vollzogen sind, versuchen die Kinder, sich in der Gemeinschaft zu behaupten und einen Platz zu suchen. Es gibt Machtkämpfe, Regeln und Normen bilden sich heraus, Untergruppen und Freundschaften kommen zustande, Zweckbündnisse werden geschlossen.

Dieses Platzsuchen kann sehr unterschiedlich aussehen: Manche Kinder machen Vorschläge, sprechen überall mit, greifen andere an, machen Witze; andere sind ganz ruhig, zurückhaltend, scheu, wissen alles, sprechen sehr gewählt usw. Alle Kinder nehmen sich gegenseitig wahr und ziehen ihre Schlüsse daraus. Langsam entsteht ein **Netz von Beziehungen** (Zu- und Abneigungen usw.).

Durch das eigene Verhalten der Kinder, die Erwartungen anderer, das Zusammenspiel und die gegenseitige Ergänzung verschiedener Kinder entwickeln sich langsam Rollen. Es besteht die Gefahr, dass diese Rollen sehr schnell festgeschrieben werden und nur noch wenig Platz für Veränderungen bleibt.

Kinder ringen in dieser Phase am stärksten um Positionen und Rollen. Sie versuchen, ihren Status durch das Aufstellen von Regeln abzusichern. Es treten häufig Aggressionen auf.

Fallbeispiel

Sonja sucht häufig Kontakt zur Kinderpflegerin: „Liest du mir eine Geschichte vor?" Sie wird geradezu eifersüchtig, wenn Thomas sie mitten in der Geschichte stört und etwas fragt. Tobias und Stefan streiten sich häufig, da jeder der Stärkste sein möchte.

Die Kinderpflegerin verhält sich hilfreich und sinnvoll,

- wenn sie alle Kinder darin unterstützt, sich ins Spiel zu bringen, vor allem diejenigen, die sich damit schwertun,

- wenn sie sich bewusst ist, dass ihr Verhalten für Kinder Vorbildwirkung hat (z. B. die Art und Weise, wie sie mit ihnen umgeht und spricht und wie sie Wünsche formuliert),

- wenn sie bei Beziehungsproblemen hilft und Grenzen absteckt,

- wenn sie die vorhandenen Regeln und Normen konsequent durchsetzt und einhält.

3. Phase: Vertrautheits- und Intimitätsphase

Jedes Kind hat seinen Platz in der Gruppe gefunden, d. h. jedes Kind weiß in etwa, was es von den anderen zu halten hat und wie es mit jedem umgehen kann. Jedes Kind kennt die Stärken und Schwächen der anderen und wird wenigstens vorläufig mitsamt seiner Stärken und Schwächen akzeptiert. Das gibt viel Auftrieb, Freude aneinander und an sich selbst. Die Kinder haben gemeinsame Erfahrungen, gemeinsame Regeln, ein erstes Selbstverständnis als Gruppe ist

gefunden. Das „Wir" wird oft durch bestimmte Symbole betont, so sind die Kinder z. B. stolz, der „Bärengruppe" anzugehören und verteidigen diese Gruppe anderen gegenüber. Es entwickeln sich intensive persönliche Beziehungen, ein **Zusammengehörigkeitsgefühl** entsteht und es gibt gemeinsame Planungen, z. B. treffen sich „Freunde" zum gemeinsamen Spielen am Nachmittag. Entscheidungen werden sachbezogen getroffen, und Kompromisse sind möglich. Einzelne Kinder übernehmen freiwillig Aufgaben und setzen sich für die Gruppe ein. Die Gruppenstruktur stabilisiert sich. Einzelne Kinder wagen, aus der Gruppe herauszutreten und die Aufmerksamkeit auf sich zu ziehen.

Die Kinderpflegerin verhält sich hilfreich und sinnvoll,

- wenn sie darauf achtet, dass die Rollen- und Aufgabenverteilung nicht auf einzelne Kinder fixiert bleibt,

- wenn sie darauf achtet, dass Konflikte offen gelöst und unterschiedliche Meinungen gegenseitig akzeptiert werden,

- wenn sie gemeinsame Aktivitäten der Gruppe fördert und Erlebnisse schafft,

- wenn sie die Stärken jedes einzelnen Kindes herausfindet und zur Geltung kommen lässt,

- wenn sie Kinder, die abseitsstehen, integriert und in das Geschehen einbezieht, indem sie ihnen eine Aufgabe überträgt,

- wenn sie Cliquenbildung entgegenwirkt bzw. positiv für die Gesamtgruppe nützt.

4. Phase: Phase der Differenzierung (= Unterschiedlichkeit)

Die Gruppe ist stabil, es besteht ein großer Zusammenhalt, zudem besteht eine große Neigung zur gegenseitigen Hilfe. Konflikte werden durch Gespräche gelöst. Jedes Kind wird mehr in seiner Einzelpersönlichkeit gesehen. Die Kinder haben gelernt, sich in ihrer gegenseitigen Unterschiedlichkeit zu akzeptieren. Die unterschiedlichen Charaktere der Kinder werden als Chance und als Motor für Veränderungen betrachtet. Weil jedes Kind so sein darf, wie es ist, und nicht auf eine bestimmte „Rolle" festgeschrieben wird, kann es neues Verhalten ausprobieren und sich verändern. Jedes Kind wird als **eigenständige Persönlichkeit** akzeptiert. Die Kinder haben die Möglichkeit, gesprächsbezogene Angebote wahrzunehmen. Zusammenarbeit innerhalb der Gruppe sowie Aktivitäten mit anderen Gruppen stehen im Vordergrund.

Die Kinderpflegerin verhält sich hilfreich und sinnvoll,
- wenn sie die Persönlichkeitsentwicklung jedes einzelnen Kindes unterstützt und anregt,
- wenn sie die Stärken und Schwächen der Kinder erkennt und nützt bzw. abmildert,
- wenn sie bei Auseinandersetzungen hilft und die Situation klärt,
- wenn sie zunehmend in den Hintergrund tritt und das Geschehen beobachtet (Hilfen zur Selbsthilfe gibt),
- wenn sie Kontakte zu anderen Gruppen herstellt.

5. Phase: Abschlussphase – Auflösung

Die Auflösung der Gruppe besteht in der **Trennung** der Kinder voneinander am Ende eines Kindergartenjahres. Einige Kinder verlassen den Kindergarten, andere werden neu aufgenommen. Das Schmerzliche der Trennung wird gemildert, indem neue Bindungen und Freundschaften vorbereitet werden und gemeinsam über die Bedeutung der Gruppe für die einzelnen Mitglieder und der einzelnen Mitglieder für die Gruppe nachgedacht wird. Auf diese Weise kann das Auseinandergehen der Gruppe von den Kindern innerlich angenommen werden.

Die Kinderpflegerin verhält sich hilfreich und sinnvoll,
- wenn sie die Kinder bei der Bewältigung der Trennung aktiv unterstützt,
- wenn sie zusammen mit den Kindern auf das vergangene Kindergartenjahr zurückschaut und sowohl positive als auch negative Ereignisse bespricht,
- wenn sie mit den Kindern die Zukunft vorausdenkend betrachtet,
- wenn sie die Auswertung des vergangenen Jahres erleichtert,
- wenn sie die Wiederbegegnung nach Abschluss der Gruppe ermöglicht.

Entwicklung einer Gruppe im Überblick

Fremdheit	Orientierung	Vertrautheit	Differenzierung	Abschluss
Wie sind die anderen? Wie wird es mir mit ihnen ergehen?	Passe ich zu den anderen? Werde ich einen Platz finden? Wie darf ich sein?	Wir gehören zusammen! Wir können viel miteinander tun! Wir verstehen uns!	Jeder wird anerkannt und erkennt andere an. Rollen können verhandelt und vertauscht werden.	Werden wir uns trennen? Was wird dann mit uns/mir geschehen?
↓	↓	↓	↓	↓
Vor- und Zurückgehen, Unsicherheit, gegenseitiges Abtasten, Ausprobieren, Kinder spielen alleine, Sachthemen stehen im Vordergrund	beginnende Orientierung im Hinblick auf Personen und Gruppenregeln; Zugehörigkeitsgefühl und Verhaltenssicherheit entstehen; Kinder spielen zunehmend miteinander	Gefühl von Zusammengehörigkeit und Sicherheit, Regeln haben sich eingespielt, gemeinsame Aktionen	echte Anerkennung, Zugehörigkeit und Sicherheit, weil jeder in seiner Person akzeptiert wird	Angst vor Verlust der Zugehörigkeit; mangelnde Orientierung; Freude über das Vergangene, Hoffnung auf die Zukunft
∧	∧	∧	∧	∧
⊕ Kontaktaufnahme, Kennenlernen ⊖ Keine Gesprächsbereitschaft, Alleinspiele	⊕ Beziehungen sind vorläufig geklärt; Platz ist gefunden ⊖ Rollenfestschreibungen, kein Platz wird gefunden	⊕ jeder fühlt sich zugehörig; gegenseitiges Akzeptieren ⊖ zu hoher Anpassungsdruck; Personen sind ausgestoßen	⊕ Anerkennung, Wohlwollen, Persönlichkeitsentwicklung ⊖ Konflikte, Streit, Ablehnung, Verteidigung	⊕ positiver Rückblick, Zukunftsorientierung ⊖ Versagensgefühle, Schuldzuweisungen
Aufgaben der Kinderpflegerin: – gibt den Kindern Spielraum für eigene Aktivitäten, Kennenlernspiele – Unterstützung der Kontaktaufnahme	**Aufgaben der Kinderpflegerin:** – steckt Grenzen ab – hilft bei Beziehungsproblemen – fördert die Entwicklung von Gruppennormen	**Aufgaben der Kinderpflegerin:** – unterstützt die Gruppe bei Aktionen und Konflikten – hilft bei der Klärung von Gefühlen – tritt mehr in den Hintergrund	**Aufgaben der Kinderpflegerin:** – macht sich entbehrlich – gibt Hilfe zur Selbsthilfe – stellt Bezüge zu anderen Gruppen her	**Aufgaben der Kinderpflegerin:** – wertet das Gruppengeschehen aus – bereitet Auflösung vor – unterstützt Anschluss an andere Gruppen

⊕ positive Entwicklung   ⊖ negative Entwicklung

12.4.2 Eingewöhnung neuer Kinder in die Gruppe

Fallbeispiel

Florian wurde, als er gerade drei Jahre alt geworden war, in den Kindergarten gebracht, weil die Mutter wieder ihren Beruf aufnahm. In den ersten Tagen blieb die Mutter noch kurz bei ihm in der Gruppe und spielte mit Florian. Wenn sie ging, stürzte er hinter ihr her und war kaum zu beruhigen. Es war nur schwer möglich, das Kind von der Mutter loszureißen. Florian blieb danach immer in Tuchfühlung mit der Kinderpflegerin. Ihre Nähe schien der einzige beruhigende Faktor zu sein. Sein einziger Trost war die Brotzeittasche, die er krampfhaft festhielt. Nach einiger Zeit gewann Florian so viel Sicherheit, dass er sie öffnete und später sogar den anderen Kindern etwas von seinem Essen gab. Wichtig war, dass die Kinderpflegerin ihn nicht gedrängt hatte. Die Mutter erzählte, dass Florian nachts wieder ins Bett mache. Durch das behutsame Vorgehen der Kinderpflegerin und die sorgsame Betreuung gewann Florian so viel Sicherheit, dass der Junge sich tagsüber immer weiter von ihr entfernte und zunehmend Fortschritte in seiner Entwicklung machte.

Neue Kinder in der Gruppe stellen die Erzieherin und die Kinderpflegerin vor eine doppelte Belastung. Die neu in die Gruppe eingetretenen Kinder fordern besondere Zuwendung und Aufmerksamkeit; die Kinder, die schon länger in der Gruppe sind, fühlen sich dadurch oft vernachlässigt und betrachten die „Neuen" als Eindringlinge. Das gruppendynamische Geschehen wird gestört. Das pädagogische Fachpersonal muss sowohl den „Neulingen" das Eingewöhnen erleichtern als auch die „Alten" in diesen Prozess miteinbeziehen (vgl. Kap. 5.7.2).

In den ersten Tagen stehen die Neulinge meistens am Rand des Geschehens. Sie wirken unsicher, scheu und ängstlich und können mit den anderen Kindern kaum etwas anfangen. Viele der neu aufgenommenen Kinder suchen zunächst Kontakt zu den Betreuern. Die Integration (= Eingliederung) der Kinder in die Gruppe kann jedoch behindert bzw. verzögert werden, wenn sich die Kinderpflegerin allzu oft und allzu lange ausschließlich mit ihnen beschäftigt. Die „Neuen" gliedern sich in der Regel recht schnell in die Gruppe ein, bereits nach vier bis acht Wochen haben sich die meisten Kinder eingewöhnt und lösen sich problemlos von den Eltern (vgl. Niesel/Griebel, 2000, S. 43). Der Besuch des Kindergartens stellt für viele Kinder eine relativ hohe Belastung dar. Viele Eltern berichten, dass ihre Kinder völlig erschöpft und müde sind. Die Verarbeitung der vielen neuen Eindrücke und Erlebnisse fordert von den Kindern viel Kraft. Die alteingesessenen Kinder begegnen den Neuen kaum mit Feindseligkeit und Aggressionen, eher mit Desinteresse. Sie unterscheiden aber deutlich zwischen „sich" und den „Neuen" und pflegen ihre alten Freundschaften. Manche Kinder gehen auf die „Neuen" zu und kümmern sich um sie, oft werden diese Angebote jedoch zurückgewiesen.

Die Aufgabe der Kinderpflegerin ist es, die neue Gruppe zu bilden, indem sie die neu aufgenommenen Kinder integriert. Im Betreuerkreis könnte Folgendes bedacht und geplant werden:

- Den Kindern kann die Situation der „Neuen" verdeutlicht werden, z. B. indem man ein Gruppenalbum betrachtet und den Kindern bewusst macht, wie klein die jetzt „Großen" selbst einmal waren.

- Die Kinder sollten darauf vorbereitet werden, dass die Kinderpflegerinnen zunächst viel Zeit für die Neuen brauchen.

- Am Aufnahmetag sollten die Kinderpflegerinnen für das neue Kind genügend Zeit haben, d. h. es sollten nur wenige Kinder an einem Tag neu aufgenommen werden.

- Den Kindern sollte ein nicht zu langer „Probebesuch" das Einleben erleichtern; eventuell kann die Mutter am ersten Tag mit in der Gruppe bleiben. Damit bekommen die Eltern auch Einblick in die Arbeitsweise des Kindergartens.

- In den ersten Tagen sollte der Tagesablauf gleich bleiben, damit die Neuen Sicherheit und Orientierung gewinnen.

- Um den alteingesessenen Kindern nicht das Gefühl zu geben, dass sie vernachlässigt werden, könnten einzelne ein „Patenkind" wählen, um das sie sich kümmern. Diese Aufgabe sollten die Großen jedoch nicht als Pflicht und Belastung betrachten.

- Mit den Großen könnte man besondere Aktivitäten starten, damit sie sich entsprechend wichtig vorkommen.

- Spiele wie „Mein rechter Platz ist frei" helfen den Neuen, sich die Namen der Kinder einzuprägen. Sie erhalten damit die Möglichkeit, sich selbstständig an sie zu wenden.

Nicht nur für die Kinder, auch für die Eltern ist die Aufnahme des Kindes in den Kindergarten ein bedeutsamer Schritt. Sie übergeben ihr Kind zum ersten Mal einer Institution, deren Wirken ihnen nicht vertraut ist. Sie sollten über Aufnahmebedingungen und Arbeitsweisen im Kindergarten rechtzeitig informiert werden, um ihr Kind entsprechend vorbereiten zu können.

Eltern sollten über den Kindergarten Folgendes wissen:
- Wie heißen die Betreuerinnen?
- Wie viele Gruppen gibt es und wie groß sind sie?
- Wie verläuft ein Kindergartentag (Informationen über Frühstück, Mittagessen, Mittagsschlaf, Turntag usw.)?
- Wie werden Geburtstage gefeiert?
- Dürfen Süßigkeiten und Spielzeug mitgebracht werden?
- Wer hat die Aufsichtspflicht bei Kindergartenwegen?
- Wie verhält man sich, wenn das Kind krank ist?
- Welche Erziehungsziele verfolgt die Einrichtung (religiöse Erziehung usw.)?
- Wozu dient der Elternbeirat?

12.4.3 Zusammensetzung einer Kindergartengruppe

Die Zusammensetzung der Gruppe ist für das gruppendynamische Geschehen von großer Bedeutung. Wichtige Kriterien für die Zusammensetzung sind:
- Alter,
- Geschlecht,
- Größe (Anzahl der Mitglieder),
- Anzahl der Geschwistergruppen,
- Freunde und Nachbarskinder in einer Gruppe,
- soziale Schichtzugehörigkeit der Kinder,
- Sprachfertigkeiten der Kinder,
- bereits vorhandene Kenntnisse und Fertigkeiten,
- Anteil der Kinder mit Migrationshintergrund,
- Anteil sogenannter schwieriger Kinder,
- Anteil behinderter bzw. lernschwacher Kinder,
- Anteil der Kinder mit besonderen Auffälligkeiten.

Jede Gruppe verkraftet nur eine begrenzte Zahl an Kindern, die schwieriges Verhalten zeigen, da sonst das gruppendynamische Geschehen nicht mehr in Gang kommt und eine angemessene Förderung der anderen Kinder nicht mehr möglich ist. Der normale Tagesablauf und pädagogisch sinnvolles Arbeiten muss gewährleistet sein.

Besonders soll hier auf die Auswirkung der Altersmischung in Kindergartengruppen eingegangen werden. Altersmischung bedeutet, dass sich in jeder Gruppe Kinder im Alter zwischen drei und sechs Jahren befinden. Dies ist in der Bundesrepublik Deutschland eine bewusste pädagogische Konzeption. Man verspricht sich davon insbesondere Erfahrungen der Kinder im sozialen Bereich, d. h. im Umgang miteinander. Die Kinder sollen tolerantes, rücksichtsvolles und hilfsbereites Verhalten gegenüber Kindern auf unterschiedlichem Entwicklungsstand lernen. Man erhofft sich von der Altersmischung außerdem eine gegenseitige Förderung der Kinder Punkt statt Doppelpunkt. Die Kleineren können sich an den Größeren orientieren, umgekehrt können die Größeren ihr Können den Kleineren zeigen und ihnen vieles erläutern. Probleme können sich aus der Altersmischung ergeben, wenn die Größeren dominieren und die Kleineren überfordert werden.

Die italienische Ärztin und Pädagogin Maria Montessori (1870–1952) entwickelte ein eigenes pädagogisches Konzept zur Erziehung von Kindern und gründete die Kinderhäuser in Italien. Zum Prinzip der Altersmischung äußerte sie sich folgendermaßen:

> *„Das Interessante an der Gesellschaft sind die verschiedenen Typen, aus denen sie sich zusammensetzt. (…) Es ist unmenschlich und grausam, Menschen gleichen Alters zusammenzutun (…), denn dadurch zerreißen wir das Band des sozialen Lebens und nehmen ihm die Nahrung. (…) Unsere Schulen haben bewiesen, dass sich die Kinder verschiedenen Alters untereinander helfen; die Kleinen sehen, was die Größeren tun, und bitten sie um Erklärungen, die diese ihnen gerne geben. (…) Bei kleinen Kindern gibt es keinen Neid, es kränkt sie nicht, dass die Großen mehr wissen als sie, denn sie fühlen, wenn sie einmal gewachsen sind, wird die Reihe an ihnen sein.“*
> (Montessori, 1972, S. 203 f.)

Untersuchungen zur **Auswirkung** der Altersmischung kamen zu folgenden Ergebnissen:

- Bereits vierjährige Kinder sind in der Lage, sich dem Entwicklungsstand jüngerer Kinder anzupassen. Sie sprechen dann in kürzeren, einfacheren Sätzen.
- Kleinere Kinder lernen von den Älteren durch Beobachtung. Besonders günstig ist es, wenn die Kinder nicht allzu überlegen sind.
- Kontaktschwachen Kindern kann das gemeinsame Spielen mit jüngeren Kindern helfen, sich in soziale Verhaltensweisen einzuüben.
- Kinder schließen mit verschiedenartigen Kindern Freundschaft.
- Einige der älteren Kinder verhalten sich oft recht aggressiv. Es gibt jedoch keine Hinweise dafür, dass sich diese Aggressionen gehäuft gegen Schwächere und Jüngere richten.
- Die Altersgleichheit, z. B. im Vorschulkindergarten, scheint die Fixierung mancher Kinder auf soziale Randpositionen zu begünstigen. In altersgemischten Gruppen können sich die Betroffenen eher wieder aus dieser Position befreien.
- Freundschaften scheinen in altersgemischten Gruppen dauerhafter zu sein.

Insgesamt scheinen die Vorzüge altersgemischter Gruppen zu überwiegen. Sie sind erzieherisch reizvoller, stellen jedoch auch mehr Ansprüche an die Kinderpflegerinnen und Erzieherinnen.

In den letzten Jahren wurden in vielen Kindergärten auch Kinder unter drei Jahren und/oder Schulkinder aufgenommen. Dafür gibt es verschiedene Gründe. Teilweise geht die Initiative von den Eltern aus. Sie benötigen dringend einen Platz für ihr Kind oder möchten Geschwisterkinder miteinander in einer Einrichtung unterbringen. Kindergärten bieten aber auch von sich aus die Aufnahme an, weil sie freie Plätze haben und von Gruppenreduzierung oder gar Schließung bedroht sind. Kinder unterschiedlichen Alters haben verschiedene Bedürfnisse (vgl. Kap. 5.3). Eine Erweiterung der Altersmischung muss daher gründlich durchdacht und vorbereitet werden. Die Konzeption muss verändert werden, Räume und Materialien den neuen Bedürfnissen angepasst werden und Kinder und Eltern sollten vorbereitet werden.

12.4.4 Soziale Untergruppen in einer Kindergartengruppe

Bei der täglichen Arbeit besteht oft Anlass zur Bildung kleinerer Gruppen. Bei der Zusammensetzung solcher Untergruppen sind einige **Kriterien** zu beachten, damit eine einigermaßen ausgeglichene Atmosphäre herrscht:
- Freundschaften/Abneigungen der Kinder,
- Leistungsbereitschaft und -vermögen der Kinder,
- Kontaktfähigkeit der Kinder,
- Alter der Kinder,
- Geschlecht der Kinder,
- Sozialprestige der Kinder in der Gruppe.

Für die Zusammenstellung einer Gruppe für eine Faltarbeit könnte die Kinderpflegerin u. a. folgende Ziele im Auge haben:
- soziale Kompetenz eines kontaktschwachen Kindes fördern,
- leistungsstarke Kinder zur gemeinschaftlichen Arbeit (Kooperation) anregen,
- die emotionale Basis einer Freundschaft auf eine sachorientierte Zusammenarbeit richten.

Für die Zusammensetzung einer solchen Gruppe könnte die Kinderpflegerin zwei enge Freunde, ein kontaktschwaches, ein leistungsorientiertes und eventuell noch ein Kind, das eine Randposition in der Gesamtgruppe einnimmt, auswählen.

Die beiden Freunde sind bei dieser Zusammensetzung gezwungen, sich mit anderen Kindern auf sachlicher Ebene auseinanderzusetzen. Das leistungsorientierte Kind könnte erfahren, dass auch emotionale Bindungen und das gemeinsame Bewältigen von Aufgaben positive Erlebnisse schaffen. Für kontaktschwache Kinder und Außenseiter bietet eine solche kleine, überschaubare Gruppe eine Chance, sich in das Gruppengeschehen einzubringen. Die anderen Mitglieder sind gefordert, sie zu tolerieren und anzunehmen, wodurch die Bereitschaft zur Zusammenarbeit gefördert wird.

Um das isolierte Kind zu integrieren, kann die Kinderpflegerin z. B. dem dominierenden Kind die Verantwortung für den Außenseiter übertragen. Den Kindern muss zudem klar sein, dass jedes einzelne für das Ergebnis der Gruppe verantwortlich ist und entsprechend mithelfen muss. Uneinigkeiten sollten beseitigt werden. Dabei dürfen jedoch die Wünsche Einzelner und von Minderheiten nicht zu kurz kommen. Die Kinderpflegerin sollte festgeschriebenen Rollenverteilungen in der Gruppe entgegenwirken. Vor allem sollte sie versuchen, jedem Kind eine positiv bewertete Rolle zu ermöglichen, indem sie nach den besonderen Fähigkeiten jedes Kindes sucht und sie entsprechend zur Geltung bringt.

Innerhalb der Gesamtgruppe bilden sich oft kleine Untergruppen, z. B. mehrere Kinder schließen Freundschaft miteinander. Sie gewinnen damit für das gruppendynamische Geschehen eine besondere Bedeutung, weil sie den „Ton" angeben. Womöglich hackt diese Clique auf einigen anderen Kindern herum, weil diese nicht gemocht werden. Für eine Kinderpflegerin ist es sehr wichtig, solche sozialen Untergruppen zu kennen und sie für das Gruppengeschehen zu nutzen bzw. negativen Auswirkungen entgegenzusteuern.

12.4.5 Arbeit mit Gruppen

Wichtig für die gruppenpädagogische Arbeit ist eine überschaubare, relativ kleine Gruppe. **Ziele** der Arbeit sind u. a.:
- harmonisches Beieinandersein fördern und ein Gemeinschaftsgefühl erzeugen,
- Konflikte konstruktiv nutzen und angemessene Lösungsmöglichkeiten bieten,
- Außenseiter in das Gruppengeschehen integrieren,
- verantwortliches Verhalten des Einzelnen stärken,
- die einzelnen Kinder für die Gruppeninteressen aktivieren,
- Rücksichtnahme und Toleranz einüben,
- Entfaltung individueller Fähigkeiten unterstützen.

Diese Ziele können durch folgende **gruppenpädagogische Prinzipien** verwirklicht werden:

- **Individualisieren**, d. h. die Kinderpflegerin sollte bei ihrer Arbeit sowohl die Bedürfnisse der Gesamtgruppe als auch die der einzelnen Kinder berücksichtigen.

- **Mit den Stärken arbeiten**, d. h. nicht die negativen Verhaltensweisen sollten kritisiert, sondern die positiven unterstützt werden.

- **Anfangen, wo die Gruppe steht**, d. h. die Kinderpflegerin muss sich auf die Fähigkeiten und das Leistungsniveau der Gruppe einstellen.

- **Mit der Gruppe – ihrem Tempo entsprechend – arbeiten**, d. h. die Kinder dürfen nicht überfordert werden. Wo es möglich ist, können die Kinder an der Planung beteiligt werden.

- **Raum für Entscheidungen geben**, d. h. die Kinder sollen die Möglichkeit bekommen, sich an Entscheidungen zu beteiligen. Es ist jedoch darauf zu achten, dass die Interessen der Minderheiten auch zur Geltung kommen.

- **Notwendige Grenzen positiv nutzen**, d. h. die Kinder müssen auch lernen, die Grenzen ihrer Entscheidungsbefugnis zu erkennen und zu respektieren. In manchen Fällen muss die Kinderpflegerin ohne die Gruppe entscheiden.

- **Zusammenarbeit mehr pflegen als den Einzelwettbewerb**, d. h. die Kinder sollen lernen, miteinander und nicht gegeneinander zu arbeiten. Die Bereitschaft zur Zusammenarbeit muss unterstützt werden.

- **Sich überflüssig machen**, d. h. die Kinderpflegerin soll zu gemeinsamem Tun anleiten und sich allmählich aus dem Gruppengeschehen zurückziehen.

Die Kinderpflegerin sollte die soziale und individuelle Entwicklung jedes einzelnen Gruppenmitgliedes berücksichtigen. Sie ist für das Geschehen pädagogisch verantwortlich, sollte den Kindern aber einen Entscheidungsraum entsprechend ihrer Entwicklung zubilligen.

Zusammenfassung

Z

Merkmale einer Gruppe
Der Mensch als soziales Wesen ist auf den Kontakt zu seinen Mitmenschen angewiesen und schließt sich deshalb verschiedenen Gruppen an. Unter einer Gruppe versteht man Menschen, die miteinander in wechselseitigem Kontakt stehen, sich an gemeinsame Regeln halten und bestimmte Ziele verfolgen. Man unterscheidet die Gruppe nach bestimmten Merkmalen. Besonders wichtig ist die Unterscheidung zwischen Primär- und Sekundärgruppen.

Bedeutung einer Gruppe
Der Eintritt in eine Kindergartengruppe hat eine wichtige Sozialisationsfunktion. Er stellt an die „Kleinen" hohe Anforderungen, da sie sich zum ersten Mal längere Zeit außerhalb der Familie aufhalten und der Erfahrungsraum wesentlich erweitert wird. Die Kinder erlernen das Umgehen mit Gleichaltrigen und Erwachsenen, d. h., sie werden gruppenfähig.

Struktur einer Gruppe
Durch die Art und Häufigkeit der Kontakte der Gruppenmitglieder untereinander bilden sich in Kleingruppen Strukturen heraus.

Normen
Das Verhalten des Einzelnen wird durch soziale Normen, deren Einhaltung positiv oder negativ sanktioniert wird, geregelt. Normen bieten einerseits eine gewisse Verhaltenssicherheit, andererseits schränken sie den Freiheitsraum des Menschen auch ein.

Rollen
Im Lauf der Zugehörigkeit zu einer Gruppe erwirbt jeder Mensch verschiedene Rollen, die entweder von vornherein festgelegt sind (z. B. Geschlechtsrolle) oder erworben werden (z. B. Anführer). Die Rollen bestimmen die Position und den Status des Einzelnen innerhalb der Gruppe. An einen Rollenträger werden bestimmte Erwartungen gestellt, deren Einhaltung unterschiedlich streng kontrolliert wird.

Innerhalb von Kindergruppen bilden sich relativ schnell inoffizielle Rollenstrukturen aus.

Soziometrische Verfahren
Die Struktur einer Kindergartengruppe kann mithilfe soziometrischer Tests ermittelt werden. Dabei werden die Zu- und Abneigungen der Gruppenmitglieder mit Fragen erfasst und in einer Soziomatrix oder grafisch in einem Soziogramm dargestellt. Durch eine solche Analyse können die Positionen der einzelnen Gruppenmitglieder, soziale Untergruppen und die Beziehungen untereinander festgestellt werden. Zu bedenken ist jedoch, dass soziometrische Tests nur eine Momentaufnahme der Gruppenstruktur ermitteln. Und sie geben keine Auskunft über die Gründe, warum ein Kind ein anderes wählt bzw. nicht wählt.

Phasen der Gruppenentwicklung

Bei der Entstehung einer Gruppe lassen sich in Anlehnung an S. Bernstein und L. Lowy normalerweise fünf Phasen erkennen:
- Fremdheitsphase,
- Orientierungsphase – Phase der Platzfindung,
- Vertrautheits- und Intimitätsphase,
- Phase der Differenzierung,
- Abschlussphase.

Integration von Neuen

Oft gestaltet sich die Integration neuer Kinder in eine Gruppe schwierig, da sie sowohl für die „Neulinge" als auch für die „Großen" eine starke Belastung darstellt. Die Kinderpflegerin kann durch hilfreiches Verhalten allen die Eingewöhnungsphase erleichtern.

Zusammensetzung einer Gruppe

Besondere Bedeutung für gruppendynamische Prozesse hat die Zusammensetzung einer Gruppe. Es sollte darauf geachtet werden, dass nicht zu viele „schwierige" Kinder in einer Gruppe sind, da dies einer gezielten Förderung im Wege steht. Das pädagogische Prinzip der Altersmischung soll vor allem soziale Verhaltensweisen, wie gegenseitige Rücksichtnahme und Unterstützung, fördern.

Arbeit mit Gruppen

Bei der Arbeit mit Gruppen sind folgende gruppenpädagogische Prinzipien zu beachten:
- individualisieren,
- mit den Stärken arbeiten,
- anfangen, wo die Gruppe steht,
- mit der Gruppe – ihrem Tempo entsprechend – arbeiten,
- Raum für Entscheidungen geben,
- notwendige Grenzen positiv nutzen,
- Zusammenarbeit mehr pflegen als den Einzelwettbewerb,
- sich überflüssig machen.

Ziel ist es, sowohl die gesamte Gruppe als auch das einzelne Mitglied entsprechend den jeweiligen Fähigkeiten zu fördern.

? Fragen und Aufgaben zum Kapitel

1. Kinder gehören unterschiedlichen Gruppen an. Sie nehmen verschiedene Positionen ein und füllen unterschiedliche Rollen aus. Erstellen Sie eine Liste für Positionen und Rollen eines Kindes. Überlegen Sie, welche Erwartungen an die einzelnen Positionen und Rollen geknüpft sind. Kommt das Kind, soweit Sie das beurteilen können, damit zurecht?

2. Beschreiben Sie verschiedene Möglichkeiten, den Eingewöhnungsprozess von Kindern in die Kindergartengruppe zu unterstützen. Beurteilen Sie die einzelnen Maßnahmen und erstellen Sie einen Eingewöhnungsplan für ein Kind.

3. Welche verschiedenen Rollen haben Sie innerhalb der Gesellschaft? Beschreiben Sie Erwartungen, die mit diesen Rollen verbunden sind. Erläutern Sie, wie diese Erwartungen kontrolliert werden.

4. Verdeutlichen Sie an einem konkreten Beispiel (wenn möglich aus Ihrem Erfahrungsbereich), wie die Kinderpflegerin einen Außenseiter in die Gruppe integrieren kann. Berücksichtigen Sie dabei die Gründe, die dazu geführt haben, dass dieses Kind sich in der Außenseiterposition befindet.

5. Erläutern Sie, warum es für die Kinderpflegerin so wichtig ist, einen Einblick in die Struktur ihrer Gruppe zu erhalten. Begründen Sie Ihre Meinung ausführlich.

6. Beschreiben Sie, unter welchen Umständen Sie ein Soziogramm für Ihre Gruppe erstellen würden.

7. „Die Kinderpflegerin ist am Anfang eines Kindergarten- oder Hortjahres besonderen Belastungen ausgesetzt." Erläutern Sie diese Behauptung und beschreiben Sie Möglichkeiten, mit den Belastungen umzugehen.

8. In einer Kindergartengruppe sind drei Kinder, die durch aggressives Verhalten auffallen und vier Kinder, die kaum Deutsch sprechen. Beschreiben Sie mögliche Probleme, die sich daraus ergeben können. Erläutern Sie, wie sich die Kinderpflegerin in diesem Fall verhalten sollte.

9. In einer Gruppe von 22 Kindern sind zwölf bereits sechs Jahre alt. Beschreiben Sie besondere Probleme, die sich hieraus ergeben können. Begründen Sie Ihre Vermutungen.

10. Beobachten Sie Ihre Praxisgruppe und stellen Sie fest, in welcher Gruppenphase sie sich befindet. Welche Konsequenzen ergeben sich aus dieser Feststellung für Sie?

Anregungen zum Kapitel

11. Rollenspiel zu dem Bereich: Rollen in Gruppen
    Fünf Schülerinnen, die sich freiwillig dazu gemeldet haben, erhalten den Auftrag, eine Szene aus dem Kindergartenalltag zu spielen: Fünf Kinder spielen in der Bauecke. Die darzustellenden Rollen, z. B. Anführer, Beliebtester, Clown, Sündenbock, Außenseiter, sollten kurz mit den Schülerinnen besprochen werden.
    Die restlichen Schülerinnen der Klasse, die nicht in die vorgegebenen Rollen eingeweiht sind, sollen jeweils ein Kind mit folgendem Auftrag beobachten:
    Beobachten Sie das Verhalten „Ihres" Kindes, v. a. sein Verhalten den anderen gegenüber bzw. seinen Einfluss auf die anderen Kinder.
    Versuchen Sie die Rolle, die das Kind in der Gruppe spielt, herauszufinden.

    Auswertung anhand folgender Fragen:
    – Wie ist es den Spielerinnen ergangen?
    – Welche Rollen wurden gespielt?
    – Welches Verhalten kennzeichnet diese Rollen?
    – Wie kann die Struktur dieser Kleingruppe skizziert werden?

12. Schuh-Soziogramm
    Eine ohne technischen Aufwand durchführbare und im Verlauf des Gruppengespräches veränderbare Form des Soziogramms ist das Schuh-Soziogramm, das vermutlich einmal in einer Trainingsgruppe erfunden wurde: Jeder Teilnehmer der im Kreis sitzenden Gruppe zieht einen Schuh aus. Der andere Schuh bleibt zur Identifikation angezogen. Ein Teilnehmer stellt die Schuhe so auf, wie er die Gruppe erlebt und empfindet oder wie er sie sich wünscht. Dabei kann ein auf den Boden gezeichnetes oder imaginäres Achsenkreuz

als Orientierung dienen (siehe folgende Seite). Reale oder gewünschte Beziehungen können durch Zu- oder Abkehrung der Schuhspitzen, Nebeneinanderstellen usw. angezeigt werden. Eine weitere Möglichkeit ist, dass ein Teilnehmer seinen Schuh in die Mitte setzt und die anderen um sich herum gruppiert. Die Übung kann verbal oder nonverbal durchgeführt werden; nach Fertigstellung können die anderen Teilnehmer nach Erleben oder Wunsch das Bild verändern.

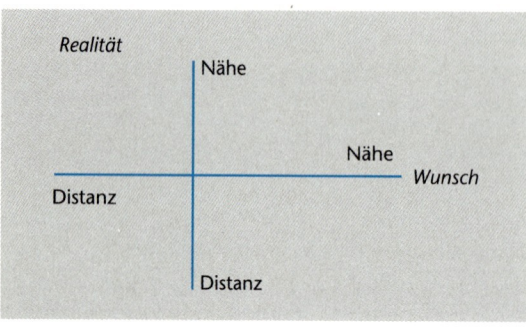

(vgl. Antons, 2011, S. 207 f.)

13. Erstellen Sie ein Soziogramm einer privaten Clique. Beschreiben Sie Probleme, die sich dabei ergeben können.

14. Welche Normen gelten in Ihrer Schulklasse? Stellen Sie anhand konkreter Beispiele dar, wie die Einhaltung der Normen kontrolliert wird.

 Weiterführende Fragen und Anregungen

15. Beschaffen Sie sich Informationen zu Auswirkungen von Raumgestaltung. Zeigen Sie auf, inwiefern die Raumgestaltung sich auf das Gruppenklima auswirkt.

16. Beschreiben Sie, welchen Beitrag eine Gruppe zum Erlernen umweltfreundlicher Handlungsweisen leisten kann.

13 Interkulturelle Erziehung

Einstiegssituation

In der Kindertagesstätte „Villa Kunterbunt" wird heute ein Fest der Kulturen gefeiert. Es ist der Höhepunkt des Projekts „Wir entdecken unsere Welt", das sich über das ganze Jahr erstreckt hat und an dem alle drei Gruppen beteiligt waren. Das Projekt wurde vom Team der Einrichtung gemeinsam mit Eltern und Kindern geplant. Für jedes Land hat man sich einen ganzen Monat Zeit genommen.

Viele sind gekommen: Sonja und Gülen sind mit ihren Eltern da, Fabian, Hamman und Ayshe sind mit ihren Müttern gekommen, Zhashim und Jonas werden vom Vater begleitet, Lucia ist ganz allein gekommen, weil beide Eltern heute keine Zeit haben.

Schon im Eingangsbereich werden die Besucher in ihrer jeweiligen Landessprache begrüßt. Eine Ausstellung in der Halle dokumentiert das Projekt. Jede Gruppe hat die Länder der Kinder, die in der Gruppe sind, „bereist". Es wurden Landkarten genau betrachtet und ausgemalt, die entsprechende Fahne gebastelt, die Tier- und Pflanzenwelt vorgestellt. Diese Dinge sind nun auf Stellwänden ausgestellt. Auch Sitten und Gebräuche der verschiedenen Länder wurden thematisiert. Eine Diashow zeigt, wie die Kinder ein russisches Neujahrsfest oder eine vietnamesische Geburtstagsfeier erlebt haben. In einem Gruppenraum ist ein Video zu sehen, das zeigt, wie Kinder, unter Anleitung der Eltern, typische Gerichte aus verschiedenen Ländern kochen.

Selbstverständlich erwartet die Gäste ein buntes Programm, z. B. griechische Tänze, ein Fahnenpuzzle, vietnamesische Märchen, ein Bauchtanz-Schnupperkurs und Bilderbücher aus verschiedenen Ländern. Auch für das leibliche Wohl ist gesorgt. Es werden internationale Spezialitäten angeboten wie z. B. Bami Goreng, das mit Stäbchen gegessen wird, Pizza und Couscous.

Die Kindertagesstätte „Villa Kunterbunt" ist eine Einrichtung für zwei- bis zehnjährige Kinder in einer deutschen Großstadt. Sie wird von 75 Kindern aus immerhin 21 verschiedenen Nationen und sechs Religionsgemeinschaften besucht. Das Team hat sich in den letzten Jahren intensiv mit dem Thema „Interkulturelle Erziehung und Bildung" auseinandergesetzt. Daraus haben sich eine Reihe von Maßnahmen und Veränderungen ergeben. Die Gruppenräume wurden mit Spielsachen und Büchern aus verschiedenen Ländern ausgestattet, es gibt eine Ecke mit Familienfotos, wichtige Informationen erhalten die Eltern in ihrer Landessprache. Das Team wurde erweitert, der Träger hat eine Erzieherin türkischer Herkunft und eine Kinderpflegerin russischer Herkunft eingestellt. Das Projekt ist die jüngste interkulturelle Aktivität. Das Team ist insgesamt mit dem Verlauf sehr zufrieden. Dennoch bleibt noch einiges zu tun. Als Nächstes möchte man das Prinzip der Mehrsprachigkeit in der Einrichtung noch besser umsetzen und auch die Vernetzung mit anderen Institutionen ist noch keineswegs zufriedenstellend.

Aus der hier dargestellten Situation ergeben sich folgende Fragen:

1. *In welcher sozialen, wirtschaftlichen und religiösen Situation leben Kinder aus anderen Kulturen hier in Deutschland?*

2. *Wie begegnen wir ihnen?*

3. *Welche Zielsetzungen hat die oben beschriebene pädagogische Einrichtung?*

4. *Wie können pädagogische Fachkräfte mit kultureller Vielfalt umgehen?*

Deutschland hat sich in den letzten Jahrzehnten zu einer **multikulturellen Gesellschaft** entwickelt, das bedeutet, hier leben Menschen verschiedener Herkunft bzw. Nationalität, verschiedener Sprachgemeinschaften und unterschiedlicher Religionszugehörigkeit zusammen. Das hat Auswirkungen für die Entwicklung, Erziehung und Bildung von Kindern und Jugendlichen. Interkulturelle Pädagogik ist eine Richtung in der Pädagogik, die sich mit diesen Auswirkungen genauer befasst.

13.1   Situation der Kinder aus anderen Kulturen

In der Bundesrepublik Deutschland leben ca. 16 Millionen Migranten oder Menschen mit Migrationshintergrund, das entspricht einem Anteil von fast 20 Prozent an der Gesamtbevölkerung. Migranten oder Zuwanderer sind Menschen, die ihr Herkunftsland verlassen haben, um ihren Lebensmittelpunkt in einem anderen Land zu suchen. Die Nachkommen dieser Zuwanderer haben zwar keine eigenen Migrationserfahrungen, die Erfahrungen der Eltern und Großeltern haben aber Auswirkungen auf ihre Sozialisation in der neuen Heimat. Deshalb spricht man in diesem Zusammenhang von einem **Migrationshintergrund**. Da es letztlich bei allen Generationen um Erfahrungen mit kulturellen Unterschieden geht, werden die Begriffe „Migranten" und „Menschen mit Migrationshintergrund" in diesem Kapitel, der Einfachheit halber, synonym verwendet.

Definition

*Als „**Migranten**" bezeichnet man Menschen, die ihr Herkunftsland verlassen haben, um in einem anderen Land ihren Lebensmittelpunkt zu suchen. Der Begriff „Migrationshintergrund" bezeichnet die Auswirkungen von Migrationserfahrungen auf folgende Generationen.*

Der Anteil von Menschen mit Migrationshintergrund ist in deutschen Großstädten und Ballungszentren besonders hoch. Er beträgt beispielsweise in Stuttgart, Frankfurt am Main und Nürnberg ca. 40 Prozent, in Köln, Düsseldorf, München und Augsburg immerhin noch gut 30 Prozent.

Die kulturelle Vielfalt zeigt sich besonders deutlich in Schulen und Tageseinrichtungen für Kinder. Laut Statistik hat bundesweit jedes dritte Kind einen anderen kulturellen Hintergrund als den deutschen. Wegen der Konzentration von Migrantenfamilien in den Ballungszentren sind Einrichtungen wie die „Villa Kunterbunt" mit einem Anteil von über 80 Prozent Kindern aus bis zu 20 verschiedenen Herkunftsländern dort keine Seltenheit. In den Familien der Kinder wird überwiegend nicht deutsch gesprochen – eine Herausforderung für Kindertagesstätten, der sie sich stellen müssen.

Zuwanderer kamen und kommen aus den verschiedensten Ländern und aus ganz unterschiedlichen Gründen nach Deutschland. Die nebenstehende Grafik gibt einen Überblick über die Herkunftsländer.

Um auf die Arbeit mit Kindern und Jugendlichen aus anderen Kulturen vorbereitet zu sein, ist es aber nicht nur hilfreich zu wissen, woher diese kommen. Fachkräfte sollten sich auch über die Lebenssituation und Lebensweise der Kinder und Jugendlichen mit Migrationshintergrund informieren.

Aus aller Welt in Deutschland

Die häufigsten Staatsangehörigkeiten 2011
(in Tausend):

	1607	Türkei
	520	Italien
	468	Polen
	284	Griechenland
	223	Kroatien
	198	Serbien
	195	Russland
	176	Österreich
	159	Rumänien
	153	Bosnien und Herzegowina
	138	Niederlande
	137	Kosovo

ohne vorübergehende Aufenthalte
Quelle: Ausländerzentralregister,
© Globus 4906 Stat. Bundesamt

13.1.1 Kinder von angeworbenen Arbeitskräften

Zwischen 1955 und 1973 wurden sogenannte Gastarbeiter von der deutschen Industrie angeworben, um den Arbeitskräftemangel in der Bundesrepublik auszugleichen. Die Menschen kamen aus Italien, Spanien, Griechenland, Portugal, dem ehemaligen Jugoslawien und der Türkei nach Deutschland, um hier zu arbeiten und nach einigen Jahren wieder in die Heimat zurückzukehren. Viele sind geblieben und haben ihre Familien nachgeholt. Heute lebt in Deutschland bereits die dritte und vierte Generation. Viele besitzen bereits einen deutschen Pass.

Fallbeispiel

Gülen (5 Jahre) und Hamman (4 Jahre) aus der Eingangssituation sind beide türkischer Herkunft. Ihre Familien sind schon sehr lange in Deutschland. Beide sind hier geboren und dennoch unterscheidet sich ihre Lebenssituation stark voneinander. Gülen spricht sehr gut türkisch und deutsch. Sie ist ein aufgewecktes, interessiertes Mädchen, das viele deutsche Freundinnen hat, die sie auch privat oft trifft. Hamman dagegen spricht nur wenig deutsch. Er lässt sich von seiner Schwester Ayshe Saft bringen, was sie umgekehrt nie von ihm verlangen würde. Ayshe ruft Hamman nicht beim Namen, sondern sagt „agebey" (= älterer Bruder). In Konfliktsituationen mit anderen Kindern holt sie ihn schnell zu Hilfe.

Das Beispiel von Gülen und Hamman zeigt: Die Situation in den Familien mit Migrationshintergrund ist möglicherweise sehr unterschiedlich, selbst wenn sie aus demselben Herkunftsland stammen. Sie hängt stark davon ab, wie sich die einzelnen Familien in Deutschland eingerichtet und mit der deutschen Lebensweise vertraut gemacht haben.
Eine Möglichkeit, in einer anderen Gesellschaft zurechtzukommen, besteht darin, sich so weit wie möglich anzupassen. Familien, die diesen Weg gewählt haben, mussten dafür ihre

kulturellen Eigenheiten aufgeben. Sie haben deutsche Wertvorstellungen übernommen, Familienstruktur und Rollenverhalten entsprechen inzwischen weitgehend den deutschen Vorstellungen.

Zahlreiche Migrantenfamilien sind inzwischen in die deutsche Gesellschaft integriert. Sie haben sich in Deutschland eingerichtet, fühlen sich hier zu Hause und denken nicht mehr an eine Rückkehr in die frühere Heimat. Ihre Nachkommen beherrschen die deutsche Sprache, kommen im deutschen Bildungssystem zurecht und haben teilweise die deutsche Staatsbürgerschaft angenommen. Gleichzeitig werden aber kulturelle Herkunft bzw. Identität von dieser Gruppe nicht verleugnet, sondern bewahrt. Das bedeutet, man spricht die Erstsprache, pflegt die Bräuche des Herkunftslandes und erkennt die entsprechenden Wertvorstellungen an. Mitglieder dieser Familien sind in der Lage, ohne Probleme zwischen den Kulturen zu pendeln, mit dem Gefühl, in beiden Kulturen beheimatet zu sein.

Manche Migrantenfamilien schotten sich dagegen vom deutschen Umfeld ab. Sie befürchten, ihre kulturelle Eigenart und ihre Werte zu verlieren. Um sich in Deutschland ein Stück Heimat zu bewahren, leben diese Familien oft wie in der Heimat in der Großfamilie zusammen. Die verwandtschaftlichen Beziehungen sind sehr eng und durch Verpflichtung zu gegenseitiger Hilfeleistung gekennzeichnet. Väter sind Familienoberhaupt und verantwortlich für die Ehre der Familie. Frauen und Mädchen müssen sich in der Regel unterordnen. Man zieht in Wohngegenden, in denen viele Landsleute leben. Oft handelt es sich zudem um Wohngebiete mit niedrigem Standard und entsprechend günstigen Mieten. Diese werden bevorzugt, weil viele Migranten entweder in den unteren Lohngruppen beschäftigt sind und/oder einen Teil ihres Verdienstes in die Heimat schicken, um Familienmitglieder zu unterstützen. Die Folgen sind offensichtlich: Man verbringt seine Zeit mit den eigenen Landsleuten, denen man am meisten vertraut und die man versteht. Immer mehr Landsleute ziehen hinzu, während viele Einheimische wegziehen. Schließlich entsteht eine „Insel", ein Getto, in dem man sich – bewusst oder ungewollt – gegen die deutsche Kultur und Lebensweise abgrenzt. So wird das Leben in der Fremde erträglich, gleichzeitig aber auch die Integration langfristig erschwert. Obwohl sie zum Teil schon sehr lange in Deutschland leben, ist die Rückkehr in die Heimat in diesen Familien immer wieder ein Thema. Für Kinder dieser Familien ist die deutsche Lebensweise fremd, sie sprechen in der Regel kaum Deutsch, wenn sie in deutsche Bildungseinrichtungen kommen. Damit ist auch die Chance auf einen guten Schulabschluss und damit der Teilhabe am erfolgreichen Erwerbsleben kleiner.

13.1.2 Kinder von Flüchtlingen und Asylsuchenden

Lange Zeit bildete die Gruppe der Familien der ehemaligen Gastarbeiter die gesamte Gruppe von Menschen mit anderem kulturellen Hintergrund. Das änderte sich erst Anfang der 80er-Jahre. Es kamen nun verstärkt Menschen nach Deutschland, die ihr Land aufgrund von Krieg, politischer Verfolgung oder wirtschaftlicher Not verlassen mussten. Sie baten in Deutschland um Asyl.

Flüchtlinge kommen aus Ländern wie z. B. Serbien, Afghanistan, Iran, Mazedonien, Somalia, Syrien, Türkei oder aus dem Irak, in denen sie aus politischen oder religiösen Gründen verfolgt werden. Man unterscheidet zwischen Asylbewerbern, Asylberechtigten und De-facto-Flüchtlingen.

Asylbewerber warten darauf, dass ihr Asylantrag anerkannt und sie damit Asylberechtigte werden. Dann dürfen sie in Deutschland bleiben.

De-facto-Flüchtlinge halten sich in Deutschland auf (de facto = tatsächlich), sind aber de jure (= rechtlich) nicht als asylberechtigt anerkannt. Da ihre Abschiebung in ihr Heimatland jedoch „Gefahren für Leib und Seele" (Krieg, Verfolgung, Folter) nach sich ziehen könnte, können sie vorübergehend in Deutschland bleiben.

Entsprechend dem Flüchtlingsstatus ist auch die Situation der Kinder jeweils unterschiedlich.

Die Situation der **Asylbewerber** und **De-facto-Flüchtlinge** kann man folgendermaßen umreißen:

- Hinter ihnen liegen oft Krisenerlebnisse wie Krieg und Verfolgung, die psychisch (= seelisch) verarbeitet werden müssen.

- Ihre Zukunftsperspektiven sind sehr ungewiss, was eine zusätzliche Belastung für alle darstellt.

- Der Wohnort wird den Familien zugewiesen; ohne Genehmigung dürfen sie ihn nicht verlassen.

- Das Leben in Sammelunterkünften führt zu sozialen Spannungen, und zwar sowohl zwischen den Bewohnern als auch mit dem Umfeld (Stadt- bzw. Dorfbewohner).

- Da die Eltern in der Regel nicht arbeiten dürfen, ist die finanzielle Situation angespannt.

- Die deutsche Sprache und Kultur ist vielen Familien sehr fremd.

- Viele Deutsche verhalten sich sehr ablehnend gegenüber Flüchtlingen.

Für **Asylberechtigte** ist die Situation etwas anders:

- Sie können ihren Wohnort frei bestimmen und dürfen arbeiten. Es ist jedoch sehr schwierig für sie, eine Wohnung und einen Arbeitsplatz zu finden.

- Hilfen zum Erlernen der deutschen Sprache außerhalb von pädagogischen Einrichtungen sind grundsätzlich vorgesehen, oftmals jedoch kaum realisierbar.

- Dennoch kann der Eingliederungsprozess in die Gesellschaft beginnen; die Zukunft erscheint nicht mehr ganz so unsicher und von Abschiebung bedroht.

Ob asylberechtigt oder nicht, ob Wirtschaftsflüchtlinge oder „echte" Flüchtlinge, die Kinder sind nicht dafür verantwortlich. Für sie ist bedeutsam, ob sie hier leben können oder ob sie ständig mit einer Abschiebung rechnen müssen und damit erneut aus einer zumindest in Ansätzen vertrauten Umgebung gerissen werden.

13.1.3 Deutsche und doch fremde Kinder

Mit der Änderung des Asylrechts 1993 nahm die Anzahl der Flüchtlinge und Asylsuchenden wieder deutlich ab. Gleichzeitig führten die politischen Veränderungen in Osteuropa Anfang der 90er-Jahre dazu, dass vermehrt sogenannte Aussiedlerfamilien nach Deutschland kamen. Ihre Vorfahren waren nach Russland, Kasachstan oder Rumänien ausgewandert und hatten dort als deutsche Minderheit gelebt. Nun kehrten ihre Nachkommen nach Deutschland zurück. Sie erhielten sofort nach dem Zuzug die deutsche Staatsbürgerschaft, auf die sie ein Anrecht haben. Das kulturelle Leben in einer anderen Gesellschaft hat die Aussiedlerfamilien geprägt, sodass auch sie in vielen Fällen Fremde geblieben sind.

Fallbeispiele

Paul kommt aus Kasachstan, wo ihm gesagt wurde, er spreche gut deutsch. Nun ist er hier und redet wenig, weil die anderen Kinder ihn kaum verstehen. Pauls Familie lebte bis vor Kurzem in einem Aussiedler-Hotel und ist nun in einem Übergangswohnheim untergebracht. Alle hoffen, bald eine Wohnung zu bekommen. Lisa aus Rumänien kann besser deutsch, allerdings ist ihre Aussprache noch undeutlich. Lisa fühlt sich hier nicht wohl. Sie kann keine deutschen Freundinnen finden und mag das Leben in der Großstadt nicht. Ihr älterer Bruder ist eben-

falls unzufrieden, sein Schulabschluss wurde in Deutschland nicht anerkannt. Auch der Vater musste einen beruflichen Abstieg hinnehmen. Trotzdem ist das Familieneinkommen höher als in Rumänien.

Die Situation von Paul und Lisa gibt Hinweise auf die Situation von Aussiedlerfamilien. Diese ist gekennzeichnet durch folgende Merkmale:

- Je nach Herkunft verfügen Kinder von Aussiedlern z. T. über Grundlagen der deutschen Sprache, oft mit typischem Akzent.

- Die Frauen- und Männerrolle ist in der Regel traditionell verteilt, allerdings sind auch die Frauen berufstätig.

- Der Familienzusammenhalt ist eng.

- Finanziell geht es vielen Familien in Deutschland besser als zuvor, doch sie erfahren hier weniger soziale Anerkennung, weil sie beruflich „absteigen".

- Die Familien wohnen häufig in Aufnahmelagern oder Übergangsheimen, bis sie eine Wohnung finden.

- Obwohl sie Deutsche sind, fühlen sie sich in Deutschland als Fremde.

- Auch Aussiedler erfahren Ablehnung und Isolation.

- Mangelnde berufliche Perspektiven und Drogenkriminalität sind ein sehr großes Problem unter den Jugendlichen.

- Wenn allerdings berufliche Qualifikation und eigene Motivation erfolgreich eingesetzt werden, kann dies zu gelungener Integration führen.

13.2 Kulturelle Vielfalt in Kindertageseinrichtungen

Wenn man die Herkunft von Kindern in Kindertagesstätten betrachtet, lässt sich zusammenfassend Folgendes feststellen: Für Kinder, meist ab dem Vorschulalter, ist kulturelle Vielfalt ein Teil ihres Alltags. Sie erleben Unterschiede im Aussehen, bei der Kleidung, bei Essensgewohnheiten, in Sprache und Verhaltensweisen – kurz gesagt: Sie machen multikulturelle Erfahrungen. Kulturbedingte Verschiedenheit weckt das Interesse von Kindern und macht ihr Leben bunter. Gleichzeitig kann sie aber auch zu Unsicherheit und Irritationen führen. Dadurch ergeben sich manchmal Probleme für die deutschen Kinder, mehr jedoch für diejenigen mit Migrationshintergrund, da sie sich zudem in einer fremden Gesellschaft zurechtfinden müssen.

13.2.1 Das Eigene und das Fremde

In Kapitel 2 wurde dargestellt, dass Kinder in ihre Kultur hineinwachsen und sie die kulturelle Lebensweise übernehmen. Sie lernen, bestimmte Speisen zu bevorzugen, erlernen die Sprache und die Kulturtechniken Lesen und Schreiben. Kinder wissen, wie man sich in einem Restaurant benimmt, wie man um etwas bittet, wie man etwas einkauft, sich gegenüber Erwachsenen verhält, sich in verschiedenen Situationen kleidet und wie man mit der Zeit umgeht. Das bedeutet, dass sie ganz allgemein eine Vorstellung entwickeln über die Abfolge von Ereignissen und bestimmten Situationen. Sie wissen, welche Personen an Situationen beteiligt sind bzw. welche Rolle sie selbst spielen. Damit verfügen sie über ein sogenanntes (kulturelles) Skript.

Definition

*„Ein **Skript** ist ein kognitives Schema, dem man entnehmen kann, welche Ereignisse bzw. Aktivitäten allgemein und in üblicher Abfolge in einer bestimmten Situation auftreten, welche Personen üblicherweise an einer Aktivität beteiligt sind und welche Rolle sie spielen." (Mietzel, 2002, S. 212)*

Auf einfacher Ebene entwickeln sich diese Vorstellungen bereits sehr früh. Ein- und Zweijährige spielen bestimmte Abläufe, z. B. „ins Bett gehen", mit Puppen nach. Ältere Kinder können darüber sprachlich Auskünfte erteilen. Die Situation „Einkaufen" schildern sie z. B. so: „Erst fährt man zum Supermarkt, geht rein, nimmt sich die Sachen, bezahlt und fährt wieder nach Hause." (vgl. Mietzel, 2002, S. 212) Mit zunehmendem Alter enthält ein Skript immer mehr Einzelheiten. Kulturelle Skripts dienen der Orientierung.

Man weiß, was einen in einer bestimmten Situation erwartet und was man zu tun hat. Skripts bilden die Ereignisabfolgen einer Kultur ab, daher sind sie von Kultur zu Kultur unterschiedlich. Treffen in einer multikulturellen Gesellschaft unterschiedliche kulturelle Skripts aufeinander, kann das zu Irritationen, Unverständnis oder Missverständnissen führen.

Fallbeispiel

Zhashims Mutter bringt oder holt ihren Sohn oft bis zu 30 Minuten später als vereinbart. Dem Personal ist Pünktlichkeit wichtig. Zunächst sahen die pädagogischen Kräfte in der Überziehung der Zeiten eine Missachtung ihrer Person bzw. ihrer pädagogischen Arbeit. Zudem wurden die Buchungszeiten regelmäßig überschritten. Wie sollte man damit umgehen?
Zum kulturellen Skript in Ruanda gehört es, dass die Mutter sich um Familienangehörige und Gäste intensiv kümmert. Das Zeitverständnis entspricht nicht dem deutschen, so werden Termine großzügiger gehandhabt, Pünktlichkeit hat keinen so hohen Stellenwert. Mit diesem Hintergrundwissen fällt es dem Personal leichter, mit der Situation umzugehen. Es ist offener für konstruktive und vielleicht auch kreative Lösungen.

Fallbeispiel

Hamman lässt sich, wie bereits deutlich wurde, gerne bedienen. Er ist es gewohnt, dass seine Schwester Ayshe und andere Mädchen für ihn da sind. Als die Erzieherin ihn bittet, einen Tisch freizuräumen, hört er nicht auf sie. Allein den männlichen Praktikanten respektiert er als Autorität. Hier ist vom Fachpersonal eine Reaktion gefordert. Das kulturelle Skript der Türkei, aber auch das anderer

*Länder, erwartet von Frauen Unterordnung unter die männlichen Autoritäten. Die Kinder überneh-
men ihre Geschlechtsrollen selbstverständlich aus ihren Familien. Da das Skript in Deutschland jedoch Gleichberechtigung anstrebt, sind diesbezüglich Konflikte zu erwarten. Man bewegt sich also
zwischen ganz unterschiedlichen Möglichkeiten und Forderungen, sich männlich oder weiblich zu
positionieren. Sicher ist hier viel Sensibilität gefordert und schnelle Lösungen sind kaum denkbar.*

Fallbeispiel
*Ähnlich ist die Situation, wenn es in der Einrichtung um das Thema „Sexualität" geht. Immer wie-
der werden Geschwisterkinder erwartet und entsprechende Fragen gestellt. Hamman meint, seine
Mutter hätte eine besondere Suppe gegessen, damit das Schwesterchen kommen konnte. Das
pädagogische Personal muss wissen, dass in anderen kulturellen Zusammenhängen diesbezüglich
unter Umständen uns sehr fremde Umgangsformen gezeigt werden. Deshalb ist hier die Zusammenarbeit mit den Eltern besonders wichtig (vgl. Kap. 13.3.2).*

In pädagogischen Einrichtungen mit älteren Mädchen können Ausflüge mit Bademöglichkei-
ten oder Übernachtungen problematisch werden. Wie schon deutlich geworden ist, muss
auch in diesen Fällen mit dem Bewusstsein, dass verschiedene Gesellschaften unterschiedliche
Skripts entwickeln, gehandelt werden.

Grundlage der kulturellen Skripts sind Werte und Normen der entsprechenden Gesellschaft.
Religionen haben einen starken Einfluss auf die Bildung von Werten und Normen. Je unterschiedlicher die religiösen und gesellschaftlichen Werte und damit die kulturellen Skripts sind,
desto größer ist die Gefahr von Irritationen und Missverständnissen. Oft dauert es viele Jahre,
bis die Zuwanderer die Skripts in Deutschland verstehen und die Einheimischen die Skripts
ihrer Mitbürger mit Migrationshintergrund.

Das Eigene wird im Alltag oft in der Abgrenzung zum Fremden gesehen. Damit werden beide
Skripts deutlicher erkennbar, schärfer getrennt. Wird die Abgrenzung zu stark, wird der Blick
verengt und werden Unterschiede verallgemeinert, dann kommt es schnell zu Vorurteilen. Diese
tragen zu einer fremdenfeindlichen Grundhaltung bei einem großen Teil der Gesellschaft bei.

13.2.2 Konfrontation mit Vorurteilen

Menschen bilden sich über bestimmte Ereignisse, Sachverhalte oder andere Personen
ihre Meinung, ein Urteil. Beispielsweise: Lucia
ist ein kreatives Kind. Sie hat viele ausgefallene Spielideen. Basis für diese Meinungen sind
Erfahrungen und Beobachtungen in Bezug
auf Lucias Spielverhalten. Eine besondere
Form der Meinung ist das Vorurteil. Dabei
wird eine Person oder ein Sachverhalt ohne
vorherige Überprüfung beurteilt.

*Vorurteile (brutaler Kreuzritter[1] und islamischer
Terrorist)*

---

[1] *Kreuzritter (bezieht sich auf die Kreuzzüge) = vor allem aus religiösen und wirtschaftlichen Gründen
durchgeführte Kriege des christlichen Abendlandes; in erster Linie gerichtet gegen die muslimischen Staaten
im Nahen Osten; durchgeführt von sogenannten Kreuzrittern.*

Definition

*Ein **Vorurteil** ist eine Feststellung, die gegenüber einem Menschen oder einem Sachverhalt getroffen wird, ohne Prüfung, ob sie der Wirklichkeit entspricht.*

Menschen mit Migrationshintergrund sind besonders häufig mit Vorurteilen konfrontiert. So wird beispielsweise behauptet, sie lebten auf Kosten der deutschen Bevölkerung oder türkische Jungs seien durchweg kleine Paschas. Deshalb soll nun genauer betrachtet werden, wie Vorurteile entstehen und was sie bewirken.

Die Entstehung von Vorurteilen

Kinderpflegerinnen und Erzieherinnen gehen davon aus, dass Kinder grundsätzlich anderen Kindern ohne Vorurteile begegnen. Das stimmt nur bedingt. Zunächst gehen Kinder tatsächlich ohne Vorbehalte auf andere Kinder zu, egal welcher Herkunft oder sozialer Schicht. Gleichzeitig bilden sie aber auch verallgemeinernde Vorstellungen von anderen Kulturen und Menschengruppen. Diese Vorstellungen werden vom Umfeld beeinflusst. Diskriminierende oder abwertende Äußerungen oder Handlungen können bei Kindern dazu beitragen, diese zu übernehmen und selbst Vorurteile zu entwickeln. Vorurteile werden also durch Nachahmung gelernt.

So wie man mit allen Menschen negative Erfahrungen machen kann, kann man selbstverständlich auch mit Menschen aus anderen Kulturen schlechte Erfahrungen machen. **Verallgemeinert man einzelne Erfahrungen,** entstehen Vorurteile, wobei in der Regel nur die negativen Erfahrungen problematisch werden. Je weniger Kontakt zu den „Verurteilten" besteht, umso größer ist die Gefahr, zu verallgemeinern. Unwissenheit begünstigt demnach die Entstehung von Vorurteilen.

Unsicherheit, Zukunftsängste, soziale Not, Unmut, Erfolglosigkeit, Frustration, Schuldgefühle, Neid usw. werden als negatives Gefühl erlebt. Von diesem möchte man sich frei machen, indem man es auf andere Menschen überträgt (projiziert). Man lädt die Last der eigenen negativen Gefühle auf einen **Sündenbock** ab.

Definition

***Projektion** meint, dass Gefühle und Eigenschaften, die man an sich selbst nicht wahrhaben will, anderen Personen(-gruppen) zugeschrieben werden. Diese (die Sündenböcke) können sich kaum dagegen wehren, dass sie für die Schwierigkeiten der anderen verantwortlich gemacht werden. Als Sündenböcke müssen häufig Menschen mit geringem sozialen Ansehen herhalten.*

Fallbeispiel

Jonas, der Wortführer in der Kindergartengruppe, pöbelt Paul an, obwohl kein Grund dafür gegeben ist. „Weil Ausländer doof sind!", rechtfertigt er sich. Die schüchterne Minela macht es Jonas nach.

Der Wunsch nach Anerkennung in der Gruppe kann dazu führen, dass Außenseiter die in der Gruppe herrschenden Erwartungen (Normen) zu erfüllen versuchen: Sie schimpfen über die ausländischen Kinder, obwohl sie eventuell gar keine Vorurteile gegen sie hegen.

Wirkung von Vorurteilen

Es muss unterschieden werden zwischen den Auswirkungen, die Vorurteile für die „Verurteilten", die Sündenböcke, haben, und den Funktionen, die sie für die Verurteilenden erfüllen.

Folgen für die „Verurteilten"

Wie fühlt sich Paul in der Gruppe, wenn ein Kind wie Jonas (der Anführer) ihn ablehnt und die anderen Kinder mit seinem Verhalten beeinflusst?

Die Verurteilten werden aus der Gruppe ausgeschlossen, fühlen sich weder verstanden noch ernst genommen. Die Folge ist Unsicherheit. Oft bekommen die Sündenböcke Schuldgefühle für das, was ihnen unterstellt wird.

Fallbeispiel
Zhashim darf nach 17:00 Uhr nicht mehr draußen spielen, weil die Eltern sich wegen der feindlichen Stimmung im Dorf um ihn sorgen. Einige Mitbewohner der Asylunterkunft haben sich bereits bewaffnet. Wenn sie sich wehren, findet Jonas' Vater sein Urteil über die aggressiven Ausländer bestätigt.

Fremdenfeindlichkeit macht den Fremden Angst, und Angst kann zu Rückzug und Ohnmacht führen oder in Wut, Hass und Aggression umschlagen. Diese Wut leben die Fremden dann in der Gruppe aus und reagieren aggressiv. Daraus ergeben sich wieder Anlässe, über die Ausländer im Allgemeinen zu schimpfen. Ein Teufelskreis entsteht.

Funktionen für die „Verurteilenden"

Fallbeispiel
Minela ahmt Jonas in seinem Verhalten gegenüber Paul nach, damit er sie in die Gruppe aufnimmt.

An der allgemeinen Stimmung der Verurteilung teilzunehmen, kann Zugehörigkeitsgefühle und damit Stärke vermitteln. Dadurch wird das eigene Selbstbewusstsein gestärkt.

Fallbeispiel
Sonjas Eltern haben Erziehungsschwierigkeiten mit ihrer Tochter, was sie jedoch niemals zugeben würden. Stattdessen beschweren sie sich über die ausländischen Kinder in der Gruppe.

Wer soziale Not, Versagen, Frustration o. Ä. erlebt, hat oft das Selbstbild „Ich bin nicht in Ordnung!". Dies wird verschoben in ein „Du bist nicht in Ordnung!". Die Projektion schafft Erleichterung. Wie die Beispiele verdeutlichen, bewirken Vorurteile für die „Verurteilenden" in der Regel positive Gefühle: Sie vermitteln Stärke und Erleichterung und stärken das Selbstbewusstsein. Spätestens an dieser Stelle wird deutlich, dass Vorurteile wichtige Funktionen erfüllen.

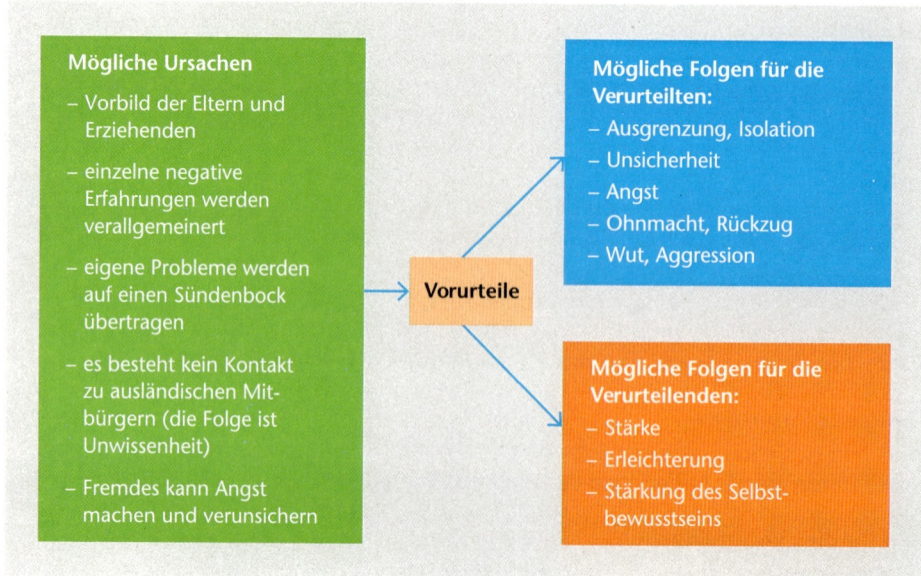

13.2.3 Zwei- und Mehrsprachigkeit

Kann sich ein Mensch nicht nur in seiner Erstsprache, sondern auch in weiteren Sprachen verständigen, dann spricht man von **Mehrsprachigkeit**. Eine Form davon ist die Beherrschung zweier Sprachen oder auch **Zweisprachigkeit**.

Die Zweitsprache (oder weitere Sprachen) kann dabei auf unterschiedliche Weise erworben werden. Lernt das Kind die Sprache im Rahmen der Familie, wie dies bei vielen Kindern mit Migrationshintergrund der Fall ist, dann spricht man von **simultanem Zweitspracherwerb**. Das Kind lernt zwei Sprachen quasi nebenbei, denn Vater und Mutter sprechen unterschiedliche Sprachen. Diese Form des Lernens bietet besonders günstige Lernbedingungen für den Zweitspracherwerb. Das Kind kann in seiner natürlichen Umgebung zwei unterschiedliche Sprachsysteme wahrnehmen und Unterschiede und Gemeinsamkeiten erkennen. Die Eltern sind der Mehrsprachigkeit gegenüber positiv eingestellt und motivieren das Kind, beide Sprachen zu erlernen.

Ist die Erstsprache in ihren Anfängen bereits gefestigt, wenn der Zweitspracherwerb einsetzt, dann spricht man von **sequenziellem Zweitspracherwerb**. Dies ist der Fall, wenn Kinder mit Migrationshintergrund zunächst eine Familiensprache lernen und später, z. B. durch den Eintritt in die Kinderkrippe oder den Kindergarten, mit der Umgebungssprache in Kontakt kommen. Die Erstsprache bildet dabei die Grundlage für die zweite Sprache. Stabiles Sprachwissen aus der Erstsprache ist Voraussetzung für das Erlernen der Zweitsprache. Diese entwickelt sich dann beim sequenziellen Erwerb ähnlich wie die Erstsprache: zunächst einzelne Wörter, dann grammatikalische Kombinationen usw. (vgl. Kap. 10.4).

Erlernt das Kind noch vor der Pubertät die zweite Sprache und hat es genügend Übung, so kann es sie genauso gut wie die Erstsprache sprechen, fehlerlos und akzentfrei.

Simultaner und sequenzieller Zweitspracherwerb sind ungesteuert im Gegensatz zum Fremdsprachenerwerb. Darunter versteht man das Erlernen einer weiteren Sprache durch systematischen Unterricht, unabhängig von ihrem alltäglichen Gebrauch. Diese Form erfolgt meist im Schulalter, also wesentlich später als die beiden anderen Formen. Normalerweise ist diese Form des Spracherwerbs weniger effektiv. Die Fremdsprache bleibt meist lückenhaft und oft mit Akzent behaftet.

Zwei- und Mehrsprachigkeit ist ein Vorteil, das wurde durch Untersuchungen belegt. Zweisprachige Kinder schneiden in Intelligenztests deutlich besser ab, können mit sprachlichen Anforderungen und Prüfungen besser umgehen und es fällt ihnen leichter, weitere Sprachen zu erlernen. Unter bestimmten Bedingungen können aber auch Nachteile auftreten. Wird in der Familie ein Gemisch aus Deutsch und einer weiteren Sprache gesprochen, wie dies nicht selten in Migrantenfamilien der dritten Generation der Fall ist, dann sprechen auch die Kinder beide Sprachen eher schlecht bzw. lückenhaft. Auch der späte Kontakt mit der Umgangssprache Deutsch kann zum Problem werden, wenn es dann keine spezielle sprachliche Unterstützung für das Kind gibt. Nur die Konfrontation mit der deutschen Sprache genügt dann nicht, um die Umgangssprache gut zu erlernen.

13.3   Interkulturelle Erziehung und Bildung

Verschiedene Studien der letzten Jahre, z. B. der 13. Kinder- und Jugendbericht aus dem Jahr 2009, PISA 2009 und Ergebnisse des Mikrozensus 2010 (vgl. Bundesamt für Migration und Flüchtlinge, 2011, S. 148 f.) in Deutschland, belegen, dass Kinder mit Migrationshintergrund im deutschen Bildungssystem benachteiligt sind. Sie sind bereits im Kindergartenalter stärker von Armut und Deprivation betroffen als ihre deutschen Altersgenossen. Zurückgeführt wird diese Benachteiligung u. a. auf fehlende bzw. nicht ausreichende interkulturelle

Erziehung und Bildung in sozialpädagogischen Einrichtungen. Die Auseinandersetzung mit dieser Thematik ist also dringend notwendig (vgl. Woellert u. a., 2009, S. 84 ff.).

Interkulturelle Erziehung und Bildung hat die Aufgabe, Kinder auf ein Leben in einer offenen, multikulturellen Gesellschaft vorzubereiten. Sie sollen befähigt werden, die kulturelle Vielfalt als Chance zu nutzen. Dadurch werden gleichzeitig die genannten Risiken minimiert und Schwierigkeiten vermieden oder zumindest abgemildert.

Betrachtet man kulturellen Austausch als Bereicherung und Chance, dann sind sowohl einheimische als auch Kinder mit Migrationshintergrund Zielgruppe für interkulturelle Erziehung und Bildung.

13.3.1 Interkulturelle Kompetenz als Bildungsziel

Das zentrale Bildungsziel „interkulturelle Kompetenz" eröffnet für den Einzelnen Lebens- und Bildungschancen. Gleichzeitig hat das Ziel eine gesellschaftliche Dimension. Interkulturelle Kompetenz ist grundlegend für ein konstruktives und friedliches Miteinander in einer multikulturellen Gesellschaft. Das Ziel lässt sich ausdifferenzieren in folgende Teilbereiche:

- **Kulturelle Aufgeschlossenheit und Neugier**
  Kulturelle Aufgeschlossenheit und Neugier ist eine Kompetenz, die in einer multikulturellen Gesellschaft zentrale Bedeutung hat. Soll Zusammenleben gelingen, müssen Distanzen und Abgrenzungen abgebaut werden und eine Offenheit für andere Kultur- und Sprachgruppen muss entwickelt werden. Unterschiede sind als Bereicherung zu sehen und nicht als Bedrohung. Dies wird nur möglich über vielfältige Kontakte und durch Kommunikation.

- **Fremdheitskompetenz**
  Fremdheitskompetenz bedeutet, die eigene Sichtweise als eine Möglichkeit unter vielen verschiedenen Perspektiven wahrzunehmen. Anstelle von Abgrenzung wird ein Bewusstsein für Gemeinsames, Verbindendes entwickelt. Unterschiede werden gesehen und akzeptiert – ebenso wie die Grenzen des eigenen Verstehens von Verschiedenartigkeit.

- **Sensibilität für unterschiedliche Formen von Diskriminierung**
  Im Kapitel 13.2.2 wurden bereits Vorurteile thematisiert. Jeder Mensch hat solche „Bilder", niemand ist gänzlich frei von Vorurteilen. Interkulturelle Kompetenz bedeutet, sich dieser Vorurteile bewusst zu werden, sie zu hinterfragen und sie durch neues Wissen und konkrete Erfahrungen aufzubrechen.

- **Zwei- und Mehrsprachigkeit**
  Versteht man Mehrsprachigkeit als Bereicherung, dann ist es möglich, Neugier an anderen Sprachen zu entwickeln und die Bereitschaft, andere Sprachen zu erlernen, zu stärken. Das bedeutet für Kinder mit Migrationshintergrund, Deutsch als Zweitsprache zu erwerben und gleichzeitig die Erstsprache weiterzuentwickeln. Für Kinder mit Deutsch als Erstsprache heißt es, sich auf eine andere Sprache, die in der Einrichtung eine Rolle spielt, einzulassen und sich in dieser Sprache auszuprobieren.

(vgl. Bayerischer Bildungs- und Erziehungsplan, 2006, S. 142)

13.3.2 Möglichkeiten der interkulturellen Erziehung und Bildung

In der interkulturellen Pädagogik ist es mit einem netten Sommerfest oder einer didaktischen Einheit über das Herkunftsland der Kinder nicht getan. Interkulturelle Bildung und Erziehung ist kein „Fach" oder ein „Thema", das über eine Aktion oder ein Angebot „abgearbeitet" werden kann. Vielmehr ist sie ein Prinzip, das eine grundsätzlich bewusste Haltung erfordert, das den Kindergartenalltag insgesamt berührt und alle Lebensbereiche betrifft. Wie in der Handlungssituation zu Beginn des Kapitels aufgezeigt wurde, findet interkulturelle Erziehung und Bildung auf verschiedenen Ebenen und in verschiedenen Zusammenhängen statt. Es gibt vielfältige Möglichkeiten und Aspekte der Umsetzung.

Pädagogische Grundhaltung

Voraussetzung dafür, dass interkulturelle Erziehung und Bildung gelingen, ist eine kulturell aufgeschlossene Grundhaltung der Fachkräfte. Sie sollten kulturelle Vielfalt als Bereicherung für das gesellschaftliche Leben betrachten. Ferner müssen sie über Hintergrundwissen, z. B. über kulturelle Traditionen oder Erziehungsvorstellungen, verfügen oder sich dieses Wissen aneignen. Zudem sollten sie in der Lage sein, eigene Haltungen und Handlungen zu reflektieren und Widersprüche auszuhalten, die sich aus unterschiedlichen kulturellen Erziehungsvorstellungen ergeben.

Bildung multikultureller Teams

Der Bildung von multikulturellen Teams kommt eine Schlüsselfunktion bei der Umsetzung von interkulturellen Bildungszielen zu. In solchen Teams gibt es die Möglichkeit zur persönlichen und beruflichen Auseinandersetzung über kulturelle Erziehungsvorstellungen und Maßnahmen. Teamarbeit wird selbst zum interkulturellen Lern- und Bildungsprozess und kann so zur Entwicklung einer kulturell aufgeschlossenen Grundhaltung beitragen.

Fachkräfte mit einem anderen kulturellen Hintergrund sind gleichzeitig Identifikationspersonen für Kinder mit Migrationshintergrund. Durch ihre eigenen Erfahrungen mit Migration, Diskriminierung, Zwei- und Mehrsprachigkeit usw. können sie den Kindern bei der Entwicklung ihrer kulturellen Identität helfen. Darüber hinaus ist der Kontakt mit anderskulturellen Fachkräften auch für einheimische Kinder gewinnbringend. Sie werden dadurch zu interkulturellem Lernen angeregt. Schließlich können Fachkräfte mit anderem kulturellen Hintergrund eine Vermittlerrolle zwischen einheimischem Personal und Eltern mit Migrationshintergrund einnehmen.

Es ist allerdings noch nicht selbstverständlich, dass Personal aus anderen Kulturen in sozialpädagogischen Einrichtungen mitwirkt. Das liegt vermutlich u. a. daran, dass bislang nicht genügend Menschen mit Migrationshintergrund die Ausbildung zur Kinderpflegerin oder Erzieherin absolviert haben.

Analyse der Situation

Tageseinrichtungen für Kinder sollten sich pädagogisch und organisatorisch an den Bedürfnissen der einzelnen Kinder und ihrer Familien orientieren. Um sich einen Überblick über die Bedürfnisse bzw. Lebenssituation der Familien mit Migrationshintergrund zu verschaffen, ist der folgende Fragenkatalog hilfreich:

- Woher kommt das Kind bzw. die Familie?
- Seit wann ist das Kind in Deutschland?
- Warum ist die Familie in Deutschland? Was hat sie in ihrem Herkunftsland erlebt?
- Welcher Kultur ist das Herkunftsland zugehörig? Welche Traditionen und Wertvorstellungen sind dort gültig? Welche davon sind in der Familie des Kindes besonders wichtig?
- Welche Erziehungsvorstellungen und Ziele gelten in der Familie?
- Welche Zukunftsperspektiven hat die Familie?
- Wie wohnt das Kind? Ist jederzeit mit einem Wohnortwechsel zu rechnen?
- Wo braucht das Kind besondere Unterstützung?

Es ist sinnvoll, den Fragenkatalog immer wieder zu verändern bzw. zu ergänzen. Nicht alle Fragen werden sich (sofort) beantworten lassen. Informationen lassen sich auch über Literatur und Fortbildungsveranstaltungen gewinnen. Unersetzlich für die Arbeit mit Kindern und Jugendlichen mit Migrationshintergrund bleibt die Beobachtung, das direkte Gespräch und der Kontakt mit den Eltern.

Vorurteilsbewusste Erziehung

Zunächst einmal muss man sich im Klaren darüber sein, dass es niemanden gibt, der ganz vorurteilsfrei und ohne Abneigungen wäre, auch diejenigen nicht, die von Berufs wegen diesen Anspruch an sich stellen. Es ist ein Vorurteil zu glauben, man selbst sei vorurteilsfrei.

Eine vorurteilsbewusste Erziehung knüpft an Alltagserfahrungen der Kinder an. Folgende Schritte erscheinen dabei geeignet:

- Erzieherinnen und Kinderpflegerinnen sind Vorbilder, deshalb sollten sie genau auf das eigene Verhalten achten. Ein einfühlsamer und ungezwungener Umgang mit Kindern und Eltern gibt den Kindern ein gutes Vorbild und hemmt die Neigung zu Verallgemeinerungen.

- Unterschiede und Gemeinsamkeiten in der Gruppe sollten thematisiert werden: beispielsweise durch Fotos von Kindern und ihren Familien, durch Bücher, Geschichten und Hörspiele. Kinder können erkennen, dass Menschen und Lebensverhältnisse manchmal sehr unterschiedlich und manchmal sehr ähnlich sind. Unterschiede und Ähnlichkeiten hängen nicht unbedingt mit Herkunft oder Nationalität zusammen, sondern können vielfältige Ursachen haben.

- Im Alltag können Konflikte der Kinder von der Kinderpflegerin aufgegriffen und gemeinsam bearbeitet werden. Durch offene Fragen kann die Kinderpflegerin anregen, über feste Meinungen und Vorurteile nachzudenken.

- Die Unterstützung der Ich-Stärke einzelner Kinder und gleichzeitig der Aufbau eines „Wir-Gefühls" tragen ebenfalls zu einem ausgeglichenen Gruppenleben bei. Starke Kinder können ihre Meinung vertreten und müssen nicht auf Vorurteile zurückgreifen. Eine Gruppe, die sich als solche fühlt, wird Gemeinsamkeiten schätzen. Möglichkeiten der Umsetzung sind Erfolgserlebnisse, die für einzelne Kinder geschaffen werden; Rituale sowie gemeinsame Aktionen und Projekte, die das Gefühl der Gruppenzugehörigkeit unterstützen.

Bewusste Gestaltung des Alltags

Eltern und Kinder sollen sich in der Einrichtung wohlfühlen. Dies gelingt besser, wenn die Kultur ihres Herkunftslandes Wertschätzung erfährt. Dies ist auf verschiedene Weise möglich, einige Beispiele dazu seien hier genannt. Viele dieser Beispiele tragen auch dazu bei, kulturelle Skripts zu erweitern.

- **Raumgestaltung:** Fotos mit multikulturellen Motiven von Menschen und Gebäuden (z. B. Kirche/Moschee) aushängen; internationalen Wandschmuck anbringen.

- **Materialien:** Spiele und religiöse/kulturelle Gegenstände aus den jeweiligen Herkunftsländern; beispielsweise Hirtenflöten, indianische Trommeln, indische Tücher, Teegeschirr benutzen. Einfache, auch kostenlose Gegenstände organisieren, mit denen die Kinder Fantasie- und Rollenspiele durchführen können.

- **Spiele:** Spiele aus aller Welt, Spiele mit und ohne Ball, Musik, Bewegung; Kreis-, Paar-, Tischspiele usw. durchführen. Alle Gruppenmitglieder können sich im Stuhlkreis versammeln und von ihren Herkunftsländern berichten: wie sie dort leben, wohnen, essen, welche Kleidung sie tragen, welche Lieder sie singen, welche Feste sie feiern usw. Hieran sollte in der weiteren pädagogischen Arbeit angeknüpft werden.

- **Allgemeine Aktionen/Projekte**
  Hier gibt es zahlreiche Möglichkeiten. So könnte man gemeinsam den Wochenmarkt besuchen, dort fremde und deutsche Spezialitäten kaufen und dann gemeinsam zubereiten. Spannend ist es auch, Feste anderer Länder zu erleben, wie beispielsweise Feste zum Jahreswechsel in der Welt oder das Zuckerfest. Aber: Es gibt auch Feste, die man nicht zusammen feiern kann. Ein interreligiöser Festkalender könnte daran erinnern, neugierig machen und zum weiteren Erkunden motivieren.

Sprachförderung

Unumstritten ist die zentrale Bedeutung der Sprache für schulischen bzw. beruflichen Erfolg und für eine volle Teilhabe am gesellschaftlich-kulturellen Leben. Sprachkompetenz bietet also Zugang zu Bildungschancen und Lebensqualität. Damit ist sie gleichzeitig Voraussetzung und Ziel interkultureller Erziehung und Bildung.

Kinder mit Migrationshintergrund brauchen neben ihrer Familiensprache die Umgangssprache Deutsch, um Bildungsangebote wahrnehmen und aktiv am Gruppengeschehen teilhaben zu können. Der Blick muss aber auch auf die einheimischen Kinder gerichtet werden. Wenn die Globalisierung voranschreitet und Länder zusammenrücken, müssen Menschen auch Sprachbarrieren überwinden. Insofern ist auch das Angebot einer zweiten Sprache für deutsche Kinder sinnvoll.

Wir wenden uns in diesem Abschnitt ausschließlich der Sprachförderung von Kindern mit Migrationshintergrund zu, die Deutsch als Zweitsprache lernen. Im Hinblick auf deren Förderung sind folgende Aspekte von Bedeutung:

Grundlagen für die Förderung von Sprachkompetenz

Kinder mit Migrationshintergrund brauchen beide Sprachen: die Familiensprache, weil sie es ermöglicht, die Wurzeln der eigenen Herkunft zu erkennen und zu pflegen, und Deutsch als Zweitsprache, um sich zu integrieren. Die Familiensprache ist kein Hindernis beim Erlernen einer zweiten Sprache. Im Gegenteil: Sie ist vielmehr notwendige Grundlage. Eltern sind oft verunsichert, welche Sprache sie sprechen sollen, um dem Kind optimale Bedingungen zu bieten. Fachleute, wie die akademische Sprachtherapeutin Sebnem Kreutzmann, raten dazu, die Herzenssprache zu wählen; also die, welche einen am meisten berührt, da Sprache immer auch Emotionen vermittelt.

Fallbeispiel
Anissa (4 Jahre) antwortet auf die Frage, welche Sprachen sie spricht und welche ihre Lieblingssprache ist: „Ich spreche russisch, deutsch und englisch. Meine Lieblingssprache ist russisch, weil meine Mama russisch lacht." (Kuyumcu/Schulz-Schneider, 2011, S. 15)

Die Erstsprache jeder Familie muss in der Einrichtung Wertschätzung erfahren. Sie muss gefördert werden, keinesfalls darf sie verboten werden.
Jede pädagogische Fachkraft sollte sich darüber bewusst sein, dass beide Sprachen für das Kind bedeutsam sind. Sie sind immer ein Teil der eigenen Identität. So gesehen ist Zweisprachigkeit eine große Bereicherung für die Familien und für die Gesellschaft.

Das Erlernen von zwei Sprachen im Vorschulalter überfordert Kinder nicht, sondern bietet eine einmalige Chance. Kinder lernen Sprache spielend leicht und akzentfrei, weil das Gehirn besonders sensibel für den Lernprozess ist (vgl. Kap. 9.4.4). Voraussetzung ist allerdings, dass sie viele, intensive und lang anhaltende Kontakte zur Sprache haben (vgl. Kuyumcu u. a., 2011, S. 15). Hier sei das Konzept der **Immersion** genannt. Darunter versteht man, dass alltägliche Situationen den Kindern ermöglichen, sozusagen in das Sprachbad der Zweitsprache einzutauchen (vgl. Kersten u. a., 2009, S. 4). Ziel ist es, diese Sprache nach den gleichen Prinzipien wie die Muttersprache zu erlernen, ohne künstlich geschaffene Sprachsituationen, sondern im Alltag selbst.

Erfassen von Sprachverhalten und Sprachlernmotivation

Kinder mit Migrationshintergrund machen unterschiedliche Erfahrungen. Einige benötigen keine spezielle Sprachförderung, andere brauchen diese unbedingt. Um den individuellen Bedarf erkennen zu können, sollten die Fachkräfte die Kinder hinsichtlich ihrer sprachlichen Kompetenz beobachten. Zu diesem Zweck eignet sich der Einsatz von Beobachtungsbögen wie z. B. SISMIK (SISMIK steht für **S**prachverhalten und **I**nteresse an **S**prache bei **Mi**granten**k**indern in **K**indertagesstätten). Der Bogen wurde für Kinder im Alter von dreieinhalb bis sechs Jahren entwickelt und soll Sprachverhalten und Sprachlernmotivation erfassen. Inhaltlich ist er in vier Teile gegliedert:

- sprachliches Interesse und Engagement in verschiedenen Situationen, z. B. Frühstück, Bilderbuchbetrachtung

- Sprachkompetenz im engeren Sinn, z. B. Sprachverständnis, Sprechweise, Wortschatz, Satzbau und Grammatik

- Umgang mit der Familiensprache in der Einrichtung und zu Hause
- Informationen zur familiären Lebenssituation und Sprachpraxis und die Beziehung der Familie zur Einrichtung

Die Sprachaktivitäten der Kinder werden eingeschätzt und in eine Bewertungsskala eingetragen. Das Verfahren ermöglicht nicht nur eine gezielte Beobachtung, sondern gibt auch Hinweise auf Fördermöglichkeiten, wie der folgende Ausschnitt zeigt.

	nie	sehr selten	selten	manch-mal	oft	sehr oft	Anm.
1. Kind zieht sich zurück, verstummt	O	O	O	O	O	O	
2. wird wütend	O	O	O	O	O	O	
3. versucht, sich mit Gesten und Mimik zu verständigen	O	O	O	O	O	O	
4. holt sich Hilfe bei zweisprachigen Personen, die seine Familiensprache sprechen Es gibt diese Personen nicht → □	O	O	O	O	O	O	
5. sucht Ersatzwörter, Umschreibungen	O	O	O	O	O	O	
6. benutzt seine Familiensprache	O	O	O	O	O	O	

(Ulich/Mayr, 2004, S. 4)

Grundsätzlich muss man in diesem Zusammenhang feststellen, dass Zweisprachigkeit niemals die Ursache für Probleme in der Sprachentwicklung ist. Zudem lernt das Kind die zweite Sprache nicht in der Weise wie im Heimatland. Lernprozesse der Zweisprachigkeit verlaufen nach eigenen Regeln.

Prinzipien der Sprachförderung

Ist der Förderbedarf erkannt, sind für die konkrete Planung einige Prinzipien zu beachten:

- Sprache sollte immer ganzheitlich vermittelt werden. Das bedeutet, dass das Fachpersonal dem Kind ausreichend Möglichkeiten bietet, die Inhalte mit all seinen Sinnen wahrzunehmen. Sprache sollte mit Mimik und Gestik und klarer Handlungsorientierung verbunden werden.
- Es ist auf den Lebensbezug zu achten. „Sinnlose", nicht aus dem Erleben des Kindes entnommene Sprach- bzw. Sprechübungen sollten vermieden werden. Aktivitäten aus dem Alltag wie z. B. Begrüßung und Verabschiedung oder gemeinsame Mahlzeiten können für Sprachangebote genutzt werden. Das Kind kann Inhalte auf diese Weise besser zuordnen und behalten.
- Kinder lernen eine Sprache auch durch Wiederholung, sie brauchen Routine auch im gesprochenen oder gesungenen Wort, z. B. Tischsprüche, Begrüßungslieder.

Konkrete Angebote/Spiele/Übungen (im Kindergarten)

Es gibt zahlreiche Möglichkeiten, Sprache zu vermitteln. Der Fantasie sind keine Grenzen gesetzt (vgl. Kap. 10.4). Hier sollen nur einige Beispiele aufgeführt werden.

- Laute erkennen und wahrnehmen kann durch Memo-Spiele unterstützt werden. Mit ganz wenigen Paaren werden gleiche oder unterschiedliche Laute gesucht: „Haus-Maus" oder „Hase-Hose".
- Lautspiele mit einem „Laut-Domino".

- Satzbauregeln können bei Bilderbuchbetrachtungen erkannt werden, indem die Kinderpflegerin Dinge mit einfachen, kurzen Sätzen beschreibt, z. B.: „Der Junge schläft."

- Sprachmelodien können über einfache Lieder gelernt werden (vgl. Kapitel 16.9).

Zusammenarbeit mit Eltern

Pädagogische Einrichtungen können nur dann einen wesentlichen Beitrag zur Integration leisten, wenn sie die Zusammenarbeit mit Eltern als wichtigen Bestandteil der interkulturellen Erziehung erkennen. Ansonsten besteht die Gefahr, dass Eltern und Kinder sich innerlich voneinander entfernen.

Die allgemeine Erziehungs- und Bildungsarbeit innerhalb einer Gruppe bzw. der Einrichtung insgesamt, sollte immer wieder die Eltern einbeziehen so wie es in der Handlungssituation am Beginn des Kapitels deutlich wird. Hier sind alle Eltern in die Projektplanung, in die Projektdurchführung und dann auch in dessen Reflexion eingebunden. Da erfahrungsgemäß Eltern mit multikulturellem Hintergrund zunächst schwieriger erreichbar sind als deutsche Eltern, bedeutet dies gezielte und bewusste Auseinandersetzung mit den entsprechenden nationalen und familiären Besonderheiten.

Aus diesem Grunde sollte die Einrichtung niedrigschwellige Angebote schaffen. Das bedeutet, dass es den Eltern möglichst leicht gemacht werden soll, sich einzubringen. Immerhin findet über die Kinder ein Kontakt zu ihren Familien statt. Diesen gilt es zu nutzen.

Praktische Hinweise zur Zusammenarbeit mit Eltern

- Es ist wichtig, Kontakte zu den Familien zu knüpfen, um die jeweilige Situation der Kinder zu verstehen.

- Die Eltern sollten aktiv in die Erziehungsarbeit einbezogen werden. Häufig auftretende Probleme sind anzusprechen.

- Festtage, die in der Einrichtung gefeiert werden sollen, sind bekannt zu geben.

- Eltern mit Migrationshintergrund können ihre Kompetenzen einbringen und kleine Projekte in den Gruppen anbieten (Backen wie in der Türkei, wir bauen ein Schiff aus Holz, Märchen aus verschiedenen Ländern).

- Eltern können Bilderbücher übersetzen.

- Familienecke: Gegenstände, Fotos und Plakate der Familien werden in der Einrichtung ausgestellt.

- Informationszettel, Elternbriefe und Bekanntmachungen sollten mehrsprachig verfasst werden.

- Elternabende: Hier sollten bei der Planung (Termin, Ablauf, Sitzordnung, Medien usw.) kulturelle Unterschiede und mögliche Sprachbarrieren berücksichtigt werden.

- Möglichkeiten zum gemeinsamen Handeln aller Eltern sind sinnvoll: Elternkaffee, Ausflüge, Familienwochenenden organisieren. Kulturelle Normen und Ängste vor dem Fremden sollten hier berücksichtigt werden.

- Darüber hinaus ist es sinnvoll, Informationen aus dem Stadtteil mehrsprachig bekannt zu geben, auch in Zusammenarbeit mit Behörden, Beratungsstellen, Ärzten usw.

Ein bekanntes Programm, das die multikulturelle Arbeit im Kindergarten mit der Zusammenarbeit mit Eltern verknüpft, ist „HIPPY" (HIPPY steht für Home Instruction for Parents of Preschool Younsters). Ziel ist u. a., die Integration unter intensiver Einbeziehung der Eltern zu fördern. Anhand vorgegebener Lernmaterialien sollten diese sich täglich mit ihren Kindern beschäftigen, um Deutsch zu erlernen. Die Eltern werden dabei regelmäßig einzeln und in Gruppen begleitet. Sie können dadurch selbst die Sprache lernen und die Beziehung zu ihren Kindern positiv gestalten. Dabei sollte jedoch die Anerkennung und Wertschätzung der Zweisprachigkeit stets deutlich gemacht werden.

13.3.3 Kooperation mit anderen Institutionen

In jeder Gemeinde gibt es inzwischen zahlreiche Institutionen, die sich mit interkultureller, kultureller oder sozialer Arbeit befassen, wie z. B. Bürgerinitiativen, Migrantenvereine, Ausländerbeirat, Ausländerbeauftragte, Beratungs- und Betreuungsstellen für Migranten und Kulturvereine. Das Fachpersonal sollte diese Stellen und Personen kennen und mit ihnen zusammenarbeiten. Beispielsweise können so Menschen gewonnen werden, die ein Projekt begleiten, aus ihrem Heimatland berichten oder ein Kunstprojekt gestalten. Beim Besuch der Feuerwehr, der Polizei o. Ä. findet sich vielleicht, auf dem Wochenmarkt ganz gewiss, ein Mitarbeiter mit Migrationshintergrund. So lassen sich auch für Kinder anderer Kulturen Identifikationsmöglichkeiten im Alltag erfahren. Diese Chancen sollten auch genutzt werden, um die Vielfalt für alle erlebbar zu machen.

Außerdem gilt es, aufgrund individueller Situationen Kontakt zu einer Institution herzustellen. Dies trifft selbstverständlich für alle Kinder zu, aber eben auch für Kinder mit multikulturellem Hintergrund. Kinderärzte, Erziehungsberatungsstellen, Logopäden oder andere Therapeuten könnten erforderlich werden, aber ebenso auch ein Frauenhaus oder das Jugendamt. Hier sollte immer mit multikultureller professioneller Unterstützung gehandelt werden, um die Eltern nicht evtl. aus Unwissenheit abzuschrecken.

Zusammenfassung

Z

Deutschland hat sich in den vergangenen Jahren zu einer multikulturellen Gesellschaft entwickelt. Das heißt, dass hier Menschen unterschiedlicher Herkunft bzw. Nationalität, Sprache und Religion zusammenleben.

Als „Migranten" bezeichnet man diejenigen, die ihr Herkunftsland verlassen (haben); ihre Nachkommen sind Menschen mit „Migrationshintergrund".

Kinder aus anderen Kulturen
In pädagogischen Einrichtungen der Ballungszentren liegt der Anteil der Kinder mit Migrationshintergrund teilweise bei hundert Prozent, verbunden mit einer beträchtlichen Vielfalt an Nationalitäten. Dies hat Auswirkungen auf die Pädagogik. Man spricht in diesem Zusammenhang von „interkultureller Pädagogik".

Migrantenfamilien stammen meist aus dem (süd-)europäischen Raum und sind oft bereits seit einigen Generationen in Deutschland. Dementsprechend sind die Kinder – je nach ihrem sozialen Umfeld – unterschiedlich gut integriert. In manchen Familien mit Migrationshintergrund unterscheiden sich Wertvorstellungen und Erziehungsziele – insbesondere im Hinblick auf die Mädchen- und Frauenrolle – stark von den in Deutschland herrschenden, wo auf der anderen Seite Angst vor dem Fremden und den vielen Menschen mit Migrationshintergrund vorhanden ist. Sind die Gegensätze zu stark ausgeprägt, entstehen Parallelgesellschaften. Viele Familien sind aber sehr gut integriert, und dies nicht nur sprachlich.

Kinder aus Flüchtlingsfamilien und Asylbewerber haben oft Krisenerlebnisse in Form von Krieg und Verfolgung hinter sich und stammen aus für uns teilweise sehr fremden Kulturen. Entsprechend müssen diese Kinder sehr große Umstellungsprozesse leisten und Sprachbarrieren überwinden. Die Wohnsituation und die finanzielle Lage sind zusätzlich belastend.

Sogenannte „Aussiedlerfamilien" besitzen zwar die deutsche Staatsbürgerschaft, fühlen sich jedoch sprachlich und kulturell häufig als Fremde.

Kulturelle Vielfalt in Kindertageseinrichtungen
In vielen pädagogischen Einrichtungen ist kulturelle Vielfalt ein Teil des Alltagsgeschehens und macht das Leben bunter, aber oftmals auch schwierig.

In unterschiedlichen Kulturen bestehen unterschiedliche Wertvorstellungen und Erwartungen an das Verhalten der Menschen. Diese kognitiven Schemata werden als „kulturelle Skripts" bezeichnet. Sie dienen der Orientierung. Gesellschaften können im Miteinander gegenseitig Chancen erkennen. Andererseits werden durch unterschiedliche Lebensweisen auch Irritationen ausgelöst, gerade dann, wenn religiöse und kulturelle Unterschiede bestehen.

So kann im multikulturellen Miteinander eine Bedrohung des Eigenen erlebt werden, die Skripts werden voneinander abgegrenzt. Viele Menschen reagieren darauf mit Vorurteilen. Dies geschieht, indem Einzelerfahrungen unzulässig verallgemeinert werden oder durch die Projektion eigener negativer Gefühle auf „Sündenböcke". Kinder lernen Vorurteile durch Nachahmung ihres sozialen Umfeldes.

Der Sprachförderung wird eine besondere Bedeutung beigemessen. Kinder mit Migrationshintergrund lernen in der Regel Deutsch als Zweitsprache oftmals auf einem „wackeligen" Grund der Familiensprache. Dabei braucht jede weitere Sprache die Erstsprache als Fundament. Eine Ausnahme bildet der simultane Zweisprachenerwerb (= bilinguale Erziehung).

Das Erlernen zweier Sprachen bietet besonders im Vorschulalter einmalige Chancen, die in einem positiven Lernumfeld genutzt werden sollten. Dabei ist ganzheitlich und spielerisch vorzugehen. Der Spaß an verschiedenen Sprachen und damit einhergehend die Achtung vor der anderen Sprache ist besonders wichtig. Wechselseitige Lernerfahrungen werden ermöglicht, wodurch die Integration erleichtert wird. Insbesondere auf dem Boden der Sprachkompetenz werden Bildungs- und damit Lebenschancen eröffnet.

Interkulturelle Erziehung und Bildung
Interkulturelle Kompetenz ist Erziehungsziel einer multikulturellen Gesellschaft. Sie beinhaltet Aufgeschlossenheit für Neues, Fremdheitskompetenz, Sensibilität für Diskriminierung und Mehrsprachigkeit. So betrachtet ist sie ein durchgängiges Prinzip in der Betreuung von Kindern.

Interkulturelle Erziehung und Bildung meint eine pädagogische Grundhaltung des Fachpersonals, möglichst auf der Grundlage multikultureller Teams. Dazu ist die gezielte Auseinandersetzung mit den aktuellen Situationen in den Familien ebenso notwendig wie die bewusste Auseinandersetzung mit Vorurteilen.

Interkulturelle Pädagogik funktioniert nur, wenn die Eltern aller Kinder einbezogen werden. Gruppenprojekte und niedrigschwellige Angebote können den Weg in die Einrichtung erleichtern.

Auch die Kooperation mit Institutionen vor Ort bietet sich an. Dies sollte immer mit Blick auf wechselseitige Lernerfahrungen und Hilfen geschehen.

Das Eingehen auf Sprache, Brauchtum und Lebensweise der Kinder stärkt deren Selbstbewusstsein und fördert die Toleranz aller. Auf diese Weise wird das multikulturelle Zusammenwirken eine Herausforderung und eine Chance für die Kinder und die Gesellschaft insgesamt. Dieses Potenzial an Zukunftsfähigkeit muss genutzt werden.

Fragen und Aufgaben zum Kapitel

1. *Erläutern Sie, warum es für Fachkräfte einer sozialpädagogischen Einrichtung wichtig ist, sich genauer über die Lebenssituation und Lebensweise von Kindern mit Migrationshintergrund zu informieren.*

2. *Beschreiben Sie die verschiedenen Lebenssituationen von Kindern aus anderen Kulturen und überlegen Sie, inwiefern sie Auswirkungen auf das Verhalten und Erleben der Kinder haben. Erörtern Sie mögliche pädagogische Konsequenzen.*

3. *„Fremdheit" ist ein unklarer Begriff. Was macht Menschen zu Fremden? Erörtern Sie diesen Sachverhalt.*

4. *Beschreiben Sie typische Problemsituationen in pädagogischen Einrichtungen mit Kindern aus anderen Kulturen.*

5. *Informieren Sie sich über Erziehungsziele von Familien mit Migrationshintergrund. Vergleichen Sie diese Ziele mit den Zielen der Einrichtung und erstellen Sie eine Liste von Gemeinsamkeiten und Unterschieden. Überlegen Sie, ob bzw. inwiefern die gegensätzlichen Ziele zu Problemen in der Einrichtung bzw. in der Familie führen können.*

6. *Zeigen Sie auf, welche Möglichkeiten Sie haben, mit einem Kind, das kein Deutsch spricht, in Kontakt zu treten.*

7. *Diskutieren Sie die Aussage: „Ausländer sollen sich gefälligst anpassen, wenn sie in Deutschland leben wollen!" Beziehen Sie dabei die Ziele interkultureller Pädagogik in Ihre Überlegungen ein.*

8. *Früher sprach man von „Ausländerpädagogik", heute dagegen von „interkultureller Pädagogik". Erklären Sie, warum sich die Begrifflichkeiten verändert haben und welche Auswirkungen diese Veränderung mit sich bringt.*

9. *Die Beherrschung der deutschen Sprache ist Voraussetzung für einen erfolgreichen Schulbesuch und damit für Bildungs- und Berufschancen. Erläutern Sie, welche Möglichkeiten die sozialpädagogischen Einrichtungen haben, den Erwerb bzw. die Verbesserung der deutschen Sprache zu unterstützen.*

10. Halten Sie es für sinnvoll, in einer Einrichtung, die von Kindern aus zehn verschiedenen Nationen (kein Englisch sprechendes Kind) besucht wird, Englisch im Kindergarten anzubieten? Begründen Sie Ihre Auffassung aus pädagogischer/psychologischer Sicht.

11. Innerhalb der interkulturellen Pädagogik kommt der Zusammenarbeit mit Eltern zentrale Bedeutung zu. Erläutern Sie, warum das so ist.

12. Beschreiben Sie Hindernisse, die den Integrationsprozess in die deutsche Gesellschaft erschweren.

! Anregungen zum Kapitel

13. Stellen Sie sich vor, Sie würden im Ausland leben. Welche Gewohnheiten, Bräuche und Wertvorstellungen würden Sie nicht aufgeben?

14. Hängen Sie eine Weltkarte auf. Verbinden Sie die Herkunftsländer der Schülerinnen Ihrer Klasse bzw. der Kinder Ihrer Kindergartengruppe mit Deutschland.

15. Berichten Sie in einer Kleingruppe von Situationen, in denen Sie sich fremd gefühlt haben. Beschreiben Sie, was das Gefühl in Ihnen ausgelöst hat und wie Sie damit umgegangen sind. Lassen sich aus Ihrer Darstellung Konsequenzen für den Umgang mit Kindern aus anderen Kulturen ableiten?

16. Erarbeiten Sie eine Liste von Begriffen und Redewendungen in einer Sprache, die in Ihrer Einrichtung vorkommt. Lernen Sie diese auswendig und versuchen Sie, die Begriffe und Redewendungen im Alltag einzusetzen.

17. Finden Sie heraus, welche Anlaufstellen es in Ihrer Heimatstadt für Menschen mit Migrationshintergrund gibt. Nehmen Sie Kontakt zu einer dieser Stellen auf und interviewen Sie die Vertreter dieser Institution. Bereiten Sie sich gezielt auf dieses Interview vor.

18. Vorurteile werden auch über Materialien, Bücher oder Spiele transportiert, so werden z. B. Schwarzafrikaner in Baströckchen dargestellt o. Ä. Untersuchen Sie Bücher, Spiele und Lieder in Ihrer Praxisstelle im Hinblick auf die Darstellung oder Verwendung solcher Vorurteile.

→ Weiterführende Fragen und Anregungen

19. Menschen aus anderen Kulturen können sich unter bestimmten Voraussetzungen einbürgern lassen und dadurch deutsche Staatsbürger werden. Holen Sie sich Informationen über die rechtlichen Bedingungen der Einbürgerung. Fragen Sie Betroffene nach ihren Beweggründen für die Annahme der deutschen Staatsbürgerschaft.

20. Besorgen Sie sich Informationen über Maßnahmen zur Integration von Menschen anderer Herkunft auf Bundes-, Landes- und kommunaler Ebene.

14 Verständnis für Kinder mit auffälligem Verhalten

Einstiegssituation

Die Kinderpflegerin Martina berichtet während einer Dienstbesprechung, dass sie Schwierigkeiten im Umgang mit Markus, fünf Jahre, habe. Markus reagiere bei Streit immer sehr erregt und mit Aggressionen und nehme von ihr keine Kritik an. Die Kindergartenleiterin bittet Martina, das Verhalten von Markus in einer von ihr ausgewählten Situation zu beschreiben.

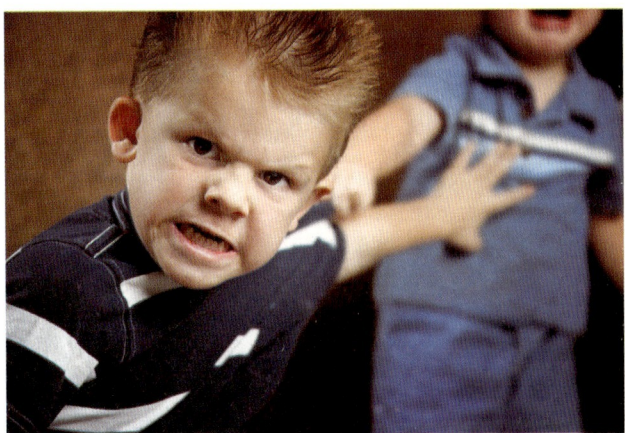

Die Kinderpflegerin berichtet, Markus habe einen anderen Jungen mit der Faust ins Gesicht geschlagen, nachdem dieser ihn im Vorbeigehen angerempelt hatte. Markus sei nach dem Vorfall nicht ansprechbar gewesen. Er habe weder auf die Ermahnung der Kinderpflegerin noch auf ihre Ankündigung, mit seinen Eltern sprechen zu wollen, reagiert. Er sei vielmehr wütend im Zimmer umhergelaufen und habe Spielzeug von der Bauecke in den Raum geworfen.

Die Kolleginnen in der Dienstbesprechung vergleichen die Beobachtung der Kinderpflegerin mit Beobachtungen der anderen Teammitglieder. Die Gruppenleiterin berichtet, dass Markus häufig sehr unruhig und unkonzentriert sei.

Dieses Beispiel wirft folgende Fragen auf:

1. Wann können wir von einer Verhaltensauffälligkeit sprechen?

2. Wie sollten die Kinderpflegerin und die Erzieherin mit Kindern, die Verhaltensauffälligkeiten zeigen, umgehen?

3. Welche Ursachen können Verhaltensauffälligkeiten haben?

4. Welche Auswirkungen können Verhaltensauffälligkeiten für das betroffene Kind haben?

5. Welche Einrichtungen und Institutionen unterstützen die Kinderpflegerin und die Erzieherin im Umgang mit einem verhaltensauffälligen Kind?

14.1   Auffällig oder noch normal?

Ist Markus' Verhalten noch normal oder bereits auffällig? Die Kinderpflegerin hält es für auffällig aggressives Verhalten. Die Leitung mahnt eine genaue Abklärung an. Um voreilige Schlüsse zu vermeiden, ist es notwendig, das Verhalten des Kindes genau zu beobachten und sachlich zu beschreiben.

Definition

Ein Verhalten wird als **„auffällig"** *bezeichnet, wenn es erheblich und dauerhaft von dem abweicht, was die meisten Menschen der Bezugsgruppe tun oder empfinden.*

Im Folgenden sollen die einzelnen Merkmale genauer betrachtet und auf das Beispiel von Markus bezogen werden.

- Das Verhalten der **Bezugsgruppe** wird zum Maßstab gemacht. Die Bezugsgruppe von Markus sind fünfjährige Kinder. Sein Verhalten muss verglichen werden mit dem Verhalten von fünfjährigen Kindern in Konfliktsituationen. Dann ist eine Aussage darüber möglich, ob sein Verhalten altersentsprechend oder auffällig ist. Dabei geht es nicht darum, was Kinderpflegerin oder Erzieherin persönlich von fünfjährigen Kindern erwarten, sondern um fachwissenschaftliche Erkenntnisse. Informationen über das Verhalten der Bezugsgruppe bietet die Entwicklungspsychologie.

  Fünfjährige geraten täglich mehrmals in Konflikt mit anderen Kindern. Meist lösen sie diese Konflikte ohne Hilfe der Erzieherin. Körperliche Gewalt ist dabei nicht unüblich, die Kinder sind aber durchaus in der Lage, ihre Kraft dosiert einzusetzen. Auch können sie, zumindest teilweise, verbale Lösungen finden. Nach einem Konflikt beruhigen sie sich schnell, es ist ihnen möglich, über die konkrete Situation und ihr eigenes Verhalten nachzudenken.

  Vergleicht man das Verhalten von Markus mit der Bezugsgruppe, so kann man eine Abweichung feststellen.

- Ist die Abweichung des Verhaltens **erheblich**? Hier sind die Grenzen sicher fließend. Was für den einen erheblich ist, ist für den anderen noch nicht so schlimm. Gezielte Beobachtungen und Beschreibungen des Verhaltens helfen zu versachlichen. Dies ist wichtig, um voreilige Urteile zu vermeiden. Auch der Erfahrungsaustausch mit Kollegen kann hilfreich sein. Beobachtungen von verschiedenen Personen ergeben dann eine Gesamteinschätzung. So kann man auch herausfinden, ob die Verhaltensweisen auf eine Person begrenzt sind oder bei allen Mitarbeitern auftreten.

- Schließlich müssen die Verhaltensweisen **dauerhaft** gezeigt werden. Um festzustellen, ob es sich um ein einmaliges, eher seltenes oder häufiges Verhalten handelt, muss das Kind über einen längeren Zeitraum gezielt beobachtet werden (vgl. Kap. 4). Im Fall von Markus sollten die pädagogischen Fachkräfte in den nächsten Wochen sein Verhalten in Konfliktsituationen und bei Frustrationen genau beobachten und die Beobachtungen schriftlich festhalten. Ebenso wichtig ist es, Informationen aus dem sozialen Umfeld des Kindes, also Familie, Freundeskreis usw., zu sammeln. Sie können wichtige Hinweise über Belastungssituationen, Vorbilder und Wertvorstellungen geben.

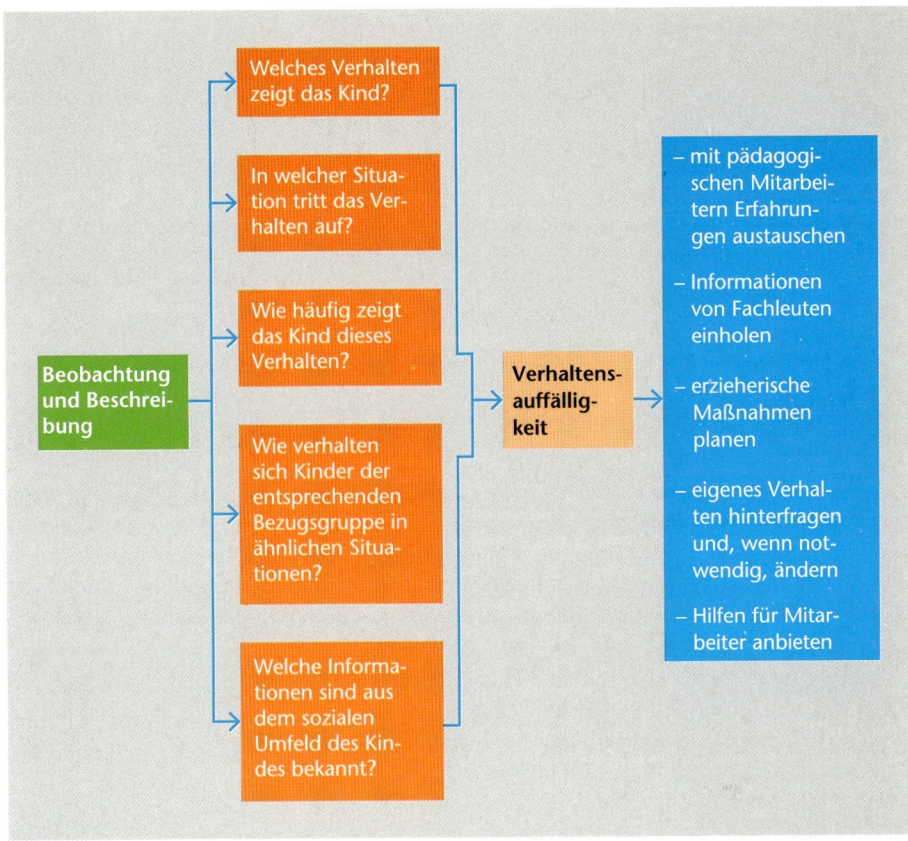

14.1.1 Verschiedene Formen auffälligen Verhaltens

Ist die Verhaltensauffälligkeit so schwer, dass der sinnvolle Lebensvollzug der Betroffenen, aber auch ihrer Umgebung, beeinträchtigt ist, spricht man von **Verhaltensstörungen**. Auffälligkeiten und Störungen können in verschiedenen Bereichen auftreten. Da die Bereiche eng miteinander verknüpft sind, kommt es häufig zu Überschneidungen bzw. Folgeproblemen. Beispielsweise wird sich Angst, eine Störung aus dem psychisch-emotionalen Bereich, auch auf den sozialen Bereich auswirken. Einteilungen, wie sie in der folgenden Tabelle gemacht werden, geben daher nur ein unvollständiges Bild, sie lassen nur die Schwerpunkte der Problematik erkennen.

Verhaltensstörungen/Einteilung nach Schwerpunkten

körperlicher/ motorischer Bereich	sozialer Bereich	psychischer/ emotionaler Bereich	Arbeits- und Spielhaltung/ Leistungsbereich
z. B. Ess-Störungen, Einnässen, Einkoten, Schlafstörungen	z. B. Lügen, Stehlen, aggressives Verhalten, Clownerei, Überange-passtheit	z. B. Angst, Zwangs-vorstellungen, depres-sive Verstimmungen	z. B. mangelnde Aus-dauer, mangelnde Kon-zentration, fehlende Initiative, ADS, ADHS

14.1.2 Ursachen von Verhaltensstörungen

Die Ursachen für Verhaltensstörungen sind vielfältig. Meist ist ein Bündel verschiedener Ursachen für das Auftreten einer Störung verantwortlich. Detlef Rost gibt in seinem Handwörterbuch einen Überblick über mögliche Erklärungsansätze:

- **Personenorientierte Erklärung**
  Ursachen für Verhaltensstörungen sind angeboren oder körperlich bedingt, wie z. B. bei der Aufmerksamkeitsdefizit-/Hyperaktivitätsstörung (ADHS).

- **Entwicklungsorientierte Erklärung**
  Die Ursachen einer Verhaltensstörung liegen im Entwicklungsverlauf der Person begründet. Aufgrund eines problematischen Erziehungsverhaltens oder eines konfliktreichen Umfelds in Familie und Peergroup hat die Person Verhaltensweisen entwickelt, die zunächst der Bewältigung und Abwehr von Konflikten dienten, sich aber immer mehr zu Verhaltensstörungen verfestigt haben. Beispielsweise kann starke Verwöhnung zu ausgesprochen unselbstständigem und aggressivem Verhalten führen.

- **Situationsorientierte Erklärung**
  Bestimmte Situationen, z. B. mit einem hohen Grad an Frustration, Unstrukturiertheit und Bedürfnisstimulation können auffälliges Verhalten provozieren, z. B. „verführt" das Warenangebot im Spielzeugladen dazu, etwas zu nehmen, ohne zu bezahlen.

- **Interaktionsorientierte Erklärung**
  Die Ursache eines gestörten Verhaltens liegt in der Wechselwirkung zwischen der Eigenart einer bestimmten Person und einer bestimmten aktuellen Situation. So sind Unterricht und Hausaufgabensituation für Kinder mit ADHS ohne gezielte Hilfestellung kaum zu bewältigen. Es kommt zwangsläufig zu auffälligem Verhalten.

- **Etikettierungstheorie**
  Ein bestimmtes Verhalten oder Erleben wird erst dann zu einem auffälligen oder gestörtem Verhalten, wenn es vom Beobachter, d. h. von Eltern, Erzieherinnen, Kinderpflegerinnen oder Lehrkräften, als auffällig oder gestört bewertet wird. Lautes Verhalten und Durchsetzungsfähigkeit kann beispielsweise als selbstbestimmt und couragiert oder als aggressiv eingestuft werden.

(vgl. Rost, 2010, S. 921 ff.)

14.1.3 Umgang mit verhaltensauffälligen Kindern

Verhaltensauffälligkeiten erfordern besondere pädagogische Maßnahmen, um den Betroffenen und ihrer Umgebung zu helfen. Wichtig ist eine angemessene pädagogische Grundhaltung, die gekennzeichnet ist von Einfühlungsvermögen und Verständnis für die Probleme, die das Kind hat. Dazu ist es notwendig, sich bewusst zu machen, dass die Kinder nicht böse sind, sondern vielmehr Hilfe und Unterstützung brauchen.

Kinderpflegerinnen und Erzieherinnen, die mit Kindern und Jugendlichen arbeiten, die Verhaltensauffälligkeiten zeigen, stehen unter enormer Belastung. Es ist notwendig, dass pädagogische Mitarbeiter Möglichkeiten haben, ihr Verhalten und Erleben im Umgang mit diesen Kindern zu besprechen und Lösungsmöglichkeiten zu suchen. Sie müssen mithilfe des Gesprächs untereinander, in der Supervision und in der Auseinandersetzung mit neuer Fachliteratur ihr eigenes Verhalten ständig überprüfen und gegebenenfalls korrigieren.

Alle pädagogischen Bemühungen laufen ins Leere, wenn nicht eine gewisse Bereitschaft des Kindes oder Jugendlichen gegeben ist, sich helfen zu lassen. Erlebt das Kind sein Verhalten selbst als belastend und empfindet es einen Leidensdruck, dann ist es motiviert, etwas zu verändern und Unterstützung zu akzeptieren.
Die Bereitschaft zur Mitarbeit wird steigen, wenn das Kind oder der Jugendliche in die Arbeit einbezogen wird, z. B. indem Ziele mit ihm abgesprochen und vereinbart werden.

Wichtig ist eine Abstimmung und Zusammenarbeit aller an der Erziehung Beteiligten (Erzieherin, Kinderpflegerin, Sozialpädagoge, Eltern) und verschiedener Praxisstellen (Erziehungsberatungsstelle, Jugendamt), was mit dem Begriff „Vernetzung" bezeichnet wird (vgl. Rost, 2010, S. 925 ff.).

14.2 Soziale Unsicherheit

Fallbeispiel
Paul, 5 Jahre 4 Monate, besucht seit über einem Jahr den Kindergarten. Er ist sehr zurückhaltend, hat kaum Kontakte und fällt kaum auf. Eine genauere Beobachtung hat folgendes Ergebnis: Am liebsten spielt Paul alleine am Tisch mit Tierfiguren oder er malt. Wird er von anderen Kindern zum Mitspielen aufgefordert, schüttelt er meist den Kopf und blickt zur Seite, manchmal sagt er ganz leise „nein". Wenn es in der Gruppe laut und lebhaft wird, dann stellt er seine Aktivität ein und schaut mit großen Augen so lange im Gruppenraum herum, bis sich die Situation wieder beruhigt hat. In Konfliktsituationen gibt Paul sofort nach. Bekommt er von der Kinderpflegerin eine Aufgabe, z. B. den Taschenwagen zu holen, dann sagt er: „Das kann ich nicht." Paul erzählt, auch auf Nachfrage der Kinderpflegerin, fast nie etwas. Er blickt in diesen Situationen in die Ferne und steht einfach nur da.

Sozial unsichere Kinder erscheinen auf den ersten Blick „pflegeleicht", sie fallen kaum auf, sind angepasst und befolgen die Regeln. Sozial unsichere Kinder bringen pädagogische Fachkräfte nicht unter Handlungsdruck, wie das z. B. bei Kindern der Fall ist, die aggressives Verhalten zeigen.

14.2.1 Das Erscheinungsbild

Sozial unsichere Kinder können sich in Situationen, die soziale Anforderungen stellen, nicht angemessen verhalten. Das Erscheinungsbild ist vielfältig ebenso wie die Begriffe für die Problematik. Es wird in diesem Zusammenhang u. a. von „Schüchternheit" oder „Kontaktangst" gesprochen. Folgende Verhaltensweisen und Reaktionen sind bei sozial unsicheren Kindern zu beobachten:

- Still-Sein: z. B. nichts erzählen oder fragen
- Sprechen: z. B. sehr leise oder undeutlich sprechen, kurze Antworten geben, stottern
- Gefühle: z. B. weinen, Zittern in der Stimme
- Gesichtsausdruck: z. B. kein oder nur kurzer Blickkontakt, verlegenes Lächeln
- Tätigkeiten: z. B. Aufgaben, die gestellt werden, verweigern, bei kleineren Schwierigkeiten aufgeben
- Sozialkontakte: z. B. Kontaktverweigerung, sich von der Bezugsperson nicht trennen können, alleine spielen
- psychosomatische Reaktionen: z. B. Erbrechen, Einnässen

Soziale Unsicherheit liegt vor, wenn mehrere Merkmale häufig oder sogar sehr häufig auftreten und längere Zeit andauern. Damit wird ausgeschlossen, dass es sich um normale Erscheinungen, wie z. B. situationsbedingte Unsicherheiten, handelt. So ist es beispielsweise kein Problem, wenn ein Kind beim Wechsel des Kindergartens der neuen Situation und den neuen Fachkräften gegenüber mit Unsicherheit reagiert. Diese situationsbedingte Unsicherheit wird vom Kind aber im Laufe von einigen Wochen mit Unterstützung der Bezugspersonen bewältigt.

Beispiel

Paul besucht den Kindergarten seit mehr als einem Jahr. Eine situationsbedingte Unsicherheit ist deshalb auszuschließen. Paul zeigt mehrere Verhaltensweisen und Reaktionen, die dem Erscheinungsbild „soziale Unsicherheit" entsprechen. So spielt er alleine, reagiert nicht auf Spielangebote, antwortet leise, verweigert Aufgaben, erzählt nichts.

14.2.2 Mögliche Ursachen

Soziale Unsicherheit kann verschiedene Ursachen haben. In der Literatur werden unter anderem traumatische Erlebnisse, das Vorbild der Bezugsperson und unangemessenes Erzieherverhalten genannt.

Das Vorbild von Bezugspersonen

Unsicherheit von Bezugspersonen wirkt sich auf das Sozialverhalten des Kindes hemmend aus. Die Erwartungen überängstlicher Eltern beeinflussen das Verhalten ihrer Kinder häufig unausgesprochen. Das Kind lernt, bestimmte mutige Verhaltensweisen zu unterlassen, um die Eltern nicht zu beunruhigen.

Unangemessenes Erzieherverhalten

Sowohl überbehütende oder verwöhnende als auch vernachlässigende oder zu strenge Erziehung können zu sozialer Unsicherheit führen. Das Kind kann zwischen seinem Verhalten und den Reaktionen seiner Eltern auf dieses Verhalten keinen Zusammenhang erkennen. Bei ihm entsteht der Eindruck, dass die eigenen Bemühungen keine Rolle spielen und in keinem Zusammenhang mit den Folgen stehen. Dadurch entsteht das Gefühl, nichts bewirken zu können und Situationen hilflos ausgeliefert zu sein. Ein Mangel an Selbstwirksamkeit bewirkt, dass Selbstvertrauen nicht aufgebaut werden kann oder vorhandenes Selbstvertrauen wieder schwindet. Dies wiederum führt zu Passivität und schließlich zu sozialer Unsicherheit bzw. Isolation.

Beispiel

Kinder, die immer nur gelobt werden, kennen keine Misserfolge und entwickeln ein unrealistisches Selbstbild. Sie müssen sich nicht bemühen, um gelobt zu werden. Erleben sie dann in einer Institution eine andere Realität, sind sie verunsichert und orientierungslos und resignieren unter Umständen.

Traumatische Erlebnisse

Auch traumatische und emotional stark belastende Erlebnisse, z. B. die Trennung und Scheidung der Eltern oder der Tod einer nahestehenden Person, können bei Kindern Ängste auslösen und dazu führen, dass sie sich diesen Situationen ohnmächtig ausgeliefert fühlen und soziale Unsicherheit entwickeln.

14.2.3 Umgang mit sozial unsicheren Kindern

Wenn Sie sozial unsichere Kinder in der Einrichtung betreuen, ist Folgendes zu beachten: Keinesfalls dürfen Ängste abgetan werden mit Aussagen wie: „Das ist doch nicht so schlimm" oder „Stell dich nicht so an". Die pädagogische Fachkraft muss versuchen, die Ängste zu verstehen und sollte dem Kind Schutz und Geborgenheit vermitteln. Ängste sollten nicht bekämpft oder unterdrückt werden. Es gilt vielmehr, sie durch das Erlernen von sozial kompetentem Verhalten zu bewältigen.

Im Folgenden werden einige Bedingungen und Verhaltensweisen aufgezeigt, die geeignet sind, sozial kompetentes Verhalten zu fördern und damit den Abbau von Ängsten unterstützen:

- das Kind erfahren lassen, dass es in seiner Angst nicht allein ist
- dem Kind ertragen helfen, dass es nicht immer erwünscht ist
- dem Kind helfen, einen Platz in der Gemeinschaft zu finden
- Erfolgserlebnisse ermöglichen
- dem Kind zeigen, dass es angenommen ist, auch wenn es den Erwartungen der Bezugspersonen nicht entspricht
- dem Kind eigene Entscheidungsmöglichkeiten einräumen, stark verunsicherte Kinder zwischen zwei Möglichkeiten wählen lassen
- durch angemessene Leistungsanforderungen dem Kind Möglichkeiten geben, sein Selbstbewusstsein zu stärken
- mit dem Kind Alternativen zu seinem Verhalten erarbeiten
- das Kind ermutigen, neues Verhalten auszuprobieren und es dabei begleiten
- eigene Versuche des Kindes, mit seiner Angst umzugehen, anregen und verstärken

Beispiel
Die Tatsache, dass er sein Spiel einstellt, wenn es in der Gruppe laut und lebhaft wird, ist ein Hinweis darauf, dass ihm die Situation Angst macht. Die Kinderpflegerin könnte Paul in dieser Situation begleiten und ihm zeigen, dass er nicht alleine ist. Sie könnte zu Paul hingehen, sich neben ihn setzen und die Situation kommentieren. Beispielsweise kann sie erklären, was die Kinder dazu bewegt, sich so zu verhalten, dass es nur ein Spiel ist und keine ernste Situation. Gemeinsam mit ihm könnte sie Überlegungen anstellen, was man machen kann, wenn es zu laut und zu lebhaft wird. Diese Begleitung muss viele Male erfolgen, um Paul Sicherheit zu vermitteln.

14.2.4 Zusammenarbeit mit anderen Institutionen

Erzieherinnen und Kinderpflegerinnen sollten auf typische Anzeichen von sozialer Unsicherheit achten und solche Beobachtungen dokumentieren. Haben sie den Verdacht, dass eine soziale Unsicherheit vorliegen könnte, ist es wichtig, mit den Eltern zusammenzuarbeiten. Nur wenn Ziele und Unterstützungsmöglichkeiten abgesprochen sind und gemeinsam angegangen werden, ist Hilfe effektiv.

Ist die soziale Unsicherheit stark ausgeprägt und eine Störung und/oder Verfestigung zu befürchten, sollten Eltern Fachdienste in Anspruch nehmen. Erziehungsberatungsstellen freier oder staatlicher Träger bieten neben einer Diagnose auch fachliche Hilfe an, die soziale Unsicherheit zu überwinden. Besteht die Notwendigkeit einer therapeutischen Behandlung, verweist die Beratungsstelle die betroffenen Eltern und ihr Kind weiter an einen Kinder- und Jugend-Psychotherapeuten. Besteht der Verdacht auf eine psychische Erkrankung, die Ängste auslöst, ist der Gang zum Kinder- und Jugendpsychiater notwendig.

14.3 Aggressivität

In der Handlungssituation zu Beginn des Kapitels wurde das Verhalten von Markus geschildert. Er hatte aus einem geringen Anlass einen anderen Jungen mit der Faust ins Gesicht geschlagen. Nach dem Vorfall war er nicht ansprechbar, lief im Zimmer umher und warf Spielsachen herum. Sein Verhalten veranlasste das Team, der Frage nachzugehen, ob sein Verhalten auffällig sei. Man wollte ihn genauer beobachten und sich weitere Informationen holen.

Beispiel
Die Beobachtungen werden durchgeführt und ergeben, dass Markus sehr oft aggressives Verhalten zeigt, insbesondere dann, wenn er sich durchsetzen möchte. Meist hat er damit Erfolg. Seine Aggressionen richten sich in der Regel gegen kleinere, schwächere Kinder. Die älteren, stärkeren Kinder greift er nicht an, in Konfliktsituationen mit ihnen zieht er sich zurück.
Ein Gespräch mit der Mutter ergibt, dass er sich zu Hause ihr gegenüber ebenfalls aggressiv verhält. Er schreit sie an und schlägt auch nach ihr. Sie zieht nach eigenen Angaben aber keine Konsequenzen.

Der Begriff „Aggression" kommt aus dem Lateinischen und bedeutet „Voranschreiten". Damit ist noch keine Bewertung verbunden. Es gibt sowohl konstruktive (= aufbauende) als auch destruktive (= schädigende) Aggression. Im sozialen Umgang miteinander ist konstruktive Aggressivität notwendig. Menschen, die keine angemessene Selbstdurchsetzung zeigen, werden oft von anderen fremdbestimmt. Wenn man von aggressivem Verhalten im Sinne einer Störung spricht, dann ist die schädigende Variante gemeint.

Definition
*Unter „**Aggression**" versteht man absichtsvolles schädigendes Angriffsverhalten, das sich gegen andere Personen, gegen Sachen oder gegen sich selbst richtet. Aggressivität ist die Haltung, die dem Verhalten zugrunde liegt.*

14.3.1 Formen der Aggression

Aggressive Verhaltensweisen treten in unterschiedlichen Formen auf. Man unterscheidet direkte und indirekte aggressive Verhaltensweisen.

Direkte aggressive Verhaltensweisen
- **Aggressionen gegen andere Personen:**
  Dazu zählen körperliche Angriffe wie Schlagen, Treten und Schubsen bis hin zur schweren Körperverletzung, zu sexueller Gewalt sowie verbale Angriffe wie Provokationen mit Schimpfwörtern, Verleumdung und Bedrohung.

Häufig richten sich direkte aggressive Verhaltensweisen gegen Schwache (Außenseiter der Klasse, Schüler mit Behinderungen) und Randgruppen (Migranten). Von Mobbing spricht man, wenn mehrere Personen über einen längeren Zeitraum eine ihnen klar unterlegene Person körperlich, verbal oder mithilfe indirekter Strategien angreifen (vgl. Jannan, 2010, S. 2).

- **Aggressionen gegen Objekte:**
  Dazu zählt das Zerstören oder Beschädigen von Gegenständen. Diese Form der Aggression kann sich gegen eigene Gegenstände (z. B. Kissen aufreißen, Fotos zerreißen), Gegenstände Fremder (z. B. Schultasche ausschütten, Autoreifen aufschlitzen) oder Sachen und Objekte der Allgemeinheit (Zerstören von Toiletten, Beschmieren von Wänden, Sachbeschädigungen in öffentlichen Anlagen, Behörden und Schulen) richten.

- **Aggressionen gegen sich selbst:**
  Dazu zählen Verhaltensweisen, die der eigenen Person Verletzungen zufügen, z. B. sich mit einem Messer oder einer Rasierklinge in die Haut zu ritzen. Die schlimmste Form aggressiven Verhaltens gegen sich selbst ist der Suizid. Der Suizid ist bei Kindern und Jugendlichen die zweithöchste Todesart nach dem Verkehrsunfall.

Indirekte aggressive Verhaltensweisen

- Dazu zählen Sticheleien und Provokationen gegen andere, die nicht offen und direkt, sondern verdeckt gezeigt werden. Mitschüler zeigen Abneigung und Aggression untereinander häufig durch Auslachen, Ausgrenzen und Isolieren anderer Schüler.

- Wenn Menschen sich ihre Aggressionen gegenüber anderen Personen nicht eingestehen und diese verleugnen (z. B. die Wut gegenüber einem geliebten Menschen, die aus Angst vor Liebesverlust nicht gezeigt wird), können diese Aggressionen indirekt gezeigt werden. Eine Schülerin, die die Wut auf ihren Freund nicht ausdrücken kann, kann diese z. B. indirekt zeigen, indem sie einen wichtigen Termin mit ihm vergisst. Menschen, die aggressive Impulse nicht zeigen und ausdrücken können, reagieren mit körperlichen Beschwerden und Krankheiten (Magenschmerzen, Hauterkrankungen, Atemwegserkrankungen). Die Psychologie spricht hier von „verdrängten" Aggressionen.

Definition
Unter „Gewalt" verstehen wir, wenn ein Mensch einem anderen Menschen mit direktem oder indirektem Angriffsverhalten begegnet, ihn fremdbestimmt und würdelos behandelt.

14.3.2 Theorien über die Entstehung von Aggressionen

Aggressionen als gelerntes Verhalten

Vertreter der Lerntheorien sind der Auffassung, dass aggressives Verhalten durch positive Bekräftigung, Lernen am Modell, Lernen durch Versuch und Irrtum erlernt wird (vgl. Kap. 7.2).

Als Beispiel soll hier das Lernen am Modell herausgegriffen werden.
Aggressives Verhalten lernen Kinder von Vorbildern, also von ihren Bezugspersonen, Freunden oder von Vorbildern, die ihnen über die Medien vermittelt werden.

Insbesondere die Medien sind hier in die Kritik geraten. Es gibt eine Fülle von Filmen und Computerspielen, die aggressive Modelle anbieten. Auffallend bei diesen Computerspielen ist, dass die Opfer keine Chance haben, dass sie gnadenlos vernichtet werden. Kinder und Jugendliche lernen, indem sie „im Spiel" Gewalt ausüben und dadurch (durch eine hohe Punktzahl) belohnt werden.

Der Konsum dieser Filme und Spiele kann die Mitleidsfähigkeit und Aggressionshemmung senken und gleichzeitig die Gewaltbereitschaft steigern. Besonders gefährdet sind nach Meinung von Kriminologen männliche Jugendliche mit familiären und sozialen Belastungsfaktoren, wie z. B. emotionale Vernachlässigung oder Gewalt in der Familie, wenn sie solche Filme und Spiele exzessiv konsumieren.

> *„Das Denken unserer Kinder hat sich verändert: In einer Welt, in der es nur Täter oder Opfer gibt, möchte niemand Opfer sein, also ist man lieber Täter. Dieses Denken geben sehr viele Actionfilme und Computerspiele vor."*
> (Stemmer, 2005, S. 145)

Aggressionen als Trieb- oder Instinktäußerungen

Vertreter der Trieb- und Instinkttheorien schreiben dem Menschen einen angeborenen Aggressionstrieb zu, der die Menschen dazu bewegt, sich aggressiv zu verhalten. Der Organismus produziert ständig aggressive Energie, die sich dann entladen muss. Oft wird der Vergleich mit einem Dampfkessel gezogen. Dabei muss die Aggression nicht unbedingt destruktiv sein, sie kann vielmehr in sozial verträgliche Bahnen gelenkt werden.

Aggression als Folge von Emotionen

Aggressives Verhalten kann eine Reaktion auf Emotionen sein. Wird eine zielgerichtete Aktivität eines Menschen gestört und führt diese Frustration zu Ärger oder Hass, so kann dies zu einer Aggression führen (vgl. Wahl, 2009, S. 74).

Auch Furcht und Angst können zu Aggressionen führen. Überängstliche Menschen, die sich in ungefährlichen Situationen bedroht und in die Enge getrieben fühlen, können Menschen, die ihnen zu nahe kommen, verbal oder körperlich angreifen. So neigen manche Jugendliche, die allein eher ängstlich erscheinen, in der Gruppe mit Gleichaltrigen zu aggressivem und feindseligem Verhalten (vgl. Wahl, 2009, S. 77).

Aggressionen als Folge von Denkvorgängen (Kognitionen)

Mithilfe des Denkens (Kognitionen) nehmen wir soziale Situationen wahr, bewerten diese, planen unser Verhalten, denken uns in die Lage anderer Menschen hinein und denken kritisch darüber nach. Studien zeigen, dass bei Kindern, die zu aggressivem Verhalten neigen, hier Defizite bei der kognitiven Verarbeitung von Informationen bestehen. Sie haben Probleme, die Situationen korrekt zu entschlüsseln und interpretieren daher soziale Interaktionen als Angriff, die keineswegs so gemeint waren. Hinzu kommt, dass sie aggressives Verhalten eher positiv bewerten und es ihnen an angemessenen Problemlösungsmöglichkeiten fehlt.

Modell der verzerrten Wahrnehmung

Dodge konnte nachweisen, dass aggressive Kinder anderen Personen häufig feindliche Absichten unterstellen. Das eigene gewalttätige Verhalten wird dadurch als gerechtfertigt angesehen (Vergeltung), da die anderen es „verdient" haben, aggressiv angegangen zu werden. Die nachfolgende Abbildung verdeutlicht den Teufelskreis:

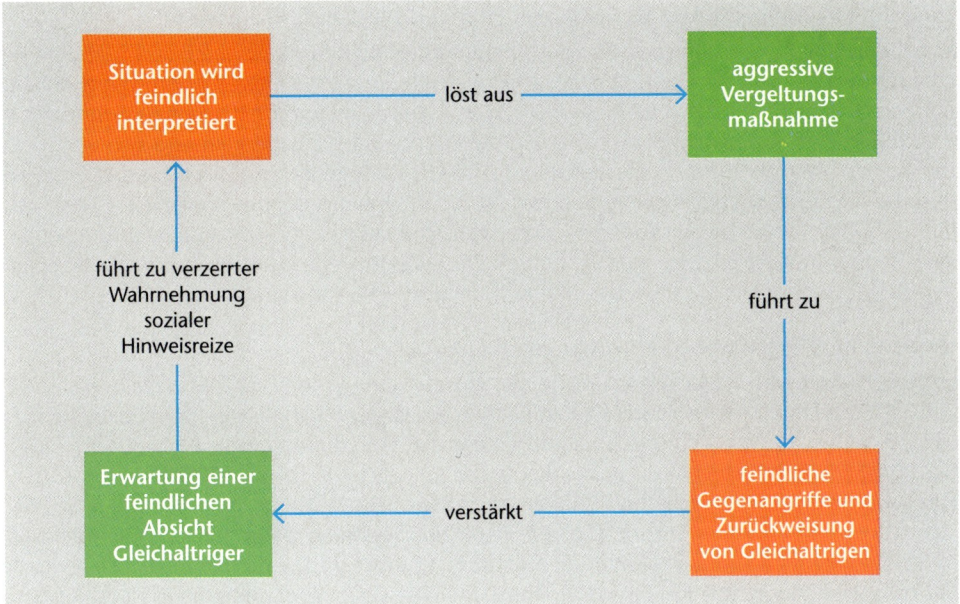

(vgl. Essau/Conradt, 2004, S. 107)

14.3.3 Umgang mit Kindern, die aggressives Verhalten zeigen

Die verschiedenen Auffassungen über die Entstehung aggressiven Verhaltens geben wichtige Hinweise für den Umgang mit aggressiven Kindern.

Umgang mit Aggressionen als gelerntes Verhalten

Das Kind verfügt über kein angeborenes soziales Verhalten, sondern muss sein Verhalten lernen. Auch das aggressive Verhalten wird gelernt.

Aufgabe der Erziehungspersonen ist es deshalb, das Kind dabei zu unterstützen, sozial konstruktives Verhalten zu erlernen. Dazu braucht das Kind Vorbilder, die ihre Gefühle äußern können, tolerantes Verhalten vorleben und gemeinschaftsfähig sind. Um Vorbilder für soziales Verhalten zu sein, müssen Erziehungspersonen ihr eigenes Verhalten immer wieder kritisch hinterfragen und bereit sein, sich zu ändern.

Erzieher gewöhnen das Kind daran, dass aggressives Verhalten einen bestimmten Rahmen nicht überschreiten darf, z. B. soll das Kind seinen Ärger über ein anderes Kind mit Worten ausdrücken, es darf das Kind aber nicht schlagen. Verstößt es gegen diese Regel, wird das Kind z. B. ermahnt und muss eine Auszeit von der Gruppe für eine vereinbarte Zeit nehmen. Zeigt das Kind keine körperlichen Aggressionen, sondern äußert seine Wut verbal, ohne das Kind zu beleidigen, wird es positiv verstärkt, gelobt. Wehrt sich ein Kind nicht, sondern lässt die anderen gewähren, ermutigt es die Erzieherin, sich verbal zu äußern und sich zu wehren.

Hat das Kind mit aggressivem Verhalten Erfolg, so wirkt dieser als Verstärkung. Um Erfolg zu vermeiden, sollte die Erziehungsperson einschreiten (z. B. durch eine Auszeit aus der Gruppe, durch Aufzeigen der Folgen, Wiedergutmachung oder durch negative Sanktionen).

Umgang mit Aggressionen als Folge von Trieb- und Instinktäußerungen

Ärger, Wut und Aggression können nicht einfach unterdrückt und „abgeschaltet" werden, sie können aber in sinnvolle Bahnen umgeleitet werden. Erzieher sollten Kindern dabei helfen, Aggressionsausbrüche zu vermeiden. Wichtig ist, Kindern, die mit einer hohen Aggressionsneigung in die Gruppe kommen, ruhig und verständnisvoll zu begegnen und sich nicht von der Aggressivität der Kinder „anstecken" zu lassen. Sportliche Betätigung trägt dazu bei, die Aggressivitätsneigung eines Kindes abzubauen und in sinnvolle Bahnen zu lenken – sofern das Kind fähig ist, sich an Regeln zu halten. Das verständnisvolle Gespräch kann dem Kind helfen, seinen Ärger in Worten auszudrücken und als Protest oder Veränderungswunsch zu formulieren. Zeigt das Kind positives Sozialverhalten, sollte es positiv verstärkt werden.

Umgang mit Aggressionen als Folge von Emotionen

Es besteht die Gefahr, dass die Erzieherin die aggressiveren Kinder stärker im Blick hat als die zurückhaltenden und ängstlichen Kinder. Gerade den ängstlichen Kindern sollte dabei geholfen werden, sich zu wehren und angemessen durchzusetzen, ohne Täter oder Opfer zu werden. Die Erzieherin kann das zurückhaltende und ängstliche Kind, dem gerade ein Spielzeug weggenommen wird, ansprechen und sagen, wie sie sich in dieser Situation fühlen würde. „Ich würde mich darüber ärgern, dass mir Peter das Spielzeug einfach weggenommen hat, ohne mich vorher zu fragen. Geht es dir auch so? ... Kannst du das auch sagen? ... Darf ich dir dabei helfen?" Ängstliche Kinder sollten sich als Teil der Gruppe erfahren. Dazu ist es notwendig, ihnen bestimmte Aufgaben bei Gruppenspielen anzubieten und sich nicht nur von den lauten und fordernden Kindern leiten zu lassen.

Umgang mit Aggressionen als Folge von Denkvorgängen

Erzieherinnen können die Fähigkeit des Kindes fördern, Frustrationen auszuhalten, indem sie Kinder daran gewöhnen, auf etwas zu warten und Wünsche nicht sofort befriedigen. Dabei sollten sie unnötige Frustrationen vermeiden.

Kann das Kind bestimmten Reizen nicht widerstehen, fehlt ihm z. B. die innere Kontrolle, nicht nach Süßigkeiten zu greifen, die auf dem Tisch liegen, sollte dies durch die äußere Kontrolle der pädagogischen Mitarbeiter ergänzt werden, indem die Erzieherin die Süßigkeiten den Blicken der Kinder entzieht.

Mit den Kindern sollten Regeln des sozialen Umgangs erarbeitet werden, z. B. die Goldene Regel *„Was du vom anderen erwartest, das tu auch für ihn"*. Diese Regeln sollten im Alltag umgesetzt und rückgemeldet werden. Eine Konkretisierung im Alltag erhöht die Chancen, dass Verhaltensregeln von den Kindern umgesetzt werden.

Vielen Aggressionen gehen frustrierende Situationen voraus. Die Erzieherin sollte mit den Kindern über diese Situationen sprechen und Alternativen in ihrem Verhalten erarbeiten.

Manchen Kindern fällt es schwer, sich während eines Konflikts in die Lage des anderen hineinzudenken. Erzieherinnen sollten mit den Kindern über die beteiligten Personen, ihre möglichen Gedanken und Gefühle sprechen.

Kinder mit sprachlichen Schwächen wehren sich eher körperlich als mit Worten. Erzieherinnen sollten diese Kinder in Gespräche miteinbeziehen und gezielt sprachlich fördern.

Wege aus dem Teufelskreis der Aggression – ein Beispiel aus der Praxis

In der Praxis greifen die verschiedenen Ansätze ineinander, z. B. Beherrschung der Aggressionsneigung und Aufbau von neuen Verhaltensweisen. Anhand eines konkreten Beispiels aus der Praxis soll eine mögliche Vorgehensweise aufgezeigt werden.

Beispiel
Im Freispiel rempeln zwei Kinder ein Kind aus ihrer Gruppe an (Reiz, Auslöser). Dieses gerät sofort in Wut und schlägt sofort eines der Kinder ins Gesicht. Dabei achtet es auf keinerlei Grenzen, in diesem Moment ist es ihm egal, wie stark es das andere Kind verletzt. Beide beschuldigen sich gegenseitig, den Streit begonnen zu haben und beleidigen sich dabei, was weitere Auseinandersetzungen auslöst.

Viele Kinder haben nicht gelernt, Konflikte ohne schädigendes aggressives Verhalten zu lösen. Wenn diesen Kindern geraten wird, ihre Konflikte allein zu lösen, werden sie dazu ihre gelernten Konfliktlösungsmuster anwenden und wahrscheinlich wie im Beispiel schädigendes aggressives Verhalten zeigen. Diese Kinder brauchen von der Kinderpflegerin und der Erzieherin Hilfestellungen, um konstruktiv sozial wirksames Konfliktlösungsverhalten zu erlernen.
Die Kinderpflegerin hat die Möglichkeit, durch Impulsfragen den Beteiligten des Konfliktes Wege der Konfliktbearbeitung aufzuzeigen. Ziel ist, dass die Kinder diese Fragen verinnerlichen und so lernen können, selbstständig Konflikte zu lösen. Dies kann in fünf Schritten erfolgen:

1. Kinder und Jugendliche, die sehr schnell in Wut geraten, müssen lernen, nicht sofort zu reagieren. Der erste Impuls lautet: „Moment mal!"

2. Die Kinder müssen fragen: „Worum geht es?"

3. Aus der Wut heraus zu reagieren, führt zu heftigen Reaktionen mit möglichen Verletzungen. Kinder und Jugendliche müssen lernen, Grenzen in ihrem Verhalten einzuplanen. Die entsprechende Frage heißt: „An welche Grenzen halte ich mich?"

4. Gegenseitiges Beschuldigen kann nur überwunden werden, wenn die Frage gestellt wird: „Wo hat der andere recht?"

5. Nun kann nach gemeinsamen Lösungen gesucht werden: „Was kann ich dazu beitragen, damit der Konflikt gelöst wird?"

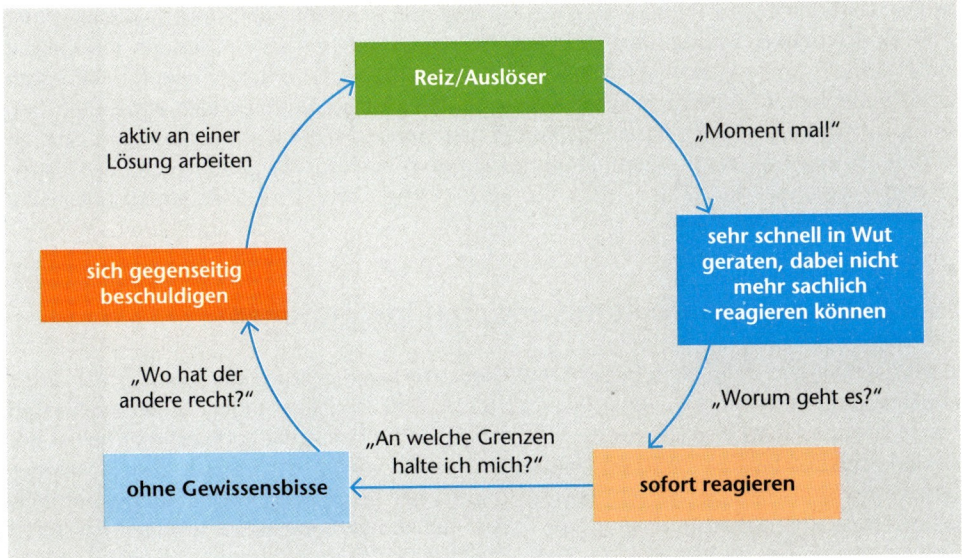

Inzwischen gibt es eine Reihe von erprobten Interventionsprogrammen zur Förderung sozialer Kompetenzen bzw. zur Verminderung aggressiven Verhaltens. Bekannt ist beispielsweise das Programm „Faustlos", das für Kindergärten und Schulen entwickelt wurde. Es vermittelt in 51 bzw. 28 Lektionen Kompetenzen wie Empathie, Impulskontrolle und den Umgang mit Ärger und Wut.

Das Jugendförderprogramm Lions-Quest fördert die sozialen Kompetenzen, Selbstvertrauen und angemessenes Konfliktverhalten von zehn- bis 14-jährigen Mädchen und Jungen.

Programme allein haben jedoch nur einen begrenzten Effekt. Die Verhaltensweisen des Programms werden im Rahmen des Projekts gezeigt, können aber oft nicht in den Alltag übertragen werden. Deshalb ist es von Bedeutung, die Inhalte dieser Programme in den Alltag zu integrieren.

> *„Es handelt sich bei all diesen Spezialprogrammen ohne Zweifel um wertvolle Entwicklungsangebote. Doch tendenziell lässt sich beobachten, dass es zu einer Steigerung und vor allem Stabilisierung der präventiven Effekte kommt, wenn in möglichst variierenden Kontexten außerhalb des Projektrahmens gleichlautende Alltagserfahrungen gemacht werden können."*
> *(Haug-Schnabel, 2009, S. 75)*

14.3.4 Auswirkungen von schädigendem Angriffsverhalten

Aggressive Kinder benötigen viel Zeit und Aufmerksamkeit der Erziehungspersonen. Dabei werden vielfach die Opfer kindlicher Gewalt vergessen. Die Frage „Warum lässt du dir das gefallen?" lässt diese Kinder in ihrer Not allein und schiebt ihnen letztlich die Verantwortung zu.

Die Opfer von kindlicher Gewalt brauchen dringend pädagogische Hilfe, denn aggressives Verhalten führt bei ihnen oft zu körperlichen und seelischen Problemen. Manche ziehen sich zurück, andere werden selbst zu Tätern und lassen ihre Wut und Frustration an Schwächeren aus.

Viele Einrichtungen, insbesondere Schulen, die in den letzten Jahren verstärkt mit Gewalt unter Kindern und Jugendlichen konfrontiert waren, haben inzwischen reagiert. Sie lassen Schüler und Lehrer zu Streitschlichtern (sogenannten Mediatoren) ausbilden und bieten Trainingsprogramme für die Opfer an, die dort lernen, sich zu wehren, ohne selbst zum Täter zu werden. Solche Trainingsprogramme gibt es übrigens auch für die „Zuschauer", denn auch sie tragen Verantwortung. Sie lernen, sich einzumischen bzw. Unterstützung zu holen und nicht zu- bzw. wegzuschauen.

14.3.5 Zusammenarbeit mit anderen Institutionen

Fällt im Kindergarten, im Hort, in der Schule oder im Heim ein Kind oder Jugendlicher durch Aggression auf, kommt es zu einem Gespräch mit dem Kind bzw. Jugendlichen und seinen Eltern. Es muss zunächst geklärt werden, ob ein aktueller Konflikt das aggressive Verhalten des Kindes ausgelöst hat und welchen Hintergrund dieses Verhalten hatte. Alle Beteiligten des Gespräches erarbeiten gemeinsam Erziehungsziele, die den Aufbau positiv aggressiven Verhaltens zum Ziel haben und an denen jeder Teilnehmer mitarbeitet. In einem weiteren Gespräch wird über die vereinbarten Ziele reflektiert und, wenn notwendig, werden weitere Gespräche vereinbart. Besteht der Verdacht einer Verhaltensauffälligkeit, sollten weitere

Schritte eingeleitet werden. Hilfestellung bieten Beratungsstellen, Kinder- und Jugendlichen-psychotherapeuten und die Jugendämter an (Freiwillige Erziehungshilfe). Wichtig ist, dass alle beteiligten Institutionen zusammenarbeiten.

14.4 Aufmerksamkeitsdefizit-/Hyperaktivitätsstörung

Fallbeispiel
Kevin, acht Jahre, geht in die zweite Klasse einer Regelgrundschule und besucht nachmittags den Hort. Bei den Hausaufgaben gibt es seit Beginn der ersten Klasse immer wieder Probleme. Kevin braucht lange, bis er endlich mit den Hausaufgaben anfängt. Er kramt im Schulranzen herum, spitzt Stifte oder schaut zum Fenster raus. Er kann nicht ruhig an seinem Tisch sitzen, schaukelt mit dem Stuhl oder läuft im Hausaufgabenzimmer umher und stört die anderen Kinder bei der Arbeit. Hat er eine Frage, ruft er einfach quer durch den Raum und wartet nicht, bis die Kinderpflegerin zu ihm kommt. Trotz guter Auffassungsgabe braucht er für seine Hausaufgaben ausgesprochen lange, er macht viele Fehler und schreibt ziemlich unleserlich. Verlangt die Kinderpflegerin von ihm, dass er seine Fehler sucht und ausbessert, reagiert er ungehalten, schreit oder weint. Es ist auch schon vorgekommen, dass er das Heft auf den Boden geworfen hat und darauf herumgetrampelt ist. Seine schulischen Leistungen liegen unter dem Durchschnitt.
Ähnliche Verhaltensweisen zeigt er beim Mittagessen. Ein Teil der anderen Kinder fühlt sich von ihm gestört. Kevin liebt handwerkliche Tätigkeiten, hat ausgefallene Spielideen und wird von einigen Kindern deshalb sehr geschätzt.

Kevin zeigt Merkmale einer Aufmerksamkeitsdefizit-/Hyperaktivitätsstörung, kurz ADHS. In Deutschland wird keine Störung häufiger diagnostiziert als ADHS. Schätzungsweise sollen zwei bis zehn Prozent aller Kinder betroffen sein. Die Abgrenzung zu lebhaftem Verhalten ist fließend und nicht immer einfach.

14.4.1 Erscheinungsbild

ADHS ist gekennzeichnet durch drei Kernsymptome: Hyperaktivität, Aufmerksamkeitsdefizit und Impulsivität. Um ADHS handelt es sich nur dann, wenn alle drei Symptome auftreten, und zwar in mindestens zwei Lebensbereichen. Weiterhin müssen Beeinträchtigungen der entwicklungsgemäßen sozialen, schulischen oder beruflichen Leistungsfähigkeit gegeben sein und andere Störungen, wie z. B. psychotische Störungen oder Angststörungen, ausgeschlossen werden können. Die Kernsymptome von ADHS sollen nun genauer beschrieben werden.

Hyperaktivität

Zentrale Merkmale von Hyperaktivität sind unkontrollierte und überschießende Aktivität. Hyperaktive Kinder können nicht ruhig sitzen bleiben, sie rutschen auf dem Stuhl herum, klettern und laufen in unpassenden Situationen herum, können nicht ruhig einer Freizeitbeschäftigung nachgehen, sie scheinen immer „auf Achse" oder „getrieben" zu sein. Hyperaktive Kinder im Vorschulalter sind im Vergleich mit normal aktiven Kindern ständig unterwegs, springen und klettern auf Möbel, laufen durchs Haus, anstatt auch einmal sitzen zu bleiben und können im Kindergarten an sitzenden Aktivitäten nur schwer teilnehmen. Schulkinder zeigen ähnliche Verhaltensweisen, aber weniger ausgeprägt als Vorschulkinder. Schulkinder haben Schwierigkeiten, ruhig zu sitzen, sie stehen häufig auf, spielen mit Gegenständen, können auch bei Tisch nicht sitzen bleiben. Hyperaktive Jugendliche und Erwachsene haben große Schwierigkeiten, sich sitzend und ruhig mit etwas zu befassen. Arbeiten in der Schule bzw. das Erledigen von Hausaufgaben sind erschwert.

Mangel an Ausdauer bei Beschäftigungen, die Konzentration erfordern

Die Betroffenen sind in schulischen, beruflichen oder sozialen Situationen unfähig, Einzelheiten zu beachten, sie machen Flüchtigkeitsfehler. Ihre Arbeit ist häufig nachlässig und unordentlich, sie haben Schwierigkeiten, bei der Durchführung von Aufgaben oder beim Spielen über längere Zeit aufmerksam zu sein, sie machen einen geistig abwesenden Eindruck. Kinder und Jugendliche mit dieser Diagnose beginnen eine Aufgabe, führen sie aber nicht zu Ende, sondern fangen etwas Neues an. Die Kinder vermeiden Tätigkeiten, die Aufmerksamkeit für einen längeren Zeitraum erfordern. Diese Vermeidungstendenz hat ihre Ursache im Aufmerksamkeitsproblem. Die Kinder sind sehr leicht von unbedeutenden Reizen ablenkbar. Die mangelnde Aufmerksamkeit zeigt sich in sozialen Situationen dadurch, dass die Kinder sich nicht auf ein Gespräch konzentrieren können und häufig das Gesprächsthema wechseln.

Impulsivität

Impulsivität zeigt sich als Ungeduld, eigene Reaktionen zurückzuhalten. Impulsive Menschen können nur schwer abwarten, bis ihre Antwort gefragt ist oder bis sie an der Reihe sind, deshalb unterbrechen sie andere oft (vgl. Saß/Wittchen/Zandig, 2003, 314.01).

14.4.2 Verlauf der Störung

ADHS zieht sich wie ein roter Faden durch das Leben der Betroffenen. Erste Anzeichen lassen sich bereits im Säuglingsalter erkennen. Befragt man Eltern von Kindern mit der Diagnose ADHS, so schildern sie, dass ihr Kind bereits als Baby anstrengend war, Ein- und Durchschlafprobleme und Ernährungsschwierigkeiten hatte. Im Kindergartenalter fallen die Kinder durch eine ausgesprochene „Lebhaftigkeit" auf. Sie können sich nicht mit einer Aufgabe beschäftigen und toben oft. Kinder mit ADHS verletzen sich häufiger, da sie Risiken offenbar schlechter einschätzen können als andere Kinder. Die Symptomatik verschärft sich deutlich mit dem Schulbeginn. In der Schule werden hohe Anforderungen in Bezug auf Konzentration und Stillsitzen verlangt. Es wird erwartet, dass das Kind abwarten kann, bis es an der Reihe ist. All diese Anforderungen kann ein Kind mit ADHS nicht erfüllen. In der Pubertät tritt eine Veränderung ein. Während die Kernsymptome Impulsivität und Aufmerksamkeitsdefizit meist bestehen bleiben, nimmt bei einigen Jugendlichen die Hyperaktivität ab. In manchen Fällen wird sie jedoch nur abgelöst von einer inneren Unruhe. Jugendliche mit ADHS sind anfälliger für Alkohol- und Drogenmissbrauch und Ängste. Sie können sich aber auch sehr stark für gemeinschaftliche Aufgaben engagieren.

Bis vor kurzem galt ADHS als Problem des Kindes- und Jugendalters. Erst seit Kurzem ist bekannt, dass ADHS bis ins Erwachsenenalter bestehen bleiben kann. Hier laufen zurzeit interessante Forschungen. Aufgrund dieser Untersuchungen kann man davon ausgehen, dass ca. 30 Prozent der betroffenen Kinder und Jugendlichen auch im Erwachsenenalter Symptome zeigen, die als Beeinträchtigung gewertet werden können.

14.4.3 Diagnose einer Aufmerksamkeitsdefizit-/ Hyperaktivitätsstörung (ADHS)

Es bedarf einer sorgfältigen und anhaltenden Beobachtung, um herauszufinden, ob es sich bei dem oben beschriebenen Verhalten um die Kernsymptome einer Aufmerksamkeitsdefizit-/ Hyperaktivitätsstörung (ADHS) handelt, die als Störung gewertet wird und behandelt werden muss. ADHS kann nur von einem Facharzt für Kinder- und Jugendpsychiatrie diagnostiziert werden.

Wie bereits gesagt, wird in Deutschland keine Störung häufiger diagnostiziert als ADHS. Es besteht die Gefahr, dass nahezu jedes hypermotorische Verhalten eines Kindes als ADHS bezeichnet wird. Fachleute bemängeln eine unzureichende diagnostische Abklärung und die Tendenz, vorschnell Medikamente zu verabreichen.

14.4.4 Ursachen einer Aufmerksamkeitsdefizit-/ Hyperaktivitätsstörung (ADHS)

Definition

D

*Bei einer **Aufmerksamkeitsdefizitstörung** handelt es sich um eine Störung der Wahrnehmung.*

Wir nehmen ständig eine Vielzahl von Reizen wahr. Um nicht mit Reizen überflutet zu werden, muss eine Auswahl getroffen werden. Dieser Prozess läuft normalerweise automatisch und sehr schnell ab. ADHS-Kindern gelingt diese Auswahl nicht, sie nehmen mehr Reize auf, als sie verarbeiten können. Es wird eine Flut von Informationen an das Gehirn gesendet, die oft auch noch ungenau und bruchstückhaft sind.

> *„Bei ADHS-Kindern ist der Aufnahme-Kanal in der Regel zu weit gestellt. Sie nehmen mehr Informationen auf, als sie gerade in der Situation gebrauchen können."*
> *(Aust-Claus/Hammer, 2009, S. 99)*

Im Gehirn werden die wahrgenommenen Reize verarbeitet. Je besser die Vorarbeit ist, also die Auswahl von Reizen, desto besser gelingt deren Verarbeitung. Bei ADHS-Kindern ist auch dieser Prozess beeinträchtigt.
Wahrnehmungsverarbeitung schlägt sich in Reaktionen nieder. Ist die Verarbeitung beeinträchtigt, können Reaktionen nicht geplant werden, nicht zielgerichtet sein. Kinder mit ADHS handeln deshalb impulsiv, ohne Überlegung. Es fehlt ihnen die Möglichkeit, planvoll und geordnet zu reagieren. Durch unangemessene Reaktionen kommt es immer wieder zu Misserfolgen und damit zu Motivationsverlust. Auf Dauer leidet das Selbstwertgefühl dieser Kinder (vgl. Aust-Claus/Hammer, 2009, S. 157).

Nach dem derzeitigen Forschungsstand spielen soziale Ursachen keine Rolle bei der Entstehung von ADHS. Sie haben aber Bedeutung für die Ausprägung und den Verlauf. Ungünstige Faktoren sind z. B. Ungeduld, Tadel oder Sanktionen. Sie verbessern das Verhalten meist nicht, sondern bewirken das Gegenteil. Die Situation verschärft sich und es kommt zu ungewollten Folgeproblemen.

14.4.5 Häufige Folgeprobleme

Psychische Belastungen

Hyperaktive Kinder und Jugendliche haben größere Schwierigkeiten als andere Kinder, Aufgaben in Kindergarten und Schule konzentriert und genau auszuführen. Sie werden häufig ermahnt und kritisiert und erleben, dass sie vieles nicht können, was andere Kinder und Jugendliche in ihrem Alter können. Wenn keine Aussicht auf Veränderung der Situation besteht, entwickelt sich die Überzeugung, nie das lernen zu können, was andere können. Dadurch entsteht eine gewisse Entlastung, denn die Kinder brauchen sich nun nicht mehr zu bemühen, etwas an ihrem Verhalten zu ändern, denn ihrer Überzeugung nach wäre das sinnlos. Die Kinder versuchen, das entstandene Minderwertigkeitsgefühl durch aggressives draufgängerisches Verhalten oder durch die Rolle des Klassenclowns auszugleichen. Dadurch verfestigt sich die Isolation von der Gruppe. Lehrer, Erzieher und Eltern werden dieses Verhalten missbilligen und immer weniger Wesenszüge dieser Kinder und Jugendlichen als lobens- oder liebenswert bezeichnen. Die Gefahr besteht, dass sich diese Kinder oder Jugendlichen außerhalb der Gruppe, Familie oder Schulklasse ein Feld suchen, in dem sie Erfolg haben (Diebstähle, Sachbeschädigung, Aggressivität).

Eine weitere Folge unbehandelter Hyperaktivität kann Gewalt gegen sich selbst sein. Erwachsene, die als Kinder unter Hyperaktivität gelitten haben und keine adäquate Hilfe erfuhren, leiden häufig an Minderwertigkeitsproblemen bis hin zu Depressionen.

Soziale Folgeerscheinungen

Kinder, die ständig unterwegs sind, über Tische und Bänke klettern und durchs Haus laufen und dabei nur schwer ansprechbar und kaum zu bremsen sind, führen im Kindergarten ständig zu Problemen. Erzieherinnen und Kinderpflegerinnen fühlen sich bald überfordert, häufige Elterngespräche sind die Folge. Diese leiden darunter, dass sich ihr Kind immer weiter isoliert, die Einladungen von Spielkameraden bleiben aus. Das hat zur Folge, dass das Kind sich nur noch zu Hause aufhält, wo die Probleme und die Überforderung der Eltern weiter zunehmen.

Zur Ausgrenzung des hyperaktiven Kindes kommt die Überforderung und Ausgrenzung der Familie hinzu. Alle Konflikte werden im Kindesalter in der Regel an die Eltern weitergegeben, die in eine große Überforderung geraten.

Daher ist die **Zusammenarbeit mit den Eltern** von großer Bedeutung. Erzieherinnen und Kinderpflegerinnen sollten vermeiden, das Elterngespräch nur dazu zu nutzen, sich über die Kinder zu beklagen. Vielmehr sollten sie offen sein für die Not und Überforderung der Eltern und mit ihnen nach Hilfsangeboten suchen.

Die Negative-Erfahrungen-Spirale: ein Teufelskreis

Dieser Teufelskreis der Entmutigung muss unbedingt durchbrochen werden. Und das ist auch möglich. Je früher ADHS erkannt wird, umso besser kann die nötige Unterstützung angeboten werden. Mit positiven Erfahrungen wächst die Motivation, auch etwas Anstrengendes zu meistern – und ein wachsendes Selbstbewusstsein ermöglicht eine gute Persönlichkeitsentwicklung.

(Aust-Claus/Hammer, 2009, S. 159)

14.4.6 Pädagogischer Umgang mit hypermotorischen Kindern und mit Kindern, bei denen der Verdacht einer Aufmerksamkeitsdefizit-/Hyperaktivitätsstörung (ADHS) besteht

Kinder mit ADHS benötigen besondere Hilfen, um im Alltag zurechtzukommen und ihr Entwicklungspotenzial entfalten zu können.
Folgende Aspekte sollten dabei beachtet werden:

- das Kind erfahren lassen, dass es so, wie es ist, angenommen ist

- dem Kind helfen, eigene Wünsche zu formulieren

- mit dem Kind üben, nicht sofort zu reagieren, sondern zu warten

- zusammen mit dem Kind seine Stärken herausfinden und diese fördern

- den Lernzuwachs rückmelden, zusammen das nächste Lernziel formulieren

- darauf achten, dass das Kind wahrnimmt, was gesagt wurde (z. B. durch nachfragen: „Wiederhole bitte, was ich gesagt habe."), Wahrnehmung fördern

- konsequent sein durch klare Regeln und eindeutige Signale

- Gewöhnung an bestimmte Verhaltensregeln, die regelmäßig ausgeführt werden sollen, z. B. die Jacke an die Garderobe hängen, die Schuhe ins Schuhregal stellen, Beginn mit dem Essen erst, wenn alle am Tisch sitzen

- positives Verhalten verstärken

- kein Vergleich mit Geschwistern

- dem Kind ein ruhiges Umfeld mit Routine und Struktur bieten

- bei extrem negativem Verhalten das Kind in einen ruhigen Raum schicken, damit es zur Ruhe kommen kann

- ein einheitlicher „roter Faden" der an der Erziehung Beteiligten ist notwendig

(vgl. Aust-Claus/Hammer, 2009, S. 184)

Die Positive-Erfahrungen-Spirale: Raus aus dem Teufelskreis

Diese Spirale der positiven Erfahrungen ist lebenswichtig für jedes ADHS-Kind. Denn auch diese Kinder haben ihre Stärken. Nur wenn diese Stärken entdeckt und gestärkt werden, können die Schwächen so geschwächt werden, dass aus dem Teufelskreis der Negativ-Erfahrungen eine positive Erfahrungs-Spirale wird.

(Aust-Claus/Hammer, 2009, S. 159)

14.4.7 Zusammenarbeit mit anderen Institutionen

- **Kinderarzt:**
  Bei einem Verdacht auf hypermotorisches Verhalten und auf ADHS sollten die Eltern zusammen mit ihrem betroffenen Kind den Kinderarzt aufsuchen. Der Arzt stellt eine Diagnose und überweist das Kind ggf. an einen Facharzt für Kinder- und Jugendpsychiatrie. Dieser entscheidet nach eingehender Untersuchung der Schwere der ADHS und ihrer psychischen und sozialen Folgeerscheinungen, ob eine medikamentöse Behandlung notwendig ist. Die Verabreichung von Medikamenten (Psychostimulanzien) darf nur nach eingehender Diagnose und unter ständiger Kontrolle des Arztes erfolgen. Die medikamentöse Behandlung braucht eine begleitende Beratung oder Psychotherapie.

- **Psychotherapie:**
  Die Behandlung durch einen Kinder- und Jugendlichenpsychotherapeuten hat zum Ziel, dem Kind oder Jugendlichen zu helfen, seelische Probleme und Konflikte zu lösen, die mit seinem hyperaktiven Verhalten in Zusammenhang stehen und dieses mit auslösen.

- **Familientherapie:**
  Ziel der Familientherapie ist es, der Familie zu helfen, das Problem der Hyperaktivität gemeinsam zu tragen.

- **Verhaltensorientiertes Elterntraining:**
  In einem Elterntraining wird Eltern geholfen, mit hyperaktiven Kindern zu leben. Eltern lernen dabei, das gemeinsame Leben stärker zu strukturieren und ihren Kindern Orientierungshilfen zu geben. Die Eltern lernen, ihren Kindern klare Verhaltensregeln zu geben, sodass sie Erfolgserlebnisse haben können und häufiger gelobt, also positiv verstärkt werden. Das Elterntraining hat sich als sinnvolle Ergänzung zur medikamentösen Behandlung erwiesen.

- **Bewegungstherapie:**
  Viele hyperaktive Kinder haben Probleme, ihre Bewegungen zu koordinieren. Bewegungstherapie wie motorische Übungen und Ergotherapie können sehr hilfreich sein. Sie fördern die Feinmotorik und Konzentration. Gezielte Bewegung und Sport können Kindern helfen, ihren Bewegungsdrang in einem sinnvollen Rahmen mit klaren Regeln auszuleben.

- **Behandlung mit Diäten:**
  Umstritten ist die Auffassung, Hyperaktivität sei die Folge von Nahrungsmittelallergien. Nach der Diagnose einer Nahrungsmittelallergie muss Diät eingehalten werden. Diäten führen im Alltag zu großen Schwierigkeiten, z. B. zur Ausgrenzung des Jugendlichen, der nicht am Essen der Gleichaltrigen teilnehmen kann, oder dazu, dass die ganze Familie letztlich gefordert ist, ihr Essverhalten umzustellen. Diäten führen außerdem häufig dazu, dass sich die Schwierigkeiten mit dem hyperaktiven Verhalten des Kindes auf Konflikte mit dem Essen verschieben.

14.5 Verwahrlosung

Fallbeispiel

Manfred ist 17 Jahre alt. Während seiner Ausbildung zum Kfz-Mechaniker arbeitet er an manchen Tagen, wenn er gerade Lust hat, sehr gewissenhaft, dann kommt er wieder oft zu spät, übermüdet oder gar nicht zur Arbeit. Wenn er kritisiert wird, fühlt er sich persönlich angegriffen und reagiert ungehalten und mit aggressiven Ausbrüchen. Abends und am Wochenende zieht er mit seiner Clique durch die Stadt und ist oft in Schlägereien verwickelt. Als ein Autofahrer in eine Parklücke fuhr, in die er mit seinem Motorrad fahren wollte, schlug ihn Manfred brutal zusammen. Als der Autofahrer ins Krankenhaus eingeliefert werden musste, zeigte Manfred keinerlei Mitgefühl. Vor dem Jugendrichter sagte er: „Wer mir etwas wegnimmt, muss dafür büßen!"

Fallbeispiel

Regina, fünf Jahre, fällt dadurch auf, dass sie mit alter, zerschlissener und manchmal verschmutzter Kleidung in den Kindergarten kommt. Nach einer Auseinandersetzung mit der Kinderpflegerin war sie plötzlich verschwunden. Sie hatte den Kindergarten verlassen und war in die Stadt gegangen.

Fallbeispiel

Markus, zwölf Jahre, besucht nach der Schule den Kinderhort. Geschickt entzieht er sich der Aufsicht des Erziehers. Markus drückt sich vor gemeinsamen Aufgabenstellungen und geht jeder größeren Anstrengung aus dem Wege. Er achtet aber immer darauf, dass er nicht benachteiligt wird (z. B. bei der Essensausgabe oder wenn er Vorschläge für gemeinsame Spiele einbringt). Seinem Ärger macht er lauthals Luft. Auf Kritik der Erzieher und Erzieherinnen reagiert er mit Gegenfragen („Warum stellt ihr nicht die anderen zur Rede? Immer soll ich schuld sein, bei Martin lasst ihr alles durchgehen.").

Die Einstellungen und Verhaltensweisen verwahrloster Kinder stehen im Widerspruch zu den Normen und Regeln, die in unserer Gesellschaft für die betreffende Altersgruppe gelten. Dies betrifft vor allem soziale Verhaltensweisen (Stehlen, Körperverletzung, Sachbeschädigungen, Schuleschwänzen), den Bereich der Sexualität und den Umgang mit Suchtmitteln (Nikotin, Alkohol, Drogen).
Früher gebrauchte man für diese Verhaltensweisen den Begriff „asozial". Dieser Begriff wird heute nicht mehr verwendet, da verwahrloste Kinder durchaus Gruppen angehören können. Die Normen dieser Gruppen stehen aber in Widerspruch zu den gesellschaftlich verbindlichen Normen und Werten. Der Verwahrloste, der sich durch sein Verhalten von der Gesellschaft entfernt hat und auch von ihr abgelehnt wird, kann Macht und Ansehen in seiner Clique erwerben, indem er sich an ihre abweichenden Normen hält. Die Folge hiervon kann eine kriminelle Laufbahn sein.

14.5.1 Formen von Verwahrlosung

Definition

Mit *„Verwahrlosung"* wird ein Mangel an Pflege und Erziehung bezeichnet, der zu einer Fehlhaltung führt, bei der die Einstellungen und Verhaltensweisen des Verwahrlosten
- *vom Lustprinzip,*
- *von Egozentrik,*
- *von Gefühlskälte und*
- *von Rücksichtslosigkeit beherrscht werden.*

Verwahrlosung wird ferner bestimmt durch eine mangelhafte Gewissensentwicklung und Wertorientierung.

Verwahrloste Kinder und Jugendliche ...

- handeln eher nach dem Lustprinzip, sind weitgehend unfähig, auf Lustgewinn zu verzichten oder Lustgewinn aufzuschieben und Frustrationen zu ertragen,

- können sich in der Regel nicht längere Zeit mit einer bestimmten Arbeit beschäftigen, lassen sich von spontanen Eingebungen leiten und entladen ihre Affekte ungehemmt,

- suchen zuerst ihren Vorteil und wehren sich gegen vermeintliche Benachteiligung,

- weichen von den für sie gültigen Regeln und Ordnungen ab, da sie bindungslos, haltlos und misstrauisch der Umwelt gegenüberstehen und Frustrationen nicht aushalten können. Sie haben nicht gelernt, sich an Regeln und Ordnungen zu halten oder ihr Verhalten kritisch zu hinterfragen.

14.5.2 Ursachen von Verwahrlosung

Mangelhafte frühkindliche Sorge und Zuneigung

Fallbeispiel

Monika ist drei Monate alt. Ihre Eltern sind beide Alkoholiker. Wenn ihre Eltern gerade ihren Rausch ausschlafen, schreit Monika oft stundenlang, bis sich jemand um sie kümmert.

– Der hilflose und auf Pflege und Zuneigung angewiesene Säugling erlebt gefühlskalte Bezugspersonen. – Die Bezugspersonen wechseln häufig. – Der Säugling fühlt sich ausgesetzt und verlassen.	– Der Säugling kann keine dauerhafte Bindung an ein liebendes und liebenswertes Leitbild entwickeln. – Der Säugling reagiert ängstlich und verdrossen auf seine Umwelt. – Der Säugling lernt nicht, Frustrationen im Vertrauen darauf, dass seine Bezugsperson da ist, auszuhalten.

Mangelhafte Gewissensbildung

Kevin, fünf Jahre, verbringt den Tag auf der Straße; seine Mutter steckt ihm am Morgen etwas Geld in die Tasche, damit er sich mittags eine Currywurst kaufen kann. Am Abend, wenn es dunkel wird, macht er sich auf den Heimweg. Gestern wurde er von seinem Vater verprügelt, weil er mit dreckigen Schuhen nach Hause kam.

<table>
<tr><td>

– Die Eltern lassen das Kind einerseits gewähren, zeigen aber andererseits übergroße Härte.

– Die Eltern reagieren gleichgültig auf das Verhalten des Kindes.

</td><td>

– Das Kind kennt sich nicht aus, weiß nicht, was von ihm verlangt wird.

– Das Kind lernt nicht, Regeln und Ordnungen der Bezugsperson zu verinnerlichen.

– Das Kind lernt nicht, dass Regeln und Ordnungen für die freie Entfaltung notwendig sind.

</td></tr>
</table>

Mangelhafte Gemeinschaftsfähigkeit

Wenn Carina, sechs Jahre, abends im Bett liegt, hört sie oft, wie die Eltern streiten. Carina hört auch, wie ihr Vater die Mutter schlägt und mit schlimmen Ausdrücken beschimpft.

<table>
<tr><td>

– Das Kind erlebt eine zerrüttete Beziehung der Eltern.

– Die Familienmitglieder pflegen keinen achtungsvollen Umgang miteinander.

– Auf unachtsames oder falsches Verhalten des Kindes wird unnachgiebig und hart reagiert.

</td><td>

– Das Kind hat nicht erfahren, dass Menschen unterschiedlicher Art bei gegenseitiger Achtung zusammenleben können.

– Das Kind hat nicht gelernt, sein eigenes Verhalten in Bezug auf die Gemeinschaft kritisch zu hinterfragen.

– Das Kind neigt dazu, die Fehler immer bei anderen zu suchen und Problemen stets auszuweichen.

</td></tr>
</table>

(vgl. Randak, 2000, o. S.)

14.5.3 Umgang mit verwahrlosten Kindern

Wie sollte die Kinderpflegerin mit Kindern umgehen, die bindungslos, haltlos und misstrauisch der Umwelt gegenüberstehen und Frustrationen nicht aushalten können? Folgendes sollte sie berücksichtigen:

- durch achtungsvollen Umgang zeigen, dass das Kind erwünscht ist
- klare Regeln, die für alle Gruppenmitglieder gelten, verständlich machen und von allen einfordern
- klare Absprachen von allen Mitarbeitern der Gruppe anregen
- über soziale Konflikte nachdenken: „Was ist geschehen? Warum hat sich der andere so verhalten, welche Folgen hat dein Verhalten?"
- dem Kind helfen, die Einstellungen der Gruppenmitglieder zu erforschen und sich in andere einzufühlen

Wie sollte die Kinderpflegerin mit Kindern umgehen, die nicht gelernt haben, sich an Regeln und Ordnungen zu halten? Hier sind folgende Aspekte wichtig:

- das Kind an Regeln und Ordnungen des Zusammenlebens gewöhnen; erwünschtes Verhalten positiv verstärken
- bei Regelverstoß das Kind mit logischen Folgen seines Verhaltens konfrontieren
- das Kind annehmen und in seiner Selbstständigkeit fördern
- dem Kind eigene Entscheidungsmöglichkeiten einräumen
- durch das eigene Vorbild positives Sozialverhalten vorleben

Wie sollte die Kinderpflegerin mit Kindern umgehen, die allein ihren Vorteil suchen, Verpflichtungen aus dem Weg gehen und die Schuld nur bei den anderen suchen? Hier kommt es besonders auf Folgendes an:

- dem Kind die Möglichkeiten geben, sein Selbstbewusstsein zu stärken, etwa durch angemessene Leistungsforderungen und kreative Betätigungen
- die Fähigkeit des Kindes fördern, Probleme wahrzunehmen (z. B. mit Problemgeschichten)
- dem Kind zunächst kleinere Aufgaben für die Gruppe übertragen
- bei Konflikten darauf achten, dass das Kind nicht durch Gegenfragen ablenkt

14.5.4 Zusammenarbeit mit anderen Institutionen

Fallen der Kinderpflegerin oder der Erzieherin im Kindergarten Kinder mit Verwahrlosungsverhalten auf, so sollte zusammen mit den Eltern der Kontakt zu einer **Erziehungsberatungsstelle** aufgenommen werden. Bei drohender Verwahrlosung kann eine **psychotherapeutische Behandlung**, die die ganze Familie miteinbezieht, helfen, sofern die Familie zur Mitarbeit bereit ist. Da jedes Kind ein Recht auf Erziehung hat, sollte bei mangelnder Mitarbeit der Familie oder bei bereits eingetretener Verwahrlosung das zuständige Jugendamt informiert werden, um **öffentliche Erziehungshilfe (freiwillig)** oder **Fürsorgeerziehung (zwangsweise)** einzuleiten.

Können die Eltern ihr Sorgerecht nicht mehr erfüllen oder ist die Familie so sehr zerrüttet, dass eine geregelte Versorgung und Erziehung des Kindes nicht möglich ist, wird eine Unterbringung in einem Heim oder einer Pflegefamilie erwogen. Eine **heilpädagogische Behandlung** verwahrloster Kinder und Jugendlicher in einem Kinderheim oder Kinderhort bemüht sich, dem Kind oder Jugendlichen einen festen, geordneten Bezugsrahmen in einer Gruppe zu geben und die Ursachen der Verwahrlosung in Zusammenarbeit von Erzieherinnen, Heilpädagogen, Kinderpflegerinnen, Sozialpädagogen und Psychologen anhand eines Erziehungsplans mit klaren Zielen aufzuarbeiten.

Zusammenfassung

Beobachtung und Beschreibung
Der Umgang mit Verhaltensauffälligkeiten in der Erziehung erfordert von den Erziehungspersonen eine Beobachtung/Beschreibung folgender Faktoren: Verhalten des Kindes in bestimmten Situationen, dessen Häufigkeit, Verhalten der jeweiligen Bezugsgruppe des Kindes und dessen soziales Umfeld.

Vergleich mit der jeweiligen Bezugsgruppe
Ein Verhalten wird als nicht „normal", als von der Norm abweichend beschrieben, wenn es erheblich und dauerhaft von dem abweicht, was die meisten Menschen der jeweiligen Bezugsgruppe tun oder empfinden.

Soziale Unsicherheit
Soziale Unsicherheit stellt eine Sammelbezeichnung von Ängsten dar, die in Zusammenhang mit sozialen Situationen stehen.

Gewalt
Unter Gewalt wird ein direktes oder indirektes Angriffsverhalten verstanden, das über einen anderen verfügt, ihn fremdbestimmt und würdelos mit ihm umgeht.

Aggression
Aggression kommt als konstruktive und destruktive Aggression vor. Nur die destruktive (= schädigende) Form spielt bei Verhaltensauffälligkeiten eine Rolle.

Die Entstehung von Aggressionen
Die unterschiedlichen Theorien über die Entstehung von Aggressionen gehen entweder von einem Aggressionstrieb des Menschen aus, sehen aggressives Verhalten als Folge von Lernprozessen, von Emotionen oder als Folge von Denkprozessen. Diese Auffassungen über die Entstehung aggressiven Verhaltens geben zugleich wichtige Hinweise über den Umgang mit Kindern, die Aggressivität zeigen.

Aufmerksamkeitsdefizit-/Hyperaktivitätsstörung (ADHS)
Die Merkmale einer Aufmerksamkeitsdefizit-/Hyperaktivitätsstörung sind ein Mangel an Ausdauer bei Beschäftigungen, die Konzentration erfordern, und/oder unkontrollierte und überschießende Aktivität und Impulsivität. Für eine Diagnose muss eine Beeinträchtigung durch diese Symptome in mindestens zwei Lebensbereichen vorliegen sowie eindeutige Anzeichen einer Beeinträchtigung der sozialen, schulischen oder beruflichen Leistungsfähigkeit. Andere Störungen, z. B. psychotische Störungen oder Angststörungen müssen ausgeschlossen werden können.

Ursachen einer Aufmerksamkeitsdefizit-/Hyperaktivitätsstörung (ADHS)

Die Forschungsergebnisse der letzten Jahre belegen, dass biologische und konstitutionelle Merkmale eine entscheidende Rolle bei der Entstehung einer Aufmerksamkeitsdefizit-/Hyperaktivitätsstörung spielen, wobei aber psychosoziale Faktoren (Erziehung, Familie, Umfeld, Vorbilder) den Verlauf der Störung wesentlich beeinflussen können.

Umgang mit Kindern, die von ADHS betroffen sind

Kinder, die ADHS haben, müssen erfahren, dass sie von ihren Erziehungspersonen angenommen sind. Die Förderung von Wahrnehmung und Konzentration und die positive Rückmeldung des Lernzuwachses helfen dem Kind, sein Selbstwertgefühl zu stärken; das Lernen von Verhaltensregeln, die regelmäßig ausgeführt werden sollen, stärkt die Gewöhnung und vermindert impulsives Verhalten. Die Förderung sollte dort ansetzen, wo Probleme auftreten: beim Kind, in der Familie, in der Schule, bei Hyperaktivität oder Impulsivität.

Hinzuziehen eines Arztes

Bei hypermotorischen Störungen sollte ein Kinderarzt aufgesucht werden, der gegebenenfalls an einen Kinder- und Jugendpsychiater weitervermittelt. Nur nach eindeutiger Diagnose einer Aufmerksamkeitsdefizit-/Hyperaktivitätsstörung und nach Ausschluss anderer Störungen kann ein Arzt eine medikamentöse Behandlung durchführen. Die Verabreichung von Medikamenten (Psychostimulanzien) darf nur nach eingehender Diagnose und unter ständiger Kontrolle des Arztes erfolgen. Die medikamentöse Behandlung erfordert eine begleitende Beratung oder Psychotherapie.

Verwahrlosung

Verwahrlosung bezeichnet einen Mangel an Pflege und Erziehung, der zu einer dauerhaften Fehlhaltung führt; die Einstellungen und Verhaltensweisen des Verwahrlosten werden vom Lustprinzip, von Egozentrik, Gefühlskälte und Rücksichtslosigkeit beherrscht. Verwahrlosung ist ferner durch eine mangelhafte Gewissensentwicklung und Wertorientierung gekennzeichnet. Verwahrlosung kann aufgrund mangelhafter frühkindlicher Sorge und Zuneigung, aufgrund eines Erziehungsstils, der dem Kind kein Verständnis für Regeln und Ordnungen vermittelt, oder aufgrund mangelnder Erfahrung mit einem achtungsvollen, verpflichtenden Miteinander in Familie oder Gruppe entstehen.

Pädagogischer Umgang

Im Umgang mit verwahrlosten Kindern und Jugendlichen sollten Erzieherinnen und Kinderpflegerinnen eng mit Erziehungsberatungsstellen und dem Jugendamt zusammenarbeiten.

? Fragen und Aufgaben zum Kapitel

1. Erläutern Sie den Begriff „Verhaltensauffälligkeit" anhand eines konkreten Beispiels.

2. Grenzen Sie die Begriffe „Verhaltensauffälligkeit" und „Verhaltensstörung" anhand der Problematik „soziale Ängstlichkeit" voneinander ab. Beschreiben Sie Probleme, die bei der Grenzziehung auftreten.

3. Beobachten Sie aggressives Verhalten in Ihrer Praxisstelle. Beschreiben Sie Formen der Aggression, die auftreten. Wann und unter welchen Bedingungen treten aggressive Verhaltensweisen auf? Was können Sie in diesen Fällen zu möglichen Ursachen sagen?

4. Wie reagieren Sie auf Kinder, die aggressives Verhalten zeigen? Erörtern Sie, ob Ihr Verhalten angebracht und langfristig geeignet ist, verhaltensregulierend zu wirken.

5. Entwickeln Sie für Markus aus der Handlungssituation zu Beginn des Kapitels einen Erziehungsplan. Berücksichtigen Sie dabei die Ist-Situation, setzen Sie Ziele und beschreiben Sie erzieherische Maßnahmen.

6. Erläutern Sie, warum es so wichtig ist, gerade bei Kindern mit Verhaltensproblemen auf Stärken und Ressourcen zu achten.

7. Diskutieren Sie mit Klassenkameradinnen die Aussage „Angst macht dumm".

8. Beschreiben Sie verschiedene Maßnahmen zur Vorbeugung von Verhaltensstörungen.

Anregungen zum Kapitel

9. Schätzungen zufolge sind zwei bis zehn Prozent aller Kinder von der Störung ADHS betroffen. Manche Eltern sind sehr schnell bereit, den Kindern Medikamente verschreiben zu lassen. Pädagogisches Fachpersonal sieht diese Entwicklung mit Sorge. Diskutieren Sie, unter welchen Bedingungen der Einsatz von Medikamenten sinnvoll ist und welche erzieherischen Maßnahmen begleitend erfolgen sollten.

10. Bestimmte Verhaltensauffälligkeiten, wie z. B. aggressives Verhalten und ADHS, werden früher erkannt als andere (z. B. Schüchternheit). Erklären Sie, warum das so ist und welche Folgen das für die betroffenen Kinder haben kann.

11. Besuchen Sie eine Erziehungsberatungsstelle und informieren Sie sich darüber, wie in dieser Einrichtung versucht wird, verhaltensauffälligen Kindern und ihren Eltern zu helfen.

Weiterführende Fragen und Anregungen

12. Im Zusammenhang mit ADHS wird immer wieder eine Lebensmittelallergie als Ursache vermutet. Informieren Sie sich darüber.

15 Bereitschaft, Kinder mit Behinderungen zu verstehen

Einstiegssituation

Die Kinderpflegerin Susanne arbeitet in einem Regelkindergarten. In ihrer Gruppe sind 21 Kinder im Alter von drei bis sechs Jahren. Seit drei Monaten gehört auch Sabrina, vier Jahre, ein Kind mit Downsyndrom, dazu.

Sabrina ist ein fröhlich gestimmtes Mädchen, das aktiv Kontakte sucht und sich sehr hilfsbereit zeigt. Sie hat bereits zwei ältere Freundinnen gefunden, mit denen sie oft in der Puppenecke spielt.

Einige Kinder haben Probleme mit Sabrina, weil sie sich manchmal distanzlos verhält. Sie umarmt beispielsweise die Kinder und küsst sie ab, was diese aber nicht mögen.

Im lebenspraktischen Bereich ist Sabrina recht selbstständig. Sie isst alleine, kann sich aus- und anziehen und geht selbstständig zur Toilette.

Bei einem Intelligenztest wurde ein Intelligenzquotient von 55 ermittelt, was bedeutet, dass Sabrina in ihrer Lernfähigkeit deutlich eingeschränkt ist. Das zeigt sich beispielsweise im Bereich der Sprachentwicklung. Sabrina spricht etliche Wörter, aber kaum vollständige Sätze. Zudem ist ihre Aussprache verwaschen, sodass man sie schlecht verstehen kann.

Auch im sozialen Bereich fällt Sabrina auf. Bestehende Regeln kann sie nicht verstehen und auch nicht einhalten. Sie rennt einfach herum, geht in andere Gruppen oder – wenn die Tür offen ist – in den Garten. Wird sie zurückgeholt, dann hat es schon regelrechte „Szenen" gegeben. Sabrina wirft sich beispielsweise auf den Boden und ruft laut „nein, nein" oder sie weint bitterlich.

Tischspiele mag Sabrina nicht, sie verweigert die Teilnahme völlig. Sie scheint sowohl inhaltlich als auch beim Einhalten von Spielregeln überfordert.

Sabrinas Eltern nehmen ihrer Tochter viele Aufgaben ab, weil sie ja behindert ist. In Absprache mit der Frühförderstelle haben sie ihr Kind dann in der Regeleinrichtung angemeldet. Der Vater ist überzeugt davon, dass es Sabrina gut tue, mit gesunden Kindern aufzuwachsen. Die Mutter ist eher besorgt. Sie befürchtet, dass ihre Tochter nicht zurechtkommen könnte.

Die Integration von Sabrina stellt hohe Anforderungen an das Team, die Kinder und die Eltern. Nicht alle Eltern waren sofort damit einverstanden, dass Sabrina in einen Regelkindergarten aufgenommen wird und aus ihrer Kindergartengruppe eine integrative Gruppe wird. Einige hatten Bedenken, dass ihre Kinder dann nicht mehr genügend gefördert würden. Andere meinten, „solche" Kinder seien doch besser in Sondereinrichtungen aufgehoben, wieder andere hatten Mitleid und sprachen von dem „armen Kind". Schließlich waren aber alle bereit, das Experiment zu wagen.

Es stellen sich folgende Fragen:

1. *Was versteht man unter einer „Behinderung"?*

2. *Welche Folgen haben Behinderungen für den Betroffenen und sein Umfeld?*

3. *Welche Formen der Behinderung gibt es?*

4. *Welche Ursachen können Behinderungen haben?*

5. *Wie können Kinder mit Behinderungen gefördert werden?*

6. *Was ist zu beachten, wenn Kinder mit Behinderungen Regeleinrichtungen besuchen?*

15.1 Behinderung

15.1.1 Begriff und Wesen einer Behinderung

Die frühere Sicht von „Behinderungen" betonte die Defizite des Menschen mit Behinderung. Inzwischen hat sich die Sichtweise, auch international, geändert. Statt ausschließlich der Defizite stehen heute auch die Ressourcen von Menschen mit Behinderung im Mittelpunkt des Interesses. Es geht nicht mehr nur darum, was ein Mensch mit Behinderung nicht kann, sondern auch darum, was er kann und welche Möglichkeiten er hat. Die Weltgesundheitsorganisation (WHO) hat eine länder- und fachübergreifende einheitliche Beschreibung des funktionalen Gesundheitszustandes, der Behinderung, der sozialen Beeinträchtigung und der relevanten Umgebungsfaktoren einer Person (ICF) erstellt.

Definition

Behinderung *bezeichnet Beeinträchtigungen der Körperfunktion und Körperstruktur, die zu einer Beeinträchtigung der Aktivität und Teilhabe der betroffenen Person führen (vgl. ICF, 2005, S. 5).*

Die Weltgesundheitsorganisation (WHO) unterscheidet zwei Dimensionen von „Behinderung":

1. Funktionsfähigkeit und Behinderung

- Verschiedene Körperfunktionen und -strukturen können geschädigt sein.
  - Körperfunktionen (z. B. Verdauung, Atmung, Stoffwechsel, auch psychologische Funktionen wie Denken und Fühlen),
  - Körperstrukturen (anatomische Teile des Körpers wie Organe und Gliedmaßen)
- Die Aktivität (Ausmaß persönlicher Verwirklichung) und Partizipation (Teilhabe am gesellschaftlichen Leben) unterscheidet sich je nach Ausprägung einer Schädigung.

2. Bedingungen, die das Ausmaß der Schädigung und ihre Bewältigung beeinflussen (Kontextfaktoren)

- Umweltfaktoren (fördernde oder beeinträchtigende Einflüsse der Umwelt materieller, sozialer oder einstellungsbezogener Art),
- personenbezogene Faktoren (Lebensgeschichte und psychische Befindlichkeit der betreffenden Person)

Die Funktionsfähigkeit und Behinderung eines Menschen wird als dynamisches Zusammenspiel zwischen der Beeinträchtigung von Körperfunktionen und -strukturen, der Möglichkeit der Aktivität und Teilhabe am gesellschaftlichen Leben, der fördernden und beeinträchtigenden Umweltfaktoren und der eigenen Person aufgefasst.

15.1.2 Formen von Behinderung

Die internationale Klassifikation der Funktionsfähigkeit, Behinderung und Gesundheit (ICF) unterteilt Behinderungen nicht mehr nach Behinderungsarten, sondern bietet ein Klassifikationsschema, mit dessen Hilfe Beeinträchtigungen der Körperfunktionen und Körperstrukturen, der Aktivität und Partizipation beschrieben werden können.

Wenn von Behinderung gesprochen wird, geht es um die Beeinträchtigung eines Menschen, der Begriff „Behinderung" ist defizitorientiert. Heute wird in vielen Bereichen der Heilpädagogik nicht mehr von „Behinderung" gesprochen, sondern vom heilpädagogischen bzw. sonderpädagogischen Förderbedarf.

beeinträchtigte Körperfunktionen und -strukturen	Beispiele	Erscheinungsform der Behinderung
Beeinträchtigung geistiger Funktionen Struktur des Gehirns, des Rückenmarks	Schädigung von Bewusstsein, Orientierung, Intelligenz und psychischer Persönlichkeit – Psychose/Schizophrenie – psychische Alterserkrankung, z. B. Demenz – Suchtkrankheit – Neurose: Störung der frühkindlichen emotionalen Entwicklung, z. B. Ängste – psychosomatische Erkrankung: z. B. Asthma – psychische Gefährdung in Lebenskrisen	Beeinträchtigung der geistigen Funktionen: Lernprobleme, früher „geistige Behinderung" Beeinträchtigung der psychischen Funktionen: Menschen, die unter seelischen Störungen leiden
Beeinträchtigung der Sinnesfunktionen „Sehen", „Hören", „Riechen"	Schädigungen des Augapfels, der Netzhaut, des Innenohrs	starke Beeinträchtigung des – Sehvermögens – Hörvermögens
Beeinträchtigung von Stimm- und Sprechfunktionen	Schäden an Zunge, Mund, Nasenhöhle	umfassende Beeinträchtigung des Sprachverhaltens, z. B. von – Redefluss und – Sprechrhythmus
Beeinträchtigung von Blutkreislauf und Atmungsfunktion	Schädigungen der Organe für Blutkreislauf und Atmung, z. B. Herz, Arterien, Venen	– Beeinträchtigung der Herzfunktion und der Blutgefäße (Herzinfarkt) – Schädigung der Atmung (z. B. Bronchialasthma)

beeinträchtigte Körper-funktionen und -strukturen	Beispiele	Erscheinungsform der Behinderung
Beeinträchtigung von Verdauung, Ausscheidung und Stoffwechsel	Schädigung der Verdauungsorgane, z. B. Darm, Leber, Galle, Niere	– Beeinträchtigung des Verdauungstraktes – Beeinträchtigung des Stoffwechsels
Beeinträchtigung von bewegungsbezogenen Funktionen	Schädigung der Bewegungsorgane, z. B. Knochen, Gelenke, Muskeln	Beeinträchtigung des Muskel- und Skelettsystems
Beeinträchtigung der Funktionen der Haut und der Hautanhangsgebilde	Schädigung der Schutzfunktion der Haut	extreme Lichtempfindlichkeit der Haut
Beeinträchtigung der Genitalfunktion und reproduktiven Funktion	Schädigung der Fortpflanzungs-funktion	Fortpflanzungsunfähigkeit

Menschen mit Beeinträchtigungen der Körperfunktionen und -strukturen verfügen über unterschiedliche Möglichkeiten der Aktivität und Partizipation. Anhand der internationalen Klassifikation der Funktionsfähigkeit, Behinderung und Gesundheit (ICF) lassen sich Aktivität und Partizipation nach den folgenden Kriterien beschreiben. Dadurch ist es möglich, durch die mehrdimensionale Beschreibung dem Menschen in seiner Vielschichtigkeit gerecht zu werden.

1 Lernen und Wissensanwendung,
  z. B. lesen, schreiben, rechnen, Entscheidungen treffen

2 allgemeine Aufgaben und Anforderungen,
  z. B. Einzelaufgaben, tägliche Routine, Stress bewältigen

3 Kommunikation,
  z. B. kommunizieren als Sender und Empfänger

4 Mobilität,
  z. B. Körperpositionen ändern, Gegenstände bewegen, sich fortbewegen

5 Selbstversorgung,
  z. B. sich waschen, essen, trinken

6 häusliches Leben,
  z. B. beschaffen von Lebensnotwendigem, Mahlzeiten vorbereiten, Haushalt führen

7 interpersonelle Interaktion und Beziehungen,
  z. B. mit Fremden umgehen, Familienbeziehungen gestalten

8 bedeutende Lebensbereiche,
  z. B. Erziehung und Bildung, Art der Beschäftigung, Teilnahme am wirtschaftlichen Leben

9 Gemeinschafts-, soziales, staatsbürgerliches Leben,
  z. B. Gemeinschaftsleben, Religion, politisches Leben

Fördernde und beeinträchtigende Umweltfaktoren (technische Hilfen, Einstellungen, Unterstützungen) werden in einem Klassifikationsschema aufgelistet und tragen zu einer umfassenden Beschreibung bei.

Für die Beschreibung der personenbezogenen Faktoren gibt der ICF kein Klassifikationsschema an (vgl. DIMDI, 2005, S. 50 ff.).

Fallbeispiel

Sabrinas Downsyndrom wird verursacht durch ein überzähliges Chromosom 21. Statt der üblichen zwei haben diese Kinder drei Chromosomen 21, deshalb wird das Syndrom auch als „Trisomie 21" bezeichnet. Kinder mit Downsyndrom weisen einige typische Merkmale auf, die mehr oder minder ausgeprägt sein können, wie z. B. weit auseinanderliegende Augen.

Ein weiteres Kennzeichen dieser genetischen Störung ist eine geistige Behinderung, deren Ausmaß von leicht bis stark variiert. Zudem gibt es eine Reihe von körperlichen Problemen, die häufig im Zusammenhang mit der Trisomie 21 auftreten, z. B. Herzprobleme, Sehstörungen und ein geringer Muskeltonus.

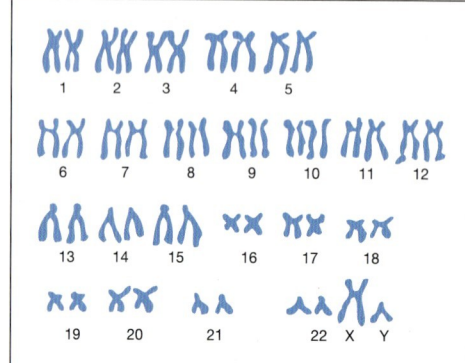

menschlicher Chromosomensatz   menschlicher Chromosomensatz bei Trisomie 21

Bei Sabrina aus dem Fallbeispiel liegt aufgrund der Trisomie 21 eine Beeinträchtigung der geistigen Funktion vor, sie ist daher eingeschränkt im Lernen und benötigt hier heilpädagogische Förderung. Das Ausmaß an persönlicher Verwirklichung und die Teilhabe am gesellschaftlichen Leben sind eingeschränkt. Der Besuch des Regelkindergartens weist darauf hin, dass Sabrinas Einschränkungen nicht schwerwiegend sind.

Zunächst haben ihre Eltern Einfluss auf das Ausmaß der Schädigung bzw. die Bewältigung. Da beide ihre Tochter uneingeschränkt annehmen und lieben, sind gute Grundvoraussetzungen gegeben. Problematischer ist die erzieherische Haltung, die durch Überbehütung beschrieben werden kann. Sabrina wird nicht entsprechend ihrer Leistungsfähigkeit gefordert. Das Problem wurde aber in der Frühförderung erkannt und zumindest teilweise angegangen. Nun kommt ein neuer Umweltfaktor dazu: die Regeleinrichtung, die Sabrina seit drei Monaten besucht.

Als personenbezogener Faktor wirkt die positive Grundstimmung von Sabrina günstig. Allerdings könnte ihre Distanzlosigkeit auch hinderlich für die Teilhabe am Gruppengeschehen sein. Weitere Informationen über die Lebensgeschichte von Sabrina liegen nicht vor.

15.1.3 Mehrfach-, Folge- und Schwerstbehinderung

In der Praxis ist diese Einteilung manchmal schwierig, weil eine Schädigung in einem Bereich Folgeprobleme in anderen Bereichen auslösen kann.

Viele Menschen mit Körperbehinderung leiden unter seelischen Problemen aufgrund der Erfahrung der Isolation in unserer Gesellschaft.

Es wird daher unterschieden zwischen **Primärschädigung** (körperliche, geistige oder seelische Schäden), **Primärbehinderung** (Auswirkungen der Schädigung) und **Folgebehinderung** (körperliche, geistige oder psychische Schädigung, die Folge der Primärbehinderung und/oder sozialer Einflüsse ist).

Fallbeispiele
Sabrinas Schwerhörigkeit hat zur Folge, dass ihre Fähigkeit zu sprechen eingeschränkt ist.
Gerd besucht die neunte Klasse der Hauptschule. Er ist 15 Jahre alt, seine Größe beträgt aber nur 1,39 m.
Martin traut sich nicht, mit dem Bus zur Schule zu fahren, regelmäßig werden ihm Schimpfwörter nachgerufen. Martin fällt es sehr schwer, Kontakte zu Gleichaltrigen zu knüpfen. Er fühlt sich den anderen gegenüber minderwertig und zieht sich zurück. Martin leidet unter einer Neurose.

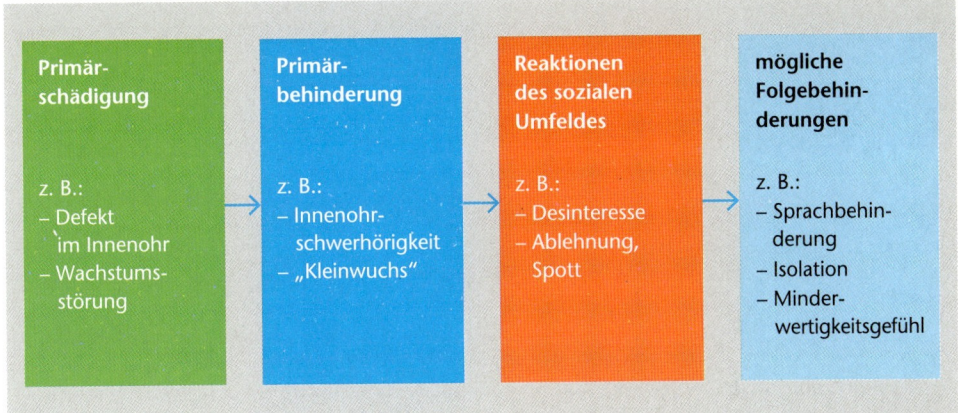

Die Mehrzahl der Behinderungen treten als **Mehrfachbehinderungen** in allen Kombinationen von Körper-, Sinnes-, Intelligenz- und psychischer Störung auf. Viele Menschen mit einer Körperbehinderung leiden unter seelischen Problemen aufgrund der Erfahrung der Isolation in unserer Gesellschaft.

Als **schwerstbehindert** gelten Menschen, die die Entwicklungsstufe eines vier bis sechs Monate alten gesunden Kindes nicht von sich aus erreichen. Schwerstbehinderte Menschen können kaum mit anderen Menschen in Beziehung treten und sind bei Nahrungsaufnahme und Hygiene auf die Hilfe anderer angewiesen. Schwerstbehinderte Menschen sind mehrfach behindert und bedürfen besonderer Aufsicht und Förderung.

15.1.4 Ursachen von Behinderung

Die Ursachen, die zu Behinderungen führen können, werden nach dem Zeitpunkt ihres Auftretens unterschieden.

Ursachen von Behinderungen können vor der Geburt (pränatal), während des Geburtsvorgangs (perinatal) und nach der Geburt (postnatal) auftreten und wirksam werden.

Im späteren Leben sind Unfälle, Krankheiten und soziale Umwelteinflüsse häufige Ursachen für das Auftreten von Behinderungen.

Zeitpunkt	mögliche Ursachen	mögliche Folgen
vor der Geburt		
Zellteilung und Zeugung	– Schädigungen eines Gens oder mehrerer Gene – ererbte Behinderung	Stoffwechselstörungen
Eistadium	– Schädigung der Keimzellen während der Reifeteilung	Downsyndrom: typische Merkmale sind weit auseinanderliegende Augen, geistige Behinderung, Organschädigungen
Embryonalzeit	– Erkrankung der Mutter (z. B. Röteln) – Alkohol-, Nikotin- oder Drogenkonsum der Mutter – Schädigungen durch Medikamente	Störungen des Nervensystems, geistige Behinderung, körperliche Missbildungen
während der Geburt		
	– Frühgeburt – Sauerstoffmangel – Trauma (bei Druck auf die Schädeldecke, z. B. bei Zangengeburt)	Hirnschädigung, spastische Lähmungen, geistige Behinderung, Schädigungen des Zentralnervensystems
nach der Geburt		
Erkrankungen	– Viruserkrankungen (z. B. Hirnentzündung) – Impfschäden – Infektionen – Misshandlungen	frühkindliche Hirnschädigungen, die Körperbehinderungen, Intelligenzschäden oder schwere seelische Störungen zur Folge haben können
Unfälle	– schwere Augenverletzung – Hirnverletzungen – Verletzung des Rückenmarks	Verlust des Augenlichts, Gedächtnisverlust, Sprachverlust, geistige Behinderung, Querschnittslähmung
soziale Einflüsse	– das Kind hat keine beständige liebevolle Bezugsperson – Störungen der frühkindlichen Sozialentwicklung	emotionale, soziale oder motorische Deprivation, Unselbstständigkeit, Bettnässen, aggressives Verhalten, Überängstlichkeit

15.2 Behinderung und ihre Folgen

Die Bundesrepublik Deutschland hat im Jahr 2006 die UN-Konvention über die Rechte von Menschen mit Behinderungen mit vielen anderen Staaten unterzeichnet. Die Unterzeichnerstaaten verpflichten sich darin, Menschen mit Behinderungen die volle Teilhabe am gesellschaftlichen Leben zu ermöglichen. Damit hat sich auch Deutschland zur „Inklusion" (*includere:* lat. einschließen) von Menschen mit Behinderung verpflichtet, d. h., allen Kindern, ob mit oder ohne Behinderung, den Zugang zu gleichen Kindergärten und Schulen zu ermöglichen.

> *„Inklusion im Sinne der UN-Behindertenrechtskonvention bedeutet, dass allen Menschen von Anfang an in allen gesellschaftlichen Bereichen eine selbstbestimmte und gleichberechtigte Teilhabe möglich ist. (...) Dementsprechend leben, arbeiten und lernen Menschen mit Behinderungen nicht in Sondereinrichtungen.“*
> (Beauftragter der Bundesregierung für die Belange behinderter Menschen, 2011)

Bis zur Inklusion von Menschen mit Behinderung ist es im Alltag jedoch ein langer Weg. Wir stehen behinderten Menschen oft rat- und hilflos gegenüber. Äußerungen wie „die armen Kinder“ oder „da mag ich gar nicht hinschauen“ machen deutlich, wie schwer es fällt, mit behinderten Menschen umzugehen oder auch nur zu ertragen, dass sie sich in unserer Nähe aufhalten.

Ein Grund für diese Unsicherheit oder gar Ablehnung sind fehlende Erfahrungen im Umgang mit Menschen mit Behinderung. Die Unterbringung und Betreuung in speziellen Einrichtungen hat dazu geführt, dass viele Menschen mit Behinderungen unserem Alltag entzogen sind. Aber nur im Umgang mit behinderten Menschen können Ablehnung und Vorurteile abgebaut werden.

> *„Wenn wir an Kinder mit Behinderung denken, fällt es oft nicht leicht, über die Behinderung hinwegzusehen und vor allem das Kind zu sehen, das auf seine Weise Kontakt zu seiner Umwelt und zu seinen Mitmenschen aufnimmt und neugierig erkundet.“*
> (Wertfein/Lehmann, 2012, o. S.)

Um Kindern mit einer Behinderung die volle Teilhabe an Kindergarten und Schule zu ermöglichen, ist es notwendig, die Art der Behinderung und ihre Folgen zu kennen. Nur so ist es möglich, dem Kind gerecht zu werden und es entsprechend zu fördern.

15.2.1 Probleme von Familien mit Kindern mit Behinderung

Sobald ein Kind zur Familie gehört, dessen Entwicklung durch Behinderung beeinflusst wird, ändern sich Lebenssituation und Zusammenleben der Familie grundlegend. Sorgen und Ängste beunruhigen die Eltern. Jeder Entwicklungsschritt des Kindes wird in besonderer Weise beobachtet, nachdenklich wird die Entwicklung des eigenen Kindes mit der Entwicklung anderer Kinder aus dem Bekanntenkreis verglichen. Ferner stellt sich für die Eltern die Frage: Tragen wir eine Mitschuld an der Behinderung unseres Kindes, machen wir alles richtig?
Die Entwicklung des Kindes bestimmt weitgehend das Fühlen, Denken und Handeln der Eltern: Verschiedene Ärzte werden aufgesucht, Informationen über neue Untersuchungsmethoden eingeholt, Therapeuten, Heilpraktiker, Frühpädagogen um Rat gefragt. Viele unterschiedliche Auskünfte können verunsichern.
Dabei vernachlässigen viele Eltern ihre eigenen Bedürfnisse, geraten Partnerschaften in Gefahr, auseinanderzubrechen; Geschwister des von einer Behinderung betroffenen Kindes fühlen sich vernachlässigt. Freunde der Familie ziehen sich verunsichert zurück, die Außenkontakte der Familie verringern sich.
Eltern behinderter oder entwicklungsverzögerter Kinder wissen oft nicht genau, wie sie ihre Kinder entsprechend fördern und was sie von ihren Kindern fordern können, um sie weder zu überfordern noch zu unterfordern. Ferner bereitet ihnen die Zukunft ihres Kindes große Sorge. Kann ihr Kind später einmal für sich allein sorgen, wird es einen Beruf erlernen können, wird es notwendig werden, einen Heimplatz für das Kind zu suchen?

15.2.2 Probleme des Kindes mit Behinderung

Probleme des Kindes mit heilpädagogischem Förderbedarf können vielfältig sein. Einige typische Schwierigkeiten sollen hier aufgezeigt werden. Sie können einzeln oder kombiniert auftreten. Die Probleme sind abhängig von der Art der Schädigung, ihrem Ausprägungsgrad sowie von der Reaktion des Betroffenen und seiner Umgebung.

Vertrauensprobleme

Die Geburt eines Kindes mit heilpädagogischem Förderbedarf ist für Eltern eine sehr schmerzliche Erfahrung. Die Erkenntnis „Ich habe ein behindertes Kind" kann innere Ablehnung zur Folge haben. Eltern dieser Kinder fällt es häufig schwer, ihre Kinder anderen zu zeigen. Zu groß ist die Angst vor der Reaktion der Umwelt. Eltern müssen sich für ihr Kind neu entscheiden. Das Kind erfährt im liebevollen Umgang seiner Bezugspersonen mit seinem Körper, dass es von seinem Umfeld angenommen ist. Kann das soziale Umfeld kein erfahrbares Ja zu diesem Kind sagen, fällt es auch dem Kind schwer, sich anzunehmen und sich vertrauensvoll der Umwelt zuzuwenden. Eine missglückte Annahme äußert sich in verstärktem Misstrauen und im Rückzug von Sozialkontakten.

Verständigungsprobleme

Kommunikationsprobleme zwischen dem Kind mit heilpädagogischem Förderbedarf und seinen Bezugspersonen können Ursachen auf beiden Seiten haben. Es ist möglich, dass das Kind Signale und Anregungen der Umwelt zwar wahrnehmen, diese aber nicht einordnen, verarbeiten oder darauf reagieren kann. Andererseits ist es möglich, dass die Signale des Kindes von seiner Umwelt nicht verstanden werden.

Problem der Ausgrenzung

Die Ausgrenzung von Menschen mit Behinderung in unserer Gesellschaft wirkt über die Familie und die Bezugspersonen des Kindes auf das Kind. Ziehen sich Bekannte und Verwandte von der Familie zurück, bedeutet dies auch für das Kind eine Einschränkung von Sozialkontakten. Verwehren Eltern ihren Kindern, mit einem Kind mit Behinderung zu spielen, verbleiben ihm kaum noch Möglichkeiten, Kontakte außerhalb der Familie zu knüpfen.

Die Ausgrenzung bzw. Einschränkung der Sozialkontakte kann auch durch die Art der Schädigung und Beeinträchtigung bedingt sein.

Schwerhörigen geht es z. B. tagtäglich so wie Guthörenden, wenn diese in einem fremden Land die Sprache nicht verstehen. Sie leben wie unter einer „Käseglocke", können andere nicht richtig hören. Auch Menschen, die gut hören, sind dann oft hilflos, sie können sich Schwerhörigen nur schwer verständlich machen.

Weiterhin ist es möglich, dass sich das Kind mit heilpädagogischem Förderbedarf aufgrund schlechter Erfahrungen selbst von seiner Umgebung zurückzieht.

Fallbeispiel

Udo, zwölf Jahre, stottert seit seinem fünften Lebensjahr. Aufgrund häufiger entmutigender Erlebnisse verbringt Udo die Zeit nach der Schule in seinem Zimmer mit Computerspielen und weigert sich hartnäckig, etwas mit anderen Kindern zu unternehmen.

Probleme, mit Frustrationen umzugehen

Kindern und Jugendlichen mit geistiger Behinderung fällt es sehr schwer, Frustrationen und Versagungen anzunehmen. Sie verstehen Erklärungen nicht und verfügen über keine Zeitvorstellung. Ihre Reaktionen sind daher nicht altersangemessen.

Fallbeispiel
Sabrina kann z. B. nicht verstehen, warum sie nicht einfach rauslaufen darf. Wird sie zurückgeholt, schreit sie „nein, nein" oder wirft sich auch manchmal auf den Boden.

Beeinträchtigung des Selbstbildes

Behinderungen können sich auf das Selbstbild eines Menschen auswirken. Menschen mit heilpädagogischem Förderbedarf werden mit der Vorstellung konfrontiert, was „normal" ist, gleichzeitig machen sie aber die Erfahrung, diesen Anforderungen nicht in vollem Umfang entsprechen zu können. Menschen mit Behinderung sind ständig auf die Hilfe anderer angewiesen. Dies führt vielfach dazu, dass Kinder mit Behinderung nicht lernen, sich etwas zuzutrauen und eigene Fähigkeiten zu entwickeln. Oft wird dieses Problem durch das Verhalten der Umgebung noch verstärkt. Die Eltern versuchen, Anstrengungen und Anforderungen von ihrem Kind fernzuhalten, weil es hilflos und schutzbedürftig ist. Individuelle Lernmöglichkeiten werden dabei übersehen.

Fallbeispiel
Auch Sabrinas Eltern neigen offensichtlich dazu, sie wenig zu fordern. Die Mutter nimmt ihr viel ab, weil sie ja behindert ist. Vermutlich hat die Frühförderstelle auch deshalb dazu geraten, Sabrina in den Regelkindergarten zu schicken. Dort erhält sie viel Anregung und wird gefordert.

Manche Menschen mit Behinderung reagieren völlig anders. Sie versuchen, durch besonders gute Leistungen in einem Bereich ihre Behinderung in einem anderen Bereich auszugleichen.

15.3 Umgang mit Kindern mit Behinderung

Die beschriebenen Probleme geben uns Hinweise für den Umgang mit behinderten Kindern, Jugendlichen und Erwachsenen.

15.3.1 Pädagogische Grundhaltung

Annehmen des Menschen, so wie er ist

Das behinderte Kind ist, wie jeder Mensch, darauf angewiesen, dass zu ihm, zu seiner Person, so wie sie ist, Ja gesagt wird. In der Erfahrung des Angenommenseins und der beständigen Zuwendung von seinen Bezugspersonen kann sich das **Vertrauen** entwickeln, das Grundlage seiner weiteren Entwicklung sein wird.

Nur so viel Hilfe leisten, wie wirklich notwendig ist

Überbehütung und Überfürsorge haben Bequemlichkeit, Unselbstständigkeit und überhöhtes Anspruchsdenken zur Folge. Ziel jeder Förderung und jeder Hilfe ist es, dass das Kind lernt, sich so weit wie möglich selbst helfen zu können. In Zusammenarbeit mit dem Kinderarzt und/oder der Frühförderstelle können Eltern beraten werden, was sie von ihrem behinderten Kind fordern, welche Verantwortungsbereiche sie ihrem Kind überlassen können.

Förderung sowohl der beeinträchtigten als auch der unbeeinträchtigten Fähigkeiten und Übergabe von Verantwortung

Die Voraussetzung für eine Förderung, die dem Kind mit Behinderung entspricht, ist die genaue Untersuchung des Kindes, um festzustellen, welche Beeinträchtigung das Kind hat, über welche Fähigkeiten es verfügt und wie ihm geholfen werden kann.

Respekt vor der eigenständigen Persönlichkeit des Menschen mit Behinderung

Die Behinderung eines Menschen gehört zu seiner Gesamtpersönlichkeit. Sie hat seine Entwicklung beeinflusst und geprägt. Man sollte versuchen, den Menschen zu sehen und nicht seine Behinderung. Mitleid und übertriebene Rücksichtnahme sind fehl am Platz. Nur so ist ein spannungsfreier Umgang mit dem Menschen mit Behinderung möglich.

15.3.2 Erzieherische Hilfen im heilpädagogischen Bereich

Bisher wurde eine allgemeine pädagogische Grundhaltung von Fachkräften gegenüber Menschen mit Behinderung beschrieben. Je nach Art der Beeinträchtigung brauchen behinderte Kinder und Jugendliche darüber hinaus spezielle Erziehungs- und Förderangebote. Nur so kann das Recht auf Leben, Bildung und Entfaltung der Persönlichkeit verwirklicht werden. Grundsätzlich gelten für Kinder und Jugendliche mit Behinderung die gleichen Ziele, Inhalte und Methoden wie für nicht behinderte Kinder und Jugendliche. Je nach Förderbedarf findet jedoch eine Verschiebung der Akzente bei Zielen und Inhalten statt. Maßnahmen werden entsprechend angepasst oder abgewandelt. Da der Ausgangspunkt für erzieherische Hilfen immer eine bestimmte Art von Behinderung ist, die zudem eine individuelle Ausprägung hat, sind allgemeingültige Aussagen wenig sinnvoll. Wir zeigen daher Ziele und erzieherische Hilfen anhand unserer Handlungssituation zu Beginn des Kapitels auf.

Grundsätze der Erziehung/Ziele für Kinder mit geistiger Behinderung

- Es besteht die Gefahr, dass durch eine Behinderung Verhaltensprobleme oder Folgebehinderungen entstehen. Heilpädagogische Förderung soll vorbeugend wirken und verhindern, dass eine Reihe weiterer Probleme entsteht (**Prävention**).
  Auch bei Sabrina ist diese Gefahr gegeben. Sie ist in ihrem Verhalten distanzlos, was zur Ablehnung führen kann. Macht sie viele solcher Erfahrungen, kann sich das negativ auf ihre Entwicklung auswirken.

- Ausgehend von einer Behinderung liegen bei vielen Kindern Fehlentwicklungen vor, die es abzubauen oder zu korrigieren gilt.
  Sabrina kann zwar sprechen, ihre Möglichkeiten in Bezug auf die Sprachentwicklung sind vermutlich aber noch nicht ausgeschöpft. Hinzu kommt, dass sie undeutlich spricht und deshalb schlecht zu verstehen ist. Diese Fehlentwicklung sollte von einer Logopädin behandelt werden (**Korrektion**).

- In unserer Gesellschaft werden Menschen mit Behinderung oft an den Rand gedrängt, ihre **Teilhabe** am gesellschaftlichen Leben wird erschwert. Integration bemüht sich, diesem Prozess entgegenzuwirken und dem Kind mit Behinderung zu helfen, ein integrationsförderndes Sozialverhalten zu erlernen.

Sabrina besucht eine Regeleinrichtung. Damit ihre Integration in die Gruppe langfristig gelingt, ist es notwendig, dass sie von allen Kindern akzeptiert wird. Ihr distanzloses Verhalten verhindert dies im Moment. Sabrina muss lernen, ihre Zuneigung oder den Wunsch nach Kontakt angemessen zu äußern.

Weitere Ziele bzw. Grundsätze sind die **Reedukation** und die **Kompensation**. Mit „Reedukation" bezeichnet man die Aktivierung von Resten geschädigter Funktionen. Beispielsweise werden mithilfe von Hörgeräten die Hörreste aktiviert und damit voll ausgeschöpft. Ist eine Schädigung vorhanden, die nicht korrigiert werden kann, können dem Kind Techniken vermittelt werden, um den Alltag trotz Behinderung gut zu bewältigen.

Beispiele dafür sind die Einführung in die Blindenschrift oder Gebärdensprache. In diesem Fall spricht man von „Kompensation".

Erzieherische Maßnahmen im heilpädagogischen Bereich

Sollen die oben genannten Ziele bzw. Grundsätze umgesetzt werden, sind besondere Maßnahmen erforderlich. Auch diese sollen am Beispiel von Sabrina erläutert werden.

- Lerninhalte müssen reduziert, vereinfacht und auf das Wesentliche beschränkt werden, damit sie erfasst werden können. So überfordern die Tischspiele Sabrina vermutlich, weshalb sie dann auch ihre Teilnahme verweigert. Es ist zu überlegen, welche Spiele so einfach sind, dass sie von Sabrina erfasst werden können oder inwieweit Spiele abgewandelt (d. h. vereinfacht) werden können, damit Sabrina daran teilnehmen kann.

- Methodisch ist eine breitere Differenzierung erforderlich. Das bedeutet, dass zusätzliche Methoden notwendig sind, um bestimmte Lerninhalte zu vermitteln. So hat sich z. B. die Unterstützung durch Gebärden für die Sprachentwicklung als günstig erwiesen, insbesondere bei Kindern mit Downsyndrom. Kinder erlernen so, sich besser zu verständigen und auf die Aussprache zu achten. Beides wäre auch bei Sabrina sinnvoll. Der Ansatz von Maria Montessori und der Einsatz des entsprechenden Materials eignet sich besonders gut für die Förderung der kognitiven Entwicklung. Es können grundlegende Erkenntnisse und Zusammenhänge bzw. Begriffe vermittelt werden.

- Kinder mit geistiger Behinderung brauchen kleine Lerngruppen und eine individuelle Unterstützung beim Lernen. Es muss auf ihr Lerntempo und auf unterschiedliche Lernwege geachtet werden. Auch hier bietet der Ansatz von Montessori gute Möglichkeiten. Die Kinder arbeiten oft alleine und bestimmen daher ihr Lerntempo selbst.

- Oft ist ein Mehreinsatz von Medien und technischen Hilfsmitteln notwendig. Sandra benötigt, soweit wir wissen, keine technischen Hilfsmittel. Der Einsatz von Medien könnte aber durchaus sinnvoll sein, z. B. um komplexe Verhaltensweisen wie Zähneputzen zu vermitteln. Viele Einrichtungen haben Abbildungen mit den einzelnen Tätigkeiten im Sanitärbereich als Bilderfolge aufgehängt. Diese benutzen sie zur Vermittlung des Vorgangs, später dienen die Bilder als Erinnerung. Dies ist bei Kindern mit geistiger Behinderung besonders wichtig, da ihr Erinnerungsvermögen meist ausgesprochen schwach ist.

Erzieherische Hilfen im heilpädagogischen Bereich erfordern deutlich mehr Personal und einen höheren Zeitaufwand als die Regelerziehung. Zusätzlich sind spezielle Kenntnisse notwendig, z. B. des pädagogischen Konzepts von Montessori oder der Gebärdensprache. Das sind die Gründe dafür, dass Kinder mit Behinderung häufig noch gesondert, in sogenannten Fördereinrichtungen, erzogen wurden. Im Zuge der Inklusion haben Eltern von Kindern mit Behinderung jedoch die Wahl, ihr Kind in eine Regeleinrichtung oder eine spezielle Fördereinrichtung zu schicken.

15.3.3 Wie Inklusion in Kindertageseinrichtungen gelingen kann

Integrative Pädagogik unterscheidet zwischen Kindern mit und Kindern ohne sonderpädagogischem Förderbedarf. Ziel der Integration ist es, Kinder mit Behinderungen an der Welt der Menschen ohne Behinderungen teilhaben zu lassen und sie hineinzunehmen, ohne sie jedoch wesentlich zu verändern. Inklusion geht weit über Integrationsbemühungen hinaus. Menschen mit Behinderung sollen nicht in eine Welt der Nichtbehinderten integriert werden, sondern sie sollen als Menschen mit unterschiedlichen Bedürfnissen einbezogen werden in einen Alltag für alle. Das bedeutet, dass alle Kinder nach Möglichkeit dieselbe Einrichtung besuchen und dort gemeinsam leben und lernen.

> *„Inklusion (lat. Dazugehörigkeit/Einschluss) betrachtet die individuellen Unterschiede der Menschen als Normalität und nimmt daher keine Unterteilung in Gruppen vor. Inklusion tritt für das Recht jedes Kindes ein, unabhängig von individuellen Stärken und Schwächen gemeinsam zu leben und voneinander zu lernen."*
> *(Wertfein/Lehmann, 2012, o. S.)*

Inklusion bedeutet aber nicht „Gleichheit für alle", die individuellen Bedürfnisse und verschiedenen Lernwege aller Kinder müssen berücksichtigt werden, Fachpersonal muss entsprechend differenzieren. Da Kinder mit Behinderung seltener von Kindern ohne Behinderung als Spielpartner ausgewählt und aufgrund ihrer Beeinträchtigungen weniger Spielkontakte anregen können, ist es Aufgabe der Fachkraft, Gruppenprozesse intensiv zu begleiten und Kinder mit Beeinträchtigungen beim Aufbau sozialer Beziehungen unterstützen. Nur so können Kinder mit und ohne Behinderung von einer gemeinsamen, inklusiven Erziehung in der Kindertageseinrichtung profitieren. Studien belegen, dass folgende Aspekte berücksichtigt sein müssen, damit Inklusion gelingt:

- Bildungsangebote sind für alle Kinder offen und berücksichtigen ihre individuellen Bedürfnisse
- Kinder mit und ohne Behinderung können bedeutungsvolle soziale Beziehungen selbstbestimmt aufbauen und werden darin unterstützt
- eine wertschätzende Lernatmosphäre fördert das Verständnis für die individuellen Stärken und Schwächen in der Gruppe
- die pädagogische Fachkraft erkennt die Fähigkeiten und Schwächen jedes Kindes und beobachtet den Gruppenprozess
- das pädagogische Team steht regelmäßig mit den Eltern im Austausch
- Fachkräfte haben eine offene und selbstkritische Grundhaltung gegenüber individuellen Unterschieden
- Fachkräfte arbeiten mit sonderpädagogischen Diensten intensiv zusammen, um die bestehenden Kompetenzen allen Kindern zukommen zu lassen

Es wird deutlich, dass Inklusion grundlegende Auswirkungen auf die Arbeit in Tageseinrichtungen für Kinder hat und für alle Beteiligten eine Herausforderung darstellt. Dabei ist Inklusion Ziel und Prozess gleichermaßen.

> *„Inklusion ist kein Zielzustand, sondern ein fortlaufender und offener Prozess, an welchem die Familie, das pädagogische Team und die Spezialisten der externen Fachdienste gemeinsam beteiligt sind."*
> *(Wertfein/Lehmann, 2012, o. S.)*

Abschließend soll auf einen rechtlichen bzw. finanziellen Aspekt aufmerksam gemacht werden. Im deutschen Bildungssystem stehen sonder- und heilpädagogische Hilfen nur denjenigen Kindern zur Verfügung, bei denen ein besonderer Förderbedarf festgestellt wurde. Auch im Zeitalter der Inklusion ist Förderung ohne Feststellung des Förderbedarfs und damit Zuordnung zu einer bestimmten Gruppe (der Kinder mit Behinderung) nicht möglich.

Zusammenfassung

Z

Behinderung aus heutiger Sicht
Die frühere Sicht von „Behinderungen" betonte die Defizite des Menschen mit Behinderung. Heute stehen die Ressourcen im Mittelpunkt des Interesses. Es geht nicht mehr allein darum, was ein Mensch mit Behinderung nicht kann, sondern vielmehr um das, was er kann und welche Möglichkeiten er hat.

Behinderung aus der Sicht der WHO
Die Weltgesundheitsorganisation (WHO) unterscheidet zwei Dimensionen von Behinderung: Die erste Dimension umfasst die Funktionsfähigkeit und Behinderung in Bezug auf die mögliche Schädigung von Körperfunktionen und -strukturen und das Ausmaß an Aktivität und Teilhabe. Die zweite Dimension beschreibt Bedingungen, die das Ausmaß der Schädigung und ihrer Bewältigung beeinflussen, Umweltfaktoren und personenbedingte Faktoren.

Behinderung Definition WHO
Der Begriff „Behinderung" bezeichnet somit Beeinträchtigungen der Körperfunktion und Körperstruktur, die zu einer Beeinträchtigung der Aktivität und Teilhabe der betroffenen Person führen.

Formen beeinträchtigter Körperfunktionen
Es werden acht Formen beeinträchtigter Körperfunktionen unterschieden: die Beeinträchtigung geistiger Funktionen (Intelligenzschädigung und seelische Schädigung), der Sinnesfunktionen (Sinnesschädigung), der Stimm- und Sprechfunktionen (Sprachbehinderung), von Blutkreislauf und Atmungsfunktion, von Verdauung, Ausscheidung und Stoffwechsel, der Genitalfunktion, von bewegungsbezogenen Funktionen und Funktionen der Haut (Körperbehinderung).

Primärschädigung, Primärbehinderung, Folgebehinderung
Eine Primärschädigung (ursächliche Schädigung), die zu einer Primärbehinderung (Auswirkungen der Schädigung) führt, kann eine Folgebehinderung nach sich ziehen.

Schwerstbehinderung
Als schwerstbehindert gelten Menschen, die die Entwicklungsstufe eines vier bis sechs Monate alten gesunden Kindes nicht von sich aus erreichen können.

Ursachen von Behinderungen
Behinderungen können auftreten und wirksam werden vor der Geburt (pränatal), während des Geburtsvorgangs (perinatal) oder nach der Geburt (postnatal). Im späteren Leben sind Unfälle, Krankheiten und negative soziale Umwelteinflüsse häufige Ursachen für das Auftreten von Behinderungen.

Folgen für Eltern und Familie
Familien mit behinderten Kindern haben vielfältige Probleme und Schwierigkeiten. Die Probleme des Kindes mit Behinderung führen nicht selten dazu, dass die Eltern ihre eigenen Bedürfnisse und Interessen und die der nicht behinderten Geschwister vernachlässigen.

Folgen für das betroffene Kind

Kinder mit Behinderungen machen sehr früh die Erfahrung, zu vielem, was ihre Altersgenossen können, nicht fähig zu sein. Diese Erfahrung fördert das Gefühl der Minderwertigkeit. Es ist möglich, dass das Kind Anregungen der Umwelt wahrnimmt, diese aber nicht einordnen, verarbeiten oder nicht darauf reagieren kann.

Menschen mit Behinderung begegnen im täglichen Leben der Vorstellung, was „normal" ist, und erleben häufig, diesen Vorstellungen nicht gerecht werden zu können. Um mit diesem Konflikt fertig zu werden, entwickeln Menschen mit Behinderung „Überlebenstechniken": Rückzug von sozialen Kontakten; Ausgleich von Unzulänglichkeiten durch besondere Fähigkeiten und Höchstleistungen; Verhalten, wie es von einem „Behinderten" erwartet wird.

Ziel: Selbstständigkeit

Kinder mit Behinderung sind wie jeder Mensch darauf angewiesen, dass sie, so wie sie sind, angenommen werden. Ziel jeder Hilfe sollte es sein, dass das Kind lernt, selbstständiger zu werden.

Inklusion

Eine inklusive Pädagogik versucht, Kinder mit Behinderung in den Alltag von Regeleinrichtungen einzubeziehen. Alle Kinder sollen miteinander leben und lernen.

? Fragen und Aufgaben zum Kapitel

1. Bestimmen Sie den Begriff „Behinderung" anhand eines konkreten Beispiels.

2. Zeigen Sie auf, warum eine Behinderung mehr ist als die unmittelbare Folge einer Schädigung.

3. Oft entstehen Probleme, wenn nicht behinderte Menschen und Menschen mit Behinderung zusammentreffen. Beschreiben Sie mögliche soziale Folgeerscheinungen einer Behinderung.

4. Beschreiben Sie den Unterschied zwischen Primär- und Sekundärbehinderung.

5. Informieren Sie sich über eine Behinderung genauer, z. B. über die Cerebralparese. Welche Ursachen sind für die Behinderung verantwortlich? Beschreiben Sie das Erscheinungsbild und mögliche Folgen für Eltern und Kind.

6. Wichtig für die Arbeit mit Kindern und Jugendlichen ist eine angemessene pädagogische Grundhaltung. Erläutern Sie, welche Elemente für die Arbeit mit Kindern und Jugendlichen mit Behinderung besonders wichtig sind.

7. Beschreiben Sie Risikofaktoren, die das Auftreten einer Behinderung begünstigen.

8. In den letzten Jahren setzt sich die Idee der integrativen bzw. inklusiven Erziehung auch in Deutschland durch. Finden Sie Gründe für die gemeinsame Erziehung von Kindern mit und ohne Behinderung und zeigen Sie Grenzen auf.

9. Bei der Gestaltung der pädagogischen Arbeit in integrativen und inklusiven Einrichtungen sind verschiedene Aspekte zu berücksichtigen, wie z. B. die Zusammensetzung der Gruppe, die Gestaltung der Lernprozesse, die Ausstattung der Einrichtung und der Personalschlüssel. Erläutern Sie diese Aspekte anhand von Beispielen. Gehen Sie dabei davon aus, dass ein Kind mit Downsyndrom wie Sabrina, von der in der Eingangssituation berichtet wurde, in die Kindergartengruppe aufgenommen wird.

Anregungen zum Kapitel

10. *Suchen Sie eine Frühförderstelle für behinderte Kinder auf und lassen Sie sich über deren Arbeit informieren.*

11. *Informieren Sie sich über die Arbeit von Freizeitgruppen behinderter und nicht behinderter Menschen in Ihrem Heimatort.*

12. *Die folgende Übung hat zum Ziel, Probleme von Menschen mit Behinderung durch eigene Erlebnisse erfahrbar zu machen. Dabei können die Probleme dieser Menschen aber nicht in ihrer ganzen Tiefe erfasst werden.*

    Lassen Sie sich die Augen verbinden und von einer Mitschülerin führen. Führen Sie einen bestimmten Auftrag aus, z. B. in einem nahe gelegenen Geschäft etwas einkaufen, im Sekretariat etwas abholen, am Kopierer eine Kopie anfertigen. Achten Sie darauf, dass Sie selbst den Auftrag ausführen und Ihre Begleiterin nur so viel hilft wie unbedingt notwendig. Besprechen Sie in der Klasse die Erfahrungen der Schülerinnen, deren Augen verbunden waren und die Schwierigkeiten der Schülerinnen, die sie führten.

Weiterführende Fragen und Anregungen

13. *Im Grundgesetz Artikel 3, Absatz 3, Satz 2 steht: „Niemand darf wegen seiner Behinderung benachteiligt werden." Erörtern Sie, ob und inwiefern dieses Recht im Alltag umgesetzt ist.*

14. *Informieren Sie sich über Ansprüche auf Hilfen, die Kindern mit Behinderung und ihren Eltern zustehen.*

16 Kommunikation und Interaktion

Einstiegssituation

Stefanie arbeitet als Kinderpflegerin in einer Regelgruppe mit 25 Kindern. Heute hat Stefanie eine schwierige Aufgabe zu bewältigen. Zusammen mit ihrer Gruppenleiterin Heike erwartet sie Frau Pernpaintner, die Mutter des fünfjährigen Lukas, zu einem Elterngespräch. Schwierig wird das Gespräch schon deshalb, weil die Zusammenarbeit mit Heike noch nicht so richtig klappt. Stefanie fühlt sich von der Gruppenleiterin bevormundet, obwohl die, wie sie sagt, es doch eigentlich nur gut meint und ihr Tipps geben möchte. Frau Pernpaintner ist seit kurzer Zeit Witwe. Bereits in der Vergangenheit gab es eine Reihe von Auseinandersetzungen mit ihr. Sie glaubt, ihr Sohn werde nicht genügend beaufsichtigt, insbesondere wenn die Gruppe im Garten sei. Äußerst verärgert ist sie auch darüber, dass Lukas seine Kleidung bei Bewegungsspielen häufig verschmutzt.

Anlass des heutigen Gesprächs ist eine Abholsituation mit derselben Problematik. Das Gespräch hat schon einen schwierigen Start, weil sich die vorausgegangene Teambesprechung etwas hinzog, sodass das Gespräch nicht pünktlich beginnen konnte.

Im Gespräch fühlt sich Stefanie vielen Vorwür-fen von Frau Pernpaintner ausgesetzt, die sie zu entkräften versucht, wie der folgende Aus-schnitt zeigt:

Frau Pernpaintner: „Das war letzte Woche ja mal wieder typisch. Als ich am Mittwoch meinen Sohn abgeholt habe, war seine Kleidung völlig verdreckt. Ich dachte, ich hätte Ihnen klar und deutlich gesagt, dass ich Lukas in einem ordent-lichen Zustand abholen möchte. Wahrschein-lich saß er auch wieder oben auf der Astgabel."

Stefanie: „Es tut mir leid, aber wie Sie wissen, gehört die Bewegungszeit im Garten nun mal zu unserem Konzept. Das Klettern fördert eindeutig die motorische Entwicklung der Kinder und darum geht es uns unter anderem in der Bewegungszeit. Gerne stelle ich Ihnen unser Gesamtkonzept noch einmal vor."

Frau Pernpaintner: „Ich habe nichts gegen Ihr Konzept. Ich möchte nur sichergestellt haben, dass meinem Sohn nichts passiert und ich nicht jedes Mal die Kleidung wechseln muss."

Durch ihre Kollegin Heike erfährt Stefanie keine wirkliche Unterstützung. Die Gesprächsatmosphäre bleibt sehr gespannt. Am Ende droht Frau Pernpaintner damit, ihren Sohn aus dem Kindergarten zu nehmen, falls sich die Situation nicht in den nächsten Wochen deutlich verbessern sollte.

Stefanie ist verzweifelt. Mit den meisten Eltern kommt sie sehr gut zurecht. Die Kommunikation mit einigen Eltern ist zwar schwierig, letztendlich aber erfolgreich.

Nur mit Frau Pernpaintner gibt es immer wieder Konflikte. Sie beschließt, ihre Situation im Rahmen einer kollegialen Fallberatung mit vertrauten Kolleginnen zu bearbeiten.

Aus dieser Situation ergeben sich folgende Fragen:

1. Wie kann soziale Kommunikation und Interaktion im Berufsfeld der Kinderpflegerin gelingen?

2. Welche Kommunikationsformen gilt es dabei zu beachten?

3. Welche Ausdrucksformen in verschiedenen Altersstufen sollte eine Kinderpflegerin kennen?

4. Welche Gesprächsregeln gilt es, im Umgang mit den verschiedenen Zielgruppen einer Kinderpflegerin zu beachten?

5. Wie kann Kommunikation und Interaktion mit Kindern aus anderen Kulturkreisen gelingen?

6. Welche Erfordernisse an die Gestaltung von Beziehung sind notwendig, damit sie Grundlage erzieherischen Handelns sein können?

7. Wie gelingt Kommunikation und Interaktion mit Kindern in besonders schwierigen Lebenssituationen?

16.1 Die Begriffe „soziale Kommunikation" und „Interaktion"

Als soziales Wesen ist der Mensch auf Beziehungen zu seinen Mitmenschen angewiesen, um so seine Bedürfnisse zu befriedigen und Selbstwertgefühl zu entwickeln. Beziehungen werden durch Interaktion und Kommunikation verwirklicht. Ohne soziale Kommunikation und Interaktion sind Menschen nicht überlebensfähig. So weit kommt es in unserer Gesellschaft zwar kaum. Häufiger sind jedoch Fälle, in denen es zu Störungen im menschlichen Miteinander kommt.

Die angehende Kinderpflegerin benötigt für ihre Berufspraxis umfassende Kenntnisse der sprachlichen und nicht-sprachlichen Kommunikation. Darüber hinaus muss sie ihre eigene Kommunikation und Interaktion fortlaufend überprüfen, damit ihre Arbeit gelingen kann.

Definition **D**

Interaktion versteht sich als wechselseitiges Handeln und Reagieren von Menschen aufeinander. Dies kann sich sowohl auf unser Verhalten als auch auf unsere Kommunikation beziehen.

Am Beispiel eines Gesprächs zwischen einer Kinderpflegerin und einem Elternteil lässt sich der Begriff der Interaktion verdeutlichen: Elternteil und Kinderpflegerin treffen sich zum Gespräch, sie reagieren aufeinander, sie gehen auf die Ideen des jeweils anderen ein. Ihr Gespräch bedingt sich wechselseitig. Das Ergebnis des Gesprächs hängt von den Kommunikationspartnern ab.

Definition **D**

*Unter **sozialer Kommunikation** verstehen wir alle Prozesse, die dem Austausch von Informationen zwischen Menschen dienen. Der Begriff „Information" umfasst dabei nicht nur konkrete Fakten, sondern auch die Gefühlsebene (Gefühle, Wünsche und Bedürfnisse). Die soziale Kommunikation ist demnach ein Teil der Interaktion.*

Am Beispiel eines Gesprächs zwischen einer Kinderpflegerin und einem Elternteil lässt sich auch der Begriff der sozialen Kommunikation verdeutlichen: Die Kinderpflegerin möchte den Elternteil über das Verhalten ihres Kindes in der Gruppe informieren. Dabei werden konkrete Fakten ausgetauscht. Allerdings kommt es auch zum Austausch weiterer Informationen. Möglicherweise spielen Erwartungen, Enttäuschungen und Wünsche eine nicht zu unterschätzende Rolle in diesem Gespräch.

16.2 Elemente der Interaktion und der sozialen Kommunikation

Zu jeder Interaktion und sozialen Kommunikation gehört ein Sender, der eine bestimmte Information mit einer bestimmten Absicht an einen Empfänger weiterleitet. Der Sender verschlüsselt seine Information und leitet diese Nachricht über ein bestimmtes Medium, das einen bestimmten Aufnahmekanal anspricht, dem Empfänger zu. Die übermittelten Informationen sind nun vom Empfänger zu entschlüsseln. Er meldet dem Sender zurück, wie die Information bei ihm angekommen ist. Damit wird er selbst zum Sender und der Kreislauf setzt sich in die andere Richtung fort.

Anhand der Handlungssituation zu Beginn des Kapitels lässt sich dieser Kreislauf verdeutlichen: Frau Pernpaintner ist zunächst der Sender. Sie übermittelt an die Empfängerin Stefanie eine Nachricht oder Botschaft. Die Inhalte der Botschaft beziehen sich auf den Zustand der Kleidung und die Klettertätigkeit ihres Sohnes. Das Medium ist dabei Frau Pernpaintners Sprache. Der Kanal, über den die Botschaft aufgenommen wird, ist das Ohr. Stefanie entschlüsselt ihre Nachricht. Die Entschlüsselung der Botschaft bezieht sich dabei ausschließlich auf die Kritik am Zustand der Kleidung. Dies meldet sie der Mutter zurück. Sie verwendet dabei ebenfalls das Medium „Sprache" und den Informationskanal „Ohr".

Grafisch lässt sich dies folgendermaßen darstellen:

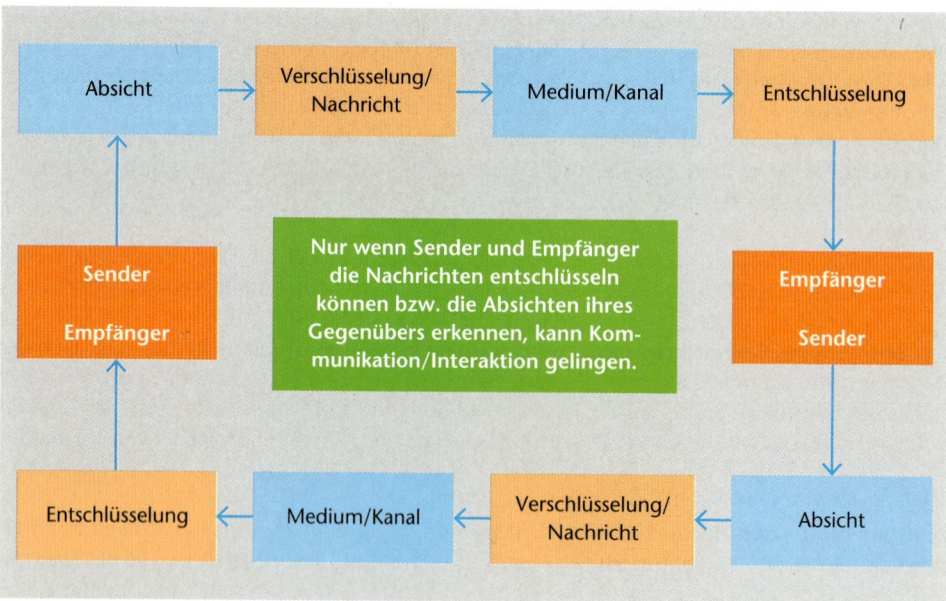

Die Fähigkeit, Informationen und Mitteilungen zu entschlüsseln und sachgerecht darauf zu reagieren, ist eine zentrale Berufsaufgabe der Kinderpflegerin. Sie steht in fortwährender Kommunikation mit Kindern, Kolleginnen und Eltern.

16.3 Grundlegende Erkenntnisse über soziale Kommunikation

Das Gespräch zwischen Frau Pernpaintner und Stefanie ist nicht sehr erfolgreich verlaufen. Von **erfolgreicher Kommunikation** spricht man, wenn die Kommunikationspartner ihre Ziele erreichen oder zumindest teilweise die gewünschte Wirkung erzielen. Nicht erfolgreich verläuft Kommunikation, wenn die Partner ihre Ziele nicht oder nicht annähernd umsetzen können. Mit der Frage, warum Kommunikation erfolgreich bzw. problematisch verläuft, befasst sich die psychologische Forschung schon seit vielen Jahren. Grundlegende Erkenntnisse auf diesem Gebiet verdanken wir dem Psychologen Paul Watzlawick.

16.3.1 Axiome nach Paul Watzlawick

Watzlawick hat die Ergebnisse seiner Arbeit in fünf sogenannte **Axiome** gefasst. Axiome sind absolute Grundsätze, die keinen weiteren Beweis benötigen.

Erstes Axiom: Man kann nicht nicht kommunizieren

Wenn Menschen sich begegnen, kommunizieren sie zwangsläufig. Auch wenn sie nicht miteinander sprechen, senden sie über ihr Verhalten, die Körperhaltung, die Blickrichtung usw. eine Botschaft, sie teilen etwas mit. Watzlawick spricht davon, dass jedes Verhalten in sozialen Situationen „Mitteilungscharakter" hat. Das Bild zeigt eine solche Begegnung. Die Kommunikationspartner befinden sich auf einem Bahnsteig und senden sich die Botschaft: „Ich möchte nicht angesprochen werden."

Nehmen wir einmal an, die Kinderpflegerin Stefanie hätte in dem Elterngespräch mit Frau Pernpaintner nicht sprachlich auf deren Aussagen reagiert, sie hätte einfach nichts erwidert. Wie wäre das Verhalten bei der Mutter angekommen? Sie hätte trotzdem auf diese Weise eine Botschaft versandt, wenn auch die Nachricht schwieriger zu entschlüsseln gewesen wäre. Beispielsweise hätte Frau Pernpaintner verstehen können, dass Stefanie sprachlos ist, dass sie ihre Kritik nicht hört, nicht mit ihr reden möchte oder dass es ihr gleichgültig ist, was sie sagt.

Zweites Axiom: Jede Kommunikation hat einen Inhalts- und Beziehungsaspekt

Der **Inhaltsaspekt** ist das „Was" einer Nachricht. Es wird beispielsweise mitgeteilt, dass die Kleidung verdreckt ist oder die Bewegungserziehung zum Konzept gehört. Es ist ein weitverbreiteter Irrtum zu glauben, dass es in einem Gespräch nur auf den Inhalt ankomme. Auch das „Wie" ist für das gegenseitige Verständnis von ganz entscheidender Bedeutung. Der **Beziehungsaspekt** verdeutlicht das Verhältnis zum Kommunikationspartner. Es kommt zum Ausdruck, wie man etwas verstanden wissen will. So kann durch den Tonfall Ärger oder Bewunderung ausgedrückt werden, durch die Körperhaltung kann Ablehnung signalisiert werden usw.
Kinderpflegerinnen und Erzieherinnen sollten daher nicht nur auf den Inhalt hören, sondern auch auf das „Wie" achten. Nur so können sie der Situation und dem Mitteilungsbedürfnis der Kinder und Eltern gerecht werden, denn eine Vernachlässigung des Beziehungsaspektes kann

zu Störungen der Kommunikation führen. Stefanie hat im Gespräch mit der Mutter ausschließlich auf den Inhalt geachtet. Vermutlich hat Frau Pernpaintner durch Tonfall Mimik, Gestik und/oder Körperhaltung signalisiert, dass sie meint, Stefanie nehme ihr Anliegen nicht ernst. Weil Stefanie dies nicht entschlüsselt hat, verlief die Kommunikation für beide Seiten unbefriedigend.

Drittes Axiom: Zwischenmenschliche Kommunikation sollte als Kreislauf verstanden werden

Betrachtet man das Kommunikationsmodell, das auf Seite 362 dargestellt ist, so wird deutlich: Kommunikation ist ein Kreislauf, bei dem es keinen Anfang und kein Ende gibt. Jede Mitteilung wird dadurch gleichzeitig zu Ursache und Wirkung. Kommunikationspartner übersehen diese Tatsache häufig, wenn sie den Ablauf der Kommunikation gliedern, oder – nach Watzlawick – eine Interpunktion vornehmen. Sie legen Ursache und Wirkung aus ihrer Perspektive fest und sehen das eigene Verhalten nur als Reaktion auf das Verhalten des Kommunikationspartners. Sie rechtfertigen ihr Verhalten damit, dass sie reagieren mussten und übersehen, dass sie damit wiederum selbst zum Verursacher werden. Es wird aus der eigenen Sicht ein Punkt gesetzt (= eine Interpunktion vorgenommen), ohne zu berücksichtigen, dass dies in einem Kreislauf nicht möglich ist. Stefanie beispielsweise fühlt sich von Frau Pernpaintner angegriffen, deshalb muss sie sich verteidigen und der Mutter verdeutlichen, dass Bewegungserziehung zum Konzept der Einrichtung gehört. Dass sie damit den Ärger von Lukas' Mutter verstärkt und ihr das Gefühl gibt, nicht ernst genommen zu werden, übersieht die Kinderpflegerin.

Viertes Axiom: Menschliche Kommunikation erfolgt auf digitale oder analoge Weise

Grundsätzlich gibt es zwei verschiedene Arten sich mitzuteilen: digital oder analog. Die verbale oder sprachliche Mitteilung entspricht dem Begriff „digital". Nichtsprachliche oder nonverbale Nachrichten bezeichnet Watzlawick als „analoge Kommunikation".

Sprache, also digitale Kommunikation, dient meist dazu, Inhalte, Sachverhalte mitzuteilen oder sich darüber auszutauschen. Geht es um die Beziehungsebene, greifen wir meist zur analogen Form. Im Gespräch mit Frau Pernpaintner achtet die Kinderpflegerin Stefanie vermutlich nicht ausreichend auf die analogen Signale der Mutter wie z. B. Tonfall, Mimik oder Gestik. Vermutlich sendet sie selbst eine Reihe nonverbaler Signale aus, ohne sich dessen bewusst zu sein. Analoge Botschaften sind oft mehrdeutig und daher schwer zu entschlüsseln. Um sie zu verstehen, ist es oft notwendig, den Zusammenhang mit der sprachlichen Information herzustellen. Digitale und analoge Kommunikation sollten möglichst übereinstimmen, sonst kommt es zu Störungen. Auch wenn eine Form, digitale oder analoge Kommunikation, vorherrscht, kann es Probleme geben. Denn mithilfe der digitalen Kommunikation kann nur unzureichend über Beziehungen, mit analoger Kommunikation nur unzureichend über Sachaspekte kommuniziert werden.

Fünftes Axiom: Kommunikationsabläufe sind entweder symmetrisch oder komplementär

Beziehungen von Menschen sind entweder symmetrisch oder komplementär, d. h., sie beruhen auf Gleichheit oder Unterschiedlichkeit.

Bei einer symmetrischen Beziehung gehen die Kommunikationspartner davon aus, ebenbürtig zu sein oder Gleichheit anzustreben. Deutlich wird Gleichheit beispielsweise, wenn die Kommunikationspartner den gleichen Anteil an Redezeit haben. Beruht die Beziehung auf Unterschiedlichkeit, ergänzen sich die Kommunikationspartner oder sie streben einen Ausgleich an. Dies ist der Fall, wenn beispielsweise ein Partner aufbrausend und der andere sehr ruhig ist. Erfolgreiche Kommunikation ist dann zu erwarten, wenn in einer Beziehung beide Abläufe gegeben sind. Probleme gibt es dann, wenn Beziehungen ausschließlich symmetrisch oder komplementär ablaufen, wie im Fall unseres Elterngespräches. Dabei handelt es sich um eine ausschließlich symmetrische Beziehung. Beide, Kinderpflegerin und Mutter, haben (vermutlich nicht nur in diesem Gespräch) etwa die gleichen Anteile an der Kommunikation. Sie sind beide darauf bedacht, ihre Position möglichst deutlich zu vertreten und wollen die Gesprächspartnerin nicht an Stärke gewinnen lassen.

Stark komplementäre Beziehungen bergen die Gefahr, dass Abhängigkeiten entstehen.

16.3.2 Das Kommunikationsmodell von Friedemann Schulz von Thun

Auf der Grundlage der Arbeit von Watzlawick und anderer Kommunikationsforscher hat der deutsche Psychologe Schulz von Thun weitere wichtige Erkenntnisse gewonnen. Er hat sich mit der Nachricht genauer beschäftigt und das einfache Kommunikationsmodell durch die Erkenntnis erweitert, dass jede Nachricht mehrere Botschaften gleichzeitig übermittelt (vgl. Kap. 16.2). Er spricht von den **vier Seiten einer Äußerung:**

1. der Sachinhalt *oder* worüber ich informiere
2. die Selbstoffenbarung *oder* was ich von mir selbst preisgebe
3. die Beziehung *oder* was ich von dir halte und wie wir zueinander stehen
4. der Appell oder *wozu* ich dich veranlassen möchte

Friedemann Schulz von Thun hat die vier Seiten einer Äußerung grafisch als Quadrat dargestellt und damit das einfache Kommunikationsmodell erweitert.

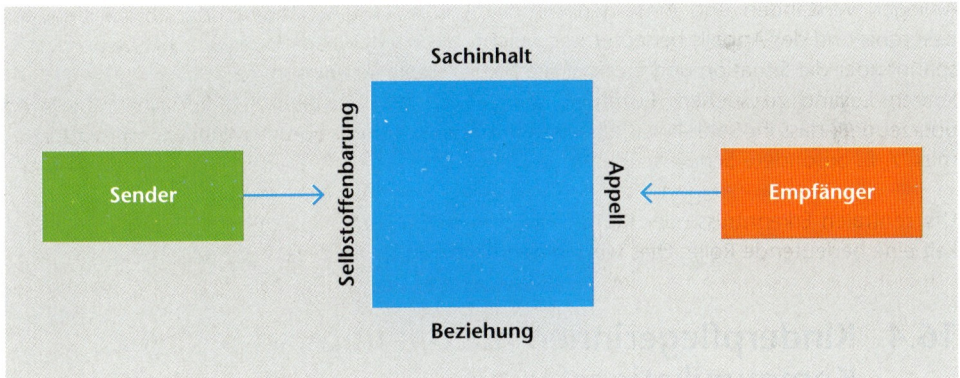

Für die Kinderpflegerin in ihren vielfältigen kommunikativen Beziehungen ist es ausgesprochen wichtig, über die vier Seiten einer Äußerung Bescheid zu wissen. Nur so ist sie in der Lage, angemessen auf ihr Gegenüber einzugehen. Wird eine der vier Seiten der Äußerung einseitig wahrgenommen oder überbetont, kann es zu Schwierigkeiten in der Kommunikation kommen.

Rufen wir uns noch einmal das Gespräch mit Frau Pernpaintner ins Gedächtnis. Sie sagt zu Stefanie: „Mein Sohn ist wieder völlig verdreckt … Wahrscheinlich saß er wieder oben in der höchsten Astgabel." Stefanie hat sehr stark auf den Sachinhalt geachtet und die anderen Seiten der Äußerung nur bedingt entschlüsselt. So blieb die Atmosphäre gespannt und das Gespräch ohne Ergebnis, schlimmer noch – die Fronten haben sich noch mehr verhärtet. In die folgende Grafik eingetragen sind die möglichen Botschaften von Frau Pernpaintner, die von Stefanie übersehen wurden.

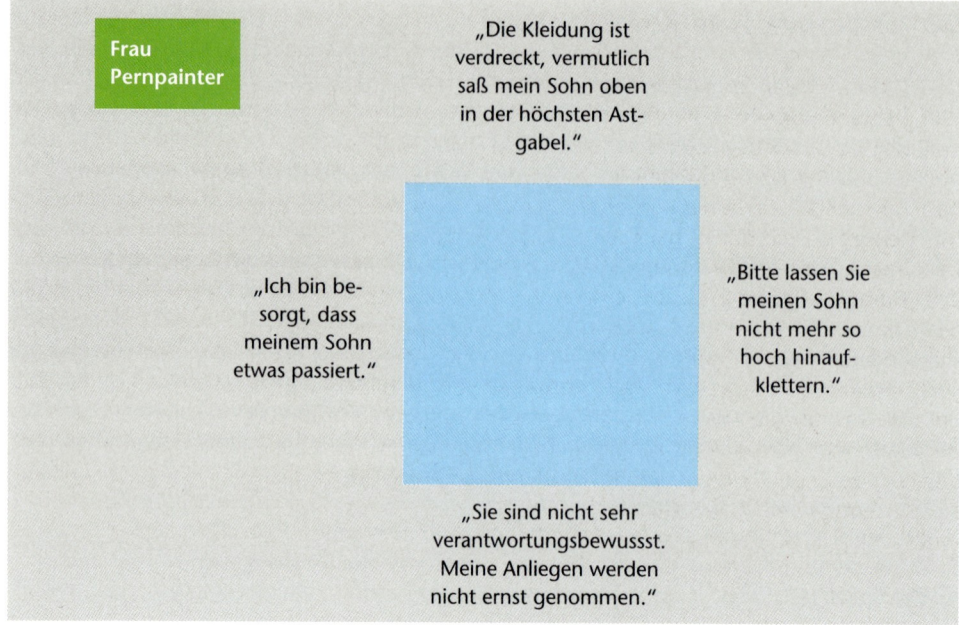

Hätte Stefanie die Besorgnis und den Appell der Mutter verstanden, hätte sie diese Aspekte aufgreifen können, indem sie beispielsweise sagt: „Ich glaube, Sie sind besorgt, dass Lukas etwas passiert, wenn er so hoch hinaufklettert." Frau Pernpaintner hätte sich dann in ihrem Anliegen verstanden und ernst genommen gefühlt. Das Aufgreifen und Ansprechen der Besorgnis und des Appells bedeutet noch nicht, dass man dem Appell auch nachgibt. Es entspannt aber die Situation und eröffnet die Möglichkeit, gemeinsam nach einer zufriedenstellenden Lösung zu suchen. Eventuell könnte sich die Mutter an einem Hospitationstag überzeugen, dass ihr Sohn Lukas das Klettern beherrscht oder aber man findet einen Kompromiss, z. B. besondere Schutzmaßnahmen.

Die zentralen Erkenntnisse der Kommunikationspsychologie spielen für die berufliche Tätigkeit eine bedeutende Rolle. Dies wird in den nächsten Kapiteln genauer dargestellt.

16.4 Kinderpflegerinnen nutzen unterschiedliche Kommunikationsformen

Menschen nehmen auf verschiedene Weise Kontakt miteinander auf. Paul Watzlawick unterscheidet digitale und analoge Kommunikation. Bekannter sind die Begriffe **verbale** und **nonverbale Kommunikation**.

16.4.1 Verbale Kommunikation

Unter verbaler Kommunikation verstehen wir eine sprachgebundene Kommunikation, die mündlich oder schriftlich erfolgen kann. Sprache ist ein komplexes System aus verschiedenen Komponenten wie Worten und deren Bedeutung, Satzbau und Grammatik. Mithilfe der Sprache drücken wir meist Sachinhalte aus. Kommunikation über Sprache kann nur gelingen, wenn Sender und Empfänger den gleichen Code beherrschen.

16.4.2 Nonverbale Kommunikation

Unter nonverbaler Kommunikation verstehen wir eine Kommunikation ohne Worte, die nicht an Sprache gebunden ist. Watzlawick bezeichnet diese Form der Kommunikation als **analoge Kommunikation**. Nonverbale Botschaften betreffen meist die Beziehungsebene. Es gibt zahlreiche Möglichkeiten, sich nonverbal mitzuteilen, z. B. durch Körpersprache, Verhaltensweisen, Bilder, Geschenke, Tonfall und Tonhöhe. Ein besonders wichtiger Teil der nonverbalen Kommunikation ist die Körpersprache, dazu zählen: Körperhaltung, Mimik und Gestik. Am Beispiel der Körpersprache wird nun aufgezeigt, welche Inhalte mit ihrer Hilfe auf der nonverbalen Ebene mitgeteilt werden können. Bei der Interpretation von nonverbalen Signalen ist aber immer Vorsicht geboten. Nonverbale Botschaften sind nicht so klar zu entschlüsseln wie sprachliche Nachrichten. Es ist immer auch der Gesamtzusammenhang zu sehen.

Körperhaltung

Entscheidend bei der Körperhaltung ist die Muskelspannung. Sie kann straff sein, dann wird eine eher gerade, gestreckte Haltung eingenommen. Menschen mit dieser Haltung wird Zielstrebigkeit und Aktivität unterstellt. Ist die Muskelspannung dagegen eher schlaff, geht man von Antriebslosigkeit oder der Bereitschaft zur Unterordnung aus. Ein weiterer Aspekt ist die Offenheit bzw. Geschlossenheit der Haltung. Eine offene Haltung wird mit Wohlgefühl und Zufriedenheit, eine geschlossene Haltung hingegen mit Anspannung oder gar Aggression in Zusammenhang gebracht.

Mimik

Mimik betrifft alle sichtbaren Bewegungen der Gesichtsoberfläche. Sie ist der Teilbereich der Körpersprache, der vermutlich am stärksten beachtet wird. Wenn Menschen miteinander kommunizieren, dann schauen sie sich ins Gesicht. Mithilfe der Mimik können Menschen Emotionen ausdrücken, z. B. Freude und Glück, Furcht und Angst, Überraschung und Enttäuschung, Wut und Ärger, Trauer und Entsetzen, Verachtung und Ekel. Besonders bedeutsam ist der Blickkontakt. Wird in einem Gespräch der Blickkontakt gehalten, vermitteln die Kommunikationspartner einander Interesse und Nähe. Fehlt der Blickkontakt, gehen wir von Desinteresse und Unsicherheit aus, letzteres insbesondere dann, wenn der Blick gesenkt wird.

Gestik

Gestik ist ein schwächeres Element der Körpersprache. Sie betrifft vor allem Bewegungen von Armen, Beinen, Händen und Fingern. Mit Gesten werden in der Regel sprachliche Aussagen unterstützt. Manche Menschen machen viele Gesten, andere gehen sparsam damit um. Gesten sind also von der Persönlichkeit und vom Temperament der Menschen abhängig. Aber auch der kulturelle Hintergrund spielt hier eine Rolle. Die gleiche Geste hat in verschiedenen Ländern unterschiedliche Bedeutungen. Sind Menschen aufgeregt, neigen sie stärker dazu, Gestik einzusetzen als in gewohnten oder entspannten Situationen.

16.5 Ausdrucksformen in verschiedenen Altersstufen

Kinder auf verschiedenen Altersstufen haben unterschiedliche Möglichkeiten, sich auszudrücken. Zu Beginn des Lebens verfügt das Kind über relativ eingeschränkte, nonverbale Möglichkeiten, sich mitzuteilen. Mit zunehmendem Alter nimmt nicht nur die Anzahl an Ausdrucksmöglichkeiten zu, die einzelnen Formen werden immer stärker differenziert. Ein Kind lernt z. B. als Möglichkeit die Sprache kennen, die im Laufe der Zeit verbessert wird. Anlässe und Inhalte der Kommunikation richten sich nach den Entwicklungsaufgaben, die im jeweiligen Alter anstehen. Die verschiedenen Ausdrucksformen sollen daher anhand von Meilensteinen in der Entwicklung aufgezeigt werden.

16.5.1 Neugeborene bis zum sechsten Monat

Alle Sinnesreize von außen nimmt das Baby als Gefühl wahr und teilt sie in angenehm oder unangenehm ein. Wenn das Baby beispielsweise Hunger hat, fühlt sich das unangenehm an. Das Baby drückt dieses Gefühl aus, indem es schreit. Erst durch Stillen oder Füttern wird dieses Unwohlsein behoben.

In erster Linie teilen sich Eltern ihren Kindern mit ihrer Stimme mit. Das Baby reagiert aber auch auf Mimik und andere Bewegungen aus seiner Umgebung. Auch der Hautkontakt ist für die Kommunikation sehr wichtig (Streicheln und Massieren).

Im Laufe der ersten sechs Monate empfindet das Kind immer differenzierter und ist in der Lage, sich facettenreicher mitzuteilen. Das Baby setzt die Stimme nicht nur zum Schreien ein. Das Kind lallt, gurrt und gibt schrille Freudentöne von sich. Nach dem ersten deutlichen Lächeln zwischen der sechsten und der zehnten Woche begrüßt es seine Bezugspersonen lachend, strampelnd und mit lauten Freudentönen. Dadurch werden Dialoge möglich. Das Kind merkt, dass es in der Lage ist, die Reaktion seines Gegenübers zu beeinflussen.

16.5.2 Der sechste bis zwölfte Lebensmonat

Die Ausdrucksformen der Kinder verändern sich schon deshalb, weil sie in der Lage sind, durch vermehrte Bewegung ihre Perspektive zu verändern.

Im zweiten Halbjahr erwirbt das Baby eine Fähigkeit, die als *Objektpermanenz* bezeichnet wird. Bisher existierten für es nur die Dinge, die es gerade gesehen hat. Nun versteht es, dass Dinge auch außerhalb seiner Wahrnehmung nicht aufgehört haben zu existieren.

Die Erkenntnis der Objektpermanenz ist auch wichtig für die sozialen Beziehungen zu seinen Bezugspersonen, vermittelt sie doch das sichere Gefühl von deren Existenz.

Eine weitere Ausdrucksform entwickelt sich häufig um den achten Lebensmonat. Kinder beginnen beim Anblick fremder Personen zu fremdeln, d. h., sie beginnen zu weinen und suchen Schutz. Fremde Personen beherrschen das spezielle, vorsprachliche Kommunikationsmuster des Kindes nicht.

Im Alter von einem Jahr meistert das Kind die großen Entwickungsaufgaben „Spracherwerb" und „Erwerb des aufrechten Ganges".

16.5.3 Das zweite Lebensjahr – vom Baby zum Kleinkind

Zu Beginn des zweiten Lebensjahres spielen das Laufen und Sprechenlernen immer noch eine große Rolle. Im Alter zwischen 18 und 24 Monaten entwickelt sich die Sprache in der Regel so weit, dass die Kinder sich verbal verständlich machen können. Die vorsprachliche Phase mit ihren unterschiedlichen Ausdrucksformen wird langsam abgelöst durch echte Dialoge und sprachliche Verständigung.

In dieser Altersphase kommt es zum Entwicklungsschritt der sogenannten psychischen Geburt. Das Kind beginnt, sich der eigenen Person bewusst zu werden. Dieses Bewusstsein ist die Voraussetzung für Empathie, also für echtes Mitgefühl als weitere wichtige kommunikative Ausdrucksform.

Im Kontakt mit Gleichaltrigen beziehen sich die Kinder nun mit Handlungen und mit Worten öfter aufeinander. Dadurch kommt es auch vermehrt zu Auseinandersetzungen, z. B. zum Streit um Spielsachen. Im Kontakt und im Konflikt mit Gleichaltrigen erhält das Kind einen wichtigen Raum für Kommunikation. Dabei kann es sich und seine Fähigkeiten einschätzen und messen.

16.5.4 Das dritte Lebensjahr

Zwischen dem zweiten und dritten Lebensjahr lernt das Kind alle Fähigkeiten, um mit drei Jahren das sogenannte Kleinstkindalter zu beenden. Die sprachliche Veränderung als Grundlage der kommunikativen Ausdrucksform ist die auffälligste Veränderung zwischen dem zweiten und dritten Lebensjahr. Durch Sprache werden auch Denkprozesse beeinflusst. Der fortschreitende Spracherwerb hilft, Kategorien zu bilden und Ordnungen zu schaffen. In dieser Phase ist das häufige Nachfragen der Kinder (Warum-Phase) typisch. Oft kann man erleben, dass jede Antwort ein erneutes „Warum?" nach sich zieht.

Die Fähigkeit, sich in andere hineinzuversetzen, ist die Voraussetzung für das Entstehen der „psychischen Instanz" Gewissen. Aber auch wenn ein Kind die Bauwerke des anderen zerstört und alle Formen der körperlichen Gewalt anwendet, so handelt es sich dennoch meist um altersgemäße Ausdrucksformen, mit denen das Kind ausprobiert, wie das Gegenüber reagiert. Im weiteren Verlauf des dritten Lebensjahres kommt es zu Ausdrucksformen des Widerstandes und „trotzigen Reaktionen". Das Verhalten gipfelt in Wutausbrüchen. Dahinter steckt fast immer die Botschaft: „Ich bin ich und du bist du, deshalb will ich anders sein als du."

Auf der Suche nach weiteren Ausdrucksformen entdeckt das Kind das Rollenspiel. Im Rollenspiel begreift das Kind die Regeln neu und nimmt verschiedene Betrachtungspositionen ein.

Im weiteren Verlauf erwirbt das Kind geschlechtsspezifische Ausdrucksformen als Mädchen und Junge. Dies gibt dem Kind Sicherheit bezüglich des eigenen Platzes im sozialen Gefüge (vgl. Barmer Ersatzkasse, 2002).

16.5.5 Die Vorschulzeit

Ab dem vierten Lebensjahr beherrschen die Kinder die hauptsächlichen Satzkonstruktionen ihrer Muttersprache, sodass die Sprache für Kinder dieser Entwicklungsphase in ihrer Erkenntnis- und Mitteilungsfunktion meist ausgebildet ist. Das Spielverhalten zeigt in dieser Phase einen Schwerpunkt in sogenannten **kooperativen Rollenspielen**, also dem Spielen mit anderen Kindern.

Eine weitere Ausdrucksform ist das **Zeichnen und Malen**, das in dieser Entwicklungszeit Besonderheiten aufweist. Mensch- und Tierzeichnungen werden zunehmend differenzierter und ganzheitlicher dargestellt.

Die situativ bedingten Kind-Kind-Beziehungen, in denen gesprochen, gefragt, gespielt, gemalt und sich ausgetauscht wird, gewinnen an Bedeutung. Dadurch wird die soziale Entwicklung angeregt, weil das Kind lernt, Kontakte aufzunehmen, kontaktbereit zu sein und sich in Gruppen einzuordnen.

16.5.6 Die Grundschulzeit

Das Kind hat nun viele Ausdrucksstärken im Spiel erworben, das Rollenspiel dominiert und geht allmählich zum Regelspiel über. Das Kind hat ein Ich-Bewusstsein entwickelt und richtet sein Verhalten nach ethischen Normen aus.

Dem Erwerb der Schriftsprache kommt eine besondere Bedeutung zu. Dem Kind gelingt es zunehmend, Begriffe nach ihren Merkmalen zu bestimmen. Zum Ende der Grundschulzeit erfolgt bereits eine Einordnung von Begriffen in Kategorien.

Im Laufe der Schulzeit gewinnt die Selbstorganisation von Kindergruppen zunehmend an Bedeutung. Für die Stellung in der Gruppe und den gegenseitigen Umgang spielen Faktoren wie Schulleistungen, materieller Besitz sowie Äußerlichkeiten der Sozialpartner eine nicht unerhebliche Rolle (vgl. Joswig, 2009, o. S.).

16.6 Kommunikation – Grundlage für Beziehungsgestaltung

Kommunikation und Interaktion sind Voraussetzung für die Gestaltung von lebendigen Beziehungen zu Kindern und Jugendlichen. In ihrer Arbeit kommt es ganz entscheidend darauf an, dass die Kinderpflegerin die Befindlichkeiten und Bedürfnisse der Zu-Betreuenden sensibel erkennt und deutet. Dabei ist die pädagogische Beziehung zum Einzelnen wie zur Gruppe gleichermaßen von Bedeutung. Denn erst im Austausch und in der wechselseitigen Beeinflussung erfährt ein Kind, wie es sich verhalten soll, damit ein Miteinander möglich wird.

In diesem Raum werden emotionale und praktische Bedürfnisse der Kinder befriedigt, werden die Kinder zur Selbstkontrolle angehalten, wird soziale Entwicklung gefördert, werden Konfliktlösungstechniken vermittelt und Lernformen geschaffen. Mit zunehmender Verweildauer in Kindertagesstätten steigt die Bedeutung einer positiven Beziehungsgestaltung.

Untersuchungen belegen: Kinder entwickeln sich besser, wenn sie eine tragfähige, vertrauensvolle Beziehung zum pädagogischen Personal haben. Sie erzielen höhere Werte bei Sprachtests, sind aufmerksamer, ihre kognitiven Leistungen liegen über denjenigen der Vergleichsgruppe. Auch zeigen sie weniger Verhaltensauffälligkeiten und verhalten sich insgesamt sozialer.

Unterstützt werden diese Ergebnisse von neueren Untersuchungen aus der Hirnforschung. Diese weisen nach, dass die positive Gestaltung einer Beziehung Denken und Lernen wesentlich erleichtert. Positive Emotionen bewirken eine größere Merkfähigkeit und eine stärkere Einbindung kreativer Kräfte.

Für den Berufsalltag der Kinderpflegerin bedeutet dies, dass eine positiv wertschätzend gestaltete Beziehung zu den anvertrauten Kindern eine unabdingbare Voraussetzung für die Alltagsarbeit in Kindergärten darstellt. In der sinnvollen Umsetzung der Gesprächsregeln sowie einer möglichst störungsarmen Kommunikation liegt der Schlüssel zur positiven Ausgestaltung der Beziehung zum Kind.

Spielregeln für die Beziehungsgestaltung können dabei helfen:

„Ich will dir sagen, was ich fühle." So beginnen Menschen miteinander in Beziehung zu treten. Genauso wie wir den Ball hin und her werfen müssen, um Ball zu spielen, müssen wir über unsere Gefühle sprechen, wenn wir eine positive und wertschätzende Beziehung zu unserem Gesprächspartner aufbauen möchten. Achte deshalb auf die Gefühle anderer.

Ein richtiges Gespräch kann nicht entstehen, wenn zwei Menschen gleichzeitig reden. Die eine oder andere Seite muss den ersten Schritt tun und den Ball werfen. Damit ist gemeint, den anderen aussprechen zu lassen und nicht dazwischenzureden. Denn um sicher zu sein, dass Dein Mitspieler den Ball gut fangen kann, ist es wichtig, dass Du Deinen Ball nicht loswirfst, bevor Du den Ball Deines Partners gefangen hast. Dein Gegenüber kann sich nicht darauf konzentrieren, Deinen Ball aufzufangen. Er geht verloren.

Wenden wir uns dem Mitspieler zu, stellen wir vor unserem Abwurf Blickkontakt zu unserem Mitspieler her, so kann er sich darauf einstellen und sich bereit machen, den Ball zu fangen. So macht das Ballspielen Spaß. Auch beim Führen von Gesprächen ist es von Vorteil, den Gesprächspartner anzublicken, wenn man mit ihm spricht. Man gewinnt auf diese Weise die Aufmerksamkeit seines Gegenübers.

Sich gegenseitig zuzuhören, ist grundlegend für eine gelingende Beziehung. Man kann nicht von einem Ballspiel sprechen, wenn ein Spieler den Ball überhaupt nicht fängt, sondern ihn vor sich zu Boden fallen lässt. Höre Deinem Gesprächspartner aufmerksam zu, wenn er spricht, sonst kannst Du seine Nachricht nicht empfangen!

Ist es Dir schon einmal passiert, dass Du einem anderen Menschen den Ball zuwirfst und dieser ihn achtlos wegwirft? Oder Du wirfst den Ball sanft, mit ganz viel Gefühl, und dann schießt der andere ihn mit voller Wucht zurück. Niemand wünscht sich solch ein Ballspiel. Auch im Beziehungsalltag machen Zurückweisungen, wie z. B. den anderen auszulachen oder ihn zu verspotten, unglücklich. Abfällige Bemerkungen sind deshalb nicht erlaubt!
(vgl. Itoh, 2000 und Stäblein, 2008)

Die Spielregeln geben uns Hinweise auf Voraussetzungen für gelingende Kommunikation, z. B.:
- respektvolle Haltung und Wertschätzung
- Ressourcenorientierung
- Empathie
- Dialogbereitschaft
- Bereitschaft zur Selbstreflexion

Um in der Sprache der „Spielregeln" zu bleiben: Nur wenn diese Bedingungen erfüllt sind, entsteht ein „ Spielverlauf" und sind alle Spieler motiviert, sich einzubringen und aktiv mitzuspielen. Nur wenn diese Voraussetzungen gegeben sind, macht das Ballspiel auch Spaß. Das gilt für alle Formen des Miteinanders, allerdings in besonderem Maße für Kinderpflegerinnen und Erzieherinnen in ihrem beruflichen Kontakt mit ihnen anvertrauten Kindern, gleich welcher Altersstufe. In der Praxis gibt es viele Anlässe und Situationen für Kommunikation und Beziehungsgestaltung mit Kindern, Eltern und Kolleginnen. Aus den Spielregeln bzw. Bedingungen lassen sich konkrete Gesprächsregeln für die Kommunikation mit verschiedenen Zielgruppen ableiten, die im folgenden Abschnitt genauer erläutert werden.

16.7 Wichtige Gesprächsregeln im Umgang mit verschiedenen Zielgruppen

Ein Wesensmerkmal professionellen Handelns einer Kinderpflegerin besteht in der Fähigkeit, mit ganz unterschiedlichen Zielgruppen kommunizieren zu können. Es ist hilfreich, sich den Umgang mit den drei Zielgruppen Kinder, Kolleginnen und Eltern genauer anzusehen und sich an Gesprächsregeln zu orientieren.

16.7.1 Gespräche mit Kindern

Es gibt kaum etwas Alltäglicheres als das Gespräch der Kinderpflegerin mit den ihr anvertrauten Kindern.
Wir sprechen miteinander, tauschen Informationen aus und teilen anderen unser Befinden mit. Effektive und weiterführende Gespräche im Kindergartenalltag verlangen aber einiges mehr von uns. Und die Kompetenz zur professionellen Gesprächsführung und zum Aufbau einer positiven Gesprächskultur fällt nicht vom Himmel. Im Folgenden sollen einige Grundregeln der Gesprächsführung mit Kindern genannt werden (vgl. Römer, 2009, o. S.):

„Ich-Botschaften" senden

Im Umgang mit Kindern sind Vorwürfe und Verallgemeinerungen in der Regel nicht hilfreich. „Du bist heute aber schlecht gelaunt", wer sich einem derartigen Vorwurf ausgesetzt sieht, ist kaum bereit, sein Innenleben nach außen zu tragen. Konstruktiver sind die sogenannten „Ich-Botschaften". „Ich habe das Gefühl, dass es dir heute nicht besonders gut geht."

Ich-Botschaften sind besonders geeignet, Problemsituationen zu entschärfen, denn sie schaffen dem Kind die Möglichkeit, freiwillig die Situation zu verändern. Wesentlich für eine Ich-Botschaft ist der Ausdruck einer eigenen Empfindung. Sie ist noch lange kein Garant für ein gutes Gespräch, aber zumindest eine gute Grundlage dafür.

Aktives Zuhören

Zum Zuhören gehört weit mehr, als nur aufmerksam den Worten des Gegenübers zu lauschen. Allzu schnell glauben Erwachsene zu wissen, was das Kind gemeint hat. Kindern zuzuhören heißt, aufmerksam und geduldig zu bleiben, auch wenn man das Gespräch als „unpräzise" bzw. „von einem Punkt zum anderen hüpfend" erlebt. Kindern zuzuhören heißt, auf Zwischentöne zu achten und nachzufragen, ob etwas richtig verstanden wurde. Kinder werden so zum Weiterspinnen ihrer Gedanken angeregt.
Kindern zuzuhören heißt, den Blickkontakt zu halten und eine zugewandte und entspannte Körperhaltung einzunehmen.
Kindern zuzuhören bedeutet, sie ausreden zu lassen und eigene Meinungen und Widersprüche zurückzustellen.

> *„Wenn man sich auf ein kleines Kind einlässt, findet man sich immer erst mal auf dem Boden wieder."*
> (Metzger, 2008, S. 14)

Austausch pflegen

Notwendig ist ein echter Austausch mit dem Kind, bei dem das Kind und der Erwachsene die Rollen wechseln, also jeder einmal zuhört und einmal spricht, sodass es auf keiner Seite zu Passivität und Hilflosigkeit kommt. Auch ein „Ausfragen" dient nicht dazu, dass Kinder sich vertrauensvoll öffnen.

Über das Reden reden

Kinder sollten vorab über Absichten und Gesprächsziel informiert werden. „Ich möchte gerne wissen, wie es Dir geht …" Auch im Verlauf des Gesprächs ist es sinnvoll, Kommunikationsstrategien zu thematisieren. „Ich frage Dich das, weil …" Dies schafft Vertrauen und zeigt dem Kind, dass es einbezogen wird. Ein Gespräch lässt sich auch gut mit einem kurzen Dank beenden: „Ich habe eine Menge erfahren und danke Dir für Deine Offenheit."

(vgl. Römer, 2009, o. S.)

16.7.2 Gespräche mit Kolleginnen/Mitarbeiterinnen

Kinderpflegerinnen arbeiten in einem Team zum Wohle der Kinder zusammen. Neben Erzieherinnen und Sozialpädagogen sind dies auch Verantwortliche aus dem Trägerbereich, externe Fachleute wie Logopäden, Physiotherapeuten, Mitarbeiter von Beratungsstellen, Verwaltungsfachleute, hauswirtschaftliche Fachkräfte oder Reinigungskräfte.
Eine professionelle Gesprächsführung ist deshalb dringend erforderlich.

Das Gespräch vorbereiten

Die Arbeit in Kindertagesstätten ist oft hektisch. Dennoch sollte vor einem Gespräch mit einer Kollegin/Mitarbeiterin die vorhergegangene Beschäftigung bewusst abgeschlossen sein. Auch auf die Umgebung ist zu achten. Soweit möglich sollte ein ruhiger Raum ausgewählt werden.

Eine innere Haltung schaffen

Eine positive Einstellung zum Gegenüber und dessen Tätigkeit ist hilfreich. Auch sollte weniger Zeit für die Problembeschreibung als vielmehr auf die Zielorientierung verwendet werden. Ein hohes Maß an Flexibilität und Authentizität ist erforderlich.

Die Gesprächspartnerin verstehen

Dies gelingt, wie im Umgang mit den Kindern auch, mit aktivem Zuhören zum besseren Verständnis des Gegenübers. Statt Interpretationen sollten nur konkrete Beobachtungen und persönliche Reaktionen mitgeteilt werden. Die Kinderpflegerin sollte sich der verschiedenen Kommunikationsformen (siehe Kap. 16.4) bewusst sein, um mögliche Störungen so früh wie möglich zu vermeiden.
Auf die eigenen Gefühle und die Botschaften der Gesprächspartnerin sollte besonders geachtet werden.

Sich um ein Feedback bemühen

Feedback ist eine Information darüber, wie man auf andere wirkt. Durch Feedback teilen einem andere Menschen mit, wie seine Verhaltensweisen wahrgenommen, verstanden und erlebt werden. Im Feedback stecken große Lernchancen. Solange die Kinderpflegerin annimmt, dass Selbst- und Fremdbild übereinstimmen, wird das Verhalten in der Regel weder überprüft noch verändert. Erst wenn sie erfährt, wie andere sie wirklich sehen, ist eine Annäherung möglich. Der geeignete Ort für Feedbackverfahren ist die systematische Fallbesprechung in Teamsitzungen, die Supervision bzw. die kollegiale Fallberatung.

Fallbeispiel

Stefanie hatte sich nach dem Gespräch mit Frau Pernpaintner vorgenommen, ihre Situation im Rahmen einer kollegialen Fallberatung noch einmal genauer zu betrachten. Die Situation könnte in einer Teambesprechung folgendermaßen aufgearbeitet werden:

Stefanie: „Es belastet mich sehr, dass Frau Pernpaintner anscheinend mit meiner Arbeit unzufrieden ist. Dabei arbeiten wir doch nach einem ganz vorzüglichen Konzept, in dem Bewegungserziehung eine wichtige Rolle spielt. Ihr geht es aber anscheinend immer nur um saubere bzw. verdreckte Kleidung."

Kollegin Gabi: „Möglicherweise geht es Frau Pernpaintner ja nicht nur um die Kleidung. Ich habe sie jedenfalls als sehr besorgte Mutter erlebt. Ich denke, es ist nicht einfach für sie, ihren Sohn Lukas kletternd auf dem Baum zu erleben."

Kollegin Susanne: „An meiner vorherigen Arbeitsstelle, ebenfalls einem Kindergarten, hatten wir die gleichen Schwierigkeiten mit einigen Müttern. Wir haben dann die Mütter eingeladen, uns in der Gartenzeit zu besuchen. Sie haben erlebt, wie wertvoll dieses Klettern für ihre Kinder sein kann. Von diesem Tag an standen sie voll und ganz hinter unserem Konzept."

Stefanie: „Ihr habt recht. Anscheinend bin ich im Gespräch mit Frau Pernpaintner nicht genug auf ihre Ängste eingegangen. Ehrlich gesagt habe ich diese überhaupt nicht wahrgenommen. Ich habe nur ihre Verärgerung über die verdreckte Kleidung gehört. Vielleicht gelingt es mir auch, durch einen Besuch ihre Ängste abbauen zu helfen.
Euch jedenfalls schon mal ganz herzlichen Dank für die Rückmeldung."

16.7.3 Gespräche mit Eltern

Gespräche mit Eltern sind wichtige Elemente in vielen Konzepten von Kindertagesstätten. Sie dienen dem gegenseitigen Austausch und sind gerade in Problemsituationen unabdingbarer Bestandteil kindgerechter Erziehung.

Elterngespräche sind aber nicht frei von Konflikten. Erziehungsvorstellungen treffen aufeinander und müssen besprochen werden.

Tipps für Elterngespräche

Strahlen Sie im Elterngespräch Wertschätzung und Respekt aus

Stimmen Sie sich vor dem Elterngespräch mit positiven Gedanken ein. Dies verhilft Ihnen zu einer optimistischen Haltung. Den Eltern gegenüber strahlen Sie Wertschätzung und Respekt aus, die sie brauchen, um beispielsweise konstruktive Kritik von Ihnen annehmen zu können.

Auch wenn Eltern anderer Meinung sind als Sie selbst, respektieren Sie dies. Versuchen Sie, den Standpunkt und den Blickwinkel der Eltern zu verstehen, indem Sie Fragen dazu stellen, Inhalte mit eigenen Worten zusammenfassen oder sich deren Ansicht durch ein Beispiel erläutern lassen.

Vermitteln Sie den Eltern ein positives Gefühl

Ziel Ihres Elterngesprächs sollte sein, dass beide Seiten mit einem positiven Eindruck aus dem Dialog gehen. Sprechen Sie Sachverhalte und Inhalte gezielt und ehrlich an. Wenn Sie signalisieren, dass Sie nach einer für beide Seiten tragbaren Lösung zum Wohle ihres Kindes suchen, wird es den Eltern leichterfallen, mit Ihnen zu kooperieren. Rücken Sie von Ihrem Ziel ab, wenn Sie im Verlauf des Elterngesprächs merken, dass es die Eltern zum momentanen Zeitpunkt überfordern würde. Auch Teilerfolge bringen Sie beim Elterngespräch weiter.

Benutzen Sie Ich-Botschaften im Elterngespräch

*Ein häufiger Fehler, der im Elterngespräch unterläuft, ist der, dass die Erzieherinnen/ Kinderpflegerinnen sich hinter Verallgemeinerungen verstecken oder Du-Botschaften verwenden. Wollen Sie beispielsweise mit den Eltern über ihre Schwierigkeiten beim Aufzeigen von Grenzen und Konsequenzen sprechen, wäre eine typische **Du-Botschaft**: „Man könnte meinen, dass in der Erziehung von Helene manchmal nicht die nötige Konsequenz waltet."*

Wenn Sie so argumentieren, haben Sie die Befürchtung, den Eltern zu nahe zu treten, und erreichen aber durch die versteckte Botschaft genau das Gegenteil. Die Aussage ist für Eltern nicht klar, sie fühlen sich verunsichert, weil sie nicht wissen, wer außer Ihnen noch vermutet, dass Helene nicht mit der nötigen Konsequenz erzogen wird. Dies geschieht oft aus der Angst vor „unangenehmen" Mitteilungen oder negativen Assoziationen während des Elterngesprächs.

Ich-Botschaften vermitteln dagegen klare und eindeutige Inhalte. (…) „Ich habe in Abholsituationen beobachtet, dass Helene Ihre Aussagen immer wieder anzweifelt und lange testet, wie weit sie gehen kann. Meiner Meinung nach würde es Helene und Ihnen helfen, wenn Sie ihr verlässliche Grenzen aufzeigen könnten. Helene würde lernen, dass sie sich an diese Grenzen halten muss."

(Verlag PRO Kiga, Wie Sie Grundlagen für ein gutes Elterngespräch schaffen, 2008, o. S.)

Bei Problemen: Klare Worte zählen bei der Gesprächsführung

Reden Sie nicht lange um den heißen Brei herum. Stellen Sie den Eltern ganz klar den Sachverhalt dar, um den es geht. Betonen Sie dabei, dass es Ihnen, genauso wie den Eltern, ausschließlich um das Kind und dessen Wohlergehen geht. Untermauern Sie bei Ihrer Gesprächsführung jeden kritischen Inhalt, den Sie benennen, mit einem gut ausgewählten, anschaulichen Beispiel oder einer Beobachtung aus dem typischen Verhaltensrepertoire des Kindes.

Wer fragt, der hat die Gesprächsführung in der Hand

*Holen Sie durch gezieltes Nachfragen die Sichtweise der Eltern ein. Lassen Sie die Eltern immer aussprechen und die eigene Meinung ausdrücken. Sie haben die Gesprächsführung in der Hand, wenn es Ihnen gelingt, möglichst viele offene Fragen, sogenannte **W-Fragen**, beispielsweise „**wer, was, wann, warum, wie, wogegen, weshalb**", zu stellen. Melden Sie die Aussagen der Eltern immer zurück, indem Sie sie noch einmal mit eigenen Worten zusammenfassen. Fragen Sie beispielsweise: „Ich habe verstanden, dass …, ist das so richtig?"*

Dies hat eine positive Wirkung: Auf die Eltern wirkt dies wie ein Echo; sie hören ihre eigenen Aussagen in anderen Worten, können nochmals über die eigene Position nachdenken.

Praktikable Lösungen zahlen sich aus

*Entwickeln Sie mit den Eltern gemeinsam **Lösungsmöglichkeiten**, um das Problem oder das Defizit des Kindes in den Griff zu bekommen. Entscheidend ist dabei, dass Eltern nicht nur gewillt, sondern auch in der Lage sind, Veränderungen und Entwicklungen zum Wohle ihres Kindes zu akzeptieren und durchzusetzen. Manchmal wird dies nicht ohne fremde Hilfe gelingen. Bahnen Sie deshalb im Elterngespräch, wenn nötig, behutsam Unterstützungsleistungen an, wie etwa eine begleitende Erziehungsberatung, eine Familientherapie oder die Inanspruchnahme sozialer Hilfsdienste. Ein Elterngespräch, in dem Sie kritische, schwierige und unbequeme Aspekte bei den Eltern ansprechen müssen, kommt immer wieder vor. Ihre Pflicht ist es, mit den Eltern auch unbequeme Inhalte professionell und fachlich gut aufbereitet zu besprechen. Sie rüsten sich, indem Sie sich zukünftig noch gezielter anhand dieser Grundsätze auf Ihr Elterngespräch vorbereiten.*

(Verlag PRO Kiga, Grundlagen für ein gutes Elterngespräch, 2008, o. S.)

16.8 Kommunikation und Interaktion mit Kindern in schwierigen Lebenssituationen

Kinderpflegerinnen finden in Kindertagesstätten nicht nur „heile Welten" vor. Kinder befinden sich in schwierigen, teilweise äußerst schwierigen Lebenssituationen. Sie erleben die Trennung der Eltern, einen Todesfall in nächster Umgebung, wachsen mit einer Behinderung auf oder werden mit bedrohlichen Krankheiten konfrontiert. Auch die Geburt eines Geschwisters können Kinder als schwierige Lebenssituation empfinden. Mitarbeiterinnen in Kindergärten müssen darauf angemessen reagieren können (vgl. Kap. 5.6).

Am Beispiel des Umgangs mit den Themen „Tod" und „Scheidung" sollen die besonderen Kommunikations-Anforderungen an Kinderpflegerinnen gezeigt werden.

16.8.1 Das Thema „Tod" im Kindergarten kommunizieren

Jede Kinderpflegerin, die glaubt, Kinder vor diesem Thema „beschützen" zu müssen, wird in der beruflichen Alltagsarbeit eines Besseren belehrt. Das Erlebnis „Tod" verändert Kinder. Das Bedürfnis, sich in dieser Situation mitzuteilen, ist in der Regel sehr groß. Es ist Aufgabe des Kindergartens und seines Teams, auch über persönliche Schwierigkeiten hinaus diesem Bedürfnis der Kinder angemessen Rechnung zu tragen.

Folgende Verhaltensweisen sollte die Kinderpflegerin dabei berücksichtigen:

- den Kindern offen und emphatisch (siehe Kap. 16.7) begegnen
- sich der eigenen Erinnerungen als Kind bewusst werden und diese Kindheitserinnerungen mit der Gruppe kommunizieren, z. B.: „Ich kann mich noch gut an die Sterbezeit meiner Großmutter erinnern."
- offen für die vielfältigen Botschaften trauernder Kinder sein
- das Thema „Tod" besprechen
- die Situation des Elternhauses berücksichtigen, in dem ganz unterschiedliche emotionale, religiöse und weltanschauliche Situationen herrschen können
- Tatsachen benennen, um eine Atmosphäre der Heimlichtuerei und der Lüge zu vermeiden
- Tränen, Schmerz und Trauer gemeinsam aushalten
- über Gespräche hinaus dem Thema in Geschichten und Zeichnungen Raum geben
- einen Elternabend zum Thema gestalten

16.8.2 Das Thema „Scheidung" im Kindergarten kommunizieren

Es wird nur sehr wenige Kindergärten geben, in denen das Scheidungsthema keine Rolle spielt. Kinderpflegerinnen arbeiten mit Kindern, die mit einem geschiedenen Elterteil oder einem Stiefelternteil leben. Deshalb müssen Kinderpflegerinnen angemessen auf mögliche Signale der Kinder reagieren:

- Das Kind kann sich in der Bringsituation sehr schlecht vom Elternteil trennen, hat Angst, dass er abends nicht wiederkommt.
- Das Kind will abends nicht mehr nach Hause.
- Das Kind verhält sich sonderbar, wenn ein anderes Kind von beiden Elternteilen gebracht oder abgeholt wird.
- Das Kind erzählt beim Montagskreis nicht mehr vom Wochenende oder erwähnt nur noch einen Elternteil, erzählt Fantasiegeschichten.
- Wenn von einer intakten Familie erzählt wird, schaltet das Kind ab oder reagiert auffällig.
- Wenn beim Puppenspiel Trennungssituationen dargestellt werden, verhält sich das Kind dabei abwehrend, stört, hält sich die Ohren zu.
- In den verschiedenen Phasen der Scheidung kann die emotionale Belastung der Kinder ganz unterschiedlich sein.

- In der Regel empfinden von Trennung und Scheidung betroffene Kinder die Situation als äußerst belastend.

- Erschwerend kommt hinzu, dass der Kontakt zum nichtsorgeberechtigten Elternteil im Laufe der Zeit häufig abnimmt.

Es genügt nicht, sich ausschließlich um das Kind zu kümmern, vielmehr ist immer auch das ganze System „Familie" in die Beobachtung (soweit möglich) miteinzubeziehen.

Für die Arbeit mit Kindern haben sich folgende Grundsätze bewährt:

- In der Trennungskrise darf nicht interveniert werden. Das Kind braucht vor allem viel emotionale Zuwendung und Körpernähe. Nur so behält es das Gefühl der Geborgenheit und Sicherheit.

- Die Kinderpflegerin muss besonders auf zurückgezogene und stille Kinder zugehen.

- Die Kinderpflegerin muss den Kindern zuhören, auf Gefühle und Ängste sowie Probleme eingehen und Verständnis zeigen. Viele Kinder müssen beruhigt und getröstet werden.

- Einfache, konkrete und kurze, aber informative Erklärungen sind für das Kind wichtig.

- Den Kindern müssen Schuldgefühle genommen werden. Dies ist vor allem dann notwendig, wenn Kinder sich schon vor der Trennung ihrer Eltern als schwierig erlebt haben.

- Scheidungskinder brauchen Sondersituationen.

- Geschenke für den abwesenden Elternteil können im Kindergarten gebastelt werden (und auch von dort aus zugeleitet werden, wenn dies dem sorgeberechtigten Elternteil Probleme macht).

- Dem Kind kann die eigene Geschichte, aber mit einer anderen Hauptperson erzählt werden. Am Handeln dieser Person können ihm neue Verhaltensalternativen und Lebensentwürfe indirekt vermittelt werden.

- Bei vielen Kindern alleinerziehender Elternteile ist gegengeschlechtliche Betreuung notwendig (Rollenmodell). So ist es wichtig, auch männliche Praktikanten/männliches Personal für den Kindergarten zu gewinnen.

(vgl. Becker-Textor, 2007, S. 5)

Nach der Trennungsphase kann auch die Arbeit mit geeigneten Bilderbüchern einsetzen, wie z. B. „Papa wohnt jetzt in der Heinrichstraße" von Nele Maar und Verena Ballhaus (erschienen 2002 im Verlag Orell Füssli).
Eine Bereitschaft zum Gespräch sowie eine gründliche Beobachtung der kindlichen Verhaltensweisen muss der Kommunikation und Interaktion mit Scheidungskindern und deren Eltern im Kindergarten vorausgehen. So kann es gelingen, bei diesen Kindern Gefühle der Sicherheit, Geborgenheit und der Kontinuität zu erwecken, wo diese möglicherweise verloren gegangen waren (vgl. Kapitel 5.6.2).

16.9   Kommunikation und Interaktion mit Kindern aus anderen Kulturkreisen

Das Zusammenleben mit Kindern aus anderen Kulturkreisen ist für einen Großteil der Kinderpflegerinnen beruflicher Alltag. Während früher eine Sichtweise vorherrschend war von Kindern, die zwischen den Kulturen zerrissen werden, hat sich diese Denkweise heute relativiert.

Kinder mit Migrationshintergrund können mit verschiedenen Lebensstilen und Erziehungsweisen zurechtkommen und umgehen. Der Wechsel zwischen den „zwei Welten" kann gelingen. Kindertagesstätten leisten einen wichtigen Beitrag dafür.

Im Folgenden soll anhand der drei Schwerpunktbereiche „Sprachförderung", „Zusammenarbeit mit Eltern" und „Förderung von Freundschaften" aufgezeigt werden, wie dieser Beitrag des Kindergartens aussehen könnte.

16.9.1 Sprachförderung – ein wichtiger Beitrag des Kindergartens zur Förderung von Kindern mit Migrationshintergrund

„Sprache ist die Grundlage der Kommunikation mit anderen Menschen, durch die Gedanken und Gefühle zum Ausdruck gebracht, Bedeutungen vermittelt, Wünsche und Begehren kundgetan, Erlebnisse verarbeitet, Erfahrungen ausgetauscht, Zusammenhänge verstanden und Handlungen geplant werden. Sprache ist erforderlich, um sich mitzuteilen und andere zu verstehen."
(Beck, 2005, o. S.)

Entgegen früherer Ansichten steht heute außer Frage, dass fundierte erstsprachliche Fähigkeiten eine gute und notwendige Voraussetzung für den Erwerb einer Zweitsprache sind. Die Aufgabe eines fördernden Kindergartens besteht darin, Kinder in ihrer Erst- und in ihrer Zweitsprache zu unterstützen. Folgende Hilfestellungen können Kinderpflegerinnen dabei unterstützen (vgl. Kap. 13.2.3 und 13.3):

- **Die eigene Haltung zum Thema „Mehrsprachigkeit" überprüfen**
  Kinderpflegerinnen sollten sich selbst überprüfen, ob es in ihrer persönlichen Meinung Sprachen gibt, die als wertvoller angesehen werden als andere.
  Soweit Mehrsprachigkeit im Konzept des Kindergartens verankert ist, sollte sich das Team mit folgenden Bereichen auseinandersetzen:

- **Raumgestaltung und Materialien**
  Tageseinrichtungen benötigen originalsprachige Materialien, z. B. Musikkassetten, Lieder, CDs und Hörspiele.
  Für Besucher und Eltern sollten mehrsprachige Ankündigungen oder Plakate in den Familiensprachen der Kinder angefertigt werden.

- **Mehrsprachige Aktivitäten**
  Regelmäßige Aktivitäten, bei denen die Familiensprache der Kinder eine Rolle spielt, sollten einen wichtigen Stellenwert in der jeweiligen Einrichtung haben. Eltern, Geschwister und Freunde der jeweiligen Sprachgruppe gestalten Angebote in der Einrichtung regelmäßig mit.

- **Das Team verfügt über Kompetenzen im Bereich „Mehrsprachigkeit"**
  Im Team gibt es zwei-/mehrsprachige Mitarbeiter.
  Die Mitarbeiter der Einrichtung sind über Zweitsprachenerwerb, Sprachentwicklungstheorien bzw. Sprachförderkonzepte informiert.
  Das Thema „Mehrsprachigkeit" wird mit Eltern, z. B. bei Aufnahmegesprächen und in Teamsitzungen, thematisiert.

- **Sprachförderung durch Zusammenarbeit mit Eltern**
  Ankündigungen können mehrsprachig erfolgen. Ältere Kinder oder Verwandte werden als Dolmetscher eingesetzt. Mithilfe der Eltern können beispielsweise in der jeweiligen Familiensprache Geschichten oder Märchen vorgelesen werden, landestypische Gerichte zubereitet werden, Tänze oder Lieder aus dem Herkunftsland eingeübt werden. Bei Modenschauen mit landestypischer Kleidung präsentieren Kinder und Eltern Kleider und Accessoires anderer Länder.

  (vgl. Leisau, 2008, o. S.)

16.9.2 Bildungspartnerschaft mit Eltern mit Migrationshintergrund im Kindergarten

Für den Kindergarten bedeutet die Aufnahme von Migrantenkindern sowohl eine besondere Herausforderung (z. B. aufgrund der Verständigungsprobleme) als auch eine Bereicherung (z. B. neue Lernerfahrungen durch die kulturelle Vielfalt).

Für die Zusammenarbeit mit Migranten/Migrantinnen lassen sich folgende Forderungen ableiten (vgl. Kap. 13.3):

- Kinderpflegerinnen sollten offen und unvoreingenommen auf die jeweiligen Familien zugehen. Auch bei bereits gemachten Erfahrungen mit Familien aus dem jeweiligen Herkunftsland können die „Neuen" ganz anders sein.

- Migranten wissen oft sehr wenig über das deutsche Bildungssystem und haben oft unklare Vorstellungen über die Aufgabe des Kindergartens. Hier ist Information und Aufklärung erforderlich.

- Zurückhaltung und Unsicherheit darf nicht als Desinteresse oder gar Ablehnung der jeweiligen Kollegin missverstanden werden. Oft haben Ausländer Diskriminierung bei Behördenkontakten erlebt. Daraus ergibt sich die Anforderung, von sich aus auf die Menschen mit Migrationshintergrund zuzugehen.

- Bereits beim Anmeldegespräch sollte geklärt sein, ob die Eltern ausreichend Deutsch sprechen, da ansonsten ein Dolmetscher hinzugezogen werden sollte. Hilfreich sind gegebenenfalls Informationen in gängigen Herkunftssprachen. Auch sollten die Lebensbedingungen der Familie und die Migrationserfahrungen der Eltern erfasst werden.

- Bei Familien, die einer nicht-christlichen Religionsgemeinschaft angehören, sollte auch die religiöse Erziehung im Kindergarten besprochen werden. Hingewiesen werden sollte in konfessionellen Kindergärten auf das Feiern der religiösen Feste und auf die christlichen Elemente im Kindergartenalltag. Der Umgang z. B. mit muslimischen Festen sollte vorab besprochen werden.

- In Vorbesuchen und Hospitationen, bei Tür-und-Angel-Gesprächen, während der Bring- und Holzeit soll mit den Eltern (im Zweifel nur nonverbal) kommuniziert und um Vertrauen geworben werden.

- Bei einem hohen Ausländeranteil soll sich der Kindergarten mit Ausländeramt, Migrationsdiensten, Kulturvereinen, Ausländerbeiräten usw. vernetzen, um bei Bedarf diese Dienste schnell nutzen zu können.

Interkulturelle Erziehung gelingt da am besten, wo Deutsche und Migranten in gegenseitigem Respekt und Wertschätzung in die pädagogische Arbeit des Kindergartens miteinbezogen werden. Dadurch leisten die Migranten auch einen Beitrag zur Bildung der deutschen Kindergartenkinder.
(vgl. Textor, 2008, o. S.)

16.9.3 Förderung von Freundschaften als Aufgabe des Kindergartens

Freunde zu finden und zu haben ist für Kinder dieser Altersgruppe ein ausgesprochen wichtiges Entwicklungsthema. In der Gleichaltrigengruppe lernen Kindergartenkinder, unterschiedliche Verhaltensweisen wahrzunehmen, Konflikte zu bewältigen und Interessenunterschiede auszuhandeln und entwickeln damit soziale Kompetenzen. Diese sozialen Lernprozesse zwischen allen Kindern sehen Erzieherinnen häufig dann gefährdet, wenn sich Kinder gleicher ethnischer Herkunft in den Gruppen zusammenschließen (vgl. Jampert u. a., 2001).

Wie können Kinderpflegerinnen Freundschaften von Kindern unterschiedlicher ethnischer Herkunft fördern?

- Es sollten Aktivitäten in überschaubaren Gruppen angeboten werden, um dadurch vielfältige Kontaktmöglichkeiten zu schaffen.
- Bedenken gegen sich abkapselnde ethnische Gruppen können durch das ungebundene soziale Interesse der Kinder an Spielpartnern und Freunden zurücktreten.

Die Beantwortung folgender Fragen könnte Freundschaften fördern:

- Welche Spielkontakte und Beziehungen unter Kindern sind in der Einrichtung vorrangig – frei gewählte Spielpartner oder organisierte Gruppenaktivitäten?
- Gibt es bestimmte feste Kindergruppen oder häufig wechselnde, an der jeweiligen Aktivität orientierte Spielgruppen?
- Haben Kinder Möglichkeiten, intensive Spiele zu zweit oder zu dritt zu gestalten?
- Welche Kinder spielen häufiger alleine?
- Werden Kinder aus Aktivitäten ausgeschlossen und was sind möglicherweise Gründe dafür?
- Wie finden stillere und scheue Kinder Spielpartner?

Darüber hinaus kann der Kindergarten durch die Öffnung der Einrichtung das Angebot für die Kinder erweitern und mehr Zugang zu kulturellen Angeboten schaffen.

Zusammenfassung

Z

*Unter **sozialer Kommunikation** verstehen wir alle Prozesse, die dem Austausch von Informationen zwischen Menschen dienen. Soziale Interaktion ist das wechselseitige Handeln und Reagieren von Menschen aufeinander. Soziale Kommunikation ist demnach ein Teil der Interaktion.*

***Elemente der Interaktion und sozialen Kommunikation** sind: Sender, Empfänger, Nachricht. Der Sender verschlüsselt seine Information. Diese Nachrichten werden über ein bestimmtes Medium, z. B. Sprache, das einen bestimmten Aufnahmekanal, z. B. das Gehör, anspricht, an den Empfänger geschickt. Der Empfänger entschlüsselt die Nachricht und gibt eventuell eine Rückmeldung.*

*Kommunikation verläuft **erfolgreich**, wenn die Kommunikationspartner zufrieden sind und zumindest teilweise die gewünschte Wirkung erzielen.*

*Der Psychologe **Paul Watzlawick** hat sich mit der Frage beschäftigt, warum Kommunikation erfolgreich bzw. problematisch verläuft. Er hat dazu fünf Axiome (absolute Grundsätze) formuliert.*

*Auf der Grundlage der Arbeiten von Paul Watzlawick hat der Psychologe **Friedemann Schulz von Thun** aufgebaut. Er befasst sich insbesondere mit dem Aspekt der Nachricht. Nach Friedemann Schulz von Thun hat jede Nachricht vier Seiten: Sachinhalt, Appell, Beziehung und Selbstoffenbarung.*

*Man unterscheidet unterschiedliche **Kommunikationsformen**: die verbale oder sprachgebundene und die nonverbale, nicht an Worte gebundene Kommunikation. Im Bereich der nonverbalen Kommunikation gibt es verschiedene Ausdrucksformen, z. B. Mimik, Gestik, Tonfall und Tonhöhe.*

*Kinder auf **verschiedenen Altersstufen** haben unterschiedliche Kommunikationsbedürfnisse und Möglichkeiten, sich auszudrücken. Die sprachliche Ausdrucksfähigkeit gewinnt mit zunehmendem Alter an Bedeutung.*

*Kommunikation zwischen Kinderpflegerin und Kindern bzw. Jugendlichen ist die Grundlage für die **Gestaltung einer pädagogischen Beziehung**.*

*Für den **Umgang mit verschiedenen Zielgruppen** (Kinder und Jugendliche, Eltern, Kolleginnen und Mitarbeiterinnen) gibt es wichtige Gesprächsregeln wie z. B. aktives Zuhören, „Ich-Botschaften", Vorbereitung, Wertschätzung und Respekt zeigen.*

*Für die Kommunikation mit Kindern und Jugendlichen in **schwierigen Lebenssituationen**, z. B. Trennung der Eltern, gelten besondere Bedingungen.*

***Integration von Kindern mit Migrationshintergrund:** Sozialpädagogische Einrichtungen, insbesondere der Kindergarten, können durch geeignete Kommunikation und Interaktion einen wichtigen Beitrag zur Integration von Kindern mit Migrationshintergrund leisten. Als Beispiele können in diesem Bereich die Sprachförderung, Zusammenarbeit mit Eltern und die Förderung von Freundschaften unter Kindern genannt werden.*

?   *Fragen und Aufgaben zum Kapitel*

1. *Grenzen Sie die Begriffe „soziale Kommunikation" und „Interaktion" voneinander ab.*

2. *Übertragen Sie eine Kommunikationssituation aus Ihrer beruflichen Praxis auf das einfache Kommunikationsmodell von Seite 365.*

3. *Beschreiben Sie Aspekte nonverbaler Kommunikation, die Sie im Umgang mit Konflikten bei Kindern und Jugendlichen, Kolleginnen und Eltern erleben.*

4. *Beschreiben Sie die Möglichkeiten von Kindern, sich beim Eintritt in den Kindergarten auszudrücken und mit der Umwelt zu kommunizieren. Zeigen Sie auf, wie sich diese Möglichkeiten im Laufe der Kindergartenzeit verändern.*

5. *Die Mutter eines Kindes sagt: „In diesem Kindergarten wird wenig gebastelt." Interpretieren Sie diese Aussage orientiert am Ansatz von Schulz von Thun.*

6. *Erstellen Sie einen Leitfaden für ein Konfliktgespräch mit einer Kollegin.*

7. „Für den Kindergarten bedeutet die Aufnahme von Migrantenkindern sowohl eine besondere Herausforderung als auch eine Bereicherung." Belegen Sie diese Aussage mit Beispielen aus Ihrer Praxis.

8. Erstellen Sie eine Übersicht über schwierige Lebenssituationen von Kindern, die im letzten Jahr in Ihrer Einrichtung eine Rolle gespielt haben.

9. Frau Pernpaintner aus der Handlungssituation am Anfang dieses Kapitels ist seit kurzer Zeit Witwe. Stellen Sie dar, welche Auswirkungen diese Tatsache auf ihr Verhalten und Erleben bzw. auf die Erziehung ihres Sohnes haben kann.

10. Erläutern Sie, welche Grundsätze der Kommunikation nach Watzlawick die vergiftete Atmosphäre im Elterngespräch mit Frau Pernpaintner erklären können.

11. Formulieren Sie Argumente und Aussagen, die das Gespräch mit Frau Pernpaintner wieder in Schwung bringen können.

12. Kinderpflegerinnen, die in sozialen Brennpunkten arbeiten, haben besondere Aufgaben zu bewältigen. Erläutern Sie diese Aufgaben und gehen Sie dabei besonders auf die Anforderungen im Bereich der Kommunikation ein.

Anregungen zum Kapitel

13. Beobachten und protokollieren Sie gelungene und nicht gelungene Kommunikation zwischen Erzieherin und Kindern. Suchen Sie anhand der Protokolle nach Gründen für das Gelingen oder Misslingen des Kommunikationsablaufs.

14. Bilden Sie Fünfergruppen. Eine Person spielt den Sender, eine zweite Person ist Beobachter, alle anderen spielen Empfänger. Der „Sender" geht aus der Gruppe. Die anderen vereinbaren, auf welchem „Ohr" sie angesprochen werden (Inhalts-, Beziehungs-, Appell- oder Selbstoffenbarungsohr). Der Sender wird zurück in die Gruppe geholt und soll nun die Gruppe in ein Gespräch verwickeln. Die Gruppe reagiert wie vereinbart. Anschließend wird das Gespräch ausgewertet. Die Beteiligten berichten, wie das Gespräch verlaufen ist und welche Probleme dabei aufgetaucht sind.

15. Überlegen Sie, welche kommunikativen Fähigkeiten bei Ihnen persönlich bereits gut entwickelt sind und in welchem Bereich Sie eventuell noch an sich arbeiten müssen.

Weiterführende Fragen und Anregungen

16. Formulieren Sie jeweils einen konkreten Beitrag einer Ihnen bekannten Lerntheorie zum Erwerb einer positiven Kommunikationskultur im Kindergarten.

17. Beschreiben Sie Ihnen bekannte Verhaltensauffälligkeiten hinsichtlich ihrer Auswirkungen auf die kommunikativen Fähigkeiten.

18. Bei welchen Behinderungen ist mit kommunikativen Einschränkungen zu rechnen? Begründen Sie Ihre Antwort.

17 Lernstrategien und Lerntechniken

Im Laufe Ihrer Ausbildung müssen Sie immer wieder mündliche und schriftliche Leistungsnachweise erbringen, z. B. Referate halten, Berichte verfassen, Kurzarbeiten und Schulaufgaben schreiben. Das heißt, Sie müssen sich Lernstoff aneignen, merken und wieder abrufen können.

Um eine gute Note zu erhalten, lernen viele Schülerinnen oft möglichst viele Fakten (z. T. auswendig) und geben diese dann in der Arbeit mechanisch wieder. So gelerntes Wissen wird als „träges" Wissen bezeichnet. Es wird rasch wieder vergessen und kann zudem nicht für Praxissituationen nutzbar gemacht werden. Nachhaltiger und effektiver ist der Erwerb von „intelligentem" Wissen. Intelligentes Wissen ist sinnvoll und stabil mit Vorwissen verknüpft und mit Inhalten aus anderen Fachbereichen vernetzt. Es kann flexibel genutzt werden und befähigt nicht nur dazu, Leistungsnachweise erfolgreich zu bestehen, sondern auch berufliche Aufgaben zu gestalten und zu bewältigen.

Entscheidend für den Aufbau von intelligentem Wissen ist die Art und Weise, wie gelernt wird. Folgende Aspekte sind dabei unter anderem von Bedeutung:

1. aktive Auseinandersetzung mit dem Stoff
2. Aufnahme der Inhalte über verschiedene Sinneskanäle
3. Verknüpfung der Inhalte mit Erfahrungen aus der Praxis
4. eigenverantwortliche Gestaltung des Lernprozesses
5. Verwendung geeigneter Medien
6. kreativer Austausch in Lerngruppen

Die auf den nächsten Seiten beschriebenen Lernstrategien und Lerntechniken zeigen auf, wie es gelingen kann, die oben genannten Aspekte des Lernens zu berücksichtigen. Sie sind allerdings nicht als Rezepte zu verstehen, sondern als Orientierung und Hilfestellung. Lernen ist ein individueller Vorgang – welche Strategien und Techniken hilfreich sind und welche weniger oder gar nicht, muss jede Person für sich herausfinden und ausprobieren. Wir wünschen Ihnen dabei viel Erfolg!

17.1 Selbstmotivierung und Aufmerksamkeit

Motivation ist die Grundvoraussetzung für jedes Lernen. Jeder Schüler muss ausreichend motiviert sein, bevor er erfolgreich lernen kann. Die richtige Motivation ist hierbei eine erste Lerntechnik: Das Bedürfnis, etwas von sich selbst aus zu tun – etwas zu lernen –, weil der Lernende Interesse oder Spaß an der Sache an sich hat, ist weit wirksamer als die von außen aufgesetzte Motivation.

Beispiel
So lernt ein Schüler den Stoff in Psychologie wesentlich effektiver, wenn er lernt, weil ihn dieses Fach interessiert, als wenn er nur wegen einer guten Note lernt oder seine Eltern ihn dazu zwingen.

Wenn der Schüler etwas erfolgreich gelernt hat, stellt sich bei ihm automatisch ein gutes Gefühl ein. Diese positive Wirkung lässt sich seit einigen Jahren auch durch die Hirnforschung belegen: Führt das Lernen zum Erfolg, so wird im Gehirn Dopamin[1] freigesetzt, das die Bereitschaft zu lernen wieder erhöht.

> *„Gelernt wird immer dann, wenn positive Erfahrungen gemacht werden."*
> *(Spitzer, 2007, S. 181)*

Als Konsequenz hieraus ergibt sich für den Lernenden, **sich selbst zu motivieren**, von sich aus Interesse am Lernstoff und Freude am Lernen zu finden.
Um zum guten „Selbstmotivator" zu werden, sollte man sich nach Gustav Keller (2011) zum einen vor dem Lernen und Arbeiten bewusst schriftlich Ziele setzen. Zum anderen sollte man den Weg zum Ziel in kleine Etappen einteilen, weil sich die „Lernberge dadurch leichter besteigen lassen" und die Zielerreichung überschaubarer und kalkulierbarer wird. Die Bewältigung der Etappen – verbunden mit kleinen eigenen Belohnungen – verstärkt die Motivation (vgl. Keller, 2011, S. 106).

Folgende Verhaltensweisen können helfen, eine Selbstmotivation aufzubauen (vgl. Viola Zintl, 2006, S. 16 f.):

1. Man sollte sich keine zu hohen Ziele stecken. Sowohl zu niedrige als auch unerreichbare Ziele demotivieren eher.

2. Sowohl die Aufgaben als auch die Ziele sollte man in überschaubare Teilaufgaben bzw. Teilziele gliedern und diese Schritt für Schritt angehen.

3. Der zu lernende Stoff sollte anschaulich gestaltet werden.

4. Man sollte das eigene Lernverhalten sowie die einzelnen Lernfortschritte dokumentieren, um sich so seines Lernverhaltens bewusst zu werden.

5. Nach Erreichen einzelner Teilziele sollte man sich durchaus selber belohnen.

6. Nach Möglichkeit sollte man mit anderen zusammen lernen, weil man sich dann gegenseitig anstachelt.

---

[1] *Dopamin ist ein sogenannter Botenstoff, d. h. ein Stoff des Nervensystems, der die Nervenzellen im Gehirn erregt. Es ist im weitesten Sinn ein Hormon und in etwa vergleichbar mit Adrenalin.*

Beim Erwerb von Wissen spielt auch die **Aufmerksamkeit** eine entscheidende Rolle. In der Gehirnforschung ist mittlerweile messbar, dass die Nervenzellen, die für die Verarbeitung einer bestimmten Information zuständig sind, stärker aktiviert werden und damit sozusagen besser arbeiten, wenn der Mensch seine Aufmerksamkeit auf diese Information richtet. Die Aufmerksamkeit verstärkt die Verarbeitung im Gehirn, weil sie andere Reize, auf denen die Aufmerksamkeit nicht liegt, unterdrückt.

17.2 Zeitplanung und Pausen

Aus der Gedächtnisforschung weiß man, dass der Tagesrhythmus der menschlichen Leistungsfähigkeit großen Einfluss auf die Lernfähigkeit des Menschen hat. Zum Lernen sollten daher nach Möglichkeit die täglichen Zeiten der hohen und sehr hohen Leistungsfähigkeit genutzt werden.

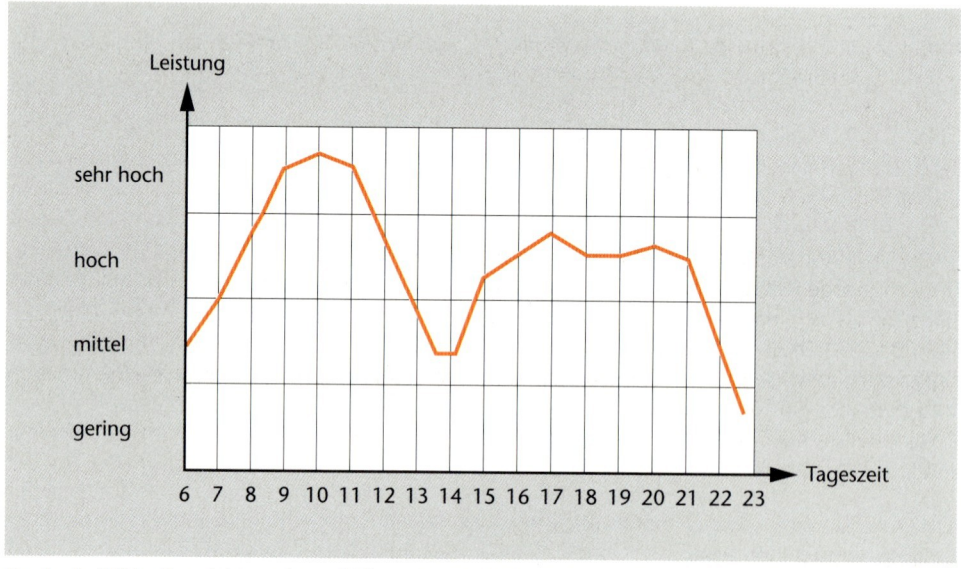

Durchschnittliche Tagesleistungskurve (Keller, 2011, S. 138)

Der Lernstoff sollte auf mehrere Tage bzw. Wochen verteilt und nicht „auf einmal" gelernt werden, weil langfristiges Lernen und Lernen in kleinen Einheiten die Gedächtnisleistung fördern. Um hierbei nicht den Überblick zu verlieren, sollte man sich über Stunden, Tage und Wochen hinweg einen Lernplan aufstellen, wann was gelernt werden muss.
Aus der Gedächtnisforschung weiß man auch, dass Informationen, die am Beginn oder Ende einer Lernphase gelernt werden, am besten behalten werden („Positionseffekt"). Wichtigen Lernstoff sollte man daher immer zu Beginn oder am Ende einer Lernphase lernen.

Zur richtigen Zeitplanung gehört auch das rechtzeitige Einplanen von Lernpausen.
Je länger der Mensch lernt, desto müder und unkonzentrierter wird er. Plant er seine Pausen rechtzeitig, so kann er seine Konzentrations- und Leistungsfähigkeit immer wieder erneuern. Je mehr sich der Lernende überarbeitet, desto länger braucht er, um sich wieder zu erholen.

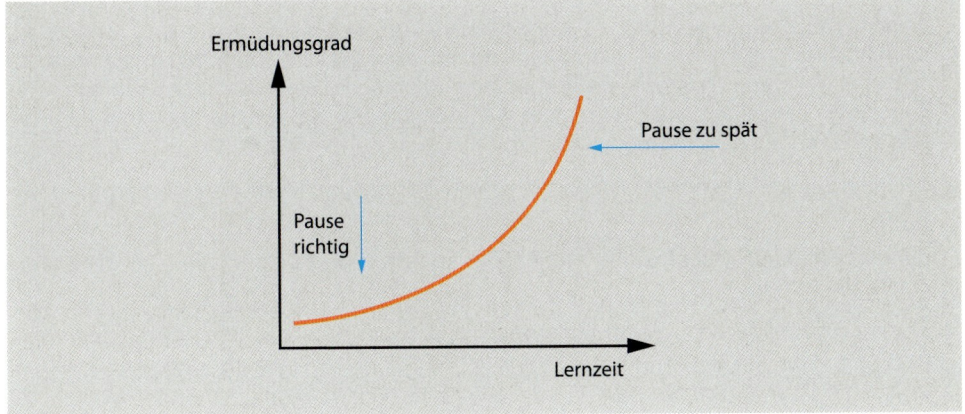

Pausenzeitpunkt und Ermüdungsgrad (Keller, 2011, S. 80)

Generell gilt, dass die Effektivität der Pause von der **Aktivität in der Pause** abhängt. Je weniger die Pausentätigkeit mit dem Lernen zu tun hat, desto erholsamer ist sie.

Beispiel

Sehr erholsam und damit wirkungsvoll ist die Pause zum Beispiel dann, wenn man an der frischen Luft spazieren geht oder Gymnastikübungen macht.

Schlaf eignet sich sehr gut als Pausentätigkeit, weil in dieser Zeit das Gelernte in aller Ruhe in das Langzeitgedächtnis übertragen werden kann. Neueste Untersuchungen von US-Forschern haben gezeigt, dass der Mittagsschlaf die Informationsverarbeitung im Gehirn erheblich verbessert. Ihrer These zufolge besitzen die Netzwerke im Gehirn nur begrenzte Verarbeitungskapazitäten und benötigen deshalb immer wieder Schlafpausen, um die aufgenommenen Informationen im Gedächtnis zu speichern.
Zeiten starker Gefühle können das Gedächtnis und damit das Lernen blockieren oder sehr positiv beeinflussen.

Beispiel

Bei Angst aktiviert das Gehirn ganze Netzwerke von Nervenzellen und richtet damit die gesamte Aufmerksamkeit des Menschen auf die Ursachen seiner Angst und mögliches erforderliches Verhalten, wie etwa Flucht. Für das Lernen bleibt in solch einer Situation dann wenig Aufmerksamkeit übrig.

17.3 Der richtige Lernort

Um gut lernen zu können, braucht man den richtigen Lernort bzw. Arbeitsplatz. Dieser kann für jeden Menschen an einer anderen Stelle sein (im eigenen Zimmer, am Küchentisch, im Freien ...), wichtig ist jedoch für alle, dass er folgende Kriterien erfüllt:
Es muss ein Ort sein,

- an dem sich der Mensch wohlfühlt (das ist in der Regel der Ort, den er gewohnt ist),

- der genügend Sauerstoff erhält,

- der genügend Ruhe bietet: Geräusche, die man als Lärm empfindet, stören und stressen (Verkehrslärm, Kindergeschrei …). Auch Musik stört und lenkt ab, weil man – wenn auch nur nebenbei – zuhört, vor allem wenn sie mit Ansagen und Interviews verbunden ist. Selbst leise Hintergrundmusik, die als beruhigend und das Lernen begünstigend galt, wird heutzutage hinterfragt, weil man heute weiß, dass Musik die Speicherung einer Information im Gedächtnis behindern kann,

- der die richtigen Lichtverhältnisse bietet, um auf Dauer Augen- und Kopfschmerzen zu vermeiden,

- der die richtige Raumtemperatur hat: Frieren erschwert die Konzentration, zu viel Wärme macht müde,

- an dem ein richtiger Arbeitsplatz vorhanden ist, d. h. ein Tisch und ein Stuhl mit der jeweils richtigen Höhe und Arbeitsfläche. Untersuchungen haben gezeigt, dass weder ein zu bequemer (z. B. das Sofa) noch ein zu unbequemer Arbeitsplatz lernförderend sind. Ein krummer Rücken (weil die Sitzhöhe nicht passt) oder eine schräge Sitzhaltung (weil der Bildschirm des Computers seitlich steht) führen auf Dauer zu Rückenschmerzen und hemmen somit das Lernen.

17.4 Die Art der Informationsaufnahme

Aus der Hirnforschung weiß man, dass die Art der Informationsaufnahme die Merkfähigkeit wesentlich beeinflusst. Wenn man etwas nur gelesen hat, kann man es sich viel weniger merken, als wenn man etwas selbst getan hat.

Erinnerungsrate bei den verschiedenen Arten der Informationsaufnahme	
Lesen	10 %
Hören	20 %
Sehen	30 %
Hören und sehen	50 %
Selber sagen	70 %
Selber tun	90 %

Beispiel
Jemand, der sich nur das Rezept durchgelesen hat, wie man eine Pizza macht, wird sich bei Weitem nicht so gut merken können, wie man eine Pizza macht, als jemand, der die Pizza wirklich selber gemacht hat. Das Pizzabacken wird er nur lernen, wenn er die Pizza selber backt – und zwar immer wieder.

Nicht immer kann man das, was man lernen muss, auch wirklich tun. Man sollte deshalb beim Lernen zumindest dafür sorgen, dass man den Stoff auf vielfältige Art und Weise aufnimmt, also nicht nur liest, sondern zumindest auch sieht und selber sagt.

Beispiel
Um theoretischen Stoff zu lernen, sollte man Wichtiges im Text markieren, unterstreichen, Zusammenfassungen und Schaubilder erstellen, das Gelernte einer anderen Person erklären usw.

Wie die Hirnforschung belegt, werden Informationen vor allem dann gespeichert, wenn sie vielfach verarbeitet werden. Man nennt dies Elaboration.

Definition
Elaboration *bedeutet, Informationen vielfach zu verarbeiten.*

Ein Schüler, der diesen Text nur kurz überfliegt, wird sich die Inhalte kaum merken können. Jemand, der ihn in einer Mindmap darstellt (vgl. Abschnitt 17.5) und einer Freundin erklärt, wird sich die Inhalte dagegen weit besser merken können.

Informationen werden auch dann besser und nachhaltiger gespeichert, wenn sie immer wieder **wiederholt** werden. Wie die Vergessenskurve zeigt, vergisst der Mensch Gelerntes sehr schnell. Will er sich Informationen über einen längeren Zeitraum merken, so muss er sie immer wieder wiederholen.

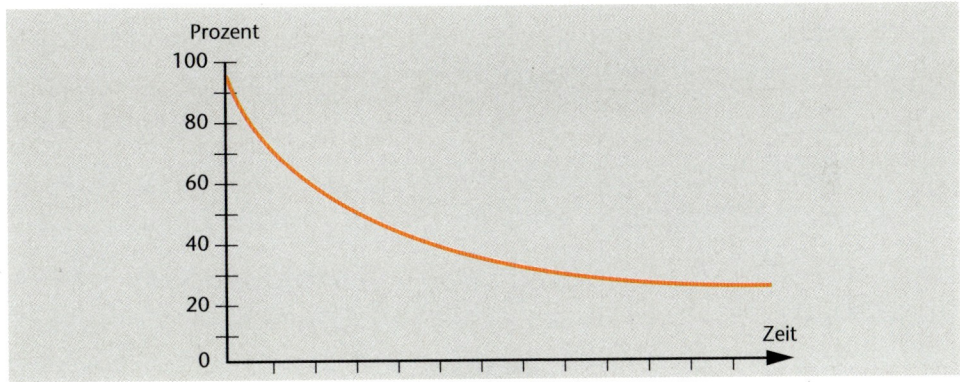

Vergessenskurve (Rückgang des Behaltenen im Zeitverlauf) (Keller, 2011, S. 41)

In der Hirnforschung gibt es viele Untersuchungsergebnisse, die die Wirksamkeit der Elaboration und der Wiederholung belegen. Je intensiver sich der Mensch mit einem Lerninhalt beschäftigt, desto eher bleibt er im Gedächtnis.

17.5 Die Organisation des Lernstoffes

Mit der Organisation des Lernstoffes ist gemeint, Informationen zu gliedern und zu ordnen. Wie die Ergebnisse der Hirnforschung zeigen, kann sich der Mensch das zu Lernende so viel leichter und besser merken, weil die zu speichernde Informationsmenge zum einen erheblich verringert und zum anderen bildlich dargestellt wird.
Möglichkeiten zur Organisation von Informationen sind zum Beispiel die Mindmap und der hierarchische Abrufplan. Beide Techniken arbeiten nach den folgenden Prinzipien:
- der Lernstoff wird auf das Wesentlichste – auf Stichpunkte – reduziert,
- der Stoff wird geordnet und gegliedert, Zusammenhänge werden hergestellt,
- der Stoff wird bildlich dargestellt.

D
Organisation des Lernstoffs bedeutet, Informationen zu gliedern und zu ordnen.

Um eine **Mindmap** zu erstellen, wird das Lernthema in die Mitte eines Blattes geschrieben. Von diesem „Baumstamm" zweigen die Hauptgedanken wie Äste ab, von den Ästen gehen Nebengedanken wie Zweige ab usw. Durch die Darstellung eines Baumes mit Ästen und Zweigen wird der Lernstoff gegliedert.

Ein Beispiel für eine mögliche Mindmap zu diesem Abschnitt über Lernstrategien und Lerntechniken könnte so aussehen:

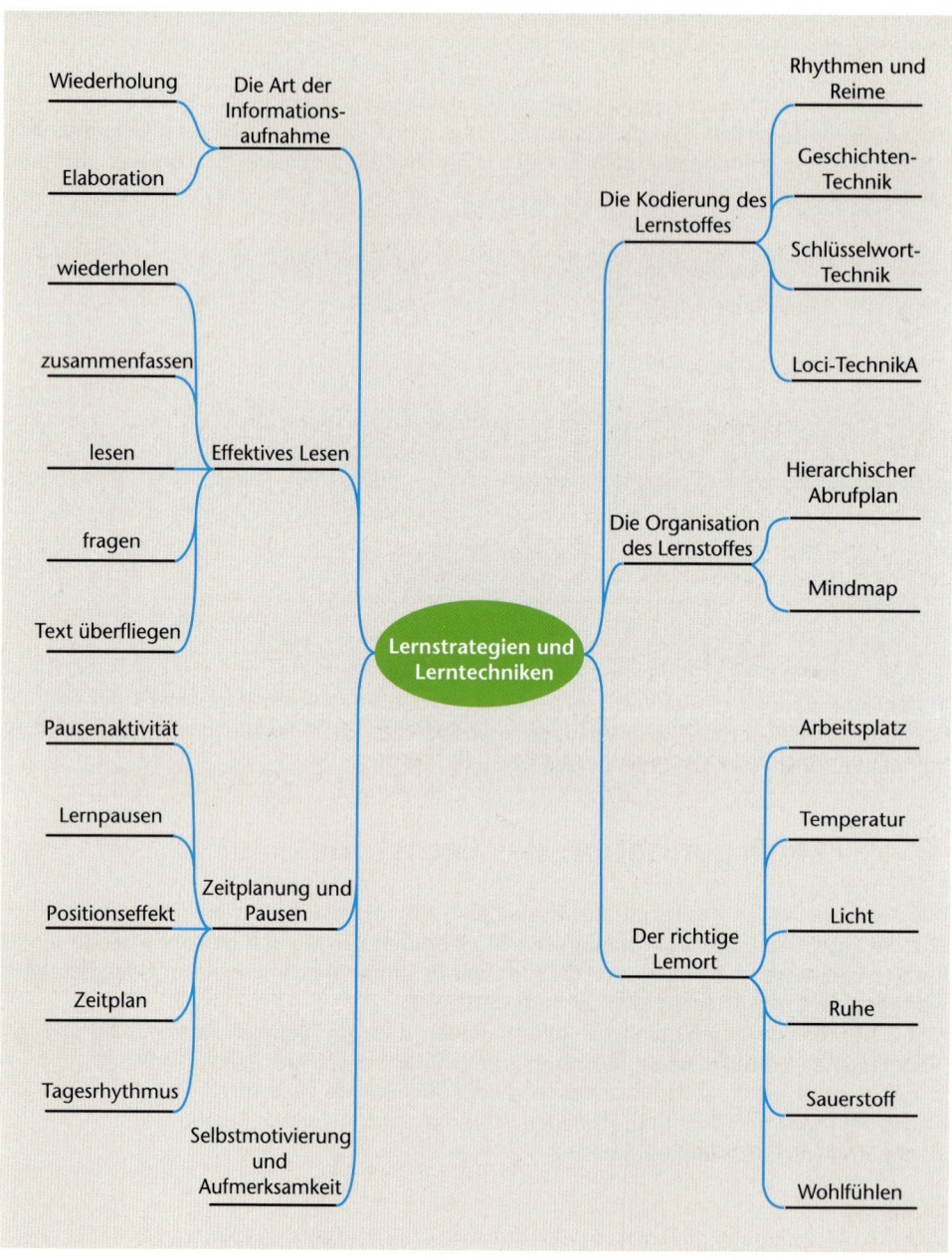

Mindmap Lernstrategien und Lerntechniken

Bei dem **hierarchischen Abrufplan** muss der Lernstoff in Stichworte zusammengefasst werden; diese werden dann in Oberbegriffe, Unterbegriffe, untere Unterbegriffe usw. gegliedert und in einem Schaubild dargestellt.

Ein hierarchischer Abrufplan zu diesem Abschnitt dieses Kapitels könnte folgendermaßen aussehen:

Lernstrategien und Lerntechniken						
Selbstmotivierung Aufmerksamkeit	Zeitplanung Pausen	richtiger Lernort	Art der Informationsaufnahme	Organisation des Lernstoffes	Kodierung des Lernstoffes	effektives Lesen
Selbstmotivierung Aufmersamkeit	Tagesrhythmus Zeitplan Positionseffekt Lernpausen Pausenaktivität	Wohlfühlen Sauerstoff Ruhe Licht Temperatur Arbeitsplatz	Elaboration Wiederholung	Mindmap hierarchischer Abrufplan	Mnemotechniken: Loci-Technik Schlüsselwort-Technik Geschichten-Technik Rhythmen Reime	Text Überfliegen, fragen, lesen, zusammenfassen, wiederholen

Viele Übersichten in diesem Buch, die am Ende eines Abschnittes den Stoff nochmals wiedergeben, sind nichts anderes als hierarchische Abrufpläne.

17.6 Die Kodierung des Lernstoffes

Laut Hirnforschung werden Informationen auch dann besonders gut gespeichert, wenn sie zu sinnvollen Einheiten umgewandelt werden (= **Kodierung**).

Beispiel
Wer sich die Telefonnummer 8161071 merken will, schafft dies leichter, wenn er sie folgendermaßen verändert: 81 61 071.

„Sinnvoll" kann in diesem Fall auch bedeuten, dass die neue Information mit bereits vorhandenem Wissen verbunden oder zu einer witzigen, lustigen Information umgewandelt wird und sie so eher „Sinn macht". Bei Eselsbrücken etwa verbinden wir neue Informationen mit vorhandenem Wissen oder verändern sie so, dass wir sie uns aufgrund ihres komischen Charakters merken können.

Beispiel
„Wer nämlich mit ‚h' schreibt, ist dämlich."

Definition
Kodierung bedeutet, Informationen zu sinnvollen Einheiten umwandeln oder verbinden.

Auf der Grundlage dieser Erkenntnisse empfiehlt die Lernpsychologie die sogenannten **Mnemotechniken,** die bereits die alten Griechen und Römer verwendet haben. Bei den Mnemotechniken werden Informationen kodiert, indem sie gedanklich mit Bildern verbunden werden. Sie helfen somit, das Speichern von Informationen im Gedächtnis zu verbessern.

D *Definition*

Mnemotechniken *sind Lerntechniken, bei denen die zu lernenden Informationen gedanklich mit Bildern verbunden und damit leichter im Gedächtnis gespeichert werden.*

Mnemotechniken sind zum Beispiel die Loci-Technik, die Schlüsselwort-Technik, die Geschichten-Technik und auch Rhythmen und Reime.

- Die **Loci-Technik** geht davon aus, dass Informationen leichter gelernt werden, wenn sie mit Orten verknüpft werden, die einem vertraut sind.

   Beispiel
   Wenn Sie den Stoff dieses Abschnittes über Lernstrategien und Lerntechniken lernen wollen und sich die Strategien und Techniken daher merken müssen, können Sie die einzelnen Lernstrategien und Lerntechniken den Zimmern in Ihrer Wohnung zuordnen. Wenn Sie dann in Gedanken durch Ihre Wohnung gehen, können Sie sich an die Lernstrategien und Lerntechniken erinnern: Im Flur machen Sie sich Gedanken zum richtigen Lernort. Durch die Küchenuhr in der Küche werden Sie an die Zeitplanung und Pausen erinnert. Das Wohnzimmer mit dem Telefon steht für die Art der Informationsaufnahme. Das Schlafzimmer macht jede Selbstmotivierung und Aufmerksamkeit zunichte. Im Bad sind alle Dinge schön geordnet – also organisiert – (Organisation des Lernstoffes). Das Zimmer Ihrer Schwester ist für Sie ein Rätsel – Kodierung des Lernstoffes – weil es voll von Büchern ist (effektives Lesen).

- Bei der **Schlüsselwort-Technik** werden die zu lernenden Informationen über einen Begriff (ein Schlüsselwort) zu einem Bild gespeichert. Je fantasievoller und witziger das Bild zum jeweiligen Schlüsselwort, desto größer die Wahrscheinlichkeit, dass man sich die damit verbundenen Informationen merken kann.

   Beispiel
   Wenn der Schüler bei dem Schlüsselwort „Lerntechniken" das Bild vor Augen hat, dass Selbstmotivierung, Aufmerksamkeit, Zeitplanung, Pausen, Lernort, effektiv gelesene Texte, Informationsaufnahme sowie der organisierte und kodierte Lernstoff über ihn herfallen und in seinen Kopf wollen, dann wird er sich diese Lerntechniken leichter merken können.

- Die **Geschichten-Technik** verbindet alle Lerninhalte bildlich zu einer Geschichte. Auch hier gilt, dass die Merkfähigkeit umso größer ist, je witziger und fantasievoller die Geschichte ist.

   Beispiel
   Freitag der 13. war für Anna ein schrecklicher Tag. Als sie ihre Wohnung betrat, hatte sich der Lernstoff über die Lerntechniken organisiert und kodiert und fiel über sie her. Sie wehrte sich mit voller Aufmerksamkeit und selbst hoch motiviert, doch die effektiv gelesenen Texte hatten sich mit der Zeitplanung, den Pausen und dem Lernort verbündet und besiegten sie.

- Bei **Rhythmen und Reimen** wird der Lernstoff entweder mit einem Rhythmus verbunden oder aus ihm ein Reim geformt.

   Beispiel
   Anna singt einen Rap:
   „Oh, Mann, was war das für ein Tag,
   Lerntechniken und -strategien ich gar nicht mag."

Für all diese Mnemotechniken gilt grundsätzlich, dass sie umso effektiver wirken, je häufiger der Lernende diese Techniken anwendet und Übung darin hat.

17.7 Effektives Lesen

Beim Lernen und durch Abschnitt 17.4 wird schnell erkennbar, dass das einmalige Lesen eines Textes nicht genügt. Lesen muss effektiv sein, wenn man die Informationen im Gedächtnis speichern will.

Ziel des effektiven Lesens ist, die Menge der Information des Textes nicht nur aufzunehmen, sondern auf das Wesentliche zu reduzieren, seinen Inhalt zu strukturieren und somit das Erlernen des Inhaltes zu erleichtern.

Eine Hilfe für das effektive Lesen bietet die **Fünf-Schritte-Methode** nach Gustav Keller (vgl. Keller, 2011, S. 92 f.):

1. Schritt: Text überfliegen
2. Schritt: Fragen an den Text stellen
3. Schritt: Text lesen
4. Schritt: Text zusammenfassen
5. Schritt: Text wiederholen

Zum ersten Schritt gehört auch, dass man sich durch das Lesen des Inhaltsverzeichnisses, der Zusammenfassung oder Ähnlichem erst einmal einen Überblick über den Inhalt des Textes verschafft, damit man ungefähr weiß, worum es geht. Beim vierten Schritt muss man **aktiv lesen**, d. h., man unterstreicht oder markiert Wichtiges, schreibt zentrale Punkte heraus oder fasst den Text in einem Mindmap oder in einem hierarchischen Abrufplan zusammen (vgl. Abschnitt 17.5). Aktiv Lesen heißt auch, dass man den Inhalt des Textes vielfältig aufnimmt und ihn mit möglichst vielen Sinnen erfasst (vgl. Abschnitt 17.4). Das bedeutet, den Text nicht nur zu sehen, sondern auch zu hören, indem man ihn sich laut vorliest, sich das Gelesene bildlich vorzustellen und ihn eventuell zu skizzieren. Aus der Gedächtnisforschung weiß man, dass man sich unterstrichene Inhalte, markierte Inhalte, bildlich vorgestellte Inhalte und mit allen Sinnen erfasste Inhalte besser merken kann.

Zusammenfassung

Z

Lernstrategien und Lerntechniken sind Maßnahmen, die die Aufnahme und Speicherung einer Information im Gedächtnis und damit das Lernen verbessern.

Selbstmotivierung und Aufmerksamkeit
Je mehr der Lernende es schafft, sich selbst zu motivieren und seine Aufmerksamkeit nur auf den Lernstoff zu richten, desto erfolgreicher wird er lernen.

Richtige Zeitplanung und Pausensetzung
Je besser der Lernende es schafft, seinen Lernstoff zu verteilen – etwa auf mehrere Tage oder Wochen –, langfristig zu lernen und seine Pausen rechtzeitig zu machen, desto erfolgreicher wird er lernen.

Richtiger Lernort
Je optimaler der Lernort (zum Wohlfühlen, sauerstoffreich, ruhig, hell, nicht zu kalt, nicht zu warm, Arbeitsplatz mit richtiger Sitzhöhe und Sitzhaltung), desto erfolgreicher wird der Lernende lernen.

Elaboration und Wiederholung
Je mehr der Lernende seinen Lernstoff elaboriert, d. h. vielfach verarbeitet, und ihn wiederholt, desto erfolgreicher wird er lernen.

Organisation des Lernstoffes

Je besser der Lernende seinen Lernstoff gliedert und ordnet (zum Beispiel mit Mindmaps oder hierarchischen Abrufplänen), desto erfolgreicher wird er lernen.

Kodierung und Nutzung von Mnemotechniken

Je mehr der Lernende seinen Lernstoff kodiert, d. h. ihn zu sinnvollen, komischen, witzigen Einheiten umwandelt oder ihn mit bereits vorhandenem Wissen verbindet, desto erfolgreicher wird er lernen.

Je mehr der Lernende mit Mnemotechniken kodiert, d. h. Lerntechniken nutzt, bei denen die zu lernenden Informationen gedanklich mit Bildern verbunden werden – wie etwa die Loci-Technik, die Schlüsselwort-Technik, die Geschichten-Technik und Rhythmen und Reime –, desto erfolgreicher wird er lernen.

Effektives Lesen

Je effektiver der Lernende einen Text liest – etwa mit der Fünf-Schritte-Methode –, desto erfolgreicher wird er den Inhalt aufnehmen und lernen.

Aufgaben zum Kapitel

1. Stellen Sie die Bedeutung der Selbstmotivierung und Aufmerksamkeit für das Lernen dar und finden Sie konkrete Beispiele zur Selbstmotivierung.

2. Verdeutlichen Sie die Kriterien für eine Zeit- und Pausenplanung sowie für einen Arbeitsplatz bzw. Lernort, der das Lernen fördert.

3. Stellen Sie Arten der Informationsaufnahme dar, die das Lernen fördern.

4. Beschreiben Sie die Lerntechnik des effektiven Lesens.

5. Ihre Freunde behaupten, mit einem schlechten Gedächtnis müsse man sich abfinden. Nehmen Sie Stellung zu dieser Meinung.

Anregungen zum Kapitel

6. Erstellen Sie zu diesem Kapitel eine Mindmap und einen hierarchischen Abrufplan.

7. Beschreiben Sie Ihr eigenes Lernverhalten und bewerten Sie es nach lernfördernden und lernhemmenden Verhaltensweisen.

8. Suchen Sie sich aus diesem Kapitel Lerntechniken heraus, die Ihnen sympathisch und für Sie selber hilfreich bzw. unsympathisch und für Sie nicht umsetzbar erscheinen. Begründen Sie Ihre Meinung.

9. Reflektieren Sie in der Klasse die Lernbedingungen an Ihrer Schule und entwerfen Sie Verbesserungsvorschläge.

Literaturverzeichnis

Ahnert, Liselotte/Schnurrer, Hertha: Betreuung in der Kinderkrippe: So ändert sich die Eltern-Kind-Beziehung, in: Pädagogik der frühen Kindheit, hrsg. v. Lilien Fried und Susanna Roux, Weinheim/Basel: Beltz, 2006.

Antons, Klaus: Praxis der Gruppendynamik. Übungen und Techniken. 9. Auflage, Göttingen: Hogrefe, 2011.

Aust-Claus, Elisabeth/Hammer, Petra-Marina: Das ADS-Buch, 3. Auflage, Ratingen: Oberstebrink, 2009.

Barmer Ersatzkasse/Mehr Zeit für Kinder e. V. (Hrsg.): Eltern sein – Die ersten Jahre, 2. Auflage, 2002.

Barth, Karl-Heinz: Vom Kindergarten zur Grundschule, in: Kindergarten heute, Heft 3/1993, S. 18–26.

Bayerischer Bildungs- und Erziehungsplan für Kinder in Tageseinrichtungen bis zur Einschulung (BEP), hrsg. v. Bayerischen Staatsministerium für Arbeit und Sozialordnung, Familie und Frauen/Staatsinstitut für Frühförderung München, Weinheim/Basel: Beltz, 2006.

Beauftragter der Bundesregierung für die Belange behinderter Menschen (Hrsg.): Inklusionslandkarte, 2011, abgerufen unter: http://www.behindertenbeauftragter.de/DE/Landkarte/2Bewertung/Bewertung_node.html [01.08.2012].

Beck, Marieluise (Beauftragte der Bundesregierung für Migration, Flüchtlinge und Integration): Pressemitteilung vom 03.11.2005, unter: www.integrationsbeauftragte.de [07.11.2005].

Becker-Stoll, Fabienne/Wertfein, Monika/Niesel, Renate: Handbuch Kinder in den ersten drei Lebensjahren. Theorie und Praxis für die Tagesbetreuung, Freiburg im Breisgau: Herder, 2009.

Becker-Stoll, Fabienne: Der Wert der Kinder – Was Kinder für ihre Entwicklung brauchen, in: Evangelischer KITA-Verband Bayern (Hrsg.): Durchblick, Ausgabe 2010, Nürnberg, 2010, S. 17.

Becker-Stoll, Fabienne/Berkic, Julia/Kalicki, Bernhard (Hrsg.): Beiträge zur Bildungsqualität. Bildungsqualität für Kinder in den ersten drei Jahren, Berlin: Cornelson Skriptor, 2010.

Becker-Stoll, Fabienne/Textor, Martin R. (Hrsg.): Die Erzieherin-Kind-Beziehung, Berlin: Cornelson Skriptor, 2007.

Becker-Textor, Ingeborg/Textor, Martin R.: Trennung – Scheidung – Wiederheirat: Der Scheidungszyklus und seine Auswirkungen auf das Kindergartenkind, in: Kindergartenpädagogik-Online-Handbuch, hrsg. v. Martin Textor, www.kindergartenpaedagogik.de/405.html [22.01.2009].

Berk, Laura E.: Entwicklungspsychologie, 5. Auflage, übers. v. Eva Aralikatti, München/Bosten: Pearson Studium Verlag, 2011.

Bernitzke, Fred: Heil- und Sonderpädagogik, 4. Auflage, Köln: Bildungsverlag Eins, 2011.

Bernstein, Saul/Lowy, Louis: Untersuchungen zur sozialen Gruppenarbeit in Theorie und Praxis, 6. Auflage, übers. v. Margarete Bellebaum, Ernst Nathan und Gertraud Wopperer, Freiburg: Lambertus, 1978.

Brandt, Andrea/von Bredow, Rafaela/Theile, Merlind: Glaubenskrieg ums Kind, in: Spiegel 09/2008, S. 42.

Brazelton, Thomas B./Greenspan, Stanley I.: Die sieben Grundbedürfnisse von Kindern. Was jedes Kind braucht, um gesund aufzuwachsen, gut zu lernen und glücklich zu sein, übers. v. Elisabeth Vorspohl, Weinheim/Basel: Beltz, 2008.

Brockschneider, Franz-Josef: Reggio und die Bildungspläne, in: Kindergarten heute, Nr. 3/2006.

Broesterhuizen, Marcel: Behindert sind wir alle, in: Neue Stadt, Heft 9/1993, Heidelberg: Median-Verlag, 1993.

Bundesamt für Migration und Flüchtlinge (Hrsg.): Migrationsbericht 2010, Nürnberg, 2011.

Bundesministerium für Familie, Senioren, Frauen und Jugend: Wertorientierungen sind gefragt, in: Monitor Familienforschung, Ausgabe Nr. 7, Berlin, 2006.

Bundeszentrale für gesundheitliche Aufklärung BzgA (Hrsg.): Jugendsexualität 2010 – Repräsentative Wiederholungsbefragung von 14- bis 17-Jährigen und ihren Eltern, Köln, 2010.

Deutscher Kinderschutzbund e. V. (Hrsg.): Standards und Richtlinien für die DKSB Elternkurse „Starke Eltern – Starke Kinder®", verabschiedet von der DKSB Mitglieder-Versammlung am 17. Mai 2003, abgerufen unter: http://www.dksb-nds.de/images/web/pdf/sesk_info.pdf (27.11.2012).

DIMDI/Deutsches Institut für Medizinische Dokumentation und Information (Hrsg.): ICF – Internationale Klassifikation der Funktionsfähigkeit, Behinderung und Gesundheit, 2005, abgerufen unter: http://www.dimdi.de/dynamic/de/klassi/downloadcenter/icf/endfassung/icf_endfassung-2005-10-01.pdf [01.08.2012].

Dreikurs, Rudolf/Soltz, Vicki: Kinder fordern uns heraus. Wie erziehen wir sie zeitgemäß?, 14. Auflage, Stuttgart: Klett-Cotta, 2006.

Dworetzky, John P.: Introduction to child development, 2. Edition, St. Paul: West Pbl. Co., 1984.

Ecarius, Jutta (Hrsg.): Handbuch Familie, Wiesbaden: VS Verlag für Sozialw., 2007.

Eliot, Lise: Was geht da drinnen vor? Die Gehirnentwicklung in den ersten fünf Lebensjahren, 3. Auflage, übers. v. Barbara Schaden, Berlin: Berlin-Verlag, 2010.

Elschenbroich, Donata: Weltwissen der Siebenjährigen. Wie Kinder die Welt entdecken können, München: Antje Kunstmann Verlag, 2001.

Essau, Cecilia/Conradt, Judith: Aggression bei Kindern und Jugendlichen, München: Reinhardt Verlag, 2004.

Filtzinger, Otto: Interkulturelle Bildung und Erziehung, in: Pädagogik der frühen Kindheit, hrsg. v. Lilian Fried und Susanna Roux, Weinheim/Basel: Beltz, 2006.

Flitner, Andreas: Spielen – Lernen, 4. Auflage, Weinheim: Beltz Verlag, 2011.

Frick, Jürg: Die Droge Verwöhnung. Beispiele, Folgen, Alternativen, 4. Auflage, Göttingen: Huber, 2011.

Fried, Lilian/Roux, Suanna (Hrsg.): Pädagogik der frühen Kindheit, Weinheim/Basel: Beltz, 2006.

Fthenakis, Wassilos E. (Hrsg.): Elementarpädagogik nach Pisa. Wie aus Kindertagesstätten Bildungseinrichtungen werden können, Freiburg: Herder, 2003.

Gesellschaft für Ganzheitliches Lernen e. V.: Ganzheitliches Lernen (Definition), www.ganzheitlichlernen.de, Köln [24.06.2008].

Gibran, Khalil: Der Prophet, übers. v. Ursula Assaf-Nowak, Düsseldorf: Walter, 2001.

Giesecke, Hermann: Die pädagogische Beziehung. Pädagogische Professionalität und die Emanzipation des Kindes, 2. Auflage, Weinheim: Juventa, 1999.

Gordon, Thomas: Die neue Familienkonferenz, übers. v. Annette Charpentier, 19. Auflage, München: Wilhelm Heyne Verlag, 2005.

Grawe, Klaus: Neuropsychotherapie, Göttingen: Hogrefe, 2004.

Griebel, Wilfried/Niesel, Renate: Übergänge verstehen und begleiten, Berlin: Cornelsen, 2011.

Grob, Alexander/Jaschinski, Uta: Entwicklungspsychologie des Jugendalters, Weinheim: Beltz, 2003.

Gungör, Murat/Loh, Hannes: Themenblätter im Unterricht, hrsg. v. Bundeszentrale für politische Bildung, Bonn, 2007.

Haaf, Günther/Schrader, Christoph: Vom ersten Schrei zum ganzen Satz, in: GEO Wissen, Heft 9/1993, Kindheit und Jugend, 1993.

Haug-Schnabel, Gabriele/Bensel, Joachim: Vom Säugling zum Schulkind – Kindergarten heute spezial, Nr. 99, Freiburg: Herder, 2004.

Haug-Schnabel, Gabriele/Bensel, Joachim: Kinder beobachten und ihre Entwicklung dokumentieren – Kindergarten heute spezial, Nr. 92, Freiburg: Herder, 2005.

Haug-Schnabel, Gabriele: Aggression bei Kindern, Freiburg: Herder Verlag, 2009.

Hobmair, Hermann (Hrsg.): Pädagogik/Psychologie für die berufliche Oberstufe, Band 1, 3. Auflage, Köln: Bildungsverlag EINS, 2011.

Hobmair, Hermann: Pädagogik/Psychologie für die berufliche Oberstufe, Band 2, 3. Auflage, Köln: Bildungsverlag EINS, 2011.

Hoenisch, Nancy: Mathe-Kings, Junge Kinder fassen Mathematik an, 2. Auflage, Weimar/Berlin: Verlag Das Netz, 2007.

Hoffmann, Heinrich: Der Struwwelpeter, Stuttgart: Loewes Verlag, 1948.

Honkanen-Schoberth, Paula: Starke Kinder brauchen starke Eltern. Der Elternkurs des Deutschen Kinder-schutzbundes, 10. Auflage, Freiburg: Urania Verlag, 2011.

Huber, Andreas: Guter Nachwuchs, schlechter Nachwuchs?, in: Psychologie heute, Nr. 4/2007, S. 13.

Hurrelmann, Klaus (Hrsg.): Handbuch der Sozialisationsforschung, 6. Auflage, Weinheim/Basel: Beltz Ver-lag, 2002.

Itoh, Mamoru: Kleine Schule des Verstehens, übers. v. Ursula Bischoff, München: Mosaik Verlag, 2000.

Iven, Claudia: Sprache in der Sozialpädagogik, 2. Auflage, Troisdorf: Bildungsverlag EINS, 2009.

Jannan, Mustafa: Das Anti-Mobbing-Buch, Weinheim: Beltz Verlag, 2010.

Jilesen, Martin: Soziologie für die sozialpädagogische Praxis, 7. Auflage, Troisdorf: Bildungsverlag Eins, 2008.

Joswig, Helga: Phasen und Stufen in der kindlichen Entwicklung, in: Online-Familienhandbuch, hrsg. v. Staatsinstitut für Frühpädagogik (IFP), www.familienhandbuch.de/cmain/f_Aktuelles/a_Kindliche_Entwicklung/s_910.html, München [22.01.2009].

Kammermeyer, Gisela: Schuleingangsdiagnostik in: Pädagogik der frühen Kindheit, hrsg. v. Lilian Fried und Susanna Roux, Weinheim/Basel: Beltz, 2006.

Kasten, Hartmut: Geschwister. Vorbilder, Rivalen, Vertraute, 4. Auflage, München: Reinhardt, 2001.

Keller, Gustav: Lerntechniken von A bis Z. Infos, Übungen, Tipps, 2. Auflage, Bern: Verlag Hans Huber, 2011.

Kersten, Kristin/Fischer, Uta/Burmeister, Petra/Lommel, Annette: Immersion in der Grundschule: Ein Leitfaden, hrsg. v. Verein für frühe Mehrsprachigkeit an Kindertageseinrichtungen und Schule FMKS e. V., 2009.

Kiphard, Ernst J.: Wie weit ist ein Kind entwickelt? Eine Anleitung zur Entwicklungsüberprüfung, 11. Auf-lage, Dortmund, Verlag Modernes Lernen, 2002.

Klein, Irene: Gruppenleiten ohne Angst. Ein Handbuch für Gruppenleiter, 10. Auflage, München: Auer, 2005.

König, Oliver/Schattenhofer, Karl: Einführung in die Gruppendynamik, Heidelberg: Auer Verlag, 2006.

Köstler, Nina: Soziale Gruppen, Gruppenleistung, Homogenität und Dynamik, Norderstedt: GRIN Verlag, 2011.

Kultusministerkonferenz (Hrsg.): Deutscher Qualifikationsrahmen für lebenslanges Lernen, Beschluss der KMK vom 10. März 2011.

Küspert, Petra/Schneider, Wolfgang: Hören, lauschen, lernen, 5. Auflage, Göttingen: Vandenhoeck und Ruprecht, 2006.

Kuyumcu, Safak/Schulz-Schneider, Friederike/Lommel, Annette/Stienlein, Anja: Mit mehreren Sprachen aufwachsen, hrsg. v. Stadt Kiel, Amt für Schule, Kinder- und Jugendeinrichtungen und Verein für frühe Mehrsprachigkeit an Kindertageseinrichtungen und Schule FMKS e. V., 2011.

Landerl, Karin/Kaufmann, Liane: Dyskalkulie – Modelle, Diagnostik, Intervention, Ernst Reinhardt Verlag, München, 2008.

Langenmarck, Barbara/Braune-Krickau, Michael: Wie die Gruppe laufen lernt. Anregungen zum Planen und Leiten von Gruppen, Weinheim/Basel: Beltz, 8. Auflage, 2010.

Largo, Remo H.: Kinderjahre. Die Individualität des Kindes als erzieherische Herausforderung, 23. Auflage, München: Piper, 2012.

Largo, Remo: Können Scheidungskinder glücklich werden?, in: Geo Wissen, Nr. 34, 2009/04, S. 1

Leisau, Annett: Sprachförderung als entscheidendes Element zur Förderung von Chancengleichheit, in: Kindergartenpädagogik-Online-Handbuch, hrsg. v. Martin Textor, www.kindergartenpaedagogik.de/1526.html [12.12.2008].

Liebenwein, Sylvia: Erziehung und soziale Milieus. Elterliche Erziehungsstile in milieuspezifischer Differen-zierung, Wiesbaden: Verlag für Sozialwissenschaften, 2008.

Maar, Nele/Ballhaus, Verena: Papa wohnt jetzt in der Heinrichstraße, Zürich: Orell Füssli, 2002.

Marx, Edeltrud: Steht schon im Kindergartenalter fest, was aus uns wird? LOGIK – eine Entwicklungspsy-chologische Langzeitstudie, in: Kindergarten heute, Nr. 9/2007, S. 20–24.

Marotzki, Winfried/Nohl, Arnd-Michael/Ortlepp, Wolfgang: Einführung in die Erziehungswissenschaft, 2. Auflage, Wiesbaden: UTB, 2005.

Maslow, Abraham: Motivation und Persönlichkeit, Hamburg: Reinbek, 2002.

Metzger, Geert: Die Bedeutung des Vaters – Psychoanalytische Perspektiven, in: Die Zeit, vom 3.01.2008, S. 14.

Metzinger, Adalbert: Arbeit mit Gruppen. Ein Einführungsbuch, Freiburg: Lambertus, 2010.

Mietzel, Gerd: Wege in die Entwicklungspsychologie. Kindheit und Jugend, 4. Auflage, Weinheim: Beltz/PVU, 2002.

Montada, Leo: Fragen, Konzepte, Perspektiven, in: Entwicklungspsychologie, hrsg. v. Rolf Oerter und Leo Montada, 6. Auflage, Weinheim, Beltz/PVU, 2008, S. 3–48.

Montessori, Maria: Das kreative Kind. Der absorbierende Geist, hrsg. v. Paul Oswals, übers. v. Christine Calloridi di Vignale, Freiburg: Herder, 1972.

Moreno, Jacob Lutz: Die Grundlagen der Soziometrie. Wege zur Neuordnung der Gesellschaft, 3. Auflage, Opladen: Westdeutscher Verlag, 1974.

Nave-Herz, Rosemarie: Familie heute, 3. Auflage, Darmstadt: Primus Verlag, 2007.

Niesel, Renate/Griebel, Wilfried: Start in den Kindergarten. Grundlagen und Hilfen zum Übergang von der Familie in die Kindertagesstätte, München: Don Bosco Verlag, 2000.

Oelkers, Jürgen: Einführung in die Theorie der Erziehung, Weinheim/Basel: Beltz, 2001.

Oerter, Rolf/Montada, Leo (Hrsg.): Entwicklungspsychologie, 6. Auflage, Weinheim: Beltz/PVU, 2008.

Ostermayer, Edith: Start in die Kinderkrippe, München: Don Bosco Verlag, 2010.

Peisner-Feinberg, Ellen S. u. a.: The relation of preschool child-care quality to children's cognitive and social developmental trajectories through second grade, in: Child Development 72 (5), 2001, S. 1534–1553.

Petermann, Ulrike/Petermann, Franz: Training mit sozial unsicheren Kindern, Weinheim: Beltz Verlag, 2010.

Peuckert, Rüdiger: Familienformen im sozialen Wandel, 7. Auflage, Wiesbaden: VS Verlag für Sozialwissen, 2008.

Preuss-Lausitz, Ulf: Arme Kerle, in: Psychologie heute, Nr. 11/2006, S. 68–71.

Rahn, Horst-Joachim: Erfolgreiche Teamführung, 6. Auflage, Hamburg: Windmühle Verlag, 2010.

Randak, Oskar: Hilfen für Menschen auf dem Weg, DC-ROM, Dießen, 2000.

Rechtien, Wolfgang: Angewandte Gruppendynamik, 4. Auflage, Weinheim/Basel: Beltz, 2007.

Regel, Gerhard/Kühne, Thomas: Pädagogische Arbeit im offenen Kindergarten, 3. Auflage, Freiburg: Herder Verlag, 2007.

Reichert-Garschhammer, Eva/Kieferle, Christa: Sprachliche Bildung in Kindertageseinrichtungen, Freiburg: Herder Verlag, 2011.

Rheinberg, Falko: Motivation, 6. Auflage, Stuttgart: Kohlhammer, 2006.

Römer, Felicitas: Kinder besser verstehen, in: hoppsala.de von Family Concepts, Münster, www.hoppsala.de/index.php ?menueID=21&contentID=735 [22.01.2009].

Rösch, Christoph/Stemmer, Agnes/Wenzel, Gernot/Gräske, Klaus/Weitzert, Maria: Religionsunterricht und Aggression, Beratungsstelle für Katechese und Psychotherapie, Augsburg, 1993.

Rogge, Jan-Uwe: Kinder brauchen Grenzen, 21. Auflage, Reinbek bei Hamburg: Rowohlt, 2001.

Rosenstiel, Lutz von/Verdingen, Friedemann: Grundlagen der Organisationspsychologie, 7. Auflage, Stuttgart: Schäffer Poeschel Verlag, 2011.

Rost, Detlef H. (Hrsg.): Handwörterbuch Pädagogische Psychologie, Weinheim: Beltz Verlag, 2010.

Sader, Manfred: Psychologie der Gruppe, 8. Auflage, Weinheim/München, Juventa Verlag, 2008.

Saß, Henning/Wittchen, Hans-Ulrich/Zandig, Michael: Diagnostisches und Statistisches Manual psychischer Störungen (DSM-IV-TR), Göttingen: Hogrefe Verlag, 2003.

Schäfer, Gerd E.: Bildungsprozesse im Kindesalter. Selbstbildung, Erfahrung und Lernen in der frühen Kindheit. 3. Auflage, Weinheim: Juventa Verlag, 2005.

Scheunpflug, Annette: Biologische Grundlagen des Lebens, Berlin: Cornelsen Scriptor, 2001.

Schlottke, Peter F./Schneider, Silvia/Silbereisen, Rainer K./Lauth, Gerhard W. (Hrsg.): Enzyklopädie der Psychologie, Band 6, Göttingen: Hogrefe, 2005.

Schmalfeldt, Simone/Weller, Bettina: Wie mach ich's wieder gut ?, Schaffhausen: Schubi, 2006.

Schneewind, Klaus: Familienpsychologie, 3. Auflage, Stuttgart: Kohlhammer Verlag, 2010.

Schnotz, Wolfgang: Pädagogische Psychologie, Weinheim/Basel: Beltz PVU, 2006.

Schulz von Thun, Friedemann: Miteinander Reden Bd. 1, Störungen und Klärungen, 46. Auflage, Berlin: Rowohlt, 2008.

Siegler, Robert/DeLoache, Judy/Eisenberg, Nancy: Entwicklungspsychologie im Kindes- und Jugendalter, hrsg. von Sabine Pauen, übers. v. Joachim Grabowski, 3. Auflage, Heidelberg: Spektrum, 2011.

Singer, Wolf: Was kann ein Mensch wann lernen?, in: Elementarpädagogik nach PISA. Wie aus Kindertagesstätten Bildungseinrichtungen werden können, hrsg. v. Wassilos Fthenakis, Freiburg: Herder, 2003, S. 67–77.

Spitz, René A.: Vom Säugling zum Kleinkind. Naturgeschichte der Mutter-Kind-Beziehungen im ersten Lebensjahr, 3. Auflage, übersetzt von Gudrun Theusner-Stampa, Stuttgart: Klett, 1972.

Spitzer, Manfred: Lernen. Gehirnforschung und die Schule des Lebens, München: Spektrum Akademischer Verlag, 2007.

Staatsinstitut für Frühpädagogik (Hrsg.): Bildung und Erziehung von Kindern in den ersten Lebensjahren, Weimar/Berlin: verlag das netz, 2010.

Staatsinstitut für Frühpädagogik: Bildung, Erziehung, Betreuung von Kindern in Bayern, 6. Jahrgang, Heft 2, München, 2001.

Stäblein, Julia: Gesprächsregeln, unveröffentlichte Unterrichtsvorbereitung, 2008.

Stahl, Eberhard: Dynamik in Gruppen. Handbuch der Gruppenleitung, 3. Auflage, Weinheim/Basel: Beltz, 2012.

Statistisches Bundesamt: Leben in Deutschland. Haushalte, Familien und Gesundheit – Ergebnisse des Mikrozensus 2005, Wiesbaden, Juni 2006.

Steiner, Gerhard: Lernen, 2. Auflage, Bern/Göttingen/Toronto/Seattle: Huber, 1996.

Stemmer, Agnes: Hauen, Würgen, Treten – Aggressive Kinder im (Religions)unterricht, in: Verletzlichkeit und Gewalt, hrsg. v. Annebelle Pithan, Münster: Comenius Institut, 2005.

Strätz, Rainer: Die Kindergartengruppe. Soziales Verhalten drei- bis fünfjähriger Kinder, 2. Auflage, Berlin/Stuttgart: Kohlhammer, 1992.

Tausch, Reinhardt/Tausch, Anne-Marie: Erziehungspsychologie, 11. Auflage, Göttingen/Bern/Toronto: Hogrefe, 1998.

Textor, Martin, R.: Elternarbeit mit Migrantinnen, in: Kindergartenpädagogik-Online-Handbuch, hrsg. v. Martin Textor, www.kindergartenpaedagogik.de/1438.html [28.06.2008].

Textor, Martin/Fthenakis, Wassilos E. (Hrsg.): Knaurs Handbuch Familie. Alles, was Eltern wissen müssen, München: Knaur, 2004.

Tillmann, Klaus-Jürgen: Sozialisationstheorien, 13. Auflage, Reinbek: Rowohlt, 2006.

Treml, Alfred: Allgemeine Pädagogik, Stuttgart/Berlin/Köln: Kohlhammer, 2000.

Tschöpe-Scheffler, S.: Kinder brauchen Wurzeln und Flügel, Erziehung zwischen Bindung und Autonomie, 2. Auflage, Mainz: Matthias-Grünewald-Verlag, 2002.

Tschöpe-Scheffler, Sigrid: Elternkurse auf dem Prüfstand. Wie Erziehung wieder Freude macht, Opladen: Leske und Budrich, 2003.

Tschöpe-Scheffler, Sigrid: Fünf Säulen der Erziehung, 6. Auflage, Ostfildern: Patmos-Verlag 2011.

Tschöpe-Scheffler, Sigrid: Vortrag im Rahmen des FACHTAG Elternkurse vom 12. April 2007 in München, Dokumentation hrsg. v. Deutscher Kinderschutzbund Landesverband Bayern e. V., abgerufen unter: www.kinderschutzbund-bayern.de/fileadmin/user_upload/veroeffentlichungen/fachtagungen/Dokumentation_Fachtag2008_.pdf (07.01.2012).

Tschöpe-Scheffler, Sigrid: Wie Leben immer wieder gelingen kann! Präsentation, abgerufen unter: www.forum-p.it/smartedit/documents/downloads/sigrid_tschoepe_scheffler.pdf (07.01.2012).

Tschöpe-Scheffler, Sigrid: Kinder und Jugendliche brauchen Wurzeln und Flügel – Erwachsene auch! Redebeitrag 2003, abgerufen unter: http://de.pdfsb.com/readonline/59564e416677313658484e3843 6e316a56413d3d-384811 (07.01.2012).

Ulich, Michaela: Literacy – Sprachliche Bildung im Elementarbereich, in: Kindergarten heute, Nr. 3/2003, Freiburg: Herder, 2003.

Ulich, Michaela/Mayr, Toni: Sprachverhalten und Interesse an Sprache bei Migrantenkindern in Kindertageseinrichtungen – Beobachtungsbogen SISMIK, Freiburg: Herder, 2004.

Ulich, Michaela/Mayr, Toni: Sprachentwicklung und Literacy bei deutschsprachig aufwachsenden Kindern – SELDAK, beauftragt vom Staatsinstitut für Frühpädagogik, Freiburg: Herder, 2006.

Ulich, Michaela/Oberhuemer, Pamela: Interkulturelle Kompetenz und mehrsprachige Bildung, in: Fthenakis, Wassilios E. (Hrsg.): Elementarpädagogik nach PISA. Wie aus Kindertagesstätten Bildungseinrichtungen werden können, Freiburg: Herder, 2004, S. 152–168.

Ulich, Michaela/Oberhuemer, Pamela/Soltendieck, Monika: Die Welt trifft sich im Kindergarten, 2. Auflage, Berlin: Cornelson Scriptor, 2007.

Verlag PRO Kiga (Hrsg.): Wie Sie Grundlagen für ein gutes Elterngespräch schaffen, abgerufen unter: http://www.pro-kiga.de/eltern/elterngespraeche/wie-sie-grundlagenfuer-ein-gutes-elterngespraech-schaffen/ [01.11.2008].

Verlag PRO Kiga: Gesprächsführung mit Eltern, abgerufen unter http://www.pro-kiga.de/eltern/elterngespraeche/wenn-sie-kritische-inhalte-ansprechen-muessen-gespraechsfuehrung-mit-eltern/ [01.11.2008].

Viernickel, Susanne/Völkel, Petra (Hrsg.): Bindung und Eingewöhnung von Kleinkindern, Troisdorf: Bildungsverlag EINS, 2009.

Viernickel, Susanne/Völkel, Petra: Beobachten und dokumentieren im pädagogischen Alltag, Herder, Freiburg 2009.

Wahl, Klaus: Aggressionen und Gewalt, Heidelberg: Spektrum Verlag, 2009.

Walhalla Fachredaktion: Das gesamte Kinder- und Jugendrecht, Regensburg/Berlin: Walhalla Fachverlag, 2007.

Watzlawick, Paul/Beavin, Janet H./Jackson, Don D.: Menschliche Kommunikation. Formen, Störungen, Paradoxien. 11. Auflage, Bern: Huber, 2007.

Weber, Erich: Pädagogik. Eine Einführung, Band 2, 8. Auflage, Donauwörth: Auer, 1996.

Wertfein, Monika/Lehmann, Jutta: Von der Integration zur Inklusion – eine neue Aufgabe für die frühpädagogische Praxis?, in: www.familienhandbuch.de, hrsg. v. Staatsinstitut für Frühpädagogik, 2012, abgerufen unter: http://www.familienhandbuch.de/behinderte-kinder/von-der-integration-zur-inklusion [31.07.2012].

Woellert, Franziska/Kröhnert, Steffen/Sippel, Lilli/Klingholz, Reiner: Ungenutzte Potentiale. Zur Lage der Integration in Deutschland, hrsg. von Berlin-Institut für Bevölkerung und Entwicklung, Berlin, 2009.

Wunsch, Albert: Werden Kinder heute zu sehr verwöhnt?, in: Online Familienhandbuch des Staatsinstituts für Frühpädagogik (IFP), München, www.familienhandbuch.de/cmain/f–Aktuelles/a–Erziehungsfragen/s–1654html, [12.08.2005].

Wunsch, Albert: Abschied von der Spaßgesellschaft, 4. Auflage, München: Kösel, 2007.

Wynn, Karen: Addition and Subtraction by Human Infants, in: Nature, 358, 1992, S. 749.

Youniss, James: Soziale Konstruktion und psychische Entwicklung, Frankfurt: Suhrkamp, 2000.

Zimbardo, Philip G./Gerrig, Richard J.: Psychologie, 18. Auflage, bearb. v. Ralf Graf, München: Pearson Studium, 2008.

Zimmer, Renate: Handbuch der Sinneswahrnehmung. Grundlagen einer ganzheitlichen Erziehung, Freiburg: Herder, 1995.

Zimmer, Renate: Handbuch der Psychomotorik. Theorie und Praxis der psychomotorischen Förderung von Kindern, Freiburg: Herder, 2006.

Zintl, Viola: Lernen mit System. Effektiver Lernen in der Pflege, 2. Auflage, München/Jena: Urban und Fischer, 2006.

Zürchner, Ivo: Kinder in Deutschland – arm dran ? Ergebnisse der Armutsforschung, in: DJI Bulletin, Nr. 76, 3/2006, S. 15.

Bildquellenverzeichnis

Fotos

- Nadine Dilly/Bildungsverlag EINS: S. 28, 38, 77, 85, 227, 274, 281, 360

- dpa Infografik GmbH, Hamburg: S. 297

- dpa picture-alliance GmbH, Frankfurt: S. 40.2 (akg-images), 62 (dpa/dpa-web), 67 (dpa), 123 (dpa), 146 (dpa), 175 (chromorange), 199 (akg-images), 210 (dpa), 230 (dpa), 332 (Julian Stratenschulte)

- Inge Eismann-Nolte/Bildungsverlag EINS: S. 76, 102, 256, 312

- Fotolia Deutschland GmbH, Berlin: Umschlag (drizzd), 13 (andreas reimann), 15 (Lena S.), 23 (Irina Igumnova), 25 (st-fotograf), 33 (somenski), 35 (Oliv), 39 (Sandor Kacso), 40.1 (Oleg Kozlov), 42 (somenski), 44 (Fotofreundin), 46 (Christian Schwier), 58 (Lisa F. Young), 88.1 (Monika Adamczyk), 89 (somenski), 97 (Robert Kneschke), 99 (alephnul), 148 (Bergringfoto), 151 (somenski), 192 (stoneman), 193 (Reicher), 197 (pressmaster), 201 (Anatoliy Samara), 208 (Ramona Heim), 222 (Woodapple), 229 (Igor Yaruta), 232 (S.Kobold), 242 (Claudia Paulussen), 245 (Anton Zabielskyi), 251 und 254 (contrastwerkstatt), 259 (Kzenon), 265 und 271 (Daniel Nimmervoll), 267 (Marzanna Syncerz), 275 (Vanda), 308 (Tom), 317 (crestajohnson), 318 (katharina neuwirth), 325 (Jean-Michel Leclerq), 344 (denys_kuvaiev), 367.1 (munchkinmoo), 367.2 + 367.3 + 367.4 + 367.5 (Robert Kneschke), 371 (Elenathewise), 384 (Yuri Arcurs)

- Heidi Felten/Bildungsverlag EINS: S. 261

- Getty Images Deutschland GmbH, München: S. 158 (Jamie Grill)

- MEV Verlag GmbH, Augsburg: S. 20 (Christian Albert), 129 und 363 (Mike Witschel), 368 (independent light)

- Project Photos GmbH & Co. KG, Walchensee: S. 90 (Reinhard Eisele)

- Christian Schlüter/Bildungsverlag EINS: S. 21, 29, 50, 54, 73, 88.2, 106, 191, 231, 264, 289, 295, 300, 323

- ullstein bild, Berlin: S. 112.1 (ullstein bild), 112.2 (CARO/Sorge), 334 (joko), 353 (CARO/Trappe)

Zeichnungen/Karikaturen

- Angelika Brauner/Bildungsverlag EINS: S. 195, 196, 348.1, 348.2

- Elisabeth Galas/Bildungsverlag EINS: S. 212, 214, 246

- Cornelia Kurtz/Bildungsverlag EINS: S. 52, 69, 117, 140, 144, 160, 187, 194, 204, 207.1, 207.2, 219, 237.1, 237.2, 268, 270, 280, 282.1, 282.2, 283, 284, 309

- Jörg Mair/Bildungsverlag EINS: S. 243

- Gerhard Mester, Wiesbaden: S. 301

- Thomas Plaßmann, Essen: S. 302

- Oliver Wetterauer/Bildungsverlag EINS: S. 19

Sachwortverzeichnis